SERGE BRAMLY

LÉONARD DE VINCI

JClattès

Du même auteur

Ouvrages sur Léonard de Vinci :

Le Cheval de Léonard, Adam Biro, 1990.
Le Manuscrit sur le vol des oiseaux, de Léonard de Vinci, avant-propos d'André Chastel et d'Augusto Marinoni, préface et traduction de Serge Bramly, Les Incunables, 1989.
Mona Lisa, Assouline, 1995.

Romans et essais :

Terre Wakan, essai, Robert Laffont, 1974 ; Albin-Michel, 1991.
Macumba, essai, Seghers, 1975 ; Albin-Michel, 1981.
L'Itinéraire du fou, roman, Flammarion, 1978 (Prix del Duca du 1er roman).
Un piège à lumière, roman, Flammarion, 1979.
Man Ray, essai, Belfond, 1980.
Le Livre des dates, essai, Ramsay, 1981.
La Danse du loup, roman, Belfond, 1982 (Prix des libraires 1983).
Un poisson muet, surgi de la mer, roman, Flammarion, 1985.
Le Dit de Murano, essai, (photos de K. Tahara), Maeght, 1990.
Edward S. Curtis, essai, Photopoche, 1990.
Chambre close, fiction, (photos de Bettina Rheims), Maeght, 1992.
Madame Satan, roman, Grasset, 1992.
Walter Carone Photographe, essai, Lattès, 1992.
La Terreur dans le boudoir, roman, Grasset, 1994.

Pour Nour, Virgile et Carmen.

Préface à la nouvelle édition

Lorsque j'ai écrit les premières lignes de ce livre, il y a près de quinze ans, une passion d'enfance m'animait, j'obéissais à un vieux rêve ; je ne voyais pas encore que le rêve et la passion conditionnaient ma vision de Léonard de Vinci. Comme Freud, et bien d'autres avant moi, nourri de la lecture de Merejkovski et de Pater, je me formais du personnage une idée terriblement romantique.

Si l'intérêt porté à l'artiste ne s'est pas démenti au cours des siècles, c'est le grand mouvement de 1830, en vérité, qui a mis l'homme en lumière — éclairage trompeur d'où est issu le mythe. Goethe avait ouvert la voie. On abordait alors la difficile transcription des *Carnets* à la déconcertante écriture spéculaire, Théophile Gauthier évoquait un « charme singulier, presque magique » ; Baudelaire, « un doux souris/Tout chargé de mystère »... Mystère et magie, le maître de la Renaissance s'est coloré ainsi, parce que le goût est affaire de mode, de reflets quasi « gothiques ».

Cette conception romantique prédomine encore, et, d'une certaine façon, toutes les recherches actuelles ont pour premier objet de la combattre. Réévaluation de l'œuvre et de son contexte, remise en situation de l'artiste et du savant — il ne s'agit pas, loin de là, d'une simple entreprise de démythification : la réalité, on le sait, l'emporte toujours sur le roman.

« L'amour est d'autant plus ardent, écrit Léonard, que la connaissance est plus parfaite. » Efforçons-nous pour le moins d'être fidèle à cet axiome !

S. B.

Homme dans un cercle de miroirs. Paris, Bibliothèque de l'Institut (B 28 r.).

I

UN CERCLE DE MIROIRS

Cette figure est plus louable dont l'attitude exprime le mieux la passion qui l'anime.

LÉONARD[1].

Non loin de la cathédrale du Dôme où l'incertain Saint Suaire repose dans un triple reliquaire de fer, de marbre et d'argent, la Bibliothèque royale de Turin conserve l'autoportrait le moins contesté de Léonard de Vinci. C'est une sanguine sur papier de taille moyenne (33,3 × 21,4 cm), très fouillée, très aboutie, au bas de laquelle une main anonyme — mais assurément du XVIe siècle — a inscrit à la sanguine le nom du peintre : *Leonardus Vincius*, avant d'ajouter, à la pierre noire : « portrait de lui-même très âgé » *(ritratto di se stesso assai vecchio)* *[2]. Les mots sont devenus presque illisibles ; des rousseurs criblent le papier. Tout comme le Saint Suaire, qui n'est plus offert à la vénération des fidèles qu'en d'exceptionnelles occasions, cet autoportrait n'est guère montré au public : très atteint par le temps, il a été soustrait à l'action néfaste de l'air et de la lumière.

C'est le destin de Léonard, pourrait-on dire, il est du moins dans son esprit, de demeurer ainsi, à la fois célèbre et secret, joyau mythique, enseveli dans l'ombre. Un de ces carnets dont Léonard ne se départait jamais, où il avait coutume de consigner parmi des croquis tout ce qui lui semblait important, le fruit de son observation, de sa réflexion, comme le compte de ses dépenses, contient cette phrase, empruntée aux *Métamorphoses* d'Ovide : « Je doute, ô Grecs, qu'on puisse faire le récit de mes exploits, quoique vous les connaissiez, car je les ai faits sans témoin, avec les ténèbres de la nuit pour complice[3]. » Elle forme, il me semble, une manière de devise.

Ne peut-on espérer approcher Léonard sans admettre d'emblée — avant même de la délimiter — la part de l'ombre ?

---

* Pour les notes concernant ce chapitre, voir page 40.

L'autoportrait de Turin a été abondamment reproduit, divulgué ; cependant, chose curieuse, suivant la façon dont l'original a été photographié, la méthode utilisée par le photograveur, suivant la taille à laquelle on l'a réduit, l'expression change — l'homme paraît différent. Quel que soit le soin apporté à l'impression, la plupart de ses reproductions semblent procéder d'une reproduction antérieure. Tantôt elles contrastent l'image, creusent les rides, et la bouche accuse un pli amer, désabusé, la ligne du nez (retouchée selon certains experts[4]) durcit, les sourcils marquent de l'irritation, une sorte d'impatience hautaine ; tantôt l'encre bave, brouille les prunelles, écrase les lèvres, et l'on a devant soi un vieillard indécis, fragile, mélancolique ; tantôt le trait mincit, s'affine, le fond se clarifie, est lavé de toutes ses rousseurs, et les pommettes gagnent en importance, les narines en volume, la barbe en ampleur, le portrait devient celui d'un patriarche solide et énergique. Ici, je crois deviner une tristesse inquiète ; là, un mélange de force et de bonté ; ici, de l'ennui, du fatalisme, un pessimisme définitif ; là, un soupçon de malice, sinon d'ironie...

C'est très étrange. D'autant que tous ces aspects, d'une certaine manière, s'amalgament et cohabitent sans heurt dans le dessin original. (S'il était toujours besoin de démontrer l'authenticité de ce dessin — souvent confondu avec sa mauvaise copie de l'Académie de Venise — la richesse subtile qu'on peut y lire suffirait pour prouver qu'il n'est pas l'œuvre d'un élève ; il devrait être classé parmi les chefs-d'œuvre de Léonard.)

La sanguine, dont Léonard est l'un des grands novateurs, pierre d'argile ferrugineuse, friable, de teinte rougeâtre, médium idéal pour les études de nus et les portraits, admirablement adapté à la chair, peut avoir, il est vrai, des délicatesses que les procédés ordinaires de reproduction sont incapables de rendre. Pour peu que le papier soit légèrement coloré, le trait semble sourdre du fond, les hachures s'estompent sans mal, on obtient un moelleux comparable à celui que permet l'huile. Léonard en tire un modelé très doux, sans que la ligne, ou plutôt la forme, perde en précision ; pas un cheveu ne manque, et pourtant nulle sécheresse dans le détail. (Il y a aussi quelque chose d'inimitable dans *le tour de main* du Vinci : vers le milieu du XIXe siècle, le graveur Calamatta ne mit pas moins de vingt ans pour transposer *la Joconde* sur cuivre ; de son propre aveu, il ne réussit pas parfaitement à en rendre les *nuances*[5].)

L'autoportrait n'est pas daté, mais la critique s'accorde pour dire qu'il a été exécuté vers 1512, à Milan ou sur le chemin de Rome. Léonard a alors environ soixante ans ; le meilleur de sa vie est derrière lui, et ce qu'il en a fait (ses carnets nous l'apprennent) est loin de le satisfaire. Sa santé décline ; l'âge et les veilles studieuses ont affaibli ses prunelles, il lui faut des lunettes pour travailler ; sous la moustache maigre, la lèvre supérieure, dénuée de relief, révèle une mâchoire édentée. Les Français dont il dépend, dont dépend en tout cas sa sécurité matérielle, sont en passe d'être chassés d'Italie ; alors que son étoile pâlit, il lui faut se mettre en quête d'un nouveau protecteur. Beaucoup de ses amis sont morts. Vers qui se tourner ? Vers qui se tourner ?

Ce qui me surprend en second lieu dans cet autoportrait, c'est que les yeux, dans l'ombre des longs sourcils épais, ne regardent pas en face mais un peu de côté, vers le bas. Les innombrables autoportraits de Rembrandt fixent dans leur quasi-totalité le spectateur droit dans les yeux. Raphaël, Dürer, Rubens, Vélasquez, Ingres, Corot, Delacroix, Van Gogh, tous les peintres qui se représentent eux-mêmes, lorsqu'ils ne se mettent pas en situation, montrent le regard direct, horizontal, que leur renvoie le miroir auquel ils demandent leur image.

Léonard, semble-t-il, entend ne pas se contenter de son reflet familier. Dans cette période d'incertitude qu'il traverse, alors qu'il doit à nouveau tout recommencer — à son âge ! — il veut se voir comme il ne se voit jamais. Il perce l'écran des habitudes, déjoue les artifices de la pose et se saisit *de biais,* au travail. Il utilise probablement un jeu savant de miroirs ; trois pour le moins : un de face, un de trois quarts, un de dos [6] (les miroirs tiennent alors une grande place dans ses préoccupations : à Rome, en 1513, il consacre beaucoup de temps et d'énergie à la construction de miroirs paraboliques). Il ne se dupe pas, il s'étudie de façon très scientifique, il se surprend véritablement lui-même ; ne se laissant ni abuser, ni distraire, ni apitoyer par son sujet, il scrute comme ceux d'un étranger les traits usés du vieil homme qu'il est devenu. Et la force mystérieuse du dessin tient peut-être en ceci : Léonard y fait le point sur sa vie, à la pointe de son crayon. Les rides, les plis, les affaissements de la chair qu'il découvre et note constituent une manière de bilan. Il retrace les différentes phases de son existence, il analyse les marques qu'ont laissées en lui les années : l'enfance dans le village de Vinci, l'apprentissage à Florence, l'époque heureuse du premier séjour à Milan, l'incertitude et l'errance, le voyage mercenaire à la solde de César Borgia... Il se cherche, s'interroge, se *réfléchit;* dessiner est pour Léonard une façon de comprendre : il parle de son art comme d'un instrument d'investigation scientifique et philosophique. En formant sur le papier les ondulations de sa barbe ou la ligne de ses lèvres diminuées par le temps, il fait son examen de conscience. Plus d'un demi-siècle avant Montaigne, ne se proposant comme lui « aucune fin, que domestique et privée », avec une maîtrise qui respire le silence et la solitude, il se recueille, se sonde, s'ausculte, « se goûte, se roule en soi », se pèse et se juge aussi, se condamne par endroits ; et tous les sentiments qui le traversent tandis que la main court sur la feuille, passant sur son visage comme l'ombre de nuages, transparaissent dans le portrait.

« C'est un subject merveilleusement vain, divers et ondoyant, que l'homme », dit l'auteur des *Essais*.

Léonard apprend à s'accommoder du passé et à ne plus avoir grand-chose à attendre. Malgré la lassitude, dominant ce rien d'amertume qu'on devine aux coins de la bouche, chassant le regret, *sans le secours d'aucune illusion*, il ne se rend pas, il ne désespère pas : avec son grand front buté, il semble dire qu'il persévère.

Il y a ce que l'on sait, ce que l'on ne sait pas ; dans le cas de Léonard, il y a beaucoup ce que l'on devine, que l'on suppose, que l'on imagine — que l'on met. Kenneth Clark, qui a employé une bonne partie de son existence à l'étudier, écrit : « Léonard est l'Hamlet de l'histoire de l'art que chacun recrée pour lui-même, et bien que je me sois efforcé d'interpréter son œuvre le plus impersonnellement possible, je dois reconnaître que le résultat est amplement subjectif. » Encore Kenneth Clark ne parle-t-il que de l'œuvre[7]...

Léonard a-t-il été *obscurci* par le voile insidieux de sa propre légende, comme une peinture qu'a enfumée avec le temps un vernis trop généreux ?

La légende s'est formée très tôt, du vivant même de l'artiste, et l'autoportrait de Turin, qui a contribué à la développer, en révèle un des aspects, un des moteurs. Je veux parler de l'apparence physique, très particulière, de Léonard — de l'effet que produisent sur l'imagination les prunelles sceptiques sous l'auvent des sourcils recourbés, le grand crâne dégarni et surtout les longs flots blancs de la chevelure et de la barbe majestueuse (qui n'a pas la texture habituelle d'une barbe, buisson plus ou moins désordonné de poils, mais est composée de *mèches* lisses et fluides, de sorte qu'elle se distingue à peine de la chevelure).

Le XIXe siècle, qui enfanta Hugo, Tolstoï, Whitman, nous a accoutumés dans une certaine mesure à cette allure de prophète, caractéristique du grand homme qui fait métier de penser. Au tout début du XVIe, en revanche, la barbe et les cheveux longs et blancs (sans parler d'une *barbe fleuve*), loin d'être courants[8], relèvent de l'Antiquité, des Ecritures, des temps mythiques : ils appartiennent à

Homère, à Neptune, au roi David, à Charlemagne, à Merlin l'Enchanteur — pour ne pas dire à Dieu le Père.

La silhouette unique de Léonard était célèbre dans les rues de Milan comme de Florence et les contemporains de l'artiste, d'ordinaire avares de descriptions physiques, ne manquent pas d'y faire allusion chaque fois qu'ils le mentionnent. Un auteur anonyme (désigné sous le nom d'Anonyme Gaddiano, ou Magliabecchiano, d'après le fonds dont fait partie le texte qu'il a laissé, aujourd'hui à la Bibliothèque nationale de Florence) précise que la barbe, « peignée et frisée », tombait jusqu'au milieu de la poitrine. Léonard aimait sans doute à se distinguer : l'Anonyme Gaddiano nous apprend qu'il portait en outre « un vêtement couleur de rose qui ne lui descendait qu'aux genoux, quoique la mode fût à cette époque aux vêtements longs [9] ». Le peintre milanais Giovanni Paolo Lomazzo, qui, devenu aveugle à l'âge de trente ans, consacra le reste de sa vie à la rédaction de traités théoriques, attribuant dans son curieux *Idea del tempio della pittura* un animal et un métal symboliques aux sept plus grands artistes italiens, les *governatori dell'arte,* donne à Léonard l'or, pour sa splendeur, et le lion, pour sa noblesse. Il note également la longueur des cheveux, des sourcils, de la barbe, afin de le déclarer « vrai modèle de la dignité du savoir, comme jadis l'Hermès Trismégiste et l'antique Prométhée [10] ».

Cette apparence renvoyait surtout à l'Antiquité, la mode y portait, et Lomazzo n'est pas le seul à recourir à la Grèce pour faire le panégyrique de Léonard. Pompeo Gaurico en fit l'émule d'Archimède dans son *De sculptura* (paru en 1504) ; l'humaniste Giovanni Nesi, qui connut le Vinci à Florence, vers 1500, parlant de son « image vénérable », se référa quant à lui à Délos, à la Crète, à Samos, patrie de Pythagore [11]. Mais c'est Aristote, et plus encore Platon, particulièrement le Platon un peu mystique conçu par l'Académie de Careggi, cet archétype du philosophe, que Léonard devait surtout évoquer à ses contemporains érudits. La *tête* qu'il s'était faite, alliée à ce qu'on connaissait de ses préoccupations scientifiques, à une attitude distante, une humeur égale, une réputation de bizarrerie (il était gaucher, végétarien...) que le vêtement rose ne pouvait que confirmer, ainsi que la cour d'élèves jeunes et beaux qui l'entourait, l'assimilaient irrésistiblement au « philosophe des princes, prince des philosophes [12] », au *grand Platon,* qu'on se figurait alors un peu magicien, qu'on croyait médecin, qu'on qualifiait de « maître du divin », de père de tous les mystères, d'annonciateur de la Trinité.

Léonard était sans doute plus proche par la pensée d'Aristote que de Platon, mais le *Quattrocentro,* si curieusement informé, avait tendance à confondre les images de ces philosophes qu'il se figurait également barbus et imposants. Les longs cheveux blancs mêlés à la barbe appartenaient plutôt, à l'origine, à l'iconographie d'Aristote ; cependant, comme Platon lui était antérieur, que l'enseignement platonicien ou néo-platonicien était alors plus en vogue, ces signes de l'ancienneté et de la prééminence étaient fréquemment transférés de l'un à l'autre.

En 1509, soit trois ans environ avant que Léonard ne fasse son autoportrait, Raphaël peint au Vatican, dans la salle dite de la Signature, la grande fresque de l'*Ecole d'Athènes.* Placée en face de la *Dispute du Saint Sacrement,* cette œuvre capitale, qui résume les aspirations et les goûts de l'époque, met sur un pied d'égalité penseurs antiques et docteurs de l'Eglise. Au centre, sous les portiques de marbre dont les cintres harmonieusement répétés semblent une projection architecturale de la raison suprême, se détachant seuls sur le ciel, l'un le *Timée* sous le bras et l'autre l'*Ethique,* Platon et Aristote dominent l'assemblée respectueuse des sages qui s'ouvre pour leur faire un chemin. Drapé dans une toge *couleur de rose,* l'index levé dans un geste typiquement léonardien [13], Platon n'emprunte-t-il pas là, très précisément, les traits du vieil homme que montre l'autoportrait de Turin ? Les cheveux et la barbe présentent les mêmes vagues emmêlées ; les mêmes rides sillonnent un vaste front ; la bouche accuse un même pli tombant ; de gros sourcils couvrent le même regard insaisissable... Raphaël connut Léonard à Florence, au sommet de la gloire, quelques années auparavant, et acheva au contact de ses œuvres une formation commencée auprès du Pérugin, ancien condisciple du Vinci. Suivant une habitude de l'époque, il introduisit dans sa composition des personnages contemporains (François-Marie d'Urbin, le jeune Frédéric de Mantoue, le Pérugin, ainsi que lui-même) et donna, suppose-t-on, à certains sages antiques le visage d'artistes qu'il admirait, afin d'élever les arts plastiques au niveau de la philosophie. La tradition identifie Michel-Ange (dont la première partie de la Sixtine fut inaugurée en août 1511) avec le sombre Héraclite assis au premier plan, et l'architecte Bramante — ami de Léonard, compatriote de Raphaël, qui participa sans doute à la réalisation du fond de la fresque — avec « l'ingénieux Euclide » qu'on voit sur la droite manier un compas. Si la tradition ne se trompe pas, c'est donc au Vinci que Raphaël réserva la meilleure part de son hommage — c'est lui qu'il choisit pour représenter l'homme qu'on estimait alors être le plus grand penseur de tous les temps ; c'est lui qu'il jugea le plus digne d'incarner la profondeur de la sagesse antique et d'en symboliser le renouveau [14].

D'un philosophe (l'époque comprenait le mot dans son sens le plus large : « l'homme de savoir »), autant ou plus que d'un artiste — telle est l'impression que Léonard laissa plus tard à la cour de François Ier. Benvenuto Cellini, qui vint en France vingt ans environ après lui, cite dans ses *Discours sur l'Art* le témoignage du roi : « Je tiens à redire ce que le roi me dit à moi-même en présence du cardinal de Ferrare, du cardinal et du roi de Navarre. Il dit qu'il croyait que jamais il n'y avait eu dans le monde un homme sachant autant de choses que Léonard, non seulement en sculpture, en peinture et en architecture, mais encore en philosophie, car c'était un très grand philosophe [15]. »

Sans doute, ce *diavolo* de Cellini exagère-t-il comme toujours, emporté par le désir de glorifier un compatriote. Cependant d'autres textes du XVIe siècle confirment l'idée d'un Léonard « philosophe ». Baldassare Castiglione signale par exemple dans son *Courtisan* (*Il Cortegiano,* écrit entre 1508 et 1516) l'amour de Léonard pour la philosophie, afin de le déplorer, puisqu'il le détournait de la peinture [16]. Et Geoffroy Tory, imprimeur du roi de France en 1530, répète presque mot pour mot la déclaration de François Ier à Cellini : « Léonard de Vinci n'est pas seulement un excellent peintre, mais un véritable Archimède ; c'est également un grand philosophe. »

L'image majestueuse d'un sage antique s'imposait, semble-t-il, aux intimes mêmes de Léonard. Il est intéressant de comparer dans cette perspective l'autoportrait de Turin aux portraits que ses élèves ont faits de lui : au profil que possède la Bibliothèque royale de Windsor [17] et à sa réplique de l'Ambrosiana [18], attribués soit à Francesco Melzi, soit à Ambrogio de Prédis.

Le profil de Windsor montre un Léonard plus jeune de quelques années que celui de l'autoportrait ; le temps n'a pas encore dégarni le haut du crâne, les cernes des yeux sont moins marqués, les rides moins profondes, la barbe plus fournie et encore plus lisse. Mais il existe aussi entre les deux œuvres des différences qui ne doivent rien à l'âge : l'élève a rectifié le nez du maître, l'a aminci, l'a affiné, comme pour atteindre à l'idéal grec ; il a omis les épais sourcils ; la pose de profil fait songer à une figure de médaille ; l'expression désabusée, douloureuse, lourde du regret de tout ce qui n'a pas été accompli, hantée par les déceptions, les échecs, la proximité de la mort, s'est déguisée, épurée, n'est plus que sérénité limpide aux yeux du disciple ébloui. Dissimulant aux autres l'angoisse qui le rongeait, dont ses notes personnelles nous retracent seules l'inexorable progression, Léonard offrait en public, semble-t-il, un masque égal, lumineux, pétri de bonté, de douceur, de mansuétude. Les souvenirs unanimes de ceux qui le connurent (« un ange incarné », rapporte encore Cellini) forment l'image exemplaire d'un être parfait. Dans les pages qu'il lui a consacrées, Giorgio Vasari emploie ainsi, au milieu d'une pluie de superlatifs, de façon répétée et presque lancinante, le terme divin : « Quoi qu'il fasse, chacun de ses gestes est si *divin* que tout le monde en est éclipsé, et on saisit clairement qu'il s'agit là d'une faveur *divine* et non d'un effort humain... »

Comment retrouver derrière ce visage mythique l'orgueilleux émule du héros d'Ovide qui avouait agir « sans témoin, avec les ténèbres de la nuit pour complice » ?

Vers le milieu du XVIe siècle, le très fécond Giorgio Vasari, peintre médiocre mais architecte honorable (Florence lui doit ses Offices), entreprit d'écrire, sur le modèle de Plutarque et de Suétone, les vies des plus grands artistes italiens. L'idée lui en était venue à Rome, chez le cardinal Farnèse, au cours d'un entretien avec l'historien Paolo Giovo, mieux connu chez nous sous le nom de Paul Jove. Jove avait commencé de rédiger, en latin, des « éloges » d'artistes célèbres mais, étranger au métier de peintre, hésitait à poursuivre. Vasari s'attela à la tâche, à sa place, sans tarder. Il avait déjà amassé quantité de notes sur ses confrères illustres, recueilli des anecdotes, dressé des listes d'œuvres, acheté des esquisses, des dessins qu'il serrait dans de gros portefeuilles. Il étendit sa quête, puisa à de nouvelles sources, enrichit son inventaire ; quelques années plus tard, en 1550, il fit paraître aux éditions Torrigiani sa *Vite de' più eccellenti architettori, pittori e scultori italiani*, écrite en toscan et comprenant cent vingt biographies[19]. Il y racontait toute l'aventure de l'art italien, des primitifs aux « modernes », s'efforçant de dégager trois manières, trois périodes : l'émancipation (dont le meilleur représentant était Giotto), la maturité (atteinte avec Masaccio), la perfection (commencée par Léonard, achevée selon lui par Michel-Ange) ; il inventait l'histoire de l'art.

Le succès fut tel que Vasari, devenu une sorte de surintendant des beaux-arts du grand-duc Cosme de Médicis, fit paraître en 1568 une seconde édition des *Vies*, amplifiée, illustrée de portraits, modifiée et dans laquelle il s'était mis lui-même. « Vos peintures périront, lui avoua Jove avec une brutale franchise, mais le temps ne consumera pas cet écrit. »

On n'insistera jamais assez sur la dette qui nous lie à Vasari. L'essentiel de ce que nous connaissons des artistes italiens du XIIIe au XVIe siècle découle de son énorme ouvrage. Malgré des inexactitudes, des erreurs, en dépit de partis pris, d'un nationalisme (florentin) souvent aveugle, d'une tendance fâcheuse au sermon moralisateur ou à l'hagiographie, de son goût précisément de la légende (Félibien, qui le copia, l'appela « un âne chargé de reliques »), Vasari demeure une référence première et indispensable pour ceux que passionne cet épisode privilégié de l'histoire de l'humanité qu'est la Renaissance italienne.

Vasari avait huit ans à la mort de Léonard, mais il étudia à Florence dans des ateliers où le souvenir du maître à la barbe blanche restait vivace, auprès de gens qui l'avaient plus ou moins connu, qui continuaient d'évoquer entre eux ses faits et gestes. Plus tard, il approcha certains de ses anciens élèves grâce auxquels il put vérifier, compléter, élargir les informations déjà obtenues — notamment Francesco Melzi, l'ami, l'exécuteur testamentaire et héritier, qui conservait précieusement, avec les manuscrits, un portrait dessiné du Vinci (peut-être l'autoportrait de Turin). Enfin il put acquérir quelques études à la plume ou au fusain de Léonard — dont il connaissait l'œuvre en partie par ouï-dire — pour sa collection personnelle.

Sa *Vie de Léonard de Vinci, peintre et sculpteur florentin* n'est pas le récit d'un témoin direct, mais s'appuie sur nombre de relations de première main — et nous ne disposons pas de témoignage plus complet.

A lire la vingtaine de pages que compte ce texte, on sent Vasari à la fois fasciné et déconcerté : le personnage est si ambigu, ressemble si peu à ses confrères — Léonard a exploré les domaines les plus divers, a touché aux limites extrêmes du savoir, a conçu des projets extravagants, a longtemps poursuivi des chimères, et il a rarement achevé les ouvrages commencés, et il a produit si peu... D'autres combinent comme lui les métiers de peintre, de sculpteur, d'architecte et d'ingénieur, ou ont su s'illustrer par des œuvres comparables aux siennes par le mérite, ou ont mené une vie plus singulière, aucune personnalité n'est si intimidante, aucune carrière si difficile à cerner. D'où les renvois nombreux, en guise d'explication, à un aspect surhumain : *divino ;* l'image altière du vieux sage à la barbe et aux cheveux emmêlés étendait son ombre sur l'historien, dirait-on, lui dissimulant en partie l'homme d'os et de chair.

« Les influences célestes, écrit Vasari, peuvent faire pleuvoir des dons extraordinaires sur certains êtres humains, c'est un effet de la nature ; mais il y a quelque chose de surnaturel dans l'accumulation débordante chez un même individu de la beauté, de la grâce et de la puissance. »

Il ne s'agit pas d'un tour de rhétorique. Vasari prête tous les dons, toutes les qualités à Léonard. Il évoque une adresse, une force prodigieuses : « Il pouvait dompter les plus violentes fureurs ; de sa main droite, il tordait le crampon d'une cloche murale ou un fer à cheval comme s'ils étaient de plomb. » Il vante sa générosité (« dans sa libéralité, il accueillait et nourrissait tout ami, riche ou pauvre »), sa gentillesse, sa douceur, son éloquence (« son discours infléchissait dans le sens qu'il voulait les volontés les plus obstinées »), sa « royale magnanimité », son sens de l'humour, son amour des animaux (« passant par le marché, il tirait des oiseaux des cages, payait le prix demandé, et les laissait s'envoler, leur rendant la liberté perdue »), sa « terrible vigueur de raisonnement étayée par l'intelligence et la mémoire », la subtilité de son esprit qui « n'arrêtait jamais de distiller des inventions », ses dispositions pour les mathématiques, pour les sciences, pour la musique, pour la poésie. L'artiste était, de surcroît, d'une beauté admirable : d'une « beauté physique au-dessus de tout éloge »...

Dans quelle mesure peut-on croire à la véracité de ce portrait ? La force, la prestance magnifique dont Vasari gratifie Léonard comptaient alors, étrangement, parmi les attributs de Platon (dans sa *Vita Platonis,* Marsile Ficin parle avec foi des épaules très larges et robustes du philosophe[20]). Le fer à cheval tordu comme du plomb de la main droite (alors que Léonard était gaucher) fait un peu figure de style ; l'exemple du crampon de cloche paraît à peine plus probant. Les qualités prêtées à l'artiste définissent l'homme idéal qu'imagine l'époque — aimable, bon cavalier, capable de jouer d'un instrument, d'improviser des vers, à la fois charitable, brillant causeur, cultivé et sportif. Les apologies de Laurent de Médicis ou de Fransesco Sforza regorgent de superlatifs très semblables à ceux qui constellent la *Vie* de Léonard. Dans son *Courtisan,* Baldassare Castiglione réclame du prince et de son entourage des talents, des vertus analogues.

Pourtant, d'autres sources confirment le portrait dans son ensemble : l'être prodigieux dépeint par Vasari paraît avoir existé, réellement : la légende repose sur des fondements solides.

Dans son court *Eloge*[21], composé à Ischia où il se retira après le sac de Rome, l'impartial Paul Jove, qui avait connu Léonard à la cour du pape Léon X, notait avant Vasari : « Son charme, sa générosité et son esprit brillant n'étaient pas inférieurs à la beauté de sa personne. Son génie d'invention était surprenant et il était l'arbitre de toutes les questions touchant à la beauté et à l'élégance, en particulier pour tout ce qui concerne les spectacles d'apparat. Il chantait admirablement en s'accompagnant lui-même sur la *lira* et la cour entière s'en délectait. » Léonard mourut à l'âge de soixante-sept ans, concluait Jove, « à la grande affliction de tous ses amis ».

L'Anonyme Gaddiano, dont le texte fut publié pour la première fois en 1892, commençait son exposé pareillement, en soulignant que Léonard « était si exceptionnel et si richement doué que la nature semblait avoir accompli un miracle en sa personne, non seulement par sa beauté physique, mais par les nombreux dons dont elle l'avait pourvu et qu'il exerçait avec une parfaite maîtrise ». Plus loin (reprenant, semble-t-il, les propos d'un tiers, proche de Léonard, le peintre Giovanni di Gavina ou le vaniteux sculpteur Baccio Bandinelli[22]), il ajoutait encore que l'artiste « était beau de sa personne, gracieux et bien propotionné ».

Selon Clark, Léonard passait en son temps pour un chef-d'œuvre de la nature, pour une parfaite œuvre d'art.

Cette insistance unanime sur la beauté de l'homme (d'un homme pourvu des plus hauts dons) a de quoi troubler. La beauté physique (accompagnée de tous ses raffinements, que ne dédaignait pas Léonard : qu'on songe au court manteau « couleur de rose », à la barbe coquettement « peignée et frisée », aux poils parfaitement domestiqués, au rôle d'« arbitre des élégances » que lui fait jouer Jove...) semble peu compatible avec la dignité du vieux sage, homme de science et philosophe autant qu'artiste, peu en rapport avec la ferveur du savant qui consumait ses forces dans l'étude, qui aspirait à tout savoir. En même temps, on cherche la faille. Et l'on se demande si ces avantages physiques que tout le monde s'accorde à lui reconnaître, source de facilités nombreuses, ne l'ont pas desservi, ne lui ont pas été une manière de handicap. Et aussi quelles antipathies, quelles haines ils lui ont attirées.

Pour être à même de peindre des anatomies exactes, Léonard « disséquait des corps de criminels dans les écoles de médecine, impassible devant ce travail inhumain et repoussant[23] ». Ses contemporains ne l'ignoraient pas (Léonard s'en vantait, comme par provocation : au cardinal d'Aragon, il confia en 1517 avoir disséqué « plus de trente corps d'hommes et de femmes de tout âge »[24]) ; je ne peux m'empêcher de me demander quels étaient leurs sentiments à l'égard de ce *dandy* impeccable, aussi beau qu'élégant, lorsqu'ils l'imaginaient ouvrant des chairs mortes à la lueur d'une chandelle, coupant les os à la scie, plongeant des mains qu'on peut supposer très soignées (il avait inventé une méthode pour éviter d'avoir les ongles noirs) dans la puanteur des viscères...

Il suffit de parcourir les pages innombrables des carnets dans lesquels Léonard s'est efforcé tout au long de sa vie à la fois de développer et d'enfermer sa pensée pour comprendre l'émerveillement que la richesse, la profondeur, la subtilité de son esprit pouvaient inspirer à ceux qui avaient la chance de l'approcher. Ses croquis, ses écrits attestent amplement les qualités et les dons qu'énumère Vasari — jusqu'à l'humour espiègle, voire cette générosité, cette bonté envers les animaux dont le biographe fait grand cas. La beauté physique, en revanche, qui a dû tant compter, le charme, la grâce, aucune peinture, aucune sculpture n'en perpétue le reflet de façon certaine, comme rien ne nous restitue l'écho des chants qu'il improvisait en s'accompagnant sur la *lira*.

L'autoportrait de Turin — seul portrait quasi incontestable de Léonard — parle de noblesse, d'une grandeur poignante, sans doute, mais ne laisse guère deviner, derrière les rides désabusées qu'il avoue, l'Apollon que le vieillard de soixante ans put être autrefois. A peine perçoit-on au fond du regard une certaine clarté, de la douceur. En se dessinant, Léonard ne songeait pas à léguer son image à la postérité — à bâtir une image représentative, et à plus forte raison flatteuse de lui-même ; c'est un autoportrait pour soi, enregistré par un crayon minutieux, inquisiteur mais urgent, sans possibilité (ni désir) de repentir, presque un *instantané*. Il révèle l'homme à un moment précis de son existence, et il s'agit d'un moment de crise : les circonstances y ont leur part ; il donne à voir au-delà des apparences. Ce n'est d'ailleurs qu'un dessin, pas une peinture, pas même le dessin préparatoire d'une peinture : l'angle sous lequel Léonard s'observe, l'absence de couvre-chef, la pose trop naturelle, un peu négligée, l'expression soucieuse qu'il saisit ne vont pas dans le sens du portrait peint de l'époque : il y a trop de spontanéité, trop d'émotion dans cette sanguine.

Sous cet aspect, le profil de Windsor (ou son jumeau de l'Ambrosiana), tracé par un élève, plus solennel, plus convenu, dans son irréalisme probable, rend mieux une certaine réalité : la réalité publique — celle des formes perçues[25]. L'âge n'a pas éteint la beauté, aucune angoisse ne trouble la pureté harmonieuse du visage, le pouvoir de séduction s'y maintient intact. Alors que la jeunesse s'était enfuie, Léonard impressionnait encore par le physique : quelques années seulement avant que ne fût dessiné l'autoportrait de Turin, le poète Jean Lemaire de Belges, dans sa *Plainte du Désiré*, citant Léonard parmi les protégés du comte de Ligny dont il pleurait la mort, écrivait encore : « Toy, Léonard, qui as grâces supernes », sans plus — il n'évoquait ni l'œuvre du peintre et du sculpteur (pourtant si appréciée des Français), ni les travaux de l'ingénieur, ni les recherches du savant : rien ne lui paraissait mieux définir le vieux maître que le charme exquis de sa personne.

Léonard « avait si grand air, rapporte Vasari, que rien qu'à le voir la tristesse disparaissait ». Ainsi, tandis que la plupart de ses contemporains vantaient en lui l'artiste, que certains louaient le « philosophe » ou l'ingénieur (et c'était alors lui faire un plus grand hommage), d'autres appréciaient d'abord son ineffable présence.

Sans aller jusqu'à soutenir que la petite taille de Napoléon, par exemple, est une donnée déterminante de l'évolution de l'Europe après 1789, je crois qu'on ne peut comprendre tout à fait certains êtres si l'on ne sait d'abord à quoi ils ressemblent, c'est-à-dire si l'on ne perçoit les avantages ou les tourments que leur donne leur physique, et la façon dont ils s'en accommodent. Michel-Ange avait le visage plutôt laid, les oreilles décollées, les yeux étroits et le nez écrasé par le coup de poing d'un confrère ; cela n'explique pas sa nature ombrageuse, emportée, orgueilleuse, solitaire, et moins encore son génie ; cela éclaire toutefois utilement, en la complétant, l'histoire de sa vie : d'une façon ou d'une autre, cela n'a pu manquer de l'affecter. Dans le cas de Léonard, il est regrettable que l'on n'ait de lui que des portraits dessinés (dénués pour le moins de couleurs) le montrant à un âge avancé ; qu'aucune image certaine de lui, jeune homme — alors qu'il était dans l'éclat de sa beauté — ne nous soit parvenue ; qu'on ne puisse, par conséquent, le suivre dans les étapes successives de son existence, voir l'expression de ses yeux *avant* l'époque des désillusions (étaient-ils seulement verts, comme on le prétend sans preuve ? Léonard est de ces hommes dont on aimerait tout savoir), connaître à quel moment (et donc à la suite de quoi) il a choisi de se dissimuler sous le voile peu banal d'une longue barbe ondulée (était-ce pour camoufler les ravages inexorables du temps ?) et comment lui est venue sa tête de prophète...

Sans les quelques descriptions littéraires citées précédemment, on ne soupçonnerait pas que Léonard ait pu être dans sa jeunesse d'une beauté mémorable. L'autoportrait de Turin (si éloquent par ailleurs) a déterminé, directement et indirectement, toute l'iconographie de l'artiste et, du même coup, nous a formé — a fini par nous imposer — une idée réduite et indélébile de l'homme : on ne le conçoit plus autrement que sous les traits presque symboliques du subtil vieillard à barbe blanche ; on ne conçoit pas qu'il ait eu auparavant un autre visage. (Significativement, lorsqu'on représente sa vie en images, on le montre *toujours* barbu et chevelu, se bornant à lui foncer et lui épaissir le poil pour le rajeunir[26].)

Cristofano Coriolano, le graveur vénitien auquel Vasari eut recours pour illustrer chacune des *Vies* de la seconde édition de son ouvrage, vulgarisa le premier cette vision simplifiée de Léonard.

S'inspirant (à mon sens[27]) de l'autoportrait de Turin, il burina un profil vigoureux où se retrouvent les rides, le nez un peu fort, le haut front sourcilleux. Seul apport nouveau : un couvre-chef de voyage, à mi-chemin entre la casquette et le béret. Plus ou moins modifiée, la gravure de Coriolano fut reproduite à Anvers, en 1611, à Amsterdam, en 1682, à Paris, en 1745[28]... Vasari la reprit dans sa fresque *la Cour de Léon X*, au Palais-Vieux de Florence. Le détail des traits importait peu ; les signes caractéristiques (la barbe, les cheveux, le curieux couvre-chef) suffisaient désormais à l'identification immédiate de Léonard, comme la moustache, le melon et la canne suffisent à celle de Charlie Chaplin : c'était déjà un type, une silhouette. Le triste monument de la Piazza della Scala, à Milan, dû au marteau du sculpteur Pietro Magni, ou le pathétique tableau d'Ingres qui montre Léonard mourant dans les bras d'un François Ier éploré s'inspirèrent à leur tour de cette *idée* de l'homme.

Un tableau des Offices de Florence passa longtemps pour un autoportrait à l'huile du maître : Léonard y apparaît, mûr et barbu, mais le regard vif, et coiffé cette fois d'une sorte de charlotte. Acquis au temps des Lorraine (grands-ducs de Toscane après l'extinction des Médicis), il était donné avec une belle assurance comme de la main du Vinci dans l'inventaire de 1753. Au début de notre siècle, un guide touristique [29] (qui le décrit de la sorte : « De trois quarts tourné vers la droite, longue barbe blanche ; toque et vêtements noirs, manteau doublé de fourrure ») maintenait l'attribution, quoique avec des réserves : « Ce tableau, qui aurait été peint vers 1507, est d'une authenticité douteuse. » Vers 1935, la peinture, dont la banalité hérissait les connaisseurs, fut enfin soumise à l'analyse scientifique : une radiographie montra alors que le portrait avait été peint par-dessus une *Marie-Madeleine pénitente,* œuvre de peu d'intérêt, vraisemblablement d'un artiste allemand du XVIIe siècle[30] : non seulement il ne s'agissait pas d'un autoportrait, mais encore le tableau était postérieur à la mort du Vinci de plus d'un siècle et demi... Il fut retiré de la salle des portraits des Offices ; il avait, cependant, eu le temps d'occuper les esprits : la toque qu'il présente, jugée sans doute « plus Renaissance » (avec son petit côté Henri II) que le béret de voyage gravé par Coriolano, avait déjà envahi l'iconographie de Léonard. (Elle figure, par exemple, dans la sculpture de Magni, place de la Scala, comme dans la majorité des portraits de Léonard, peints ou gravés à cette époque.)

Il existe d'autres *portraits présumés,* notamment un profil assez fruste, également aux Offices, attribué à un disciple et tiré du profil de Windsor, et une figure, de trois quarts, au musée de Cherbourg, en mauvais état, qui ressemble vaguement au Léonard de l'autoportrait de Turin avec quelques années en moins... Aucun ne convainc, ni n'apporte d'élément précis ou nouveau sur le physique (sur la psychologie) du Vinci[31].

Des historiens[32], vers le milieu du XIXe siècle, ont fouillé toute la production artistique des contemporains de Léonard (et de la génération suivante), dans l'espoir d'y dénicher quelque portrait inconnu du maître. Leurs efforts n'ont mis en lumière que des représentations invariablement idéalisées (comme le Platon de l'*École d'Athènes* de Raphaël) et le plus souvent discutables. Pratiquement, dès lors qu'on découvrait dans une œuvre un vieillard chenu, à longue barbe, coiffé de préférence d'une toque ou d'un bonnet, on s'ingéniait à démontrer qu'il s'agissait du Vinci : on le reconnut dans le *Mariage de la Vierge* de Luini (sanctuaire de Saronno), dans une *Sainte Famille* anonyme de Florence sous les traits de saint Joseph, dans un dessin de Michel-Ange où un vieil homme tient un crâne dans ses mains à la façon d'Hamlet (British Museum) — voire dans le *Moïse* du Vatican, sculpté vers 1513 —, dans la *Dispute du Saint Sacrement* de Raphaël sous les traits du roi David (jouant de la lyre), dans le vieillard encapuchonné des *Trois astronomes* de Giorgione (musée de Vienne), dans différentes scuptures lombardes représentant Aristote (toujours couvert d'un bonnet), dans une miniature d'un traité de musique de Florenzio (*Codex attavantiano*, à la bibliothèque Trivulcienne, à Milan), dans une miniature de Jean Perréal (Bibliothèque nationale de Paris), etc. J'ajouterai pour ma part à cette liste le *Saint Jérôme* de Cesare da Sesto, pour lequel le profil de Windsor semble presque une étude (Richmond Cook Gallery). Mais, même si l'on admet ces identifications, aucune de ces œuvres ne peut être considérée comme un vrai portrait d'après nature, comme un portrait *parlant*, permettant de saisir un peu la personnalité du modèle — à la manière de l'autoportrait de Turin. Elles révèlent toujours moins le sujet que l'auteur ou le critique, ou que le sentiment de l'auteur ou du critique envers le sujet.

D'autres historiens allèrent plus loin et cherchèrent dans la production de l'entourage du *jeune* Léonard d'éventuels portraits de lui, *avant* le temps des rides et de la barbe. En se livrant au jeu arbitraire des ressemblances, ils le reconnurent dans le saint Michel du *Tobie et les Archanges* de Francesco Botticini, ou aux côtés de Laurent le Magnifique dans l'*Adoration des Mages* de Botticelli (tous deux aux Offices). Enfin, ils voulurent que, pour son *David* (Musée national de Florence), Verrocchio, dont il était l'élève, le prît pour modèle. Encore une fois, ces identifications sont *possibles ;* l'âge et les dates correspondent à peu près ; la forme du nez, du crâne, des paupières, la douceur mélancolique des yeux, le dessin régulier des lèvres, l'ondulation des cheveux qui tombent en boucles anticipent assez bien l'autoportrait de Turin ; de plus, si Léonard était aussi beau qu'on l'affirme, il est normal que son maître (Verrocchio) ou que des camarades, peut-être compagnons d'atelier (Botticini, Botticelli), lui aient demandé de poser pour eux. Au cas où ces identifications seraient exactes, il me semble intéressant de noter que le David de Verrocchio, dont le coutelas a tranché la tête de Goliath, comme le saint Michel de Botticini, en armure, tenant dans son poing une épée, offrent tous deux un curieux mélange de résolution guerrière et d'innocence sereine, allient tous deux la grâce avec la lucidité, la réserve avec le sourire, une tendre beauté avec une hardiesse distante ; ces anges de pureté ont la rigueur implacable de la lame nue qui prolonge leur main. Mais peut-être cela ne reflète-t-il, ne dénonce-t-il toujours qu'une idée préconçue de Léonard ?

On ne s'en tint pas là, on le chercha dans sa propre production : il n'avait pu ne pas s'étudier, se montrer, se représenter lui-même davantage. Dans son *Adoration des Mages* (aux Offices), inachevée comme nombre de ses œuvres, on remarqua un jeune homme au corps élancé, au nez caractéristique, osseux, légèrement busqué, qui, debout sur la droite, regarde à l'extérieur du tableau, comme si, témoin peu attentif du mystère de l'Epiphanie, il s'entretenait avec un interlocuteur *hors cadre.* Une composition vaste et solennelle (*Adoration, Vierge en majesté,* etc.) permettait alors de glisser parmi les personnages de l'Histoire sainte les figures du commanditaire, riche marchand, prince ou prélat, accompagné de membres de sa famille, vivants ou décédés, de ceux auxquels on souhaitait rendre hommage, d'amis, ou, comme une manière de signature, de se peindre soi-même. Dürer abusa du procédé. Masaccio se mit dans une fresque du Carmine[33], et Filippino Lippi dans une autre qui lui fait pendant. Fra Filippo Lippi, le père de ce dernier, apparaît, pense-t-on, tonsuré, le menton sur la main et l'air songeur, dans son *Couronnement de la Vierge* des Offices, et dans l'*Adoration* de Botticelli, citée plus haut, on reconnaît, outre diverses personnalités politiques, drapé dans un grand vêtement jaune, levant vers le spectateur un œil plein de défi, le peintre lui-même. Tous ces autoportraits se signalent soit par leur situation à l'intérieur du tableau (ils en occupent un des angles inférieurs), soit par une attitude, un regard en complet désaccord avec les autres personnages, qui les rendent étrangers à la scène et les singularisent, soit par les deux procédés à la fois. C'est le cas du jeune homme de l'*Adoration des Mages* de Léonard, très semblable en cela à l'autoportrait au manteau jaune de Botticelli : leur position, leur situation périphérique[34], le sujet de l'œuvre, la date de l'exécution les rapprochent. On regrette d'autant plus que le tableau du Vinci soit inachevé : des pourtours, des indications de lumières — aucune chair, nulle couleur, aucune information précise, sinon d'une certaine allure, élégante et déliée. Ce jeune homme à l'air détaché émerge à peine de l'ombre à laquelle il appartient[35].

On chercha encore — dans les dessins, dans les carnets. Léonard aima à dessiner des éphèbes autant que des vieillards à toutes les périodes de sa vie, et souvent les visages usés ou terribles sortis de son crayon se ressemblent entre eux, ils évoquent ou annoncent l'autoportrait de Turin, comme si l'artiste avait eu, très jeune, en s'observant, l'intuition de son visage futur. A moins de trente ans, il dessina des profils d'hommes mûrs[36] qui paraissent des autoportraits prémonitoires (de sorte que certains[37] y ont vu, sans autre preuve que cet *air de famille,* des portraits de son père, ser Piero de Vinci, dont il n'existe aucune image). Le grand front, le nez puissant, l'œil acerbe ou rêveur, la bouche aux plis tombants, le menton un peu lourd se répètent sur les feuilles de ses carnets, de façon parfois caricaturale, comme s'il avait été hanté par ses propres traits, ou plutôt que ceux-ci lui avaient inspiré, lui avaient prescrit un type d'homme auquel il revenait sans cesse, lui avaient façonné une sorte de *canon* dont il ne pouvait s'affranchir. (Léonard a tendance, par exemple, à donner aux visages masculins qu'il dessine une lèvre inférieure charnue, proéminente, qui devient dans ses charges les plus outrées une véritable lippe.) C'est l'explication la plus probable ; lui-même la suggère dans ses notes : « Le peintre qui a des mains grossières en fait de pareilles dans ses œuvres, dit-il... Es-tu bestial, tes figures le seront aussi, et dénuées de grâce ; et, semblablement, toute propriété que tu as en toi, bonne ou mauvaise, se manifestera en partie dans tes personnages[38]. » Et encore : « Applique-toi à copier les parties agréables des beaux visages dont les beautés sont consacrées par la renommée plus que par ton jugement, sinon tu risquerais de te tromper en choisissant des visages à la ressemblance du tien ; en effet, pareille similitude semble souvent nous séduire ; et si tu étais laid, tu ne t'arrêterais pas aux beaux visages mais tu en créerais de laids, comme beaucoup de peintres *dont les types ressemblent souvent à leur auteur*[39]. » Le conseil vaut pour les artistes affligés d'un physique ingrat. Mais la remarque, applicable à tous (que l'on compare les figures de Botticelli ou de Raphaël à leurs autoportraits respectifs), le concerne aussi bien. Léonard était beau ; même s'il s'efforça d'échapper au principe qu'il énonça[40], ne faut-il pas chercher l'écho de sa beauté, « consacrée par la renommée » — et celui de ses qualités — dans toutes ses œuvres, jusque dans ses visages de saints, d'anges et de femmes ? Quand il souriait, il souriait peut-être à la manière ensorcelante de son *Saint Jean-Baptiste* ou de sa *Joconde*[41].

De tous les dessins de Léonard, deux au moins[42] constituent pour certains des autoportraits aussi irrécusables que la sanguine de Turin. Ils montrent le même homme, sans barbe, le crâne rasé, de face et de profil, le centre du visage quadrillé, *mis au carré*, afin d'en calculer les proportions. C'est une belle tête de Méditerranéen : on pense à un consul de la Rome antique. Là encore, toutes les caractéristiques de l'autoportrait de Turin se retrouvent : reporte-t-on par-dessus les cheveux et la barbe, on obtient très exactement l'homme de la sanguine, vu sous des angles différents. Léonard, en déduit-on, s'est pris pour modèle, s'est étudié dans un miroir et a tiré de sa propre personne ses proportions du corps humain ; l'heureuse absence d'attributs pileux s'explique par des raisons de lisibilité... Ces dessins s'inscrivent dans un travail plus vaste ; des écrits, des schémas les complètent ; Léonard donne ainsi pour l'homme adulte, debout, les pieds rapprochés, une largeur de lèvre égale « à la douzième partie de la hauteur du visage, ou à la quatorzième de celle de la tête, laquelle entre sept fois dans la hauteur de l'individu[43] » — ce qui lui fait, découvre-t-on après quelques calculs savants, une taille de 1,68 mètre[44]... Révélation précieuse — malheureusement l'intérêt de Léonard pour les proportions humaines date du premier séjour à Milan, des années 1490, alors que l'artiste avait aux alentours de quarante ans ; et les dessins, qui appartiennent à cette période, montrent un homme bien plus âgé (surtout le dessin de profil[45]), aux joues creuses, aux cernes profonds, qui a dépassé la soixantaine, largement. Léonard paraissait sans doute plus âgé qu'il n'était en vérité (le secrétaire du cardinal d'Aragon lui donna plus de soixante-dix ans quand il en avait soixante-cinq[46]) mais pas à ce point. S'il copia son reflet dans une glace, par souci d'exactitude, au lieu de reconstituer un visage de mémoire, pourquoi se vieillit-il de la sorte ? En même temps, on ne peut nier que cet homme glabre et chauve lui ressemble... Travestissait-il, maquillait-il ainsi dans son œuvre la réalité de ses traits (par orgueil ? par vanité ? pour conjurer quelque angoisse ? par pudeur ?), comme il se dissimula dans la vie, à partir d'un certain âge, sous l'écran spectaculaire d'une longue barbe ?

Les secrets coupables forment seuls le goût, le besoin d'un masque — fût-ce d'un vieux sage. Quels étaient ceux de Léonard, si graves, si puissants qu'il n'existe, malgré sa gloire, mis à part l'autoportrait de Turin, et bien qu'il subsiste de lui plus de dessins que de tout autre artiste de la Renaissance, aucune trace sûre et franche de son visage intime, aucune piste nette conduisant au visage qu'il arborait en l'absence de témoin, quand il prenait « les ténèbres de la nuit pour complice » ?[47]

Un portrait de lui, assez jeune, et qui ne devait pas être dénué de qualité, exista pourtant, ainsi que l'attestent ces vers du Florentin Giovanni Nesi, écrits à la fin du *Quattrocento*, en tout cas avant 1500 :

> Je vis déjà, tracée au fusain avec un art parfait,
> La vénérable image de mon Vinci...

Le poète poursuit :

> Il est tel que si tu traces son portrait au pinceau,
> Qui que tu sois, quelles que soient les couleurs employées,
> Tu ne pourras surpasser son image et l'emporter sur lui.
> Car son art est plus digne et d'une plus grande valeur,
> Cet art dans lequel il semble être absorbé,
> Alors que sa plus haute valeur,
> C'est en lui qu'elle réside[48].

Ce portrait au fusain (*in carbon*), inégalable selon Nesi, ne nous est pas parvenu, comme tant d'œuvres de Léonard. Le poète ne s'attarde pas à le décrire mais en tire le prétexte d'un hommage *à tiroirs* très habile : aucun peintre, même s'il utilise l'huile ou la détrempe au lieu d'un simple charbon, ne saurait rivaliser avec le Vinci, dont l'art est pourtant inférieur à la personne ; il n'existe pas de plus grand artiste que lui, et l'artiste cache un homme plus admirable encore. (Valéry développa l'argument, à sa manière, quatre siècles plus tard, dans sa *Méthode de Léonard de Vinci :* il s'enthousiasma moins pour les œuvres que pour le cerveau qui les conçut.) Ainsi, il serait vain de chercher le maître ailleurs qu'en lui-même, puisque nul n'est plus habile à le peindre, lui dont les œuvres ne traduisent déjà pas tout le génie.

L'astucieuse pirouette de Nesi répond un peu au *divino* de Vasari : l'œuvre et la personnalité de Léonard défient si bien l'analyse, semble-t-il, qu'on ne saurait en rendre compte autrement ; le masque monumental du vieux sage couvre des choses trop complexes, trop surprenantes pour être définies : on se contente d'avouer sa propre impuissance. Rien ne dépeint mieux la magnificence du vrai visage de Jupiter que l'impossibilité dans laquelle se trouvent les mortels de la contempler en face.

On a beaucoup écrit sur l'énigmatique Léonard, à tous les siècles (plus que sur tout autre peintre), et diversement : on ne voit, ne conçoit jamais les choses qu'à travers le filtre de ses propres préoccupations.

Après sa mort, comme on ne se souvenait plus de l'homme, que ses carnets, qui portaient seuls la trace de sa « philosophie » et de sa science, dormaient dans des collections privées, impubliés, difficilement accessibles, qu'il ne subsistait rien ou presque de ses sculptures, de ses travaux d'ingénieur, on ne connut longtemps que le peintre. La publication de son *Traité de la peinture,* en 1651, alors que régnaient les académies, renforça cette opinion qu'il était avant tout l'auteur de *la Joconde* et de *la Cène,* tableaux pleins d'enseignements, inlassablement copiés, en Italie comme en France ou dans les Flandres. Le XVIIIe siècle découvrit les caricatures de Léonard, et là où on n'avait vu que des curiosités, il discerna une étude profonde des caractères ; on parla de l'effet des passions sur le physique humain [49] : le mot *psychologie* prenait son sens à cette époque. Enfin, ce n'est qu'au XIXe siècle qu'on se pencha vraiment sur ses écrits, éparpillés de par le monde, et qu'on eut de nouveau une idée, à travers eux, de la personnalité et des autres aspects de l'activité de Léonard, en particulier de ses recherches scientifiques : la révolution industrielle battait son plein.

Un petit traité, *Del moto e misura dell' acqua* [50], fut d'abord édité, en 1826, dans un recueil de textes sur l'hydraulique. Puis on s'attaqua à une publication complète des carnets : Ravaisson-Mollien transcrivit et traduisit en français les manuscrits de l'Institut de France (1881-1891) ; Beltrami donna l'édition du *Codex trivulziano* de Milan (1890) ; Piumati celle du *Codex atlanticus* (1894-1904) ; et les publications se poursuivirent aux XXe siècle : le *Codex Arundel* de 1923 à 1930, les manuscrits Foster de 1931 à 1934, etc. ; jusqu'à celles de ces deux carnets égarés de la Bibliothèque nationale de Madrid, qu'on retrouva en 1965. Chaque parution suscita des études et des commentaires nombreux, fragmentaires et parfois contradictoires — qui n'ont pas épuisé le sujet, loin de là.

Le sommaire d'une anthologie de ces carnets, qui devaient être à l'origine au nombre de 130 et comptent au total plusieurs milliers de pages, résume à peu près les occupations de Léonard. Celui de l'édition Mac Curdy [51] présente cinquante chapitres ; laissant de côté ceux qui concernent les écrits sur l'art, les notes philosophiques ou personnelles, afin de ne pas lasser, je n'en citerai qu'une dizaine : *Géologie, Optique, Acoustique, Musique, Mathématiques, Anato-*

mie, Hydraulique, Balistique, Armement naval, Botanique, Mouvement et pesanteur... Léonard, comme s'il avait disposé d'un temps infini, plongea un regard très rationnel dans toutes les parties du savoir et, semble-t-il, dans chacune, fit des découvertes étonnamment modernes et *inventa*. Certes, la plupart de ses inventions techniques ne purent servir de son vivant, mais c'est, dit-on, qu'il était incroyablement en avance sur son siècle : il imagina une machine volante mue par de grandes ailes, une autre pouvant s'élever dans les airs à la verticale grâce à une sorte de vis et qui préfigurait l'hélicoptère, un appareil pour aller sous l'eau, un autre pour soulever et déplacer les monuments, une manière de char d'assaut, une bicyclette...

Que ne trouva-t-il ? Il aurait pressenti le principe de la pesanteur avant Newton, de l'érosion avant Cuvier, il aurait entrevu l'explication du scintillement des étoiles avant Kepler, des vents alizés avant Halley, il aurait compris le fonctionnement de la circulation sanguine, aurait connu et décrit l'intérieur du corps humain mieux que tous les médecins anatomistes de son temps, il aurait devancé Bacon, Galilée, Pascal, Huyghens...

En 1902, Marcelin Berthelot, homme politique et chimiste éminent, excédé d'entendre ses confrères de la très sérieuse Académie des sciences grossir béatement l'importance du Vinci comme ingénieur et savant, émit parmi les premiers l'opinion que toutes ces découvertes et inventions qu'on lui prêtait étaient dans son siècle, voire dans celui d'Archimède, et qu'il s'agissait le plus souvent de vues, de jeux de l'esprit, que ce n'était pas par là, en tout cas, qu'il fallait juger de son génie. On ne l'écouta pas. « Cette opinion de Berthelot, rapporte un critique, ne fit aucun bruit et n'ébranla aucunement, dans aucun domaine de sa renommée, le nom de Léonard de Vinci [52]. » Quelques années plus tard, le physicien et philosophe Pierre Duhem, qui ne croyait pas plus aux prophéties scientifiques qu'à la génération spontanée, détermina certaines sources de Léonard, ce qui permit de mieux évaluer les choses [53]. Rien ne vient sans racine, dit Hugo ; Léonard avait ses maîtres, dont il poursuivait ou reprenait la pensée ; nombre de ses travaux s'inspiraient directement de travaux contemporains, souvent sans leur apporter d'enrichissement notable. Ses engins de guerre existaient déjà chez l'ingénieur allemand Konrad Keyser, ses navires ou son « automobile » chez le Siennois Francesco di Giorgio Martini. Et une étude approfondie de ses « découvertes » montrait que s'il avait effleuré, approché certaines lois scientifiques, certaines innovations techniques, il les avait rarement conduites à terme. Sa machine volante ne saurait voler... De telles mises au point intéressèrent les spécialistes. Le public les ignora. Elles n'entamèrent pas la légende du génie unique, fécond et universel, isolé dans un siècle incapable de le suivre. « Il faut arriver au XIXe siècle et même à sa fin pour trouver une appréciation équitable de cette intelligence illimitée », s'exclamait Joséphin Péladan en 1904[54] (encore ne soupçonnait-on alors ni la bicyclette ni l'hélicoptère). Et, comme l'époque était celle de Jules Verne (auteur d'une très curieuse *Monna Lisa*[55], pièce en un acte et en vers, qui raconte l'amour de la Joconde pour le peintre), de Nietzsche et de son surhomme, de l'Exposition universelle et de la tour Eiffel, la légende continua de se développer ; elle progressa en s'amplifiant jusqu'à nous (l'Italie fasciste y contribua : notamment par la grande exposition de 1939, à Milan, dont plusieurs salles contenaient des maquettes exécutées d'après des dessins de machines de Léonard[56]).

En même temps, une telle omniscience, des obsessions si étranges (relevant des rêves immémoriaux de l'humanité : voler, explorer le fond des océans), et qui avaient dicté des recherches si mystérieusement prémonitoires, ne pouvaient manquer d'éveiller des soupçons divers. Le même individu — on ne l'oubliait pas — avait produit également, avec des couleurs ou de la glaise, des anges au sourire idéal et des êtres vivants dans tout le détail de leur réalité ; et il était par lui-même proche de la perfection... L'excessif donne aisément dans le monstrueux. Au fur et à mesure qu'une critique complaisante allongeait la liste de ses « découvertes », de ses mérites, de ses « exploits », Léonard sortait dangereusement des normes humaines, paraissait une sorte de magicien, de sorcier chimérique, d'illuminé dont les moyens n'étaient pas ordinaires. Une phrase de ses carnets, qu'on coupa résolument de son contexte pour en gonfler le sens, *Facil cosa è farsi universale* (« Il est facile de se rendre universel »), faisait imaginer des ambitions démesurées, un orgueil, une suffisance magnifiques et délicieusement blasphématoires. Dans la première édition de ses *Vies,* Vasari avait écrit : Léonard « forma dans son esprit une doctrine si hérétique qu'il ne dépendait plus d'aucune religion, mettant peut-être plus haut le savoir scientifique que la foi chrétienne ». Craignant sans doute de nuire à la gloire du maître (la Congrégation de la Suprême Inquisition avait été créée à Rome en 1542), il supprima ce passage dans l'édition définitive de son livre. On l'exhuma et le déforma (l'accusation de Vasari ne parlait que d'athéisme — ou de déisme) ; Michelet, avec un lyrisme très romantique, qualifia Léonard de « frère italien de Faust ».

Image suggestive : Léonard avait conclu quelque pacte avec le diable, il sentait vaguement le soufre. L'anatomiste est un peu nécromancien. D'ailleurs, il écrivait *à l'envers,* de droite à gauche et en caractères inversés, de sorte qu'il faut un miroir pour le lire. C'est là un travers commun à de nombreux gauchers ; on préféra voir dans son écriture spéculaire le souci de préserver, comme un alchimiste qui s'exprime en signes hermétiques, le secret de travaux peu avouables.

Le romancier russe Dimitri Merejkovski sut tirer parti de toute cette obscurité : il écrivit une *Résurrection des dieux,* sous-titrée *le Roman de Léonard de Vinci,* qui connut un succès mondial (vers 1900) et épaissit encore l'aura mystérieuse qui enveloppait Léonard.

Le soufre appelle l'encens — il fallait aussi tempérer l'image aride de l'homme de science ; on voulut inventer parallèlement, comme on l'avait fait pour Dante (de qui on le rapprochait instinctivement, allant jusqu'à prétendre qu'il avait été comme lui obsédé par un unique amour — que monna Lisa Gioconda avait été une sorte de Béatrice), un Léonard mystique, angélique, pétri d'ésotérisme, initié à de secrètes doctrines. « Aujourd'hui un démon, disait déjà le narrateur du roman de Merejkovski, et demain un saint. C'est l'un et l'autre tout ensemble. »

Enfin, Valéry et Freud, chacun à leur façon, l'un en 1894 et l'autre en 1910, formulèrent l'hypothèse d'un esprit carrément *anormal*[57]. Valéry supposa une pensée infinie, libérée des entraves corporelles, de la matière, se déployant à son aise dans l'éther absolu des idées, et dont les résultats importent moins que la *méthode* permettant de les obtenir (le mot eut une certaine fortune) — une sorte de labyrinthe intelligent hanté par un impossible minotaure. Valéry dit : « L'individu qui a tout fait, la vision centrale où tout a dû se passer, le cerveau monstrueux où l'animal étrange qui a tissé des milliers de purs liens entre tant de formes, et de qui les constructions énigmatiques et diverses furent les travaux, l'instinct faisant sa demeure. » Etc. Léonard chez Valéry est une construction, une abstraction pratique : il annonce le fictif M. Teste. Chez Freud, il est *un cas,* sur lequel le clinicien se penche. L'homme que Baudelaire avait comparé à un « miroir profond et sombre » dans son poème *les Phares*[58] constituait une proie facile, voire évidente, pour le père de la psychanalyse. On avait fait de Léonard un demi-dieu ; Freud en fit, malgré lui, un malade : il souligna ses tares, il dénonça son homosexualité — passive, « idéelle » — il insista sur ses inhibitions, ses névroses, sur les difficultés qu'il éprouvait à achever ses œuvres, il lui trouva des pulsions sadiques...

Léonard entra dans notre siècle caparaçonné d'une gloire incomparable — mais multiple et confuse.

Il compte aujourd'hui parmi les figures les plus célèbres de

L'ŒUVRE PEINT DE LÉONARD

Peintures de sa main (ou essentiellement de sa main) :

L'Annonciation, musée des Offices, Florence.
La Madone Benois, musée de l'Ermitage, Leningrad.
Portrait de Ginevra Benci, National Gallery, Washington.
L'Adoration des Rois mages, inachevée, musée des Offices, Florence.
Saint Jérôme, inachevée, Galerie du Vatican.
La Vierge aux rochers, musée du Louvre, Paris.
Portrait d'un musicien, inachevée, Ambrosienne, Milan.
La Dame à l'hermine, musée Czartoryski, Cracovie.
La Cène, église Sainte-Marie-des-Grâces, Milan.
La Sala delle Asse, château Sforza, Milan.
Sainte Anne, la Vierge et l'Enfant, inachevée, musée du Louvre, Paris.
La Joconde, musée du Louvre, Paris.
Saint Jean-Baptiste, musée du Louvre, Paris.

Collaborations, œuvres d'atelier :

L'ange du *Baptême du Christ* de Verrocchio, musée des Offices, Florence.
La Madone à l'œillet, Pinacothèque, Munich.
Portrait d'une dame de la cour de Milan, musée du Louvre, Paris.
Portrait d'une dame milanaise, Ambrosienne, Milan.
La Madone Litta, vers 1490, musée de l'Ermitage, Leningrad.
La Vierge aux rochers, National Gallery, Londres.
Bacchus, musée du Louvre, Paris.

l'histoire de l'art : aucun tableau au monde n'est reproduit autant que *la Joconde,* n'attire plus de visiteurs, n'est plus « utilisé » par les artistes (Marcel Duchamp l'affligea d'une moustache, Fernand Léger qui devait avoir lu Freud l'associa à un trousseau de clés, Kasimir Malevitch l'inclut dans un collage, Andy Warhol l'imprima trente fois dans une sérigraphie, etc.). Il compte pourtant parmi les artistes les plus rares : pas une sculpture, moins d'une quinzaine de tableaux dont certains sont inachevés et plusieurs ne sont pas de sa main seule — la critique contemporaine n'a cessé d'épurer son œuvre picturale qu'encombraient au siècle dernier toutes sortes de parasites ; mais aussi parmi les esprits les plus ingénieux, les plus prolifiques : au petit nombre de peintures répond la masse énorme (parfois indigeste) des carnets où se révèle l'éblouissante activité de l'homme de science, du mécanicien, de l'écrivain (on a parlé récemment d'un « complexe de Léonard[59] »). Il compte enfin parmi les figures les plus indéchiffrables du panthéon de l'humanité, un peu comme Shakespeare dont on s'est demandé s'il avait seulement existé : ce qu'on sait de lui, de sa vie a été submergé par tout ce qu'on a voulu savoir de son art et de sa science sur lesquels il y a — il reste — tant à dire.

Au même titre que l'Athènes de Périclès, l'Italie de la Renaissance forme un sommet de notre histoire ; aucun nom ne paraît aujourd'hui mieux symboliser cet âge (alors que nous sombrons plus que jamais dans les processus réducteurs) que celui de Léonard de Vinci.

La force du symbole occulte tout le reste. « Il est vrai que l'impatience, mère de la sottise, loue la brièveté[60] », dit Léonard. L'usage immodéré que la publicité fait de lui trahit à merveille la façon dont notre époque l'accommode. Peintre, il fait vendre du matériel pour artistes ; travailleur inlassable, il fournit l'enseigne d'une agence de travail intérimaire ; ingénieur visionnaire, il sert d'image de marque à un constructeur de voitures, à des fabricants d'ordinateurs, de montres, quand ce n'est pas de produits sanitaires ou de blue-jeans ; et je ne parle pas de toutes les associations, des innombrables instituts baptisés d'après lui[61]. Ni Rembrandt, ni Cervantes, ni Mozart, ni Einstein ne peuvent se vanter d'entrer dans tant d'*accroches,* c'est-à-dire de parler si bien (et si diversement) à l'imagination.

Toutes ces idées, anciennes et actuelles, toutes ces notions de lui que nous avons, il est étonnant de voir comment l'autoportrait de Turin et ses avatars toujours s'y adaptent, les épousent, les alimentent.

Le visage majestueux s'était imposé au début du XVIe siècle, du vivant de Léonard, comme celui de l'« artiste-philosophe » dont la beauté reflétait l'élévation de l'âme. La noble barbe caractérisa dans les siècles suivants le grand maître du passé, docte, sévère, vénérable — dont les leçons étaient toujours bonnes à suivre (« Léonard de Vinci n'eut personne pour l'éclairer, écrivait-on en 1741, mais il était lui-même une lumière qui devait servir de guide à tous ceux qui viendraient après lui[62] »). Puis les longues mèches blanches changèrent d'emploi ; dans la seconde moitié du XIXe siècle, alors que les études vinciennes prenaient leur essor (et que des historiens comme Burckhardt commençaient d'expliquer la Renaissance), elles auréolèrent le ténébreux visage du Faust méridional, elles furent l'attribut pittoresque du touche-à-tout, du savant fou, du bricoleur de génie à la Jules Verne, véritable Don Quichotte du savoir, elles se déployèrent avec emphase autour de la face grave du prophète des temps modernes. Fantasques, célestes ou moroses, elles révélèrent tour à tour le rebelle, le courtisan précieux dont les chants improvisés charmaient le prince de Milan, l'inverti, le démiurge, le mage ambigu, l'ascète angoissé... Le masque polyvalent qu'il s'était bâti, et qu'a consacré, qu'a cristallisé le temps, ne contredit aucun de ces personnages ; même, il les sert chacun de façon très efficace.

Les mythes et les symboles sont d'autant plus forts que leur simplicité recouvre plus de choses. Il faut observer longtemps l'autoportrait de Turin — inépuisable, et qui, donc, se reproduit si mal ; on verra alors défiler, grâce à d'insensibles modifications du regard, comme si le regard porté sur lui l'éclairait d'une lumière sans cesse changeante, tous les visages que peut prendre Léonard. On le verra jouer quantité de rôles, exprimer les sentiments les plus variés, jusqu'à, au bout du compte, teintée de lassitude et d'agacement, sa propre perplexité devant l'être multiple qu'il contempla au soir de sa vie dans le clair-obscur d'un cercle de miroirs... La solution la plus commode serait de renoncer à circonscrire un visage unique : nul n'est jamais d'un seul tenant, et d'accepter tous ces visages, qui n'ont pas surgi sans raison, pour les juxtaposer, les assembler plutôt comme les facettes nombreuses d'un épi de quartz. Malheureusement, la construction ne tient pas. Si je la mets à plat, je me trouve confronté à un puzzle incomplet ; trop de pièces manquent, ont été égarées, ou érodées, altérées au point de ne plus s'ajuster l'une à l'autre ; et certaines semblent étrangères au jeu. D'autre part, en supposant que cette improbable construction (où s'élèveraient côte à côte un Léonard-homme-de-cour, un Léonard-et-la-science, un Léonard-et-la-nature, etc.) réussisse à former une image d'ensemble, outre que sa masse informe étoufferait l'homme mieux que les ténèbres de la nuit, elle ne restituerait pas la vie dans son mouvement, c'est-à-dire l'évolution, le passage graduel du Léonard imberbe de l'enfance — indéterminé, devant qui s'ouvraient toutes sortes de voies — au vieillard *accompli* dont la sanguine de Turin nous a formé l'image ; or c'est l'itinéraire qui m'intéresse : j'aimerais comprendre comment, par quel cheminement, Léonard en est arrivé à son visage de la fin. Pour cela, j'essaierai de ne pas trop construire (construire, c'est considérer d'emblée les aboutissements, obéir à un plan : à des a priori) — mais m'efforcerai autant que possible de *reconstituer* les choses (sans négliger aucune piste, aucune hypothèse, bien sûr), en reprenant l'enquête à zéro, à la base, en cherchant à établir son emploi du temps, en examinant ses sources comme ses mobiles, dans un esprit quasiment policier.

Je regarde de nouveau le visage de la sanguine de Turin ; maintenant, il me semble déceler au coin des yeux, aux commissures des lèvres, comme si Léonard n'avait daigné prendre la pose qu'à contrecœur, un mélange d'indifférence et de moquerie.

NOTES

Chapitre I

1. Ms 2038 B.N. 29 v.

2. La plupart des experts s'accordent aujourd'hui à reconnaître dans la sanguine de Turin un autoportrait de Léonard ; il reste cependant quelques sceptiques pour qui ce dessin montrerait seulement un vieillard anonyme — telle n'est pas mon opinion. Mais, à vrai dire, il n'est presque rien de Léonard qui ne suscite de doutes. Ainsi l'inscription (à peu près illisible, donc) de la sanguine serait pour Richter : *Lionardo it... lm* (ou *lai*)/*fatto da lui stesso assai vecchio.* J'ai donné dans le texte la transcription de Popham (*les Dessins de Léonard de Vinci,* Bruxelles, 1947).

3. Cod. Atl. 71 r. a.

4. Selon K. Clark, il semblerait qu'une main étrangère ait repris la ligne des narines. De telles « retouches » ne sont pas exceptionnelles dans les dessins de Léonard.

5. Sur la gravure de *la Joconde* par Calamatta, voir la *Gazette des Beaux-Arts* de 1859, tome 1, p. 1633.

6. Vers 1490, Léonard dessine (pour quelque fête ?) une sorte de cabine au plan octogonal tapissée de miroirs dont il dit lui-même : « Si tu fais huit miroirs plans, hauts chacun de deux brasses et larges de trois, mis en cercle, ils en composeront un à huit faces, d'un périmètre de seize brasses et cinq de diamètre. Celui qui se mettra à l'intérieur pourra se voir dans chaque direction une infinité de fois. » (B 28 r.) Un tel jeu de miroirs permet parfaitement de se voir, de trois quarts face, sans rencontrer son regard — comme dans l'autoportrait de Turin.

7. K. Clark, *Léonard de Vinci,* Paris, 1967.

8. Les cheveux longs et les grandes barbes ne manquent pas à Florence, au XVe et au XVIe siècle. Jean Pic de la Mirandole, Pierre de Médicis (dit le Malchanceux) ont les cheveux jusqu'aux épaules ; Paolo Uccello, Donatello, Michel-Ange, Castiglione, César Borgia portent la barbe. Nul n'allie cependant comme Léonard la barbe et les cheveux longs, d'un blanc de neige, ni ne les soigne aussi artistement.

9. Anonyme Gaddiano, in *Codica Magliabecchiano,* éd. Carl Frey, Berlin, 1892.

10. Lomazzo, *Idea del Tempio della Pittura,* Milan, 1590. Ed. R. Klein, Florence, 1974.

11. In L. Beltrami, *Documenti e memorie riguardanti la vita e le opere di L. da V.,* Milan, 1919.

12. Voir A. Chastel, *Marsile Ficin et l'art,* Genève, 1975, et Ph. Monnier, *le Quattrocento,* Paris, 1931.

13. On retrouve ce geste particulier de l'index pointé vers le ciel aussi bien dans la *Cène* que dans le carton de *Sainte Anne,* dans le *Saint Jean-Baptiste,* l'*Adoration des Rois mages* et le *Bacchus* de Léonard. Lorsqu'il peint son *Ecole d'Athènes,* Raphaël a sans doute vu le carton de *Sainte Anne,* l'*Adoration* et, probablement, quelque reproduction de la *Cène.*

14. Dans le dessin préparatoire de l'*Ecole d'Athènes,* conservé à l'Ambrosiana,

à Milan, l'Héraclite-Michel-Ange du premier plan n'existe même pas. Il n'y a rien, ni personne, devant Platon-Léonard ; un espace vide s'étend à ses pieds, comme si nul ne méritait d'être placé sur sa voie ; toutes les lignes de la composition convergent librement vers le crâne du philosophe.

15. B. Cellini, *Opere*, éd. Milano, 1806.

16. B. Castiglione, *Il Libro del Cortegiano*, éd. Turin, 1964.

17. Windsor 12726.

18. Bib. Ambroisienne, Milan, F 263 inf., n. 1 bis.

19. G. Vasari, *Le Vite de' più eccelenti architettori, pittori e scultori italiani*, éd. Raghianti, Milan, 1942-1950 ; traduction française commentée et présentée par André Chastel, Paris, 1981-1987.

20. R. Marcel, *Marsile Ficin*, Paris, 1958.

21. Paolo Giovo, in *Storia della letteratura italiana*, de Tiraboschi, 1781, vol. IX.

22. Ces lignes (manuscrites) sont précédées de la mention *Dal. Gav.* ou *Dal. Cav.* ; les deux lectures, et donc les deux interprétations, sont possibles.

23. Paolo Giovo, in *op. cit.*

24. Don Antonio Beatis, *Voyage du cardinal d'Aragon*, éd. Paris, 1913.

25. Pour Joséphin Péladan, seul le profil éthéré de Windsor (et sa copie de l'Ambrosiana) peut représenter Léonard ; à ses yeux, celui-là seul *convient.* Péladan ne conçoit pas que le maître puisse avoir la bouche « chagrine et hargneuse » (dit-il dans son anthologie des textes de l'artiste) de la sanguine de Turin...

26. Ainsi, dans l'album *Moi, Léonard de Vinci*, écrit et illustré par Ralph Steadman, Paris, 1983 ; ou dans le *Léonard de Vinci* (ouvrage pour enfants) d'Alice et Martin Provensen, Paris, 1984.

27. Bien que la gravure de Coriolano présente un Léonard de profil, elle ne reproduit nullement les traits doux et fluides du dessin de Windsor. L'expression est beaucoup plus proche de celle de l'autoportrait de Turin ; les gros sourcils arqués, par exemple, ne semblent pas avoir d'autre source ; mais Coriolano s'inspira peut-être d'un troisième dessin, aujourd'hui perdu.

28. In *Opus chronographicum*, de Pierre Opmer, Anvers, v. 1611 ; *Académie des Sciences et des Arts*, d'Isaac Bullart, Amsterdam, 1682 ; *Abrégé de la vie des plus fameux peintres*, Paris, 1745. Dans *Leonardo e l'incisione*, Milan, 1982, on trouve la reproduction des divers et nombreux avatars des portraits gravés de Léonard.

29. Georges Lafenestre, *la Peinture en Europe : Florence*, Paris, s.d.

30. Piero Sanpaolesi, *Bolletino d'Arte*, mai 1938.

31. On peut citer aussi le prétendu *Autoportrait* de Léonard de la collection Esterhazy de Vienne, où le modèle tient une lettre portant ces mots : *A Maria Ant. Della Torre.*

32. Eugène Müntz, *les Portraits de Léonard de Vinci*, dans *l'Encyclopédie* du 15 octobre 1894 ; Luca Beltrami, *Il Volto di Leonardo*, dans *Emporium* de janvier 1919.

33. Masaccio, *Saint Pierre en chaire* ; Filippino Lippi, *Dispute de saint Pierre et de Simon le Magicien devant Néron.*

34. Le jeune homme aux yeux tournés vers la droite de Léonard, s'il ne

participe pas à la scène par l'expression, est en revanche parfaitement intégré à la composition ; il a même un contrepoids : un vieillard méditatif et qui semble le regarder. Voir p. 188.

35. La tentation est grande de prendre le jeune homme de l'*Adoration* pour un autoportrait ; son âge apparent, cependant, correspond mal avec celui du peintre à l'époque où il fit cette œuvre : en 1481, Léonard avait vingt-neuf ans.

36. Popham 24, 40 A, 49, 127, 131 B, 132, etc.

37. Raymond S. Stites, *The Sublimation of Leonardo da Vinci*, Washington, 1970. Stites affirme avec une belle assurance que les dessins n° 446 des Offices et n° 11039 du British Museum, par exemple, montrent des portraits du père de Léonard.

38. A 23 r.

39. Ms 2038 B.N. 27 r.

40. Léonard insiste à plusieurs reprises sur la nécessité pour l'artiste de diversifier ses figures, de ne pas s'en tenir dans une vaste composition à un type unique (par exemple : G 5 v.).

41. On ne doit guère prendre au sérieux, à mon sens, la thèse prétendument scientifique selon laquelle Léonard se serait peint lui-même dans *la Joconde :* la Joconde lui « ressemble » comme lui ressemblent beaucoup de ses œuvres. Voir p. 398.

42. Le dessin montrant les proportions d'un visage de face se trouve à la Bibliothèque royale de Turin, et celui de profil à l'Académie de Venise.

43. Giorgio Nicodemi, *le Visage de Léonard,* in *Léonard de Vinci,* Novara, 1958.

44. G. Favaro, *Il canone di Leonardo sulle proporzioni del corpo umano,* Padoue, 1917 ; et *Misura e proporzioni del corpo umano secondo Leonardo,* Venise, 1918.

45. Le profil mis au carré se retrouve exactement dans un dessin à la sanguine du British Museum (Popham 140 B), daté des environs de 1490. Le vieillard représenté n'a pas cette fois le crâne rasé ; il est chauve ; il n'a que deux ou trois touffes de cheveux...

46. Don Antonio Beatis, *op. cit.*

47. Certains historiens pensent que Bramante, qui s'est représenté lui-même en philosophe dans une fresque (conservée à la Brera, à Milan), aurait peint à ses côtés son ami Léonard en Héraclite (sans barbe, la quarantaine environ). Il me semble, cependant, que Bramante peignit cette fresque un ou deux ans avant l'arrivée de Léonard en Lombardie.

48. Giovanni Nesi, *Poema visione,* chant XII ; in Beltrami, *op. cit.*

49. Pierre-Jean Mariette, *Recueil de testes de caractères & de charges dessinées par Léonard de Vinci,* Paris, 1770.

50. Traité compilé par le dominicain fra Luigi Maria dans un manuscrit de la Bibliothèque vaticane (*Barberini latin 4332*) et publié dans un recueil de textes sur l'hydraulique en 1826.

51. E. Mac Curdy, *Leonardo's Note-Books,* Londres, 1906. (Traduction française, Paris, 1942.)

52. In Bertrand Gille, *les Ingénieurs de la Renaissance,* Paris, 1964.

53. P. Duhem, *Etudes sur Léonard de Vinci, Ceux qu'il a lus et ceux qui l'ont lu,* Paris, 1906-1913.

54. Péladan, *Préface* à des *Textes choisis* de Léonard, Paris, 1904.

55. Jules Verne, *Monna Lisa,* pièce en un acte lue à l'Académie d'Amiens en 1874, publiée par les *Cahiers de l'Herne* en 1974.

56. L'exposition de Milan fut envoyée pour des raisons de propagande en Amérique, puis au Japon, où elle fut détruite par un bombardement.

57. Paul Valéry, *Introduction à la méthode de Léonard de Vinci,* première publication à Paris, en 1895 ; rééd. 1919. Sigmund Freud, *Un souvenir d'enfance de Léonard de Vinci,* première publication en 1910, traduction française, Paris, 1927.

58. Baudelaire, *les Fleurs du mal* (*les Phares*) :

Léonard de Vinci, miroir profond et sombre,
Où des anges charmants, avec un doux souris
Tout chargé de mystère, apparaissent à l'ombre
Des glaciers et des pins qui ferment leur pays.

59. *1990, le Complexe de Léonard de Vinci,* Paris, 1983.

60. Quaderni II 14 r.

61. Dans l'amusant petit livre *Giokonde* (Milan, 1980), on voit la seule Joconde servir à la publicité d'une teinture pour chaussures (*Lady Esquire*), d'une pièce de théâtre (*The Gentle Hook*), d'un syndicat japonais, d'une marque de cigare (*Doncella Cigar*), de pelotes de laine (*Patons, Knit yourself a masterpiece*), d'une bière (*Kronenbourg*), de jeans (*Foster 2*), d'un déodorant...

62. Mariette, *Catalogue de la vente Crozat,* Paris, 1741.

II

AIMABLE COMME UN ENFANT DE L'AMOUR

Il était fils naturel d'un messer Piero notaire de la République, et aimable comme un enfant de l'amour.

STENDHAL

Il est un moment crucial dans la vie de Léonard : celui où, adolescent, laissant derrière lui son village natal de Vinci, il arrive à Florence.

J'essaie de l'imaginer. Il aperçoit, par-dessus la haute muraille brune hérissée de tours qui enserre la ville, le sommet d'une maison fortifiée, la pointe aiguë d'un clocher, les nervures claires d'une coupole ; il lui faut sans doute patienter : les employés de la gabelle inspectent à chaque porte les bagages, le chargement des charrettes.

Logiquement, il a descendu le versant sud du monte Albano ; puis il a rejoint le fleuve, l'Arno, à hauteur d'Empoli, et il en a suivi la vallée. C'est le chemin le plus court : Montelupo, la Gola della Gonfolina, Malmantile, La Lastra, Florence.

Si tel est bien son itinéraire, il entre alors, après un voyage de quarante, quarante-cinq kilomètres, par la Porta San Friano. Une fois franchie la barrière de la douane, il longe Santa Maria di Verzaia. La voie de roulage, toute creusée d'ornières, fait bientôt place à une chaussée dallée sur laquelle sonnent les sabots des mules ; déjà il ne voit plus un arbre. Il traverse le Ponte alla Carraia et s'enfonce par le borgo Ognissanti dans le cœur minéral et bruyant de la cité — jusqu'à la via della Prestanza, près de la place San Firenze, où son père, ser Piero de Vinci, a loué un appartement.

Sans doute est-il déjà venu à Florence en compagnie de son père qui, notaire entreprenant, s'y est constitué au fil des ans une bonne clientèle. Mais il ne s'agit pas cette fois d'un voyage d'agrément, d'une visite brève. Sa famille a quitté Vinci pour s'établir dans la capitale toscane, définitivement.

Cette « montée » à la ville est loin d'avoir le même sens pour le père que pour le fils. Pour le père, ser Piero, elle représente une sorte de victoire, presque une revanche. Pour le jeune Léonard, elle signifie au contraire la séparation d'avec sa mère, la coupure d'avec la nature, les montagnes et les collines, les bois et les champs où il a coulé librement ses premières années : la fin de l'enfance ; il doit désormais participer à la vie active, tâcher de gagner une place dans la société : il a l'âge d'entrer en apprentissage.

Dans son essai sur William Blake, Chesterton prétend que chaque fait découle d'un fait antérieur, et qu'une biographie sérieuse devrait toujours commencer, donc, par Adam au paradis.

Les archives toscanes ne vont pas si loin ; elles permettent toutefois de remonter sur les traces de la famille de Léonard jusqu'aux années 1300.

Le premier ancêtre de l'artiste dont soit préservé le souvenir est un arrière-arrière-arrière-grand-père paternel, ser Michele. Ser Michele, qui avait adopté pour patronyme le nom de sa commune d'origine — Vinci —, était notaire tout comme le père de Léonard et, au début du XIVe siècle, il émigra le premier à Florence avec les siens. Son fils, ser Guido *[1], lui succéda : il habita Florence et fut notaire également. Son petit-fils, ser Piero, premier du nom, reprit la charge : marié dans la bonne bourgeoisie florentine, notaire et chancelier de la République, il parvint aux honneurs d'une fonction publique[2].

Trois générations d'hommes de loi — qui se font un nom dans la capitale. Mais la chaîne soudain se rompt. L'arrière-grand-père de Léonard meurt en 1417. Si sa veuve choisit de demeurer à Florence, Antonio, son héritier, manquant à la tradition familiale, préfère se retirer sur les maigres terres de Vinci que ses ancêtres conservaient et mener une existence paisible de gentilhomme campagnard. Il se contente d'épouser une fille de notaire, Lucia di ser Piero Zosi de Bacchereto[3]. Par égard pour ses parents, on lui donne peut-être du *ser* — l'équivalent de notre « maître » ; mais il n'a pas droit à ce titre dans les documents officiels : tout semble prouver qu'il n'a pas de diplôme, qu'il n'a jamais exercé de profession définie[4]. Il n'a pas non plus l'esprit paysan et se soucie à peine d'agrandir son domaine. Il s'en remet à ses métayers. Il vivote. C'est un rentier, qui se satisfait de peu. D'ailleurs, il se marie très tard, comme par devoir ; à la naissance de son premier enfant (Piero, le père de Léonard), il a près de cinquante ans — il en a quatre-vingts à celle de son petit-fils.

Nous ne connaissons pas les raisons de la défection d'Antonio : échoue-t-il à ses examens de droit ? doit-il abandonner Florence à cause de quelque scandale, quelque affaire politique ? — cela ne lui

---

* Pour les notes concernant ce chapitre, voir page 66.

ressemble pas ; peut-être apprécie-t-il simplement la vie facile à la campagne (qui lui réussit, puisqu'il s'éteint presque centenaire) ?

Entre le père et le grand-père de Léonard le contraste est éclatant. Actif, ambitieux, grand consommateur de femmes, ser Piero semble vouloir recommencer les choses là où son propre grand-père, dont il porte le prénom, les a laissées en mourant. Il reprend très jeune le flambeau du notariat. Il séduit une fille du village mais épouse une Florentine, puis une autre (il en épousera quatre). Il tisse d'abord sa toile du côté de Pise, de Pistoia ; et très vite se cherche une pratique à Florence : Florence est son but. Enfin il s'y assure une clientèle — des particuliers, un couvent... Grâce à ses efforts, la famille Vinci retrouve un peu son lustre d'autrefois, ressort de l'anonymat. Les fenêtres de l'appartement qu'il a loué, via della Prestanza [5], ouvrent sur le dos du Palazzo della Signoria, siège du gouvernement. Tous les espoirs peuvent croître à l'ombre du beffroi de la ville. Où n'en serait-il pas si son père n'avait pas trahi l'idéal ancestral en abandonnant la course aux honneurs pour la solitude oisive des vignes de Vinci ? Bientôt, songe-t-il, la République fera régulièrement appel à ses services. Bientôt, se dit-il également, il aura un autre fils qui, notaire à son tour, pourra viser — qui sait ? — plus haut encore... Un autre fils, car Léonard n'est que son bâtard ; et les statuts de la corporation des juges et des notaires refusent l'accès de cette noble profession aux enfants naturels — ainsi qu'aux fossoyeurs, aux prêtres, aux criminels, même repentis [6].

Léonard ne sera pas non plus médecin, ni apothicaire. Il n'ira pas à l'université pour la même raison. Lorsqu'il arrive à la ville, il sait que toutes les carrières importantes lui sont interdites [7].

De nombreux auteurs [8] se sont efforcés de minimiser le rôle de l'illégitimité dans la vie de Léonard. Le mot de bâtard, disent-ils, n'était point déshonorant dans l'Italie de la Renaissance. Ils signalent la surprise de Philippe de Commynes devant le nombre et les droits des bâtards dans les cours italiennes [9] ; ils citent Æneas Sylvius Piccolomini, poète sensible et érudit avant d'être pape, qui nota dans ses *Commentaires* que la plupart des princes de la péninsule étaient nés « en dehors des liens du mariage » ; ou encore ils dressent la longue liste des bâtards célèbres de l'époque : l'architecte et peintre Léon-Battista Alberti, dont l'œuvre ne fut pas sans influence sur Léonard, l'humaniste Pomponius-Laetus, le roi Ferrante de Naples, le peintre Filippino Lippi, la « tigresse de Forli » Caterina Sforza...

S'il est vrai que la situation des enfants naturels paraît sensiblement meilleure, moins honteuse, plus facile à assumer en Italie que dans les autres parties de l'Europe, et au XVe siècle que dans les siècles suivants, il n'en est pas moins vrai qu'elle différait considérablement selon que le père appartenait à la noblesse, à une famille puissante, au peuple ou à ce qu'on appellerait aujourd'hui la classe moyenne.

Fils d'Alphonse V d'Aragon, Ferrante de Naples n'eut sans doute pas trop à souffrir au cours de sa carrière de roi de sa naissance irrégulière. Fils de peintre, destiné à la peinture, Filippino Lippi, « l'être le plus gentil qui existât », souffrit moins d'être bâtard que d'avoir pour père un moine débauché. (Dans la *Vie* qu'il lui a consacrée, Vasari dit que Filippino réussit à *effacer*, grâce à une « conduite modeste », à son action et à ses œuvres, « la tache de l'erreur commise par ses parents [10] ».) Les choses sont cependant toujours plus compliquées chez les bourgeois — dans la classe intermédiaire — que chez les puissants ou dans le peuple. Pour conserver ses prérogatives, pour se distinguer, se protéger, la bourgeoisie s'invente facilement des règles, qu'on méprise au-dessus d'elle et ignore au-dessous. D'où le système des corporations que Florence appelle des *arts* (les *Scholae artium*, imitées des *Scholae militum* du temps des Césars), et très tôt, la bourgeoisie faisant vite des émules, l'opposition entre les *arts majeurs* (les professions « nobles ») et les *arts mineurs* (qui comprennent tous les petits métiers — les bouchers, les forgerons, les cordonniers, les regrattiers ou débitants de sel, les marchands de bois, les tailleurs de pierre, les serruriers, les cordiers, les aubergistes, les marchands d'huile, les tanneurs...).

Les arts majeurs sont l'âme de la ville, qui leur doit sa prospérité et dont la constitution s'est élaborée sur leur modèle. L'art des marchands, d'abord, ou *Calimala,* qui transforme en draps fins, les remettant sur le métier, leur donnant une nouvelle teinture, les *panni oltramontani,* les draps grossiers de France, d'Espagne ou d'Angleterre, et qui revend l'étoffe florentine dans toute l'Europe, et jusque chez le Turc (*Calimala* vient du surnom de la rue où se trouvaient les boutiques de cet art, *calle mala,* car elle menait à un « mauvais lieu »). Puis l'art de la laine, qui en dépend ; ainsi que l'art de la soie, fondé dès 1148, après que Roger de Sicile a importé d'Orient des vers de mûrier. L'art des peaussiers. Puis l'art des changeurs ou banquiers, grâce auquel s'est développé le commerce extérieur de Florence — en particulier l'activité fondamentale de la Calimala. L'art des médecins, des apothicaires et des merciers, qui a le monopole des épices du Levant, des drogues — et auquel a été longtemps subordonnée l'imprécise corporation des peintres à qui il vend les pigments, les huiles, toutes les matières premières nécessaires au métier. Enfin, l'art des juges et des notaires — « ces scribes de l'argent » — qui à l'époque de Léonard occupe le premier rang dans la hiérarchie des arts.

Ensuite, loin derrière, viennent les autres, qui ne permettent pas d'élévation sociale notable, les arts *mineurs* dont le nombre varie selon les époques, dont l'industrie se limite à la cité — qui ne contribuent pas au prestige de la ville. Tout citoyen devant obligatoirement figurer sur le registre matricule de quelqu'un des arts, il n'y a pas grand mérite à appartenir à l'un de ces derniers. Les boulangers sont ainsi l'objet du mépris public, parce que, dit-on, de toutes les corporations, la leur est celle dont l'accès est le plus facile[11].

En fait, s'il n'appartient pas au peuple, seul le bâtard d'une grande famille de Florence, un Albizzi, un Gondi ou un Rucellai (Giulio, par exemple, fils naturel de Julien de Médicis, élu pape en 1522, sous le nom de Clément VII), peut espérer trouver sans déchoir une place dans cette république de bourgeois. En revanche, l'enfant illégitime d'un petit notaire fraîchement sorti du *contado*, de la campagne, incapable de surmonter les interdits et les préjugés ordinaires par la fortune de sa maison, doit renoncer à s'élever (triste sort dans un pays où il est dit que « celui qui ne possède pas ne vaut pas mieux qu'une bête »), à moins de chercher la réussite par des voies excentriques : dans l'armée (on compte beaucoup de bâtards parmi les *condottieri*), dans les lettres, les beaux-arts.

Léonard eût-il été son fils légitime, il y a fort à parier que ser Piero l'eût forcé à le suivre dans le notariat, l'eût poussé tout au moins dans l'un des arts majeurs ; Léonard, d'après les goûts qu'on lui connaît, n'eût peut-être pas refusé de devenir médecin... On ne rencontre guère de fils de bourgeois parmi les peintres et les sculpteurs : Mantegna est fils de paysan, Paolo Uccello de boucher, Botticelli de tanneur, Giuliano de Maiano de tailleur de pierre ; certains sortent de la misère la plus noire, comme les Pollaiuoli (fils d'un marchand de volailles, d'où leur nom), ou le Pérugin qui découvre les rudiments du métier chez un artiste auquel il sert de domestique ; beaucoup enfin sont fils de peintre ou d'orfèvre, ainsi Ghiberti, Raphaël, Piero di Cosimo. Rares sont ceux qui comme Alesso Baldovinetti abandonnent de leur plein gré l'activité lucrative héritée de leur père pour se consacrer à la peinture. Issu d'un milieu comparable à celui de Léonard, Michel-Ange doit braver la volonté familiale — subir des coups, des punitions — pour embrasser un état qui déshonore les siens.

Si ser Piero ne contrarie d'aucune façon la vocation de Léonard, c'est qu'à ses yeux celui-ci n'est pas un fils à part entière. Dès son arrivée à Florence, il le place en apprentissage : que pourrait-il en faire d'autre ?

Léonard a alors quatorze, quinze ans, on ne sait pas au juste. Sans doute a-t-il montré très jeune des dispositions pour le dessin. Peut-être a-t-il commencé, comme le berger Giotto, en traçant sur des pierres plates des figures d'animaux et de plantes, puis, le papier ne devant pas trop manquer dans une maison de notaire, s'est-il amusé à crayonner chez lui les traits de ses proches... Les parents sont mauvais juges ; en homme de loi avisé, ser Piero a réuni les meilleurs de ces dessins et les a portés à un artiste offrant toutes les garanties du sérieux et de la respectabilité, son ami Andrea del Verrocchio, fournisseur des Médicis, afin d'avoir sur les possibilités de l'adolescent l'opinion d'un expert.

Verrocchio, dit Vasari, « fut émerveillé par des débuts si prometteurs et encouragea Piero à le faire étudier ».

Ser Piero n'a sans doute pas balancé longtemps : si Verrocchio acceptait de s'en charger, pourquoi ne pas placer Léonard dans son atelier — pourquoi ne pas le lui confier ?

Léonard est né d'une aventure sans lendemain, en 1452. Très exactement : le 15 avril, un samedi, « à trois heures de la nuit », c'est-à-dire — l'époque dénombrant les heures à partir de l'*Ave Maria* du soir, donc du coucher du soleil — à 22 h 30.

Antonio, le grand-père, nota l'événement au bas de la dernière page d'un livre notarial (il est des habitudes qui ne se perdent pas) ayant appartenu à ser Guido, l'arrière-arrière-grand-père, où il tenait le compte de sa descendance : « 1452. Il m'est né un petit-fils, fils de ser Piero, mon fils... » Le nom de la mère ne fut pas inscrit, comme toujours pour les enfants naturels, mais celui du prêtre qui baptisa Léonard, Piero di Bartolomeo di Pagneca, ainsi que ceux des témoins de la cérémonie : cinq hommes et cinq femmes, qui étaient des voisins, des notables du bourg [12].

La maison où Léonard vit le jour, le lieu où il grandit, les circonstances de sa naissance, la façon dont cette naissance fut accueillie, les quelques lignes du grand-père ne fournissent là-dessus aucune indication.

Léonard est-il né dans une ferme d'Anchiano [13], à deux ou trois kilomètres du village de Vinci, comme l'affirment toujours, témérairement, les gens de la région, ou bien à Vinci même, dans une bâtisse aujourd'hui détruite, située au pied de la petite forteresse dominant le bourg, entre la maison du curé et la forge du maréchal-ferrant ? Fut-il élevé par sa mère ou dans sa famille paternelle ? Surtout, qui était cette mère dont nous ne connaissons que le prénom, Caterina[14], et que l'Anonyme Gaddiano prétend « née de bon sang et d'origine guelfe » (ce qui n'éclaircit rien, au contraire) ? Quelle était la position de cette femme dans l'univers de ser Piero ? Comment reçut-on l'annonce de sa grossesse ? Comment se comporta le village — qui a toujours été un tout petit village — à son égard ? La venue au monde de Léonard fut-elle une source de réjouissance ou bien de honte ?

Des historiens et des psychanalystes — à la suite de Freud — se sont longtemps penchés sur ces questions (dont certaines sont essentielles, si l'on admet que notre enfance, de façon souterraine, irrésistiblement, détermine notre vie), sans leur apporter de réponse concluante.

Le texte dans lequel Antonio nota la naissance de son petit-fils n'était pas encore découvert au début de notre siècle ; on ne connaissait alors qu'une déclaration fiscale datée de 1457, disant que Léonard, enfant naturel, âgé de cinq ans, habitait la maison de son grand-père. Freud supposa légitimement, au début de son étude, qu'après avoir passé ses premières années sous le toit maternel Léonard fut brusquement *transplanté* dans le milieu paternel, et que cette séparation abrupte, liée à la prise de conscience de son illégitimité, lui causa un traumatisme dont les séquelles peuvent être perçues dans sa vie comme dans son œuvre. Cette thèse, séduisante par sa nouveauté comme sa simplicité, fit son effet — quoiqu'elle fût longtemps négligée par les historiens de l'art ; puis elle fut combattue, jusqu'à l'outrance[15]. Notre connaissance des premières années de Léonard régressa alors, sans doute, plus qu'elle ne progressa.

Sans recourir à l'arsenal psychanalytique, à l'aide des quelques documents que nous possédons, des écrits de Léonard, des résultats des vastes travaux entrepris sur son temps et d'un peu de bon sens, nous pouvons imaginer pourtant, dans ses grandes lignes pour le moins, ce que fut l'enfance du Vinci.

Ce que l'on peut dire en premier lieu, c'est qu'elle ne suivit pas les schémas ordinaires et que le jeune Léonard dut affronter d'emblée une situation passablement embrouillée.

A sa naissance, sa famille paternelle se compose des grands-parents, Antonio et monna Lucia, âgés respectivement de quatre-vingts et cinquante-neuf ans, et de leurs trois enfants : Piero, donc, l'aîné, vingt-cinq ans, déjà notaire et très absorbé par l'idée de sa réussite, toujours absent, retenu tantôt à Pise, tantôt à Pistoia, tantôt à Florence ; Violante, la cadette, née en 1433, qui a épousé un certain

Simone d'Antonio et n'habite plus Vinci ; Francesco, enfin, seize ans, qui, comme le grand-père, n'a pas grande ambition et qui, bien qu'inscrit par la suite au registre de l'art de la soie, va se contenter d'administrer ses terres. (Un quatrième enfant, Giuliano, est mort en bas âge, semble-t-il.)

Et, l'année même où naît Léonard, ser Piero fait *un beau mariage :* il épouse une bourgeoise florentine, de seize ans, Albiera di Giovanni Amadori. Rompt-il alors avec Caterina, la mère de son fils naturel, ou bien garde-t-il, en plus de sa femme citadine, cette maîtresse de Vinci où il revient par intervalles ?

Cela semble peu probable ; si cet arrangement existe, il ne peut en tout cas durer longtemps : Caterina, qui a alors environ vingt-deux ans, que l'on suppose fille de paysans, ouvrière agricole ou servante d'auberge, se marie à son tour, dans les mois suivants — au plus tard en 1454 — avec un certain Antonio di Piero di Andrea di Giovanni Buti, surnommé l'Accattabriga (« le Querelleur »). Cet Accattabriga l'emmène vivre chez lui, à Campo Zeppi, à un peu plus de deux kilomètres du village de Vinci, et lui fait aussitôt une fille, Piera, puis une autre, Maria, puis deux autres filles et un garçon.

En plus de parents unis de la main gauche, puis séparés, Léonard se trouve donc très vite pourvu d'un beau-père, d'une belle-mère, puis, du côté de sa mère, de plusieurs demi-sœurs, d'un demi-frère... Ser Piero, lui, n'a pas d'enfant d'Albiera — qui n'est pas stérile, contrairement à ce que croit Freud, mais meurt toute jeune, *en couches,* à Florence, le 15 juin 1464. (Il n'en a pas non plus de sa seconde épouse ; ce n'est qu'en 1476, quand Léonard est âgé de vingt-quatre ans, que sa troisième épouse lui donne son premier enfant légitime ; il rattrape alors son retard et fait un enfant tous les deux ans en moyenne : cinq à sa troisième femme, six à la quatrième.)

Sur ce qui précède la naissance de Léonard, plusieurs hypothèses sont permises. Les vingt-deux ans de Caterina pourraient indiquer que la jeune femme « fréquente » le fringant ser Piero depuis longtemps déjà ; pourquoi sinon serait-elle toujours célibataire ? Les filles de Toscane se marient tôt : Albiera, la première belle-mère de Léonard, a seize ans au soir de ses noces ; la seconde, Francesca di ser Giuliano Lanfredini, à peine quinze... On peut aussi imaginer Caterina très belle et penser que l'enfant hérite de sa beauté. Est-ce en songeant à sa mère que Léonard note plus tard sur une page de ses carnets : « N'as-tu pas vu les paysannes des montagnes, enveloppées de leurs pauvres haillons, dénuées de parure, l'emporter en beauté sur celles qui sont ornées [16] ? » Ser Piero, qui doit être un peu le coq du village, homme très raisonnable

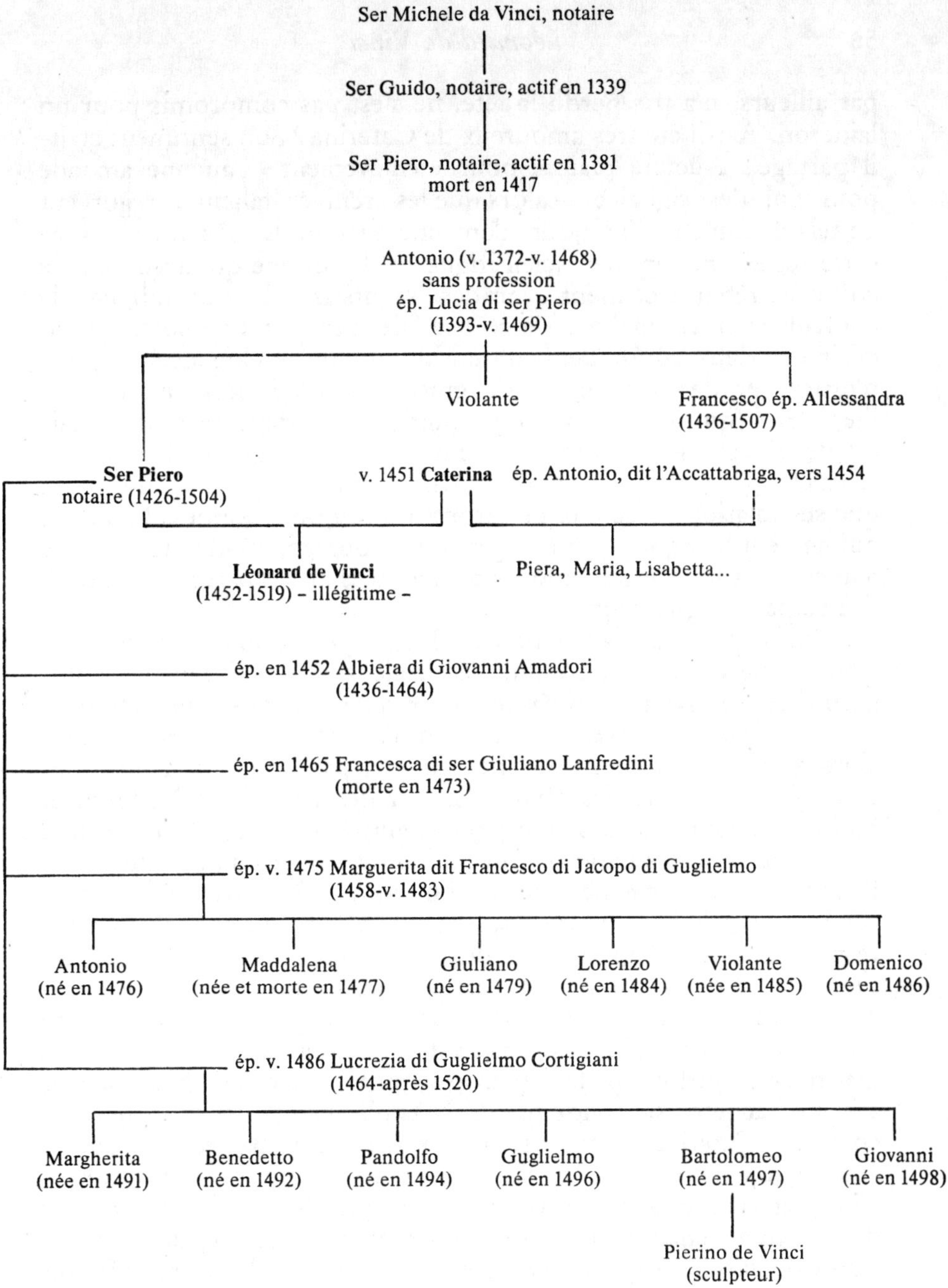

J'ai suivi ici la chronologie établie par Uzielli ; Cianchi donne des dates légèrement différentes pour la naissance de certains enfants de ser Piero.

par ailleurs, n'a pas perdu la tête, ne s'est pas compromis pour un laideron. A-t-il été très amoureux de Caterina ? Son sentiment était-il partagé ? Aucune plainte pour « enlèvement », aucune amende pour viol n'est signalée — alors que les archives italiennes regorgent de tels documents. Toujours dans une page de Léonard, on trouve cette réflexion, fort peu scientifique : « L'homme qui accomplit le coït avec retenue et mépris fait des enfants irritables et indignes de confiance ; en revanche, si le coït se fait avec grand amour et grand désir des deux côtés, l'enfant sera de grande intelligence, et plein d'esprit, et de vivacité, et de grâce[17]. » L'allusion aux enfants illégitimes (qui ne sont pas le produit d'un mariage de raison, mais du désir) est assez claire ; la phrase ne semble guère flatteuse en revanche pour les demi-frères et demi-sœurs de l'artiste : il est vrai que ses relations avec eux ne seront pas toujours bonnes. Léonard, qui ne peut manquer d'interroger son entourage, est-il bercé dans sa jeunesse par le récit des amours passionnées de ses parents — d'où il tire ce parti orgueilleux ?

Mais après ? L'élan se brise. « La coupe d'amour contient plus d'aloès que de miel », comme l'écrit alors Æneas Sylvius Piccolomini dans son roman *l'Euryale*. Ser Piero se lasse-t-il de Caterina ? Se brouille-t-il avec elle ? Ou bien l'abandonne-t-il froidement, alors qu'elle vient de lui donner un fils, parce qu'elle n'entre pas dans ses plans, que des affaires croissantes l'appellent à Florence, qu'il a rencontré là-bas une jeune femme de sa condition nantie d'une dot, dont les parents peuvent l'aider à mieux s'implanter dans la capitale toscane ? Le sens de l'intérêt, qui gouverne avec une certaine brutalité la plupart des hommes à cette époque, serait alors responsable de l'illégitimité de l'enfant. Mais, si l'on admet que ser Piero sacrifie Caterina à sa carrière, après lui avoir donné des espoirs, ne peut-on supposer aussi que, poussé par quelque remords, ou par crainte du scandale, il ne cherche ensuite à unir sa maîtresse à quelqu'un des environs, quitte à la doter de sa poche, afin de racheter sa conduite ? Cela expliquerait bien pourquoi et comment Caterina trouve à se marier assez vite, malgré sa « faute » et ses vingt-deux ans. L'Accattabriga n'est pas un inconnu pour les Vinci : il a exercé aux abords du village, entre 1449 et 1453, le métier de *fornaccio* (chaufournier, ou constructeur de four) ; de plus, les terres de sa famille, à Campo Zeppi, touchent à la propriété d'un certain Antonio di Lionardo, gendre du puissant messer Lorenzo Ridolfi, de Florence, dont le régisseur compte parmi les parrains de Léonard. (Serait-ce en l'honneur de cet Antonio *di Lionardo* que le Vinci reçoit son prénom, que ne porte à ma connaissance, contrairement à l'usage qui veut que l'aîné soit baptisé d'après un parent défunt, aucun de ses ancêtres [18] ?)

Cet accommodement, auquel peut se plier un esprit de notaire, est peut-être suggéré par les grands-parents. Pour des gens aussi âgés qu'Antonio et monna Lucia, la venue au monde d'un premier petit-fils, même illégitime et né d'une femme de condition inférieure, doit être un événement plutôt heureux : l'enfant égaiera leurs vieux jours. Antonio note sans honte la naissance dans ses papiers ; et le nombre des témoins au baptême qu'il cite (la cérémonie est conduite le dimanche *in Albis,* dans l'église paroissiale de Santa Croce) révèle, sinon sa fierté d'être grand-père, du moins qu'il revendique son descendant et désire lui assurer une pleine intégration dans la communauté.

Les grands-parents ne peuvent cependant prendre sur-le-champ l'enfant chez eux. A une époque où il n'existe pas de lait de substitution, un bébé a besoin du sein de sa mère. Engager une nourrice ? Cette pratique, très en usage à la Renaissance, est plutôt l'apanage des riches. Les Vinci ne vivent pas dans l'opulence. Ser Piero débute dans son métier, et les quelques terres dont la famille tire ses revenus, plantées de vignes, d'oliviers, de blé et de sarrasin, permettent seulement une aisance modeste. Une unique servante tient la maison, aux gages de huit florins par an. Pourquoi s'imposer des tracas et des frais inutiles [19] ? Selon toute vraisemblance, Léonard est confié à sa mère — que l'on entretient peut-être en échange, qui doit habiter à quelques centaines de pas de la maison des Vinci ; et il demeure auprès d'elle jusqu'à l'âge d'être sevré. La durée normale de l'allaitement est alors d'environ dix-huit mois. (Le moraliste Barberino, dans son traité *Del Regimento e de Costumi delle Donne,* au début du XIVe siècle, préconise un allaitement de deux ans.) Or c'est à peu près au bout de ce laps de temps que Caterina épouse l'Accattabriga et part s'installer avec lui à Campo Zeppi. Coïncidence fortuite ? On a plutôt l'impression d'une suite ordonnée, de dispositions réfléchies, peut-être arrêtées par contrat : Caterina rend Léonard à sa famille paternelle après que l'enfant a été sevré, une fois son travail de mère achevé ; elle peut alors s'unir à l'Accattabriga — qui, quoique affligé d'un surnom suspect (« le Querelleur » [20]), ne semble pas un mauvais parti : son père possède une ferme et quelques lopins de terre d'un rapport décent.

La chronologie traditionnelle de la jeunesse de Léonard repose sur trois déclarations fiscales de la famille Vinci : celle du grand-père, de 1457 ; celle de monna Lucia, de 1469 ; celle de ser Piero, datée de 1470 et faite non plus à Vinci, mais à Florence. De ces trois documents, on a longtemps déduit l'âge auquel Léonard entre dans le cercle paternel et surtout l'année de son arrivée dans la capitale toscane. Faut-il s'y tenir ?

En 1457, désireux d'obtenir une réduction d'impôts, Antonio déclare que l'enfant vit chez lui : il l'inscrit au *catasto* (cadastre) en tant que *bocca* (bouche, c'est-à-dire personne à charge). Afin de convaincre les autorités du bien-fondé de sa demande, il précise que son petit-fils est né « de Caterina, présentement épouse d'Accattabriga », car, pour les enfants illégitimes, selon les statuts alors en vigueur, l'abattement n'est accordé que sur délibération spéciale des contrôleurs du fisc ; cet abattement lui est d'ailleurs refusé, comme le montrent les comptes qui suivent la déclaration, signée par ser Piero ; et il le sera de nouveau en 1469. (On n'y a pas droit *d'office ;* ce n'est donc pas, contrairement à ce qu'ont avancé plusieurs historiens, l'attrait mesquin d'une diminution d'impôts qui pousse les Vinci à prendre l'enfant chez eux. Il ne faut pas trop noircir le tableau : ce sont des gens durs, parcimonieux, peut-être — mais le sens de l'intérêt n'exclut pas celui du devoir, ni les sentiments.)

L'équitable système du *catasto*[21], proposé en 1285 par un certain Borgo Rinaldi, âprement discuté en 1378, lors d'une révolte populaire dite tumulte des Ciompi, est instauré sur tout le territoire florentin en 1427. Il prévoit un recensement complet des biens fonciers et immobiliers, des bénéfices des activités commerciales et professionnelles, de l'argent liquide, des créances, etc. Du total de l'« avoir » ainsi déterminé sont déduits, pour chaque famille, la valeur de la maison, du fonds de commerce, les dettes et 200 florins par personne (par « *bocca* »), jugés « nécessaires aux exigences de la vie » ; le reste, appelé « surabondance », est frappé d'un impôt de 1,5 pour 100 : les Vinci paient au fisc, pour l'année 1457, la somme de sept florins.

Pour le chercheur, les registres où ces comptes sont consignés par le détail constituent une formidable source d'informations. L'exactitude des données qu'ils fournissent est limitée toutefois, d'une part par le fait qu'en Italie on ne se gêne pas plus à cette époque que de nos jours pour gruger le fisc, de l'autre par celui que le recensement n'est pas annuel, qu'il intervient à des dates irrégulières, arbitrairement fixées. La déclaration précédente des Vinci remonte à 1450 ; la suivante n'est exigée, semble-t-il, qu'en 1469. En raison du grand intervalle qui sépare les recensements, celle de 1457 (la première après la naissance de Léonard, premier papier officiel où figure son nom) ne signifie pas que l'enfant est recueilli cette année-là par son grand-père mais, simplement, qu'il est un membre de la famille paternelle à cette date : elle n'infirme en rien l'hypothèse selon laquelle il quitte Caterina dès le moment où il est sevré.

Léonard vit chez ses grands-parents. Cesse-t-il pour autant de voir sa mère ? Par qui est-il élevé désormais ?

Ser Piero et son épouse légitime passent la majeure partie de leur temps à Florence. Quarante-cinq kilomètres environ séparent Vinci de la capitale, dont une dizaine, de mauvaise route, serpentent à flanc de colline. Le voyage prend au minimum une journée. Le notaire ne doit rejoindre les siens que pour les fêtes, dans les occasions importantes, ainsi qu'au plus fort de l'été, pour fuir la chaleur, comme beaucoup de citadins. Entre l'enfant et sa belle-mère, des rapports existent, qui ne sont sans doute pas négligeables, puisqu'on voit Léonard, plus tard, s'inquiéter dans ses carnets d'un frère d'Albiera, Alessandro, chanoine de Fiesole : « Messer Alessandro Amadori, est-il vivant ou mort ? » se demande-t-il vers 1515[22]. Frustrée dans ses espérances de mère, la jeune femme lui prodigue-t-elle son affection, comme à un véritable fils ? Les séjours qu'elle effectue à Vinci semblent cependant trop courts, trop épisodiques pour qu'on puisse lui attribuer une action déterminante sur le développement de l'enfant.

Si par la suite, travaillé peut-être par l'infécondité de sa première, puis de sa deuxième épouse, ser Piero témoigne un certain intérêt au garçon et assume au moins la part minimale de ses devoirs de père — lui trouver un métier, le placer en apprentissage —, il semble qu'il ne se préoccupe pas beaucoup de son sort au début, qu'il en abandonne l'entière responsabilité à ses vieux parents, Antonio et monna Lucia, ainsi qu'à son frère cadet, Francesco. En fait, c'est ce Francesco, dont Antonio dit dans sa déclaration fiscale qu'« il vit à la maison et ne fait rien », qui doit être la personne la plus proche de Léonard. Il n'a que seize ans de plus que son neveu. Comme le grand-père, il n'a aucun goût pour le droit, pour la ville, pour les honneurs. Il tire son plaisir de la terre, et tout particulièrement de la terre de Vinci dont il ne s'éloigne jamais longtemps. Lorsque Antonio n'est plus en état de courir les champs, à mon sens, Francesco va à sa place surveiller la cueillette des olives, inspecter la vigne, discuter avec les métayers, et il est probable que Léonard bientôt l'accompagne. L'enfant se forme sur cet homme paisible, à l'humeur contemplative, au caractère indépendant, qui sait sûrement le nom et les vertus des herbes (la région est grande productrice de plantes médicinales), les nuages qui annoncent la pluie, les coutumes des bêtes et les légendes superstitieuses qui règlent chaque action ; Léonard acquiert à son contact l'amour des grands espaces, la curiosité des choses naturelles. Francesco plante des mûriers, se lance dans la sériciculture ; ne serait-ce pas à son intention que Léonard conçoit plus tard un moulin pour broyer les couleurs destinées à la teinture[23] ? La sympathie très tendre qui les rapproche ne se dément, semble-t-il, à aucun instant. Comme il meurt sans enfants, en 1507, c'est à Léonard, non à ses neveux légitimes, contrairement à tous les usages, que l'oncle Francesco lègue son bien.

Singulièrement, dans la première édition des *Vies*, ser Piero est présenté (erreur de copiste, information boiteuse, souci de dissimuler l'illégitimité de l'artiste...) comme l'oncle, non comme le père de Léonard. Vasari rectifie dans l'édition suivante — mais l'erreur initiale ne contredit pas vraiment la réalité.

De Vinci à Campo Zeppi, la distance n'est pas longue. On descend le torrent, on passe le hameau de San Pantaleon ; après la Quartaia, un sentier qui remonte vers le nord conduit à la ferme des parents de l'Accattabriga. Un garçon vigoureux fait le chemin, à pied, en trente minutes au plus.

Pour ce qui est de la religion, les « Accattabriga » disposent de la petite église de San Pantaleone ; pour le reste, ils dépendent du village de Vinci où Caterina, si elle en est originaire, a peut-être encore des parents, des amies. C'est un étroit pays, prisonnier de hautes collines, dont tous les habitants sont unis par des liens actifs, de quelque façon. Quoiqu'on ne puisse aucunement déterminer la fréquence des rencontres entre Léonard et sa mère, il n'est pas déraisonnable de penser qu'ils se voient assez souvent. Les occasions (fêtes, baptêmes, foires...) ne leur manquent pas de se retrouver. Ils peuvent en tout cas se voir aussi librement qu'ils le désirent : les rapports entre les Vinci et la belle-famille de Caterina vont, semble-t-il, en se renforçant : en 1469, Antonio loue le four, situé sur la route d'Empoli, où travaillait auparavant l'Accattabriga ; en 1498, ser Piero marie une cousine dont il a la charge, fille d'un oncle décédé, à un certain Domenico di Vacha, proche parent de ce même Accattabriga — un peu comme si la famille de ce dernier était un réservoir où l'on puisait à discrétion des époux pour les cas difficiles[24].

Les sentiments de Léonard à l'égard de ses différentes belles-mères, aussi complexes soient-ils, s'inscrivent dans un cadre « classique » ; qu'ils aillent dans le sens du refus ou de l'acceptation, on peut en imaginer la teneur assez aisément. Autrement ambigus, douloureux, ceux que lui inspire sa vraie mère posent un problème épineux. Léonard peut s'accommoder sans trop de mal d'Albiera, qui ne dérange guère sa vie quotidienne ; Francesca, seconde épouse de ser Piero, mariée à quinze ans, a un an à peine de plus que lui —

et fait davantage figure de compagnon de jeu que de marâtre ; les deux dernières, Marguerita et Lucrezia, apparues dans son âge adulte, le laissent relativement indifférent et si, dans ses lettres, il appelle l'une, par exemple : « Chère mère bien-aimée » quoiqu'elle soit plus jeune que lui, c'est qu'il s'est forgé avec les années un masque poli, affable (son masque de sage antique), qu'il a appris à dissimuler, à canaliser ses impulsions, à noyer sa nature profonde dans une observation très stricte des conventions sociales. Mais Caterina ?

« Dis, dis-moi comment se passent les choses là-bas et ce que la Caterina souhaite faire... », lit-on dans ses carnets[25]. Si cette phrase incomplète concerne sa mère (ce qui est probable mais non certain), on doit en conclure que Léonard songe à elle, se la remémore de façon assez peu respectueuse — « la Caterina ». Comment s'adresse-t-il à elle lorsqu'il la rencontre ? Parlant de son père, il dit sans équivoque : « ser Piero, mon père ». Lui est-il pénible en revanche d'appeler Caterina « ma mère » ? Réserve-t-il ce titre aux épouses légitimes de ser Piero ? Juge-t-il, inconsciemment, qu'elle ne le mérite pas ?

Le premier enfant des Accattabriga naît lorsque Léonard a deux, trois ans ; les autres se succèdent assez vite ; si bien que Léonard, dans sa prime jeunesse, voit sa mère toujours encombrée d'un enfant en bas âge, qui réclame soin et attention — d'un intrus qui empiète sur ses droits, qui usurpe sa place dans l'amour maternel. Lorsqu'il croise Caterina au village, qu'il la retrouve pour quelques heures à Campo Zeppi, comment pourrait-il ne pas comparer sa propre condition (source de sa solitude) à celle de ses demi-sœurs, de son demi-frère, nantis, eux, de parents très présents et légitimes ? Comment pourrait-il, de même, ne pas confronter en esprit avec le brillant (et distant) ser Piero, dont les succès doivent alimenter les conversations du village, cet Accattabriga (illettré peut-être, comme beaucoup de paysans) qui gagne durement sa vie, qui peine à son four, qui cultive son champ à la sueur de son front, et ne pas reprocher à sa mère de ne pas avoir su se faire épouser par l'un et d'avoir suivi l'autre ?

Léonard, qui se penchera longuement sur les *mécanismes* de la naissance, le développement des embryons, écrit et répète qu'une « âme unique gouverne les deux corps » (de la mère et du fœtus) ; il estime que « les désirs, frayeurs et souffrances sont communs à cette créature comme à tous ses autres membres animés ; d'où il résulte qu'une chose désirée par la mère se trouve marquée sur les parties de l'enfant recelé en elle à l'époque de son envie ; et une soudaine frayeur tue à la fois mère et enfant », Ser Piero s'est marié à

Florence l'année même de la naissance de Léonard ; aurait-il quitté Caterina, lui aurait-il annoncé ses propres fiançailles alors qu'elle était enceinte ? On se figure le désarroi de la jeune femme en apprenant la nouvelle. Léonard, qui se demande par ailleurs si le fœtus est capable de pleurer, d'émettre des sons[26], pense-t-il avoir enduré lui-même, avant que de voir le jour, chacune des peines éprouvées par sa mère ?

Dans les dernières années du siècle, alors que la guerre menace l'équilibre de l'Italie, que des idées d'Apocalypse tourmentent les esprits, qu'à Florence Savonarole terrorise les foules en annonçant que le glaive de Dieu va s'abattre sur la terre, Léonard note dans ses carnets des sortes de *prophéties* en forme de devinettes, genre alors à la mode, dont il s'amuse, dont il régale peut-être la cour de Milan[27]. Parmi les énigmes qu'il propose, certaines semblent refléter la blessure causée dans son enfance par les effets de son illégitimité et la séparation de ses parents : « Les temps d'Hérode reviendront, écrit-il, car les enfants innocents seront arrachés à leur mère nourricière et mourront de grandes blessures infligées par des hommes cruels. » Quoique la réponse, un peu décevante, soit : « les chevreaux », il y a là comme un aveu. Il écrit aussi : « Le lait sera retiré aux petits-enfants » (réponse : « les animaux dont on tire le fromage »). Et encore : « Beaucoup d'enfants seront arrachés des bras de leur mère, avec des coups impitoyables, et jetés à terre, puis mutilés » (réponse : « les noix, les olives, les glands, etc. »). Et ces mots, dans une énigme dont la solution est les ânes : « Mère tendre et bénigne pour quelques-uns de tes enfants, marâtre cruelle et implacable pour d'autres... je vois tes fils livrés en esclavage... et toute leur vie se passe au service de l'oppresseur. » Et ceci, surtout : « On verra des pères et des mères prendre bien plus soin de leurs beaux-enfants que de leur propre fils » (réponse : « les arbres qui offrent leur sève à des greffes »). Je pourrais citer d'autres exemples. Le retour obsédant de ce thème, plus troublant qu'une confidence, semble dénoncer l'importance du traumatisme.

Comme l'a signalé Jones, son ami et biographe, Freud vouait un immense respect aux artistes, « sentiment peut-être mêlé de quelque envie[28] ». Le fameux mystère de la création le fascinait, il y voyait la marque d'un élément surnaturel, d'un souffle presque divin. Hésita-t-il entre l'art et la science avant d'opter pour la médecine ? Conservait-il au fond de lui le regret de n'être pas, par exemple, poète ou romancier ? Léonard de Vinci, pensait-il avec admiration, avait su combiner ces deux *pulsions,* s'était partagé entre la recherche scientifique et la création artistique, avait réussi (quoique l'une eût fini, selon lui, par prévaloir sur l'autre) à se laisser emporter par les deux avec un égal bonheur.

Freud se sentait de nombreuses affinités avec Léonard, ce « grand homme énigmatique ». Avant que la gloire s'emparât de lui, il était persuadé que sa propre œuvre demeurerait ignorée de ses contemporains, comme le furent les écrits de Léonard, auxquels on ne s'était guère intéressé jusqu'au XIXe siècle. Par certains traits de caractère, par une même soif insatiable de connaissances, il se trouvait également accordé au Vinci... Dès 1898, le nom de Léonard apparaît dans sa correspondance. En 1907, il cite parmi ses dix livres préférés le roman de Dimitri Merejkovski, *la Résurrection des dieux : Le Roman de Léonard de Vinci* (fiction qu'il prend trop souvent pour argent comptant et qui est sans doute à l'origine de sa propre étude). Par la suite, on le voit lire Vasari, puis le livre de Pater sur la Renaissance (en particulier le texte sur *la Joconde*), emprunter de nombreux ouvrages sur l'artiste, commander en Italie ceux qu'il ne peut se procurer en Autriche, puis, de passage à Paris, aller contempler longuement les œuvres du maître, au musée du Louvre.

Ce fut en 1909, alors qu'il traitait un malade « doté de la même constitution que Léonard, mais dépourvu de tout génie[29] » que Freud conçut le projet d'appliquer sa méthode au Vinci. Son but ? Tenter, dit-il, « d'expliquer les inhibitions de Léonard dans sa vie sexuelle et dans son activité artistique » : pourquoi Léonard laissa-t-il tant d'œuvres inachevées ? Il prit pour point de départ un souvenir étrange que Léonard relatait dans ses carnets, l'interpréta (à la lumière d'informations équivalentes que lui avaient données des patients), en tira des conclusions sur les jeunes années de l'artiste et, travaillant un peu à la manière du paléontologue qui d'une mâchoire ou d'un tibia déduit le dinosaure entier, en vint à tenter de reconstituer certains événements obscurs de la vie de l'artiste, certaines facettes de sa personnalité. En 1910 parut *Un souvenir d'enfance de Léonard de Vinci* dans lequel il avait mis beaucoup de passion et qu'il devait considérer par la suite comme « la seule jolie chose » jamais sortie de sa plume.

Léonard avait noté, au verso d'une page noircie d'observations sur le vol des oiseaux : « Je parais donc avoir été destiné à écrire de manière si approfondie au sujet du milan car, dans un de mes premiers souvenirs d'enfance, il me semble que, lorsque j'étais au berceau, un milan vint et m'ouvrit la bouche de sa queue, et me frappa avec cette queue à maintes reprises à l'intérieur sur les lèvres[30]. »

Freud estima que la queue de l'oiseau était un substitut du sein maternel. Lorsqu'il se risqua ensuite à préciser pourquoi Léonard avait choisi cette espèce particulière d'oiseau, il tomba malheureusement dans une erreur que les historiens ne lui pardonnèrent pas : dans la version allemande des *Carnets* sur laquelle il travaillait, le mot *nibbio* employé par Léonard n'était pas traduit par « milan » mais par « vautour » (*Geier*) — les conclusions audacieuses auxquelles il parvenait grâce à des rapprochements avec le vautour de la mythologie égyptienne, par exemple, étaient par conséquent difficilement recevables[31].

L'ensemble de sa thèse doit-il être pour autant rejeté ? Certaines prémisses sont fausses ; cela ne diminue pas la valeur du raisonnement, et l'intuition parfaite qui guidait Freud a réussi, il me semble, mieux que toute sa science, à lui faire toucher du doigt les vérités qu'il traquait.

Freud a posé au grand jour, pour la première fois, le problème crucial de l'illégitimité dans la vie de Léonard — de la séparation de ses parents ; il a dressé le tableau des conflits qui agitaient l'artiste, a déchiffré les sentiments ambivalents qu'il portait à sa mère — inconsciemment tenue responsable de son abandon (d'où l'idée d'une « mère hostile »). Il s'est ensuite attaché à montrer que cela avait contribué au développement de ses inhibitions sexuelles, à la formation de son homosexualité, voire au refus de toute activité sexuelle ; que, grâce à un phénomène de sublimation, cela avait aiguillonné parallèlement sa curiosité intellectuelle, avait renforcé son « instinct d'investigation », au détriment, selon lui (et c'est là sans doute le contresens majeur de l'ouvrage), de sa créativité artistique.

En dépit des inexactitudes qui l'entachent, de ses assertions discutables (en matière d'esthétique, surtout), le livre de Freud a au moins le mérite d'avoir étendu de façon importante le champ des études léonardiennes : en 1892, dans un ouvrage pourtant sous-titré *Essai de biographie psychologique,* Gabriel Séailles se contentait de noter, à la suite de Stendhal, que Léonard était né « de la jeunesse et de l'amour ».

Un des reproches que l'on pourrait adresser à Freud (outre ce vautour qui est un milan) me paraît être une abusive simplification : la réduction des différents événements qui ont déchiré l'enfance de Léonard à un seul — le moment où on l'a séparé d'une mère très aimante (Freud dit, sans tenir compte de l'Accattabriga : « la tendre séduction d'une mère dont il est l'unique consolation »). Le drame de la séparation dut en fait se répéter chaque fois que l'enfant revoyait Caterina ; et de nombreuses circonstances l'ont ravivé, l'ont aggravé au cours des années, notamment la naissance de demi-sœurs, d'un demi-frère.

On peut citer d'autres sources de perturbation, de blessures psychologiques, ignorées ou négligées par Freud : les conséquences pratiques de l'illégitimité ; le mariage de l'oncle Francesco (qui tenait un peu lieu de père adoptif à Léonard) avec une certaine Alessandra ; la mort d'Albiera et le remariage immédiat de ser Piero ; la mort du grand-père, vers 1468, qui présidait à l'équilibre familial ; la mort de la grand-mère, monna Lucia, peu après ; enfin — et peut-être surtout — le départ de Vinci, l'installation à Florence où une nouvelle vie, dans un nouveau milieu, attendait l'adolescent.

En arrivant à Florence, Léonard s'éloigne pour longtemps de sa mère qu'il ne va plus voir qu'aux vacances. Et, comme il pénètre dans le monde inconnu de la ville, qu'il lui faut s'intégrer à cette cité que Marcel Brion qualifie avec bonheur de « nature à rebours », qu'il lui faut devenir adulte et faire l'apprentissage d'un métier (d'un métier manuel, qui n'est pas l'occupation noble de son père), il doit mesurer, éprouver, plus que jamais, le poids décisif de sa naissance irrégulière.

NOTES

Chapitre II

1. Ser Guido, notaire de la République en 1413, eut deux fils : Piero, l'arrière-grand-père de Léonard, et Giovanni, notaire également, qui épousa une certaine Lotteria Beccannugi et mourut à Barcelone.

2. Gustavo Uzielli, *Ricerche intorno a Leonardo da Vinci*, Firenze, 1872.

3. Le père de monna Lucia était un notaire florentin, originaire de la région du monte Albano, donc des environs de Vinci.

4. Pierpaccini, *Leonardo da Vinci,* Istituto de Medicina sociale, Rome, 1952. Léonard non plus ne fait pas précéder le nom de son grand-père du titre de *ser* ; donnant son propre nom, il dit : *Leonardo di ser Piero d'Antonio.*

5. Via della Prestanza, aujourd'hui via Gondi. Il ne reste rien d'aucune des maisons où vécut Léonard, ni à Florence ni à Milan.

6. Renzo Cianchi, *Vinci, Leonardo e la sua famiglia,* Milan, 1952.

7. Jérôme Cardan (qui résolut l'équation du troisième degré et inventa le système de transmission qui porte son nom) ne put entrer au Collège des médecins de Milan, pareillement, à cause de son illégitimité.

8. Parmi ces auteurs : Bérence (1938), Vallentin (1938), Douglas (1944)...

9. Philippe de Commynes, ambassadeur de Louis XI, puis de Charles VIII et de Louis XII, note dans ses *Mémoires :* « Ils ne font point grant différance en Italie d'ung enfant bastard à ung légitime. »

10. « Certains portent à leur naissance la tache d'une erreur commise par leurs parents et la recouvrent de leur mieux par leur conduite modeste, leur élocution agréable, l'excellence de leurs actions et de leurs œuvres... » Ce prologue moralisant à la *Vie* de Filippino Lippi, fils de fra Filippo Lippi, fut supprimé par Vasari dans l'édition de 1568.

11. Florence manquait en fait souvent de pain, et l'art des boulangers y était très décrié parce que lié à l'idée de spéculation et de disette.

12. « 1452. Il m'est né un petit-fils, fils de ser Piero, mon fils, le 15 avril, un samedi, à 3 heures de la nuit. Il porte le nom de Léonard. C'est le prêtre Piero di Bartolomeo, de Vinci, qui l'a baptisé, en présence de Papino di Nanni Banti, Meo di Tonino, Piero di Malvotto, Nanni di Venzo, Arrigo di Giovanni l'Allemand, monna Lisa di Domenico di Brettone, monna Antonia di Giuliano, monna Niccolosa del Barna, monna Maria fille de Nanni di Venzo, monna Pippa (di Nanni

di Venzo) di Previcone. » Ce document, que conservent les Archives de Florence, fut découvert par Emile Möller en 1939.

13. Les Vinci n'achetèrent la ferme d'Anchiano qu'en 1482, soit trente ans après la naissance de Léonard. Cependant, Caterina ne pouvait accoucher dans la maison de ser Piero, alors que celui-ci était sur le point d'épouser Albiera, et rien ne s'oppose à ce que la jeune femme habitât à l'époque la ferme d'Anchiano. Rien ne l'indique non plus, sinon la tradition locale. Cette ferme, que l'on peut visiter, a été abondamment restaurée.

14. Aucune trace de la famille de Caterina — dont on ignore malheureusement le patronyme — n'a encore été découverte dans les archives toscanes. Parmi les Caterina recensées à cette époque dans les environs de Vinci, aucune ne peut correspondre à la mère de Léonard. Serait-ce parce que celle-ci était trop pauvre pour figurer au *Catasto ?*

15. L'attaque la plus étoffée contre l'essai de Freud vint de l'historien de l'art Meyer Schapiro, dans son *Leonardo and Freud,* Chicago, 1956. Le docteur Eissler y répondit par un *Léonard de Vinci, étude psychanalytique,* New York, 1961 (Paris, 1980).

16. In Ludwig, alinéa 404 (*Das Buch von der Malerei,* Berlin, 1882).

17. Cette réflexion de Léonard figure sur une planche anatomique conservée au château de Weimar. Elle découle sans doute de l'opinion courante, de quelque maxime populaire sur les « enfants de l'amour », comme dit Stendhal.

18. En Toscane, on donne généralement aux enfants le prénom d'un membre défunt de son ascendance : ainsi, le premier enfant légitime de ser Piero (lui-même arrière-petit-fils d'un Piero) est baptisé Antonio, d'après le grand-père paternel.

19. Les terres de la famille Vinci produisent, quelques années avant la naissance de Léonard, 50 boisseaux de blé, 26,5 mesures de vin, 2 jarres d'huile d'olive, 6 boisseaux de sarrasin. Ce n'est pas énorme.

20. Le surnom d'*Accattabriga* (« Querelleur », « Fauteur de troubles ») se rencontre souvent à l'époque dans les rangs des mercenaires. Le mari de Caterina aurait-il commencé sa carrière dans l'armée ? Son fils mourra en tout cas d'un coup de *spingarde,* à Pise ; y aurait-il dans la famille une tradition militaire ? J'y vois plutôt l'indice d'une situation matérielle précaire : on s'engage, en général, *faute de mieux.*

21. Machiavel : « Comme, pour la répartition, on additionnait tous les biens de tous les citoyens, ce que les Florentins appellent empiler, ou *accatastare,* cet impôt fut nommé *il catasto* » (*Histoires florentines*).

22. Cod. Atl. 83 r. Est-ce à ce frère d'Albiera que Léonard va confier le carton (aujourd'hui perdu) d'*Adam et Eve* que mentionne Vasari et dont Raphaël s'inspira peut-être dans son *Péché originel* du Vatican (voir p. 172) ? Vasari écrit : « L'ouvrage se trouve à présent à Florence, dans la maison fortunée du magnifique Ottaviano de Médicis, auquel il a été donné il y a peu de temps par *l'oncle* de Léonard. » Léonard considérait-il Alessandro degli Amadori comme son oncle, bien après le décès de sa belle-mère ? Ce n'est pas impossible.

23. Selon Cianchi, Léonard aurait dessiné et construit à Vinci, vers 1500, un moulin à couleurs qui fonctionnait encore en 1910.

24. Contesté par Cianchi qui ne lit pas « di Vacha » mais « di Michele ».

25. Cod. Atl. 71 r. a.

26. Quaderni III 8 r. Léonard dit encore, au verso de la feuille : « Comment un même esprit régit deux corps — en ce que les désirs, les terreurs et les peines de la mère font un avec les peines, c'est-à-dire les souffrances et envies physiques de l'enfant logé dans l'habitacle maternel... »

27. Il me faut préciser qu'à l'époque où Léonard compose ces *prophéties*, Caterina, sa mère, après une longue séparation, l'a peut-être rejoint à Milan. (Voir p. 268 et s.) Foster II 9 v. ; Cod. Atl. 370 r. a. ; Cod. Atl. 145 r. a. ; B. M. 212 v.

28. Ernest Jones, *la Vie et l'œuvre de Sigmund Freud*, volume 2, Paris, 1961.

29. Lettre de Freud à Jung du 17 octobre 1909.

30. Cod. Atl. 66 v. b.

31. C'est un lecteur érudit du *Burlington Magazine for Connoisseurs* (où avait paru un long article consacré à l'essai de Freud) qui signala le premier, en 1923, la faute de traduction dont avait été victime le psychanalyste. On n'en tint pas compte cependant avant longtemps.

III

ARTIUM MATER

Ce siècle, véritable âge d'or, a rendu à la lumière les arts libéraux qui étaient presque abolis : la grammaire, la poésie, la rhétorique, la peinture, la sculpture, l'architecture, les chants accompagnés à la lyre orphique, et tout cela, à Florence.

Marsile FICIN

Les étoiles du matin éclataient en chants d'allégresse.

Le Livre de Job

Au temps de la jeunesse de Léonard, Florence, plaque tournante des affaires, compte parmi les villes les plus entreprenantes, les plus prospères, les plus vivantes d'Italie. Le territoire qu'elle domine couvre à peine la Toscane, sa population totale ne comprend guère plus de cent cinquante mille habitants, pourtant « cette Londres du Moyen Age », comme l'appelle Stendhal, bien remise de la dure crise qui a ébranlé le milieu du XIVe siècle, ayant établi des comptoirs dans tout le monde connu, traitant d'égale à égale avec les grandes puissances, avec la France, avec le Saint Empire romain-germanique, avec l'Angleterre dont les rois ont été ses débiteurs, est devenue à de nombreux titres le point de mire, le phare de l'Europe. Très consciente de sa réussite, avec un grand sens de l'histoire, elle se nourrit de l'idée de sa valeur.

Les Florentins, dont le dynamique ser Piero est un digne représentant bien qu'il soit issu de la campagne, du *contado*, sont fiers de leur ville — ils l'écrivent volontiers *[1] — fiers de la stabilité de sa monnaie (le florin frappé sur une face d'un lys, son emblème, sur l'autre d'un saint Jean, son patron), fiers de ses institutions, de son gouvernement républicain, de sa liberté, de sa langue (le toscan, sur lequel s'est moulé l'italien), de son passé (romain, sinon étrusque), des grands hommes qui ont illustré son nom (Dante, en particulier), de la beauté de ses édifices (de son baptistère, de sa cathédrale, notamment), fiers surtout de sa « modernité » (ce n'est pas vraiment un anachronisme), de l'esprit résolument *moderne* qui l'anime : comme elle entre dans son âge d'or, la Cité du Lys a la naïveté de croire au progrès ; dans cette faiblesse réside en partie sa force.

Sa physionomie épouse étroitement ses aspirations. Lorsqu'on

---

* Pour les notes concernant ce chapitre, voir page 101.

compare la Florence solide et homogène que montre la carte de la Chaîne *(della Catena)*[2], datant de 1470, à celle, très tumultueuse, que montre, par exemple, la fresque de la *Misericordia* de l'orphelinat du Bigallo, qui date de 1352, on mesure bien l'étendue des transformations qu'a connues, qu'a voulu connaître la ville. Le paysage urbain s'est adouci, s'est (relativement) organisé ; il baigne dans une lumière plus sereine.

Autrefois, alors que des guerres intestines ravageaient la cité, que les guelfes (partisans du pape, refusant toute domination étrangère) s'opposaient aux gibelins (partisans de l'empereur), puis que le parti des Blancs se dressait contre celui des Noirs[3], que tout n'était que lutte de factions, les quartiers et les familles s'équipaient militairement, les façades étaient sans cesse surélevées, fortifiées, les maisons importantes avaient l'aspect de citadelles : pour surplomber l'ennemi, c'est-à-dire (souvent) le voisin, pour s'en protéger, pour le surveiller, pour l'arroser à l'occasion de flèches ou d'huile bouillante, ceux qui en avaient les moyens flanquaient leur demeure d'une tour. Crénelées, carrées, serrées les unes contre les autres, démesurées, rivalisant sans cesse de hauteur, ces tours inexpugnables composaient un horizon chaotique et sombre — à l'image des désordres politiques qui ensanglantaient la cité.

Au début du XVIe siècle, le chroniqueur Villani en dénombrait plus de cent cinquante ; l'adjectif *spinoso* (épineux, hérissé) revenait souvent dans les descriptions de la ville[4]. Lorsque Léonard arrive à Florence, certaines tours subsistent encore, comme celles des Foresi, des Donati, des Marsili, mais, symboles des temps anciens, la plupart ont été tronquées ou abattues.

Parallèlement, les quartiers les plus malsains, comme celui des teinturiers, ont été assainis, des mesures ont été prises pour réglementer la construction, un service municipal a été créé qui est une sorte de ministère des Travaux publics[5], les rues étroites et tortueuses du vieux centre, qualifiées auparavant de *sordidae, turpes et faetidae,* où la peste noire avait fait des ravages, ont été rectifiées et élargies chaque fois que cela était possible, tandis que les artères des nouveaux quartiers ont été tracées selon les critères du jour : salubrité, commodité, esthétique.

Si aujourd'hui, avec son sévère et imposant palais de la Seigneurie, l'épaisse muraille de son Bargello (qui a longtemps été une prison), son dédale de ruelles où le soleil pénètre à peine, ses grosses pierres rudes, bosselées, sur lesquelles rouillent des anneaux de fer, Florence semble une ville plutôt médiévale, elle faisait une impression tout opposée au visiteur du XVe siècle.

Se promenant devant le palais des Médicis, Léonard peut

contempler, par exemple, ce spectacle inouï : une rue miraculeusement droite, dont les maisons semblent alignées suivant la règle et le cordeau, et aérée, très large, où plusieurs charrettes passent de front (si large qu'on l'a baptisée d'emblée d'après cette trop rare qualité) — la *via Larga*[6]. Par rapport au village de Vinci, que forment alors une cinquantaine de bâtisses tassées sur le sommet d'une colline autour d'un petit château fort[7], cette grande ville qu'il doit habiter désormais avec son père et sa seconde belle-mère touche aux sommets de la civilisation.

Et l'on continue de construire, d'embellir, un peu partout. Sur les deux rives de l'Arno, que relient déjà quatre ponts, des chantiers nombreux retentissent du bruit des marteaux frappant le bois et la pierre grise de Toscane, la *pietra serena* (significativement, on compte alors dans la cité plus d'ateliers où se travaillent le marbre et le bois que de boucheries). Certes, il ne s'agit pas de vastes entreprises communales, comme au siècle précédent, encore que certaines, comme la cathédrale, ne soient toujours pas achevées, mais — alors qu'on est passé d'un gouvernement de type populaire (à la mode de l'époque) à une oligarchie, puis qu'on est entré dans l'ère du pouvoir personnel avec l'ascension des Médicis — principalement d'initiatives privées : la haute bourgeoisie, enrichie dans l'industrie textile et la finance, bâtit fiévreusement des maisons qu'elle appelle des palais ; rien qu'entre 1450 et 1478, trente *palazzi* de construits ! s'exclame, plein d'orgueil, le chroniqueur Benedetto Dei. Et pour élever ces magnifiques demeures, avec leurs parties nobles, leurs magasins, leurs bureaux, leurs écuries, leurs jardins, pour les mettre en valeur, il faut encore faire table rase du passé, rogner sur d'anciens quartiers, raser, assainir, ouvrir de nouvelles perspectives.

La maison de la via della Prestanza dont ser Piero loue un étage, propriété de la corporation des marchands, n'échappera d'ailleurs pas à cette fièvre de la pierre qui rajeunit Florence : la famille Gondi l'achètera, pour la démolir et élever à sa place, en 1489, l'élégant palais qui porte toujours son nom, œuvre de l'architecte Giuliano da Sangallo avec qui Léonard sera assez lié.

Aucune fantaisie, ou presque, ne distrait ce bloc compact, ce parallélépipède très pur qu'est le palais florentin du XVe siècle : la fantaisie (cousine de l'anarchie) relève des temps anciens. Son architecture obéit à des règles simples de symétrie et de rigueur ; idéalement, il s'organise autour d'une cour intérieure et d'un porche, comme les actions communes autour d'une volonté unique. Il est alors la meilleure expression du génie de la ville.

Plus que la date à laquelle il est retiré de la garde de sa mère, la date à laquelle Léonard quitte Vinci est incertaine ; nous devons nous contenter une fois encore d'hypothèses — nous ranger à l'hypothèse la plus probable.

Que disent les livres du *catasto* ?

En 1469, monna Lucia cite Léonard dans sa déclaration fiscale, faite à Vinci. L'année suivante, ser Piero l'inscrit dans la sienne, à Florence. Léonard ne *monterait* donc à la ville qu'à l'âge de dix-sept, dix-huit ans ; cela me semble bien vieux pour *commencer* un apprentissage.

En réalité, il faut d'abord considérer que le système du *catasto* prévoit un recensement par famille, établi au nom du chef de famille, et comprenant tous les membres de cette famille, résidant ou non sous un même toit [8].

Dans la déclaration de 1469 (établie au nom de monna Lucia, car le grand-père est mort au cours des années précédentes), figurent non seulement Léonard, l'oncle Francesco et sa femme, mais aussi ser Piero et Francesca di ser Giuliano (que ce dernier a épousée en 1465) ; or ser Piero et sa seconde épouse, à cette date, habitent Florence de façon quasi permanente : Léonard peut très bien les y avoir rejoints depuis longtemps déjà et continuer de figurer, *comme eux*, sur le registre des impôts de Vinci.

Monna Lucia meurt à son tour, en 1469 ou 1470. Ser Piero, en tant que fils aîné, fait désormais figure de chef de famille et doit obligatoirement se porter contribuable, avec tous les siens, à son lieu de résidence, devenu domicile légal. D'où la mention de son fils, pour la première fois, dans un document officiel *florentin*. (Il l'y inscrit, d'ailleurs, même si l'adolescent ne vit pas chez lui, via della Prestanza, mais dans l'atelier de Verrocchio, le maître auquel il l'a confié.)

L'âge d'entrer en apprentissage tourne alors autour de douze, treize ans (et encore : Andrea del Sarto est placé comme apprenti à sept ans, le Pérugin à neuf, fra Bartolomeo à dix). Fils de bourgeois, Léonard quitte sa campagne avec peut-être un, deux ans de plus — guère davantage — en 1465, 1466 au plus tard. La décision de l'envoyer à la ville peut correspondre en fait à la mort du grand-père, au mariage de l'oncle Francesco ou aux secondes noces de ser Piero : de telles résolutions se forment souvent à la faveur de telles circonstances.

Lorsqu'il se présente pour la première fois à la porte de l'atelier de Verrocchio, Léonard a pour lui d'heureuses dispositions, une beauté spectaculaire, dit-on (grand atout, surtout dans une époque où les artistes ont besoin sans cesse de beaux modèles), du charme sans doute — mais rien d'autre : son bagage intellectuel et artistique ne pèse pas lourd.

Dans un village aussi reculé que Vinci, le niveau scolaire n'est pas bien haut. On l'a toutefois jugé suffisant : le garçon n'est pas destiné à courir le diplôme, puisque bâtard. Il ne semble même pas que l'on ait contrarié, comme cela se fait *normalement*, ses « mauvaises habitudes » de gaucher.

Il sait lire, écrire, compter. Le *parroco*, le curé de la paroisse (peut-être ce Piero di Bartolomeo qui l'a baptisé), lui a probablement enseigné les rudiments de la grammaire et de l'arithmétique, lui a montré comment utiliser l'abaque, qui est un peu aux Toscans ce que le boulier est aux Chinois ; et le grand-père, l'oncle Francesco, qui ne semblent pas avoir fréquenté l'université non plus, ont complété de leur mieux son instruction. Ou plutôt, doté d'une intelligence très curieuse, Léonard s'est efforcé de compléter son instruction lui-même, auprès d'eux. Il ne connaît pas le latin (auquel il se mettra tout seul, à quarante ans passés). Il parle un italien vaguement mêlé de patois (on en retrouve la trace dans ses carnets). Il pratique une orthographe boiteuse. Il a peut-être un accent.

Qu'a-t-il lu, en dehors de la Bible ? Sans doute peu de chose : le village possède-t-il seulement le moindre livre laïc ? Les livres coûtent cher ; l'imprimerie vient à peine d'être inventée, l'Italie l'ignore encore. La poésie, la littérature, pour lui, ce sont les laudes du dimanche et les chansons de paysans, les *sonetti, ballate* et *canzoni* qui accompagnent les noces, scandent les vendanges, bercent les veillées, ce sont les proverbes et les légendes de la campagne (dont il aura toujours le goût), les histoires, parfois tirées de Boccace, de Sacchetti, que raconte un *cantambanco*, un conteur public de passage ; c'est Dante, enfin, le plus populaire des écrivains, dont les vers sont expliqués à l'église, qui parle un idiome très simple et dont tout le monde peut au moins réciter des bribes[9]. Ce ne sont ni Cicéron, ni Virgile, ni Homère.

Ses lacunes littéraires, qui ne sont au fond pas beaucoup plus graves que celles de ses condisciples d'atelier, handicapent cependant moins Léonard que la pauvreté de son éducation artistique.

L'œil se forme au contact de ce qui lui est donné de contempler. Le goût se dessine, s'affine grâce à la fréquentation des œuvres. Au *Quattrocento*, où il n'existe pas de véritable musée ni, bien entendu, de reproduction en série, l'art est une chose vivante ;

on s'initie à la peinture, à la sculpture, à l'architecture, dans (et devant) les églises, sur la place publique — dans la rue.

Sans parler des peintures intérieures dont s'enorgueillit tout édifice officiel ou religieux, à Florence, de nombreuses façades sont couvertes de fresques, comme celles de San Tommaso, de San Giuliano, de Santa Maria Maggiore ; un tabernacle veille souvent sur un carrefour et les bougies pieuses qui l'honorent éclairent une Madone par fra Filippo Lippi, par Antonio Veneziano, ou un saint par Taddeo Gaddi, par Gentile da Fabriano ; les murs de l'hôpital des Innocents sont ornés des médaillons en faïence au bleu très candide des Della Robbia ; la sculpture de Ghiberti, de Donatello, de Michelozzo est exposée à l'extérieur d'Or San Michele, du baptistère, du campanile ; et même l'art antique, bien que la cité en soit infiniment moins riche que Rome, se rencontre au hasard d'une promenade : un sarcophage fait ici office de fontaine, là, un chapiteau romain surmonte une colonne. Le Florentin vit dans sa ville comme un amateur princier parmi ses collections.

Mais quand on grandit à Vinci ?

Devant quel tableau, devant quelle statue s'est décidée la vocation de Léonard ? Qu'a-t-il *vu* jusqu'alors ?

Son grand-père Antonio avait peut-être dans sa chambre une image dévote, une Vierge, une sainte austère, accrochée à la meilleure place, dont le nimbe doré et les prunelles noires faisaient une grande impression sur l'enfant. Ou un Christ de bois polychrome montrant un sourire douloureux. Ou bien un plateau d'accouchée *(un disco di parto)*, un coffre de mariage *(un cassone)*, tout décorés, couverts de personnages, de couleurs brillantes, propres à faire rêver, à exciter une jeune imagination. Il n'est pas impensable que la famille ait hérité, par exemple, un de ces objets de l'arrière-grand-père, le premier ser Piero, notaire et chancelier de la République, ambassadeur de Florence à Sassoferrato en 1361, homme aisé, probablement assez cultivé ; et que cet objet ait joué un rôle considérable dans l'enfance du garçon. Mais on peut supposer, plus simplement, comme l'art pénètre encore difficilement dans les intérieurs privés, surtout à la campagne, que c'est dans la petite église du village, à Santa Croce où il a été baptisé (édifice abondamment remanié dans les siècles suivants), que Léonard a été troublé pour la première fois par une créature sculptée ou peinte.

Ce n'était sans doute pas un chef-d'œuvre, ce devait être une figure raide, un grand corps naïf taillé à la hache, dans l'esprit gothique ou byzantin. Quoi que ce fût, cela produisit son effet. Cependant, avant d'aller à Florence, Léonard a également pu accompagner son père ou son oncle à Empoli (distante seulement de quatre kilomètres et demi de Vinci), à Pistoia (à un peu plus de trente kilomètres du village), et découvrir dans les cathédrales de ces villes des œuvres plus « modernes » et de meilleure qualité : une fresque de Masolino da Panicale, un retable de fra Filippo Lippi. Peut-être y a-t-il vu un peintre au travail...

S'il a suivi son père jusqu'à Pise — où celui-ci avait des affaires — il est vraisemblable qu'il y a admiré, outre le Campo dei Miracoli et sa fameuse tour, l'important polyptyque de Masaccio, dans le jubé de l'église Santa Maria del Carmine. Il citera par la suite Masaccio, et il ne sera pas le seul, comme l'un des artistes les plus considérables de l'histoire de l'art. Les panneaux qui composaient cette œuvre monumentale ont été dispersés ; certains sont au Musée national de Pise, d'autres à la National Gallery de Londres ; plusieurs ont disparu. Dans la précise description qu'il en donne, Vasari signale « quelques chevaux peints d'après nature, si beaux qu'on ne peut désirer mieux » ; ils figurent dans le panneau central de la prédelle, lequel montre *l'Adoration des Mages,* aujourd'hui au musée de Berlin. Lorsqu'on connaît la passion de Léonard pour les chevaux, la tentation est grande de l'imaginer, enfant, ouvrant de grands yeux ébahis devant ce tableau de Masaccio, d'imaginer que sa vie a trouvé son sens précisément devant cette œuvre. Alors que les grands panneaux du retable se perdent dans les hauteurs obscures de l'église, la prédelle, bien éclairée par la flamme des cierges, se trouve à peu près au niveau de l'œil — de l'œil d'un enfant. Le regard s'attache aux bêtes piaffantes, nerveuses : affolés par la proximité du mystère, les chevaux saluent à leur manière la naissance du fils de Dieu ; glissant ensuite vers la gauche, il passe du martyre de saint Jean-Baptiste à celui de saint Pierre. C'est une figure étrange que ce saint Pierre de Masaccio, écartelé à l'envers dans un espace terriblement géométrique. Nu, les bras tendus à l'horizontale, les jambes écartées, le fondateur de l'Eglise semble l'illustration vivante de quelque proposition d'Euclide : il annonce singulièrement l'homme inscrit à l'intérieur d'un carré et d'un cercle, les membres déployés afin de révéler leurs proportions, qu'on voit dans le plus célèbre dessin du Vinci.

S'il est allé à Pise (ou à Pistoia, ou à Empoli, ou s'il est déjà venu à Florence, naturellement), Léonard ne s'y est pas arrêté plus de quelques jours : a-t-il connu les œuvres que possèdent ces villes, il n'a pu les fréquenter de façon durable.

A-t-il eu d'autres occasions de s'initier, de se frotter aux choses de l'art ? Racontant comment ser Piero est allé un jour montrer les dessins de son fils à Verrocchio, Vasari spéficie : « à son *grand ami,* Andrea del Verrocchio » *(ch'era molto amico suo).* Ser Piero ne serait donc pas le notaire obtus, uniquement soucieux de respectabilité et d'argent, que présentent la plupart des biographes de Léonard. Si Vasari dit vrai, il frayerait avec des artistes.

Vers 1465, la corporation des marchands, pour laquelle ser Piero travaille, à laquelle il loue son appartement, a commandé à Verrocchio une œuvre en bronze représentant le Christ avec l'incrédule saint Thomas (patron des hommes de loi, en raison de sa prudence), destinée à orner une des niches de la façade d'Or San Michele [10]. A l'époque, toute commande importante se passe devant notaire. Les deux hommes auraient-ils fait connaissance lors de la signature du contrat ?

Ser Piero, dont la clientèle de prédilection semble être les confréries et les couvents [11], principaux commanditaires des artistes, a dû en tout cas rencontrer pour la première fois Verrocchio pour un pareil motif ; il est probable cependant que leur relation (rien n'en précise la nature par ailleurs) reste avant tout d'ordre professionnel : elle n'est au départ d'aucun profit conséquent pour Léonard. Le notaire *connaît* l'artiste ; il le salue lorsqu'il le croise, il a sans doute pour lui de l'estime ; Verrocchio se réclame d'une pratique de tout premier ordre et ne fait pas dans le genre bohème : c'est un personnage sérieux à tout point de vue ; mais de là à envisager des rapports suivis, une intimité réelle... Non, il semblerait que Vasari, mal informé sur le père de Léonard (qu'il donnait, encore une fois, pour l'oncle dans la première édition des *Vies*), ou bien gêné par la naissance irrégulière de l'artiste, se soit un peu laissé aller et ait glissé ici une touche sentimentale, tendancieuse, destinée à donner l'idée d'une existence dédiée très tôt au bronze et aux couleurs.

Qu'il soit ou non bien introduit dans le monde de l'art, ser Piero a fait preuve cependant d'une extraordinaire perspicacité, ou a été admirablement inspiré, en adressant son fils à Verrocchio plutôt qu'à tel ou tel patron d'atelier (à Neri di Bicci, à Antonio Pollaiuolo, par exemple) ; aucun autre maître n'aurait convenu aussi justement. On peut reprocher de nombreux défauts à ser Piero (encore que ces défauts s'atténuent grandement lorsqu'on les examine à la lumière de l'époque), on ne saurait le taxer de maladresse ni de sottise. S'il n'a pas offert à son fils une éducation très poussée, à la mesure des possibilités intellectuelles de l'adolescent (mais pourquoi l'aurait-il fait ?), ce seul choix le rachète : à lui tout seul, Verrocchio constitue une sorte d'université polytechnique ; auprès de ce professeur, le jeune Léonard rattrapera vite ses retards.

Le père, le beau-père (l'Accattabriga), le « père adoptif » (l'oncle Francesco), le grand-père — ces quatre hommes ont pesé chacun à leur manière sur la jeunesse de Léonard. Un cinquième maintenant s'y ajoute : le père spirituel, Andrea di Michele di Francesco de' Cioni, dit Andrea del Verrocchio, ou Verrocchio tout court.

Il a le même âge que l'oncle Francesco (et peut-être Vasari confond-il, est-ce de ce dernier, rêveur et désinvolte, plutôt que de ser Piero, qu'Andrea est l'« excellent ami ») — soit à peine dix-sept ans de plus que Léonard.

Quoique jeune encore (né en 1435, il a trente et un ans en 1466), maître Andrea donne l'impression d'un homme mûr, solide, très responsable. Un accident tragique a déterminé sa vie, — qui, de ce fait, tient en quelques lignes [12]. Adolescent, il se promenait un soir hors des murs de la ville, entre la porte alla Croce et la porte a Pinti, avec quelques amis ; dans une époque qui n'offre guère de moyens de distractions, quand on est pauvre par surcroît, on se contente des passe-temps les plus rudimentaires : lui et ses compagnons *s'amusaient* à lancer des cailloux. Par malheur, il atteignit à la tempe un certain Antonio di Domenico, ouvrier de la laine, âgé de quatorze ans. Le blessé succomba treize jours plus tard. Andrea fut arrêté, incarcéré et jugé pour homicide involontaire. Les magistrats avaient l'habitude des jeux de pierres (on s'en plaint beaucoup à Florence) ; ils le relâchèrent peu après. Mais Verrocchio avait tué, il était marqué, il n'avait sans doute plus le cœur à rire.

Son père, collecteur d'impôts qui, par une curieuse coïncidence, avait d'abord été *fornacio* [13], avait travaillé dans un four, comme le beau-père de Léonard, s'éteignit la même année. Il laissait une femme (Nannina, qui n'était pas la mère mais la belle-mère du jeune Andrea — autre coïncidence), six enfants (quatre garçons et deux filles) et plus de dettes que de biens. Les deux filles reçurent chacune une petite maison pour dot. Andrea hérita en revanche la charge de la moitié de la famille. Il trouva là son salut : il se plongea dans l'étude et le travail avec un acharnement très moral.

Lorsque Léonard entre chez lui, Verrocchio aide un peu ses sœurs, Appolonia et Tita, et il entretient son frère cadet, Tommaso, homme de santé précaire, au caractère instable, qui exerce sans grand succès le métier de tisserand. Il établira de bon cœur des nièces, des neveux, au lieu de s'enrichir. Lui-même ne songe pas à prendre femme ; le temps lui manque, ou il n'en a pas le goût.

Ses déclarations fiscales frisent parfois le pathétique : *Non guardagniamo le chalzi* — lui et son frère n'ont pas de quoi se chausser, écrit-il. (Mais peut-être tient-il la formule, bien faite pour apitoyer le personnel des impôts, de son père qui était donc dans la partie ; même surchargé de commandes, Verrocchio continue de crier misère.)

Son portrait, peint vers 1485 et attribué à Lorenzo di Credi, montre un homme au visage carré, un peu empâté, têtu, qu'animent deux grands yeux noirs, énergiques, inquisiteurs. Sous le nez épais, les lèvres minces n'expriment aucune émotion ; elles ne semblent pas conçues pour cet usage. Aucune mollesse dans ce physique de bourgeois, sinon peut-être dans le petit menton, nerveux et féminin. Au bas du tableau, les mains s'impatientent. Elles souffrent de la longueur de la pose, on sent qu'elles ont hâte de retourner à l'ouvrage. De fait, maître Andrea ne demeure jamais inactif : infatigable, dit Vasari, il a toujours quelque chose en chantier « comme pour éviter de se rouiller ».

Il a fait son apprentissage chez un orfèvre, Giuliano de' Verrocchi, chez qui il a dû rester longtemps, puisqu'il en a pris respectueusement le nom, selon un usage qui remonte au Moyen Age. L'orfèvrerie, que l'on ne considère pas inférieure alors à la sculpture ou à la peinture, est un art complet : elle combine les trois arts qui dépendent du dessin, la gravure, l'art de modeler des figures, de les tailler en ronde-bosse, et les techniques les plus diverses, du polissage des pierres précieuses à la fonte des métaux. C'est la meilleure des écoles ; Paolo Uccello, Brunelleschi, Ghiberti, Ghirlandaio et bien d'autres ont commencé comme orfèvres [14] ; plus tard, Benvenuto Cellini donnera à cet art sa pleine mesure.

Verrocchio a ciselé des boutons de chapes pour le Dôme, il a réalisé des coupes en argent décorées d'animaux, d'une ronde d'enfants [15], qui ont suscité l'admiration générale. Mais, soit par manque de travail (c'est ce qu'il prétend dans sa déclaration d'impôt de 1457), soit parce que d'autres ambitions le tiennent, il s'est tourné vers la sculpture.

Il est entré dans le sillage de Donatello [16]. Peut-être a-t-il été son élève, puis son collaborateur. Il semble que celui-ci, devenu vieux et malade, lui ait confié en partie sa clientèle : en 1464, Verrocchio a été chargé de construire la pierre tombale du « père de la patrie », Cosme de Médicis ; il est, depuis, à la place de Donatello, le fournisseur attitré des Médicis, première famille de Florence.

Cette commande prestigieuse a probablement assuré sa renommée. Le travail afflue bientôt de toute part. Maintenant, maître Andrea élargit encore le champ de son activité : il se présente autant comme peintre et décorateur que comme sculpteur et orfèvre. Son atelier, qui est sans doute sa maison, via del Agnolo [17], dans la paroisse de San Ambrogio, presque à la périphérie de la ville, peut répondre aux demandes les plus diverses.

Il ne faudrait pas imaginer cet atelier — dans lequel Léonard va passer douze ou treize ans de sa vie — d'après l'atelier d'un Courbet ou d'un Picasso. L'italien est très clair là-dessus : c'est *una bottega*, une boutique, une échoppe — c'est-à-dire, comme pour le savetier, le boucher ou le tailleur, un rez-de-chaussée, un local ouvert sur la rue, de plain-pied avec la rue bruyante de Florence où l'on vit, où les enfants jouent, où les chiens, les porcs et la volaille circulent librement.

Des miniatures, des fresques du temps[18] donnent une idée de ces *botteghe* d'artistes : une pièce sommaire, crépie à la chaux, qu'aucun vitrage (le verre étiré est encore aussi rare que cher) n'isole de l'extérieur ; parfois, l'auvent se rabat, et sert de volets, de porte. Les pièces d'habitation se trouvent dans le fond ou à l'étage. Des outils pendent aux murs, parmi les ébauches, les plans, les maquettes des ouvrages en cours. Sellettes et chevalets se mêlent aux établis ; une meule fait face à un four. Et plusieurs personnes, parmi lesquelles les petits apprentis, les assistants — qui vivent en général sous le toit du maître et mangent à sa table — travaillent là en même temps, à des tâches différentes.

Au-dehors, quelques œuvres modestes, typiques de la production ordinaire de la maison, peuvent être accrochées en guise d'enseigne : les ateliers florentins les plus célèbres ne répugnent pas à des besognes qu'on qualifierait aujourd'hui d'« alimentaires » ; semblables à de petites usines, ils constituent des affaires commerciales, qui *tournent* et doivent tourner de toutes les façons possibles. Donatello, dit Vasari, mettait la main à toutes les choses « sans prendre garde à ce qu'elles fussent viles ou de prix » ; chez Ghirlandaio, on enlumine des paniers et Botticelli travaille « les étendards et autres étoffes » selon un procédé de son invention qui confère une certaine stabilité aux couleurs. Sans fausse honte, le peintre orne des coffres, de la vaisselle de fiançailles, des écussons, des chevets de lit, des couvertures de cheval, de la toile de tente, il dessine des patrons pour brodeurs, pour tisserands, pour céramistes. Sans rougir ni s'en cacher — au contraire — l'orfèvre ou sculpteur (qui parfois est aussi architecte) fait des pièces d'armure, des candélabres, des cloches, des chapiteaux de colonne, des meubles.

Par cet aspect de sa production, comme par son cadre et son mode de vie, l'artiste toscan du milieu du XVe siècle ne se distingue guère, à première vue, du simple artisan. Même une œuvre de qualité, dont il ne méconnaît pas l'originalité, dont il espère « grand honneur et gain », il songe rarement à la signer[19] : il n'a pas encore le complexe du créateur. Il travaille presque toujours en équipe ; il ne juge pas dégradant d'achever la fresque d'un autre et abandonne volontiers à un élève la finition d'un tableau auquel il a consacré des mois. Bien sûr, « il s'efforce de rester dans la bouche des hommes pour l'avenir entier », comme dit alors le philosophe Marsile Ficin ; mais, s'il a le souci de son nom (que son atelier a pour mission de répandre), il n'en a pas encore la vanité.

L'enseignement qu'il dispense dans sa *bottega* suit pareillement les principes de la formation artisanale. Les apprentis, engagés avant toute chose parce qu'ils représentent une main-d'œuvre bon marché ou qu'ils paient pour l'enseignement qu'on leur donne, commencent par exécuter les tâches les plus humbles : faire les commissions, balayer le sol, nettoyer les pinceaux, gâcher le plâtre, surveiller la cuisson des vernis et des colles ; ils se qualifient, ils s'élèvent peu à peu à un état meilleur en assimilant le métier par l'imitation, en répétant les gestes de leurs aînés, en suivant les formules traditionnelles.

Le peintre Cennino Cennini, dans son célèbre *Livre de l'art*[20] *ou Traité de la peinture,* conseille au « jeune homme que l'amour de l'art enflamme » d'obéir totalement au maître choisi : il parle sans ambages « de se mettre en servitude » pour le plus long temps possible.

Treize ans lui semblent une durée convenable pour passer d'apprenti (*discepolo*) à compagnon (*garzone*), puis de compagnon à maître (*maestro*) : un an consacré au « dessin sur tablette », puis six pour se familiariser avec le matériel — qui ne s'achète pas tout prêt, qu'il faut confectionner soi-même — pour apprendre à fabriquer les brosses, à cuire les enduits, à maroufler les toiles sur panneau de bois de tilleul ou de saule, à reconnaître et à préparer les couleurs, qui sont broyées presque quotidiennement parce que l'on n'a pas les tubes ni les liants qui permettraient de les conserver en pâte, à appliquer l'or des fonds, « à épousseter, gratter, égrener, retailler » ; puis six encore pour apprendre à colorier, à « orner de mordants », à faire les draperies d'or, à œuvrer sur mur — et cela « en dessinant toujours, en n'abandonnant jamais le travail, ni jour ouvrable ni jour férié »...

Les cent quatre-vingt-neuf chapitres de son minutieux ouvrage (qu'il écrivit dans la prison des *Stinche* où l'avait conduit une dette impayée) prouvent sans appel combien l'art est alors un métier : Cennini a conçu son traité comme un manuel de menuiserie ou une encyclopédie du jardinage. Il n'y échafaude aucune théorie, il se cantonne dans la technique qu'il expose par le détail. Il explique comment on brunit une feuille de chevreau, comment on *doit* peindre le visage d'un vieillard, le manteau azur de la Vierge, l'eau d'un fleuve, avec ou sans poisson. Point par point, il lègue tout son savoir, le fruit de son expérience d'artisan consciencieux. Il n'interrompt son exposé que pour y introduire quelque conseil d'hygiène ou de morale ; s'adressant à un élève imaginaire, il dit : « Ta vie doit être rangée comme si tu étais étudiant en théologie... Tu mangeras et tu boiras avec modération, au moins deux fois par jour, consommant des pâtes légères et bien préparées et des vins de petit cru. » La religion le tient dans un carcan étroit. Il ne commence rien sans quelque dévotion préalable : il invoque Dieu, la Madone, saint Jean, saint Luc et tous les saints avant de se mettre à l'ouvrage. Lorsqu'il se risque à parler proportions, il donne celles du corps de l'homme — pas de la femme, sous prétexte qu'on n'y trouve « aucune mesure parfaite ».

Bien que trente années seulement séparent la rédaction de son traité du moment où Léonard entre chez Verrocchio, Cennino Cennini appartient, par de nombreux points, à la fin du Moyen Age : élève d'Agnolo Gaddi, il est l'arrière-petit disciple de Giotto. Lorsqu'on compare ses écrits avec ceux de Leon Battista Alberti[21] qui est de la génération suivante et est encore vivant au temps de Léonard, on a l'impression d'un écart d'un siècle, d'une rupture définitive : il peut sembler que le texte de Cennini, aux alentours de 1466, soit devenu caduc.

En fait, si de nouvelles préoccupations agitent alors l'artiste, si désormais le praticien se double souvent d'un penseur qui s'interroge sur la nature de son art, s'efforce de définir une esthétique, la technique et l'apprentissage de cette technique n'ont fait qu'évoluer : ils n'ont pas changé radicalement ; le métier, dans son essence, demeure le même. Pour s'en convaincre, il suffit de parcourir les notes sur la peinture, sur la fonte des métaux, sur l'architecture que Léonard jette plus tard dans ses carnets. Se tutoyant lui-même ou s'adressant à un disciple imaginaire à la façon de Cennini, Léonard connaît d'abord le langage des recettes : « Prends de l'huile de cyprès que tu distilleras ; aie un grand vase où tu mettras l'essence distillée, avec de l'eau en quantité suffisante pour lui donner une couleur ambrée. Recouvre-la bien pour qu'elle ne s'évapore pas, etc. [22] » Certaines sont très étranges : « Du sel peut être fait à partir d'excréments humains brûlés, calcinés, mis à l'abri et séchés à feu doux ; et tout crottin donne du sel de cette manière, et ces sels, une fois distillés, sont très caustiques[23]. » A-t-il vraiment tenté l'expérience ? Léonard ne dédaigne pas non plus les conseils d'hygiène : comme Cennini, il met en garde contre l'abus de nourriture et d'alcool. « Le vin est bon, écrit-il, mais à table l'eau est préférable[24]. » Il ne dédaigne pas davantage les invocations à Dieu : « Plaise au Seigneur, lumière de toute chose, de m'éclairer pour que je traite dignement de la lumière[25]. » (Et, sans doute, ces « archaïsmes » — souvent teintés d'humour, il est vrai — expliquent-ils le jugement très sévère porté par Nicolas Poussin sur le recueil des écrits sur l'art de Léonard qu'il fut chargé d'illustrer : « Tout ce qu'il y a de bon dans ce livre se peut écrire sur une feuille de papier en grosses lettres », dit-il à Abraham Bosse dans une lettre de 1653.)

De l'enseignement d'un Cennini à celui d'un Verrocchio, il y a certes une grande distance ; le goût, la sensibilité, la technique elle-même se sont modifiés ; la mode des reliefs en plâtre dans la peinture est passée, comme celle des décorations d'or ou d'étain ; sous l'influence des écoles du Nord, on s'essaie aux effets de l'huile ; surtout, on a découvert la perspective, on se pique de mathématiques ; c'est là en fait le principal moteur des nouvelles tendances : l'intelligence de l'espace — mais la base demeure encore du *trecento*. Quels que soient les dons de pédagogue de Verrocchio, et ils semblent très grands quand on considère qu'il a aussi pour élèves le Pérugin et Lorenzo di Credi, quelles que soient les dispositions dont fait montre Léonard, il s'agit toujours d'apprendre de façon assez mécanique, dans le cadre de la *bottega*, de se plier humblement à la discipline et à l'esprit d'un maître. En cela, la révolution véritable ne commencera que trente ans plus tard, dans la génération suivante, avec Michel-Ange. Michel-Ange sera le premier à ne se soumettre à aucune autorité ; il refusera de s'intégrer à un atelier, aussi bien que d'en fonder un ; l'idée d'une œuvre collective lui fera horreur ; de l'ébauche à la finition, il voudra que chacune de ses œuvres soit sienne, exclusivement.

Une fois assimilés les rudiments du métier, continuant de bien observer comment font ses aînés, comment procède le maître, l'apprenti participe de façon croissante à tous les ouvrages entrepris par la *bottega*. Et il se perfectionne de la sorte, en aidant : il reporte sur le panneau ou le mur le dessin du maître, il pose les premières teintes, il polit le bronze, il dégrossit la pierre. Puis il devient compagnon ; la part de sa collaboration augmente au rythme de ses progrès, selon ses qualités particulières : peu à peu, le maître lui confie l'exécution des ornements, du fond, lui abandonne le décor architectural s'il s'y montre habile, ou le décor végétal si ses goûts l'y portent, puis les vêtements, les personnages secondaires et, enfin, des pans entiers de l'œuvre.

Ainsi, la production d'un atelier permet d'une certaine façon de définir « le programme d'études » suivi par celui qui s'y forme. Si l'on veut découvrir Léonard dans ses années d'apprentissage, connaître du moins ce qu'il fait, ce qu'il apprend chez Verrocchio, il suffit d'examiner les œuvres qui sortent de la *bottega* de ce dernier durant ces années-là.

C'est qu'à la différence de Michel-Ange Léonard semble ne se départir à aucun instant d'une docilité parfaite vis-à-vis de son maître. Non seulement il accomplit chez lui, en entier, un cycle normal d'études, mais encore, devenu maître à son tour, au lieu de le quitter aussitôt pour s'installer à son propre compte, il demeure auprès de lui, en qualité de collaborateur, durant plusieurs années.

« Médiocre est l'élève qui ne dépasse pas son maître[26] », déclarera-t-il plus tard. Sans nul doute, Léonard est loin d'être inférieur à Verrocchio ; toutefois, il n'en a peut-être pas dans l'instant une claire conscience. On ne note pas une pareille phrase sans quelque raison intime ; l'autorité quasi paternelle de son maître doit avoir pour lui un attrait singulier, assez fort en tout cas pour qu'il ne sache pas ou ne veuille pas s'y soustraire avant longtemps. (Peut-être ne réussit-il pas à sortir de l'ombre confortable de son maître, de ce maître qui lui ressemble plus qu'on ne l'a dit, sans quelque pénible combat intérieur ; est-ce pour cette raison que le nom d'Andrea del Verrocchio ne se rencontre pas une fois dans les milliers de pages de ses carnets ?)

En 1467, Verrocchio met en place la pierre tombale de Cosme de Médicis dont il a reçu commande, dans l'église de San Lorenzo. Puis son atelier forge la grosse boule de bronze qui doit surmonter la lanterne du *Duomo*. C'est probablement le premier ouvrage important dont Léonard va suivre l'exécution de bout en bout.

Les cathédrales se bâtissent alors en plusieurs siècles. Sainte-Marie-de-la-Fleur, la cathédrale de Florence, commencée avant 1300 par Arnolfo di Cambio, est un chantier sans cesse abandonné, sans cesse réouvert : Giotto (qui a fait le campanile), Andrea Pisano, Francesco Talenti, Ghiberti et Brunelleschi s'y sont succédé. Filippo Brunelleschi a stupéfié le monde (le mot est à peine excessif) en élevant sa coupole, la plus vaste depuis l'Antiquité, et cela sans appareillages au sol, sans armature extérieure, sans recourir aux étais nécessaires généralement à cette sorte de construction ; mais à sa mort, en 1446, malgré ses instructions, l'édifice (dont la façade sera, hélas ! achevée à la fin du XIXe siècle) attend son couronnement : le dôme s'ouvre toujours sur le vide. Enfin, on se décide, des crédits sont votés ; on monte la lanterne de marbre, dont différents éléments étaient déjà sculptés, et, après bien des hésitations encore, bien des discussions dans lesquelles interviennent les orfèvres, les fondeurs, les sculpteurs de Florence, on se résout à la coiffer de la sphère et de la croix prévues par Brunelleschi.

Comme celui-ci a laissé des plans, le travail qui échoit à Verrocchio est surtout un travail d'ingénieur, d'entrepreneur[27] : produire le métal, le façonner, hisser l'énorme masse (la boule a six mètres de diamètre et pèse près de deux tonnes) à quelque cent sept mètres de hauteur, puis la fixer solidement à la pointe aiguë de la lanterne. Il me paraît intéressant de noter que cette première œuvre importante à laquelle Léonard participe n'a pas un caractère créatif, artistique ; ou plutôt que Léonard a d'emblée sous les yeux l'exemple d'un artiste doublé d'un ingénieur accompli.

Verrocchio, avant d'installer sa boule, doit imaginer le moyen de l'arrimer à la lanterne, lui inventer un support, trouver où la renforcer pour qu'elle résiste à la violence des vents, décider des points d'où partent les chaînes qui la maintiennent — c'est-à-dire concevoir d'abord l'œuvre sur le papier, se livrer du moins à toutes sortes de calculs savants. D'après Vasari, il « s'est adonné aux sciences, dans sa jeunesse, particulièrement à la géométrie » ; une inclination naturelle le porte à ce type d'études, et il entraîne sans doute tout son atelier dans ses recherches — auxquelles il associe peut-être des personnalités scientifiques, notamment le vieux Paolo del Pozzo Toscanelli, ancien professeur à l'université de Padoue, qui a déjà guidé Brunelleschi dans l'apprentissage de la géométrie[28] et qui, en 1468, soulève l'admiration générale en traçant dans Sainte-Marie-de-la-Fleur le méridien permettant de déterminer la date des fêtes mobiles de l'Eglise.

La boule de bronze du Dôme fournit à Léonard l'occasion de se familiariser avec la plupart des problèmes techniques de son temps — d'acquérir des notions de physique, de mécanique, de métallurgie ; l'amenant à côtoyer le chef-d'œuvre de Brunelleschi, elle le forme à l'architecture. Par la place qu'elle occupe dans sa carrière, par son côté spectaculaire, l'entreprise le marque profondément. On trouve des rappels, dans ses notes, de l'installation autant que de la réalisation proprement dite de la sphère de bronze. Le principe du dôme hante ses croquis d'église. Il dessine en détail la grue tournant sur des rails circulaires qu'a conçue Brunelleschi pour soulever de grands poids jusqu'au sommet de la coupole[29] et qu'utilise probablement Verrocchio ; il en imagine des variantes. Vers 1515, soit près d'un demi-siècle plus tard, confronté à un problème similaire (la réalisation de grands miroirs paraboliques), il écrit encore, à Rome : « Souviens-toi des soudures faites pour la boule de Sainte-Marie-de-la-Fleur[30]. »

Le 27 mai 1471, un lundi, devant tout Florence assemblé, la grosse boule dorée au feu est hissée au sommet de la lanterne de marbre et, le lendemain, à l'heure de la none (vers 15 heures), après qu'ont sonné les trompettes, elle est fixée à son socle aux accents du *Te Deum*. L'événement est considérable ; chroniqueurs et historiens[31] en font le récit. Léonard, qui se trouve aux premières loges, y hume pour la première fois le parfum de la gloire à laquelle peut accéder un artiste-ingénieur.

Verrocchio ne mobilise pas son atelier entier, durant quatre ans, pour ce seul ouvrage. Il répond parallèlement à d'autres commandes. Parmi les plus importantes (dont nous avons connaissance) figurent le tombeau de Jean et Pierre de Médicis, ainsi qu'un grand candélabre de bronze pour la salle d'audience du palais de la Seigneurie (au Rijksmuseum d'Amsterdam). Elles prouvent que Verrocchio demeure profondément orfèvre, quoi qu'il en dise : même son étonnant tombeau, de bronze, de serpentine et de porphyre, a un petit côté salière ou coffret à bijoux. A une autre échelle, sans tomber pour autant dans le frivole, son sarcophage, unique en son genre, possède la précision, le fini, toutes les caractéristiques de l'objet précieux. On n'y voit aucune effigie mortuaire, aucun emblème religieux ; l'accent porte sur les élégants ornements de bronze : une dentelle de cordes entrelacées, un feuillage très exact qui se déroule en volutes (Verrocchio manie la volute à merveille) et se déploie en guirlandes ; le tout disposé avec une totale symétrie.

Comme la pierre tombale de Cosme, cet ouvrage répond à une commande des Médicis ; il semble que jusque vers 1475 Verrocchio consacre beaucoup de temps au service de cette famille : pour elle, il effectue des travaux de décoration, il conçoit des armures de parade, il peint un étendard, il restaure un marbre antique, un *Marsyas écorché* destiné au jardin du palais de la via Larga[32] ; pour elle également, il sculpte enfin l'*Enfant au dauphin*[33] et le magnifique *David* du Bargello, que Laurent de Médicis et son frère Julien cèdent en 1476 à la Seigneurie florentine (pour la somme de 150 florins larges) et dont le modèle, selon une légende tenace, serait donc le jeune Léonard.

Chose étrange, avant ce *David*, avant cet *Enfant au dauphin*, c'est-à-dire avant le début des années 70 et donc tout au long de l'apprentissage de Léonard, aucune sculpture majeure, statue ou bas-relief, aucune peinture de qualité notable, tableau ou fresque, ne sort, semble-t-il, de l'atelier de Verrocchio : on a l'impression que celui-ci, durant toute cette période, se laisse accaparer par différents travaux commerciaux, à caractère technique ou décoratif, comme s'il hésitait, qu'il se cherchait encore, qu'il se limitait sciemment, qu'il n'osait s'aventurer sur des sentiers plus ardus et s'attaquer en grand à la forme humaine — au *grand genre* — comme s'il n'avait pas encore atteint une pleine maturité artistique : il sculpte un lavabo en marbre pour la sacristie de San Lorenzo (fief des Médicis) ; en revanche, le groupe en bronze du Christ avec l'incrédule saint Thomas, que lui a commandé la corporation des marchands en 1465, il attend des années avant de s'y mettre, il ne le livre que dans les années 80, soit quinze ans plus tard. Les seuls êtres animés appartenant à cette époque que nous connaissons de lui sont les lions, les enfants (*putti*), les monstres ailés dont il use comme éléments décoratifs.

Lorsqu'on examine son œuvre (ce qui nous est parvenu de cet œuvre) du point de vue de la chronologie, on trouve que l'essentiel de son activité se situe entre le milieu des années 70 et sa mort, en 1488, c'est-à-dire après le *David* et l'*Enfant au dauphin*, quand les Médicis cessent de l'accabler de commandes pour leurs villas, leurs maisons, pour leurs nombreuses fêtes. Les Médicis l'ont « lancé », indiscutablement, auraient-ils par la suite, d'une certaine manière, freiné son épanouissement ?

Il me paraît cependant difficile d'admettre que la personnalité artistique de Verrocchio ait tant tardé à s'affirmer, que Verrocchio n'ait été qu'un créateur *en gestation* durant tout le temps de l'apprentissage de Léonard, qu'il se soit contenté durant tout ce temps d'orner des plaques de marbre, de ciseler des chandeliers, de souder des feuilles de bronze. Comment expliquer alors sa notoriété, l'importance de son atelier, le nombre et la qualité de ses élèves ou collaborateurs *avant 1470,* et surtout l'influence sensible qu'il exerce très tôt autour de lui, comme peintre autant que comme sculpteur ?

Quelque chose, là, m'échappe, que les historiens d'ordinaire négligent.

Il est vrai que Verrocchio occupe une place terriblement incommode au sein de l'histoire de l'art. Il appartient à l'extrême fin de la première Renaissance — il se situe aux confins de deux âges. D'une part, il vient après l'écrasante génération des Donatello, Masaccio et Brunelleschi ; de l'autre, il a le tort d'avoir des élèves tels que le Pérugin, Lorenzo di Credi — et surtout Léonard. Son œuvre souffre du trop proche voisinage d'œuvres exceptionnelles. Coincé entre ses prédécesseurs et ses disciples, il peut sembler un chaînon secondaire de l'histoire de l'art — un épisode accessoire.

C'est ainsi qu'il apparaît à Vasari. Retraçant le chemin qui conduit de Cimabue à Michel-Ange (et à lui-même), Vasari passe très vite sur Verrocchio ; emporté par un grand souci de simplification, il limite abusivement son rôle : il ne lui concède d'autre mérite que d'avoir formé Léonard ; il lui fait jouer les utilités, les faire-valoir : comme pour mieux glorifier l'élève, il abaisse le maître, le présente comme un besogneux, un tâcheron, lui refuse la « grâce », le talent inné qui fait les grandes réussites ; il lui trouve le style sec, dur, sans délicatesse : il ne lui prête aucun génie, il met ses succès (ceux qu'il ne peut nier) sur le compte de l'application studieuse, de l'acharnement.

Mésestimée, l'œuvre de Verrocchio a sans doute été réduite en conséquence. Combien de sculptures, de peintures la critique attribue-t-elle aujourd'hui (avec certitude) à cet artiste qu'on prétend prolixe ? Très peu. Un tableau, un bas-relief montre-t-il des signes de « verrocchisme », dès lors qu'il paraît digne d'admiration, on y voit la main d'un confrère, on cherche à le donner à un disciple, à l'atelier tout entier plutôt qu'au maître. L'œuvre porte-t-elle un visage au sourire doux et angélique, le nom de Léonard est immanquablement avancé, tant il est vrai qu'on ne prête qu'aux riches. On en est même arrivé à cette aberration qu'on parle tout autant (et presque plus volontiers) de l'influence de Léonard sur Verrocchio que de celle de Verrocchio sur Léonard.

Bien entendu, des voix nombreuses se sont élevées pour dénoncer le parti pris de Vasari, pour exposer l'extrême préjudice porté par celui-ci à Verrocchio. Mais il est plus facile de causer un tort que de l'effacer, de détruire une réputation que de la rétablir ; on ne se remet jamais tout à fait d'une injustice. D'une certaine manière, l'insidieux portrait tracé par le sectaire Vasari prévaut toujours ; il permet sans doute qu'on accepte l'idée d'un développement tardif, laborieux et lent, d'une œuvre peu abondante, peu significative en elle-même, où il faut chercher avant tout ce qu'elle annonce.

Et c'est sur l'œuvre peinte, sur l'activité picturale de Verrocchio, bien plus que sur sa sculpture, que le jugement de Vasari a pleinement joué et qu'un brouillard confus persiste.

Il y a plusieurs raisons à cela : Verrocchio est, il est vrai, beaucoup plus sculpteur que peintre (dans les documents officiels, il est dit *scharpellatore,* tailleur de pierre, ou *scultore,* parfois *orefice,* orfèvre, et une fois *intagliatore,* ciseleur — jamais peintre). En tant que sculpteur, il acquiert, avec le *David,* le *monument Forteguerri* de Pistoia, avec l'admirable *Incrédulité de saint Thomas* et la statue équestre du Colleone de Venise, une gloire solide, qui s'étend bien

PRINCIPAUX ARTISTES DU QUATTROCENTO

à Florence	*hors de Florence*
Cimabue (v. 1240-v. 1302)	
Giotto (v. 1270-1337)	
Brunelleschi (1377-1446)	
Ghiberti (v. 1380-1455)	
Donatello (v. 1386-1466)	
Fra Angelico (1387-1455)	Jan van Eyck (v. 1390-1441)
	Pisanello (v. 1395-v. 1455)
Michelozzo (1396-1472)	
Uccello (1397-1475)	Squarcione (v. 1397-v. 1474)
Domenico Veneziano (1400-1661)	
Luca della Robbia (v. 1400-1482)	Van der Weyden (v. 1400-1464)
Masaccio (1401-1428)	
Alberti (1404-1472)	
Fra Filippo Lippi (v. 1406-1469)	
Piero della Francesca (v. 1410-1492)	
	Dierick Bouts (v. 1415-1475)
Gozzoli (1420-1497)	Jean Fouquet (v. 1420-v. 1480)
Andrea del Castagno (v. 1423-1457)	
Baldovinetti (1425-1499)	
Mino da Fiesole (1429-1484)	Cosme Tura (v. 1430-1495)
Desiderio da Settignano (v. 1430-1464)	Antonello da Messine (v. 1430-1479)
	Giovanni Bellini (v. 1430-1516)
	Crivelli (v. 1430-v. 1495)
	Mantegna (1431-1506)
Antonio (1432-1498) et Piero (1443-1496) Pollaiuolo	Memling (v. 1433-1494)
Verrocchio (1435-1488)	Francesco di Giorgio Martini (1439-1502)
	Hugo van der Goes (v. 1440-1482)
	Bramante (1444-1514)
Botticelli (1444-1512)	
	Le Pérugin (v. 1445-1523)
Domenico Ghirlandaio (1449-1494)	
Signorelli (v. 1450-1523)	
Léonard (1452-1519)	Jérôme Bosch (v. 1450-1516)
	Pinturicchio (v. 1454-1513)
Lorenzo di Credi (v. 1456-1537)	Carpaccio (v. 1455-1525)
Filippino Lippi (1457-1504)	
Piero di Cosimo (1462-1521)	Grünewald (v. 1460-1528)
	Dürer (1471-1528)
Michel-Ange (1475-1564)	Cranach (1472-1553)
	Giorgione (v. 1477-1510)
	Raphaël (1483-1520)
Andrea del Sarto (1486-1530)	Titien (v. 1485-1576)
	Le Corrège (v. 1489-1534)
	Holbein (v. 1497-1543)
Vasari (1511-1574)	

au-delà des frontières de Florence et que le mépris de Vasari peut difficilement entamer. D'autre part, il ne reste presque rien de la sculpture de Léonard : dans le cas contraire, il y a gros à parier que la gloire de l'élève aurait éclipsé en entier celle du maître. Enfin, Verrocchio n'a formé aucun autre sculpteur de premier plan, susceptible de l'évincer.

Des noms de sculpteurs qui sont passés par son atelier nous sont parvenus : Francesco di Simone, qui a d'abord été l'élève de Desiderio ; Agnolo di Paolo, dont nous ne savons strictement rien ; Benedetto Buglioni, qui doit surtout aux della Robbia ; Giovan Francesco Rustici, entré tard dans la *bottega,* avec qui Léonard travaille un peu vers 1507, si bien qu'on attribue à Léonard les qualités essentielles de son œuvre... A l'exception peut-être du premier, aucun ne reflète vraiment le génie de Verrocchio : aucun ne peut prétendre rivaliser avec le maître.

En revanche, parmi les peintres formés dans l'atelier, ou qui ont fréquenté l'atelier avec assez d'assiduité pour en subir l'influence, on trouve des artistes qui se sont illustrés de la façon la plus éclatante : Léonard, donc, et le Pérugin, Lorenzo di Credi, Botticelli, et, dans une certaine mesure, toute la génération des artistes nés aux alentours de 1450 — jusqu'à peut-être Ghirlandaio, Luca Signorelli... Vers 1490, dressant la liste des plus grands artistes florentins, l'écrivain Ugolino Verino écrit, après avoir comparé Verrocchio au sculpteur grec Lysippe (bronzier fécond, portraitiste officiel d'Alexandre le Grand) : « Les peintres ont puisé tous leurs biens à sa source : Verrocchio a eu pour disciples à peu près tous ceux dont le nom vole aujourd'hui parmi les cités d'Italie. »

Nec tibi Lysippe est Thuseus Verrocchius impar
A quo quidquid habent pictores fonte biberunt.
Discipulos poene educit Verrocchium omnes
Quorum nunc volitat Thyrrhene per oppida nomen[34].

Lorsque Léonard commence son apprentissage, l'atelier de maître Andrea est en passe de devenir le lieu de rencontre de toute la jeunesse artistique de Florence — c'est un laboratoire, un creuset très fécond où s'élaborent les principes de la « modernité ». On y remet le monde en question, on y critique tout ce qui se fait dans la ville (les Florentins ont la réputation d'avoir le sens critique très développé), on y discute les grands travaux en cours, par exemple l'achèvement de la façade de Santa Maria Novella sur les plans d'Alberti (1470), on y parle dissection, antiquités, philosophie (Marsile Ficin traduit alors Platon et le commente), on y échange des modèles, des projets, des esquisses, des recettes de vernis, de liant, on s'y délasse enfin en jouant de la musique, en improvisant des airs, des chansons — car, d'après Vasari, Verrocchio est également musicien : sans doute enseigne-t-il aussi la musique à Léonard.

Sandro Botticelli (Alessandro Filipepi de son vrai nom), de huit ans plus âgé que Léonard, a débuté chez un orfèvre, puis il a appris le métier de peintre auprès de fra Filippo Lippi. Vers 1465, comme son maître part travailler à Spolète, il se rapproche du cercle de Verrocchio. Il ne devient pas à proprement parler l'élève de ce dernier : son éducation est déjà faite ; il effectue plutôt auprès de lui une sorte de stage de perfectionnement : il vient respirer dans sa *bottega* l'air des temps nouveaux.

Quelques années plus tard, en 1469 ou 1470, Pietro Vannucci, qu'on appelle le Pérugin, bien qu'il ne soit pas originaire de Pérouse mais de Città della Pieve, rallie à son tour l'atelier de Verrocchio. Il a passé l'âge d'être apprenti ; lui aussi connaît déjà l'essentiel du métier. Il quitte son Ombrie natale attiré par la renommée de l'école florentine — il va à Florence, que l'on qualifie d'*artium mater* (de « mère des arts »), comme le peintre français du XVIIIe ou XIXe siècle fait le « voyage à Rome » ; si l'ambitieux Pérugin choisit de parachever ses études dans cet atelier plutôt que dans un autre, c'est qu'une aura particulière entoure celui-ci, que celui-ci doit être le plus en vogue — qu'il a entendu dire que l'avenir s'y prépare désormais. Peut-être la rumeur a-t-elle atteint Pérouse qu'on s'essaie, dans cet atelier ouvert à toutes les innovations, au « procédé flamand » — c'est-à-dire que l'on commence d'y peindre comme les peintres du Nord, avec des couleurs broyées à l'huile, qui se fondent entre elles à merveille, permettant des dégradés lisses et doux, et non plus à l'eau.

De tous les disciples de Verrocchio, Léonard sera le seul à hériter la polyvalence du maître. Le Pérugin et Botticelli ne sont que peintres, la sculpture ne les tente pas ; ils se lient à maître Andrea, durant un, deux, trois ans tout au plus, pour compléter leur éducation de peintre, pas pour apprendre à fondre le métal, à composer un monument, à modeler la glaise, à manier le ciseau et la lime. C'est bien la preuve que Verrocchio s'est déjà fait un nom dans le milieu de la peinture.

Leurs premières œuvres personnelles, à tous deux, portent d'indiscutables traces de verrocchisme[35]. Elles datent de 1470, 1471. Elles indiquent donc qu'avant 1470, dans les années d'apprentissage de Léonard, l'activité picturale de l'atelier de la via del Agnolo est déjà assez développée ; que Verrocchio, bien que la critique ne lui donne aucun tableau important de cette époque, égale ou dépasse alors ses principaux rivaux aux yeux des peintres ; que son atelier peut se mesurer en tout cas, pour ce qui est de la peinture, à la *bottega* des frères Pollaiuolo, Antonio et Piero, à laquelle on l'oppose toujours et qui constitue l'autre pôle de l'« avant-garde » florentine.

Car l'opiniâtre Verrocchio possède une âme de pionnier, de chercheur : il ne se contente pas d'appliquer, de transmettre les recettes de ses précédesseurs, mécaniquement. Il expérimente, il améliore, il remet en question, il veut aller plus loin, il innove.

Par là, il exerce une certaine fascination sur ses jeunes confrères. Par là, il contribue à réaliser l'ambition fondamentale de son temps : acquérir (rationnellement, scientifiquement) la maîtrise des moyens. On le voit, l'art n'est pas encore un but, une fin en soi ; le mot ne s'écrit pas avec un A majuscule ; même, il s'emploie plutôt au pluriel. « L'apprentissage des arts, dit Leon Battista Alberti, se fait par la raison, par la méthode ; et l'on y passe maître par la pratique[36]. »

Lorsqu'on examine les préoccupations des artistes du *Quattrocento*, toutes extrêmement présentes chez Verrocchio, et par suite chez Léonard, lorsqu'on considère l'incroyable volonté de progrès qui anime ces « artistes-artisans » — qui ont tout à découvrir, qui, en moins d'un siècle, *découvrent tout* par eux-mêmes (les principes de la perspective, la science de l'anatomie, les lois de la lumière...) — on comprend en quoi cette époque se distingue des autres, et ce qui la rend unique : c'est un âge héroïque dont les chefs-d'œuvre sont chacun comme un trophée, la marque d'une conquête.

De l'avis général, cette vaste conquête procède d'un « retour » à la nature, c'est-à-dire au réel. Léonard, obscurément, complète cette idée en l'associant à une autre, doublement significative à mon sens : le désir de ne pas refaire ce qui a été fait avant soi.

Léonard estime (avec ses contemporains, avec Vasari) que l'art fut porté à son plus haut niveau dans cette époque encore vague et idéale qu'on appelle l'Antiquité, et qu'après les Romains il ne cessa de déchoir ; puis que Giotto, contemporain de Dante — qui est aux arts plastiques ce que Dante est aux lettres — le ressuscita, inventa la peinture dite « moderne » (*la moderna e buona arte della pittura*, opposée par Vasari à la « ridicule manière byzantine » que pratiquait le Moyen Age). Giotto, raconte Léonard, grandit dans la solitude des monts toscans (un peu comme lui-même) ; il commença par dessiner les chèvres dont il avait la garde, puis tous les animaux de la région ; « il alla directement de la nature à son art » ; ainsi, puisant toujours son inspiration dans ce qu'il voyait, il dépassa

« non seulement les peintres de son temps mais aussi ceux de beaucoup de siècles écoulés[37] ».

Léonard suit le récit classique, tel qu'il se transmet dans les ateliers de Florence, et que reprendra Vasari. Il y introduit cependant une note personnelle : une parenthèse, une petite phrase, qui me paraît cruciale, qui le révèle lui-même : Giotto, précise-t-il, « peu satisfait d'imiter les œuvres de son maître, Cimabue »...

Il faut chercher ces mots dans le manuscrit : Léonard, de façon symptomatique, les a rayés, sans raison, comme s'ils ne convenaient pas, comme par crainte de s'être trop avancé — alors que le texte auquel ils appartiennent est bien le développement de l'idée : « Comment la peinture va déclinant et se perdant d'âge en âge quand les peintres n'ont pour modèle que la peinture de leurs prédécesseurs[38]. »

Les peintres et les sculpteurs du Moyen Age travaillaient surtout à la glorification de Dieu et à l'édification des hommes. Leur foi les inspirait; la tradition les guidait. Ils exerçaient leur talent (Léonard dirait qu'ils le gaspillaient) à répéter des formes préétablies, qu'ils n'avaient pas conçues, qu'ils tenaient d'un atelier. Léonard dit : Giotto, le premier, rompit avec l'habitude paresseuse de copier son maître ; il poursuit : après lui, l'art déclina de nouveau parce que les peintres, n'ayant pas compris la leçon, au lieu de partir à la découverte à leur tour (d'explorer hardiment la nature), se mirent à faire du Giotto, servilement[39]. Et cela « jusqu'au jour où Tommaso de Florence, surnommé Masaccio, montra par la perfection de son œuvre comment ceux qui s'inspirent d'un modèle autre que la nature, maîtresse des maîtres, peinent en vain ».

Enfant illégitime, ayant souffert certainement de sa relation avec son père, Léonard n'envisage pas la relation de l'élève avec son professeur (il ne faut pas oublier que celui-ci héberge les disciples sous son toit, les nourrit, les bat s'il le juge nécessaire — qu'il se comporte en tuteur légal) dans un esprit tout à fait neutre, comme une chose anodine.

« Peu satisfait d'imiter les œuvres de son maître... » Ces mots barrés me semblent révéler, en même temps, davantage qu'un problème personnel : ils constituent presque une définition de l'artiste — de l'artiste tel qu'il se déclare peu à peu, dans le dernier tiers du *Quattrocento,* en Italie, à Florence.

L'habileté ne suffit plus. L'artiste peut copier — mais pour comprendre, pour assimiler la trouvaille d'un autre. « Le peintre produira des tableaux médiocres s'il s'inspire de l'ouvrage d'autrui[40] », écrit encore Léonard. Le mérite va se mesurer désormais, en grande partie, à la capacité d'invention ; ou, si l'on préfère, l'invention (dans le sens premier du mot, avec une nuance mystique, comme on dit « l'invention de la Sainte Croix ») commence de devenir une condition *sine qua non* du mérite.

Cette invention, pourtant, n'est pas originalité à tout prix (ce que Vasari appelle *terribilita*). Elle ne doit pas être gratuite, mais pratique, utile — technique. « Fuis l'étude, dit Léonard, qui donnera naissance à une œuvre appelée à mourir en même temps que son ouvrier[41]. » L'invention doit pouvoir servir aux inventeurs du futur : elle doit participer généreusement à la marche victorieuse du progrès. Et si elle peut encore ne pas être gratuite, c'est qu'il reste toujours beaucoup à conquérir.

Le *Quattrocento* progresse sur des terres vierges. Christophe Colomb, né quelques mois avant Léonard, découvre l'Amérique dans les dernières années du siècle. La nature dévoile ses secrets, elle cède lentement : c'est un coffre plein de trésors qui s'entrouvre à peine. L'inconnu, ces contrées infinies dont s'effraiera tant Pascal, scintille alors à toutes les portes, de façon très excitante, suscitant une saine convoitise et d'immenses espoirs.

De tous les hommes du *Quattrocento,* les artistes, et les artistes florentins en particulier, sont ceux qui croient au progrès avec le plus de force. Ils y croient plus que les philosophes, plus que les scientifiques même, parce qu'ils ont sous les yeux, en permanence, les œuvres des générations précédentes, qui leur montrent les progrès déjà accomplis, le chemin parcouru, et que la nature, le réel (ainsi que l'Antiquité, pour certains), représentant la perfection, l'idéal à atteindre, leur montre d'autre part les progrès qui restent à faire, le chemin qui reste à parcourir.

L'artiste du *Quattrocento* ne cesse de se situer, de confronter à ces données sa propre production. Vers 1410, pour vérifier les résultats de ses recherches sur la perspective, pour en prouver l'excellence, Filippo Brunelleschi, que ses amis appellent Pippo — qui n'est pas peintre mais sculpteur et architecte —, peint sur un petit panneau le paysage que les Florentins connaissent le mieux : la place Saint-Jean, vue de la porte de la Cathédrale. Il met dans son tableau, de part et d'autre de la masse octogonale du baptistère, la maison de la Miséricorde « avec la boutique du marchand de beignets », la voûte des Pecori, la colonne de Saint-Zanobi... Une fois l'œuvre achevée, il perce un trou en son centre et l'exhibe sur les lieux mêmes qu'elle représente. Il demande au spectateur de tenir le tableau par le verso, la joue collée contre le panneau de bois, et de regarder la place Saint-Jean à travers le trou ; puis il intercale un miroir entre l'œil et le paysage, de façon que la peinture s'y reflète en entier ; baissant ou relevant le miroir, le spectateur peut alors comparer : il peut juger combien la peinture est fidèle, l'illusion parfaite — et apprécier la valeur de la méthode qui permet une telle exactitude (méthode reposant « sur l'intersection du plan et de l'élévation »). Cette démonstration scientifique traduit bien ce qu'on entend alors par « se mesurer à la nature ». Ce n'est pas un vain mot. L'expérience a d'ailleurs un tel succès que Brunelleschi bientôt la répète, choisissant une perspective tout aussi familière à ses compatriotes : la place de la Seigneurie — avec le palais, la Loggia dei Priori (la Loggia dei Lanzi), « le toit des Pisans et tous les bâtiments environnants[42] ».

Cet esprit scientifique — qui animait « Pippo » Brunelleschi, qu'on retrouve chez Paolo Uccello — se perpétue dans l'atelier de Verrocchio ; Léonard en hérite : son art, tout son savoir y ont leur origine. Observer, analyser, déduire, expérimenter... « La science est le capitaine, la pratique le soldat[43] », écrit Léonard. Ou encore : « Ceux qui sont férus de pratique sans posséder la science sont comme le pilote qui s'embarquerait sans timon ni boussole, et qui ne saurait jamais avec certitude où il va[44]. » Parmi les devises nombreuses que le Vinci se choisit dans son âge mûr, je retiendrai surtout celle-ci : *ostinato rigore*[45], « une rigueur obstinée ».

Chez Verrocchio, nous apprend Vasari, on dessine d'après nature, on ne tolère pas l'approximatif : pour avoir sans cesse sous les yeux des modèles précis, on exécute des moulages en plâtre[46] de mains, de pieds, de jambes, de torses. (Maître Andréa fait aussi des masques funéraires dont il doit tirer une part substantielle de ses revenus : il excelle dans tous les travaux de plâtre.) On façonne aussi des modèles en terre glaise sur lesquels on dispose des « étoffes mouillées, puis enduites de terre[47] » — afin de leur donner plus de poids et que les plis tombent mieux — qu'on s'applique ensuite à reproduire méticuleusement au pinceau, en camaïeu, sur toile ou sur papier : plusieurs études de draperies par Léonard, réalisées selon ce principe, d'une justesse et d'un relief admirables, nous sont d'ailleurs parvenues[48]. Ce sont là, pourrait-on penser, les méthodes courantes des écoles de Beaux-Arts ; elles étaient alors nouvelles : dans le cas contraire, Vasari ne les aurait pas notées avec un pareil luxe de détails.

Apprendre à voir, à restituer dans le même temps tout ce qui entre par cette « fenêtre de l'âme » qu'est l'œil ; juger ; revenir inlassablement vers le réel ; tirer du réel « une subtile spéculation[49] »... Léonard répétera par la suite ces préceptes à ses propres élèves. Il dira : « Le peintre doit s'efforcer d'être universel », c'est-à-dire capable de représenter les formes innombrables que contient le monde : « L'esprit du peintre sera comme le miroir qui toujours prend la couleur de la chose reflétée et contient autant d'images qu'il y a de choses placées devant lui. Sache, ô peintre, que tu ne pourras réussir si tu n'as pas le pouvoir universel de représenter par ton art toutes les variétés de formes que produit la nature — et, en vérité, cela te serait impossible, si tu ne les vois d'abord et ne les retiens dans ton esprit[50]... »

Dans le dernier tiers du *Quattrocento*, l'artiste florentin a le sentiment qu'il n'a pas épuisé les leçons de la nature : il a encore beaucoup à apprendre d'elle ; il en est toujours à se battre pour obtenir les moyens d'en représenter ses multiples aspects avec le plus de justesse possible. Il ne se satisfait plus de représentations symboliques, conventionnelles comme un décor de théâtre ; il veut que l'Enfant Jésus soit un enfant véritable, et non un adulte en réduction, que saint Jean dans le désert ne soit plus un géant parmi des montagnes de carton-pâte, que le corps percé de flèches de saint Sébastien montre un jeu de muscles véridiques, tendus par la douleur ; il veut que les nuages ne soient plus des formes blanches accrochées à un fond de pur azur, que les cheveux ne soient plus une succession de lignes ondulées, ramassées en paquet sur le sommet plat d'un crâne, mais que devant leur œuvre le spectateur sente l'épaisseur, la légèreté particulière de chaque mèche, le volume du crâne, qu'il perçoive la profondeur de la plaine, du ciel, le vent qui pousse les nuages (et pour cela il faut comprendre d'abord ce qu'est un nuage). L'artiste y parvient, peu à peu.

Il croit encore aux sentiments qu'il exprime (l'art demeure essentiellement religieux) mais accorde une importance sans cesse croissante à la façon de les exprimer. Il sait qu'il est possible de mieux faire ; il se bat avec toutes ses illusions : son art l'intimide encore, comme une proie très désirée et qui, pour lui, serait chaque fois la première ; il se lance à sa poursuite avec une ferveur innocente, un optimisme grave — qui passe à merveille dans ses œuvres ; d'où à chaque instant l'impression d'un moment de grâce ; et en même temps, parce qu'il est toscan, c'est-à-dire, malgré tout, irrémédiablement raisonneur et intellectuel, il a le souci de définir une stratégie idéale : il ne peut s'empêcher de théoriser ; mais tout le monde théorise alors, dans l'Italie entière : Gentile da Fabriano, Vincenzo Foppa, Leon Battista Alberti, Antonio di Petro Avalino, dit Filarete, Domenico Bigordi que l'on appelle Ghirlandaio, Francesco di Giorgio Martini, Bernardo Zenale, Piero della Francesca, et bientôt Léonard, chacun y va de son traité de l'art[51].

On a beaucoup commenté un petit mot, très commode, très employé (surtout au XVIe siècle), qui exprime parfaitement la qualité première de cet âge d'or qu'est le *Quattrocento* : c'est le mot *virtù*. On le trouve chez Vasari aussi bien que chez Machiavel. Il a peu à voir avec la vertu chrétienne, il vient de la République romaine — à la rigueur des premiers Césars. Il parle de courage, de lucidité, d'effort et de volonté, d'abnégation virile, d'une quête perpétuelle, d'une perpétuelle affirmation de l'individu contre les hasards de la Fortune. La *virtù* est une vertu d'homme de guerre, de général dévoué à sa patrie : elle soumet les barbares et mène au triomphe.

Cependant, cette *virtù* héroïque des conquistadores de l'art, qui demande sans cesse de nouvelles batailles — de nouvelles conquêtes — va se tourner bientôt contre la cause qu'elle servait. Lorsque Léonard débute dans l'atelier de Verrocchio, l'art est en pleine expansion, il cherche ses limites. Dès lors qu'il les aura trouvées, qu'il possédera à fond ses moyens, l'art aura atteint son apogée, il entrera dans son déclin : il deviendra semblable à l'Empire romain quand il ne put plus grandir ; il aura le souci de se maintenir, il se préservera, quitte à se déchirer, il se perdra, il mourra de la crainte de mourir. Le miracle de la jeunesse ne se produit pas deux fois.

Avec Léonard, Raphaël et Michel-Ange s'éteindra l'esprit du *Quattrocento* : ces trois artistes achèveront de tout expérimenter, d'ouvrir, de tracer toutes les routes : ils ne laisseront plus grand-chose à « inventer ». Après eux, tout est dit. On tombe dans la morne répétition, l'irritant savoir-faire, l'abusive virtuosité — dans l'esthétisme, la consomption, le maniérisme, le baroque ; on se contente longtemps (jusqu'à l'avènement d'un nouveau cycle : au retour de l'invention) d'exhiber et de dilapider avec plus ou moins de succès les découvertes faites entre, disons, 1400 et 1527 (date du sac de Rome) — qui sont, il me semble, les bornes de la Renaissance italienne ; mais en existe-t-il une autre ?

Deux vers de Michel-Ange sonnent l'annonce de la crise. Alors que Léonard parle seulement de « *se rendre* universel », l'auteur du *Moïse* et de la *Pietà* de Rome écrit : *Non ha l'ottimo Artista alcun concetto / Ch'un marmo solo in se non circirconscriva :* « L'artiste le plus grand ne forme aucune idée qu'un marbre seul en soi ne puisse contenir. » Il ajoute même au vers suivant, insolemment : « Avec surabondance[52] ! » Alors, l'art est à son zénith. Vasari, qui en raconte l'histoire, n'aperçoit pas qu'il appartient lui-même, déjà, à la décadence.

NOTES

CHAPITRE III

1. Voir en particulier la célèbre *Lettera a' Veneziani,* du Florentin Benedetto Dei, agent des Médicis, où sont inventoriées avec passion toutes les « merveilles » de la ville.

2. Conservée au musée de Berlin ; ainsi nommée parce qu'une chaîne l'entoure comme un cadre.

3. Dans les années 1300, deux branches de la famille des Cancellieri, de Pistoia, s'opposèrent dans une sombre *vendetta,* pour un prétexte futile. Une de ces branches avait pour ancêtre une certaine Blanche (Bianca). Ses descendants ajoutèrent son nom au leur. Les autres prirent alors, pour se démarquer, celui de Noirs. La querelle des Blancs et des Noirs gagna vite Florence, où elle engendra une véritable guerre civile. (In Machiavel, *Histoire florentine.*)

4. San Geminiano montre toujours cet « horizon hérissé », qui existait à Florence. De loin, lorsque la distance fait perdre la notion de leur taille, les maisons-tours de la ville rappellent les gratte-ciel de New York.

5. « Les officiers de la Tour et des biens des rebelles », organisme municipal créé au moment de la grande peste, ont la charge des biens domaniaux, de l'entretien des monuments publics, de l'administration des ponts et chaussées, etc.

6. Aujourd'hui, via Cavour.

7. La *Rocca* des comtes Guidi abrite aujourd'hui un musée Léonard-de-Vinci où sont exposées des maquettes contestables, réalisées d'après les dessins technologiques de l'artiste.

8. *Les Toscans et leurs familles,* par David Berlibn et Christianne Klapisch-Zuber, Paris, 1978.

9. In Henri Monnier, *op. cit.*

10. *Le Christ et saint Thomas,* bronze grandeur nature, est toujours exposé à Or San Michele. Commandé en 1463, achevé dans les années 80, Landucci écrivit à son sujet : « La plus belle œuvre qu'on puisse trouver, la plus belle tête du Sauveur jamais faite ! » Pour André Chastel, c'est le chef-d'œuvre de Verrocchio.

11. Avant 1500, le nom de ser Piero apparaît dans les livres de comptes de onze couvents au moins ; du temps de la jeunesse de Léonard, on le voit déjà travailler pour le couvent des Servites, pour les sœurs de Santa Clara, etc.

12. Vasari parle d'un voyage à Rome qu'aurait effectué Verrocchio ; il semble qu'il se trompe.

13. Le four du père de Verrocchio était quelque chose comme une tuilerie, une briqueterie.

14. Sculpteurs et architectes se forment aussi dans les ateliers de menuiserie, de marqueterie : ainsi Giuliano da Sangallo ou Giuliano da Maiano.

15. Œuvres perdues, décrites par Vasari.

16. Verrocchio a sûrement subi d'autres influences que celle de Donatello (l'Anonyme Gaddiano affirme qu'il a travaillé auprès de lui, tandis que Gauricus en parle comme de son rival) : celles peut-être de Desiderio da Settignano ou d'Antonio Rossellino.

17. Dans une nouvelle écrite vers 1550, Anton Francesco Grazzini situe l'atelier de Verrocchio dans la via del Garbo. Il semble bien que les ateliers florentins du *Quattrocento* déménageaient souvent. De plus, Verrocchio avait peut-être une fonderie (nécessitant un grand local), différente de l'atelier proprement dit.

18. Voir par exemple les estampes de Baccio Baldini, de Maso Finiguerra, les fresques de Vasari, etc.

19. Masaccio le premier met une inscription au bas d'une peinture italienne (il date le triptyque de Cascia en lettres romaines : *23 avril 1422*). Fra Filippo Lippi signe une œuvre dès 1440, Mantegna dès 1448. Mais en fait l'usage d'apposer son nom sur un tableau ou une sculpture ne commence vraiment à se répandre qu'à la fin du XVe siècle, et davantage dans l'Italie du Nord (souvent à l'intérieur d'un *cartellino*, une affichette peinte en trompe-l'œil) qu'à Florence. Léonard l'ignore tout à fait : d'une œuvre signée de son nom, on peut être certain que la signature au moins n'est pas de lui.

20. *Le Livre de l'Art ou Traité de la peinture*, par Cennino Cennini, mis en lumière pour la première fois avec des notes par le chevalier G. Tambroni, Paris, s.d.

21. Alberti : *Della Pittura* (v. 1436, en italien), *De Re Ædificatoria* et *De Statua* (v. 1450 et 1464, en latin).

22. Forster I 43 r.

23. Ms 2038 B. N. 23 r.

24. Cod. Atl. 200 r.

25. Tri. 84 v.

26. Forster III 66 v.

27. En 1467, Verrocchio, qui a sans doute sa propre fonderie, fournit à Lucca della Robbia et Michelozzo le bronze destiné à la porte de la sacristie du Dôme. Il n'agit là qu'à titre d'entrepreneur.

28. In Vasari, *Vie de Brunelleschi.*

29. Cod. Atl. 295 r. b. et 349 r. a.

30. G 84 v.

31. Luca Landucci fait le récit de la mise en place de la boule du Dôme dans son *Diario fiorentino.* On en trouve mention aussi chez Billi ou l'Anonyme Gaddiano. La boule résista bien au vent — mais pas à la foudre qui l'abattit et la précipita dans les rues de Florence, durant la nuit du 17 janvier 1600, à la grande stupeur des gens du quartier. L'actuelle, plus grosse que celle de Verrocchio, œuvre d'Alessandro Allori et Gherardo Mechini, fut mise en place en mars 1602.

32. Laurent de Médicis possédait un *Marsyas* « très ancien », en marbre rouge, dont il ne restait que le buste. Verrocchio le « restaura », c'est-à-dire qu'il refit complètement les jambes, les cuisses, les bras manquants (in Vasari, *Vie de Verrocchio*). Laurent le plaça dans la cour de son palais, à Florence. Il est actuellement aux Offices.

33. « Andrea exécuta encore, pour la fontaine de la villa de Laurent de Médicis, à Careggi, un enfant en bronze étranglant un poisson ; le duc Cosme l'a fait placer sur la fontaine qui se trouve dans la cour de son palais, où il est actuellement. » (*Ibidem.*)

34. Ugolino Verino, *De Illustratione Urbis Florentiae,* livre II.

35. Le style de Verrocchio se retrouve en particulier dans les premières madones de Botticelli, comme la *Vierge au rosier* des Offices, et dans des œuvres du Pérugin, telle la *Vierge et l'Enfant* du musée Jacquemart-André.

36. Alberti, *De Statua,* in A. Blunt, *la Théorie des arts en Italie de 1450 à 1600,* Oxford, 1940.

37. Cod. Atl. 181 r. a.

38. *Idem.*

39. Léonard, tout comme Vasari, ne tient pas compte d'un facteur qui me semble plus important : les ravages de la grande peste — apparue pour la première fois en 1348, elle resurgit régulièrement et décima l'Europe. D'autre part, on peut se demander ce que connaissait Léonard (ou Vasari) de la peinture antique, grecque ou romaine : ils fondaient leur jugement sur des descriptions littéraires ou sur ce qu'ils pouvaient en imaginer d'après les sculptures et les bas-reliefs exhumés : on n'en sut pratiquement rien en vérité avant les fouilles de Pompéi, au XIXe siècle.

40. Cod. Atl. 181 r. a.

41. Forster III 55 r. Léonard dit aussi : « La science est plus utile dont le fruit est plus communicable... »

42. Œuvres perdues, décrites par Antonio Manetti dans sa *Vita del Brunellesco,* dont s'inspira Vasari.

43. I 30 r.

44. G 8 r.

45. *Ostinato rigore ; destinato rigore.* Ces devises accompagnent des dessins allégoriques (une charrue, un moulin à eau ou à vent) inscrits dans des cartouches ; peut-être des sujets d'intailles ? W. 243.

46. In Vasari, *Vie de Verrocchio.*

47. In Vasari, *Vie de Léonard.*

48. Ces études de draperies occupent les sept premières planches de l'anthologie de Popham (Rome, galerie Corsini ; Paris, musée du Louvre ; Londres, British Museum ; Florence, Offices ; etc.). Plus tard, Léonard critiquera cette méthode, et l'emploi d'étoffes alourdies de terre (Ms 2038 B. N. 17 v.).

49. Ash. I 26 r.

50. Ms 2038 B. N. 2 r.

51. Les traités de Gentile da Fabriano, de Foppa, de Zenale, de Ghirlandaio, de Piero della Francesca ne nous sont pas parvenus.

52. Michel-Ange, sonnet XLIII.

IV

LA PEUR ET LE DÉSIR

Plus grande est la sensibilité, plus grand le martyre — un grand martyre.

LÉONARD [1].

« Ne pas mentir sur le passé*[2] », écrit Léonard ; mais il n'en parle guère. Ses carnets ne composent ni un journal intime ni des Mémoires. Lorsqu'il se met, vers l'âge de trente ans, à noter systématiquement ses pensées — à observer et réfléchir *par écrit* — sur de petits cahiers qu'il emporte partout avec lui, il n'a pas l'idée de se raconter. Les milliers de pages que noircit son écriture inversée de gaucher, si difficile parfois à déchiffrer, forment, a-t-on pu dire, les vestiges d'une vaste encyclopédie en gestation[3]. A peine y découvre-t-on, griffonnés entre deux projets d'engrenage, deux remarques sur la façon de peindre une tempête ou la fureur d'une bataille, entre la description d'une aile d'oiseau et celle du halo de la lune, parmi les calculs de l'ingénieur, en marge des diagrammes de l'apprenti mathématicien, quelque réflexion morale, quelque compte personnel, un brouillon de lettre, un nom propre, un bon mot, une liste de livres à emprunter, de choses à ne pas oublier... Encore ceux-ci semblent-ils souvent être entrés là par hasard, parce qu'aucun autre papier ne se trouvait sous la main (au bas d'un feuillet où il est question à la fois de géométrie descriptive et de régularisation fluviale, je lis, par exemple : « Mardi — pain, viande, vin, fruits, *minestra,* salade[4]. » Rares sont les confidences qui encombrent ces pages ; Léonard n'y livre pas ses états d'âme, ou alors indirectement. Valéry dit : « Il ignore la faiblesse des aveux et des vanteries qui emplissent tant d'écrits prétendus intimes[5] » — mais le récit d'expériences affectives n'est pas non plus dans les habitudes du temps. Pour retrouver l'homme, il faut procéder par recoupements, s'imprégner du texte, tâcher de lire entre les lignes.

Hormis l'histoire du milan qui de sa queue lui aurait agacé les lèvres alors qu'il était au berceau, Léonard n'a rien noté de

* Pour les notes concernant ce chapitre, voir page 152.

personnel — qui nous soit parvenu — sur son enfance, son adolescence, ses années de formation dans la capitale toscane. Le nom de son village natal, ou celui des collines parmi lesquelles il a grandi (qu'on ne se laisse pas abuser par les mots : le mont Albano n'a rien d'une vraie montagne, Vinci est à 97 mètres exactement au-dessus du niveau de la mer), ne se rencontre guère que dans les cartes de géographie, les « vues aériennes » qu'il trace lorsqu'il décrit un moulin à broyer les couleurs de la région[6] ou qu'il a l'ambitieux projet (vers 1503) de détourner l'Arno[7]. Cependant, même s'il n'en dit rien, il ne perd jamais de vue la terre de ses racines ; il y songe, obscurément ; il y revient sans cesse.

Parmi les premiers dessins de lui que nous connaissons figurent deux paysages de cette Toscane âpre où il a vu le jour. Le plus fouillé[8] montre une vallée aux lignes tourmentées, où les roches le disputent à la végétation, et que dominent sur la gauche les tours carrées d'un château. S'agit-il du Castello di Poppiano, entre Vinci et Pistoia[9] ? Les experts sont partagés. Léonard a vingt et un ans quand il exécute ce dessin, d'une plume nerveuse, encore assez sèche, mais qui rend bien le tremblement léger des ombres dans le vent. L'endroit, la circonstance dans laquelle il le dessine doivent signifier beaucoup pour lui, avoir une importance très particulière, puisqu'il éprouve le besoin de dater son travail, chose rarissime à l'époque : « Jour de sainte Marie des Neiges, ce 5 août 1473[10]. » Je ne crois pas pour ma part à une vue imaginaire, comme on a pu le prétendre[11] : ce jour-là, en ce début d'août, Léonard a sûrement quitté l'atelier de Verrocchio et l'étouffante chaleur de Florence, pour retourner au pays, comme beaucoup — en vacances. Sans doute a-t-il rejoint sa mère, après un long éloignement. Le verso de la feuille montre l'esquisse hâtive d'une colline, d'une arche de pierres parmi des arbres ; un nu masculin arpente le ciel ; au-dessus d'un visage souriant, on lit cette phrase, écrite normalement, de gauche à droite : « Moi, m'arrêtant (ou demeurant) chez Antonio, je suis content » (*jo . morando . dant^{o} . sono . chontento*). Ce ne serait qu'une banale formule notariale ; elle n'exclut pas une idée d'allégresse. En 1473, son grand-père Antonio est décédé depuis plusieurs années ; cet Antonio chez qui il séjourne (ou s'attarde), n'est-ce pas l'Accattabriga — *Antonio* di Piero de son vrai nom — son beau-père, le mari de Caterina ? Léonard dessine le paysage dit de sainte Marie des Neiges (qui n'est pas une étude de « fond » mais un paysage autonome, à part entière — de sorte qu'on a pu le qualifier de « premier vrai dessin de paysage de l'art occidental[12] ») avec un vif souci du détail, comme pour le graver à jamais dans sa mémoire, parce qu'il représente dans le secret de son cœur le cadre d'un grand moment d'émotion (émotion dont nous ignorons la nature exacte comme la cause, bien entendu).

« Ne pas mentir sur le passé », dit Léonard. N'est-ce pas là reconnaître implicitement qu'il a l'habitude, la tentation permanente de le faire ? qu'il a tendance à enjoliver ou, inversement, à noircir le tableau de son enfance, en esprit ou quand il se confie à un tiers ? On ment aussi par omission. Le fait est que Léonard semble porter en lui, longtemps, un grouillement de souvenirs inexprimables, qui l'étrangle, qui l'oppresse ; quelque chose a grandi et pourri en lui, qui vient de l'instabilité, de la complexité pernicieuse de sa situation familiale, et qui dure, contre quoi il lutte, qu'il s'efforce d'endiguer comme il peut.

Les instants de paix, de pur bonheur, comme celui auquel correspond ce paysage du 5 août 1473, alors qu'il est rentré au pays et se trouve auprès de sa mère, ne doivent pas lui être ordinaires. Où d'autre s'exclame-t-il : « Sono chontento » ?

Sans doute n'est-il pas très heureux à Florence.

Il ne note pas ses souvenirs ; il évite d'en parler mais, ne pouvant leur échapper, s'interroge, comme pour les conjurer, sur le mécanisme de la mémoire : « Notre jugement n'évalue pas dans leur ordre exact et raisonnable, dit-il, les choses qui se sont passées à des périodes différentes, car maints événements ayant eu lieu il y a bien des années semblent toucher au présent, tandis que beaucoup d'autres, récents, nous font l'effet d'être anciens et de remonter à l'époque lointaine de notre jeunesse[13]. » Ces considérations « proustiennes » le conduisent ailleurs à l'hypothèse d'un temps *relatif* : « Ecris sur la qualité du temps, distincte de ses divisions mathématiques[14] », note-t-il au bas d'un texte sur les méridiens, sur le globe terrestre. Il ne développe pas, comme souvent. Mais ces phrases ne révèlent-elles pas (à son insu) son système de défense, la méthode qu'il a élaborée pour réduire une pensée importune ? Plutôt que de donner prise, de se laisser atteindre, de s'apitoyer, il retourne cette sorte de pensée, en fait son champ d'étude ; il va du rôle passif au rôle actif : il neutralise tout sentiment susceptible de l'affecter en lui opposant un œil froid de philosophe, d'homme de science. « Les sens appartiennent à la terre, avoue-t-il ; la raison, à l'écart, demeure contemplative[15]. » Serait-ce, en partie, le premier moteur de sa quête intellectuelle, la genèse de ses carnets ?

A l'époque où il dessine le paysage de sainte Marie des Neiges (le papier, l'encre, le style paraissent assez similaires), c'est-à-dire toujours aux alentours de sa vingtième année, Léonard dessine aussi un grand talus rocheux que baigne une pièce d'eau[16] ; en bas, à droite, un cygne en colère déploie ses ailes pour chasser de son territoire une cane dodue, qui fuit dignement. Dans le fond, des blocs de pierre tapissent le lit d'un torrent à sec : c'est l'été, nous sommes en présence, cette fois encore, d'une sorte de « devoir de vacances » ; il se promène du côté de chez sa mère, il accompagne l'oncle Francesco sur le domaine familial, il suit dans les bois un sentier au hasard, tout seul, pour occuper ses loisirs — emportant dans son sac du papier, une plume.

Le cygne (assez maladroitement dessiné) qui chasse un intrus pourrait le symboliser lui-même (il affectionne les emblèmes de pureté), tandis que la cane dodue serait, par exemple, une de ses demi-sœurs, ou bien sa deuxième ou troisième belle-mère — je n'insisterai pas cependant dans cette voie...

Tout autour de Vinci, du côté de Campo Zeppi, vers Vitolini, Toiano ou San Ansano, des cascades, de longues parois rocheuses, des éboulis chaotiques au sommet desquels se tordent des racines, interrompent les champs de vignes ou d'oliviers : ce n'est pas ici la douce et riche Toscane dont les collines ondulent paresseusement au sud de Florence, mais une terre dure, difficile, que cernent d'épaisses forêts où rôdent les bêtes sauvages — elles sont toujours le paradis des chasseurs : le sanglier demeure une spécialité de la région.

Ces rochers, ces torrents, ces escarpements de son enfance composent le paysage intime, le *décor mental* de Léonard ; son intérêt pour la géologie, la botanique, l'hydraulique — pour tout ce qui relève des sciences naturelles — s'est éveillé à leur contact (la majeure partie de ses préoccupations d'adulte, sans doute, plus que chez la moyenne des hommes, a une origine dans les données de son enfance). On les retrouve, crépusculaires, magnifiés par la double loupe de l'art et de la mémoire, dans la plupart de ses peintures : dans *la Vierge aux rochers* aussi bien que dans *la Vierge et sainte Anne* ou *la Joconde*. Ce n'est pas un hasard s'ils constituent le sujet de ses premiers dessins personnels. Il en a le regret dès qu'il les quitte ; ils demeurent à jamais en lui. Le bruit de l'eau vive roulant au creux des collines résonne encore à ses oreilles dans les derniers jours de sa vie.

A ces dessins, à ces « visions » qui l'obsèdent de blocs de pierres et de torrents rapides, j'aimerais lier un texte qui date de ces années-là [17] ; il compte parmi ses écrits les plus révélateurs, les moins déguisés, les plus suggestifs (l'analyste y puiserait la matière d'une forte thèse). De courtes phrases inachevées le précèdent, où grondent la mer et des volcans ; puis :

« Poussé par un désir ardent, écrit Léonard, anxieux de voir l'abondance des formes variées et étranges que crée l'artificieuse nature, ayant cheminé sur une certaine distance entre des rocs surplombants, j'arrivai à l'entrée d'une grande caverne et m'y arrêtai un moment, frappé de stupeur, car je ne m'étais pas douté de son existence ; le dos arqué, la main gauche étreignant mon genou, tandis que de la droite j'ombrageais mes sourcils abaissés et froncés, je me penchais longuement, d'un côté, de l'autre, pour voir si je ne pouvais rien discerner à l'intérieur, malgré l'intensité des ténèbres qui y régnaient ; après être resté ainsi un moment, deux émotions s'éveillèrent soudain en moi : peur et désir ; peur de la sombre caverne menaçante, désir de voir si elle recelait quelque merveille[18]... »

Alcuna miracholosa chosa... Les mots s'achèvent sur le vide ; Léonard indique d'un signe (qui est une sorte de 6) que le passage continue plus loin, mais le verso de la feuille, teinté en rouge, traite de problèmes métaphysico-scientifiques ; la fin de l'histoire de la caverne n'y figure pas. Elle n'a pas été retrouvée[19] : Léonard, semble-t-il, n'a pas dit s'il a surmonté sa crainte ou s'il lui a cédé (l'ordre dans lequel il donne ses émotions incite cependant à croire que la curiosité l'a emporté, qu'il s'est aventuré au bout du compte dans les ténèbres souterraines).

En premier lieu, on ne peut qu'admirer l'incroyable sens de l'observation de Léonard, la précision du *rendu,* la faculté qu'il a de décrire, de *croquer* avec des mots une attitude, une expression, un mouvement : on le voit, on le suit, courbé, le genou fléchi, cherchant son aplomb sur les rochers inégaux, hésitant, l'œil écarquillé et les doigts en visière. Il écrit avec la même vivacité, la même fermeté qu'il dessine. Aucune « littérature » n'alourdit son style — qui est celui du *rapport* : il enregistre, dépouille, organise, puis restitue l'essentiel.

En même temps, il ne me semble pas que l'expérience soit contemporaine de sa transcription. L'absence de détails circontanciels (le lieu, la date), le côté hautement symbolique du récit, le préambule généralisateur (« poussé par un désir ardent », etc.), les phrases inachevées qui précèdent le texte, poétiques, sombres et grandioses, me font penser plutôt à un souvenir ancien, voire à un de ces rêves si nets, si clairs qu'on ne sait plus au réveil s'il s'agit d'une scène imaginaire ou vécue réellement (une *phantasie,* dirait Freud). Cela s'accorderait assez à la réflexion aux consonances proustiennes citée plus haut.

Peur et désir, ces deux émotions que lui a données la bouche noire de la caverne (dont on aurait beau jeu de souligner l'aspect sexuel) ne sont pas sans rappeler l'émoi de Dante au moment de franchir la porte de l'enfer. Il est « frappé de stupeur », il s'effraie, il veut entrer, il tente de voir à l'intérieur sans s'y risquer, il s'y risque sans doute avec une appréhension pathétique, parce que sa curiosité (ou le destin) l'a déjà conduit trop loin pour rebrousser chemin, qu'il ne peut faire autrement, qu'au fond il n'a pas le choix. Dante dit : « Je ne saurais pas expliquer comment j'entrai. »

Comme toujours, il faut replacer les mots de Léonard dans leur contexte. Les phrases précédentes décrivaient des océans déchaînés, un ouragan, « les flammes sulfureuses de l'Etna et du Stromboli » ; le verso de la feuille parle du déluge, des fossiles, de la mort, de la reproduction des espèces, de la nature (cruelle) de l'univers ; il y est question de naufrages, d'un raz de marée, d'animaux terrifiés, fuyant en vain devant une nature incontrôlable, acharnée à les détruire : ils meurent, ils s'entre-déchirent, la race humaine aussi finit par s'éteindre, il ne reste à la fin qu'une terre de cendre ; Léonard s'indigne, sur le ton de l'Apocalypse : l'univers, pour se perpétuer, se nourrit de cadavres[20].

De quels cauchemars son imagination peuple-t-elle les profondeurs de la caverne ? Il ne craint pas un danger physique — de se rompre un membre ou de violer l'antre d'une bête sauvage. Il se figure des périls autrement redoutables ; il affronte en esprit des forces troubles, brutales, primitives, irrationnelles (qui échappent à sa raison et la menacent) : il se représente comme une sorte de dragon l'inconnu obscène qui gouverne les abysses de l'être, du corps, les instincts, autant que les entrailles de la terre... Le voici soudain au bord extrême de cette zone d'ombres où la vie s'engendre et se perd. L'illusion le prend, comme un vertige, qu'une courte enjambée le sépare de la solution de quelque grand mystère. La caverne l'attire, irrésistiblement, mais le simple fait d'en avoir surpris l'existence (il le dit) le bouleverse avant tout. Il y pénètre et n'y pénètre pas ; peu importe ; seul compte à ses yeux qu'il l'ait entrevue — et les impressions qu'il en garde. S'il laisse son récit inachevé, c'est qu'il ne relate pas une aventure d'alpiniste ou de spéléologue (ce qu'estiment trop souvent ses biographes), mais qu'il évoque l'instant terrible où il a découvert en lui une faille, une lucarne donnant sur les démons et les merveilles de la nuit ; quel dénouement cela pourrait-il avoir ?

Des confidences involontaires, donc, en tout cas détournées, métaphoriques, et toujours décousues, isolées, sans commentaire : une anecdote qu'éclaire un dessin, parfois une citation, un récit qu'il glisse dans ses pages, sans doute parce qu'il estime qu'on ne les verra jamais, qu'on ne les étudiera jamais par le menu (et puis il songe sans cesse à les copier au propre, c'est-à-dire à les épurer[21]), dévoilent ainsi, par morceaux, tel ou tel aspect de son caractère, trahissent de la sorte ses occupations, ses sentiments, son état d'esprit à tel ou tel instant de sa vie.

Ils laissent, pour l'heure, de grands pans d'ombre que ne parviennent pas à dissiper les trop rares informations extérieures dont nous disposons.

Avant que Léonard fuie Florence, qu'il parte pour Milan, c'est-à-dire tout au long de ses trente premières années, son parcours, sa carrière tiennent en quelques dates, quelques faits, souvent contestables. Ce flou, cette obscurité paraissent cependant le juste reflet des incertitudes qui l'étreignent : le brouillard qui plane sur cette partie de son existence correspond peut-être à son propre malaise, à ses tâtonnements angoissés, tandis qu'il cherche son chemin, sa place dans le monde...

Quand l'été s'achève, Léonard reprend le chemin de Florence — comme on prend celui de l'exil (je ne prétends pas qu'il ait une jeunesse à la Dickens, mais il y a toutes sortes de façons de souffrir).

Pourtant la ville le tente — à la façon de la caverne.

A la fin des années 60, au début des années 70, une intense activité culturelle y règne, on s'y amuse aussi beaucoup, les mœurs se relâchent, les grandes familles, Médicis en tête, sont comme enragées de plaisirs. Dans ces années, écrit le poète Ange Politien, on vit à Florence « très béatement, dans l'allégresse des joutes, des triomphes, des fêtes publiques et privées[22] ».

Homme de cour, Politien oublie de dire que ces réjouissances dont on abreuve le peuple ne viennent pas sans quelque arrière-pensée politique ; il n'exagère pas cependant : tout est alors prétexte à divertissement grandiose ; comme les divertissements s'attirent, s'excitent, s'amplifient naturellement les uns par les autres, la ville et l'année entières leur semblent alors consacrées.

Des fiançailles, un mariage, un anniversaire, la visite d'un prince étranger suscitent d'incroyables déploiements de pompe, et les fêtes traditionnelles, qui obéissent au calendrier religieux, perdant de leur caractère dévot, par émulation, tournent de plus en plus au pur spectacle : on y va comme au théâtre. Le carnaval, la mi-carême, le 1er mai (*Calendimaggio*), la Saint-Jean, qui est la fête patronale de Florence, s'enrichissent sans cesse de danses, de jeux, d'expositions « promotionnelles » (pareilles à nos Salons de l'auto ou du prêt-à-porter), de chars allégoriques, d'arcs de triomphe, de tableaux vivants, de courses de chevaux (*palio*), de combats de fauves ; cela exige des costumes, des décors, de complexes machineries, de véritables mises en scène — qui donnent aux lettrés l'occasion d'étaler leur culture, et aux artistes leur savoir-faire.

L'atelier de Verrocchio participe, bien sûr, à la réalisation de la plupart de ces fêtes : Léonard, aussitôt arrivé de son austère campagne, trempe dans une atmosphère de luxe et de plaisirs — qui l'éblouit.

Après la mort de Verrocchio, Tommaso, le frère cadet de ce dernier, qui est un peu le raté de la famille, présentera aux autorités une longue liste de travaux exécutés par l'atelier de maître Andrea pour les Médicis — et, selon lui, restés impayés. Il n'obtiendra pas satisfaction. Le document n'a aucun poids légal ; il possède en revanche une grande valeur documentaire : des armes, une armure d'apparat, un étendard figurent entre autres dans cette facture[23] — qui ne couvre pas toute la contribution de Verrocchio aux divertissements dont on régale la ville.

Cette contribution, que d'autres témoignages précisent[24], semble particulièrement importante. L'atelier de Verrocchio, aux talents si nombreux, intervient sans doute plus que les autres dans les spectacles et les solennités : il modèle des masques de carnaval, fabrique des déguisements, peint des décors, il est actif surtout lors des joutes, des « tournois à thème » dont la mode, héritée du Moyen Age, atteint alors son comble (aucun de ces travaux, dans lesquels le génie inventif de Léonard a dû se distinguer, n'a malheureusement survécu ; on ne peut que s'en faire une idée d'après des travaux analogues ou des descriptions).

Je ne sais si Léonard est présent à Florence en 1464, lorsque Bartolomeo Benci organise une joute en l'honneur de sa fiancée, avec un *Triomphe d'Amour*, des concerts et des feux d'artifice ; je ne vois pas en tout cas comment il pourrait participer à ses préparatifs. La première fête mémorable à laquelle il contribue sûrement est celle que Laurent de Médicis donne pour la dame de son cœur, Lucrezia Donati, en 1469.

Les Médicis, famille de marchands et de banquiers, installés à Florence au XIIe siècle, probablement médecins au départ, d'où leur nom (*Medici*) et les six besants pareils à des pilules qui forment leurs armoiries, tiennent depuis près de cinquante ans les rênes de la politique toscane, sans que leur statut au sein du gouvernement soit clairement défini. Qualifié de *Père de la patrie* à sa mort, en 1464, Cosme l'Ancien faisait confier les postes clés de la magistrature à ses partisans les plus dévoués ; il ne les occupait pas lui-même ; simple particulier, il s'imposait par l'immensité de sa fortune, par son habileté à l'employer, par les influences qu'il exerçait, tant à l'intérieur qu'à l'extérieur de la ville : il tirait les ficelles ; il était indispensable au bien public, sans que nul sût exactement en quoi. Son fils, Pierre le Goutteux, ainsi que les enfants de ce dernier, Julien et surtout Laurent, l'aîné, que l'on surnomme le Magnifique, ont hérité ses curieuses prérogatives que rien ne confirme. De moins en moins hommes d'affaires, ils agissent en princes, ils sont les maîtres avoués de la cité qui ne demeure une république que par le nom.

Une épidémie de peste, une guerre coûteuse contre Venise qu'a conclue un traité décevant ont agité le peuple. A la fin de 1468, alors que la santé de Pierre décline (il meurt de la goutte durant l'été suivant), pour distraire les esprits et réaffirmer la puissance de sa maison, Laurent, qui a dix-neuf, vingt ans, invente de donner une fête comme Florence n'en a encore jamais connue. Officiellement, si l'on peut dire, il la dédie à l'une des *beautés* de la ville, Lucrezia Donati, qui est l'épouse d'un certain Niccolo Ardinghelli, et pour qui il écrit des vers enflammés — car il est aussi poète (tout pousse à croire qu'elle ne lui cède pas cependant, qu'il lui porte un amour déçu, platonique, littéraire donc, par la force des choses[25]).

Laurent ne ménage pas ses soins (ni sa bourse) dans la préparation des réjouissances. Ses palefreniers lui procurent les meilleurs chevaux d'Italie ; certains lui parviennent de Rome, d'autres de Milan, d'autres des écuries de Naples, comme le *Fals'amico,* ou l'*Abruzzese* qu'il choisit de monter. Il fait orner son bouclier d'un gros diamant. A Verrocchio, il commande l'étendard peint que mentionne la liste de Tommaso ; on y voit, surmontée d'un soleil et d'un arc-en-ciel avec la devise « Le temps revient » (ce qui prouve combien la Renaissance est consciente d'elle-même), une femme tressant en guirlande les feuilles d'un laurier, son emblème (*lauro,* laurier = *Lorenzo,* Laurent) ; il lui commande aussi un portrait de sa muse, Lucrezia, la reine du jour, devant lequel, dit-on, il tombe en extase[26]. En tout, de son propre aveu, il dépense dix mille florins d'or ; il juge que c'est là une somme bien employée : cette prodigalité effarante flatte à merveille ses concitoyens.

La fête, qui est une joute, a lieu le 7 février, place Santa Croce.

Il faut imaginer ce qu'est alors Florence en liesse. Les barres de bois tenues par des anneaux qu'on voit encore à certaines fenêtres servent à suspendre des étoffes, des tapis, des guirlandes de fleurs qui égaient la pierre grise des murs ; les façades en sont tout ornées. Les cloches, dont on reconnaît le timbre et qui ont chacune leur nom, sonnent à la volée. Des bannières rouge et blanc (les couleurs nationales) claquent au vent. Le peuple a revêtu ses meilleurs habits.

Les spectateurs se pressent aux balcons, s'agglutinent jusque sur les toits. A chaque instant éclate la musique des trompettes.

La place Santa Croce est une des plus vastes de la cité. Les cavaliers entrent dans l'arène qui y a été construite précédés de hérauts, accompagnés de gentilshommes et d'un page portant un étendard où se lit une devise. Des tissus précieux recouvrent les armures. Antonio Pollaiuolo, le rival de Verrocchio, a ciselé les harnachements en pur argent des montures de Benedetto Salutati, une des grosses fortunes de la ville (en février 1476, ce même Salutati se ruinera en offrant un trop somptueux banquet[27]). Vers midi, les chevaux s'élancent. On tournoie jusqu'à la tombée du jour. Bien entendu, Laurent est déclaré vainqueur.

Léonard, perdu dans la foule anonyme, admire sans doute avec ses camarades, de loin, ces duels d'élégance, de magnificence (où l'on ne compte guère de grands coups héroïques) auxquels s'adonne la jeunesse dorée. Il en ressent peut-être de la jalousie. Il ne doit pas être facile pour un garçon fier, provincial, bâtard, de côtoyer tout ce luxe sans y goûter — à la façon d'un fournisseur.

De là, il me semble, le désir de mener grand train à son tour (il le réalisera), des envies de pourpoints de brocart, de serviteurs impeccables, de parader sur les coursiers les plus rapides (il les satisfera)...

Car d'autres fêtes se succèdent, qui continuent de l'aguerrir aux fastes de la haute bourgeoisie : le mariage de Laurent avec Clarice Orsini, en juin de la même année : durant trois jours, les bals alternent avec les banquets ; le tournoi de janvier 1471 ; l'accueil triomphal fait au cardinal François Gonzague, au mois de juillet suivant ; les fêtes en l'honneur d'Eléonore d'Aragon, de l'archevêque Pietro Riario, au début de l'été 1473 ; et par-dessus tout, éclipsant les autres dans la mémoire des chroniqueurs, celles offertes à Galéas Marie Sforza, duc de Milan, en mars 1471.

Dans cette circonstance, il ne s'agit pas seulement d'impressionner des concitoyens mais de rivaliser de magnificence — pour des raisons toujours très politiques — avec le tyran d'un Etat puissant : là, les Médicis se mesurent à la Lombardie[28].

Galéas joue la carte de l'opulence et du nombre : les Sforza, de noblesse récente, ont des réflexes de nouveaux riches, ce sont encore, dit-on, des « soudards mal dégrossis ». Une garde composée de cent cavaliers et de cinq cents fantassins escorte les douze chars tendus de draps brodés d'or dans lesquels voyagent avec leur bagage le duc et sa jeune épouse, Bonne de Savoie, belle-sœur du roi de France ; cinquante estafiers les entourent, vêtus de velours et de soie ; viennent ensuite cinquante piqueurs qui conduisent cinq cents couples de chiens pour la chasse, et une escouade de fauconniers, l'oiseau sur le poing ; l'écurie personnelle du duc compte cent chevaux de prix, moitié pour son service, moitié pour celui de la duchesse, tous admirablement caparaçonnés ; enfin, près de deux mille courtisans sont de la partie.

Les Milanais entrent dans Florence ébahie le 15 mars.

Laurent reçoit Galéas Marie chez lui, dans son palais de la via Larga ; il y a fait décorer des appartements par Verrocchio. Son vêtement paraît simple au regard de ceux de ses hôtes. Avec beaucoup d'habileté, il a choisi de lutter avec d'autres armes que le brocart ou les pierreries ; il met dans la compétition toute la culture toscane, tous les chefs-d'œuvre de l'art dont s'enorgueillissent sa maison et la ville. Le duc Galéas s'avoue fort impressionné par les raffinements qu'on lui oppose — mais c'est un Florentin qui l'écrit[29].

Léonard, qui doit être devenu à cette date quelque chose comme le premier assistant de maître Andrea, a ainsi l'occasion de mieux approcher les Médicis ; il pénètre dans leur demeure : il apprécie comment on y vit ; il voit, comme le prince de Milan, avec respect et envie, les antiques, les sculptures, les peintures, les tapisseries, les manuscrits, les gemmes, toutes les fabuleuses collections qu'y ont réunies trois générations d'amateurs et de mécènes.

L'équipe de Verrocchio n'a jamais été tant sollicitée : outre la décoration des appartements ducaux, Laurent a commandé au sculpteur une armure et un casque « à la romaine », destinés à son invité (on peut se figurer ces œuvres d'après des bas-reliefs de l'atelier, comme le *Scipion* en marbre du musée du Louvre, *la Décollation de saint Jean-Baptiste* du musée de l'Œuvre du Dôme de Florence, ou encore d'après un dessin de Léonard, du British Museum, qui montre le *profil d'un guerrier ;* ce sont de véritables pièces d'orfèvrerie ; des griffes, des gueules de lion, des ailes de chauve-souris ou d'aigle se mêlent aux volutes et aux festons qui courent sur le métal).

Enfin, il n'est pas exclu que l'atelier de la via del Agnolo participe aux représentations de spectacles sacrés qui se donnent durant le séjour du prince : une *Annonciation* dans l'église de San Felice, une *Ascension du Christ* à Santa Maria del Carmine, une *Descente du Saint-Esprit sur les Apôtres* à Santo Spirito. Ces *sacre rappresentazioni,* qui sont à l'origine du théâtre italien, assez proches des mystères qui se montent sur le parvis de nos cathédrales, se passent rarement d' « effets spéciaux », de trucs ou *ingegni,* qu'on demande aux artistes. En son temps, Brunelleschi s'est illustré dans ce domaine ; Vasari raconte qu'il savait faire des ciels « emplis de figures animées et de lumières qui se couvraient et se découvraient à la vitesse de l'éclair », des montagnes de bois par-dessus lesquelles volaient des anges, et des temples en trompe-l'œil dont chaque colonne supportait une idole d'or ou d'argent[30]. Léonard dessinera ainsi une colombe articulée pouvant s'élever sur un fil en battant des ailes[31].

Dans la nuit du 21 au 22 mars, la dernière de ces représentations, à Santo Spirito, s'achève par ailleurs en catastrophe : sans doute à cause du grand nombre de flambeaux que nécessite le spectacle, un incendie se déclare, le feu ravage l'église. Présage funeste, punition divine, ces mots sont le lendemain sur toutes les lèvres : l'opinion publique accuse les Milanais, alors qu'on est en carême, de n'avoir pas observé le jeûne, d'avoir fait gras, de s'être livrés au plaisir tous les jours, ouvertement. On imagine en retour des lois somptuaires, pour régler l'habillement, les festins, les pompes funèbres. Elles sont votées ; on ne les suit pas : en 1475, Julien de Médicis régale la ville d'un nouveau tournoi, en l'honneur de la belle Simonetta Vespucci (modèle supposé des Vénus de Botticelli), et offre des bals, des banquets, qui surpassent encore en éclat les précédents : c'est la fameuse *giostra* que chantent les *Stanze* de Politien.

Sur cette période, sur les fêtes données pour le duc de Milan en particulier, nous avons l'opinion de Machiavel : « On vit naître, dit-il, les désordres trop communs en temps de paix ; la jeunesse, alors plus indépendante, faisait des dépenses excessives en vêtements, en ripailles et en débauches. Vivant dans l'oisiveté, elle consumait son temps et sa fortune au jeu et aux femmes ; son unique étude était de chercher à briller par le luxe du costume, la finesse du langage, les bons mots... Ces vilaines mœurs s'aggravèrent encore avec la venue des courtisans du duc de Milan... Si le duc trouva cette ville déjà corrompue par des mœurs efféminées, dignes des cours, et en tout opposées à celles d'une république, il la laissa dans un état de corruption encore plus déplorable[32]. »

Comment s'étonner, après cela, si l'on voit Léonard gaspiller sa jeunesse dans des occupations assez frivoles, si on le voit mener durant ces années une existence, somme toute, plutôt dissolue ? Il suit *l'air du temps...*

Il se soucie beaucoup « de sa toilette, de dresser des chevaux, de jouer du luth », écrit Kenneth Clark[33].

En même temps, il travaille, bien entendu. Il achève son apprentissage, il passe maître en 1472, à l'âge de vingt ans. Son nom, ainsi que ceux du Pérugin et de Botticelli, ses condisciples, apparaît à cette date dans le « Livre rouge des débiteurs et des créanciers de la Compagnie de Saint-Luc », c'est-à-dire dans le registre de la guilde des peintres. (Saint Luc en est le patron, car il est supposé avoir fait un portrait de la Vierge.)

On y lit : « 21 juin 1472, *Leonardo di ser Piero da Vinci, dipintore* (peintre). »

Cette inscription, pour certains[34], serait toutefois apocryphe : la Compagnie de Saint-Luc serait alors dissoute — elle l'a déjà été en 1431 ; l'écriture ne correspondrait pas aux inscriptions précédentes mais à celles datées d'après 1502 ; enfin, étrangement, la guilde des peintres n'aurait enregistré aucun membre entre 1472 et 1502, année où Léonard, de retour à Florence, est chargé de tâches très officielles... S'agirait-il d'une fraude, d'une antidate destinée à entériner un état de fait ? Comment savoir ? — depuis l'inondation de 1967, le document n'est plus accessible.

Quoi qu'il en soit, cette guilde, sous-branche de l'art des médecins, apothicaires et épiciers (alors que les orfèvres sont subordonnés à l'art de la soie, et les sculpteurs et les architectes à celui des charpentiers et maçons), n'a pas grand pouvoir, n'étant pas une corporation, un « art » à part entière, mais plutôt une confrérie, à caractère éthico-religieux : on l'appelle aussi *Fraternità* de Saint-Luc. Nous en connaissons mal les statuts. Ses réunions ont lieu dans l'église Santa Maria Nuova ; elle défile dans les processions religieuses ; elle a sa fête le 18 octobre ; parfois elle se donne des airs de « Conseil de l'Ordre », veillant par exemple — en principe — à ce que ses membres ne se servent pas de bleu de Prusse à la place d'outremer, plus cher et de meilleure qualité ; elle n'intervient presque jamais dans l'élaboration des contrats qui lient l'artiste à un commanditaire ; ce qu'elle demande avant tout de ses adhérents semble être une piété et une régularité fiscale exemplaires. Elle ne délivre aucun diplôme, ne prononce aucune exclusion.

S'y inscrire (cela coûte un florin), puis lui verser une cotisation annuelle, devraient normalement donner seuls le droit d'ouvrir un atelier, de recevoir des commandes (comme, de nos jours, figurer au registre du commerce). Mais la règle ne paraît guère respectée : Botticelli a une *bottega* à son nom dès 1470, soit deux ans avant son inscription ou sa pseudo-inscription sur le livre de la guilde[35]. Il semble qu'à cette époque ce soit (à Florence) une formalité que très peu observent.

Léonard, cela dit, ne manifeste dans l'immédiat aucun désir de devenir son propre patron. Sa « maîtrise » ne signifie pas grand-chose. Il ne poursuit pas encore une gloire personnelle. Il seconde

Verrocchio ; cela lui suffit, peut-être parce qu'il y gagne des loisirs, autant qu'une totale absence de responsabilité.

Il dessine. Il apprend. Il se perfectionne. Il modèle dans la glaise « des têtes souriantes de femmes et des figures d'enfants [36] », mais c'est vers la peinture surtout que ses goûts l'orientent. Vasari raconte l'histoire d'une de ses premières œuvres picturales ; il en parle déjà comme d'une légende.

Un jour, écrit-il, à la campagne, le père de Léonard reçoit la visite d'un de ses métayers. L'homme a un service à lui demander. Avec le tronc d'un figuier, il a fabriqué une rondache (un grand bouclier circulaire) qu'il souhaite faire orner par un peintre de Florence. On ne voit pas trop en quoi l'objet peut lui être utile ; mais il y tient. Il promet du gibier, du poisson, de sorte que ser Piero consent avec plaisir à l'obliger. En fait, pour des raisons que l'on comprend aisément, le notaire confie la rondache à son fils, sans un mot d'explication. Et Léonard se met au travail — il s'y met d'autant plus volontiers, à mon sens, qu'il s'agit d'une œuvre *gratuite*. La rondache est mal taillée, toute tordue. Léonard la redresse au feu, la donne à polir à un tourneur, en recouvre la surface d'un enduit de sa composition. Que va-t-il y peindre ? La figure d'un bouclier doit effrayer l'ennemi, comme jadis la tête de Méduse. Fort de ce principe, il rassemble dans une pièce dont il a seul l'accès (quelque remise transformée en atelier) « des lézards, gros et petits, des criquets, des serpents, des sauterelles, des chauves-souris et autres animaux étranges », il les découpe, il en combine les membres, un peu à la façon du docteur Frankenstein, afin d'en tirer un monstre parfait, capable de glacer d'épouvante. Il représente ce cauchemar zoologique « sortant de la fente d'un rocher sombre, crachant le venin de sa gueule béante, les yeux enflammés, soufflant une vapeur empoisonnée par les naseaux ». Les cadavres qu'il a assemblés dégagent une puanteur insupportable ; cela ne le dérange pas : il poursuit patiemment son ouvrage. Enfin il l'achève et prie son père de passer le prendre. Tandis que ser Piero frappe à sa porte, il pousse les volets de manière qu'un jour dramatique tombe sur la rondache exposée bien en vue sur un chevalet. Le notaire, en entrant, éprouve un choc terrible : il ne reconnaît pas le bouclier dans l'obscurité, il ne voit pas une peinture, il se croit véritablement en présence d'une créature du diable. Il sursaute, il a un mouvement de recul. Léonard le retient : « Voilà à quoi sert cet objet, dit-il ; prenez-le et emportez-le. » Et il ajoute, selon Vasari : « C'est ce qu'on attend d'une œuvre d'art. » Aussi impressionné par le raisonnement que par l'œuvre, ser Piero achète alors au marché un bouclier ordinaire, orné d'un cœur que perce une flèche, et le remet à son métayer, qui en est ravi ; puis il vend en secret cent ducats celui de son fils à des marchands de Florence qui le cèdent peu après au duc de Milan pour trois cents[37]... .

Cette histoire ne se trouve que dans Vasari ; elle doit reposer sur un fond de vérité cependant, bien qu'il n'existe aucune trace de l'œuvre.

Dans le *Traité de la peinture* (Cod. Urb. 135 a), Léonard conseille au peintre désireux de représenter un animal fantastique de partir d'éléments réels : il sera d'autant plus convaincant ; ainsi pour le dragon, il peut prendre « la tête du mâtin ou du braque, les yeux du chat, les oreilles du porc-épic, le museau du lévrier, les sourcils du lion, les tempes d'un vieux coq et le col de la tortue ». Les mythologies sont toutes pleines d'êtres hybrides, comme le sphinx ou les centaures, et saint Jean n'a pas conçu différemment sa Bête de l'Apocalypse, croisement de l'ours, de la panthère et du lion ; la recette n'est pas originale, Verrocchio l'applique dans la décoration de ses casques de parade, le mérite de Léonard est de l'énoncer.

L'anecdote — où ser Piero n'apparaît pas sous son meilleur jour — illustre d'autre part le sens inné de la mise en scène qu'a Léonard (qu'on songe à ce volet à demi poussé pour que la rondache surgisse de l'ombre), son goût de l'étrange, des effets, du spectaculaire, voire de la farce, ainsi que sa conception de l'art qui n'a pas seulement une fonction ornementale à ses yeux, mais qui doit *agir sur les individus* — les remuer, les influencer.

Enfin ce monstre horrible, fruit d'une imagination morbide, si réel, si *vivant* que ser Piero s'y laisse prendre, me paraît révélateur des démons qui l'obsèdent : je ne peux m'empêcher de lui donner pour demeure la caverne obscure qui éveilla en Léonard autant de désir que d'angoisse.

D'autres créatures extraordinaires se manifestent par la suite sous le pinceau ou la plume du Vinci : une tête de Méduse (disparue) que mentionne Vasari, divers chimères et dragons (dont un perdu, en anamorphose), un homme éléphant, bedonnant, dont la trompe est une sorte de flûte[38], un être à deux têtes et quatre bras, etc.[39]. Cependant, à la différence de son contemporain Jérôme Bosch, son penchant au fantastique, au bizarre, s'exprimera davantage dans la réalité que dans la fiction : ses coupes anatomiques, ses dessins d'armes ou de machines que ne renierait pas Kafka (certains illustreraient à merveille *la Colonie pénitentiaire*), sous couvert de rationnel, relèvent tout autant de l'onirique — plus exactement : ils me font l'impression d'un cauchemar éveillé et intelligent.

Léonard peint, il apprend. Il lit, il discute, il se cultive.

Il ne se limite pas au cercle de Verrocchio. Les ateliers d'alors ne ferment pas leur porte aux gens du métier, chichement. Il fréquente d'autres *botteghe,* celle notamment d'Antonio et Piero Pollaiuolo, qui ont des connaissances humanistes et écorchent les cadavres pour étudier l'aspect, le fonctionnement des muscles (la célèbre *Bataille d'hommes nus* qu'Antonio grave vers 1470, et qu'admireront Mantegna et Dürer, montre bien l'intérêt qu'on porte chez eux à l'antiquité comme à l'anatomie [40]). Léonard ne doit pas ignorer non plus la boutique du vieux Paolo di Dono, connu sous le surnom d'Uccello (l'Oiseau), peintre, mosaïste, marqueteur, décorateur, passionné, quant à lui, par la géométrie et la perspective : l'amour de cette science, dit Vasari, le tient éveillé des nuits entières ; à sa femme qui l'invite à prendre quelque repos, Uccello murmure, dit-on : « Oh ! quelle douce chose que la perspective ! » Par de nombreux traits, Léonard ressemble à ce maître : ils ont en commun l'amour des mathématiques, des choses naturelles, des animaux, des chevaux en particulier (je songe à ses *Chasses,* ses *Batailles,* au *Portrait équestre de John Hawkwood* [41]), des formes curieuses, une rigueur un peu maniaque, une tendance à se cantonner dans les tons les plus sombres de la palette, à la monochromie, à isoler les valeurs sur un fond de *terra verde...* Cependant, dans les années 70, les travaux d'Uccello, qui donne toujours dans ce qu'on appelle le « gothique international », doivent paraître vaguement dépassés. Vasari se trompe, en le plaçant avant Brunelleschi et Masaccio, le faisant mourir en 1432 au lieu de 1475 — mais les lapsus de Vasari trahissent souvent une certaine réalité : j'ai dans l'idée que si Léonard ressent quelque sympathie pour ce vieillard excentrique, fluet, dont le visage s'orne d'une longue barbe blanche [42], il ne s'attarde pas trop à en suivre les leçons : en dehors des ateliers de marqueterie, Uccello ne fait plus guère école à Florence.

Quelqu'un comme Alberti attire sûrement davantage Léonard.

Né en 1404, Leon-Battista Alberti est de la même génération qu'Uccello, mais ses recherches demeurent d'actualité [43]. Type même de l'*uomo universale,* il semble un parfait précurseur du Vinci ; il en est sans doute le modèle. Enfant illégitime comme lui, d'une beauté, d'une force physique comparables (il saute à pieds joints par-dessus les épaules d'un homme adulte, il lance une pièce de monnaie dans le Dôme avec tant de puissance qu'elle atteint le sommet de la voûte, etc.), cavalier émérite, brillant musicien, il s'est fait un nom dans le domaine des arts comme dans celui des sciences. Politien le qualifie d'« esprit miraculeux » ; son épitaphe le couronne « prince de l'érudition ». Philosophe, architecte, sculpteur et peintre amateur, ingénieur, mathématicien, on lui doit l'église de San Andrea, à Mantoue, la façade de Santa Maria Novella, à Florence, le *Tempio malatestiano*, à Rimini, mais aussi des expériences sur la chambre obscure, une pièce de théâtre, et les plus anciens vers libres de la poésie italienne, la première grammaire de langue « vulgaire », une écriture secrète dont la curie usera longtemps, un mystérieux kaléidoscope au fond duquel la lune et les étoiles surmontent un paysage rocheux, des instruments de topographie, de plongée sous-marine, des considérations sur la fabrication des montres de poche, et surtout une très volumineuse œuvre théorique, écrite sous forme de dialogues à la façon des anciens et d'où l'humour n'est pas proscrit : *De familia* (1437-1441), *Della Pittura* (1436), *De re aedificatoria* (1485, dédié à Laurent de Médicis), etc. ; c'est un des maîtres à penser de l'époque.

Son autoportrait, ciselé sur une médaille vers 1450 [44], montre un long profil osseux, fier, au nez très droit. Fils de la haute bourgeoisie, il est l'intime du pape Nicolas V comme de Frédéric de Montefeltro, duc d'Urbino ; il a le train de vie et la désinvolture d'un grand seigneur, se contentant par exemple de livrer aux maîtres d'œuvre les plans des édifices qu'il conçoit, mais ne s'abaissant pas à diriger un chantier lui-même. Léonard n'a sans doute pas souvent l'occasion de le rencontrer, puisque l'élégant Alberti se partage entre Florence et Rome (où il s'éteint en 1472), mais il est certain que le personnage, avec qui Verrocchio paraît lié, le séduit, le frappe, le marque durablement. En tout cas, il le lit avec avidité, il le commente, il l'imite dans sa vie comme dans ses œuvres — avant de le critiquer [45].

Léonard doit traîner parfois aussi du côté de chez Alesso Baldovinetti, peintre et mosaïste, qui a travaillé avec Domenico Veneziano, Andrea del Castagno et Piero della Francesca. Je ne sais pas si le style d'Alesso le tente, encore que celui-ci peigne avec un soin minutieux de larges paysages qui ouvrent un peu la voie à ses propres recherches [46] ; je pense qu'il s'informe surtout auprès de lui de chimie, de « cuisine picturale » : Baldovinetti prépare sur ses fourneaux un mélange original de jaune d'œuf et de résine qui, appliqué comme un vernis, donne aux fresques l'éclat et le brillant de la peinture à l'huile.

C'est une curieuse histoire que celle de l'introduction à Florence de la peinture à l'huile. L'invention de ce procédé révolutionnaire reviendrait au Flamand Jan Van Eyck, que les Italiens appellent Jean de Bruges. D'après Vasari, certains tableaux de ce maître atteignirent, dans le premier tiers du *Quattrocento*,

Naples et Urbino où ils suscitèrent l'émerveillement : ils montraient une surface glacée, des dégradés, des transparences que n'autorisaient pas les traditionnelles couleurs broyées à l'eau, qu'elles fussent employées sur bois préparé ou *a fresco,* c'est-à-dire sur un enduit de plâtre frais. Les Italiens cherchèrent le secret des peintres du Nord, un peu comme Bernard Palissy s'acharnera au siècle suivant à percer celui des émaux italiens. Le Sicilien Antonello de Messine, après divers essais malheureux, décida de faire le voyage : il alla s'initier à la technique de Van Eyck dans les Flandres, directement ; installé ensuite à Venise, il l'enseigna à ses amis, à Domenico Veneziano en particulier, qui la transmit à son tour aux ateliers de Florence. Le Veneziano devait peindre dans cette ville un tiers de l'abside de Santa Maria Nuova, le second tiers étant confié à Alesso Baldovinetti et le dernier à Andrea del Castagno. Celui-ci, « habile simulateur autant que bon peintre, dit Vasari, sachant prendre l'air aimable quand il le désirait, vif de parole et d'âme orgueilleuse, résolu dans ses actes comme dans ses pensées », supportant mal les succès que son confrère obtenait grâce au nouveau procédé, feignit de se lier d'amitié avec lui. Tous les soirs, les deux hommes se retrouvaient, le luth à la main, pour prendre du bon temps et donner la sérénade à des filles. Mis ainsi en confiance, Domenico le Vénitien livra peu à peu ce qu'il savait de l'huile à son compagnon qui, lorsqu'il eut appris tout ce qu'il voulait, afin de n'avoir pas de rival, l'assassina lâchement, par une belle nuit d'été, à coups de barre de fer. Le crime demeura impuni : le meurtrier ne se révéla qu'au terme extrême de sa vie, en confession.

Andrea del Castagno, précise Vasari, faisait à cette époque son autoportrait en Judas Iscariote, « traître comme lui dans son âme et dans ses actes »... Le trait est admirable d'invention ; car, en vérité, Antonello da Messina ne vint à Venise qu'en 1475, soit quatorze ans après la mort de Domenico, qui mourut, quant à lui, quatre ans *après* son assassin présumé. L'histoire ne tient pas, c'est un de ces contes qui se propagent volontiers dans les ateliers de Florence : Antonio Billi et celui qu'on nomme l'Anonyme Gaddiano en ont répété l'écho avant Vasari.

Il est probable que les Italiens aient connu en fait le procédé à l'huile de peintres du Nord installés dans la péninsule, que Naples et Venise en aient été informées avant Florence, et que le Veneziano enfin, ou Antonello de Messine lui-même, l'ait enseigné dans cette ville — sans tromperie ni violence. Le fait que la rumeur, c'est-à-dire l'inconscient public, ait cru bon de lier son introduction à un drame sanglant souligne, il me semble, l'importance capitale qu'on lui accorde : le procédé va tuer bientôt les procédés traditionnels.

Aux alentours de 1470, toutefois, quand Léonard fait ses premiers pas dans le métier de peintre, les Toscans, trop pliés à la détrempe et à la fresque, ne maîtrisent toujours pas pleinement la technique de l'huile. Ils se contentent le plus souvent, comme Baldovinetti ou Pollaiuolo, qui a peut-être été l'élève d'Andrea del Castagno, d'en imiter les effets : on achève simplement ses œuvres à l'aide d'une sorte de vernis coloré ; dans le meilleur des cas, on ne tire du procédé qu'un parti assez superficiel.

Nous ignorons malheureusement où et quand Verrocchio a fait son apprentissage de peintre (les filiations sont très utiles à la compréhension des artistes de cette époque où le « progrès » se mesure de génération en génération). Il semble assuré, en revanche, que c'est dans son atelier que la « révolution de l'huile » a vraiment porté ses fruits, avec Léonard d'une part, avec le Pérugin de l'autre — qui en transmettra le flambeau à Raphaël.

Les avantages de l'huile sur l'eau sont multiples : possibilité de superposer les couches, en glacis, sans que les couleurs se mêlent entre elles, de les fondre à volonté, de revenir presque indéfiniment sur son travail (à condition de respecter les temps de séchage) ; en pratique : une aisance beaucoup plus grande pour rendre le relief, donner l'impression d'espace (par le jeu des dégradés), ainsi que pour voiler les contours (pour sortir des lignes dures du dessin) et réussir un fini onctueux, atteindre à la profondeur, à la douceur — à la *morbidezza*, au *sfumato* que commence de réclamer la nouvelle esthétique.

Cette douceur, dont il abusera, qu'il poussera plus tard jusqu'à la mièvrerie, le Pérugin la tient sans doute en partie de son Ombrie natale : de peintres comme Giovanni Boccati, Bonfigli ou Caporali ; lorsqu'il rejoint l'atelier de Verrocchio (vers 1470, quelques années après Léonard), son style, qui doit aussi beaucoup à Piero della Francesca, a sûrement déjà trouvé ses principales caractéristiques — il n'attend plus que de se « moderniser » au contact de Florence. En échange de cette « modernité » le Pérugin transmet à l'atelier de Verrocchio, et donc au Vinci, un peu de la suavité, de la sensibilité élégante des artistes de chez lui[47].

Léonard et son condisciple, peut-être aidés par le jeune Lorenzo di Credi (qui a alors treize, quatorze ans, et vient d'entrer comme apprenti chez Verrocchio), mettent ainsi au point, sous l'œil éclairé du maître, des recettes pour la préparation des couleurs à l'huile — qui doit être à la fois assez fluide, assez siccative, point trop colorée pour servir utilement. Léonard en note plusieurs dans ses papiers. Il les essaie ; il tâtonne : il en expérimentera de nouvelles tout au long de sa vie, avec parfois des conséquences désastreuses.

Recherches essentielles, qui accompagnent une meilleure intelligence du médium : il associe l'huile à la térébenthine plus ou moins rectifiée [48] ; il pile des grains de moutarde avec de l'huile de lin [49], puis passe le tout au pressoir [50] ; il distille du genièvre et, dans l'essence ainsi obtenue, dissout la résine de cette plante [51] ; il estime que l'ambre « est le latex du cyprès » et affirme qu'il faut le recueillir et le traiter en mai ou avril pour en obtenir « un vernis parfait [52] » ; il s'essaie aussi à l'huile de noix, indiquant que, si l'on ne prend pas garde à bien peler le fruit, le brou risque de teinter vilainement la peinture [53] ; il donne une méthode pour récupérer les couleurs à l'huile qui ont séché, à l'aide de savon [54].

A peu près à l'époque où son nom apparaît dans le Livre rouge des maîtres de la Guilde, vers 1472, Léonard assiste Verrocchio dans l'exécution d'un grand tableau, un *Baptême du Christ*, commandé par les moines de San Salvi dont le couvent se trouve hors des murs de Florence, du côté de la Porte alla Croce. C'est la plus ancienne trace de l'activité picturale du Vinci qui nous soit parvenue [55].

Verrocchio s'est réservé la part noble de l'ouvrage : il fait le Christ vêtu d'un pagne, les mains jointes, les yeux baissés, pieds nus dans les eaux limpides du Jourdain, et saint Jean qui administre le baptême avec un bol de cuivre, tandis que le Saint-Esprit, sous la forme d'une colombe, descend des cieux. Comme le Christ occupe le centre du panneau, pour équilibrer la composition, il prévoit deux anges agenouillés sur la rive du fleuve : il peint celui de gauche, et abandonne l'autre à Léonard, ainsi que la finition du fond, semble-t-il.

Verrocchio se surpasse dans cette œuvre pleine de musique et d'émotion ; ses personnages ascétiques, à l'anatomie sans faille, présentent un juste mélange de réalisme et de grandeur. Il réussit très bien — à la flamande — la transparence de l'eau dans laquelle baignent les pieds du Sauveur et de saint Jean (les Italiens évitent d'ordinaire le problème, en faisant le baptême *à sec*, sur la berge). Lorsqu'il voit, cependant, l'ange portant le vêtement du Christ [56] que peint son élève, stupéfait, humilié, nous dit l'inépuisable Vasari, de découvrir que malgré sa jeunesse Léonard en sait déjà plus que lui, il jure de ne plus toucher un pinceau de sa vie.

Voilà la phrase de Vasari qui fera le plus grand tort au maître : par dépit de ne pouvoir mieux faire, Verrocchio renoncerait définitivement à la peinture.

Cela ne lui ressemble guère ; d'ailleurs, il prend commande par la suite d'autres tableaux. En vérité, la valeur du travail de Léonard (que signale, en 1510, déjà, une sorte de guide touristique de Florence, le *Memoriale* d'Albertini) doit le convaincre simplement qu'il peut se reposer désormais sur son disciple : assuré des capacités de l'élève qu'il a formé, il lui abandonne sans doute peu à peu la responsabilité du « département peinture » de l'atelier, afin de pouvoir se consacrer, en toute tranquillité d'esprit, à ce que lui-même préfère : la sculpture et l'orfèvrerie.

De la sorte, probablement, Léonard passe alors du rang de premier assistant à celui d'associé.

Son ange porte-vêtement, de l'avis de Ruskin, n'est pas supérieur aux personnages de Verrocchio « en qualités religieuses ou majeures... Mais la différence est grande en qualité d'agréments de l'art[57] ». La première partie de ce jugement, comme toute affirmation d'ordre esthétique, peut être discutée ; pas la seconde. Léonard accomplit ici un de ces tours de force qu'il renouvelle ensuite à de nombreuses reprises : il choisit l'angle le plus difficile, faisant son ange de trois quarts dos, pour réussir ce qu'on appelle dans le jargon de l'art *une figure qui tourne*. Son drapé a encore un peu de la raideur artificielle des étoffes de son maître (c'est toujours, sans doute, un de ces tissus mouillés et enduits de terre dont parle Vasari), mais le visage rayonne d'un éclat alors inconnu à Florence, les cheveux, les yeux, le sourire ont une légèreté, une vivacité, une *présence* toutes nouvelles — au point qu'on pourrait leur reprocher de déranger l'unité de l'ensemble. Walter Pater écrit : « Cet ange est comme un rayon de soleil dans un vieux tableau compassé et froid[58]. »

Cette précoce, cette extraordinaire réussite, Léonard la doit, selon moi, à sa vision, sa conception particulière du volume, de l'espace, et, parallèlement, aux progrès qu'il a réalisés pour ce qui est du maniement de l'huile. Lorsqu'on passe aux rayons X *le Baptême du Christ,* la différence entre sa technique et celle de Verrocchio apparaît de façon tout à fait stupéfiante[59]. Alors que le maître emploie encore une technique intermédiaire, où le modelé est obtenu, comme s'il s'agissait de peinture à l'eau, en montant les lumières à l'aide d'une mixture au blanc de plomb (qui arrête les rayons X et, donc, est très visible), Léonard superpose des couches très minces, sans préparation au blanc : sa matière est si lisse, si fluide qu'on n'aperçoit pas la trace du pinceau ; les rayons la traversent uniformément : à la place du visage de l'ange, on trouve un grand vide.

Léonard n'utilisera la détrempe dans aucun de ses tableaux. Il peindra toujours ainsi, sur des dessous si minces que le bois du support transparaît à la radiographie[60], en appliquant des couches d'huile très fine, des *jus* extrêmement légers qui, de plus en plus sombres, définissent seuls le dessin des chairs : la lumière traverse la couche picturale comme une vitre teintée, pour donner contre l'écran blanc de l'enduit qui la réfléchit : d'où l'impression qu'elle émane des figures mêmes [61]. Les émulsions employées pour le *Saint Jean-Baptiste* du musée du Louvre, œuvre ultime du Vinci, ont une densité tellement faible que les rayons X, de quelque façon qu'on s'y prenne, ne révèlent absolument rien, qu'une vapeur uniforme ; elles n'offrent aucune prise ; de sorte que les radiographies de ce tableau ne se laissent pas reproduire [62].

Dans le *Traité de la peinture* de Léonard, on peut lire : « Les peintres qui veulent représenter le relief des choses doivent couvrir leur surface d'une demi-teinte, passer ensuite les ombres les plus sombres et en dernier les lumières principales. » (Cod. Urb. 224 a.)

La phrase expose la « manière », dans ses grandes lignes. Ailleurs, se demandant ce qui est le plus difficile, de la répartition de l'ombre et de la lumière ou du dessin, Léonard précise son intention : le relief, écrit-il, est *l'âme même de la peinture* [63].

Il dissertera beaucoup sur le relief, sur sa nature, sa fonction, sur les différents moyens de le traduire, c'est-à-dire de rendre les trois dimensions des choses sur une surface par essence bidimensionnelle [64]. Il ne dira pas cependant d'où lui est venue l'intuition de son importance, de sa primauté, comment s'est formée en lui l'idée que la peinture ne doit pas être une représentation linéaire du monde — mais sa représentation, avant tout, *en volumes.*

La source, l'origine de cet axiome fondamental, on peut en découvrir un indice, je crois, dans le texte — déjà cité — où Léonard résume succinctement l'histoire de la peinture : d'abord vint Giotto, ensuite Masaccio opéra le grand renouveau de l'art. Il me semble qu'on ne peut saisir complètement la formation du peintre si l'on n'évalue pas au préalable la dette qui le lie à ce dernier.

Tommaso di Giovanni Guidi, qu'on appelle Masaccio (de Maso, son diminutif, suivi du suffixe péjoratif *accio,* car il ne se souciait guère de son apparence, qu'il se montrait imprévisible et bizarre), appartient à la grande génération de Brunelleschi, Donatello, Ghiberti. Il est né dans un village reculé du Valdarno, en 1401. On ne sait rien de ses débuts. Comme Giotto, comme Léonard, c'est un enfant de la campagne, qui, quand il arrive à Florence, vers l'âge de seize ans, peut-être parce qu'il n'a pas subi la culture de la ville, promène d'emblée sur les choses un regard neuf, presque iconoclaste. Il travaille auprès de Masolino da Panicale ; Vasari pense qu'il en a été l'élève [65] ; très vite, il en devient le maître. Vers 1424, les deux hommes commencent de peindre, à Santa Maria del Carmine, dans la chapelle patronnée par la puissante famille

Brancacci, un cycle de fresques représentant divers épisodes de l'Histoire sainte — du paradis originel à saint Pierre guérissant les malades. En 1425, Masolino part pour la Hongrie ; trois ans plus tard, Masaccio se rend à Rome, où il meurt, durant l'automne, âgé de vingt-sept ans (il n'est pas empoisonné, comme le veut une légende : les Italiens de la Renaissance assassinent finalement beaucoup moins qu'on ne le croit). Les fresques demeurant inachevées, Filippino Lippi les complète de son mieux, bien plus tard.

On ne comprit pas tout de suite la leçon trop rigoureuse du fulgurant Masaccio ; plus exactement, le public, de son vivant, ne le suivit pas — il lui préféra longtemps les joliesses du gothique international[66] ; si des artistes comme Brunelleschi ou Alberti chantèrent très tôt ses louanges, il fallut attendre près d'un demi-siècle pour voir son enseignement commencer de porter. Vasari énonce ainsi ses mérites : « Il découvrit les belles attitudes, nobles mouvements, allures fières et vives, et un certain relief qui est vraiment celui de la nature, ce qu'aucun peintre n'avait fait avant lui[67]. » Plus loin, il ajoute qu'il sut parmi les premiers appliquer les règles de la perspective, réussir les raccourcis[68] ; il parle de simplicité, d'aisance, de naturel, de douceur et de fondu, d'une extraordinaire « puissance de vérité ».

On pourrait dire encore que Masaccio, qui avait le sens politique assez développé, choisit de renoncer aux couleurs vives, à l'or, aux détails charmants afin de donner à l'expressivité la meilleure part, et surtout qu'il inventa d'unir tous les éléments de ses compositions dans une géométrie fixe, un éclairage homogène, procédant d'une seule volonté : on a l'impression que l'air circule entre ses figures. Léonard se réglera toute sa vie sur ce principe.

La liste est longue des peintres et des sculpteurs influencés de façon déterminante par Masaccio ; je citerai les plus connus : fra Giovanni de Fiesole, fra Filippo, Baldovinetti, Andrea del Castagno, Verrocchio, Ghirlandaio, Botticelli, le Pérugin, Lorenzo di Credi, fra Bartolomeo, Raphaël, Michel-Ange (qui le copiera pour mieux l'étudier), Andrea del Sarto, Pontormo, le Rosso, et naturellement Léonard.

Les fresques du Carmine viennent d'être restaurées. Elles méritent leur réputation[69]. En entrant dans la chapelle Brancacci, sur le pilier de droite, tout en haut, on peut voir un ange rouge armé d'un glaive qui chasse Adam et Eve, torturés de honte et de douleur, du jardin du Paradis ; il y a dans le visage de cet ange, en germe, toute la fermeté et la pureté plastique du Vinci ; voilà une figure qu'il ne renierait pas.

J'imagine que Léonard, comme tant de ses confrères avant et surtout après lui, a médité durant des heures, adossé à un mur de la chapelle, une craie et un papier à la main, l'art intense, tellement en avance sur son époque, du regretté Masaccio, trop tôt disparu.

Mais lorsqu'il ne dessine ni ne peint, qu'il ne broie pas ses pigments, qu'il n'expérimente pas sur un petit panneau de nouvelles recettes d'huile ou d'enduit, lorsque Verrocchio ne réclame pas ses services, comment Léonard occupe-t-il son temps — que fait-il ?

On a le sentiment qu'à la différence de Masaccio, par exemple, tout entier tendu vers son art, qui se désintéressait des affaires de ce monde au point d'ignorer le débraillé de sa mise, Léonard ne se satisfait jamais d'une activité unique ; rien ne le requiert complètement. Son esprit semble toujours curieux d'autre chose. Quel que soit le sujet qu'il s'assigne, il ne peut s'empêcher de s'en évader, par instants, et de vagabonder.

Dans ses carnets, Léonard passe régulièrement du coq à l'âne (on y trouve ainsi, souvent, comme à son insu, le reflet de ce qui l'agite *en profondeur*) ; c'est un trait de son caractère. Un feuillet conservé à Windsor montre par exemple des croquis de chats, à la plume, plus ou moins fouillés, faits de toute évidence sur le vif[70]. L'animal familier est tantôt saisi de dos, la queue tordue en point d'interrogation, tantôt, l'échine basse, rampant sournoisement vers une proie invisible ; ici, il dort, roulé en boule, se lèche, se mordille la cuisse ; là, il se dresse sur ses quatre pattes, le poil hérissé ; ailleurs, il se chamaille, se bat furieusement avec d'autres chats. En tout, sur la même page, une vingtaine de dessins, prouvant une sûreté d'observation et une rapidité de la main sans pareille. L'un d'eux pourtant, au centre, figure *un dragon* (on ne s'en rend pas compte tout de suite, à cause de son attitude féline). Léonard n'a pu se retenir : à un certain moment, il a laissé errer sa plume : il s'est accordé une récréation. Sur un autre feuillet[71], c'est un chat, au contraire, un peu mâtiné de tigre, qui se glisse parmi des études de chevaux. Ou bien, de museaux d'étalons hennissants, Léonard passe — par jeu, toujours — à une gueule de lion furieux, puis au visage léonin d'un homme courroucé[72]. Ou encore, comme il étudie l'entablement d'un crâne, il dessine le larynx, l'œsophage, le cartilage thyroïde, à cinq ou six reprises, puis, dans la foulée, deux colonnes (qui ne sont pas vertébrales mais de pur style toscan), avec base et chapiteau[73]. Il renonce rarement au plaisir d'un petit dérapage analogique.

De la même façon, tandis qu'il apprend son métier (et il y met, il faut dire, une conscience professionnelle dont les artistes actuels n'ont même plus la notion), il s'adonne parallèlement à diverses sciences — comme pour se délasser. Tout l'attire. « Le désir de savoir est naturel aux bons[74] », dit-il. Il se justifie aussi en répétant les mots d'Alberti : le peintre doit posséder toutes les formes de savoir utiles à son art ; mais, alors que ce dernier ne songe qu'à l'histoire, aux lettres et aux mathématiques[75], Léonard allonge démesurément la liste, au gré des circonstances, leur adjoignant des connaissances qui ne présentent (à nos yeux du moins) qu'un rapport fort lointain avec la peinture — ainsi, l'astronomie.

Une suite de noms dans ses carnets[76] nous renseigne sur ses intérêts d'alors. Parmi eux, on rencontre ceux de *maestro Pagolo, medico* (maître Paolo del Pozzo Toscanelli, médecin, mais aussi philosophe, homme de science, géographe, mathématicien), et de *Benedetto dell'abbaco* (l'abaque est une table à calculer portative : Benedetto enseigne l'arithmétique à Florence).

Il est impossible de savoir si Léonard suit avec assiduité les leçons de ces professeurs éminents ou s'il leur porte une admiration timide, distante, et ne les connaît que de vue ou par ouï-dire. Certaines coïncidences laissent toutefois supposer que le vieux Toscanelli, très proche des artistes (il était l'intime de Brunelleschi ; il est en rapport avec Verrocchio), pourrait guider ses premières incursions personnelles dans le domaine des sciences ; Léonard a dû déjà l'approcher lors de la mise en place de la boule de la cathédrale. En janvier 1472, une comète, qualifiée d'« horrible et épouvantable » par les chroniqueurs du temps[77], traverse le ciel de la Toscane ; on voit sa longue queue très distinctement, même de jour. En 1478, c'est une éclipse de soleil qui suscite la frayeur des foules et les spéculations des savants. Or on trouve dans les papiers de Léonard des croquis de mécanismes rudimentaires destinés à des démonstrations astronomiques, datant de cette époque — et dans la marge de l'un d'eux une petite caricature pourrait bien représenter maître Paolo[78].

Toscanelli est alors le plus fameux astronome et géographe de Florence ; ses théories contribueront à la plus vaste découverte du siècle : la copie d'une lettre écrite par lui, en 1474, où il affirme que la Chine peut être atteinte par l'ouest, convaincra Christophe Colomb, dit-on, de traverser l'Atlantique[79]. Léonard, qui manifeste tout au long de sa vie une grande curiosité des phénomènes célestes, des particularités de notre globe (il possédera une mappemonde), des pays exotiques, écoute peut-être ses récits, ses rares « conférences », l'interroge, lui emprunte des idées, voire des livres, du matériel d'observation. Peut-être apprend-il de lui à dresser une carte (Léonard en fera de fort belles) et les bases de la géographie ptoléméenne ressuscitée, vers 1406, grâce à un marchand florentin[80]...

Une liste de noms, comme un mémorandum ; quelques-uns nous sont connus ; l'historien s'en empare : il établit des rapprochements ; nul n'y résiste ; il saute le pas : il avance ses conclusions et écarte le reste.

Carlo Marmochi (autre astronome, propriétaire d'un quadrant que Léonard semble convoiter), *messer Francesco Araldo, ser Benedetto d'Accie perello, Domenico di Michelino* (peintre, élève de Fra Angelico), *messer Giovanni Arcimboldi* (Jean Argyropoulos, professeur de grec, traducteur du *De Cielo* et de la *Physica* d'Aristote)... Aucune certitude quant aux relations qu'entretient Léonard avec ces autres « personnalités » qu'il cite aussi, côte à côte.

Ces noms, qu'il aime aligner dans ses carnets, en digne fils de notaire, nous ignorons en fait pour quelle raison il les note. Nulle part il n'explique ce qu'ils signifient pour lui (rien ne dit que les plus obscurs ne comptent pas par-dessus tout à ses yeux ; les gens auxquels on s'attache avec le plus d'ardeur ne sont pas forcément ceux dont la postérité juge bon de conserver le souvenir).

Léonard, sans doute, gravite autour de maître Benedetto, le professeur de mathématiques, ou de maître Paolo Toscanelli, le médecin géographe, comme autour de la plupart des sommités scientifiques et artistiques que compte la cité (Florence, et spécialement la Florence intellectuelle, n'est après tout qu'un gros village). Cela ne comble pas toutefois son emploi du temps ; il ne se satisfait pas — à vingt, vingt-cinq ans — de la seule compagnie de vieillards austères.

Au-dessus du double dessin d'un adolescent interrogateur et d'un vieillard sombre (précisément) dont les traits semblent surgir de taches d'encre accidentelles maculant le papier, Léonard écrit : « Fioravante di Domenico est à Florence mon plus cher ami, je l'aime comme un frère[81]. »

C'est une de ses (trop) rares déclarations sentimentales. Qui est ce Fioravante — dont le nom ne reparaît nulle part ? Est-ce là son portrait ? a-t-il le visage aigu et tourmenté de l'adolescent que montre le dessin ? On aimerait une liste détaillée des amis de jeunesse de Léonard.

On en connaît certains, grâce à d'autres notes.

Il y a d'abord Attavante di Gabriello (ou Vante), qui a le même âge que lui — en 1503, il lui prêtera quatre ducats d'or [82] — ainsi que Gherardo di Giovanni, que Vasari qualifie d'« esprit tarabiscoté » (d'où peut-être des affinités particulières avec Léonard). Tous deux sont miniaturistes, ils enluminent de précieux manuscrits, comme ces *Ennéades* commandées par Filippo Valori. Il est probable qu'ils ont leur boutique dans la via dei Librai, la rue des libraires (aujourd'hui via della Condotta), à quelques pas de la maison de ser Piero. Dans deux missels qu'il illustrera, Attavante copiera sans façon, dans les années 80, l'ange peint par Léonard à l'intérieur du *Baptême du Christ* de Verrocchio [83].

Il y a encore Antonio Cammelli, dit le Pistoia, poète médiocre, un peu bouffon, petit, tordu et laid « comme qui n'a pas d'argent », dit-il lui-même. Léonard le croisera à différentes époques de son existence, à Milan, peut-être à Mantoue, puis de nouveau à Florence, où Antonio mourra du « mal français » (de la syphilis). Depuis combien de temps se connaissent-ils ? Léonard s'en lassera un jour, ou en sera déçu : il le comparera à un âne qui se prendrait pour un cerf ; il composera pour lui une manière de distique : « Antonio, celui qui a le temps et le perd, perd ses amis comme son argent [84]. »

Fréquente-t-il ses camarades d'atelier — en dehors des heures de travail ? De Botticelli, son aîné, au physique également ingrat (son nom signifie « petit tonneau »), il ne parle pas en bien (professionnellement) — mais enfin il en parle, à plusieurs reprises, avec une sorte de tendresse, et c'est déjà beaucoup. Il lui reproche de négliger la perspective : « Sandro, tu ne dis pas pourquoi ces secondes choses (au deuxième plan) apparaissent plus bas que les troisièmes [85]. » Il estime qu'il bâcle ses paysages [86], qu'il les traite en simple toile de fond, comme un décor de théâtre devant lequel les personnages passent et auquel ils ne s'intègrent pas ; il n'a pas tort : les pieds des nymphes du *Printemps* ne semblent pas reposer sur le sol, les arbres de la *Naissance de Vénus* paraissent en carton-pâte : Botticelli n'a pas assimilé toute la leçon de Masaccio... (Cela ne trouble pas notre jugement, le charme de ces peintures n'en est pas affecté aujourd'hui ; pour admettre le reproche, il faut se replacer dans l'optique d'un homme de l'époque, et d'un homme *du métier*.)

Le Vinci ne dit rien du Pérugin. Je n'ai trouvé dans ses carnets que ces mots : « Un nu, par le Pérugin [87]. » Serait-ce pour l'intransigeant Léonard une forme de compliment ? (Lorsqu'il écrit cependant, parlant de l'universalité à laquelle doit tendre le peintre : « C'est un grand manque de dignité que de bien réussir une chose et mal une autre, comme beaucoup qui n'étudient que les mesures et proportions du corps sans rechercher en quoi ils varient : car les individus sont gras et petits, ou longs et minces, ou moyens ; qui ne tient pas compte de ces différences fera toujours ses figures en série : elles auront toutes l'air de sœurs, et cette pratique mérite un blâme sévère[88] » — en écrivant cela, il songe peut-être à son condisciple, dont c'est là le défaut.)

Quoiqu'un tercet de Giovanni Santi, le père de Raphaël, poète à ses heures, associe leur souvenir[89] (« Deux adolescents, du même âge et animés des mêmes passions... »), il est probable que leur personnalité, leurs ambitions respectives les opposent, les séparent : le Pérugin a souffert de la misère, le spectre de la pauvreté le hante ; il désire les honneurs, la fortune, et s'emploie à les conquérir au plus tôt, produisant beaucoup, s'accrochant d'emblée aux formules les plus commerciales, cherchant à plaire avec une opiniâtreté presque indécente. Sa philosophie s'étaye de proverbes faciles, du genre « après la pluie, le beau temps » ou « on bâtit les maisons quand il fait beau pour s'y abriter en cas de besoin ». Michel-Ange le traitera publiquement de *goffo* (de balourd)[90]. Le Vinci, je suppose, ne doit pas le priser davantage.

Léonard ne dit rien non plus de Lorenzo di Credi.

Plus jeune que lui de sept ans, fils et petit-fils d'orfèvres, le modeste Lorenzo subit son ascendant dès l'instant qu'il entre dans l'atelier de Verrocchio : il l'assiste, il reprend sa manière (qu'il assimile mieux que personne, selon Vasari), il le copie — il l'imitera dans la majorité de ses œuvres. Appliqué, consciencieux, c'est *un bon élève* — cela ne s'entend pas comme un compliment. En raison surtout de leur différence d'âge, malgré la bienveillance, l'affection qu'il peut inspirer, il ne me semble pas qu'il fasse alors un compagnon très présentable.

De ces trois condisciples (les informations nous manquent sur les autres[91] — et nous ne connaissons pas l'identité de tous les aspirants peintres ou sculpteurs qui entourent Verrocchio), Botticelli me paraît celui avec lequel le Vinci s'accorde le mieux, avec lequel il est le plus susceptible de nouer d'autres liens que de travail.

Sandro Botticelli — *il nostro Botticelli,* comme Léonard l'appelle gentiment jusque dans ses critiques[92] — est en ce temps-là un joyeux drille dont les plaisanteries font le tour, et le régal, des *botteghe* de la ville (il ne sombrera dans une bigoterie inquiète qu'au cours des dernières années du siècle, sous l'influence des terrifiants sermons de Savonarole, tout comme Lorenzo di Credi d'ailleurs). Vasari raconte plusieurs de ses farces et mystifications : par quel stratagème il vient à bout d'un voisin trop bruyant, comment il ridiculise un de ses confrères, le tour pendable qu'il joue à un autre. L'humour vieillit mal. Si les anecdotes ne provoquent plus le rire, elles nous instruisent cependant du caractère du jeune Sandro — dont doit parfaitement s'arranger Léonard — et des dispositions d'esprit des rapins de Florence : comme les élèves de nos écoles des Beaux-Arts, certains consacrent beaucoup d'énergie et de temps à leurs amusements ; ils ne renâclent pas à la fête ; ils aiment à se distinguer du bourgeois, quitte à choquer par quelque extravagance.

Léonard aussi, sans doute poussé par un légitime besoin d'être admiré, remarqué pour le moins, tombe parfois dans la plaisanterie facile. Il ne lui en coûte guère de se divertir aux dépens d'autrui. Il invente (ou répète, se les attribuant) des devinettes, des charades, des calembours, des histoires drôles — dont l'attrait souvent nous échappe. « Si le poète Pétrarque, dit-il, aimait tant le laurier, c'est parce qu'il est bon, accommodé aux saucisses et aux grives[93]... » Celle-ci me semble meilleure : « On demandait à un peintre pourquoi il faisait des enfants si laids alors que ses figures, choses inanimées, étaient si belles. Il répondit qu'il faisait ses tableaux de jour et ses enfants de nuit[94]. » Léonard montre une prédilection pour les tours de prestidigitation — qu'excuse une nature vaguement scientifique : d'une coupe emplie d'huile bouillante, il fait jaillir des flammes multicolores en y jetant du vin rouge ; il transforme du vin blanc en rouge ; il brise d'un coup une canne dont les extrémités reposent sur des verres, sans même ébrécher ceux-ci ; il mouille sa plume avec de la salive et sur le papier l'écriture devient noire ; il confectionne des sortes de boules puantes, en laissant des déchets de poisson ou d'autres matières animales se décomposer dans un vase, etc.[95].

Son goût des facéties, des énigmes, des duperies de toutes sortes finit par l'attacher à des individus étranges, à la moralité douteuse, comme, plus tard, ce Tommaso di Giovanni Masini, fils d'un jardinier des environs de Florence, qui se prétend bâtard d'un Rucellai, une des puissances de la ville ; mécanicien, orfèvre, il se dit aussi magicien, adepte des sciences occultes, et a adopté le nom de guerre de Zoroastre de Peretola : c'est tout un programme. On lui attribue diverses escroqueries. Léonard le prend tout autant comme ami que comme assistant.

Dans les années 70, la coutume n'existe pas encore pour les artistes toscans de se lier en confréries grotesques (les Compagnies de la Truelle et du Chaudron, dont nous connaissons certains exploits, appartiennent à la génération suivante) ; leurs frasques ne sont pas institutionnalisées — les plaisirs qu'ils se donnent n'en sont pas moins vifs, moins tapageurs.

On chante, on joue de divers instruments dans l'atelier de Verrocchio. Léonard possède une très belle voix, dit-on, et pratique en virtuose la *lira da braccio* — qui n'est ni un luth, ni une lyre à l'antique, contrairement à ce que pensent trop de traducteurs, ni « la triste guitare » dont parle Stendhal[96], mais une sorte de viole pour l'accompagnement, qui se tient de façons diverses et demande un archet. Il n'est pas difficile d'imaginer jusqu'où peuvent mener pareils concerts, surtout si le vin s'en mêle.

Les jeunes gens chics portent alors les cheveux longs, coupés en frange sur le front et bouclés au fer, un bonnet ou un turban, souvent de teinte vive, un pourpoint ajusté, des chausses collantes montant jusqu'à la taille et munies d'une braguette parfois, soulignée jusqu'à l'obscène... Léonard et ses amis suivent-ils les caprices de la mode ? Leurs moyens ne doivent pas leur permettre la dentelle et les broderies (ces « peintures à l'aiguille », comme dit Alberti) dont se pare le vêtement des riches. Ils débutent ; Botticelli vit toujours chez ses parents ; nous ne connaissons pas les appointements de Léonard mais savons que Lorenzo di Credi touche de Verrocchio un florin par mois — à peu de chose près les gages d'un domestique (je vois mal d'autre part ser Piero gâter son fils inconsidérément). Ils ne doivent pas se priver toutefois de mettre quelque fantaisie dans leur mise : cela peut se faire à bon compte, par la forme ou la couleur.

Léonard raille dans ses carnets ceux « qui ont sans cesse pour conseiller le miroir et le peigne », ceux-là qui utilisent la gomme arabique importée à grands frais d'Orient pour fixer leurs mèches : « le vent, dit-il, est leur grand ennemi, dérangeur des cheveux luisants » ; il désapprouve, dans le même passage, les « ornements excessifs » qu'exhibe la jeunesse[97] et prône en toutes choses une heureuse simplicité. Il écrit aussi : « Je me rappelle avoir vu, aux jours de mon enfance, les hommes, petits et grands, ayant les extrémités du vêtement découpées en toutes leurs parties, de la cape aux pieds, et sur le côté. Non content de cette belle invention, en ce temps, on découpait encore lesdites découpures... Plus tard, on commença d'augmenter la taille des manches, et celles-ci devinrent tellement grandes qu'une seule était plus vaste que la veste. Puis on éleva le col tellement que la tête y disparut... Enfin on se vêtit si étroitement qu'on éprouvait un grand supplice ; beaucoup en crevaient ; les pieds étaient si serrés que les doigts passaient l'un sur l'autre et se chevauchaient[98]... » Mais à quelle époque écrit-il ces lignes, trouve-t-il ce ton persifleur de moraliste ? Il serait naïf de croire qu'au cours de son existence il ne change jamais, qu'il se comporte de la même façon, qu'il professe les mêmes opinions à vingt, à quarante, à soixante ans. Il faut dire aussi que les contradictions et volte-face, en matière de sciences comme d'esthétique, ne le rebutent guère. Quelles sont ces notes de bijoutier, de barbier que mentionnent plusieurs de ses comptes personnels d'après 1500 ? Ce n'est pas parce qu'on refuse de suivre la vogue, de se conformer en aveugle aux singularités du moment qu'on se fond dans la grisaille de la masse — qu'on se désintéresse du problème et rentre dans le rang. Léonard crée sans doute son propre style, tout en confort et simplicité, semble-t-il, mais dont les qualités mêmes sont au regard des autres une sophistication particulière ; on se souvient de l'image que retient de lui l'Anonyme Gaddiano — du court manteau rose de la fin, allié à la barbe et aux cheveux savamment ondulés.

Son *dandysme*, les raffinements qu'il s'octroie transparaissent, directement ou par allusion, en divers endroits de ses écrits. Toujours la manie des digressions : au milieu de recettes de couleurs, de notes sur les pigments, le besoin lui vient soudain de discuter parfums. Il dit : « Prends de l'eau de rose fraîche et mouille-t'en les mains ; puis de la fleur de lavande et frotte-t'en les paumes ; ce sera bien[99]. » Il parfume l'eau-de-vie et lui donne une coloration bleue en y mettant des bleuets, des coquelicots[100]. Il invente un dépilatoire à base de chaux et d'orpiment[101]. Je lui suppose une propreté maniaque : « Que celui qui veut voir comment l'âme habite le corps regarde donc comment ce corps utilise son logis quotidien, écrit-il avec une certaine emphase. Si ce logis est sale et négligé, le corps sera tenu par son âme de la même façon, sale et négligée[102]. » Comme certaines huiles qu'il prépare, notamment l'huile de noix, dégagent une forte odeur qui l'incommode, il s'ingénie à en neutraliser les émanations : il y réussit en les faisant bouillir avec du vinaigre[103]. Enfin, il semble beaucoup apprécier les bijoux, en particulier les intailles (il grave peut-être des pierres semi-précieuses lui-même)[104].

Des sentiments opposés, des desseins, des inclinations contraires : tout semble double en Léonard. Il passe sans cesse du plus sérieux au plus futile. Il met de la rigueur jusque dans ses farces, tandis qu'il entre une part de légèreté et de jeu dans ses recherches les plus abstruses. Il est ensemble inconstant et obstiné, mondain et solitaire (« le peintre ou le dessinateur doit être solitaire, dit-il, afin que le bien-être de son corps n'altère point la vigueur de son esprit »[105]), actif et lent, humble et superbe, soumis et révolté, fantasque et pratique : il se veut utile, mais vise trop haut, et la plupart des choses qu'il invente ne peuvent véritablement servir. Il se complaira à imaginer des engins de mort, tout en s'emportant contre la folie de la guerre ; il cherchera le canon de la beauté suprême, dans le même temps qu'il traquera dans les asiles et les bouges le grotesque, le difforme — la laideur... Il brûle génialement les étapes, et souvent se répète ou se dédit. La sérénité comme la jeunesse l'attirent ; la vieillesse comme la fureur le hantent. Combien de fois, sur la même page, donne-t-il pour pendant au profil de l'adolescent plein d'innocence et de grâce celui du père, de l'ancêtre, du vieux *commandeur,* imposant et sombre ? — c'est chez lui une sorte de leitmotiv. Et il n'éprouve jamais de désir sans qu'aussitôt la peur l'étreigne, à la façon d'un remords.

Une moitié de son être aspire à une chose, à un état ; l'autre se dérobe, s'affole, ou souhaite une chose, un état radicalement différents. On le voit, à toutes les étapes de sa vie, comme devant la bouche de la caverne, prisonnier d'une dualité compulsive et secrète. Son œuvre, son existence entière pourraient en fait se comprendre comme un effort pour résoudre ou concilier les contraires qui l'écartèlent et atteindre à l'unité.

Son parcours durant les années qu'il passe chez Verrocchio ne me paraît en tout cas trouver un sens qu'à la lumière des conflits — grands ou petits, déclarés ou latents — dont il est la proie, que si l'on tient compte de l'ambiguïté, sinon de la dichotomie, du moindre de ses sentiments — de ses sentiments à l'égard de Florence, par exemple, patrie des arts, du savoir et des plaisirs, mais aussi ville élue de son père et terre d'exil, lieu de résidence imposé ; ou de son propre devenir, défini (c'est-à-dire limité) par sa condition, et plus particulièrement sa condition de bâtard. Quelle opinion a-t-il de lui-même ? Il me semble qu'il n'aime guère à cette époque, en regard de tout ce qu'il aurait pu être, le personnage auquel l'ont réduit la nécessité et le hasard, ce qu'a fait de lui *la force des choses.*

Et voilà soudain qu'un mauvais sort (auquel le mènent ses propres écarts) le précipite dans l'abîme.

Francesca Lanfredini, sa seconde belle-mère, meurt sans avoir eu d'enfant, en 1473 — année où il note au dos du paysage estival figurant les environs de Vinci : « Je suis content. »

Ser Piero observe une période de deuil très convenable ; il met une plaque de marbre sur le caveau familial, à la Badia florentine, et il attend peut-être deux ans avant de tenter à nouveau sa chance. Puis il épouse une toute jeune fille, Margherita di Francesco di Jacopo di Guglielmo, qui lui apporte une dot de 365 florins.

La réputation du notaire est maintenant solidement assise, ses affaires prospèrent (le poète Bernardo Cambini compose alors ces vers flatteurs : « Si le destin réclame de toi le meilleur homme de loi, /Ne cherche nul autre que ser Piero de Vinci[106] »), ses moyens se sont accrus en proportion, lui permettant d'acheter différents biens immobiliers, au village natal notamment. Pour couronner cette félicité générale, sa troisième femme lui donne enfin un premier enfant légitime, en 1476 ; et c'est un garçon, baptisé en grande pompe d'après le nom du grand-père — Antonio.

Schopenhauer soutient que rien dans notre vie n'est involontaire. Coïncidence troublante, comme par un fait exprès, au début de cette même année 1476, Léonard se voit accusé de sodomie et doit comparaître devant une cour de justice. Il a vingt-quatre ans.

Les biographes du Vinci, poussés par une pudeur compréhensible, ont préféré longtemps ne pas s'attarder sur cet épisode embarrassant. Il fournit cependant la seule indication « en clair » que nous ayons sur la vie sentimentale de Léonard ; et enfin, les faits sont là.

L'accusation est anonyme. On trouve alors dans Florence des sortes de boîtes aux lettres, surnommées *tamburi* en raison de leur forme cylindrique, ou encore *buchi della Verità* (bouches de la Vérité), permettant aux « bons citoyens » de s'exprimer sans risque : on y dénonce très commodément le voisin qu'on croit escroc ou conspirateur, assassin ou simple adultère. La plainte enregistrée, une enquête est ouverte par les autorités concernées ; pour les relations homosexuelles, il s'agit des *Officiers de la Nuit et des Monastères,* chargés de veiller au salut de la communauté — un peu l'équivalent de nos Mœurs, de notre Mondaine.

Léonard, dont il est dit qu'il habite chez Verrocchio (*manet cum Andrea del Verrocchio*), est accusé, avec trois autres garçons, de s'être livré au crime de sodomie (de sodomie active) sur la personne d'un certain Jacopo Saltarelli, dix-sept ans, habillé de noir (l'acte est précis), frère d'un orfèvre de la via Vacchereccia, apprenti orfèvre lui-même et, semble-t-il, prostitué notoire. Qui sont les autres inculpés ? Bartolomeo di Pasquino, orfèvre via Vacchereccia également ; Baccino, qui est tailleur à Orto San Michele, spécialisé dans le pourpoint ; et Lionardo de' Tornabuoni, *decto Teri,* qui s'habille de noir tout comme Saltarelli. La peine encourue ? Légalement, la mort sur le bûcher.

Une première audience est tenue le 9 avril 1476. Elle ne donne rien. La loi, moins inique qu'on ne le prétend, exige des preuves, des témoignages déclarés. Il n'y en a pas ; et l'affaire est renvoyée au 7 juin ; les prévenus sont *absoluti cum conditione ut retamburentur,* absous sous réserve que le cas soit réexaminé (« remis au tambour », comme on dit alors). Nouvelle enquête, seconde audience — qui ne s'avère pas plus fructueuse pour l'accusation : les juges prononcent le non-lieu ; cette fois, la charge est définitivement abandonnée.

Il faut se demander d'abord, puisqu'on ignore l'identité du délateur, contre qui l'accusation est plus particulièrement dirigée. Qui vise-t-elle au premier chef ? Le peintre ? L'orfèvre ? Le marchand de pourpoint ? Je pencherais plutôt soit pour Saltarelli lui-même, dont l'activité coupable est exposée très en détail, soit pour Lionardo Tornabuoni, cité en dernier, dont l'adresse n'est pas précisée, sur qui n'est donnée aucune information utile (comme si l'on n'en avait pas besoin pour l'appréhender) — mais dont le nom (et ceci explique cela) est illustre à Florence ; le surnom, la couleur du vêtement suffisent. Qui ne connaît sa famille ? La mère de Laurent de Médicis est une Tornabuoni. A travers le jeune homme, c'est tout le parti médicéen qu'on cherche à atteindre (et Laurent peut alors faire jouer ses relations, exercer quelque pression sur les juges afin de blanchir son parent — mesures dont bénéficie Léonard). La politique, donc, comme une rivalité amoureuse ou l'indignation vertueuse d'un voisin devant le « commerce » auquel se livre le jeune Saltarelli sont en tout cas pour moi à l'origine de toute l'affaire. Pourquoi en voudrait-on à un peintre débutant ? L'accusateur ne doit l'impliquer que pour faire nombre — il n'a donc aucune raison de mentir à son sujet : l'artiste joue ici les utilités, les comparses, de même que le boutiquier et l'orfèvre ; compromis par accident, Léonard n'est pas cité par hasard.

L'accusation étant anonyme, son bien-fondé a été longtemps mis en doute. « Cela suffirait à en faire justice, écrit Gabriel Séailles[107]. Sans parler du jugement rendu, j'ose dire que toute la vie de Léonard, que plus encore la justesse de son esprit, toute sa philosophie, répugnent au monstrueux. » Pourtant, quoiqu'on ne puisse produire aucune preuve définitive de l'homosexualité de Léonard (peut-on encore la taxer de monstruosité ?), les signes ne manquent pas, dans ses dessins comme dans ses écrits, qui plaident en faveur de cette thèse : il aimait les garçons et il est douteux, comme dit Freud, « qu'il ait jamais étreint amoureusement une femme ».

On ne lui connaît pas de compagne ; on ne lui trouve pas même d'amitié féminine. En revanche, on le voit s'entourer bientôt d'une cour sans cesse renouvelée de jeunes assistants d'une beauté remarquable. Il les fait sans doute poser ; il dessine — pour le plaisir de les dessiner, semble-t-il — quantité de nus masculins, avec une prédilection pour la moitié inférieure du corps : alors que les femmes l'intéressent surtout *par le haut,* par leur visage, leurs mains, les mouvements de leur buste, il se montre plutôt attentif, devant les jeunes gens, aux cuisses, aux hanches, à tout ce qui se trouve, disons, entre les orteils et le nombril[108]. A l'époque où il s'adonne à l'anatomie, il représente par le menu le système génito-urinaire de l'homme, dessinant le pénis très diversement, tandis qu'il ne montre que deux fois un sexe de femme (je ne parle pas des coupes), sexe qu'il commence par faire grossier et incorrect : béant, menaçant — aussi inquiétant que l'entrée sombre de la caverne, pourrait-on dire — et très peu scientifique, puisque, s'il indique bien l'urètre, il omet le clitoris et les petites lèvres[109]. Sur le même feuillet, délaissant la vulve, il tente longuement de définir le mécanisme des muscles de l'anus : le sujet l'inspire davantage. Il figure un anus dilaté, puis contracté. Mais, suivant son habitude, il néglige bientôt d'observer, pour se laisser emporter par son imagination : les cinq muscles qui actionnent selon lui le sphincter prennent soudain sous sa plume l'aspect de pétales de fleurs, on dirait un lis de blason, puis la corolle devient comme le plan d'une forteresse pentagonale entourée d'un fossé plein d'eau. Léonard disserte un moment sur ces « muscles » ; quand il sort de sa rêverie, comme il n'est pas dupe, il écrit simplement au beau milieu du texte et des croquis : « faux ».

Sur une page[110] couverte de schémas de machines, il dessine le sexe de l'homme et de la femme pendant le coït : on croirait deux pénis qui s'effleurent, se caressent. Sur une autre[111], un pénis en coupe est pointé directement vers un derrière masculin maculé d'encre. Sur un troisième, où se trouve le croquis de l'incroyable bicyclette que Léonard aurait inventée[112], la main maladroite d'un assistant a fait une caricature obscène : un pénis monté sur pattes et nanti d'une queue se présente devant un orifice circulaire au-dessus duquel se lit le nom de l'élève préféré, Salaï... Chacun de ces « indices » est réfutable en soi ; par leur nombre, en revanche, ils me paraissent assez probants.

Un gros volume n'épuiserait pas l'examen — hypothétique — de la complexe sexualité de Léonard (en existe-t-il de simple ?). On peut interroger à l'infini ses écrits comme ses dessins, où elle semble si souvent affleurer, les fouiller, les disséquer, les retourner en tous sens dans un esprit de kabbaliste, les faire « parler » comme les quatrains de Nostradamus, déchiffrer les symboles derrière lesquels l'artiste semble en permanence se retrancher, dresser le catalogue de ses thèmes — de ses obsessions — on aura toujours l'impression de toucher du doigt une clé essentielle, d'être sur le point de reconstituer un mécanisme, et en même temps on apercevra toujours une solution divergente, on ne pourra jamais rien affirmer définitivement avec honnêteté, on n'aboutira à aucune certitude. Léonard paraît toujours au bord de l'aveu ; puis il se reprend, comme s'il désirait sciemment brouiller les cartes. J'aimerais toutefois tenter de développer quelques points.

Léonard dessinera plusieurs fois (toujours en coupe) le coït entre un homme et une femme, debout, mais en détaillant invariablement davantage l'anatomie du mâle que celle de sa partenaire ; au bas du plus abouti, après avoir curieusement orné la tête de l'homme d'une très longue et abondante chevelure, il écrira : « Grâce à ces figures sera démontrée la cause de nombreux ulcères et affections[113]. »

La copulation humaine ou animale — il ne voit pas de différence réelle — semble lui inspirer une curiosité mêlée de répugnance. Borges écrit : « La copulation et les miroirs sont également abominables, parce qu'ils multiplient le nombre des hommes. » Léonard dit : « L'acte d'accouplement et les membres qui y sont employés ont une laideur telle que si ce n'était la beauté des visages, et les ornements des acteurs, et la pulsion contenue, la nature perdrait l'espèce humaine[114]. » Cette extinction ne lui causerait pas grand chagrin ; bien des années plus tard, lorsqu'un de ses demi-frères lui annonce avoir eu un fils, Léonard répond, en guise de félicitations, avec une brutalité étonnante de sa part : « J'ai appris par une lettre de toi que tu avais un héritier, événement dont je crois comprendre qu'il te fit grand plaisir. Or, dans la mesure où je te jugeais doué de prudence, me voici à présent convaincu que je suis aussi loin d'être un juge perspicace que toi d'être prudent ; car tu te félicites d'avoir engendré un ennemi vigilant, dont toutes les forces tendront vers une liberté qui ne lui viendra qu'à ta mort[115]. »

Léonard parle-t-il d'expérience ? Sont-ce là ses sentiments envers son propre géniteur, ser Piero ? Le déteste-t-il à ce point ? Dans quelle mesure l'écrasante personnalité du notaire, qui en 1476 a déjà abandonné une maîtresse et enterré deux épouses, a-t-elle conduit ou stimulé ses penchants sexuels ? (J'ai l'impression que, se comparant à son père, il préfère éviter de frayer avec l'autre sexe par crainte de n'être pas *à la hauteur.*)

« Fuis la luxure[116] », répète Léonard, et pas seulement dans le sens où l'entendait Cennino Cennini pour qui les plaisirs d'alcôve rendent la main du peintre aussi incertaine et vacillante que « feuilles dans le vent[117] ». Il dit : « Celui qui ne refrène pas ses désirs de luxure se met lui-même au niveau des bêtes[118]. » Sur cette base étroite, certains soutiennent que Léonard n'a pas davantage connu l'homme que la femme, que son indéniable goût des jolis garçons est d'ordre purement esthétique, qu'il leur voue toujours une affection très platonique, qu'il mène sans faiblir une existence de moine, qu'il meurt vierge, enfin. Freud dit : « Il nous apparaît comme un homme dont le besoin et l'activité sexuels étaient extraordinairement diminués, comme si une plus haute aspiration l'avait élevé au-dessus de l'ordinaire nécessité animale. » Poussant l'hypothèse plus loin, d'autres prétendent, en manière d'explication, que le beau, le délicat Léonard montre en fait tous les symptômes de l'impuissance...

Les arguments avancés dans ce sens ne manquent ni de poids ni d'ingéniosité ; ils ne résistent pas cependant à un examen approfondi, et trop de choses les contredisent. Léonard apprécie sans doute les chevaux de qualité, qui sont un peu les voitures de sport de l'époque, il arbore des bijoux, une épée et autres signes agressifs de puissance ; cela dénote tout autant un problème de type social que sexuel : je ne prétends pas qu'il soit sur ce plan un modèle d'équilibre — loin de là — mais je m'efforce simplement de rendre à ces « problèmes » leurs justes proportions. Plein d'une pudibonderie caractéristique, soutient-on encore, il aurait toujours évité dans ses écrits les sujets érotiques, n'aurait jamais osé la moindre plaisanterie légère. Or, amateur de bons mots, il en a noté plusieurs franchement pornographiques ; par exemple : « Une femme, devant traverser un passage difficile et boueux, relève sa robe par devant comme par derrière ; se touchant l'anus et la vulve, elle énonce alors trois vérités en disant seulement : " Voilà un passage difficile [119]. " » On peut citer également une phrase, en argot très hermétique, où il est question de citrouille et de choux, qui paraît adressée à Boticelli ; ou cette histoire, dénuée d'ambiguïté, où un homme compare la vigueur de sa lance à la cible difficile que lui propose une femme ; ou cette autre, où une prostituée (*una puta*) trompe un prêtre en lui présentant la vulve d'une chèvre au lieu de la sienne... — c'est de l'humour dans le goût de Sachetti [120]. Léonard, au cours de ses travaux d'anatomie, étudie d'autre part objectivement, très naturellement, en ne montrant aucune gêne, sans complexe, tout ce qui concerne le membre viril, en érection (« long, dense et lourd ») ou au repos (« étroit, court et flasque ») [121], ainsi que la fonction des testicules qu'il qualifie de « témoins du coït », la formation et le cheminement du sperme... Ce n'est pas là l'attitude d'un homme incapable de connaître les plaisirs de la chair.

Il fera aussi, s'inspirant de Galien, une sorte d'apologie de la verge, *della verga :* « Cela traite avec l'intelligence humaine et a soi-même, parfois, une intelligence propre ; quoique la volonté de l'homme désire la stimuler, elle demeure obstinée et suit sa propre voie, et elle bouge parfois d'elle-même, sans autorisation ou que l'on y pense ; qu'on soit endormi ou éveillé, elle fait ce qu'elle désire ; souvent l'homme est endormi, et elle est éveillée ; souvent l'homme est éveillé et elle est endormie ; souvent l'homme la désirerait en action et elle ne le désire pas ; souvent elle le désire et l'homme l'interdit. C'est pourquoi il semble que cette créature a souvent une vie et une intelligence séparées de l'homme, et il se trouve que l'homme a tort d'avoir honte de lui donner un nom ou de l'exhiber : ce qu'il cherche à couvrir et cacher, il devrait l'exposer avec solennité comme un officiant [122]. »

En fait, c'est uniquement pour qui en abuse qu'il juge dangereux les plaisirs charnels, responsables de l'absurde multiplication des hommes [123], donc, et source de « maladies » diverses (il l'entend peut-être au figuré comme au propre : maladies de l'esprit et maladies vénériennes ; le *mal français,* la syphilis se répand en Italie après 1495 ; or il écrit ces mots après 1500). Il estime que la sensualité nuit à l'amour véritable, qu'elle freine l'activité intellectuelle, que déceptions et douleurs en découlent inévitablement ; mais c'est là l'opinion de son temps : « J'aime malgré moi, par force, avec de la tristesse et des larmes », dit Pétrarque au siècle précédent, avant d'ajouter que l'amour « est un enfer dont les fous font leur paradis », un « venin qui a bon goût », un « supplice qui attire », une « mort ayant l'apparence de la vie [124] », et le cardinal Bembo, latiniste éminent, note dans ses *Azolains* (*Gli Azolani,* composés vers 1497) que les deux mots *aimer* et *amer* (l'un et l'autre se disent *amare* en italien) sont identiques, « sûrement afin que les hommes soient avisés par son nom quelle chose peut être l'amour ».

Léonard formule ou résume ce point de vue dans un dessin allégorique représentant deux hommes ayant le tronc et les jambes en commun [125]. L'un est vieux et porte, semble-t-il, un rameau de chêne, des flammes ; l'autre, jeune et beau, tient dans ses mains un roseau et des pièces d'or qu'il laisse négligemment tomber. Ce sont le Plaisir et la Peine. Léonard fournit lui-même ce commentaire :

« Plaisir et Peine sont figurés sous les traits de jumeaux, comme joints ensemble, car l'un ne vient jamais sans l'autre ; et ils se tournent le dos parce qu'ils s'opposent l'un à l'autre.

» Si tu choisis le Plaisir, sache qu'il y a derrière lui quelqu'un qui ne t'apportera que tribulations et repentir.

» Tel est le Plaisir avec la Peine... Ils sont représentés dos à dos, parce qu'ils s'opposent l'un à l'autre, et ils sortent d'un tronc commun, parce qu'ils ont une seule et même base, car fatigue et peine sont à la base du plaisir, et les plaisirs vains et lascifs à la base de la peine.

» Il [le Plaisir] est donc montré ici tenant dans sa main droite un roseau, futile et faible, et qui inflige des blessures empoisonnées. En Toscane, on met des roseaux aux lits, comme supports, pour exprimer qu'on y fait de vains rêves et qu'une grande part de l'existence s'y consume. Il s'y gaspille un temps utile, celui du matin où, l'esprit étant frais et dispos, le corps est apte à entreprendre un nouveau labeur. C'est là également qu'on goûte plus d'un plaisir illusoire, tant en esprit, en poursuivant des chimères, qu'avec son corps livré à des plaisirs qui souvent écourtent la vie. De sorte que le roseau est tenu comme représentant de telles bases. »

Il me faut ouvrir ici deux parenthèses : une première pour signaler que l'idée de la peine et du plaisir liés comme des frères siamois se rencontre déjà dans Platon[126] ; une seconde, plus prosaïque, pour noter que Léonard semble avoir du mal à quitter son lit au réveil, qu'il doit avoir l'habitude de faire la grasse matinée, de paresser, de rêvasser longuement dans ses draps — habitude qu'il se reproche et dont il entend guérir : « Etre sur le duvet ou étendu sous la courtepointe ne te mènera pas à la renommée », écrit-il au bas d'un autre dessin[127] (Léonard s'adonnerait-il à la « délectation morose » — à la masturbation ?)

Lorsqu'il dénonce la laideur de « l'acte d'accouplement », il songe sans doute à des rapports hétérosexuels — qu'il peut effectivement avoir en horreur. Il n'ignore cependant ni l'attrait ni les bienfaits de l'union charnelle, il ne néglige pas le plaisir qu'on peut en tirer. Il se demande (et l'on songe de nouveau au traumatisme de sa naissance) : « Pour quel motif les bêtes qui sèment leur semence la sèment-elles avec plaisir, et celle qui l'attend la recueille-t-elle avec plaisir et enfante-t-elle dans la douleur[128] ? » Il écrit aussi ces mots qui doivent être pour lui davantage que le simple écho de thèses néo-platoniciennes : « Si l'amant s'accorde avec l'objet auquel il s'unit, il en résulte délectation, plaisir et satisfaction. L'amant est-il uni à ce qu'il aime, il trouve l'apaisement ; déchargé du fardeau, il trouve la quiétude[129]. » Les phrases de Léonard sont souvent à deux niveaux : sa philosophie procède en général de son expérience personnelle. Ce qu'il déplore avant tout, comme il condamne les excès, semble être les liaisons qu'il peut avoir avec des individus médiocres — les amours crapuleuses dans lesquelles il doit parfois tomber : « Si l'objet aimé est vil, l'amant s'avilit[130] », poursuit-il. Cette source d'avilissement, ne serait-ce pas Jacopo Saltarelli, qui lui a valu un procès, ou quelque autre personnage décevant vers lesquels ses goûts n'ont pu manquer de le pousser de nouveau ?

Qu'il mette en garde contre les dangers de la luxure ne signifie pas, quoi qu'il en soit, qu'il recommande ou s'impose une totale chasteté. Il ne prône pas l'abstinence, mais la modération et, si je puis dire, le bon goût, fruit du discernement, comme pour toute chose. Or ses conseils, ses exhortations ne s'adressent qu'à lui-même. S'il redoute à ce point les effets de la débauche, n'est-ce pas parce qu'il en a personnellement souffert, et donc qu'il se livre ou s'est livré à toutes sortes de déportements ? On ne cherche à refréner que les appétits tyranniques.

Enfin il ne faut pas perdre de vue le procès, et les termes mêmes de l'accusation.

De même qu'il lie en les opposant le plaisir et la peine ou le désir et la peur, Léonard joint ensemble l'envie (dans le sens de jalousie : *invidia*) et la vertu : « Dès l'instant où naît la vertu, elle donne naissance à l'envie qu'elle suscite ; et l'on verra plus facilement un corps privé de son ombre que la vertu sans l'envie[131]. »

Voici comment il représente l'Envie : « Elle porte un masque sur son beau visage. Elle a l'œil blessé par la palme et l'olivier, et l'oreille par le laurier et le myrte, car le triomphe et la vérité l'offensent. Des éclairs jaillissent d'elle, pour symboliser la malignité de son langage. Elle est maigre et ridée, parce qu'un désir perpétuel la consume ; un serpent de feu la mord au cœur. Elle porte un carquois avec des langues en guise de flèches, car souvent elle blesse avec la langue... Elle tient dans ses mains un vase plein de fleurs où se dissimulent des scorpions, des crapauds et autres bêtes venimeuses. Elle chevauche la mort dont elle triomphe, parce qu'elle est immortelle... Elle est chargée d'armes diverses, et toutes sont des armes de destruction[132]. »

La jalousie, la calomnie qui en découle, la mauvaise réputation que tissent les médisances, Léonard les craint par-dessus tout : il s'en plaint d'une façon presque paranoïaque. Il croit n'avoir jamais rien fait de mal ; pourtant, pour cela peut-être, on le poursuit, l'attaque, le persécute. Fausseté, ingratitude, mensonge, haine, injure, mauvaise renommée, ces mots reviennent avec insistance dans ses écrits ; or ces ragots, cette méchanceté (ou malignité) des hommes qui suscite son amertume et sa révolte semblent renvoyer également à l'affaire Saltarelli (ou à des déconvenues équivalentes).

L'acquittement ne signifie rien, il n'efface rien. Comme le fait remarquer justement Fred Bérence, ce qui est effrayant, ce ne sont pas les implications probables du procès mais que Léonard puisse être impliqué dans une affaire de ce genre[133]. « Plus grande est la sensibilité, plus grand le martyre », dit-il : il faut imaginer l'arrestation soudaine, l'impression de chute irrémédiable qu'elle provoque, l'interrogatoire humiliant, les questions brutales des *Officiers de la Nuit*, la honte, le remords, l'incertitude et son cortège d'angoisses, l'attente cruelle, enfin, durant deux longs mois, de la deuxième audience.

« Vous m'avez mis en prison... », écrit-il des années plus tard[134]. Il ne semble pas cependant que Léonard ait jamais été incarcéré ; s'il est écroué à cette époque, ce doit être pour une sorte de garde à vue, au début de l'instruction : il ne demeure pas longtemps en cellule. Seulement la peur, cette peur qui « apparaît avant toute chose »[135], peut lui représenter le pire : quelques heures au « dépôt », et il se figure des années dans un cul-de-basse-fosse. De même qu'il va redouter l'injustice, dont il apprend le pouvoir à ses dépens, il va craindre désormais pour sa liberté et être prêt à tout pour la défendre : vers 1480, peut-être au moment où il envisage de partir pour Milan, qu'il se résout à *s'évader* enfin de Florence, il dessine un dispositif pour arracher les barreaux d'une lucarne[136] et un autre « pour ouvrir une prison de l'intérieur »[137] — ce sont là pratiquement ses premières inventions. (Carlo Pedretti suppose que ces dessins peuvent correspondre à un épisode de la *Vie de Caparra,* forgeron de Florence, par Vasari : quelques « jeunes citoyens », parmi lesquels il n'est pas impossible que soit Léonard, demandent un jour à Caparra de fabriquer un appareil de leur conception pour arracher ou briser les barreaux de fer par le moyen d'une vis — d'un vérin —. Le forgeron s'indigne, pensant à des cambrioleurs ou à un enlèvement, puis il les chasse avec colère...[138])

En vérité, dans ce procès, Léonard ne risque pas grand-chose. L'homosexualité est alors trop répandue à Florence pour que les peines prévues par la loi soient jamais infligées. Malgré la menace des châtiments divins imaginés par Dante aux chants XV et XVI de *l'Enfer,* malgré les anathèmes répétés de prédicateurs comme Bernardin de Sienne, bien qu'on ait cru diminuer ses ravages en encourageant, en 1403, l'ouverture de bordels, elle est devenue si commune dans toute la Toscane qu'en Allemagne le mot *florenzer* sert à désigner les invertis ; ne pouvant extirper le mal, on s'est résigné depuis longtemps à le tolérer. On trouve bien que l'humaniste Giulio Pomponio Leto, fondateur d'une Académie platonicienne, ait été emprisonné à Rome pour avoir trop vanté les charmes d'un jeune Vénitien, on voit peu d'exemples à Florence, dans les années 70, d'une grande sévérité à l'encontre des homosexuels. Le poète Ange Politien ou le banquier Filippo Strozzi, apparenté lui aussi aux Médicis, ne taisent guère leur préférence, et l'Arioste conseille ouvertement au lettré d'avoir une fois au moins dans sa vie une expérience amoureuse avec un partenaire de son sexe. Mary Mac Carthy, dans son livre *The Stones of Florence,* suggère que Verrocchio partagerait même ce goût (ce qui expliquerait à merveille l'attachement de Léonard à son maître ; mais il n'y a pas de preuve, le célibat de maître Andrea ne signifie rien : trop nombreux sont alors les artistes qui évitent le mariage[139]). Au début du siècle suivant, les homosexuels ne semblent pas se dissimuler davantage : le peintre Giovanni Antonio Bazzi, qui travaille auprès de Léonard vers 1500, revendique haut et fort son surnom de Sodoma ; plus tard, l'Aretin, qui ne dédaigne pas l'autre sexe, ose réclamer au duc de Mantoue, entre autres choses, un giton pour prix de ses services.

Le peintre-écrivain Lomazzo n'hésite d'ailleurs pas à attribuer au Vinci, qu'il admire par-dessus tout, une longue apologie de l'inversion. Vers 1560, il le fait converser au paradis des artistes avec Phidias, le plus célèbre sculpteur de l'Antiquité. Dialogue fictif, oiseux, mais sans détour : Phidias demande à Léonard, évoquant un de ses disciples favoris, s'il a jamais joué avec lui « au jeu dans le derrière que les Florentins aiment tant ».

— Et combien de fois ! répond Léonard. Pensez qu'il était un très beau jeune homme, particulièrement vers quinze ans.

— Vous n'avez pas honte de dire cela ?

— Pourquoi honte ? Il n'y a pas de plus grande raison de s'enorgueillir que celle-là parmi les gens de mérite.

Suit une tirade de plusieurs pages où le peintre se justifie, par des exemples illustres et avec des arguments très désobligeants à l'égard des femmes. « De plus, conclut-il, toute la Toscane a attaché beaucoup de prix à cet embellissement, et particulièrement les savants de ma patrie, Florence, d'où, grâce à de telles pratiques, en fuyant les bavardages féminins, surgirent tant d'esprits exceptionnels dans le domaine des arts[140]... »

Etre reconnu homosexuel, comme le montre ce texte de Lomazzo composé quarante ans environ après la mort de Léonard, n'est pas plus déshonorant à l'époque de la Renaissance que de nos jours — du moins dans les milieux intellectuels ; il est même possible que l'inversion se vive, « s'assume » alors (comme les femmes sont plus surveillées, moins accessibles) avec plus de facilité.

C'est donc moins l'accusation de sodomie portée contre lui qui afflige Léonard (ou si l'on préfère la réputation qu'elle lui forme), que le scandale qu'elle provoque, scandale d'autant plus retentissant qu'il touche un parent des Médicis : on veut bien fermer les yeux sur les mœurs les plus dissolues — l'homosexualité, l'inceste, la bigamie, choses assez banales somme toute — mais à condition que l'ordre public ne soit pas troublé, en échange tout de même d'un minimum de discrétion ; j'ai dans l'idée que ce genre d'affaires embarrasse autant les autorités que les personnes incriminées et leur famille.

La grande honte pour Léonard, sa grande culpabilité à ses yeux, est donc, selon moi, avant tout, d'avoir attiré lamentablement l'attention publique sur lui, de figurer piteusement dans un fait divers qui alimente les conversations — au marché, à la porte des églises, sur toutes les *piazze* de Florence. La ville se délecte de telles histoires. Plus qu'à lui-même, il doit alors songer à ceux que sa faute éclabousse, à ses proches, à Verrocchio dont il partage le toit, à son oncle, le discret Francesco, à son très respectable père surtout dont la félicité semblait jusque-là à peu près parfaite, ainsi qu'à sa mère.

On ne connaît pas la réaction de ser Piero à la nouvelle du procès, ni ne sait s'il intervient ensuite en faveur de son fils (il le pourrait, de par sa position). Je suppose qu'il prend assez mal que son nom, ce nom qu'il s'est fait dans la capitale toscane, soit traîné dans la boue. J'imagine une scène violente, très désagréable, entre le notaire et son bâtard.

Léonard ne dit rien à ce sujet mais il y fait peut-être allusion (inconsciemment ?) dans plusieurs passages d'une sorte de bestiaire écrit vers 1493, en Lombardie, dans un petit carnet désigné sous le nom de manuscrit H. Ceux-là n'ont pas besoin de commentaire :

« *L'envie.* On dit du milan que, lorsqu'il voit dans son nid ses enfants par trop engraisser, il leur donne des coups de bec au flanc, par envie, et les laisse sans nourriture [141]. »

« *La tristesse.* La tristesse peut se comparer au corbeau qui, voyant que ses nouveau-nés sont blancs, s'en éloigne avec douleur et les abandonne en poussant des cris plaintifs ; il ne se décide à les nourrir qu'au moment où il leur découvre quelques plumes noires [142]. »

« *L'aigle.* L'aigle, quand il est vieux, vole si haut qu'il brûle ses plumes, mais, par une grâce de la nature, en plongeant dans une eau peu profonde, il recouvre la jeunesse. Si ses petits ne peuvent supporter (comme lui) la vue du soleil, il les prive de nourriture [143]... »

Peut-être ne faut-il voir là qu'un reflet de l'attitude générale du puissant ser Piero à son égard, ou — ce qui revient au même — de la façon dont Léonard perçoit celle-ci. Il dit encore : « *La perdrix.* Elle se transforme de femelle en mâle et oublie son premier sexe. Envieuse, elle vole les œufs des autres et les couve ; mais les enfants finissent toujours par retourner à leur vraie mère [144]. » Léonard ne trouverait-il de compréhension, de vrai secours durant ces heures difficiles, qu'auprès de Caterina, dans la maison de son beau-père ? Parlant du lion et de la lionne, il déclare que le mâle, animal terrible, ne craint rien autant que « le bruit des charrettes vides et le chant des coqs [145] » (symboles de médisance — « leur vue le terrifie grandement, il regarde leur crête avec épouvante, en proie à un trouble étrange, même s'il a le visage couvert ») ; tandis que la femelle, elle, est prête à tous les sacrifices pour défendre ses lionceaux et éviter qu'on ne les capture[146].

Et encore : « Le chardonneret porte de l'euphorbe (du poison) à ses enfants prisonniers en cage. Plutôt mourir que perdre la liberté[147]. »

Ce passage pourrait se rapporter à lui-même : « *La paix.* On dit du castor que lorsqu'il est poursuivi, sachant qu'on le chasse à cause de la vertu médicinale de ses testicules, s'il ne peut fuir, il s'arrête et pour avoir la paix avec ses assaillants arrache ses testicules de ses dents tranchantes et les abandonne à ses ennemis[148]. »

J'ai l'impression que Léonard — alors qu'il commence de réussir dans son métier, qu'il peut s'enorgueillir de fréquenter la haute bourgeoisie : un Tornabuoni, parent des Médicis — se voit rejeté par son père, une fois de plus ; il se sent en même temps terriblement coupable d'avoir démérité à ses yeux (d'où son désarroi, ses angoisses, disproportionnés au « crime » qui les inspire) ; et il souhaite se punir — s'amender, se corriger : se racheter.

Y parvient-il ? Sous le titre *Des vices difficiles à extirper,* il écrit, sans préciser de qui il parle ni de quels vices il s'agit : « Je sais qu'en l'occurrence je me ferai des ennemis, car nul ne veut croire ce que je peux dire de lui. En effet, ses vices ne déplaisent qu'à peu de gens : à ceux seulement à qui ils répugnent par nature. Beaucoup haïssent leur père et perdent leurs amis, quand ceux-ci leur reprochent leurs défauts ; les exemples contraires sont sans prise sur eux, non plus qu'aucun conseil humain[149]. »

Comme beaucoup de ses notes, celle-ci peut se prêter à diverses extrapolations. Encore une fois, Léonard ne se raconte pas : il écrit les choses au hasard, comme elles lui viennent, sans ordre ni logique apparente. Je ne prétends pas que mon interprétation soit la plus fiable : je n'y parviens qu'en rattachant arbitrairement telle ou telle phrase isolée de ses carnets à ce que nous connaissons de sa vie. La méthode est discutable ; il la pratique volontiers lui-même cependant, en jouant au jeu des analogies, des libres associations — en employant un mode de pensée « sauvage », pour reprendre une expression de Lévi-Strauss. C'est ma meilleure justification.

Empirique, primitif, le procédé s'avère fructueux. Si l'on en accepte le principe, on peut bâtir le schéma suivant : ser Piero n'a aucune compassion pour son fils ; comme l'aigle, le corbeau ou le milan du manuscrit H, il le « prive de nourriture » : il lui ferme un temps sa porte, sa bourse, etc. ; de toutes les peines qu'éprouve

Léonard, celle-ci est la plus grande : alors qu'il voudrait briller aux yeux de son père, il déchoit ; il conservera longtemps l'image obsessionnelle du vieux mâle (le notaire est alors dans la cinquantaine) puissant, inflexible, hostile à l'enfant qui ne lui ressemble pas ; en même temps, Léonard met sa disgrâce sur le compte à la fois de la « luxure » dans laquelle il a sombré et des ragots, issus de l'envie (dans le même manuscrit H, on trouve cette remarque : « Rien n'est plus à craindre qu'une mauvaise réputation. Cette mauvaise réputation est due aux vices »). Incapable de changer de nature, de renoncer à ses « vices », ne pouvant que les haïr, il va faire désormais l'éloge de la peur qui « préserve des dangers[150] » et de la fuite, de la duplicité ; ainsi, il offrira moins de prise au malheur : « Qui ne chemine pas toujours dans la peur, écrit-il, subit maintes injures et souvent se repent » ; et encore : « Qui chemine dans la crainte des dangers ne sera point leur victime[151]. »

Léonard est gaucher ; il sait écrire des deux mains, dans les deux sens, mais, comme souvent les gauchers, il lui est plus aisé de tracer les lettres à l'envers, en allant de droite à gauche, de sorte qu'il faut le lire dans un miroir (lorsqu'il ombre ses dessins de hachures, il les fait aussi de gauche à droite, toujours, à la différence des droitiers). Il n'a pas *appris* à écrire ainsi, dans la crainte de quelque improbable Inquisition, comme on l'a prétendu, ou pour protéger de l'indiscrétion, de la convoitise, certains de ses travaux scientifiques ; l'écriture spéculaire lui est naturelle. Elle s'accorde cependant très bien à son goût du secret. S'il ne forme pas sa graphie, ce goût — ce besoin — inspire en revanche le tour de ses phrases, volontiers elliptiques, allégoriques, proches du rébus, énigmatiques à souhait.

Les sentiments sont essentiels pour Léonard, ils sont le moteur même des choses, dans la vie quotidienne comme en art. Rien de plus précieux ; rien de plus redoutable également — s'ils sont connus d'autrui. Dorénavant il n'agira plus qu'à couvert, « avec les ténèbres de la nuit pour complices ». Il écrira cette phrase singulière : « Si la liberté t'est chère, ne révèle pas que mon visage est la prison de l'amour[152]. » Plus tard, il en viendra à dissimuler sa beauté sous une grande barbe, comme d'autres un bec-de-lièvre ou une vilaine cicatrice.

NOTES

CHAPITRE IV

1. Tri. 23 b.

2. H I. 16 b.

3. « Nous sommes en présence d'ébauches d'un plan immense, approfondi, médité, mais jamais réalisé, et dont les traités — sommes de recherches anatomiques, physiologiques et géologiques — ne forment qu'une partie, l'esquisse d'une vaste encyclopédie de la connaissance humaine. » Mac Curdy, introduction aux *Carnets de Léonard de Vinci,* Paris, 1942. La fin de la phrase est reprise presque mot pour mot par Clark (*op. cit.*).

4. Cod. Arundel 148 v.

5. Paul Valéry, préface des *Carnets,* éd. Mac Curdy, *op cit.*

6. Cod. Atl. 765 v. e et 766 r. La description du moulin se trouve au dos du feuillet 766. Voir la note 23 du chapitre II.

7. Carte au 1/230 000 du nord-ouest de la Toscane (Windsor RL 12685). Le nom d'Anchiano, à deux kilomètres de Vinci, où Léonard serait né selon une tradition locale, n'apparaît qu'une seule fois dans ses écrits, et il est barré — ce qui signale peut-être son importance.

8. Cabinet des dessins des Offices, Florence.

9. On a cru reconnaître aussi dans ce château celui de Montelupo, de Montevettolini, etc. Voir *Toscana di Leonardo,* d'Alessandro Vezzosi, Florence, 1984.

10. *di di Santa Maria della neve / addi 5 d'aghosto 1473.* La signature *Leonardo* que l'on voit au bas du dessin n'est ni de la main de l'artiste ni même de son siècle.

11. Compte tenu du fait que le site n'a pas été identifié et que pour les artistes toscans de l'époque le naturalisme ne signifie pas grand-chose en matière de paysage, je pencherai quant à moi pour une vue *arrangée,* idéalisée — du moins en ce qui concerne le château. Pourquoi Léonard a-t-il cru bon d'inclure un château fort — à la perspective assez maladroite — dans un dessin lié à sa mère ? Je renvoie la balle aux psychanalystes.

12. Le jugement a été émis pour la première fois par Heydenreich, in *Dei Sakralbau-Sudien Leonardo da Vinci,* Leipzig, 1929. Il a été abondamment repris. Certains auteurs, dont il vaut mieux taire le nom, sont allés ensuite jusqu'à dire que Léonard avait daté son dessin *parce qu'il avait conscience* de faire le premier dessin de paysage de l'art occidental.

13. Cod. Atl. 26 v. a.

14. Br. M. 176 a.

15. Tri. 60 a.

16. Windsor RL 12395.

17. L'écriture de Léonard varie considérablement selon les époques, ce qui permet souvent la datation des textes. La graphie, ici, est celle de ses années florentines. Le passage est très difficile à déchiffrer.

18. Br. M. 155 a.

19. Voir Richter, *The Notebooks,* alinéa 1339.

20. *Ibidem.*

21. D'un carnet commencé en 1508, Léonard dit, par exemple : « Ceci sera un recueil sans ordre, fait de nombreux feuillets que j'ai copiés avec l'espoir de les classer par la suite dans l'ordre et à la place qui leur conviennent, selon les matières qu'ils traitent... » (Br. M. 1 r.)

22. Ange Politien, *Stanze cominciate per la Giostra di Giuliano de' Medici,* éd. Turin, 1954.

23. *Verrochio,* par Maud Cruttwell, Londres, 1904.

24. Voir Venturi, *Storia dell'arte italiana, La Scultura del Quattrocento,* Milan, 1901-1941.

25. *La Jeunesse de Laurent de Médicis,* par André Rochon, Paris, 1963.

26. Œuvre disparue. Rien n'indique que Léonard y ait contribué, comme l'affirme Möller.

27. André Rochon, *op. cit.*

28. Officiellement, le duc Galéas Marie vint à Florence pour remercier Laurent d'avoir porté son fils sur les fonts baptismaux, à Milan, en juillet 1469. En fait, il s'agissait de montrer à l'Italie la force de leur alliance, contre le pape notamment qui essayait de les pousser tous deux dans une croisade contre le Turc.

29. S. Ammirato, *Istorie Fiorentine.*

30. Vasari, *Vie de Brunelleschi.*

31. Cod. Atl. 231 v. a.

32. Machiavel, *Histoires florentines.*

33. K. Clark, *op. cit.*

34. Raymonds Stites, *Sublimations of Lonardo da Vinci,* Washington, 1970.

35. Botticelli reçut par exemple commande, le 18 août 1470, de deux *Vertus* pour le dossier du banc du *Tribunale di Mercanzia.* (C. Gamba, *Botticelli,* Paris, s. d.)

36. Vasari, *Vie de Léonard.* Bien que certains experts pensent avoir identifié quelques-unes de ces sculptures de jeunesse de Léonard (une *Vierge* en *terra-cotta* du Victoria and Albert Museum, de Londres, une autre au Musée national de Berlin...), il semble bien que toutes aient disparu. Les identifications proposées ne portent, quoi qu'il en soit, sur aucune œuvre capitale.

37. Léonard fera dans le même esprit que la peinture de la rondache une tête de Méduse (disparue) et Vasari mélange peut-être les deux œuvres. Le bouclier peint est propre à l'époque ; le sujet est en revanche insolite : même à la fin du XVIe siècle, lorsque le Caravage fait (d'après Léonard ?) son bouclier à la tête de Méduse des Offices, ses contemporains trouvent le motif toujours terriblement *bizarre.*

38. Ms 2038 B. N. 29 r.

39. Windsor 12361. Oxford Christ Church, 107 v.

40. Etrangement (ou significativement ?), Vasari attribue à Verrocchio la gravure du *Combat d'hommes nus.*

41. Plusieurs panneaux de ses *Chasses* et *Batailles* ont disparu.

42. Uccello se serait peint lui-même, à côté de Brunelleschi, Donatello et Manetti, dans *les Cinq Florentins* du Louvre. L'attribution est controversée. Vasari lui-même donna un moment l'œuvre à Masaccio (première édition des *Vies*).

43. Je ne partage pas l'avis de ceux qui estiment que dans les années 70 l'œuvre ou plutôt le message d'Alberti ne rencontre déjà plus d'écho. Certes, de nouvelles formules commencent alors de voir le jour qui dépassent ses théories. Mais c'est précisément sur la base de ces dernières que celles-ci s'élaborent. L'œuvre demeure d'actualité, puisqu'on le critique ; et on ne le critique pas sans en garder quelque chose.

44. *Autoportrait* d'Alberti, B. N., Paris.

45. Léonard contredit Alberti sur de nombreux points techniques : il réfute, par exemple, sa façon de mesurer la vitesse des navires. Mais c'est par leurs conceptions esthétiques que les deux hommes surtout se différencient.

46. Baldovinetti « aimait beaucoup faire des paysages et les copiait sur place, exactement comme ils sont... A l'Annunziata, il a représenté [...] dans les ruines d'une maison les pierres moisies, rongées par la pluie et le gel, et une grosse racine de lierre qui recouvre une partie du mur... Il a même pris soin de faire le dessus des feuilles d'un certain vert et le dessous d'un vert différent, comme elles le sont effectivement. » (Vasari, *Vies.*) Léonard parlera aussi de ces verts différents que montrent parfois les feuilles.

47. L'influence de Verrocchio sur le Pérugin est particulièrement sensible dans *la Vierge et l'enfant* de la National Gallery de Londres, par exemple. Celle du Pérugin sur l'atelier de maître Andrea est surtout perceptible dans les œuvres où Lorenzo di Credi a eu la plus grande part, comme si celui-ci était partagé entre ses grands aînés. Un autre Ombrien, Fiorenzo di Lorenzo, de Pérouse, semble d'ailleurs avoir également travaillé dans l'atelier de Verrocchio aux alentours de 1470.

48. Cod. Atl. 262 r. e.

49. Forster I 40 r.

50. Forster I 43 r.

51. *Ibidem.*

52. *Ibidem.* Cet « ambre » est probablement ce qu'on appelle aujourd'hui *baume de Venise* ; une légende voulait que Van Eyck ait réussi à dissoudre l'ambre, la résine fossilisée, tout en lui gardant ses qualités : d'où, sans doute, cette note de Léonard.

53. Cod. Atl. 4 v. b.

54. Cod. Atl. 70 b ; 207 b.

55. De San Salvi, *le Baptême du Christ* passa aux Sœurs vallombrosiennes de Santa Verdiana ; il entra à l'Académie des Beaux-Arts de Florence en 1810, puis trouva sa place aux Offices en 1914.

56. Seul l'ange de droite est de la main de Léonard. Celui de gauche montre un style intermédiaire entre Léonard (de cette époque) et Verrocchio. Comme si ce dernier l'avait peint d'après un dessin de son élève, ou qu'ils l'avaient fait (comme un test ?) véritablement à deux.

57. Ruskin, *Modern Painters,* 1851.

58. Walter Pater, *la Renaissance,* 1893.

59. Voir in *Connaissance de Léonard de Vinci* le texte de Magdeleine Hours, chef des services du Laboratoire du musée du Louvre : *la Peinture de Léonard vue au laboratoire.*

60. Léonard accordait un soin tout particulier à la préparation des panneaux de bois sur lesquels il allait peindre. Il écrit : « Le bois devra être de cyprès ou poirier ou sorbier ou noyer, que tu enduiras de mastic et de térébenthine deux fois distillée et de blanc ou plutôt de chaux ; et mets-le dans un châssis de sorte qu'il puisse se gonfler ou se rétrécir selon le degré d'humidité. Puis couvre-le d'une couche d'une double ou triple solution d'arsenic ou de sublimé corrosif dans de l'alcool. Enduis-le ensuite d'huile de lin bouillie, pour la faire pénétrer partout, et avant qu'elle ne refroidisse frotte bien le panneau avec un torchon pour qu'il paraisse sec ; applique ensuite du vernis liquide et du crayon de céruse, puis lave-le avec de l'urine quand il est sec. Enfin ponce et trace finement ton dessin. Puis couvre-le d'un enduit de trente parties de vert-de-gris et d'une couche d'un mélange composé d'une partie de vert-de-gris et de deux de jaune. » (A I r.) Léonard obtenait ainsi une surface lisse comme marbre. Pour plus d'informations, voir *le Métier du peintre,* par Jean Rudel, in *Connaissance de Léonard de Vinci, op. cit.*

61. De tous les peintes italiens du XVe siècle, Léonard est sûrement celui qui s'approche le plus de Van Eyck par la technique. Lorsqu'on compare le *Sainte Barbe* inachevé de celui-ci à des œuvres inachevées de Léonard comme l'*Adoration* ou le *Saint Jérôme,* on voit qu'ils procédaient de façon très similaire : en montant doucement à la fois l'ombre et la couleur, sans empâtement. Le blanc de l'enduit joue comme un écran ; la couche picturale est toujours très transparente, le médium à l'huile fait comme un vernis et les couleurs ont la profondeur de la laque.

62. Voir *Connaissance de Léonard de Vinci, op. cit.*

63. Ms 2038 B. N. I r.

64. Léonard dit encore : « La première tâche du peintre, c'est de faire en sorte qu'une surface plane ait l'apparence d'un corps dressé et saillant par rapport à cette surface — et quiconque dépasse les autres dans ce sens est plus digne d'éloge. Cette science, ou plutôt ce sommet de notre savoir, dépend des ombres et de la lumière. » Il ne faut pas oublier que Léonard est aussi, *avant tout,* l'élève d'un sculpteur.

65. En fait, Masaccio s'inscrit à la Guilde des peintres avant Masolino ; il ne peut donc être son élève. Cette (nouvelle) erreur chronologique de Vasari souligne cependant l'ambiguïté de leurs rapports : la commande des fresques de la chapelle Brancacci est passée à Masolino, qui prend avec lui Masaccio, mais auquel bien vite il se subordonne.

66. On appelle « gothique international » le style délicat et fleuri, très *courtois,* qui s'est imposé dans une bonne partie de l'Europe à la fin du XIVe siècle. Gentile da Fabriano et Pisanello (son élève ?) comptent parmi ses meilleurs représentants.

67. Vasari, *Vie de Masaccio.*

68. Vasari précise qu'auparavant les pieds ne semblaient pas reposer sur le sol, que les personnages, mal plantés, paraissaient « s'élever sur le bout des orteils ». Masaccio le premier fit les pieds en raccourcis, bien en équilibre, et même varia les angles.

69. Ce que les peintres admiraient le plus au Carmine était sans doute la

fresque en camaïeu qui montrait l'inauguration de la chapelle Brancacci — fresque malheureusement détruite à la fin du XVIe siècle. Michel-Ange en a copié des parties.

70. Windsor 12363.

71. Windsor 12331.

72. Windsor 12326 r.

73. Quaderni IV 17 r.

74. Cod. Atl. 119 v. a.

75. Alberti, *Della Pittura.*

76. Cod. Atl. 11 b ; 37 b. Léonard écrit : *maesstro pagholo medicho...*

77. La comète de 1472 a été longuement observée et décrite par Ragiomontano.

78. Théorie émise par Stites, *op. cit.*

79. Une note des carnets de Léonard — « Parle de la mer avec le Génois » (Leic. 26 r.) — a engendré l'hypothèse selon laquelle Léonard aurait rencontré et « orienté » le Génois Christophe Colomb... Il est beaucoup plus raisonnable de penser que cette ligne renvoie à l'époque où Ludovic le More devient maître de Gênes et appelle à sa cour des représentants de cette ville.

80. En 1406, le marchand florentin Palla Strozzi acheta un manuscrit grec de Ptolémée (IIe siècle ap. J.-C.) qu'il fit traduire en latin. Le système ptoléméen pour calculer les distances terrestres et dresser les cartes, oublié de l'Occident jusque-là, fut alors adopté en Italie.

81. Aux Offices, à Florence. Une inscription au-dessus donne la date de 1478. Une fois de plus, le texte où il est question de Fioravante est difficilement déchiffrable. Certains traducteurs lisent : « aimant comme une jeune fille » — cela éclairerait singulièrement la vie affective de Léonard. Je ne crois pas pour ma part à un tel aveu, surtout à cette date, et préfère m'en tenir à la transcription de Richter.

82. Br. M. 229 v.

83. Sur Léonard et Attavante, voir l'article de O. G. von Simon in *la Gazette des Beaux-Arts* de nov. 1943.

84. Cod. Atl. 34 b ; 109 a. Le nom d'Antonio da Pistoia et le jugement porté sur lui se trouvent au bas d'une liste de noms dictée sans doute par Léonard à un de ses élèves vers la fin de sa vie, car ce n'est pas là son écriture. J'ai traduit la phrase en essayant de garder son rythme.

85. Cod. Atl. 120 r. d.

86. *Traité de la peinture,* chap. LX.

87. Cod. Atl. 78 v. b.

88. G 5 v.

89. Giovanni Santi, *Chronique rimée.*

90. Vasari, *Vie du Pérugin.*

91. Quels sont les rapports, par exemple, entre Léonard et le sculpteur Francesco di Simone (né en 1437) qui travaille aussi dans l'atelier de Verrocchio à cette époque ? Sur un dessin attribué à ce Francesco (musée du Louvre) figure une courte note de la main de Léonard.

92. Tri. I a.

93. M 58 v.

94. Cod. Atl. 380 r. b.

95. On peut citer encore ce tour : « Bouche bien les issues d'une pièce, aie un brasero de cuivre ou de fer plein de braises, asperge-le de deux pintes d'eau-de-vie (peu à la fois) de manière qu'elle dégage de la fumée. Puis fais entrer quelqu'un avec une lanterne, et tu verras la pièce soudain emplie de flammes — comme une fulguration d'éclair — et personne n'aura de mal. » (Forster I 44 v.)

96. Stendhal, *op. cit.*

97. In Ludwig, alinéa 404, *op. cit.*

98. F 96 v.

99. Cod. Atl. 287 r. a.

100. B 3 v.

101. Forster III 74 r.

102. Cod. Atl. 76 r.

103. K 112 (32) v.

104. Il existe de nombreuses allusions dans les écrits de Léonard à des pierres précieuses ou semi-précieuses, et à leur taille ou leur gravure : « anneau de jaspe — 13 s. / pierre étoilée — 11 s. » (H 64 v) ; « calcédoine » (H 94 r.) ; etc. De l'orfèvre Verrocchio, Léonard avait dû apprendre les différentes techniques de la joaillerie. Un certain François van Heesvelde a consacré aux bijoux de Léonard la moitié d'un ouvrage extrêmement fantaisiste mais qui a le mérite, au moins, de se pencher sur la question (*les Signatures de Léonard de Vinci dans ses œuvres*, publié à compte d'auteur, Anvers, 1962).

105. Ms 2038 B. N. 27 v.

106. G. Uzielli, *op. cit.*

107. G. Séailles, *op. cit.*

108. Voir Popham, 230 à 242.

109. Quaderni III 1 r. Il existe en fait un autre dessin de vulve, un peu plus exact, sur la planche Quaderni III 7 r où il est question d'embryologie. Les grandes lèvres, dans celui-ci aussi, sont exagérément agrandies, cependant. Léonard trouvait le sexe de la femme peu en proportion avec celui de son partenaire : « En général, la femme a un désir qui est tout à fait opposé à celui de l'homme. Elle désire que la dimension du membre génital de l'homme soit aussi grande que possible et l'homme désire l'opposé pour le membre génital de la femme, de sorte que ni l'un ni l'autre n'atteint jamais ce qu'il souhaite... La femme a, proportionnellement à son ventre, un membre génital plus grand qu'aucune autre espèce animale. » (Q III 7 r.) Léonard entend-il, par cet argument *physiologique*, justifier la répulsion que lui inspirent les relations hétérosexuelles ?

110. Quaderni III 2 v.

111. Quaderni III 3 v.

112. Cod. Atl. 48 v. a et 48 v. b. Sur cette bicyclette qu'aurait inventée Léonard, voir l'article de Marinoni, in *Léonard de Vinci*, publié sous la direction de L. Reti, Paris, 1974.

113. Quaderni III 3 v. Ce dessin a été longuement commenté par Freud dans son essai sur Léonard (*op. cit.*).

114. A 10 r.

115. Cod. Atl. 202 v. a. Léonard a-t-il vraiment envoyé à son demi-frère (Domenico, le cinquième enfant de ser Piero ?) cette lettre d'une dureté qui ne lui ressemble pas ? Peut-être n'est-ce là qu'une réflexion pour lui-même, en forme de lettre ?

116. Cod. Atl. 78 v. r.

117. Cennini, *op. cit.*

118. H 118 (25 r.) v.

119. Windsor 12351 a.

120. Cod. Atl. 313 r. b. ; Fo' (1292) ; Windsor 12351.

121. B 2 v.

122. B 13 r.

123. « Luxure est cause de génération » (H 32 r.). En fait, il est toujours difficile de départager l'opinion personnelle de la tradition. Dans un dessin allégorique de l'Albertina de Vienne, Pisanello donne un lapin comme attribut à la luxure. Léonard ne dit peut-être pas ici autre chose.

124. Pétrarque, *De l'Amour.*

125. Oxford II 7.

126. Platon, *le Phédon.*

127. Windsor 12349 v. Léonard, à Milan, conçoit d'ailleurs un réveille-matin très particulier : pour se guérir de l'habitude qu'il a de paresser au lit ? (Voir note 35, chapitre VII.)

128. Cod. Atl. 320 v. b.

129. Tri. 9 a. Léonard dit obscurément « l'objet aimé » ; il semble désigner ainsi un *objet d'étude,* ou le travail de l'artiste. Cependant, la phrase est ambiguë ; elle me paraît en tout cas avoir un sens plus large, comme si Léonard, à la façon de l'Ancien Testament, accordait la même signification aux mots *aimer* et *connaître,* et qu'il estimait que l'amour physique et l'amour intellectuel se conçoivent pareillement, ou sont le symbole l'un de l'autre.

130. *Ibidem.*

131. Oxford II n° 6.

132. *Ibidem.*

133. F. Bérence, *Léonard de Vinci, ouvrier de l'intelligence,* Paris, 1947.

134. Cod. Atl. 284 a. La phrase complète, terriblement hermétique, est : « Quand j'ai bien fait, étant enfant, vous m'avez mis en prison ; maintenant que je le fais grand, vous me ferez bien pis. » Léonard a écrit ces mots vers 1505. Pour certains, il voudrait dire : « à l'époque où j'ai fait le Christ enfant » et « maintenant que je le représente adulte ». Selon Pedretti (*A Commentary to J. P. Richter's edition of the Literary works of L. da V., Los Angeles, 1977*), Léonard pourrait avoir fait ce Christ enfant en prenant pour modèle Jacopo Saltarelli. La tradition veut que Saltarelli posait pour des artistes au moment de son inculpation. Je ne trouve pour ma part aucune preuve de son activité de modèle ; l'acte d'accusation

n'en parle pas. On ne voit pas cependant à quelle autre époque de sa vie Léonard aurait pu avoir été incarcéré.

135. Leic. 90 v.

136. Cod. Atl. 394 r. b.

137. Cod. Atl. 9 v. b.

138. Pedretti, *Léonard de Vinci et l'architecture*, Milan, 1978.

139. On pourrait dire aussi que Lorenzo di Credi montre un visage très efféminé dans son *Autoportrait* des Offices...

140. Cité par Eissler, *op. cit.*

141. H 5 v.

142. H 5 v.

143. H 12 v.

144. H 14 r.

145. H 22 v.

146. H 22 r.

147. H 63 v.

148. H 6 r.

149. Quaderni II 14 r.

150. Cod. Atl. 76 r. La plupart des passages cités, en particulier ceux extraits du manuscrit H, datent des années 1490 ; ils sont donc postérieurs de près de vingt ans à l'affaire Saltarelli. Les choses semblent cependant se répéter dans ces années-là : Léonard craint alors les effets d'une nouvelle « dénonciation » (voir p. 308) et un revirement d'attitude de son protecteur (Ludovic le More jouant cette fois le rôle de ser Piero)...

151. H 16 v. ; Cod. Atl. 170 r. b.

152. S. Ken. M. III 85 a.

V

DISPERO

Si tu es seul, tu seras tout à toi[1].

LÉONARD.

Laurent de Médicis a vingt ans quand il accepte — sans enthousiasme, dit-il — de gouverner Florence. La charge lui semble écrasante, dangereuse ; il s'estime trop jeune pour l'assumer, il aimerait mieux employer son temps à la poésie, aux fêtes, à la chasse, loin des remous de la ville, dans ses belles propriétés de Carreggi, de Mugello, de Poggio a Caiano. Il doit s'y résoudre cependant, afin d'assurer la sauvegarde de ses amis et de sa fortune, poursuit-il, « parce qu'à Florence, quand on est riche, il n'est pas facile de vivre si on ne possède pas la maîtrise de l'Etat * [2]. »

La tentation de ne rien faire, ou, si l'on préfère, de se consacrer aux plaisirs bucoliques, se rencontre souvent à l'époque. Le banquier, le marchand, mais aussi le médecin, le tanneur ou le menuisier, possèdent une maison des champs, un domaine à la mesure de leurs moyens où ils passent les fins de semaine, les vacances : tous rêvent de s'y retirer. Fort de l'exemple de son grand-père Antonio, de son oncle Francesco, Léonard y songe lui aussi dans ses moments d'abattement, comme en témoigne cette petite fable qu'il composera, à Milan, d'après les *Lapides* d'Alberti : « Une pierre de belle dimension, mise à nue par la pluie, se trouvait en un lieu élevé, planté de fleurs multicolores, en bordure d'un bosquet surplombant un chemin rocailleux. A force de regarder les cailloux de la route, le désir lui vint de se laisser choir parmi eux. Que fais-je ici, au milieu des végétaux ? se disait-elle. Je devrais être là-bas, avec les miens. Elle roula donc au bas de la pente et rejoignit les autres pierres. Mais les roues des charrettes, les sabots des chevaux et les pieds des voyageurs la réduisirent au bout de quelque temps à un état de continuelle détresse. C'était à qui roulerait sur elle, la piétinerait. Parfois, quand elle était souillée de boue ou des

---

* Pour les notes concernant ce chapitre, voir page 191.

excréments des bêtes, il lui arrivait de se redresser un peu et de regarder — en vain — le lieu qu'elle avait quitté — ce lieu de solitude et de bonheur paisible. Ainsi arrive-t-il à qui veut abandonner la vie solitaire et contemplative pour venir habiter la ville, parmi des gens d'infinie malignité[3]. »

Pas plus que Léonard, quoique pour des raisons très différentes, Laurent de Médicis ne peut se permettre de paresser longtemps, mollement allongé dans l'ombre tranquille d'un arbre, tel l'heureux Tityre. Ses concitoyens lui ont à peine confié le pouvoir qu'il lui faut lever des troupes et rechercher l'alliance de Milan et de Naples, c'est-à-dire en imposer à deux tyrans avertis, afin de déjouer diverses menaces de guerre.

La situation politique de l'Italie (dont Léonard ne parle guère, quoiqu'il en subisse le poids) est en ce temps aussi embrouillée qu'instable. Cinq grandes puissances, Florence, Venise, Milan, Rome et Naples, sans parler de principautés comme Ferrare, Urbino, Gênes, Sienne ou Mantoue, ne cessent d'intriguer, de se liguer les unes contre les autres, afin de s'agrandir, de s'enrichir, de se préserver. La péninsule forme alors un continent en miniature ; des nations de la taille d'une province, voire d'un canton, s'y affrontent aussi bien que de vastes empires.

A l'intérieur même de chaque Etat, encouragées par telle ou telle puissance rivale, des factions s'organisent en permanence pour renverser l'autorité en place. Le jeune Laurent sait qu'on le guette, que le moindre signe de faiblesse, la moindre erreur de sa part peuvent être fatals à son parti.

Son père meurt en décembre 1469. En avril suivant, des conjurés tentent de s'emparer de la ville de Prato, soumise à Florence, avec l'espoir de soulever la Toscane ; ils échouent : dix-huit d'entre eux sont décapités ; Laurent, malgré son inexpérience, a l'habileté et le courage de pardonner aux autres.

Quelques mois plus tard, comme les Turcs achèvent de conquérir la Grèce, Laurent doit tenir tête au pape qui veut lancer une croisade : le commerce, aux yeux de Florence, passe avant la religion. En même temps, il opère une réforme du gouvernement, afin de mieux le contrôler, et il réorganise les affaires familiales, banques et comptoirs, en remaniant avec plus ou moins de bonheur ses filiales de Lyon, d'Avignon, de Venise et de Naples ; déjà on le sent meilleur politicien que financier.

En 1471, il obtient le monopole, pour quatre ans, de la vente de l'alun (sulfate double d'aluminium et de potassium hydraté) qui est un peu le pétrole de l'époque : ce minerai est indispensable à la teinture des étoffes, or l'industrie textile constitue la part majeure de l'économie italienne.

Un important gisement d'alun a été découvert à Volterra, vassale de Florence. Bientôt, devant les énormes intérêts en jeu, une querelle s'élève à propos des droits d'exploitation. La mine est occupée, le podestat renvoyé. Laurent, dont on demande l'arbitrage, conseille la guerre. On parlerait plus justement d'expédition punitive. Frédéric de Montefeltro, duc d'Urbino, protecteur de Piero della Francesca et *condottiere* à l'occasion, commande les douze mille hommes de l'armée florentine. Les insurgés capitulent le 18 juin 1472, après un siège sans surprise — mais Volterra est mise à feu et à sang. On pille, on massacre, durant un jour entier ; les femmes ne sont pas épargnées, non plus que les lieux saints[4]. Quoiqu'il n'en soit pas directement responsable, les atrocités perpétrées dans cette ville seront par la suite durement reprochées à Laurent qui eût pu préférer, comme le lui dit son ami Soderini, « un maigre accord à une grasse victoire[5] ».

Sa dureté dans cette affaire consolide cependant son autorité sur ses concitoyens ; elle inspire le respect ; comme il régale par ailleurs la ville de spectacles, à la façon des empereurs romains — et bien que toute cette politique coûte très cher, que la situation économique aille plutôt en se dégradant — on se retient un moment de comploter contre lui.

A l'extérieur, les alliances se font et se défont : avec Venise, contre Naples, contre Sienne, contre Rome qui, du coup, retire aux Médicis l'administration des finances pontificales et le monopole de l'alun, pour les confier à une autre famille de banquiers florentins, les Pazzi.

Représailles inévitables : Laurent accuse un Pazzi de trahison et spolie un autre dans une sombre histoire d'héritage. Forts de l'appui du pape (et de Sienne), les Pazzi envisagent de se venger à leur tour. L'idée mûrit ; les ambitions croissent à mesure : pourquoi ne pas s'emparer tout bonnement du pouvoir ?

Le dimanche 26 avril 1478, Laurent et son frère Julien assistent à la messe dans la cathédrale Sainte-Marie-de-la-Fleur. La clochette résonne, qui annonce la fin de l'office. C'est le signal. Des armes surgissent de dessous les vêtements, les conjurés s'élancent. Ils frappent Julien au cœur et s'acharnent sur son cadavre. Laurent, blessé à la gorge, parvient à se défendre ; il se réfugie dans la sacristie dont on ferme la double porte de bronze et, de là, entouré, soutenu par ses amis, au nombre desquels le poète Ange Politien, il regagne son palais de la via Larga.

La nouvelle fait cependant le tour de la ville — où les slogans

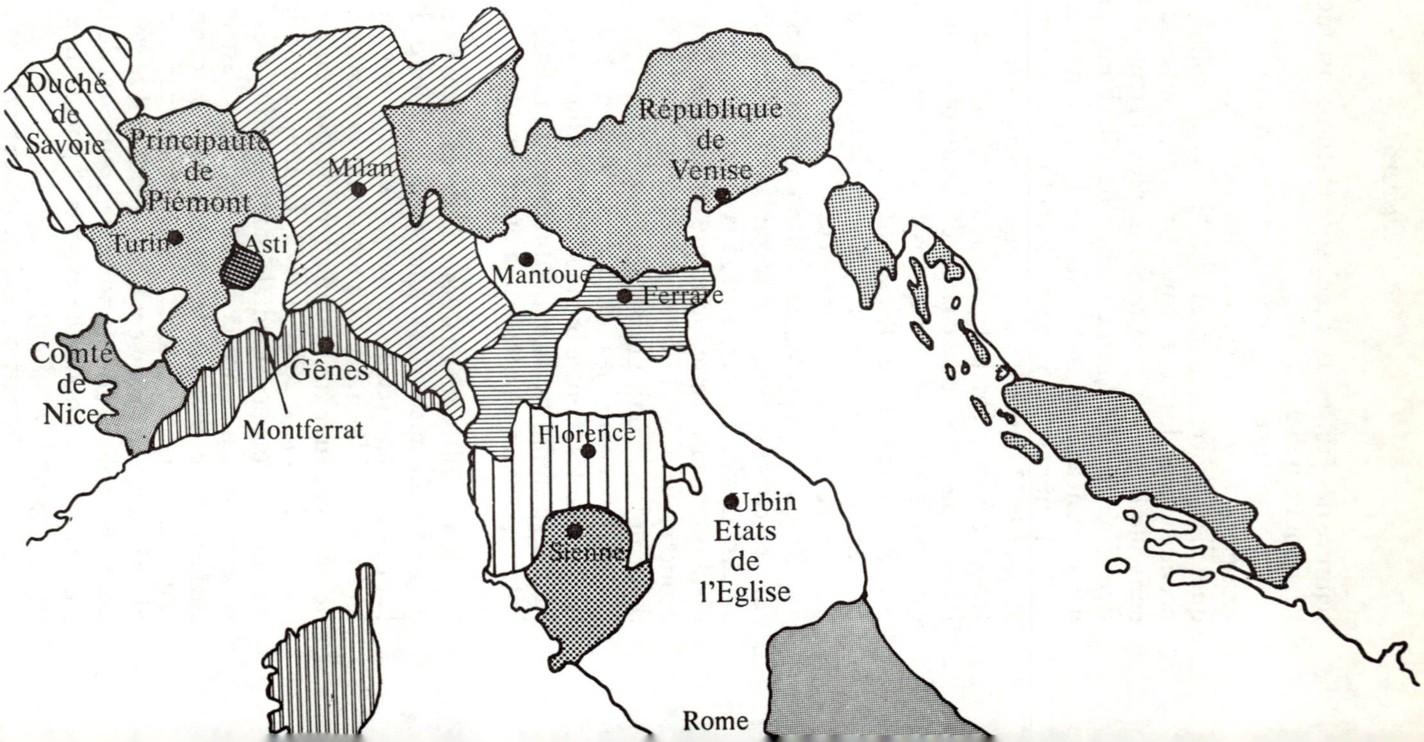
Duché
de
Savoie
Principauté
de
Piémont
Turin
Asti
Comté
de
Nice
Gênes
Montferrat
Milan
Mantoue
Ferrare
République
de
Venise
Florence
Sienne
Urbin
Etats
de
l'Eglise
Rome

L'ITALIE EN 1490

libertaires ne rencontrent aucun écho. Au vacarme des cloches répond maintenant le cri de ralliement des Médicis : « *Palle*[6] *!* » Loin de se révolter contre son maître, le peuple prend unanimement son parti, l'acclame, poursuit les conjurés, parmi lesquels des prêtres, il les traque jusque dans leurs maisons. Bientôt des cadavres pendent aux fenêtres du palais de justice ; d'autres sont mutilés, exhibés au bout de piques et outragés de toutes les manières possibles. La répression se poursuit dans les semaines suivantes. Les juges prononcent une centaine de condamnations à mort. Un décret interdit le nom de Pazzi ; les armoiries de cette famille sont effacées sur tous les édifices publics ou privés où elles figurent. Enfin, comme on le fait parfois pour ceux qui ont gravement attenté à la sécurité de l'Etat, on charge un peintre de représenter l'exécution des coupables, à la place la plus infamante, sur la façade du Bargello (à deux pas de la maison de ser Piero) — afin de les punir en effigie et d'effrayer leurs fidèles.

Andrea del Castagno a déjà peint de la sorte, vers 1434, un Albizzi et ses complices, pendus par les pieds ; il y a même gagné un temps le surnom d'Andrea *degl'Impiccati* (« des pendus »). Si Léonard espère, comme je le pense, obtenir la commande du châtiment des Pazzi, il doit être déçu : elle va à son ami Botticelli, beaucoup plus en vogue que lui. Peut-être lui échappe-t-elle aussi parce qu'on l'assimile à son maître à qui la Seigneurie confie la réalisation d'ex-voto en cire (destinés à remercier le Ciel d'avoir épargné Laurent[7]), et qu'on entend distribuer le travail équitablement entre les ateliers.

Nous ignorons de quelle manière le charmant Botticelli (qui vient d'achever la grande allégorie du *Printemps*) représente les suppliciés : sa fresque, qu'on lui paie quarante florins d'or, est détruite en 1494, lorsque les Médicis sont chassés de la ville[8]. Un dessin, conservé au musée Bonnat, à Bayonne, permet de deviner en revanche ce qu'aurait fait Léonard. C'est une étude sans concession, à la plume, qui date de la fin de l'année 1479[9].

Un des conjurés, en effet, Bernardo di Bandini Baroncelli, qui a porté le coup fatal à Julien de Médicis et blessé un compagnon de Laurent, a réussi à s'enfuir. Il s'est caché d'abord à l'intérieur de la cathédrale, puis a passé au galop la frontière, pour embarquer à destination de la Turquie. Il se trompe s'il se croit à l'abri dans les murs de l'ancienne Constantinople. Laurent le veut à tout prix ; les Médicis entretiennent des relations privilégiées (c'est-à-dire d'argent) avec la Sublime Porte : arrêté, extradé, le meurtrier est pendu à Florence en décembre 1479. Léonard ne désespère pas d'être choisi pour fixer le souvenir de son exécution. Il y assiste en tout cas, et dessine très exactement ce qu'il voit, en prenant soin de noter le détail du vêtement pour le cas où on lui confierait la peinture : « Petit bonnet brun, écrit-il dans la marge ; pourpoint de serge noire ; justaucorps noir doublé ; manteau bleu doublé de fourrure de renard, le col garni de bandes de velours noir et rouge ; Bernardo di Bandino Baroncelli ; chausses noires. »

Au bas de la feuille, il reprend le croquis de la tête, pour préciser l'angle que la mâchoire fait avec le cou. Il semble cependant que ses espoirs soient une fois encore déçus. La gloire du pendu lui échappe. Nous connaissons l'épitaphe accrochée sous les pieds de Bandini [10], mais rien n'indique que Léonard dépasse pour sa part le stade d'une simple étude.

Quant à Laurent, une guerre ouverte l'oppose maintenant au pape Sixte IV dont il a emprisonné un neveu. Il s'en sort par un acte d'une audace inouïe : il se jette seul dans les griffes de l'ennemi, alors que tout semble perdu, il retourne en sa faveur le roi Ferrante de Naples, privant la papauté de son meilleur soutien ; à son retour, on ne l'appelle plus autrement que Laurent le Magnifique.

Dans cette seconde moitié des années 70, comme pour se relever de l'accusation de sodomie portée contre lui, Léonard semble enfin se mettre sérieusement à son art. Selon Léon Bloy, nous ne savons jamais si telle chose qui nous afflige ne constitue pas le principe secret d'un avantage ultérieur. Au bout du compte, son procès, source de scandale et de mauvaise conscience, a peut-être sur Léonard un effet positif.

Qu'a-t-il peint avant qu'éclate l'affaire Saltarelli ? En dehors de l'ange du *Baptême du Christ,* je ne vois que la grande *Annonciation* de Florence ; elle pourrait être de 1474, 1475. Le tableau n'est ni daté ni signé, comme toute la production de Léonard ; et il ne subsiste aucun contrat qui lui corresponde. C'est sans doute encore une œuvre d'atelier (d'où des inégalités dans l'exécution). Avant d'entrer aux Offices, en 1867, le tableau se trouvait au couvent de Monte Oliveto ; on le donnait alors à Ghirlandaio. Certains y reconnaissaient la main de Verrocchio, plus raisonnablement. Ruskin, contre tout le monde, l'attribua à Léonard : « C'est un Léonard précoce, déclara-t-il, des plus authentiques et d'un intérêt extrême ; les savants qui en doutent sont — peu importe ce qu'ils sont. » Une étude à la plume de la manche de l'ange annonciateur [11], publiée en 1907, confirma ce jugement péremptoire — auquel la plupart des historiens de l'art se sont ralliés depuis. Rien n'est prouvé cependant, quant à la date à laquelle l'œuvre a été peinte.

Quand on compare cette *Annonciation* à l'ange du *Baptême* et aux autres œuvres picturales de l'atelier de Verrocchio, on mesure bien l'étendue des progrès réalisés alors par Léonard. Un pas décisif semble franchi. L'influence du maître (de la sculpture surtout de maître Andrea) y est toujours sensible, notamment dans la position un peu maniérée des longs doigts de la Vierge et dans le pupitre central dont le piétement copie très fidèlement celui du sarcophage en porphyre de Pierre de Médicis ; l'œuvre n'est pas non plus exempte de maladresses, en particulier pour ce qui est de la perspective (le lutrin appartient à un autre plan que la main qui s'y appuie) ; mais l'ensemble, malgré le mauvais état de conservation de la peinture, montre une douceur, une unité, une profondeur, une lumière — une atmosphère — tout à fait originales, inconnues de l'époque, et qui annoncent déjà les chefs-d'œuvre de la maturité. Toute la *science* de l'artiste apparaît d'autre part dans le parterre fleuri du premier plan, qui est d'un botaniste, et la façon dont sont conçues les ailes du messager céleste. Bariolées, mal harnachées dans le dos, les ailes des anges semblent d'ordinaire un accessoire de théâtre, décoratif mais encombrant. Léonard, de manière à conférer aux siennes le maximum de réalité possible, s'est inspiré de toute évidence d'un oiseau véritable ; comme il les fait partir des omoplates, ce qui suppose — déjà — des notions d'anatomie humaine et animale, elles poursuivent naturellement la ligne du bras ; de teinte brune, discrètes, *logiques,* exactement proportionnées, ce sont d'authentiques organes du vol. Leur réalisme scrupuleux (terriblement nouveau — qu'on songe aux ailes si peu aériennes de Fra Angelico, de Lippi ou même de Piero della Francesca) doit paraître d'ailleurs vaguement iconoclaste ; bientôt une main étrangère va les rallonger aux dimensions canoniques : une vilaine retouche, qui court sur deux arbres du fond, les *dénature* toujours, en les augmentant de moitié [12].

Mais ensuite ? J'ignore combien d'années il passe sur ce tableau — je n'en trouve aucun autre en tout cas antérieur à « l'affaire ». La jolie petite *Annonciation* du Louvre [13], très proche de celle des Offices, quoiqu'elle lui ait été un moment attribuée (après l'avoir été aussi à Ghirlandaio), ne saurait être de Léonard. Peinte à la détrempe et non à l'huile (et par un artiste droitier, semble-t-il), on la donne aujourd'hui à Lorenzo di Credi. Celui-ci l'exécuterait entre 1478 et 1485, sous les ordres de Verrocchio, *d'après Léonard.*

C'est sans doute un panneau de prédelle : il viendrait d'un retable de la cathédrale de Pistoia.

En 1477, quelques mois après le dénouement du procès, maître Andrea se rend en effet avec une partie de son équipe dans cette ville qui est un gros bourg carré, situé à une quarantaine de kilomètres de Florence ; il doit y élever un monument en marbre à la mémoire du cardinal Niccolo Forteguerri, et il est probable que les autorités locales profitent de sa venue pour lui commander un grand tableau d'autel, une Vierge à l'Enfant entre saint Jean-Baptiste et saint Donat d'Arezzo, avec ses panneaux annexes. Léonard est du voyage, comme en témoigne une note de 1478[14] ; j'imagine qu'il n'est pas fâché de fuir un moment la capitale. On ne connaît pas au juste la durée de son séjour à Pistoia. Elle doit être assez brève. Ce qui me frappe, en fait, c'est que la part de sa contribution aux œuvres que l'atelier exécute là-bas est infime. J'y vois l'indice de son émancipation : le signe qu'il délaisse son rôle (subalterne) de collaborateur et s'efforce enfin de travailler pour lui-même. Lorenzo di Credi, dont il a guidé la formation, possède désormais assez de savoir et de pratique pour seconder à sa place leur maître et employeur commun. On reconnaît le pinceau minutieux et rêche de Lorenzo dans la *Madone de Pistoia ;* aucunement, en aucun endroit de la peinture, la touche souple de Léonard.

Outre l'idée générale de l'*Annonciation,* Léonard fournit vraisemblablement quelques dessins — guère plus. Un projet en terre cuite pour le monument Forteguerri (conservé au musée du Louvre) pourrait être de lui ; il s'agit d'un ange, plutôt conventionnel, saluant un Christ ou une Vierge[15]. Voilà peut-être la dernière chose produite par lui au service de Verrocchio.

Je suppose qu'il est entré dans un tournant de sa vie. A vingt-cinq ans (et vingt-cinq ans de l'époque), les espoirs commencent de peser, la réalité ternit les illusions, il est détestable de demeurer un talent prometteur. Léonard n'a encore rien accompli qui lui appartienne en propre, ses mains sont vides, il n'a trouvé à se distinguer que dans un procès scandaleux. Masaccio, à son âge, achevait l'essentiel de son œuvre. Léonard, avec une impression de gâchis, découvre alors le temps qui file.

« Rien ne s'écoule plus vite, écrira-t-il, que les années, filles du temps[16]. »

Comme Lorenzo di Credi assure sa relève (pour ce qui est de la peinture du moins), n'étant plus indispensable à la bonne marche de l'atelier, il peut s'en détacher sans remords. En fait, tout l'y incite.

C'est un éloignement progressif ; Léonard n'est pas homme à brusquer les choses : il ignore les coups de tête, les impulsions irrésistibles. Ses ressources ne doivent pas lui permettre d'ailleurs de quitter la maison de son maître sur-le-champ ; il reste quelque temps encore chez Verrocchio, dont la bienveillance paternelle, je pense, ne s'est pas démentie pendant le procès. Verrocchio, ne l'oublions pas, a été traduit lui-même en justice autrefois — pour meurtre. (Le caillou fatal de sa jeunesse déchire sa conscience au point que, quand il sculpte son *David,* il ne peut mettre une fronde entre les mains du vainqueur de Goliath, cet autre *lanceur de pierres* : à la place il l'arme d'un coutelas.) Il comprend ; et il accorde sûrement sa bénédiction à son disciple, s'il ne l'aide pas de façon plus concrète, le jour où celui-ci annonce son intention de se lancer seul sur la scène publique.

On connaît des débuts plus éclatants. Léonard commence par une fausse entrée. L'instant est peut-être mal choisi ; comme la guerre occupe les esprits et épuise les finances, Florence, menacée d'interdit par le pape, n'a pas pour souci majeur d'orner ses églises et ses palais.

Une première commande personnelle vient du gouvernement. Le 1er janvier 1478, on confie au maître Léonard de Vinci, par écrit, la peinture d'un tableau pour l'autel de la chapelle de saint Bernard, à la Seigneurie. Le 16 mars suivant, Léonard touche une avance respectable de vingt-cinq florins ; mais, pour une raison mystérieuse, les choses en restent là : il n'honorera jamais son contrat. Je ne pense pas qu'on puisse le lui reprocher. L'ouvrage a déjà été commandé à Piero Pollaiuolo, sans résultat ; Ghirlandaio, qui en hérite ensuite, l'abandonne pareillement ; il échoira à Filippino Lippi, qui le mènera à bien — sept ans plus tard — d'après le carton du Vinci, selon l'Anonyme Gaddiano [17].

En juillet, Botticelli emporte le contrat de la pendaison des Pazzi. Mais, dans les derniers mois de l'année (année tragique, car aux problèmes politiques s'ajoutent une inondation puis une épidémie de peste), Léonard doit avoir fini par trouver du travail, car il note dans le coin d'une page : « J'ai commencé les deux Vierges Marie [18]. »

Il ne dit pas qui les lui a commandées, bien évidemment, ni de quelles *Vierges* il s'agit.

L'une d'elles paraît être la *Madone Benois.* Un tableau de maître a généralement une histoire, des références ; on peut suivre sa trace au cours des siècles : il est cité dans des inventaires, des testaments, des livres d'art ou de voyage. Pas celui-ci. Il surgit un beau jour du néant, et à l'endroit où on l'attend le moins : au début du XIXe siècle, à Astrakan, en plein pays tartare. Là, un musicien ambulant italien le sort miraculeusement de son bagage pour le vendre, sans en expliquer l'origine ou avec le boniment de rigueur, à un monsieur Sapojnikov. C'est la petite-fille de ce dernier, veuve du peintre russe Léon Benois (d'où le nom donné au tableau), qui le cède, en 1914, au musée de l'Ermitage de Leningrad où il se trouve aujourd'hui[19].

La peinture a beaucoup souffert du long périple qui l'a conduite jusque dans le delta de la Volga. Sa transposition sur toile (Léonard peint sur panneau de bois) n'arrange pas les choses. Mal restaurée, abîmée par le temps autant qu'altérée par des mains criminelles, la *Madone Benois* n'est plus que l'ombre d'elle-même. Berenson parle méchamment d'une « femme au front chauve et aux joues bouffies, au sourire édenté, aux yeux chassieux, à la gorge ravinée[20] ». En fait, les dents de la Vierge existent sous le vernis crasseux et la vilaine peau vient des repeints d'une manière incompatible avec celle de Léonard.

Quels que soient les soins qu'on lui prodigue, le tableau ne reprendra jamais son état d'origine ; il peut décevoir. Son importance historique est cependant indéniable, et c'est peut-être sous cet angle qu'il convient de l'aborder. Auparavant, la Vierge est une figure hiératique, proprement sublime, mais, par voie de conséquence, assez raide, figée comme ces modèles photographiques qui ont dû *tenir la pose*. Filippo Lippi s'est déjà efforcé de la désacraliser, de la traiter en tant que femme plutôt qu'article de foi, d'escamoter le piédestal, de la présenter dans des attitudes familières. L'art de la fin du *Quattrocento* va dans ce sens — mais jamais aussi loin que la *Madone Benois*. Léonard invente de symboliser le Mystère divin par un simple amour maternel, comme si celui-ci reflétait ou répétait chaque jour celui-là. Il fait une scène domestique : une jeune femme, d'une beauté ordinaire, jouant avec son bébé. Une fleur intrigue l'enfant ; il s'efforce de la saisir. La mère, qui s'amuse de son geste malhabile, de son air sérieux et important, n'offre pas son fils à l'admiration des foules. Ni l'un ni l'autre ne cherche le regard du spectateur. Tout tourne entre eux deux, autour de la fleur ; on ne sent pas même la présence de l'artiste. Carlo Pedretti souligne que, pour Léonard, le peintre, aussi bien qu'un poète, peut — et doit — créer « une fiction (*finzione*) qui signifie de grandes choses[21] ». La *Madone Benois* marque la découverte de ce principe : une illustration littérale ne vaut pas une métaphore ; un symbole (ou « fiction ») en dit plus long qu'un discours. Léonard dépouille la Vierge de ses ors, élimine définitivement le trône de marbre, les colonnes, les anges musiciens, tous les insignes de majesté, de bonté, de pureté dont on la pare d'habitude. Il les remplace par la simple figuration d'un sentiment. Celui d'une mère envers son enfant lui tient sans doute particulièrement à cœur ; mais il ne cherche pas un prétexte : il s'agit toujours de religion.

Seulement, il transpose, car il veut donner à réfléchir — mieux : à ressentir. Il compose une parabole visuelle. Au lieu d'une couronne, il montre ce par quoi la Vierge mérite d'être couronnée. Représenter et provoquer une émotion (c'est là l'objet de toute fiction) va devenir son but principal. Bientôt il voudra traduire tout le mystère de cette chose confuse qu'est la vie par un geste de la main, par l'énigme d'un sourire.

J'ignore si le public de l'époque apprécie le tableau à sa juste valeur ; je suppose que la *Madone Benois* est trop en avance sur son temps pour vraiment séduire. Nous pouvons en revanche juger de la réaction des artistes par le nombre important de répliques qu'ils en font aussitôt : de Lorenzo di Credi à Raphaël, toute une génération de peintres va reprendre ce nouveau type de Madone[22].

« ... Deux Vierges Marie », disait-il dans ses notes.

L'identification de la seconde est plus difficile. Ce pourrait être une *Vierge au chat*, perdue, que nous connaissons uniquement grâce à des croquis, des études préparatoires[23] (elle suit le principe de la *Madone Benois*, un chat tenant là le rôle de la fleur). Pour certains, ce serait plutôt la *Madone à l'œillet* de la pinacothèque de Munich[24]. Personnellement, je ne crois pas que cette œuvre, dans un état de conservation encore plus déplorable que la précédente, doive lui être donnée en propre. L'idée générale du tableau, et les montagnes bleues, le vase transparent, la coiffure savante de la Vierge évoquent irrésistiblement Léonard. Mais le gros bébé aux yeux vides, en équilibre instable sur un coussin, ne saurait lui appartenir. Que dire de la raideur des personnages, de la complication infinie du drapé ? La peinture rappelle en fait tout autant Verrocchio et Lorenzo di Credi. Ce devrait être encore une composition d'atelier.

Quoi qu'il en soit, et même s'ils ne sont pas compris de tout le monde, ces premiers tableaux établissent la réputation du Vinci. On lui confie d'autres travaux, j'imagine. De sorte qu'il peut alors quitter la demeure de son maître et ouvrir son propre atelier. Nous ne sommes pas bien renseignés là-dessus, mais il semble qu'en 1479 (année qui voit la naissance du deuxième fils légitime de ser Piero), il vive désormais *in casa sua propria*, dans ses meubles.

Parmi les ouvrages qui lui offrent la possibilité d'acquérir son indépendance figure sans doute le carton d'une tapisserie destinée au roi du Portugal : *Adam et Eve au paradis, au moment du péché*. Vasari le décrit en partie : « Léonard traça au pinceau, en un camaïeu rehaussé de céruse, un pré d'herbes variées avec des animaux. En vérité, aucun génie n'aurait pu les rendre avec plus de soin et de naturel ; on voit un figuier, avec le raccourci des feuilles et le détail des branches traités avec tant d'amour que l'esprit se perd à l'idée d'une telle minutie. Il y a aussi un palmier dont le tronc avec ses écailles arrondies est rendu avec l'art merveilleux que seuls permettaient la patience et le talent de Léonard. »

Pour une raison inconnue, la tapisserie, qui doit être tissée dans les Flandres en or et soie, n'est pas exécutée. Le carton ne quitte pas Florence. L'Anonyme Gaddiano lui consacre une ligne. Vasari le voit, au milieu du XVIe siècle, dans la maison d'Ottaviano de Médicis, lointain parent de Laurent. Nous n'en savons pas davantage, car ensuite, comme tant d'œuvres de Léonard, il disparaît.

De la même époque peut dater le *Portrait de Ginevra Benci* (cédé en 1967 à la National Gallery de Washington, pour la somme record de plus d'un million de dollars, par la collection Liechtenstein de Vienne. C'est la seule peinture de Léonard aux Etats-Unis[25]).

Un mauvais sort semble peser sur les œuvres du Vinci : à une date indéterminée, le tableau a été amputé d'une bande de vingt centimètres environ dans sa partie inférieure, d'où ses proportions inhabituelles. Au revers du panneau figure une branche de genévrier entourée d'une guirlande de palme et de laurier, avec l'inscription latine : *Virtutem forma decorat* (« La beauté orne la vertu »). Il manque le bas de la guirlande ; en la complétant, on ramène la peinture au format classique de 3×4. La partie coupée du portrait devait donc contenir les mains du modèle. On en a retrouvé heureusement l'étude préparatoire (à la pointe d'argent sur un papier teint en rose) dans une page conservée à Windsor[26].

A l'origine, les doigts de la main droite jouent avec le laçage du corselet (l'échancrure du vêtement est repeinte) ; ils tiennent peut-être une fleur. Ainsi reconstituée, l'œuvre, qui annonce *la Joconde*, inaugure une formule révolutionnaire : je ne connais pas d'exemple antérieur de portrait *avec les mains* (traditionnellement, on se contente d'un buste, et le plus souvent, pour les femmes, d'un buste de profil). La formule, en vérité, a été mise au point par Verrocchio dans sa *Dame au bouquet de violettes* en marbre du musée du Bargello. Mais Léonard l'applique le premier en peinture : elle sert à merveille sa volonté d'expressivité. (Et elle s'impose aussitôt. Botticelli la reprend, notamment, dans son *Jeune homme à la médaille* des Offices[27].)

La « fiction », toujours, plutôt qu'une plate représentation des apparences. « Donne à tes figures une attitude révélatrice des pensées que tes personnages ont dans l'esprit, écrit Léonard ; sinon ton art ne méritera pas la louange[28]. »

L'admirable dessin des mains de Ginevra Benci (pourquoi les a-t-on coupées ? parce qu'elles n'étaient pas achevées ? parce qu'un accident avait trop endommagé cette partie de la peinture pour qu'on pût la restaurer convenablement ?) montre l'intention de Léonard : le geste pudique manifeste cette vertu dont parle la devise au dos du panneau.

Ginevra, dont le nom est symbolisé par le sombre buisson de genévrier (*ginepro,* en italien) sur lequel elle se détache, fille du très riche banquier Amerigo de' Benci, mariée en 1474 à un certain Luigi di Bernardo Niccolini, poétesse elle-même, est célébrée dans de nombreux vers, en particulier dans deux sonnets de Laurent de Médicis, autant pour sa beauté que pour n'avoir pas cédé à l'amour pressant d'un ambassadeur de Venise. Sans doute est-ce cela qu'entend traduire Léonard par le langage des mains. Il met cependant autre chose dans cette œuvre, qui dépasse la simple anecdote.

Les feuilles aiguës du genévrier emblématique, le ciel crépusculaire, l'alternance de zones très claires et très sombres, le miroitement inquiétant des eaux d'un lac ou d'une rivière, les lointains bleutés, tout le paysage, par ses moindres détails, participe activement au portrait dont il nuance, complique, enrichit l'expression. La jeune femme ne tourne pas le dos à un décor indifférent d'arbres et de montagnes ; elle sécrète, elle développe autour d'elle sa propre *atmosphère* pleine de sous-entendus, comme une araignée tisse le labyrinthe de sa toile ; et cette projection d'elle-même énonce obscurément tout ce que ne peuvent dire les lèvres fermées, le regard mélancolique, le grand front de marbre. Figure et paysage, c'est là encore une formidable innovation, sont d'ailleurs si intimement liés qu'ils se fondent l'un dans l'autre grâce au jeu des ombres. Jusque-là, en effet, héritage probable de la fresque, on voit un arrangement de masses distinctes et continues, les éléments d'une peinture sont conçus séparément, une ligne nette cerne les personnages : elle les clôt, les isole, les coupe des arrière-plans. Or Léonard invente ici une sorte de discontinuité de la matière : la forme éclate, les contours disparaissant par endroits ; paysage et figure se rejoignent dans leurs parties les plus obscures en allant jusqu'au noir, qui est un noir unique. André Malraux écrit, dans *la Psychologie de l'art,* que Léonard crée « un espace qu'on n'avait jamais vu en Europe, qui n'était plus seulement le lieu des corps, mais encore attirait personnages et spectateurs à la façon du temps, et coulait vers l'immensité ». Léonard s'approche du *sfumato* (fondu, dégradé ; littéralement : évaporé, transformé en vapeur) de *la Joconde.* Bientôt il fera pour les lumières également ce qu'il ne fait là que pour les ombres.

Selon l'Anonyme Gaddiano, « il peignit le portrait d'après nature de Ginevra d'Amerigo Benci, œuvre si achevée qu'elle paraissait non un portrait mais Ginevra en personne ». Représentation, cependant, à échos multiples. Le genévrier, comme dans un rébus, désigne la chaste Ginevra ; en même temps, l'épaisse couronne de ses feuilles semblables à des épines, dont l'eau où se reflètent les derniers rayons du jour répète les hachures, sert à évoquer un état d'âme, de façon très romantique. Pareillement, le portrait, qui est d'abord un portrait individuel, celui de Ginevra Benci, tend au portrait idéal, celui de la Femme avec une majuscule — tout en composant à force de métaphores celui de son auteur, car il révèle par-dessus tout Léonard.

Nombreux sont ceux qui reprochent à Léonard de pratiquer un art glacé, avare, trop réfléchi, aussi abstrait qu'une équation d'algèbre. Il lui manque « les larmes, la musique d'amour », dit André Suarez[29]. Ceux-là s'étonnent de si peu trouver l'homme dans ses œuvres — qu'il n'habiterait que par l'esprit. C'est, il me semble, qu'ils s'en tiennent à une impression de surface, qu'ils n'en sont pas assez imprégnés, ou ne font pas l'effort de les déchiffrer, de sorte qu'ils ne perçoivent pas l'émotion qui sous-tend en elles chaque forme. L'esprit, il est vrai, doit pour Léonard sublimer, transcender l'émotion, à la manière de la pierre philosophale. Partant du postulat platonicien que toutes les émotions humaines, de quelque origine ou nature, ne sont que les ombres d'une émotion mère, ou, plus simplement, qu'on n'exprime jamais qu'une seule et même chose, qu'à leur sommet les émotions les plus diverses (inspirées par l'amour, la douleur, la religion, la beauté d'un ciel d'orage...) se rejoignent et se dissolvent en une seule qui les contient toutes, à cette époque, déjà, il cherche à fixer *l'émotion pure.* On peut distinguer deux sortes d'artistes, ou d'écrivains ; il y a ceux qui disent tout ouvertement, mettent un cœur à nu et infligent au spectateur (ou lecteur) un tableau complet de misères et de désirs ; et les autres, plus rares, qui demeurent en retrait, créent des intermédiaires, suggèrent au lieu de raconter, et donnent à percevoir. Les premiers diraient par exemple sans détour : J'ai peur ; les seconds n'emploieraient jamais le mot, mais leur œuvre (la « fiction » qu'ils bâtissent) susciterait l'effroi. Ceux-là ne mâchent pas la besogne au public, ils réclament sa participation. Ils risquent de ne pas être compris (plus exactement : qu'on s'arrête passivement au pied de la lettre). Car, quelque sujet qu'ils traitent, ils ne peuvent s'empêcher d'essayer d'exprimer — sans doute parce qu'ils se donnent le temps de la réflexion — l'indéfinissable qui est en chaque chose.

A la pâle Ginevra Benci perdue dans son spleen sous un ciel

déchiré succède (en 1480, 1481 ? aucun document, aucune biographie ancienne ne le précise) la figure tourmentée d'un *Saint Jérôme ermite*, qui constitue aussi une manière d'« autoportrait déguisé » : un grand corps nu, émacié, agenouillé à l'entrée d'une caverne comme devant un crucifix, et que veille un lion.

L'histoire de ce tableau (inachevé) n'est pas moins mystérieuse et surprenante que celle de la *Madone Benois*. On ne sait d'où il vient ni qui l'a commandé. Il surgit également *ex nihilo* au début du XIXe siècle. Le cardinal Fesch, oncle de Napoléon Ier, se promenant un jour dans les rues de Rome, aperçoit dans l'obscurité d'une boutique de bric-à-brac une petite armoire dont la porte lui semble tout à fait extraordinaire. Il s'approche, il reconnaît un chef-d'œuvre de la Renaissance. C'est le *Saint Jérôme* dont on a découpé la tête de manière à l'adapter aux dimensions du meuble. Il l'achète ; il demande ce qu'est devenue la partie manquante et la cherche dans le quartier, durant des mois. Il finit par la découvrir chez un savetier qui l'a clouée à son établi. Reconstitué, restauré, ses cicatrices masquées par un épais vernis, le tableau entre au Vatican en 1845, six ans après la mort de l'inspiré cardinal[30].

Saint Jérôme vécut à Rome, en Gaule, dans le désert de Chalcis (Syrie), puis il se retira à Bethléem. On lui doit la révision critique de la Bible qu'il traduisit et commenta en latin. La légende (qui le confond avec saint Gérasime) raconte qu'il gagna l'amitié d'un lion en lui retirant une épine de la patte. Les peintres le représentent soit sous les traits d'un lettré dans le recueillement de sa cellule (ainsi, Carpaccio, Antonello de Messine), soit en anachorète (ainsi, Cosme Tura). Léonard choisit bien entendu la seconde solution. Il le fait sans âge, les yeux enfoncés dans les orbites, décharné à l'extrême et se frappant la poitrine d'un caillou. La bouche ouverte implore la miséricorde divine ; le rugissement du lion ponctue la prière. Dans la *Madone Benois*, la Vierge contemplait l'Enfant qui contemplait une fleur ; nous avons ici le même mouvement en zigzag : le fauve regarde le saint qui regarde une image — invisible — du Sauveur. D'où l'impression qu'on a d'assister en intrus à une scène intime.

Encore une fois, Léonard s'oblige à une anatomie exacte ; on voit, malgré l'état peu avancé de la peinture, tous les tendons du cou, le relief des côtes saillantes ; et son lion est sans doute le premier lion réel de l'histoire de la peinture. Léonard l'a sûrement dessiné d'après nature : les Médicis possèdent une ménagerie, comme beaucoup de princes de la péninsule (la leur comprendra même une girafe, don d'un ambassadeur d'Egypte).

Il faudrait signaler encore la courbe audacieuse et élégante de la queue de l'animal, qui répond en contrepoint au geste de mortification du saint, et la découpe noire des rochers qui barrent le fond d'une croix immense. Le plus important me paraît cependant la supplication ardente, douloureuse qu'on lit sur les lèvres de cet homme qui se châtie à coups de pierre. On parlera plus tard, à propos du Caravage, d'une « poésie du cri ». Elle trouve des accents infiniment plus dramatiques, plus bouleversants dans ce *Saint Jérôme*, qui me semble l'œuvre la plus désespérée du siècle.

Sous le titre *Comment représenter un désespéré*, Léonard note dans ses carnets : « Donne au désespéré un couteau, et qu'il lacère ses vêtements avec ses mains, et qu'avec l'une d'elles il soit en train de déchirer sa plaie[31]. » L'attitude et le mode de pénitence adoptés ici sont beaucoup plus efficaces. L'ascète, le lion couché et rugissant, le site désolé, tout proclame le pessimisme, le dégoût de la vie (et de la chair) qui habitent l'artiste. L'état inachevé de la peinture, sa monochromie, loin de nuire, confèrent une intensité supplémentaire à cette vibrante représentation de l'angoisse.

Léonard, âgé maintenant de vingt-neuf, trente ans, doit se trouver plus seul, plus démuni, plus incertain que jamais.

Sa détresse ne manque pas de transparaître aussi dans ses carnets. Il a pris l'habitude, lorsqu'il se sert d'une nouvelle plume, après l'avoir taillée, de l'essayer dans un coin de page ; il écrit alors des phrases sans suite qui commencent presque toujours par les mêmes mots : *Dis, dis-moi.* Cela donne : « Dis, dis-moi si jamais... », « Dis-moi comment les choses se passent... », « Dis-moi si jamais fut fait[32]... » Lecteur assidu de la *Divine Comédie*, il emprunte peut-être ce tour invocatoire à Dante qui murmure, s'adressant à Virgile au fond de l'entonnoir infernal : « Dis-moi, mon maître, dis-moi, seigneur[33]. » On voit Léonard s'inquiéter de la sorte, vers 1485, d'une Caterina qui pourrait bien être sa mère. « Dis-moi comment les choses se passent là-bas, note-t-il machinalement, et peux-tu me dire ce que la Caterina compte faire[34] ? » Satisfait de son instrument, il retourne ensuite à l'ouvrage en cours.

Un jour, cependant, sur un feuillet couvert de dessins de machines à peu près contemporain du *Saint Jérôme*, à l'impératif « dis » se substitue le suffixe patronymique *di* (l'italien épelle ces mots pareillement[35]). Léonard écrit cette fois : « Bernardo di di di Sim... di di di Simone[36]. » Le biseau de la plume ne lui convient pas, ou bien son humeur est ce jour-là particulièrement vagabonde, car, songeant toujours à ce Bernardo di Simone, en qui on pense reconnaître un Cortigiani, gonfalonier de Florence, il fait un nouvel essai, il écrit encore : « Ber Bern Berna... » Léonard attend-il de lui quelque commande ? A-t-il noué avec ce personnage important des liens plus étroits ? C'est probable : sur cette même page, si confuse, où apparaît également le nom de l'oncle Francesco, avec une référence à l'hiver, il note en caractères très ornés : « des amis ». Sans doute s'apprête-t-il à écrire au gonfalonier ; on trouve, un peu plus bas, parmi d'autres bribes de mots, une phrase incomplète — mais organisée — qui semble le début d'une lettre : « Comme je vous l'ai dit ces jours derniers, vous savez que je suis absolument sans... »

Il est regrettable qu'on ne possède pas la suite. De quoi Léonard est-il ainsi à court ? Il laisse peut-être la phrase en suspens parce qu'il se sent privé de tant de choses que, les idées se bousculant en lui, il ne parvient à en exprimer aucune : il y renonce sur un soupir.

Tout au bas du texte, j'ai l'impression qu'il fait aussi un jeu de mots sur *di ser Piero* (le grand-père de son père) ; comme il écrit en abrégé *(di. s. p. ero)*, et sans majuscule, on lit *dispero* (je désespère)[37].

Ses notes à caractère autobiographique de cette époque sont souvent d'autant plus énigmatiques que, mal conservées, l'encre a pâli et le papier souffert. Une autre page pourrait, par exemple, faire toute la lumière sur son état d'esprit, voire sa vie affective d'alors, mais une grande tache s'étale en son centre : de quelque façon qu'on s'y prenne, l'essentiel du texte est malheureusement perdu[38].

Le texte sur cette page, disposé en colonnes, comprend d'une part une sorte de poème dont la tache n'a épargné que quelques lignes, et qui n'est pas de la main de Léonard ; et de l'autre comme une réponse au poème, où se reconnaît l'écriture de gaucher de l'artiste. La main étrangère a écrit : « Léonard, mon Léonard, pourquoi un tel tourment ? » On croit ensuite déchiffrer quelque chose comme : « O Léonard, pourquoi te tourmenter d'un vain amour ? »

La réponse (inspirée, selon Fumagalli, tout à la fois du *Triomphe d'Amour* de Pétrarque et d'une *Epître* de Pulci datant précisément de 1481, *le Cyclope Poliphème et Galatée, nymphe marine*[39]) est, elle, tout à fait lisible : « Ne me méprise pas, dit Léonard, car je ne suis pas pauvre ; pauvre est celui qui a de grands désirs. Où vais-je me poser ? tu le sauras d'ici peu... »

Souvenir littéraire, les deux premières phrases ne réclament pas de commentaire : elles énoncent un aphorisme dans le goût du temps. La troisième, en revanche, *dove mi poserò,* que certains traduisent carrément par : « Où vais-je m'établir ? », peut manifester en style poétique l'intention de Léonard de quitter Florence autant qu'un besoin de se *reposer,* se remettre, se distraire après une grave déconvenue sentimentale. Si cela était, un chagrin amoureux, un amour déçu pousseraient donc l'artiste à s'expatrier, achèveraient du moins de le convaincre de commencer une nouvelle vie ailleurs.

Car il est certain qu'il envisage son départ depuis un moment : l'exil terminera le mouvement qui l'a déjà affranchi de la tutelle de Verrocchio, puis l'a conduit à s'installer dans un atelier indépendant : il conclura son émancipation.

Léonard doit hésiter cependant à s'y résoudre — comme toujours, il attend d'être acculé par les circonstances pour prendre sa décision.

Vers 1481, alors que Laurent échappe à un nouvel attentat, que ser Piero (qui désormais n'inscrit plus son bâtard dans ses déclarations fiscales) quitte la maison de la via della Prestanza qu'il partageait avec un certain Michele Brandolini, pour un logis plus vaste dans la via Ghibelina, Léonard espère sans doute soit accompagner Verrocchio à Venise (la cité des Doges a commandé à maître Andrea la grande statue équestre du *Colleone*), soit entrer au service du pape Sixte IV.

Réconcilié avec Florence, le souverain pontife a en effet demandé à Laurent de Médicis, dont le jugement esthétique fait loi et dont les territoires forment la pépinière de talents la plus fertile de la péninsule, de lui prêter ses meilleurs peintres pour décorer la nouvelle chapelle qu'il a édifiée — la Sixtine, baptisée d'après son nom [40]. Laurent, on l'a vu lors de la visite du duc de Milan, pratique volontiers une politique de prestige artistique (André Chastel parle de « propagande culturelle »). Il a déjà cédé au roi de Naples l'architecte Giuliano da Maiano et au chapitre de Pistoia, pour le monument Forteguerri, son sculpteur attitré, Verrocchio. Qui va-t-il envoyer au pape dont il recherche l'amitié ? Les ateliers florentins, en cette année 1481, vivent les affres de l'expectative. Le Vatican constitue alors le principal chantier d'Italie : leur patrie n'entreprend plus d'ouvrage d'une telle envergure. Léonard, comme tout le monde, brûle sûrement d'y prendre part. Peut-être renonce-t-il à suivre son ancien maître à Venise, trompé par des espérances qu'on a pu lui donner, croyant que le chemin de Rome lui est ouvert. On conçoit son dépit, son humiliation, quand il voit la plupart de ses compagnons — Botticelli, Signorelli, Ghirlandaio, le Pérugin — se mettre en route au mois d'octobre pour la Ville éternelle, sans lui.

Pourquoi n'y est-il pas convié ?

Il ne fait aucun doute que Laurent a choisi, puisqu'il y va de son intérêt et que leur gloire augmentera la sienne, les peintres qu'il estime le mieux. Doit-on en déduire qu'il n'apprécie guère Léonard ? Ou forme-t-il pour lui d'autres projets ?

On ne connaît aucune œuvre du Vinci à laquelle le nom de Laurent de Médicis soit directement associé. Les deux hommes ont à peu près le même âge, des goûts similaires pour la musique, les chevaux, la beauté, le savoir, les jeux intellectuels comme les facéties... Tout paraît devoir les rapprocher. La famille de l'un a toujours protégé le maître de l'autre ; Laurent ne peut ignorer Léonard. Pourtant, jamais il ne lui confie une tâche à sa mesure. Serait-il survenu entre eux un de ces démêlés infimes mais lourds de conséquences que l'Histoire enregistre rarement ?

L'Anonyme Gaddiano affirme, avant Vasari, que l'artiste « au temps de sa jeunesse fut admis auprès du Magnifique qui lui assura un salaire et le fit travailler dans le jardin de la place Saint-Marc ». Contrairement à ce que prétend Vasari, ce jardin, placé sous la garde du sculpteur Bertoldo di Giovanni, ne forme alors aucun élève, ne constitue pas une ébauche d'école ou académie (les académies sont une invention du siècle suivant)[41]. C'est un dépôt de marbres, comme un musée en plein air ; Laurent y a installé sa collection d'antiques, avec un atelier de restauration : l'époque veut que l'on reconstitue en entier les statues mutilées, elle n'admet pas qu'il leur manque le nez, un bras, une jambe. Voilà sans doute comment il faut entendre la phrase du biographe anonyme : Léonard, rompu à toutes les formes de sculpture, a restauré (ou copié) quelque œuvre romaine pour le compte des Médicis, comme d'ailleurs Verrocchio.

Il n'a pas dû le faire, cependant « au temps de sa jeunesse » dans le jardin de Saint-Marc, puisque Laurent n'a acquis cette propriété (pour l'offrir à son épouse, Clarice) qu'en 1480.

Quoi qu'il en soit, on ne saurait qualifier une restauration d'œuvre majeure. Les deux hommes présentent peut-être des personnalités moins accordées qu'il ne paraît. Plutôt que de montrer en quoi ils se ressemblent, ne faudrait-il pas s'efforcer de cerner d'abord ce qui les différencie ?

Laurent n'est pas beau, il le dit. On le voit aussi bien sur la médaille frappée après la conjuration des Pazzi que dans son portrait par Ghirlandaio ou son tragique masque funéraire. Une sorte de ricanement étire ses lèvres. Il a le visage carré, blême, de gros yeux ironiques, un large nez cassé. Tout au plus peut-on parler d'une laideur intéressante. C'est un grand bourgeois. Il souffrira et mourra de la goutte héritée de son père. « Incroyablement porté aux choses de Vénus », selon Machiavel, il consacre beaucoup plus de temps cependant à jouer avec ses enfants qu'à divertir ses maîtresses ; il distingue la valeur des choses. La sobriété de sa table étonne. La passion de la mode ne l'emporte pas, il se vêt avec une ostentatoire simplicité, s'il arbore ses diamants en certaines occasions, c'est aussi par calcul. Prudent, rusé, « sage et prompt dans la décision » (toujours Machiavel), alternativement brutal et magnanime, il ne fait jamais rien qui ne le serve. La postérité lui bâtira une réputation de mécène. En vérité, il ne dépense pas pour les arts le quart de l'activité déployée par son grand-père, Cosme, le Père de la patrie, protecteur (actif) de Donatello, Fra Angelico, Masaccio, Brunelleschi, Filippo Lippi... Laurent reconnaîtra de bonne heure le génie de Michel-Ange à qui il ouvrira sa maison mais il passe finalement très peu de commandes aux artistes. Avant tout, il aime les livres, les antiques, les objets de curiosité — camées, intailles (il en possède cinq à six mille), vases précieux — et fait travailler les bronziers, les ornemanistes, les médailleurs, les marqueteurs. Cela, si je puis dire, suffit à en mettre plein la vue à ses contemporains. Il construit peu (des villas) et tard dans sa vie ; plutôt qu'employer lui-même ses peintres, il préfère les envoyer à l'étranger, en manière d'ambassadeurs [42]. Ceux qu'il apprécie le plus sont Antonio Pollaiuolo, qu'il qualifie de *principale maestro della città* et qui va aussi à Rome, et Botticelli : deux peintres très proches des humanistes. Egalement férus de mythologie (leurs œuvres y puisent beaucoup), ceux-là flattent sa passion des *anticaglie*. Car, enfin, Laurent, nourri de grec et de latin, formé à l'histoire et à la philosophie (ses quatre précepteurs ont été un chanoine, un grammairien byzantin, un philosophe platonicien et un poète), est indiscutablement plus porté sur les belles-lettres que sur les beaux-arts — il admire d'autant plus ceux-ci qu'ils reflètent celles-là. Sa mère, la vieille Lucrezia Tornabuoni, dont il dit qu'elle est son meilleur soutien, improvise des sonnets facétieux et des laudes dévotes ; son fils, à sept ans, cite Virgile dans des lettres familières ; il se pique lui-même d'écrire ; toute sa cour raisonne, rimaille, compose en toscan ou en latin des ballades, des chants, des épigrammes, des élégies [43] : il ne s'entoure que d'écrivains — qu'il aide naturellement en premier lieu et dont il suit les avis : son vieux professeur Marsile Ficin, par exemple, et Luigi Pulci, Matteo Franco, Pandolfo Collenuccio, Girolamo Benivieni, Ange Politien, Ugolino Verino ; plus tard, Pic de la Mirandole.

Il faut de l'érudition pour lui plaire.

Léonard, lorsqu'il entre dans son cercle, doit s'y trouver perdu. Il va peut-être écouter l'helléniste Jean Argyropoulos qui enseigne à Florence jusqu'en 1475 [44], mais, ne sachant pas le latin, que peut-il comprendre au grec ? Il a une jolie voix, il ne manque pas d'éloquence, ses contemporains en témoignent ; il ignore en revanche les subtilités de la rhétorique et de la prosodie. Après toutes ces années à Florence, en partie grâce à Verrocchio, il a acquis une certaine « culture » (on a vu qu'il cite les poètes) ; ses conceptions, ses goûts personnels ne le poussent pas cependant dans le sens de la culture archaïsante, un peu prétentieuse, où se complaît le milieu médicéen. Il est — il le dit et s'en vante — un *omo senza lettere*, un homme sans lettres.

Il écrit : « Je sais bien que, du fait que je ne suis pas un lettré *(non essere io litterato)*, certains présomptueux se croiront en droit de me critiquer, en alléguant que je suis un homme sans lettres. Stupide engeance ! Ignorent-ils que je pourrais leur répondre comme Marius aux patriciens romains : Ceux qui se parent des travaux d'autrui prétendent contester les miens [45] ! Ils soutiendront que mon inexpérience littéraire m'empêche de m'exprimer comme il faut sur les sujets que je traite. Ils ne savent pas que ceux-ci requièrent moins les paroles d'autrui que l'expérience, maîtresse du bon écrivain : c'est elle que j'ai choisie pour maîtresse et je ne cesserai de m'en réclamer [46]. » Ou encore : « Quiconque invoque les auteurs dans une discussion fait usage non de son intelligence, mais de sa mémoire [47]. »

Ailleurs il s'emporte plus violemment contre ceux qu'il nomme « récitateurs et trompetteurs des œuvres d'autrui », allant jusqu'à les comparer à un troupeau de bêtes, et contre les « abréviateurs », c'est-à-dire les auteurs d'anthologies et de manuels ; il s'enorgueillit d'avoir pris la « maîtresse de leurs maîtres » ; seuls comptent à ses yeux, il le répète, les « inventeurs » (*inventori*), qui sont les interprètes directs du monde [48].

De même, pour ce qui est de l'art. Lui aussi a étudié l'art antique sur les statues, les bas-reliefs romains ; il n'en nie pas les mérites, ni même l'excellence ; parfois il s'y réfère ; mais il n'en fait pas sa norme. L'art, la science, tout comme la littérature et la philosophie, procèdent selon lui de la nature, exclusivement ; il dit en conséquence : « Personne ne doit imiter la manière d'autrui, car il sera appelé petit-fils et non fils de la nature. Etant donné l'abondance des formes naturelles, il importe de recourir à la nature plutôt qu'aux maîtres qui ont appris d'elle. » Et il lance à ses confrères trop soucieux de se mettre au goût du jour, sachant aussi que les vogues passent : « Je ne m'adresse pas à ceux qui veulent s'enrichir par le moyen de l'art, mais à ceux qui en attendent gloire et honneur [49]. »

Il faut alors beaucoup d'audace, Léonard en a pleinement conscience, pour braver ainsi l'autorité des anciens — et des lettrés qui s'en croient investis.

Une trop vive manifestation de son esprit indépendant lui aurait-elle fermé le chemin de Rome ? A la différence de Michel-

Ange qui accepte d'être guidé par Politien lorsqu'il sculpte, vers 1493, son *Combat des Centaures et des Lapithes,* Léonard ne tolère guère de se soumettre aux critères d'un humaniste. Il paraît d'ailleurs significatif que le seul humaniste dont il cite alors le nom (Argyropoulos) soit aristotélicien, tandis que la cour de Laurent baigne dans la philosophie de Platon et des néo-platoniciens.

On m'objectera une autre phrase de l'Anonyme Gaddiano selon qui Laurent ne se contente pas d'employer Léonard dans son jardin de Saint-Marc mais intervient aussi en sa faveur, le cédant à son plus puissant allié : « On raconte, dit-il, que lorsque Léonard eut trente ans, le Magnifique l'envoya offrir une lyre au duc de Milan, avec un certain Atalante Migliorotti, car il en jouait de façon exceptionnelle. »

Cela n'indique aucunement que Laurent estime à leur juste valeur les talents du peintre ou du sculpteur. Qu'il envoie le Vinci à la cour de Lombardie en qualité de musicien me semble souligner au contraire le peu de cas qu'il fait de l'artiste.

Les lettrés mettent alors leurs vers en musique (musique qu'ils rangent au nombre des « arts libéraux », tandis que les arts plastiques leur semblent relever plutôt de l'artisanat, des « arts mécaniques »). Laurent, quoiqu'il ait la voix fausse, dit-on, aime également à improviser des concerts en compagnie de ses amis, de ses compositeurs — de Squarcialupi, du Cardiere — un peu comme Louis XIV dansera dans les ballets de Lulli. Paul Jove et Vasari rappellent que Léonard chante comme personne en s'accompagnant sur la *lira.* Voilà peut-être, si l'on veut absolument un rapport entre les deux hommes, le terrain sur lequel celui-ci s'établit : le Vinci ne semble briller par aucun autre de ses nombreux dons aux yeux du maître de Florence.

Au cours des mois qui précèdent son départ, Léonard travaille pourtant à une œuvre qui devrait lui attirer tous les suffrages — un grand retable représentant l'*Adoration des Mages* pour le maître-autel du couvent des frères de San Donato, à Scopeto, dans les environs immédiats de Florence[50]. Le tableau a près de deux mètres et demi de côté. Il ne s'agit pas là d'un portrait ou d'une petite Madone, mais d'une de ces vastes compositions que l'époque place par-dessus tout, rassemblant des dizaines de personnages : elle donne enfin à Léonard l'occasion de s'attaquer au « grand genre ».

Ser Piero, qui a la pratique des moines de San Donato, intervient peut-être dans leur choix, en recommandant son fils. Il laisse celui-ci signer cependant un bien étrange contrat, au mois de mars 1481. Les religieux entendent ne rien débourser dans cette affaire. Un marchand, entré dans les ordres, leur a légué un domaine dans le Valdelsa, sous réserve qu'on dote sa fille Lisabetta, couturière de son état. Pour rémunération, Léonard recevra en propriété un tiers du domaine, inaliénable avant trois ans et rachetable à tout instant par l'abbaye pour trois cents florins (ce qui constitue une jolie somme), mais il doit fournir en revanche à la jeune fille les cent cinquante florins de sa dot. Contrairement à l'usage, les poudres de couleur et la feuille d'or nécessaires à la peinture sont à sa charge. Une dernière clause l'engage en outre à terminer le retable dans un délai de vingt-quatre à trente mois, sous peine de perdre l'ouvrage commencé.

Il faut avoir singulièrement besoin de travail pour conclure pareil marché. Léonard souscrit à chaque condition, tout en sachant probablement qu'il ne pourra les respecter. De fait, il n'en respectera aucune ; le contrat, pense-t-on, sera bientôt modifié.

Il commence sans doute par reprendre différentes études faites en 1478 pour l'*Adoration des bergers* de la chapelle San Bernardo, à la Seigneurie — sa première commande personnelle, jamais honorée [51]. Certaines, à la plume, nous sont parvenues (musée Bonnat de Bayonne, Académie de Venise, Kunsthalle de Hambourg). Clark remarque qu'elles montrent le type de composition traditionnel qu'enseigne Verrocchio et dans lequel s'embourbent le Pérugin et Lorenzo di Credi : les personnages forment une sorte de carré dense autour de la Vierge. Léonard cependant ne s'en satisfait plus. Cherchant le mouvement et la profondeur, il creuse l'espace, multiplie les plans, ouvre des perspectives [52]. Un dessin au Louvre, un autre aux Offices révèlent la progression de sa pensée : comment il se dégage peu à peu de formules usées, se corrige, tâtonne, organise, en vient, alors que le sujet compte parmi les plus traités du siècle, à inventer sa vision : il convertit par étapes le carré statique en deux triangles inversés dont les pointes se rejoignent au centre du tableau, qui est le sommet de la tête de Marie ; puis il dédouble ces triangles, les décale légèrement, les casse par des verticales, de façon à ne pas tomber dans la fadeur pompeuse d'une trop rigoureuse symétrie. Il fait sans doute des centaines d'esquisses, de croquis, si l'on en juge par le nombre de dessins préparatoires conservés (musée des Beaux-Arts de Paris, Fitzwilliam Museum de Cambridge...). Représenter l'hommage des rois à l'Enfant consiste pour Léonard à rendre intelligible — même à qui méconnaîtrait l'Histoire sainte — tout ce que la naissance du Fils signifie : il veut qu'on en perçoive instinctivement les conséquences, la portée universelle. D'où les libertés qu'il prend à l'égard de la fable — il lui faut agir à son aise sur l'esprit du spectateur. Dans l'ébauche du Louvre, on voit l'âne, le bœuf, la structure de l'étable ; l'artiste obéit toujours à l'iconographie classique. Or ils sont absents de la construction finale, tout comme la plupart des éléments habituels d'une Epiphanie : les Rois mages, dont l'un (Balthasar) devrait être noir, qui affichent d'ordinaire un orientalisme tapageur (turban, couronne tarabiscotée, cafetan brodé d'or...), apparaissent ici sous les traits identiques de trois vieillards, trois sages, fatigués et modestes, très humbles, se tenant à distance respectueuse du Sauveur, comme s'ils craignaient de l'honorer de trop près (je suis émerveillé par la nouveauté de ce vide sombre, ce *no man's land* séparant le noyau paisible formé par la Vierge et l'Enfant de la masse grouillante des témoins et adorateurs). Léonard, encore une fois, s'est déchargé des futilités circonstancielles. Il réduit les offrandes à l'encens, à la myrrhe. Il prévoyait un chameau dans le fond (dessin des Offices) ; il le change en cavalier. Plus d'exotisme improbable ; une scène intemporelle, qui pourrait se dérouler n'importe où. Il met bien encore un palmier (signe de paix) et peut-être un caroubier (qui est à la fois l'arbre de saint Jean et celui auquel se pendit Judas) ; mais on chercherait en vain d'autres symboles canoniques. Guillaume Durand, évêque de Mende, disait au XIIIe siècle : « Dans l'église, les peintures et les ornements servent de lecture aux laïcs. » Mais Léonard recompose le récit des Apôtres : dans le tiers supérieur du tableau, il montre, par le biais de cavaliers qui s'entre-tuent au milieu de ruines, la confusion des temps anciens, déjà condamnés, car ignorants de la venue du Rédempteur ; tandis qu'il rassemble dans la partie inférieure, que délimite l'arrondi d'un monticule rocheux, ceux qui ont aperçu dans cette venue, avec stupeur, ravissement ou perplexité, que commençait une ère nouvelle. Il crée là en fait son propre évangile.

Même s'ils sont conscients de patronner une œuvre exceptionnelle, les moines de San Donato aimeraient cependant que leur peintre aille plus vite en besogne. En juin, revenant sur le contrat, ils lui consentent une petite avance, comme un encouragement : quatre livres dix sous pour acheter des couleurs à la droguerie des Ingesuati. Léonard doit cruellement manquer de ressources, car ils lui font peindre en bleu et jaune l'horloge du couvent ; ils le paient en nature : une charge de fagots et une autre de grosses bûches dont ils inscrivent la valeur totale sur leur registre : une livre dix sous. Le montant de la dot n'est toujours pas réuni (comment un jeune artiste pourrait-il produire une telle somme ?). Alors ils mettent encore à son compte, vers la mi-juillet, tout en grognant contre sa lenteur qui, disent-ils, leur porte préjudice, vingt-huit florins. Le tableau prend forme, cependant. Il doit maintenant bien avancer. Vers la fin de l'été, un voiturier de l'abbaye livre à Léonard un boisseau de blé. Puis, le 28 septembre 1481, un baril de vin rouge (pour son usage personnel ?). Mais c'est là la dernière mention du Vinci dans le livre des frères : il semble qu'au début de l'hiver celui-ci soit allé tenter sa chance à Milan. Tout comme le *Saint Jérôme,* dont elle se rapproche beaucoup et qui en est, probablement, à peu près contemporain, l'*Adoration des Mages* ne sera jamais achevée.

Léonard ne l'abandonne pas pour se rendre à Rome (ce que l'on comprendrait), parce qu'il a reçu une proposition si avantageuse que nul n'y résisterait ou au profit d'une plus noble tâche (qui n'est pas jouer de la lyre). Non, simplement, sans raison apparente — à moins qu'il ne se soit produit un événement dont nous ignorerions tout — il ne la termine pas, il la laisse en chantier, le dessin reporté, les masses d'ombres définies, les arrière-plans largement esquissés, mais sans avoir posé une seule couleur. On dirait un palais attendant ses décorateurs : le ciment des murs y demeure à nu.

Cet abandon, plus encore que celui du *Saint Jérôme,* déroute depuis toujours les historiens. Léonard a beaucoup travaillé à son *Adoration* que d'aucuns considèrent, dans l'état où elle se trouve, comme un des tableaux les plus extraordinaires du siècle (« C'est vraiment un grand chef-d'œuvre, et peut-être le *Quattrocento* n'a-t-il rien produit de plus grand ! » s'exclame le réticent Berenson[53]). On y découvre la plupart des thèmes qui obséderont le Vinci tout au long de sa carrière. Les Mages annoncent les Apôtres de *la Cène ;* le combat de cavaliers resurgira vingt-cinq ans plus tard dans *la Bataille d'Anghiari ;* le personnage à l'index pointé vers le ciel, accolé à l'arbre principal, préfigure le *Saint Jean* souriant qui sera en quelque sorte le testament du peintre (le geste caractéristique se trouve d'ailleurs deux fois dans l'*Adoration :* sur la gauche, entre deux chevaux, un autre personnage lève le doigt pareillement). S'il fallait encore prouver l'importance de cette œuvre, il suffirait de dire enfin les réactions qu'elle provoque chez les artistes du temps. Filippino Lippi[54], Ghirlandaio, Botticelli s'en inspirent — timidement, sans en assimiler la force. Raphaël demeure bouche bée devant elle et en reprend des éléments dans ses fresques de la chambre de la Signature. Michel-Ange lui-même semble avoir puisé dans les visages hallucinés que roule comme un fleuve l'anneau d'ombre autour de la Vierge certains des accents grandioses du plafond de la Sixtine. Pourquoi Léonard ne termine-t-il pas ce tableau ?

Plusieurs explications ont été avancées. Vasari donne la plus simple : Léonard, « capricieux et instable », dit-il, n'achève pas l'*Adoration* parce qu'il est incapable d'achever aucune œuvre. Il précise en manière de justification : « Son intelligence de l'art lui fit entreprendre beaucoup de choses, mais n'en finir aucune, car il lui semblait que la main ne pourrait jamais atteindre la perfection rêvée. » Léonard, selon lui, concevrait des problèmes « si subtils, si étonnants » qu'il ne saurait en venir à bout malgré son habileté. Certains critiques modernes, développant l'idée de Vasari, ajoutent que l'ambitieuse *Adoration* n'aurait peut-être pas gagné à être menée plus avant. « La finition d'une œuvre d'art n'a de valeur que si elle augmente l'expression », dit Clark, selon qui le « fini » exigé par l'idéal florentin aurait brisé sans doute le charme magique du tableau. Pour d'autres, l'*Adoration*, dans son état (qualifié sans craindre l'anachronisme de « stade rembranesque »), serait parfaitement achevée : « A ce stade, écrit Spengler, l'achèvement suprême et la clarté d'intention sont atteints [55]. » Ceux-là invoquent les effets de *non finito* de Donatello et citent Vasari qui, dans sa *Vie de Luca della Robbia*, conçoit que « les ébauches rapidement enlevées, dans l'ardeur de la première inspiration, expriment l'idée à merveille en quelques traits ; tandis qu'un excès de travail, une trop grande minutie privent les œuvres de toute force, de tout caractère, si l'artiste ne voit pas quand il doit s'arrêter. » D'autres enfin estiment que Léonard laisse l'*Adoration* en plan parce qu'à mesure qu'il en élabore la composition son art évolue, progresse, de sorte qu'après sept ou huit mois consacrés à cet ouvrage il n'en est plus content et a hâte de passer à un autre [56]...

Tout comme Kafka à qui il ressemble par de nombreux traits, Léonard, il est vrai, éprouve du mal à finir : il ne mènera pas non plus à terme le monument Sforza, le *Musicien* de l'Ambrosienne, *la Bataille d'Anghiari, Sainte Anne, la Vierge et l'Enfant,* voire *la Cène* et *la Joconde.* Pour ma part je ne crois pas trop cependant, dans le cas de l'*Adoration* (ou du *Saint Jérôme*), à un abandon pour raison « esthétique ».

Je ne prétends pas que les circonstances justifient tout — mais l'étude de l'œuvre ne peut précéder celle de la vie : toutes deux doivent pour le moins aller de pair.

Or il faut noter d'une part que les moines de San Donato ne conservent pas le tableau après le départ du peintre, contrairement à ce que stipulait la dernière clause du contrat ; selon Vasari, c'est Amerigo Benci, proche parent de la Ginevra dont Léonard a fait le portrait [57] (et demeurant « en face de la loggia des Peruzzi »), qui en hérite : il n'est donc pas impossible que les moines n'aient pas honoré leur parole, plutôt que le peintre — que celui-ci interrompe l'ouvrage parce que les commanditaires, pour une raison ou une autre, se sont désistés, ce ne serait pas la première fois ; ils ne lui intentent d'ailleurs aucun procès par la suite. Comment ne pas tenir compte, d'autre part, des déconvenues, des tourments affectifs et matériels qui scandent pour Léonard (obsédé « d'un vain amour », humilié de ne pas avoir été invité au Vatican, réduit à décorer une horloge de couvent) l'année 1481 ? Léonard, à cette date, a peut-être touché le fond : pour son salut, il *doit* partir.

On ne saura jamais la vérité ; il me semble voir toutefois des arguments en faveur de cette dernière thèse à l'intérieur du tableau lui-même. Tandis que les figures gravitant autour de la Vierge, tels des insectes autour d'une flamme, s'abîment dans la contemplation de l'Enfant, deux personnages, périphériques et opposés, demeurent singulièrement en retrait. Ils ne se prosternent pas. Ils ne participent pas au mouvement, à l'exaltation, à la fièvre qui ont saisi les autres. Leur réserve serait presque inconvenante s'ils ne se tenaient précisément à l'écart. Le premier est un vieillard massif à la Masaccio, le menton sur le poing, sceptique sinon incrédule, image même du philosophe antique. Le second est un homme jeune, aux sourcils froncés, peut-être en armure, qui détourne carrément les yeux et regarde à l'extérieur du tableau : ce serait le fameux autoportrait idéalisé de Léonard. Les doutes qu'incarne le vieillard semblent porter autant sur le mystère de l'Enfant que sur ce jeune homme auquel il fait pendant ; mais s'agit-il de doutes ou de reproches ? Le jeune homme peut se détourner pour cacher des larmes (l'état de la peinture ne permet pas de se prononcer). Mais l'émotion qui l'étreint lui est-elle donnée par la proximité du Sauveur, par le vieillard antagoniste, sombre et raide comme un juge — ou s'apitoie-t-il sur lui-même, souffre-t-il de n'être pas admis dans le grand courant de la rédemption ? Les larmes ne viendraient-elles pas de la honte ? Lui aussi brûle de se laisser emporter, d'appartenir à cette *famille*, de se perdre dans l'adoration ; quelque chose l'en retient. Tel est son destin. Il ne connaîtra pas le ravissement : comme le vieillard, il fait d'abord figure d'exclu.

Une phrase du *Journal* de Kafka me paraît exprimer les sentiments ambigus que trahit ce jeu d'attitudes : « Beaucoup d'espoir, écrit Kafka, une infinie quantité d'espoir... — mais pas pour nous. »

Le jeune homme se détourne ; il regarde ailleurs ; par la pensée, il s'est déjà enfui.

NOTES

CHAPITRE V

1. Ash. 1 27 v.

2. *Opere di Lorenzo de' Medici*, éd. Molini, Florence, 1825.

3. Cod. Atl. 175 v.

4. Alors que toute la ville est livrée au pillage (pillage commencé, semble-t-il, par les mercenaires mêmes de Volterra), le distingué Frédéric de Montefeltro ne demanderait comme part de butin qu'un livre hébreu appartenant à une bibliothèque de la cité.

5. Soderini, in Perrens, *Histoire de Florence*, Paris, 1888-1890.

6. Le cri de rassemblement du parti médicéen, « *Palle !* », vient des tourteaux, ou « balles », qui constituent les armoiries de la famille.

7. Verrocchio, qui avait déjà fait le buste en marbre de Julien de Médicis, fut chargé après l'assassinat de ce dernier de faire des portraits en cire de Laurent. Vasari parle d'« actions de grâce à Dieu qui l'a sauvé » ; il s'agit aussi bien de propagande politique. Aidé du modeleur Orsino, qu'il avait formé, Verrocchio fit trois statues grandeur nature ; le visage, les mains et les pieds étaient en cire peinte à l'huile, tandis que le corps n'était qu'une armature de pièces de bois entrelacées de joncs, habillée d'étoffe cirée. La première de ces statues, exposée dans l'église des religieuses de Chiarito, montrait Laurent dans les vêtements qu'il portait juste après l'attentat ; la seconde, à l'Annunziata, le représentait vêtu du *lucco*, habit ordinaire des Florentins ; la troisième, probablement identique, fut envoyée à Assise et placée devant la statue de la Vierge, à Sainte-Marie-des-Anges. Vasari dit que ces œuvres, d'un réalisme extraordinaire (on dirait aujourd'hui *hyperréalistes*), ne semblaient pas des statues de cire mais des personnages vivants. Elles ne nous sont pas parvenues.

8. Carlo Gamba, *Botticelli, op. cit.*

9. Le dessin de pendu de Léonard fut exposé à l'Ecole des Beaux-Arts de Paris, en 1879. Le catalogue le décrivait ainsi : « Un pendu, vêtu d'une large robe, les mains liées dans le dos..., Bernardo di Bendino Barontigni, marchand de pentalons » (*sic*). Richter rétablit la vérité dans sa transcription des écrits de Léonard. (*Op. cit.*)

10. L'épitaphe de Bandini (« Je suis Bernardo Bandini, un nouveau Judas. / J'ai été dans l'église un traître meurtrier. / Ma rébellion me fait attendre une mort plus cruelle ») donne à penser que Botticelli l'a représenté avec les autres conjurés, pendu par les pieds, comme on le faisait pour les condamnés à mort par contumace.

11. L'étude du bras de l'ange annonciateur (Ashmolean Museum, Oxford) fut publiée en 1907 par Sidney Colvin.

12. Kenneth Clark, *op. cit.*

13. Acquise avec la collection Campana par Napoléon III, la petite *Annonciation* fut exposée au Palais de l'Industrie en 1862, avant d'entrer au Louvre l'année suivante. Elle fut longtemps attribuée à Ghirlandaio, puis on la donna à Lorenzo di Credi, à Lorenzo di Credi *et* Léonard, puis à Léonard seul (jusque vers 1960), avant qu'elle soit rendue à Lorenzo di Credi tout entière — ce qui me semble plus juste.

14. Léonard écrit « des compagnons à Pistoia », sur le feuillet déchiré (aux Offices de Florence) où il est question de son ami Fioravante.

15. Le Louvre possède deux anges en terre cuite (anc. collection Thiers), très proches des anges de marbre du monument Forteguerri. Passavant donne celui de droite à Léonard, tandis que Valentiner lui attribue les deux. On y reconnaît, en fait, surtout le style de Verrocchio.

16. Cod. Atl. 71 v. a.

17. Quoi qu'en dise l'Anonyme Gaddiano, le tableau de Filippino Lippi, aujourd'hui aux Offices, ressemble peu à une composition de Léonard.

18. Le début de la phrase est effacé ; on lit : « ...bre 1478 ». Léonard aurait donc commencé les Vierges Marie entre septembre et décembre de cette année. La phrase se trouve sur le même feuillet que la mention de Pistoia et celle de son ami Fioravante (voir note 14).

19. La *Madone Benois,* selon certains, n'aurait pas été achetée à des musiciens ambulants mais à un prince Kourakine. Un registre de la famille Sapojnikov récemment découvert semble indiquer que le tableau, déjà considéré comme un Léonard, aurait été transporté sur toile en 1824 par un certain Korotkov et qu'il aurait appartenu auparavant au général Korsakov. Cela n'explique pas comment le tableau se trouvait dans la province d'Astrakan dans les premières années du XIXe siècle.

20. Berenson, *The study and criticism of italian art,* 1916. La *Madone Benois* fut connue en Europe après son exposition publique à Saint-Pétersbourg, en 1908. Berenson n'en avait jamais vu qu'une photographie lorsqu'il la dénigra — d'où peut-être la sévérité de son jugement.

21. On trouve dans le *Traité de la peinture* de Léonard différentes mentions de cette « fiction » que peut créer le peintre (Cod. Urb. 5 v., 6 v., 7 v., etc.).

22. Parmi les nombreuses répliques de la *Madone Benois,* il faut citer celle attribuée à Filippino Lippi de la galerie Colonna à Rome, celle du musée de Magdebourg, celle de la vente Toscanelli (Florence, 1883) « dans le style de Botticini », etc. Raphaël et Lorenzo di Credi en ont aussi copié des parties (la Vierge ou l'Enfant, seuls).

23. Trois études pour une *Madone au chat* (ou au mouton ?) se trouvent par exemple au British Museum, à Londres.

24. La *Madone à l'œillet* passa peut-être par la Hollande (le Louvre en possède une copie flamande de la fin du XVIe siècle) avant de resurgir dans une vente publique dans une petite ville de Bavière, en 1889. Elle fut alors adjugée 22 marks (27,50 francs de l'époque), puis cédée à la Pinacothèque pour environ 1 000 francs.

25. La *Ginevra Benci* de Washington n'est pas moins protégée que *la Joconde ;* prisonnière d'une vitre à l'épreuve des balles, entourée de sonnettes d'alarme et de gardiens, on ne s'en approche pas comme on voudrait.

26. Le dessin des mains (conservé à Windsor) a d'abord été rattaché au portrait de Ginevra Benci par Müller-Walde. Vasari situe l'exécution du tableau dans la dernière période de la vie de Léonard — ce qui semble une erreur. Comme on commandait alors, souvent, le portrait d'une femme au moment de son mariage, certains critiques avancent la date de 1474 (année où Ginevra épousa Luigi di Bernardo). L'argument n'est pas définitif ; pour des raisons stylistiques, je pencherais plutôt pour 78. Lorenzo di Credi fit aussi le portrait de la jeune femme

(au Metropolitan de New York), mais en veuve, en tenue de deuil, environ dix ans plus tard.

27. On trouve bien quelques mains dans des portraits antérieurs, par Pollaiuolo ou Antonello da Messina ; mais timides, sans expressivité, *à la flamande*, et le plus souvent dans des portraits d'homme. Léonard dit : « C'est aux extrémités des corps que la grâce se révèle. »

28. Ms 2038 B. N. 20 r.

29. André Suarès, *Voyage du condottiere,* éd. Paris, 1931.

30. Le *Saint Jérôme* n'apparaît dans un inventaire qu'au milieu du XVIIIe siècle. Il fit d'abord partie des collections vaticanes, puis appartint à une femme peintre du nom d'Angelica Kaufmann, avant d'être retrouvé par le cardinal Fesch et de revenir au Vatican.

31. A 109 v.

32. Dans ses commentaires des carnets de Léonard (*op. cit.*), Pedretti relève près d'une trentaine de phrases commençant ainsi par « dis-moi ».

33. Dante, *Enfer,* IV, 46.

34. Cod. Atl. 76 r. a.

35. Léonard écrit en fait : *dj... djmmj... essapimimj djre...*, l'italien de l'époque mélangeant le i et le j. Il écrit ici : *bernardo dj sim(one) / dj dj djsimon / dl dj...*

36. Cod. Atl. 4 v. a.

37. Il s'agit là de l'arrière-grand-père et non du père de Léonard. Il nomme en effet son oncle, Francesco : « *franc[o] dantonio / dj s(er) p ero* ».

38. Cod. Atl. 71 r. a.

39. G. Fumagalli, *Eros di Leonardo,* Florence, 1971.

40. La chapelle fut élevée en 1473 par Giovanni de Dolci. Il s'agit là, bien sûr, des fresques murales de la Sixtine, dont certaines furent effacées, et non des peintures de la voûte par Michel-Ange (1508-1512), ni du *Jugement dernier* peint par le même sur le mur du fond (1536-1541).

41. André Chastel, *Art et humanisme à Florence,* Paris, 1982.

42. Laurent de Médicis n'utilisa pas non plus à cette époque les services de Baldovinetti, de Ghirlandaio, de Luca della Robbia, du Pérugin, de Mino de Fiesole, de Benedetto da Maiano, de Giuliano da Sangallo...

43. H. Monnier, *op. cit.*

44. Jean Argyropoulos que Léonard appelle *Messer Giovanni Arcimboldi* dans un mémorandum. Voir p. 132.

45. Richter ne trouve pas l'origine de la citation. Selon Chastel, elle viendrait de Salluste (*Bellum Jugurthinum*).

46. Cod. Atl. 119 v.

47. Cod. Atl. 76 r. a.

48. Cod. Atl. 117 r. b.

49. Cod. Ur. 39 v.

50. Le riche couvent de San Donato, où se trouvaient des œuvres de Botticelli et Filippino Lippi, fut détruit par mesure de précaution à la veille du siège de Florence, en 1529. Il était situé hors des murs, tout à côté de la Porta Romana.

51. Il s'agit là d'une hypothèse communément admise. Mais rien ne prouve en vérité que le sujet prévu pour la *pala per l'altare maggiore* de la chapelle de la Seigneurie fut une *Adoration des bergers,* sinon ces esquisses contemporaines de la commande. Le retable n'aurait-il pas dû comporter d'ailleurs une figure de saint Bernard à qui la chapelle est dédiée ? On ne sait pas. Certains critiques du XIXe siècle estiment pareillement que ce n'est pas l'*Adoration des Mages* que Léonard peignit pour les frères de San Donato, mais un *Portement de Croix* dont il existe quelques études. Cette thèse est aujourd'hui rejetée.

52. « Le thème de l'Adoration des Mages est l'apothéose du mouvement », écrit Marcel Brion. Le sujet suppose en effet un voyage : celui des rois de pays très lointains qui ont longtemps cheminé en suivant une étoile pour venir saluer la naissance de l'Enfant. Les peintres y voyaient le prétexte de grands paysages et de brillantes cavalcades (il y a presque toujours des chevaux dans une *Adoration*), comme par exemple Fra Angelico et Filippo Lippi dans leur *tondo* de la National Gallery de Washington, ou Gozzoli, dans sa fameuse fresque de la chapelle du palais Ricardi.

53. B. Berenson, *op. cit.*

54. Quinze ans environ après le départ de Léonard pour Milan, les moines de San Donato s'adressèrent à Filippino Lippi pour le retable de leur chapelle. Celui-ci reprit dans ses grandes lignes la composition de Léonard, mais sans en exploiter toutes les audaces. (Filippino Lippi semble s'être fait une spécialité d'exécuter ou finir des ouvrages commandés à des confrères...)

55. Spengler, *Der Untergang des Abendlandes,* 1917.

56. De même que l'on émit des doutes quant à la destination du tableau, on supposa que Léonard retravailla à différentes époques sa composition, qu'il rajouta ou transforma certains personnages du fond notamment à son retour de Milan, en 1501. Ce n'est pas prouvé.

57. Léonard semble avoir été assez lié avec la famille Benci, en particulier avec Tommaso et Giovanni, cousins de Ginevra. Léonard confie à ce dernier une mappemonde, et peut-être des livres, des instruments, des pierreries (Cod. Atl. 120 r). C'est son fils Amerigo qui possède l'*Adoration* du temps de Vasari. Le tableau apparaît ensuite dans différents palais florentins, avant d'entrer aux Offices en 1794.

VI

LA PLUME ET LE CANIF

On ne peut avoir ni moindre ni plus grande seigneurie que la seigneurie de soi-même[1].

LÉONARD.

Léonard, dans sa trentième année, arrive à Milan en compagnie de son ami Atalante Migliorotti, porteur d'un instrument de musique pour le duc... Ne disposant pas de meilleure source, on ne peut ignorer le récit du biographe anonyme. Vasari l'accrédite, précisant que l'instrument, imaginé par l'artiste, est une sorte de luth construit pour l'essentiel en argent « sous la forme singulière et inédite d'un crâne de cheval, en vue d'obtenir une harmonie puissante et une parfaite sonorité ». Léonard en jouerait dans un concours, surpasserait les musiciens réunis et gagnerait ainsi les bonnes grâces du prince, « grand amateur de musique ». Développement logique : pour Stendhal comme pour Vasari, le peintre *soutiendrait thèse* également, raisonnerait « avec esprit sur toutes sortes de sujets » et enchanterait « toute la ville réunie au palais du duc » : la légende procède des incertitudes.

Vasari se trompe lorsqu'il avance la date de 1476 — Léonard n'a pu quitter Florence avant l'hiver 1481 ; mais le luth en forme de crâne de cheval a peut-être existé : une page du Vinci montre en face d'instruments traditionnels le dessin d'un crâne composite (cela tient à la fois du loup, du bouc, du perroquet, du cheval — on dirait le crâne d'un diable ou d'un dragon) dont la partie inférieure, servant de table, porte trois cordes et comme les divisions perpendiculaires qui indiquent la position des doigts[*2]. Les instruments d'aspect bizarre (celui-ci rappelle dans son principe le monstre peint sur la rondache) sont alors très à la mode. Et le luth est avec la *lira da braccio* (la « lyre à bras », dont jouent les anges dans des tableaux par Bellini, Carpaccio, Raphaël, Mantegna...[3]) l'instrument le plus employé de l'époque pour accompagner le chant.

Le concours aussi doit avoir quelque réalité. Léonard, quinze

---

* Pour les notes concernant ce chapitre, voir page 235.

ans plus tard, note lui-même : « Tadeo, fils de Nicolaio del Turco, eut neuf ans à la veille de la Saint-Michel, le 28 septembre de l'an 1497. L'enfant, ce jour-là, alla à Milan et joua du luth, et il fut jugé un des meilleurs joueurs d'Italie[4]. » L'artiste est-il cette fois du jury ?

L'intérêt que Léonard voue à la musique apparaît de façon indéniable dans ses carnets (recherches acoustiques, perfectionnement et invention d'instruments — *viola organista,* flute à *glissandos,* tambour et cloche à clavier ; et il aurait inventé le violon... [5]), de même que sa peinture et ses textes révèlent un sens profond de l'harmonie et du rythme.

Il sait lire et écrire la musique, qu'il qualifie joliment de « représentation des choses invisibles[6] ». Aucune partition de sa main ne nous est parvenue, car il est d'abord improvisateur[7] ; mais il se sert souvent de portées et de notes dans les nombreux rébus qu'il s'amuse à inventer (ses carnets en comportent plusieurs pages). Sur une portée, par exemple, après la clé, il dessine un hameçon (*amo,* en italien), puis inscrit la série de notes *ré sol la mi fa ré mi,* suivie des lettres *rare ;* une barre ; puis *la sol mi fa sol,* et les lettres *lecita.* Cela donne : *Amore sol la mi fa remirare, la sol mi fa sollecita* (l'amour seul me fait souvenir, lui seul me stimule[8]). Un autre rébus de sa première période milanaise, qui est la plus heureuse de sa vie, dit de la même façon : « L'amour me donne du plaisir[9]. »

Il semble bien vite assez introduit dans le milieu musical de la ville qui compte des maîtres aussi réputés que le Français Josquin des Prés. Un portrait qu'il peint peu après son arrivée — longtemps considéré comme un portrait du duc Ludovic — est celui d'un musicien, aujourd'hui à la Pinacoteca Ambrosiana : depuis qu'on a nettoyé le tableau, en 1905, on voit que le modèle tient dans sa main une feuille de papier à musique sur laquelle figurent une portée et les mots à demi effacés *CANT. ANG.* Cela pourrait être *Canticum Angelicum,* titre d'une composition de Franchino Gaffurio, dit Gafurius, directeur du chœur de la cathédrale de Milan, né à Lodi, et qui a approximativement l'âge de Léonard. Le tableau serait donc le portrait de ce dernier[10], dont le peintre serait l'ami (selon Gerolamo Adda, le Vinci illustrerait en outre sa *Practica musicae,* traité théorique qui a le mérite de dégager pour la première fois la notion d'harmonie).

Léonard se lie également avec Lorenzo Gugnasco de Pavie, facteur et marchand d'orgues, *organetti,* clavecins, luths, violes, *lire da braccio* et autres instruments, au service des cours de Milan, Ferrare et Mantoue : il le retrouvera à Venise, en 1500. Il peut collaborer à sa production, utiliser son atelier et ses conseils pour ses propres expériences sur la propagation des sons ainsi que pour mettre au point les divers tambours et flûtes dont il a l'idée.

Enfin, il y a Atalante Migliorotti, son compagnon de voyage et élève (pour ce qui est de la *lira*), d'après l'Anonyme. On le pense Florentin, plus jeune que Léonard d'une dizaine d'années, et bâtard comme lui. Peu d'informations sur sa vie nous sont parvenues. L'artiste, qui ressent peut-être pour ce garçon davantage que de l'amitié, note qu'il en a dessiné le visage, « tête levée »[11]. Nous ne connaissons pas sa carrière à Milan ; elle y est probablement consacrée à la lyre et au chant, puisque Atalante obtient le rôle-titre de la *Favola d'Orfeo*, de Politien, au château de Mantoue, en 1491. Les deux hommes semblent se perdre ensuite de vue. Ils se retrouvent toutefois à Rome, en 1513. Le chanteur, qui, sans doute, a trouvé un protecteur influent, occupe à cette date la charge enviée de vérificateur des travaux d'architecture du Vatican ; il meurt à ce poste, en 1522.

On pourrait admettre l'enchaînement suivant : un peu orfèvre de par sa formation chez Verrocchio, Léonard cisèle un instrument d'argent dont l'étrangeté attire l'attention de Laurent de Médicis ; celui-ci souhaite offrir cette « curiosité » à Ludovic Sforza, son allié milanais ; dans son grand désir de fuir la capitale toscane, Léonard saisit l'occasion : il demande à remettre en personne l'objet au duc ; à son arrivée, il fait avec son élève et ami une démonstration des possibilités de l'instrument qui lui ouvre les portes du milieu musical lombard. Il n'a pas l'intention cependant de faire carrière dans la musique ; il laisse cela au jeune Atalante ; il continuera de jouer pour le plaisir de ses proches, ou parfois de la cour, mais d'autres ambitions le tiennent : le luth en forme de crâne de cheval ne lui sert que de passeport, de carte de visite.

Car, par ailleurs, il prépare, ou a préparé (il en a eu le temps durant le voyage), une longue lettre d'offre de services destinée au puissant maître de Milan — où il n'est aucunement question de musique. Nous n'en possédons ni l'original ni la version définitive mais un brouillon plein de corrections qui n'est pas de la main de Léonard, comme si celui-ci, doutant de son orthographe autant que de son style, avait prié un ami plus adroit de sa plume de l'aider à énumérer ses mérites. Il faut l'imaginer pesant chaque mot, calculant chaque effet, revenant longuement sur telle ou telle tournure.

Cette lettre étonnante, en onze ou douze points (dont l'ordre est rectifié par la numérotation), révèle un Léonard que notre connaissance de ses années de formation ne laissait pas soupçonner.

Il me semble utile de la donner en entier :

Illustrissime Seigneur, ayant désormais suffisamment considéré les expériences de ceux qui se prétendent grands inventeurs de machines de guerre, et constaté que lesdites machines ne diffèrent en rien de celles qui sont communément employées, je m'efforcerai, sans vouloir faire injure à personne, de révéler mes secrets à Votre Excellence, à qui j'offre de mettre à exécution, à sa convenance, toutes les choses brièvement notées ci-dessous.

1. J'ai un modèle de ponts très solides et légers, extrêmement facile à transporter, grâce auquel vous pourrez poursuivre et au besoin fuir l'ennemi ; et d'autres, robustes et résistant au feu comme aux assauts, faciles à poser et à enlever. Je connais aussi les moyens de brûler et de détruire ceux de l'ennemi.

2. Je sais, lors d'un siège, comment tarir l'eau des fossés et construire une infinité de ponts, béliers, échelles d'escalade et autres machines destinées à ce type d'entreprises.

3. *Item.* Si, en raison de la hauteur des remblais, de la force de la place ou de sa position, il était impossible de réduire cette place par le bombardement, je sais des méthodes pour détruire toute citadelle ou forteresse qui n'est pas bâtie sur le roc, etc.

4. J'ai encore des modèles de mortiers très pratiques et faciles à transporter, avec lesquels je peux envoyer de la pierraille presque comme s'il en pleuvait ; et dont la fumée plongera l'ennemi dans la terreur, à son grand dommage et à sa confusion.

9. Et si le combat doit être livré sur la mer, j'ai de nombreuses machines très efficaces pour l'attaque comme pour la défense ; et des vaisseaux qui résistent au feu des plus gros canons, à la poudre et à la fumée.

5. *Item.* Je sais par des chemins et des souterrains tortueux et secrets, creusés sans bruit, atteindre un lieu voulu, même s'il fallait passer sous un fossé ou une rivière.

6. *Item.* Je ferai des chars couverts, sûrs et indestructibles, qui, pénétrant les rangs ennemis avec leur artillerie, détruiront la troupe la plus puissante ; l'infanterie pourrait les suivre sans rencontrer d'obstacles ni subir de dommages.

7. *Item.* En cas de besoin, je ferai de grandes bombardes, des mortiers et des engins à feu de formes belles et utiles, différents de ceux qui sont en usage.

8. Là où un bombardement échouerait, je ferai des catapultes, mangonneaux, *trabocchi*[12] et d'autres machines inusitées et d'une merveilleuse efficacité. En bref, selon les cas, je peux inventer des machines variées et infinies pour l'attaque comme pour la défense.

10. En temps de paix, je crois pouvoir donner satisfaction parfaite et égaler n'importe qui en matière d'architecture, dans la composition d'édifices publics ou privés, et pour conduire l'eau d'un endroit à un autre.

Item. Je puis exécuter de la sculpture en marbre, bronze ou terre ;

> et en peinture faire n'importe quel ouvrage aussi bien qu'un autre, quel qu'il soit.
>
> En outre, le cheval de bronze pourrait également être exécuté, qui sera la gloire immortelle et l'éternel honneur du seigneur votre père, d'heureuse mémoire, et de l'illustre maison des Sforza.
>
> Et si l'une des choses ci-dessus mentionnées paraissait à quiconque impossible ou infaisable, je suis tout prêt à en faire l'essai dans votre parc ou en tout autre lieu qui plaira à Votre Excellence — à laquelle je me recommande en toute humilité, etc. [13].

A-t-il jamais remis au duc pareille demande d'emploi, si présomptueuse pour tout ce qui touche à la guerre, si réservée dans les quelques lignes où il est question de son art ? Je n'en suis pas certain. Peut-être a-t-il simplement, dans le temps où il se demandait comment aborder le prince de façon à lui plaire, joué en compagnie d'un ami avec l'idée de se présenter de la sorte. L'authenticité de la lettre, au dos de laquelle figurent des notes autographes, paraît cependant assurée : même s'il n'a jamais envisagé sérieusement de la recopier au propre pour la remettre, Léonard l'a conçue, en a dicté les grandes lignes ; cela vaut qu'on s'y arrête.

On a davantage l'impression de lire le programme qu'il se fixe à lui-même qu'une réelle offre de services. Léonard consacrera beaucoup de temps à des inventions militaires, il remplira des carnets de croquis d'armes innombrables — de main, de jet, à feu — d'engins meurtriers, de plans de fortifications (il concevra tout ce qu'il propose au duc, et bien davantage), mais aux environs de 1482 il ne semble pas s'être beaucoup livré encore à ce type de recherches. Un mémorandum où il énumère différentes études qu'il a faites (peut-être la liste de tout ce qu'il a emporté à Milan ?) parle de dessins de nus, de fleurs, d'arbres, d'anges, de visages de vieilles gens, d'une tête de gitan, de portraits (celui d'Atalante, notamment), de deux *Vierge*, de huit *saint Sébastien,* etc. — mais ne mentionne guère que trois sujets techniques, et tous trois à caractère civil : des schémas de four, des instruments de navigation et « certains instruments pour l'eau » (*cierti strumeti d'acqua*) [14]. Seuls quelques croquis de canons et arbalètes, à la rigueur, peuvent être antérieurs à son installation à Milan [15]. D'où vient alors qu'il se pose soudain, *avant tout,* en ingénieur militaire ?

La guerre qu'a menée Florence contre Rome, Naples et leurs alliés, ou plutôt ses préparatifs peureux à l'intérieur de la ville, lui a certainement donné l'occasion de se familiariser avec la fabrication des armes et des machines nécessaires pour soutenir ou conduire un siège. Ce qu'il a vu dans les manufactures et arsenaux florentins a excité son intelligence, lui a donné à réfléchir. Il a probablement étudié les réalisations des principaux ingénieurs militaires, comme il le dit dans sa lettre, et lu tous les traités disponibles sur la question (Taccola, Valturio, voire Pline, publié en 1476). Esprit toujours fertile, il a imaginé alors des moyens pour perfectionner les armes existantes et en a conçu de nouvelles à partir de celles qu'il a observées ou dont il a eu la description. (Curieusement, ces innovations et améliorations vont dans le même sens que celles qui lui viennent pour ce qui est des instruments de musique : organiser, grouper, mécaniser — limiter la part de l'intervention humaine et essayer d'obtenir avec un seul engin ce que produisent normalement plusieurs. De même qu'il invente, par exemple, un tambour frappé par cinq baguettes qu'actionnent des roues dentées entraînées par les roues du chariot sur lequel il repose [16] — de manière qu'à chaque mouvement du chariot le tambour joue seul des rythmes compliqués —, de même, il conçoit des pièces d'artillerie en jeu d'orgues montées sur roues : onze bouches à feu tirent une salve, la pièce avance, un autre rang de canons se met automatiquement en place, etc. [17] ; il dessine encore un système pour repousser par groupe de trois ou quatre, du bas d'une muraille, les échelles d'assaillants [18] ; il songe à réunir plusieurs bouches à feu sur un même affût — l'arme préfigure la mitrailleuse [19] — et, pareillement, envisage une cloche frappée par quatre marteaux que commande un clavier, de façon, dit-il, qu'une seule cloche fasse « l'effet de quatre cloches [20] ». Dans son esprit tout occupé d'efficacité, considérant ces choses comme des exercices mentaux, il n'existe pas grande différence, sans doute, entre un carillon innocent et une pièce d'artillerie crachant sans répit le feu et l'acier.)

Il n'est pas impossible, en outre, que l'atelier de Verrocchio, premier bronzier de Florence, fondeur émérite (on se souvient de la boule de la cathédrale), ait eu à participer, d'une manière ou d'une autre, à la fabrication de canons (ou de boulets) : cloche, canon ou statue, l'opération est la même [21]. Léonard, en tout cas, a sûrement appris de son maître les secrets de la fonte et diverses recettes d'alliages ; le mémorandum cité plus haut parlait de croquis de four.

Lorsqu'il arrive à Milan, la paix en Italie se trouve plus compromise que jamais : les Turcs ont débarqué dans les Pouilles, Rome s'est alliée à Venise, Venise veut s'emparer de Ferrare ; une ligue se forme contre la cité des Doges qui n'en poursuit pas moins ses plans : bien qu'elle y perde les faveurs du Saint-Siège, que la péninsule entière se retourne contre elle, elle continue son avance, loue des mercenaires, livre bataille près d'Argenta, assiège le marquis d'Este, fait pénétrer une armée en Lombardie. Milan, qui pensait ne pas avoir à intervenir dans le conflit autrement que par le jeu de ses ambassadeurs, doit se résoudre alors à prendre les armes.

Léonard estime sans doute, à juste titre, que le duché a pour l'instant davantage besoin d'ingénieurs militaires que d'artistes : les circonstances dictent la première partie de son exposé. D'où les mots par lesquels il ouvre la seconde : « En temps de paix... » Mais ce n'est pas le cas.

Qu'il envoie ou non sa lettre, la tentation lui est venue, visiblement, de donner un nouveau tour à sa carrière à la faveur de la conjoncture. Il a aperçu un chemin facile vers le succès. L'industrie des armes est depuis longtemps une spécialité milanaise ; dans la via degli Armorari et ses alentours, plusieurs dizaines d'ateliers, certains aussi célèbres que ceux de Tolède, forgent et ornent des épées, des piques, des hallebardes, des casques, des boucliers qui se vendent au loin ; mais ce ne sont là toujours qu'armes traditionnelles. L'*ars militaria* ne paraît guère développé en Italie, en comparaison de ce qui se fait outre-monts ou chez les Turcs. Philippe de Commynes, envoyé du vieux roi Louis XI, note à cette époque la faiblesse des Etats qu'il traverse : « Ils ne savaient point si bien la manière de prendre places ne de les deffendre [...] comme on feroit ici [en France]. » Or Léonard insiste sur la nouveauté des engins qu'il aurait mis au point. Qu'il en réalise un seul, sa fortune est faite.

Son exposé répond à la demande. Il prétend pouvoir construire des bombardes solides et légères : celles qu'on utilise sont difficiles à manier, à cause de leur poids, et elles éclatent souvent ; il prétend s'y connaître en mines, béliers, catapultes et autres machines de siège : les Italiens évitent autant que possible de se rencontrer sur le champ de bataille, ils préfèrent les guerres d'usure ; il se propose d'armer de canons et de cuirasser des navires — proposition étrange si l'on songe que la Lombardie ne possède pas alors d'ouverture sur la mer — mais Venise, puissance maritime, a réuni une grande flotte sur le Pô, par lequel elle compte attaquer Ferrare, alliée de Milan.

Exclu du voyage à Rome, n'ayant pu achever l'*Adoration des Mages* ni le *Saint Jérôme,* Léonard se trouve comme dégoûté de la peinture. Il a le souci de recommencer sa vie. Pourquoi ne pas choisir alors, plutôt que de végéter dans les « arts mécaniques », la voie qui mène aux plus hauts honneurs ? Quand il aborde ses capacités « en temps de paix », il ne se réclame pas de Verrocchio, ne rappelle pas qu'il a approché à Florence, en 1471, le défunt duc Galéas Marie, frère du prince régnant, lors de sa réception officielle dans cette ville, ni qu'il a participé à la décoration de ses appartements au palais Médicis ou à la sculpture de l'armure *alla romana* qui lui a été offerte, ni ne cite aucune œuvre qu'il a accomplie[22]. Il se dit d'abord architecte, bien qu'on ne lui trouve pas d'expérience à cette date dans l'art de bâtir, et capable de « conduire les eaux d'un endroit à un autre » (on projette alors de creuser un canal reliant la rivière Adda à Milan), puis sculpteur, puis peintre — en tout dernier lieu. Il donne, en fait, dans leur ordre hiérarchique (aux yeux de son temps) les talents qu'il croit pouvoir exercer.

Léonard se passionne naturellement pour les problèmes techniques, mais cette passion rencontre ses intérêts. La position sociale de l'ingénieur, et surtout de l'ingénieur militaire, est la plus élevée qu'il puisse atteindre[23]. Dans l'esprit d'un prince soucieux de gloire, les fresques et les panneaux peints sont choses fragiles ; le marbre et le bronze (les antiquités le prouvent) ont plus de chances de franchir les siècles ; un bâtiment solide permet de mieux rester encore dans la mémoire des hommes ; mais tout cela ne compte pour rien si l'on ne possède pas la puissance politique, et donc militaire, qui en autorise l'accomplissement et en assure la sauvegarde.

Giotto, l'humble berger devenu le plus grand peintre de son temps, ne reçut une charge publique, accompagnée d'une généreuse pension annuelle, qu'au titre d'architecte : pour édifier le campanile de Sainte-Marie-de-la-Fleur et diriger des travaux de fortification. A Florence, Léonard a pu voir dans quelle estime Laurent de Médicis tient Giuliano da Sangallo qu'il a choisi pour ingénieur militaire. Combien l'artiste aimerait connaître à son tour les avantages d'une fonction officielle[24] !

Un paragraphe, cependant, se distingue dans sa demande d'emploi, tant par le contenu que par la tournure et la place à l'intérieur de la lettre. Il concerne la dernière chose que Léonard s'offre de réaliser; et c'est une œuvre spécifique, précisément nommée ; alors qu'il affirme partout ailleurs : *je sais, j'ai, je ferai*, il emploie ici le conditionnel, et dans une forme passive : « En outre, le cheval de bronze pourrait être exécuté... » *(Ancora si potra dare opera al cavallo di bronzo).*

La partie relative aux questions militaires était aussi développée qu'hypothétique ; celle relative aux questions civiles, à la fois vague, plate et brève. Pourquoi ce besoin soudain de conclure le catalogue vantard de ses talents sur un ton timide et impersonnel, par des politesses de courtisan (le « seigneur votre père, d'heureuse mémoire », etc.) ?

Si toute la lettre paraît le rêve d'un expatrié en quête d'une situation, ces trois lignes me semblent en revanche se rapporter à un fait très réel : Léonard a dû entendre dire à Florence que le riche tyran de Milan souhaite élever une grande statue équestre à la mémoire de Francesco Sforza, son père, et il s'est rendu en Lombardie dans l'espoir d'en obtenir la commande. Son imagination a eu le temps de vagabonder en chemin, comme toujours ; d'où les ambitions parallèles qu'elle lui a tissées. L'affirmation trahit le songe ; le conditionnel est la marque du concret. D'après ce que je devine de son tour d'esprit, Léonard a enfermé son dessein véritable dans l'ultime paragraphe de sa lettre : ce n'est qu'à cause du cheval de bronze qu'il a choisi de se rendre à Milan.

Tandis que la Florence du *Quattrocento* est parvenue jusqu'à nous presque inchangée, Milan a subi au cours des siècles tant de vicissitudes et de bouleversements qu'on a du mal aujourd'hui à se représenter cette ville au temps de Léonard. Stendhal même, qui souhaitait en être citoyen, ne la reconnaîtrait guère dans son aspect actuel.

Sa fondation ne remonte ni aux Etrusques ni aux Grecs, de sorte que les Toscans, assez snobs en la matière, jugent avec mépris qu'elle n'a pas une origine très prestigieuse : elle aurait été créée par des Celtes, c'est-à-dire des barbares. Tite-Live l'appelle *Mediolanum*, déformation de *in medio plano* (au milieu de la plaine). Les Germains la baptiseraient ensuite (déformation d'une déformation ?) *Mayland*, la « Terre de Mai ». On s'étonne d'abord qu'elle se développe si bien, n'étant pas bâtie sur la rive d'un fleuve, d'un lac, ni au sommet d'une colline, mais à découvert, dans un endroit humide, malsain, très incommode, loin des fleuves, du Tessin, de l'Adda ou du Pô (auxquels le XVe siècle s'efforce d'ailleurs de la relier). Il faut croire qu'elle constitue une étape incontournable entre Rome et les pays transalpins, car elle devient vite une place stratégique et commerciale de première importance. D'où l'âpreté avec laquelle on se la dispute. Les Carthaginois l'envahissent, les Romains l'occupent ; elle a rang de capitale impériale sous Dioclétien ; les Goths s'en emparent, puis les Lombards qui donnent leur nom à la région. Barberousse rase ses murs et la réduit en cendres ; elle se reconstruit, relève ses industries, s'épanouit de nouveau. La seigneurie des Visconti s'y établit, et comme cette famille s'y maintient pendant cent trente ans, quoique le plus souvent par le fer et le poison, elle s'agrandit et s'enrichit au point de former à l'époque de Léonard une des métropoles les plus vastes, les plus peuplées (environ 100 000 habitants), les plus puissantes d'Europe. Toujours très convoitée, elle tombe par la suite entre les mains des Français, des Espagnols, des Autrichiens, des Allemands — pour être en grande partie détruite par les bombardements aériens de

1943. Cinq fois ruinée, elle se redresse à cinq reprises ; peu de cités italiennes ont souffert des occupations et des guerres autant qu'elle.

Milan est alors une ville presque ronde, de briques brunes et de pierres grises, piquée d'îlots de verdure. Léonard en dessine le plan à la manière des cartographes de son siècle, en se contentant de donner la forme générale de l'enceinte, les portes, les grands axes et les principaux bâtiments en perspective[25]. On reconnaît, au centre, le Dôme et la Corte Vecchia ; dans le bas, l'église de San Lorenzo et la porte Ticinese ; à droite, entourée d'eau, à cheval sur la périphérie, l'énorme masse du château Sforza, séjour du duc, qui présente la particularité d'être plus fortifié du côté de la ville que du côté de la campagne, comme si la famille régnante craignait davantage le soulèvement de ses sujets qu'une agression extérieure.

Si Léonard obtient la grâce d'une audience (pour offrir le luth en forme de crâne de cheval ou, éventuellement, pour remettre sa lettre), c'est là qu'il se présente. Il longe la haute falaise sombre des remparts flanqués de tours, franchit un pont-levis gardé par des archers, passe le donjon bizarre construit par Filarete (on dirait une pagode), pour déboucher sur la place d'Armes (« capable de contenir trois mille cinq cents hommes en bataille », selon le président de Brosses) et découvrir une forteresse à l'intérieur de la forteresse : la Rochetta, couleur de sang séché, protégée par une artillerie nombreuse et réputée imprenable. Ici, la tour du Trésor cache des richesses prodigieuses qui font pâlir de jalousie, dit-on, les rois de France et d'Angleterre : des coffres emplis de rubis, de diamants, de perles, des brassées d'or, une montagne de pièces d'argent, si haute, d'après l'ambassadeur de Ferrare, qu'un chevreuil ne pourrait sauter par-dessus.

L'intimidant château (il inspirera l'architecture du Kremlin) donne le ton à la ville dans ces années. Moins de trois cents kilomètres séparent Milan de Florence ; pourtant, la capitale lombarde, toujours prise dans les brumes, doit dépayser terriblement Léonard : elle paraît appartenir au nord de l'Europe, ou à un autre siècle. Aucun urbaniste n'y a réglementé la construction : c'est un fouillis de maisons médiévales, plantées pêle-mêle, composant un labyrinthe de ruelles bourdonnantes, sales et variées qui cèdent la place par endroits à des canaux où retentit la nuit le chant des grenouilles : les *navigli* (la plupart ont été recouverts après la dernière guerre, mais il reste encore le très représentatif *Naviglio Grande*). Quelques bâtiments dans le goût « moderne » du *Quattrocento* se dressent bien çà et là, qu'ont dessinés d'ailleurs des architectes florentins — le très bel Ospedale Maggiore de Filarete, la banque des Médicis dont le portail a été sculpté par Michelozzo —

1 · Autoportrait, dessin à la sanguine. Turin, Bibliothèque ex-Royale.

2 · Portrait de Léonard, de profil, attribué à Francesco Melzi. Milan, Bibliothèque Ambrosienne.

3. Profil d'un adolescent (Léonard ?). Bibliothèque Royale de Windsor (12432 r.).

4 · Profil d'homme mis au carreau et études de cavaliers (pour la Bataille d'Anghiari*). Venise, Galerie de l'Académie.*

5 • *Le village de Vinci. Photographie de l'auteur.*

6 • *Paysage figurant au dos du dessin daté du jour de Sainte-Marie-des-Neiges, 1473 ; on lit en haut, au centre :* "Io morando dantonio sono chontento". *Florence, Les Offices.*

7 • *Autoportrait présumé de Léonard. Détail de l'*Adoration des Mages.
Florence, Les Offices.

8 · *(Ci-dessus, à gauche.)* Portrait d'Andrea Verrocchio, *détail, attribué à Lorenzo di Credi. Florence, Les Offices.*

9 · *(Ci-dessus.)* David, *par Verrocchio, détail. Florence, Musée du Bargello.*

10 · *(Ci-contre.)* Le Baptême du Christ, *par Verrocchio et Léonard. Florence, Les Offices.*

11 · L'Annonciation. *Florence, Les Offices.*

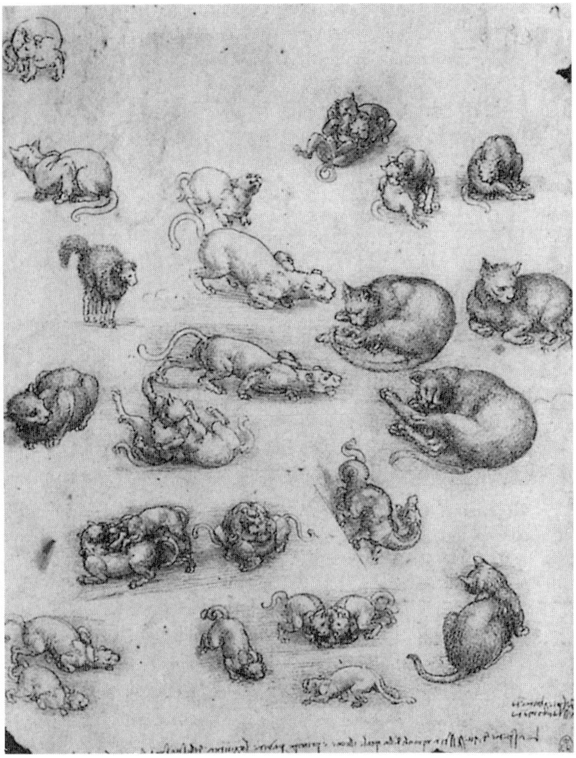

12 • *Études de chats (et d'un dragon). Bibliothèque Royale de Windsor (12363).*

13 • La Madone Benois. *Leningrad, Musée de l'Ermitage.*

14 • Portrait de Ginevra Benci. *National Gallery de Washington.*

15 • *Étude pour les mains de Ginevra Benci Bibliothèque Royale de Windsor (12558).*

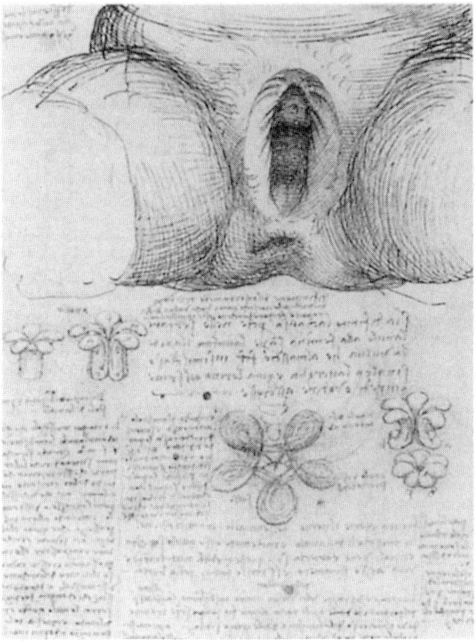

16 · Anatomie des organes génitaux de la femme et études du sphincter anal. Bibliothèque Royale de Windsor (19095 r.).

17 · Anatomie du coït, du système digestif et études de pénis en coupe. Bibliothèque Royale de Windsor (19097 v.).

18 · Saint Jérôme. *Rome, Musée du Vatican.*

19 · Vieillard et adolescent (Salaï?). Florence, Les Offices.

20 · L'Adoration des Mages. *Florence, Les Offices.*

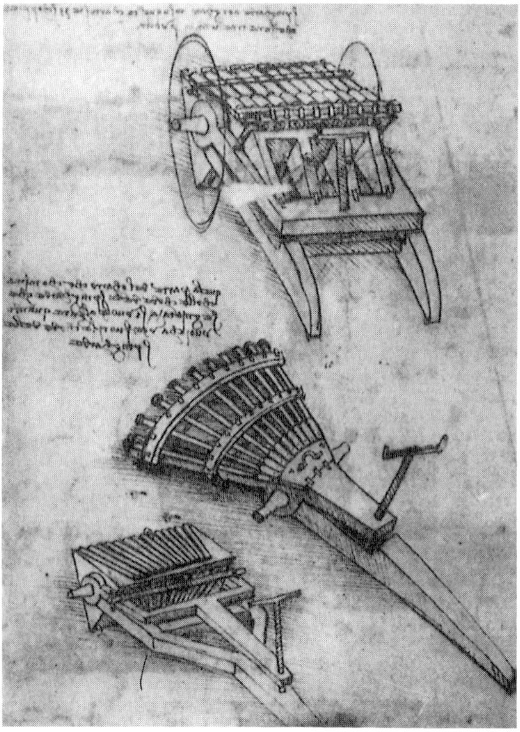

21 · Pièces d'artillerie à canons multiples. Milan, Bibliothèque Ambrosienne (Cod. Atl. 56 v. a.).

22 · Ludovic Sforza le More, *par G.A. de Predis Miniature illustrant la* Gramatica Latina, *d'Eli Donato. Milan, Bibliothèque Trivulcienne.*

23 • La Vierge aux Rochers. *Paris, Musée du Louvre.*

24 • Autoportrait présumé de Bramante. Détail des Philosophes. *Pinacothèque de la Brera, Milan.*

25 • Utopies militaires : cavalier actionnant des faux et char d'assaut équipé de canons. Londres, British Museum.

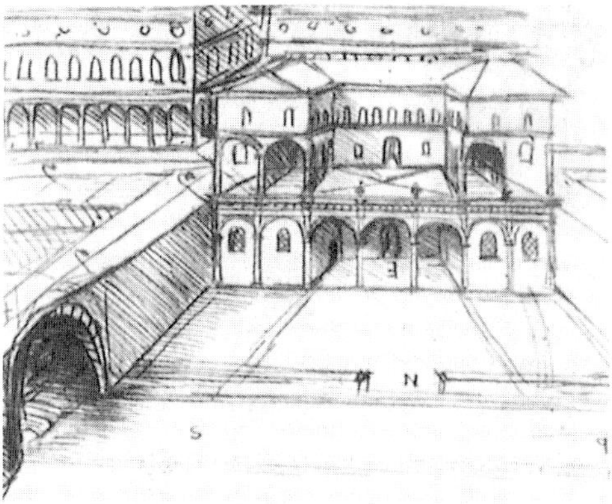

26 • Projet pour une ville à deux niveaux. Paris, Bibliothèque de l'Institut (B 16 r.).

27 · Portrait d'un musicien. *Milan, Pinacothèque Ambrosienne.*

28 · Le masque et le visage (allégorie ?) Bibliothèque Royale de Windsor (12700 v.).

29 · Costume pour une fête. Bibliothèqu Royale de Windsor (12576).

mais la grande majorité des palais et des églises, datant ou non des siècles précédents, relèvent du roman, du gothique, de ce gothique tarabiscoté qu'on qualifie, généralement avec une pointe de dédain, de *flamboyant.*

Avec ses cours et ses jardins secrets, n'en déplaise aux amateurs de ciels bleus, de styles purs et de grandes perspectives, cette ville anarchique et cossue a cependant un charme particulier — très prenant, mais qui se laisse mal circonscrire. On vente d'ordinaire la sensualité indolente de ses habitants, autant que son extraordinaire affairisme ; ou le raffinement de sa cuisine (« les Milanais, dit le conteur Bandello, pensent qu'on ne sait pas vivre si l'on ne vit et mange bien en compagnie », propos repris fidèlement par Goldoni cent ans plus tard) ; Stendhal trouve qu'elle a les rues les plus commodes d'Europe pour la conversation (il dit : *the most comfortable streets*) ; Alberto Savinio l'admire d'avoir consacré une rue à un personnage inexistant, Randaccio Nicola, de la même façon qu'Athènes avait un temple dédié au Dieu Inconnu[26]... Tout cela n'explique pas le plaisir qu'a toujours procuré à certains l'existence dans ses murs.

Aujourd'hui comme hier, en fait, le visiteur aime ou déteste Milan, sans restriction. Léonard, par réaction peut-être contre Florence qui n'a pas su le comprendre, y respire, s'y sent un homme neuf et si bien à son aise qu'il y demeurera dix-sept ou dix-huit ans, avant d'en partir par la force des circonstances. Et il y reviendra. Il n'y aura pas les habituelles nostalgies des Toscans à l'étranger ; la ville où s'est déroulée sa jeunesse ne lui inspire à vrai dire aucun regret, il ne souffre pas de la fameuse *malattia del Duomo* ni ne soupire jamais à l'instar de Dante qui pleurait de ne plus voir le baptistère : « O mon beau Saint-Jean... »

Parlant de l'arrivée du Vinci à Milan, Vasari écrit : « Le prince, devant ses merveilleux discours, s'éprit incroyablement de son talent. Il le pria de peindre un tableau d'autel montrant une *Nativité* qu'il envoya à l'empereur [d'Allemagne][27]. »

Comme le biographe anonyme, Vasari crée l'impression d'une présentation brillante, d'un succès facile, suivi d'effets immédiats. Aucune trace ne subsiste de cette *Nativité ;* et Léonard, en réalité, ne gagne pas si vite les faveurs de la cour. On ne le voit pas emporter la commande du cheval de bronze ni déployer ses capacités d'ingénieur avant longtemps (le titre de *ingeniarus* ne lui sera conféré qu'en 1490 : huit ans plus tard). Il doit d'abord patienter — faire ses preuves.

On ne sait pas plus par quelles routes il a voyagé, dans quelles villes il s'est arrêté, qu'on ne connaît l'endroit où il s'établit en arrivant. Evitant autant que possible les auberges, trop chères pour sa bourse, il a probablement demandé l'hospitalité à des confrères auxquels il a été recommandé. C'est dans la maison d'une famille d'artistes, les Predis (ou Preda), demeurant du côté de la porte Ticinese, qu'on le trouve en tout cas au printemps 1483.

Les artistes s'associent souvent entre eux, pour déjouer telle ou telle mesure protectionniste, lorsqu'ils ne peuvent assumer seuls les frais d'un atelier ou qu'un travail dépasse par son ampleur leurs capacités individuelles. Donatello et Michelozzo, Masaccio et Masolino, Fra Bartolomeo et Albertinelli, Andrea del Sarto et Franciabigio, les exemples ne manquent pas, au XVe comme au XVIe siècle, de peintres ou sculpteurs qui œuvrent en commun. Contraint de reprendre ses pinceaux, parce que ses projets ne suscitent pour l'instant aucun écho, Léonard ne trouve sans doute que ce recours pour percer dans la capitale lombarde.

« La plume, écrit-il sur la couverture d'un carnet, doit nécessairement s'allier au canif ; c'est une alliance très utile, car l'une ne vaut pas grand-chose sans l'autre[28]. »

Même s'il a obtenu un bon prix du crâne de cheval en argent, il n'a pas les moyens d'attendre indéfiniment que le duc s'intéresse à lui ; il se joint alors à un atelier local, de façon à s'assurer un toit et de l'ouvrage.

La famille Predis se compose de six frères nés de trois mariages, aux talents médiocres mais variés, qui sont surtout bien introduits en cour. Evangelista est sculpteur sur bois ; Cristoforo, sourd-muet, fait des miniatures ; Bernardino, l'aîné, des médailles et des cartons de tapisserie ; Gian Ambriogio, de la peinture. Ce dernier semble le mieux réussir. Il a commencé lui aussi par graver des monnaies et enluminer des livres d'heures ; le prince lui a demandé son portrait ; d'autres commandes ont suivi, notamment de la duchesse de Ferrare ; il fera plus tard le portrait de l'empereur Maximilien et celui de Bianca Maria Sforza.

Rien n'indique comment Léonard les a connus ni sur quelles bases s'établit leur collaboration, mais un contrat (daté du 25 avril 1483 et signé devant le notaire Antonio di Capitani) lie son nom à ceux d'Ambrogio et Evangelista de Predis pour l'exécution d'un retable destiné à la très récente Confrérie de la Conception de la Sainte Vierge Marie, dont la chapelle se trouve dans l'église de San Francesco Grande (aujourd'hui détruite).

Lui seul, il est vrai, reçoit dans ce document le titre de maître (*Magister Leonardo Vintiis, Fiorentino*). Et il est spécifié que le panneau principal (il s'agit d'un triptyque) « sera peint par le Florentin, à l'huile », tandis qu'Ambrogio fera les volets (et Evangelista, suppose-t-on, les dorures). Il semble que le Milanais ait astucieusement manœuvré, enlevant la commande en poussant en avant les capacités de son hôte.

En 1480, les prieurs de la Confrérie ont demandé à un certain Giacomo del Maino de sculpter un important cadre en bois pour le retable, ou *ancona*, de leur chapelle toute neuve dont le plafond vient d'être décoré par deux artistes du nom de Francesco Zavattari et Giorgio della Chiesa. Les panneaux qu'ils commandent à Léonard et aux frères Predis doivent épouser les dimensions de ce triple cadre orné de bas-reliefs, qu'il faut d'ailleurs finir. Les exigences de la Confrérie ne se bornent pas, toutefois, à un problème de format : le contrat, qui couvre plusieurs pages, moitié en latin, moitié en langue vulgaire, élaboré par les prieurs avec l'assistance d'hommes de loi, établit aussi par le menu le sujet et la composition de l'œuvre : il précise, après diverses invocations et un long préambule juridique, que la Vierge entourée de deux prophètes, au centre, « faite à la perfection », portera un vêtement de brocart d'or et d'outremer, doublé de vert, que l'or sera appliqué sur une fine couche de laque rouge, que Dieu le Père, au-dessus, sera pareillement vêtu d'or et d'outremer[29], tandis que les anges, auréolés d'or, seront exécutés à l'huile « dans la manière grecque », que l'Enfant sera placé sur une sorte d'estrade dorée, que les montagnes et rochers du fond, à l'huile également, montreront des couleurs variées, etc. Il y est dit enfin que les panneaux seront obligatoirement prêts avant le 8 décembre de la même année, fête de l'Immaculée Conception. Les artistes recevront à eux trois 800 livres impériales, soit 200 ducats — sous réserve que leur peinture résiste au temps (on se méfie justement des nouvelles techniques : les prieurs réclament une « garantie » de dix ans). Une clause prudente prévoit le cas où Léonard quitterait Milan avant d'avoir achevé sa part de travail ; une autre concerne l'éventualité d'une prime supplémentaire, après expertise...

Il faut comprendre le souci de la Confrérie : elle défend un dogme nouveau, celui de l'Immaculée Conception, alors passionnément discuté (admis par le pape cinq ans auparavant, il ne sera sanctionné par la Sorbonne qu'en 1496 et proclamé en 1854 seulement[30]) ; un artiste, à ses yeux, n'a pas à se mêler de théologie : elle lui demande l'illustration d'une thèse, de la même façon qu'une agence de publicité charge aujourd'hui un photographe de mettre un concept en image.

Il faut comprendre le point de vue de Léonard : il respecte le dogme mais veut le traduire à sa guise ; l'artiste aspire à être davantage qu'un bon ouvrier, cette position l'humilie, il a son mot à dire, qui est le produit de sa réflexion — et il sait des formes et des symboles plus efficaces que ceux qu'on entend lui imposer (le fils mal-aimé du notaire estime sans doute aussi que les contrats existent pour être bafoués).

On peut supposer une négociation, des arguties inépuisables d'où Léonard sortirait vainqueur (il est parfaitement capable, selon Vasari, d'infléchir dans le sens qu'il désire « les esprits les plus obstinés »). Ou bien, plus simplement, qu'il signe le document en se disant qu'il mettra au bout du compte les prieurs *devant un fait accompli :* il peindra son tableau, qui sera *la Vierge aux rochers* (nom décerné par la suite, car lui-même n'a jamais le souci d'un titre), en toute liberté, dans le secret de l'atelier des Predis, pour ne le livrer à l'appréciation des commanditaires qu'une fois achevé. Une clause stipule que seule la feuille d'or doit être appliquée dans les murs de la chapelle : cela facilite son projet de « détournement ». Car, quoi qu'il en soit, Léonard n'a, bien entendu, dès le départ, aucunement l'intention de se plier à des exigences qui le pousseraient dans un style caduc — la « manière grecque » — qu'il n'a jamais pratiqué.

Point de dorure ; pas même, en fait, les traditionnels nimbes qui distinguent la divinité. Léonard omet ces accessoires aussi archaïques que superflus [31]. Aucun brocart, non plus, pas d'étoffe clinquante. La Madone n'a nul besoin de ces parures pour se révéler dans toute sa gloire. Aucun prophète, nulle ronde d'angelots joufflus. Quatre personnages sur un fond de rochers (la Vierge, un ange unique aux ailes dissimulées dans l'ombre et qui a les traits d'une jeune femme, ainsi que Jésus et saint Jean enfants) suffisent pour représenter le moment de la vie de la Vierge choisi pour thème. Nous sommes là bien loin de l'icône surchargée à laquelle songe la Confrérie.

Hérode, ayant appris des Mages que le « roi des Juifs » était né à Bethléem, envoya tuer tous les nouveau-nés de cette ville et de son territoire ; avertis par l'ange Gabriel, Joseph, Marie et l'Enfant partirent de nuit se réfugier en Egypte. Là, ils vécurent dans le désert jusqu'à la mort du tyran. Une légende apocryphe, tirée de Luc et divulguée au milieu du XIVᵉ siècle par le dominicain fra Pietro Cavalca, raconte qu'ils rencontrèrent dans leur exil le petit saint Jean, qu'accompagnait sainte Elisabeth et que protégeait l'ange Uriel, car lui aussi « demeura dans les solitudes jusqu'au jour où il se manifesta devant Israël [32] ».

Tel est le sujet du tableau de Léonard : la Vierge, assise à l'entrée d'une grotte (une montagne miraculeusement ouverte, dit-on, pour accueillir la Sainte Famille), semble présenter son fils à celui qui le baptisera. Les rôles sont ici inversés : Jésus bénit Jean, le précurseur, agenouillé, les mains jointes en prière, et que désigne l'index tendu de l'ange Uriel. On retrouve dans leur attitude comme un écho des paroles johanniques : « Voici celui dont j'ai dit : lui qui vient après moi est passé devant moi parce qu'avant moi il était. » L'eau, dans une anfractuosité de la roche, au premier plan, serait également une allusion au baptême. L'archange et le saint remplacent en fait les prophètes mentionnés dans le contrat : leur présence, leur « gestuelle » attestent que la prophétie a commencé de s'accomplir.

Les rochers, la grotte, symboles traditionnels à Florence de la nature sauvage[33], ont sans doute une signification particulière pour Léonard, de même que cet enfant en exil dont on ne voit pas le père. Comme dans *l'Adoration des Mages,* un grand vide sombre sépare Jésus de son adorateur. Encore une fois, le Vinci s'arrange pour faire passer dans une œuvre à caractère religieux des souvenirs, des sentiments qui lui sont propres. Il montre une mère idéale, d'une beauté radieuse, encore un peu enfantine, dont les seuls soucis sont la sauvegarde et le bonheur de son fils ; elle lui a trouvé un abri, un compagnon de jeu ; c'est le crépuscule ; rien ne viendra troubler leur nuit.

Le tableau, comme la plupart des œuvres de Léonard, pose de nombreux problèmes, d'ordre chronologique et iconographique, qui ne seront sans doute jamais résolus. Pourquoi le petit saint Jean, que l'archange désigne d'un doigt formel à l'attention du spectateur, occupe-t-il une position prédominante dans un retable dédié à l'Immaculée Conception de Marie ? Saint Jean est le patron de Florence. Aussi, comme la Vierge, encore assez proche de Verrocchio, rappelle celle de l'*Adoration,* que le fond évoque celui du *Saint Jérôme,* que le style des dessins préparatoires et les tons sourds de la peinture (dénaturée malheureusement par sa transposition sur toile et de trop nombreuses retouches) semblent appartenir à la « première période » de l'artiste, certains supposent que Léonard a commencé l'œuvre en Toscane, non à Milan, c'est-à-dire que *la Vierge aux rochers* n'a pas été prévue à l'origine pour la chapelle de la Confrérie. Léonard l'aurait emportée avec lui en Lombardie. J'ai du mal à croire, personnellement, qu'il se soit chargé (pour montrer un spécimen de son talent ? à tout hasard ?) d'un panneau en bois enduit de plâtre, long de près de deux mètres et pesant au bas mot quatre-vingts kilos, aussi fragile qu'encombrant, de sorte que, ne pouvant l'arrimer au dos d'un mulet, on doit le faire voyager dans des couvertures au fond d'un charroi. Et pourquoi celui-ci, plutôt que l'*Adoration* ou le *Saint Jérôme ?* L'œuvre commandée doit s'adapter de surcroît au cadre sculpté par Giacomo del Maino ; on a beau dire que ce type de composition a généralement à peu près le même format, il serait vraiment extraordinaire que Léonard ait eu dans ses bagages un tableau représentant une Vierge, précisément de cette taille et ayant la particularité d'être cintré dans sa partie supérieure, comme l'est celui-ci — ce n'est pas là alors un modèle très florentin. Enfin, il n'est guère dans la coutume du temps qu'une confrérie richement dotée orne sa chapelle d'une peinture, si je puis dire, de deuxième main. Il est probable, cependant, que Léonard ait déjà réfléchi à Florence à une Madone avec Jésus et saint Jean enfants, sujet très inusité[34], et qu'à son arrivée à Milan l'œuvre soit déjà construite dans sa tête, sur le papier — ou, si l'on préfère, qu'il utilise un schéma florentin pour sa première peinture milanaise : il ne suffit pas de changer de ville pour modifier aussitôt sa « manière ». Cela expliquerait bien en outre comment il peut s'engager par contrat (si on lui prête une certaine bonne foi) à terminer le travail avant le 8 décembre 1483, c'est-à-dire dans un délai de huit mois et demi. Les habituelles lenteurs et la rareté de la production du Vinci viennent davantage du soin qu'il apporte à la conception de ses œuvres (d'où les innovations radicales qu'il introduit dans chacune) que de sa technique réclamant de longs temps de séchage entre les nombreuses couches qu'il applique, ou — à cette époque du moins — d'une mauvaise volonté qu'il mettrait à peindre. Incapable toujours de répéter une formule existante, de refaire ce qui a été fait déjà par un autre, il ne saisit le pinceau qu'une fois son sujet maîtrisé, repensé, après avoir opéré une révolution en esprit : voilà entre autres pourquoi, cérébral, perfectionniste, il laisse infiniment plus d'études et de notes que tout autre artiste de la Renaissance.

La confusion, à vrai dire, et les vives controverses que suscite toujours *la Vierge aux rochers* découlent en grande partie de ce qu'il en existe deux versions, l'une au musée du Louvre, l'autre, postérieure, où se reconnaît davantage la main d'Ambrogio de Predis que la sienne, à la National Gallery de Londres (certaines théories[35] en font intervenir une troisième, hypothétique, aujourd'hui disparue) ; et aussi que nous possédons sur elles les pièces contradictoires et incomplètes d'un procès opposant Léonard et ses collaborateurs à la Confrérie de la Conception — procès qui va durer plus de vingt ans.

Il y a sûrement des retards (on en ignore la gravité). Il ne semble pas, surtout, que les prieurs se satisfassent du travail fourni par les artistes qu'ils ont engagés : Léonard réclame une prime de cent ducats, on ne lui en concède que vingt-cinq ; des experts sont consultés, selon la coutume du temps ; l'affaire est portée devant le duc Ludovic Sforza ; le jugement paraît longtemps différé...

Poussé par une saine émulation, ayant assimilé de son mieux le style de Léonard, Ambrogio de Predis s'est permis, lui aussi, des libertés avec le contrat : au lieu des deux anges musiciens prévus par panneau, pour les volets du retable, il n'en a mis qu'un, « de grand format », exempt d'auréole et de dorure[36]. Les prieurs s'y résignent, sans doute — mais comment ne contesteraient-ils pas l'étrange Madone du Florentin ?

Léonard, à mon sens, a fait de nombreuses concessions — elles confèrent un petit côté gothique à sa peinture. La végétation dont il garnit les rochers, puisque la rencontre de saint Jean avec Jésus est censée s'être déroulée dans un « désert fleuri », obéit, par exemple, à la symbolique traditionnelle ; elle raconte une *histoire* dans un langage très intelligible à l'époque : le lierre, dans le fond, parle de fidélité, de continuité ; la palme et l'iris du premier plan évoquent à la fois l'incarnation du Verbe et la paix que celle-ci promet aux hommes ; l'anémone, couleur de sang, fleur de la tristesse et de la mort dans l'Antiquité, annonce la Crucifixion. Encore une fois, la Confrérie souhaitait que la Vierge fût entourée de prophètes : Léonard, peut-être par souci de vraisemblance, préfère la placer au centre d'un champ de prophéties — parmi des signes évidents de la Passion.

Mais tout ne se lit pas clairement dans le tableau, loin de là. Il y a fort à parier que ses contemporains, quand il dévoile son œuvre, sont aussi déroutés que nous, aujourd'hui, par le regard de l'ange Uriel (vers qui est-il dirigé ?), aussi intrigués, confondus par l'extraordinaire jeu des mains — l'étagement spectaculaire sur un même plan des deux doigts bénissants de Jésus, de l'index tendu de l'ange et de la main ouverte et crispée de la Vierge, en raccourci, qui protège et semble menacer, qui sanctifie mais rappelle les serres d'un aigle.

On dit qu'il ne faut pas trop creuser l'intention de l'artiste, que le sens des formes qu'il crée, comme celles-ci s'imposent à lui obscurément, lui est indéchiffrable aussi bien : le symbolisme pictural serait souvent un prétexte plutôt qu'une fin en soi. L'explication, aveu d'une impuissance à expliquer, me paraît tolérable pour de nombreux peintres — dans le cas de Léonard, jusqu'à un certain point seulement.

Inconsciemment ou non, Léonard a élaboré la composition de *la Vierge aux rochers* autour d'une idée directrice : celle d'un contraste, d'une opposition, destinés à troubler le spectateur. La réunion paisible de la mère, des enfants et de l'ange *qui ébauche un sourire* s'intègre dans un décor glauque de fin du monde — un paysage chaotique, inhumain, infiniment hostile. Les plantes ont fleuri sur la pierre dure. L'Immaculée Conception, semble dire Léonard, introduit le martyre sur la croix. Ce qui devrait être source de réjouissance porte le germe du Calvaire : la Vierge est née miraculeusement ; et elle n'a été fécondée par le Saint-Esprit, elle n'a sauvé son fils de la vilenie des hommes que pour L'offrir à un destin tragique.

« Alors que je croyais apprendre à vivre, j'apprenais à mourir[37] », notera Léonard, paraphrasant Socrate.

La lumière aussi, logiquement, accuse un contraste : un soleil tiède baigne l'entrée de la grotte d'une clarté dorée, tandis qu'alentour l'obscurité grandit, épaissit, que les ombres se font très noires — inquiétantes. Ici, le *chiaroscuro* trouve également une fonction *signifiante*.

Les gestes des acteurs ne participeraient-ils pas alors de la même économie : les mains ambiguës, qui saluent, désignent, bénissent, protègent, me semblent marquer les quatre extrémités d'une croix horizontale, pesant au-dessus de la tête de Jésus, à la façon de l'épée de Damoclès : la prophétie se répète dans cette pantomime proprement « sibylline ».

A trop mettre de subtilités dans une œuvre, on risque d'offusquer le spectateur ; celui-ci s'en détourne, vexé de ne pas la comprendre. Le public aime les émotions sans mélange, il demande surtout qu'on ne lui impose pas d'effort, ou du moins que ses efforts trouvent une récompense facile. Léonard, curieusement, dès lors que les questions théologiques perdent de leur importance, qu'on n'attend plus du peintre qu'il délivre un message, séduit d'abord par son hermétisme, son étrangeté que d'aucuns qualifiaient d'extravagance. « Devant *la Joconde,* écrit Julien Green dans son *Journal,* j'entendais dire que cette peinture créait l'illusion de la vie. Elle crée bien plus, elle crée l'illusion du rêve. » *La Vierge aux rochers* nous transporte de la même façon à l'intérieur d'un espace-temps irréel ; cela défie l'analyse. On ne sait trop où prendre des termes pour exprimer l'impression ressentie. Le mystère, s'il peut se discuter, ne s'accorde pas avec le bon sens ni la raison ; il nous ravit — parce que l'artiste lui a donné la force de l'évidence.

Je ne crois pas qu'il soit possible de contempler une œuvre d'art à travers les yeux d'autrui, fût-ce l'être le plus proche. Comment retrouver, *a fortiori,* quand le temps a modifié la valeur des mots, le regard posé sur elle par un autre siècle ? Les écrits perpétuent la louange ou le blâme ; ils communiquent mal les sentiments d'où le jugement est sorti.

Rien n'est resté de la façon dont a été perçue *la Vierge aux rochers* à l'époque de sa création. Cependant, comme Léonard obtient bientôt une commande de la cour, on peut penser que le tableau, même s'il ne satisfait pas aux désirs de la Confrérie de la Conception, suscite d'emblée des critiques favorables.

Il faut voir aussi à quel stade en est alors la peinture lombarde. Tandis que Florence exporte ses artistes sans se priver, Milan, parente pauvre en ce domaine, ne parvient pas seulement à s'attacher un grand maître. Son or lui a attiré des musiciens de premier plan, des poètes nombreux sinon honorables ; elle possède une brillante université, à Pavie, où quatre-vingt-dix professeurs réputés enseignent le droit, la médecine, la philologie, les mathématiques (significativement, elle a imprimé le premier livre grec en Italie, la grammaire de Lascaris, parue en 1476), mais elle ne s'est guère illustrée jusque-là par les beaux-arts. Ce qu'on appelle généreusement « style lombard » est une manière hybride que dominent l'influence de Giotto, puis de Pisanello, puis des influences toscanes, vénitiennes, flamandes... Vincenzo Foppa (né à Brescia, vers 1420) est sûrement son meilleur, son plus typique représentant : il s'inspire de Jacopo Bellini, découvre à Gênes l'art franco-provençal, puis celui des Flandres, et son talent — indéniable — s'épanouit sur le tard au contact de Bramante et surtout de Léonard, son cadet de trente ans. Le Vinci va fonder véritablement l'éphémère école lombarde.

La Vierge aux rochers, impressionne autant ou plus qu'elle séduit. On sait un peu où vont les goûts des Milanais. Petrus Chistus, élève de Van Eyck, a probablement séjourné un moment dans leurs murs, et le défunt duc Francesco a envoyé son peintre attitré, Zanetto Bergato, étudier le procédé à l'huile à Bruxelles, vers 1460, dans l'atelier de Roger Van der Weyden. Or Léonard a accompli dans son tableau plusieurs « morceaux de bravoure », rivalisant sur leur propre terrain avec les peintres du Nord. Je pense en particulier à la transparence des manches qui voilent les bras de l'archange, ou aux accents de lumière qu'il a posés en virtuose sur les cheveux et les plantes. On ne peut manquer d'admirer au moins, en comparaison de ce qu'on connaît, son impeccable technique. Le tableau doit faire un certain bruit dans les ateliers, les milieux intellectuels, comme au château, voisin de l'église où la Confrérie de la Conception a sa chapelle. La ville, se dit-on, a enfin trouvé son peintre[38].

Elle dispose déjà de Bramante, il est vrai, formé à l'école de Melozzo da Forli et de Piero della Francesca, qui est en train d'orner à la fresque la salle des maîtres d'armes de la Casa Panigarola[39]. Mais le génie de Bramante s'exprime de manière infiniment plus éclatante dans l'architecture que dans la peinture, qu'il pratique plutôt en décorateur, usant volontiers du trompe-l'œil ; ce n'est pas là son art de prédilection (il ne serait guère charitable, par exemple, de comparer son Christ du musée de la Brera à ceux de Giovanni Bellini). Quoiqu'il ait des disciples (Bramantino, Cesariano), il renonce d'ailleurs aux pinceaux, bientôt, de son propre chef.

Il approche alors de la quarantaine. Vasari, qui le qualifie de nouveau Brunelleschi, évoque un caractère jovial et bienveillant. On le dit bohème. Il compose des sonnets où l'humour, souvent assez noir, l'emporte sur l'élégance et la poésie. Ses portraits montrent un visage rond, puissant, aux cheveux rares, coiffés à la diable[40].

Né dans les environs d'Urbino, de famille modeste, il a fait ses classes à la cour de Frédéric de Montefeltro ; il passe par Ravenne, par Mantoue ; à Bergame, en 1477, il décore la façade du palais du Podestat ; puis il vient chercher fortune à Milan, trois ou quatre ans avant Léonard.

De même que le Vinci met ses espérances dans le cheval de bronze, il attend que le duc, à qui on prête des ambitions de bâtisseur, lui donne enfin une grande chose à construire[41]. Une amitié solide unit bien vite l'Urbinate au Florentin.

Dans une note des années 90, où il est question de pont-levis, Léonard appelle Bramante, dont le vrai nom est Donato di Angelo (Bramante serait une contraction d'Abramante, surnom hérité de son père, d'origine juive, semble-t-il), par un diminutif très affectueux : Donnino[42]. Ils ont beaucoup en commun. Ils sont dans une même position par rapport à la ville et au duc ; ils vouent un intérêt égal aux mathématiques (« Qui méconnaît la suprême certitude des mathématiques se repaît de confusion »[43], écrit Léonard) et une même admiration à Alberti[44] ; le Vinci se veut aussi architecte, tandis que Bramante se plaît comme lui, selon les témoignages recueillis par Vasari, à improviser sur le luth ou à en écouter jouer ; ils échangent des théories, des connaissances. Ensemble, ils doivent passer des soirées à refaire le monde.

Le futur architecte de Saint-Pierre de Rome, très prisé des poètes de la cour qui le citent souvent dans leurs vers, n'ayant aucune jalousie professionnelle (il fera venir son compatriote Raphaël au Vatican), contribue peut-être à la réussite de son nouvel ami en louant ses dons en haut lieu.

Le temps n'est pas encore arrivé, cependant, des grandes réalisations.

En 1484, alors que les dangers de la guerre semblent écartés, comme un accord a été signé avec Venise, la peste, fléau bien plus redoutable, se déclare à Milan. Venue d'Orient, elle a décimé un tiers de l'Europe au XIVe siècle ; depuis, elle resurgit par intervalles, plus ou moins meurtrière, principalement dans les villes et les moments de disette. Les efforts souvent méritoires des médecins sont impuissants à la combattre. On isole les malades, brûle les vêtements et la literie des morts, puis on s'en remet aux vœux et à la prière. Les fossoyeurs réclament alors des salaires exorbitants, de sorte que les cadavres des pauvres, comme ceux des bêtes, pourrissent parfois plusieurs jours, attendant que la commune s'organise pour les ensevelir. On estime que la peste est une « vapeur venimeuse, ennemie du cœur », provenant de l'air vicié ; d'où l'idée qu'on s'en protège en respirant à travers un mouchoir parfumé, en attachant sous son nez un sachet d'herbes odoriférantes ou d'épices (il ne faut pas se moquer : à Paris, en 1832, on fera tirer le canon pour purifier l'air vicié par le choléra). La meilleure façon de s'en prémunir reste celle illustrée par Boccace et que le sage Cosme de Médicis a résumée en ces mots : « Fuir, toute affaire cessante » — partir le plus loin possible, se retirer à la campagne, de préférence sur les hauteurs où l'atmosphère est la plus pure, et y demeurer cloîtré jusqu'à ce que l'épidémie se résorbe d'elle-même. « Le frère quittait son frère, l'oncle son neveu, souvent la femme son mari..., même les parents avaient peur de veiller sur leurs enfants », lit-on dans le *Décaméron*. Les maisons condamnées retentissent des hurlements d'agonisants livrés à eux-mêmes. Souvent, le « mal noir » disparaît au bout de quelques semaines (ainsi, à Florence, en 1479). A Milan, cette fois, il poursuit ses ravages durant deux longues années : les victimes se comptent par dizaines de mille ; il meurt peut-être un habitant sur trois.

Le duc a pris le large ; suivant les conseils de son astrologue, il ne mange plus d'huîtres et autres aliments se conservant mal, il tient les visiteurs à distance et n'ouvre les lettres qu'on lui envoie qu'une fois « purifiées » avec de forts parfums [45]. Léonard ne parle pas des horreurs de la peste ; mais, de même que la guerre a attiré sa curiosité sur les armes, les souffrances des Milanais entraînent son esprit dans des problèmes d'hygiène et d'urbanisme. Il s'agit au départ d'une réflexion théorique, inspirée des architectes qu'il a lus — des traités d'Alberti, Vitruve, Filarete ; il n'est pas impossible que l'idée initiale lui en soit venue dans le feu d'une conversation avec Bramante, héritier de Luciano Laurana et Francesco di Giorgio

Martini[46], qui aura à aménager la grande place ducale de Vigevano, et qu'il la développe avec Francesco di Giorgio Martini lui-même — qu'il rencontre en 1490.

Léonard jette quelques notes sur le papier ; il a l'habitude maintenant de tout consigner sur un carnet. Il entrevoit une ville idéale, bâtie sur les rives du fleuve, d'où les risques d'épidémies seraient bannis. Bientôt, il en précise le plan, en dessine les principaux aspects, en approfondit certains détails[47].

Partant du principe que le surpeuplement des métropoles est la cause des maux qui les accablent, il imagine de subdiviser Milan en dix villes, de cinq mille maisons chacune, offrant trente mille logements. « Ainsi, écrit-il, tu disperseras la masse du peuple, parquée pêle-mêle comme un troupeau de chèvres, emplissant tous les coins de sa puanteur et semant la mort pestilentielle[48]. » Réorganisation horizontale aussi bien que verticale : dans ces cités, quadrillées de canaux servant au transport et, par le moyen d'écluses et de moulins, à l'irrigation des potagers et au lavage quasi automatique des rues, la vie se déroulera sur deux niveaux ; le niveau supérieur, zone piétonne, sera réservé aux *gentilshommes*, aux nobles édifices ; celui du dessous, communiquant directement avec des canaux en partie souterrains (que Léonard distingue absolument des égouts), à la circulation des bêtes et marchandises, aux commerçants et artisans, aux logements du peuple.

Projet grandiose, utopique et, selon nos critères, terriblement élitiste, quoiqu'il prétende résoudre « les misères infinies » de la plèbe *(poveraglia)*, et que Léonard s'ingénie à améliorer pour tous, par des moyens divers, ce que les politiciens actuels appellent « la qualité de la vie » : en déduisant la largeur des rues de la hauteur des façades, en faisant pénétrer le plus de lumière possible à l'intérieur des maisons, en inventant un système de cheminée capable de disperser la fumée bien au-dessus des toits...

Il creuse des caniveaux le long des trottoirs. Il s'intéresse particulièrement à l'évacuation des ordures qu'il souhaite discrète et régulière. Il préconise pour les lieux publics des escaliers en colimaçon, car les gens ont une fâcheuse tendance à faire leurs besoins, a-t-il remarqué, dans les renfoncements obscurs des escaliers droits. Il veut multiplier les lieux d'aisances ; comme il ne laisse rien au hasard, il met au point son propre modèle, étonnamment moderne : « Le siège des latrines, dit-il, doit pouvoir basculer comme le guichet des religieuses, pour revenir à sa position initiale par un contrepoids ; et que le plafond soit plein de trous, afin qu'on puisse respirer[49]. »

Lorsque les autorités décident (au début des années 90) de

réaménager les quartiers de Milan les plus pauvres, et donc les plus éprouvés par la peste, Léonard passe de la théorie à la pratique ; il applique ses idées à des données précises, comme pour les engager dans un concours. Il commence par calculer les dimensions de la capitale lombarde, de ses faubourgs, de ses *navigli*, de manière à en dresser un plan à grande échelle. Il cherche à cette fin les plans qu'il peut utiliser, il se documente, il note dans son carnet, comme dans un agenda, qu'il y a un « livre concernant Milan et ses églises chez le dernier libraire vers Cordusio [50]... » Il se propose, raisonnablement, d'expérimenter d'abord ses principes dans un secteur représentant un dizième environ de la ville ; la zone qu'il choisit pour débuter s'étend entre l'ancienne et la nouvelle enceinte, de la Porta Romana à la Porta Tosa (aujourd'hui Porta Vittoria) [51] ; Pedretti parle d'un « projet pilote [52] ». On voit sur une ébauche, retracée à l'encre, une place centrale entourée de portiques, au milieu de laquelle Léonard a écrit « marché » ; ce carré détermine de façon symétrique l'entrecroisement des rues et des canaux ; dans un coin de la feuille figure une sorte de module d'habitation. Le trait le plus remarquable de son programme (le plus nouveau) demeure cependant l'éclatement du périmètre urbain, la « décentralisation » qu'il entend opérer : serait-elle devenue réalité, sa ville idéale montrerait une succession d'agglomérations distinctes, libérées du carcan traditionnel des murailles et indépendantes (topographiquement) d'un château, d'une église (chaque secteur s'organisant autour d'un noyau civil et commercial — le marché, le *forum*), à la manière de nos cités actuelles.

Cet urbanisme-fiction (il y a toujours beaucoup de Jules Verne en Léonard) ne semble pas rencontrer d'écho ; on ne le suit pas, je ne vois pas que le projet ait la moindre influence sur les architectes du temps ou du siècle à venir. Léonard le soumet-il seulement à qui de droit ? Vers 1493, il cherche, au crayon rouge, en écrivant lisiblement, de gauche à droite, la formule qui ouvrirait le mieux un éventuel mémoire : « Au très illustre et très excellent... A mon très illustre Seigneur Ludovic. » Il n'achève pas ; il se demande au lieu comment signer : « Léonard de Vinci de Florence & c. » ou bien « Léonard » ? [53]. Il réfléchit bien à des moyens de financer l'entreprise ; il expose les avantages économiques, politiques et sociaux que pourrait en retirer le duc ; il parle « profit » et « renommée éternelle »... Je n'ai pas l'impression que tout cela, ainsi que la lettre dans laquelle il vantait ses qualités d'ingénieur militaire, dépasse toutefois le stade du brouillon. Lorsqu'il développe ces arguments essentiels, il ne peut s'empêcher, dans les textes que nous possédons, de tutoyer comme à l'accoutumée son interlocuteur : « Tu tireras des revenus de ces habitations. [...] La communauté de Lodi édifiera la douane et en tirera la somme qu'elle te donnera une fois l'an. [...] Les recettes augmenteront avec le bruit de ta grandeur [54]. » On ne s'adresse pas ainsi au prince. Une fois encore, on ignore jusqu'où vont les intentions de Léonard, dans quelle mesure il croit réellement à ce qu'il avance. Aucun doute quant au sérieux passionné avec lequel il mène son étude ; mais j'ai le sentiment qu'il joue le plus souvent avec des rêves, en connaissance de cause [55].

L'effroyable peste bouleverse l'activité de la ville, elle ne la paralyse pas. L'habitude vient vite de coudoyer la mort ; qu'on songe à Beyrouth où la guerre civile n'empêchait pas les gens d'aller à leur boutique, au bureau, voire au spectacle ou à la plage. (Les moralistes florentins affirment que la « peste noire » permit que d'incroyables fortunes se constituassent en un jour, et qu'elle encouragea la débauche plus qu'elle ne fortifia le sentiment religieux [56]. Au XVIIe siècle, l'Anglais Samuel Pepys note encore : « Cette maladie nous rend plus cruels les uns pour les autres que si nous étions des chiens. »)

Dans les années 1484-85, Léonard travaille sans doute comme à son ordinaire, peut-être toujours chez les Predis. Il peint, il étudie, il prépare une sorte de « dossier » pour obtenir la commande du cheval de bronze. Selon Sabba de Castiglione, il consacre seize ans à cette sculpture [57] ; on pense en tout cas qu'il s'y est mis très tôt, qu'il a commencé dès son arrivée à Milan à faire des croquis de chevaux et de réfléchir aux moyens de couler en bronze une œuvre de grandes dimensions. Il n'est probablement pas seul à briguer le contrat. D'autres artistes doivent être sur les rangs depuis que les Sforza ont décidé, en 1472 ou 73, d'élever une statue à la gloire du fondateur de leur trop récente dynastie [58]. Les frères Mantegazza, des Lombards, ont été déjà pressentis, ainsi que les Pollaiuoli, célèbres dans toute la péninsule. Pour être choisi, Léonard va devoir produire un dossier particulièrement original et consistant.

A l'époque, le problème de la statue équestre occupe les esprits, tout comme celui de la porte de bronze a passionné la génération de Ghiberti, Brunelleschi et Jacopo della Quercia [59]. L'art de sculpter un grand cheval avec son cavalier s'est perdu, craint-on, dans les temps obscurs qui ont suivi la chute de l'Empire romain. Qui saurait encore rivaliser avec le *Marc Aurèle* du Capitole (haut de 4,24 m) ou l'admirable *Regisole* de Pavie ? On s'y est essayé en peinture (Paolo Uccello et Andrea del Castagno dans la cathédrale de Florence) ; mais la vraie difficulté réside dans le moulage et la fonte, non dans le dessin : la technique arrête les sculpteurs. S'inspirant du *Marc Aurèle* romain, Donatello a fait, à Padoue, le premier bronze équestre *monumental* depuis l'Antiquité[60] (le *Gattamelata*, haut de 3,20 m, mis en place en 1453). A présent, Verrocchio cherche à le dépasser en élevant à Venise son *Colleone*. Le sujet (un cheval) excite l'imagination de Léonard autant que le problème technique ; en même temps, le disciple voit là une merveilleuse occasion de défier son maître.

Il commence sans doute de gagner la confiance du duc Ludovic en peignant le portrait de sa maîtresse du moment, Cecilia Gallerani : c'est, pense-t-on, la *Dame à l'hermine* de la galerie Czartoryski, à Cracovie[61].

L'approche n'est pas mauvaise.

Les Sforza, « ces héros de la patience et de la ruse qui se créèrent de rien », comme dit Michelet, ont toujours été très portés sur le sexe, la chose est peut-être héréditaire. Muzzo Attendolo, l'ancêtre soldat auquel la famille ducale doit son nom[62] (*sforzare* signifie « forcer » : il possédait une force herculéenne), a légué à sa lignée trois conseils essentiels : ne jamais toucher à la femme d'un autre ; ne jamais frapper un serviteur ou un compagnon, et si malgré tout le coup partait, se débarrasser de l'homme au plus vite ; enfin, ne jamais monter un cheval dur de la bouche ou enclin à perdre ses fers. Le dernier de ces préceptes est celui que sa descendance respecte le mieux, le premier étant celui auquel elle se conforme le moins. Son fils naturel, Francesco (que Léonard souhaite donc immortaliser à cheval et en bronze), confiait à un secrétaire la rédaction de sa vaste correspondance amoureuse : il laissa autant de bâtards que d'enfants légitimes. L'aîné, le brutal et prodigue Galéas Marie, hérita ensuite du pouvoir et empoisonna peut-être sa mère, *donna di animo virile — troppo virile ;* il faisait, dit-on, « des choses déshonnêtes à ne pouvoir les écrire[63] » ; il achetait leur épouse aux maris, avec de l'argent ou des titres, parfois devant notaire ; souvent, lorsqu'il en était lassé, il livrait ses « galantes » à ses amis — ses sujettes, il est vrai, ne semblaient guère farouches. C'est lui qui, en mars 1471, éblouit Florence par son faste et l'épouvanta par son impiété. Sa cruauté, son iniquité comme ses vices lui valurent enfin d'être assassiné : « trois écoliers échauffés par les beaux passages de Tite-Live », pour citer Stendhal, le poignardèrent devant l'église Santo Stefano, le lendemain de Noël, en 1476. A sa mort, l'héritier du duché, Jean Galéas, n'avait que huit ans. Sa mère exerça un moment la régence ; mais elle eut le tort de s'amouracher d'un maître d'hôtel du château qu'elle éleva à diverses dignités : cela causa leur perte. Ludovic Sforza, quatrième fils du duc Francesco,

LES SFORZA

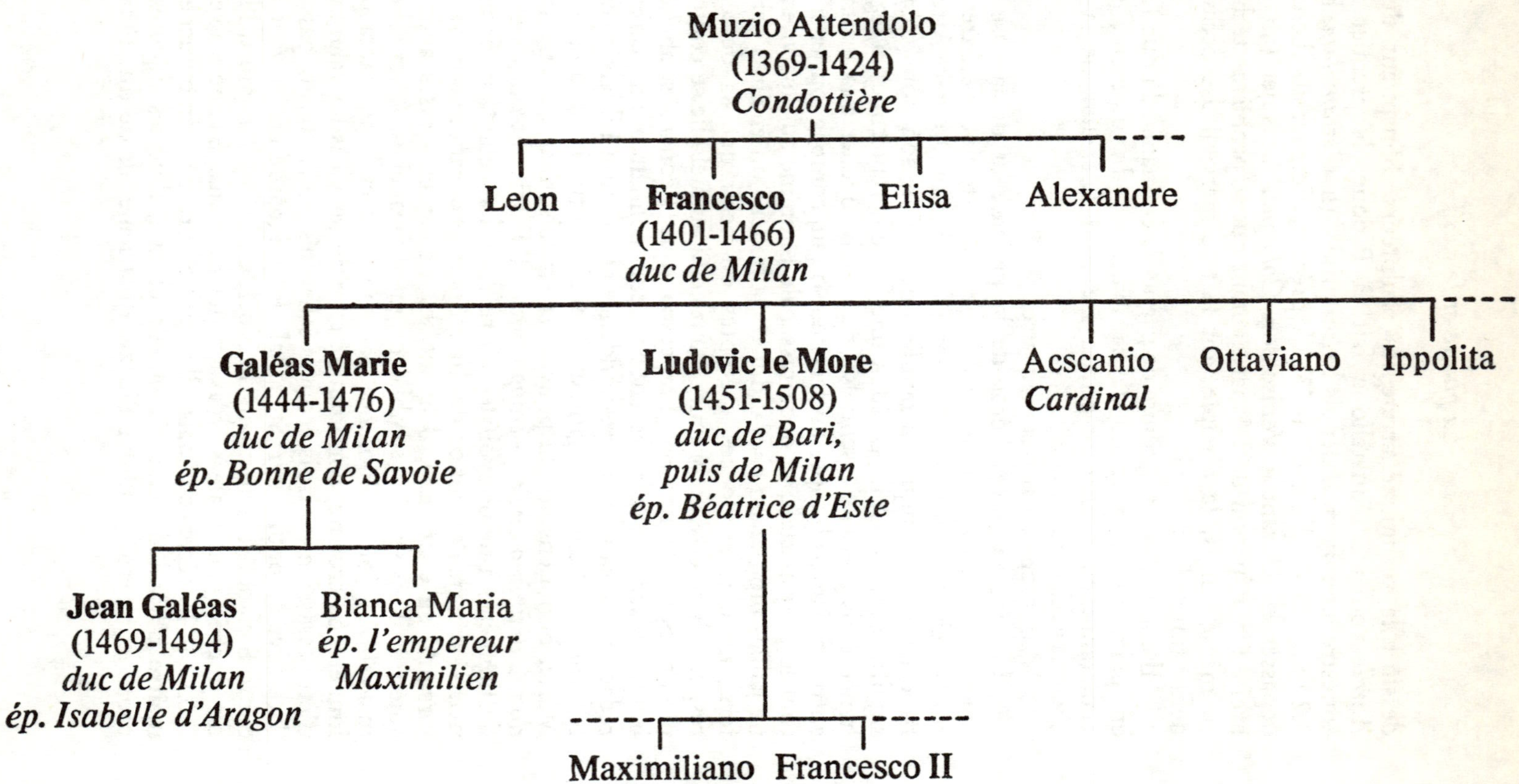

Muzio Attendolo
(1369-1424)
Condottière
Leon
Francesco
(1401-1466)
duc de Milan
Elisa
Alexandre
Galéas Marie
(1444-1476)
duc de Milan
ép. Bonne de Savoie
Ludovic le More
(1451-1508)
duc de Bari,
puis de Milan
ép. Béatrice d'Este
Acscanio
Cardinal
Ottaviano
Ippolita
Jean Galéas
(1469-1494)
duc de Milan
ép. Isabelle d'Aragon
Bianca Maria
ép. l'empereur
Maximilien
Maximiliano
Francesco II

en profita pour s'arroger la tutelle du jeune prince : il devint alors seigneur de Milan, en fait sinon en titre (il n'est encore que duc de Bari). Il déclare, hypocritement : « J'assume le fardeau du pouvoir et en laisse les honneurs à mon neveu. » Lui aussi paraît « fort soumis aux caprices de Vénus ». Il a partagé un moment avec Galéas Marie, son dépravé de frère, la belle Lucia Marliani à qui il a fait un enfant. On lui connaît toutes sortes de liaisons ; au début des années 80, sa préférence va cependant à cette Cecilia Gallerani (« jeune fille milanaise de sang noble, écrit-il, aussi honnête que nous puissions le désirer ») dont il demande à Léonard le portrait.

Né à Vigevano en 1451, Ludovic Sforza n'a que quelques mois de plus que Léonard ; on le surnomme le More, moins à cause de ses cheveux très noirs et de son teint olivâtre que parce qu'il se prénomme aussi Mauro et qu'il a mis en conséquence dans ses armes une tête de Maure et un mûrier (en italien, *moro :* on apprécie alors beaucoup ces jeux de mots), symbole d'habileté et de finesse[64], qualités dont il a tendance à abuser. Ce surnom ne servira pas sa gloire : il aidera à lui faire une réputation à la fois de lâcheté, de dureté et de fourberie ; les historiens se serviront de la couleur de ses emblèmes pour qualifier son aventureuse politique ; Léonard, qui le sert durant treize, quatorze ans, dira aussi : « La justice du More, noire comme lui-même[65]. »

Il n'est pourtant pas méchant homme. A la différence de feu son frère, le duc de Milan, il ne ressent aucun plaisir à faire couler le sang. Il ne fait ni écarteler, ni démembrer, ni dépecer ses ennemis. Lorsqu'on attente à sa vie, il fait exécuter le principal coupable sans grandes fioritures et envoie son complice en prison, avec cette clause qu'il doit recevoir chaque année, le jour de la Saint-Ambroise, deux misérables coups de corde — magnanimité incroyable pour l'époque : presque de la faiblesse.

Devant son gisant par Solario, dans la chartreuse de Pavie, le président de Brosses s'étonnera de lui trouver la physionomie « tout à fait avenante ». Personnalité ambiguë que celle de Ludovic le More — ce nouveau *substitut du père* pour Léonard. Il semble très satisfait de lui-même. Pragmatique et superstitieux, il a un gros visage de bon vivant ; un double menton et des bajoues lui viennent avec l'âge. On lit en même temps des prétentions insatiables dans ses yeux trop mobiles ou sur ses lèvres gourmandes. Ces prétentions, alliées à une confiance immodérée dans son intelligence et sa bonne étoile, lui feront jouer le destin de son Etat comme on spécule sur le marché à terme. Quelques opérations fructueuses le pousseront à prendre des risques de plus en plus importants, à tenter des combinaisons impossibles : il entraînera dans sa faillite l'Italie entière.

Une chanson populaire lui prête ces paroles : « Je disais qu'il y avait un seul Dieu au ciel et un More sur terre, et selon mon désir, je faisais la paix et la guerre. » Tient-il son impudente vanité du poète officiel de son père, Filelfo, auteur vénal d'une mystifiante *Sforziade,* qui se comparait lui-même à Virgile et Cicéron ?

Ses ambitions ne se bornent pas à la politique. Relativement instruit (il sait le latin, il se pique d'être bon orateur), ayant vécu quelques années d'exil en Toscane, il invite à sa cour l'écrivain florentin Bernardo Bellincioni afin qu'il raffine, dit-il, « le parler grossier des Milanais » ; il prend pour secrétaire un érudit, helléniste émérite qui fonde à ses frais deux écoles, puis un ami de Pic de la Mirandole[66] ; il veut faire de sa capitale une nouvelle Athènes : il s'évertue en vérité à copier les Médicis — après la chute de cette famille, il cherchera en vain, par exemple, à acheter la fabuleuse collection d'intailles de Laurent. De là, le côté fabriqué, forcé que présente son « programme culturel ». Tous les poètes milanais semblent avoir pour première fonction d'encenser sa famille.

Le More a séduit Cecilia Gallerani au lendemain de sa prise du pouvoir. Elle avait quatorze ans ; elle en a maintenant dix-sept. Elle joue du luth et compose de petites poésies, si bien que des courtisans lui décernent le titre de « Sapho moderne », ce qui ne signifie rien. Elle est surtout très jolie et on l'admire de réussir à conserver les faveurs de l'inconstant Ludovic : elle a évincé une à une ses rivales, elle s'est installée au château, elle a obtenu de son amant un domaine situé du côté de Saronno : elle s'est imposée, malgré son âge, comme la première dame du duché.

Dans les carnets de Léonard figure un fragment de lettre commençant par ces mots : « Magnifique Cecilia, ma déesse bien-aimée[67]... » Certains ont cru qu'ils s'adressaient à la maîtresse du More, d'où l'hypothèse très romanesque d'une passion que le peintre aurait eue pour son modèle. Seulement, ils ont été tracés par un droitier, probablement à Rome, et aux environs de 1510 (l'écriture ressemblerait à celle de Raphaël).

Des critiques refusent de reconnaître la jeune femme dans le tableau de Cracovie sur lequel on peut lire, dans le coin supérieur gauche, cette inscription fallacieuse, du XVIIIe siècle : LA BELE FERONIERE / LEONARD D'AWINCI (sic.). On doit simplement déduire de l'orthographe bizarre que la peinture a séjourné à Paris avant de partir pour la Pologne. Ce titre de *Belle Ferronnière,* qu'a reçu d'ailleurs un autre tableau de Léonard (au Louvre), vient sans doute d'une confusion[68] avec un portrait de la maîtresse de François Ier par Bernardino da Conti, disciple du Vinci : le modèle, dans ces œuvres, a le front barré d'un étroit ruban qu'on appelle une « ferronnière », ornement très en vogue dans l'Italie septentrionale à la fin du xve siècle.

Les raisons sont nombreuses cependant qui permettent d'identifier la *Dame à l'hermine* de Cracovie à Cecilia Gallerani plutôt qu'à telle ou telle autre jeune femme (le nom de Béatrice d'Este a été parfois avancé). Le visage mince et ovale, sur le point de sourire, rappelle l'ange Uriel de *la Vierge aux rochers;* ils paraissent appartenir tous deux à la même période. Le poète Bellincioni a composé quelques vers sur le portrait de la maîtresse du More par Léonard, portrait dont, dit-il, « la nature elle-même se montre jalouse, car la belle jeune femme est si vivante qu'elle semble écouter et que seule la parole lui manque ». L'air attentif du modèle correspond à cette description. Enfin la jeune femme du tableau tient dans ses bras une hermine ou une martre, animal qu'on élevait depuis l'Antiquité au lieu de chats, semble-t-il, pour chasser les souris ; or l'hermine compte parmi les innombrables emblèmes du duc (il en possédait tant qu'ils ne tiendraient pas tous sur un grand totem indien) et le nom de l'animal est en grec *galé,* d'où un jeu de mots probable sur le nom Gallerani : Léonard n'a-t-il pas déjà employé un sombre buisson de genévrier pour désigner Ginevra Benci ?

Le portrait n'est pas en bon état : on ne peut même plus se le figurer sous son aspect d'origine. Le fond trop noir a été barbouillé par un restaurateur ; il a endommagé, en les durcissant, les contours de la tête, de l'épaule et de la main. On a l'impression que les cheveux lisses sont noués sous le menton : il s'agit d'un voile transparent grossièrement retouché. La main gauche a été sans doute effacée et l'analyse aux rayons ultraviolets révèle qu'une porte, ou une fenêtre, était prévue au départ au-dessus de l'épaule de Cecilia. Il n'est pas impossible par ailleurs qu'Ambrogio de Predis ait collaboré à l'œuvre ; l'hermine et les chairs du modèle semblent indiscutablement de Léonard — peut-être pas le vêtement ni la coiffure.

Rien ne paraît plus étrange aujourd'hui que ces associations d'artistes aux talents dissemblables et souvent très inégaux. Il faut voir qu'à cette époque un tableau n'est pas destiné à une exposition, il est vendu d'avance, on ne travaille pas pour soi, mais à la commande ; nous sommes loin de Van Gogh, l'artiste n'est pas encore emporté par un irrépressible besoin de « s'exprimer » ; ce besoin commence de poindre avec Léonard, il est cependant tempéré par toutes sortes d'impératifs extérieurs ; on ne considère pas une œuvre comme la chair de sa chair, quel que soit le soin qu'on lui apporte, la passion qu'on y met : d'emblée, elle ne vous appartient qu'en partie. Dans ce cas précis, Léonard continue d'utiliser son collègue milanais pour faire son chemin à la cour lombarde, et il a toujours moins le souci de la finition d'un tableau, sinon même de son exécution, que de sa conception générale, de l'élaboration d'une idée : le bonheur serait pour lui d'imaginer et de donner à faire ; encore une fois, l'invention prime à ses yeux. La peinture constitue pour lui « une chose mentale »[69] ; il dit clairement : « Réfléchir est œuvre noble ; réaliser, acte servile[70]. » De sa collaboration avec Ambrogio de Predis naîtra peut-être aussi la *Femme de profil*[71] de la pinacothèque Ambrosienne, à Milan, portrait séduisant mais sans surprise. La *Madone Litta*[72] de l'Ermitage, à Leningrad, si abondamment copiée par les peintres lombards, et le *Portrait d'une dame milanaise*[73] du Louvre (connu, donc, sous le nom erroné de *Belle Ferronnière*) sont sans doute le fruit, également, de quelque collaboration. Le dessin, l'*intention* révèlent le maître ; certaines faiblesses (raideur, sécheresse) ou facilités trahissent le subordonné. On voit Léonard confier par la suite à des disciples, formés à sa manière, l'entière réalisation de nombreuses peintures. Il leur donne, semble-t-il, un carton (dessin prêt à être reporté sur panneau), peut-être parfois une esquisse seulement, qu'il les laisse utiliser à leur convenance, se contentant de les guider de loin... (La critique n'a pas manqué de noter qu'Ambrogio de Predis, premier émule du Vinci à Milan, se surpasse dans ces années, tandis que son talent se perd dès l'instant qu'il n'a plus Léonard à ses côtés.) Ces élèves ne sont pas des « nègres », on ne saurait parler de tromperie : Léonard ne signe pas leurs œuvres, il n'a pas pour eux les complaisances d'un Corot pour ses amis dans le besoin, il n'est pas non plus leur victime. La Renaissance s'accommode aisément de la copie, de l'imitation, elle ignore à peu près la notion de faux, sinon pour les antiques — nous attachons à l'œuvre d'art un sens plus défini, et donc plus mesquin. Il n'existe pas alors de propriété artistique, et je pense que Léonard ne s'offusque pas de la divulgation de son style, de ses « concepts ». Il invoque lui-même, en manière d'explication, l'exemple du chef militaire : « Ce sont les soldats, non lui, qui remportent la victoire, mais ils ont suivi ses directives, et il mérite les lauriers[74]. » Je dirais que Léonard, qui conserve dans une large mesure l'esprit de *bottega* de Verrocchio (celui-ci n'agissait-il pas pareillement à cet égard ?), s'apparente un peu au couturier actuel qui fait de la haute couture, du prêt-à-porter et cède des licences, ce qui ne le met pas à l'abri des contrefaçons :

certaines œuvres sont essentiellement de sa main, d'autres sont produites sous son autorité directe par des associés, par son équipe, d'autres fleurissent enfin à l'écart, dans des ateliers distincts du sien, avec ou sans son consentement. Tout bien pesé, Léonard doit y trouver son compte : les suiveurs contribuent à imposer sa vision, ils servent sa gloire ou, si l'on préfère, font sa « publicité » ; et j'imagine que les disciples immédiats lui versent une part de leurs gains. Quoi qu'il en soit, devant les innombrables tableaux « d'après Léonard » qu'on rencontre dans les musées, plutôt que de louer ou dénigrer le travail de l'exécutant, il faut, je crois, s'efforcer de retrouver d'abord la pensée du maître — d'autant que l'idée première, élaborée par lui, ne nous est pas toujours parvenue. Léonard a très peu peint, ce qui lui a permis de ne pas se répéter (« Toujours attentif à la nature, la consultant sans cesse, il ne s'imite jamais lui-même », dit Delacroix dans son *Journal*, à la date du 3 avril 1860) ; il a abandonné à d'autres cette tâche ingrate ; leurs œuvres bâtardes, jusque dans leurs défauts, éclairent, continuent, amplifient et renforcent la sienne.

Nous ne disposons d'aucun renseignement sur la situation de Léonard tout au long des années 80. On pense que le 16 mars 1485, au plus fort de la peste, il observe l'éclipse totale de soleil dont parlent les chroniques, puisqu'il dessine sur une page de carnet[75] un dispositif pour étudier le phénomène sans inconvénient pour l'œil ; on sait — les documents ne manquent pas là-dessus — qu'il participe avec plusieurs architectes à un concours pour la construction de la tour-lanterne de la cathédrale de Milan, en 1487 ; mais voilà tout : on ignore absolument la façon dont il vit. De cette absence d'informations, certains historiens ont déduit que, durant toutes ces années, Milan lui demeure fermée, qu'il attend en vain, obscur et pauvre, que le tortueux Ludovic s'intéresse enfin à lui. C'est prendre avec trop d'excès le contre-pied de la thèse de Vasari. *La Vierge aux rochers* et le portrait de Cecilia Gallerani (sinon d'autres ouvrages dont la trace serait perdue) suffisent pour que Léonard soit bien en cour dès 1485. Il aurait quitté la ville nécessairement, si elle n'avait pas tenu ses promesses d'une manière ou d'une autre. Il me semble en fait que s'il part de presque rien, s'il n'a pas la chance d'un succès foudroyant, sa position s'améliore avec lenteur mais régularité (il n'est pas dans sa nature de brûler les étapes, ni dans celle du More d'accorder sa confiance en un jour) ; il s'élève progressivement, de sorte qu'à la fin de la décennie il compte parmi les personnalités artistiques les plus en vue de la cour.

A bien observer le détail de sa participation au concours pour la tour-lanterne de la cathédrale, ou *tiburio*, on aperçoit qu'en 1487 il est complètement intégré dans la vie culturelle lombarde — ce qui me paraît déjà l'indice d'une certaine réussite.

Rien n'est plus sacré au cœur d'un Milanais que le Dôme de sa ville, si injustement décrié : on se reconnaît à merveille dans cette énorme église de marbre blanc qui ne ressemble à aucune autre, cette « folie sublime » (Taine), tout hérissée de flèches, pinacles et statues, que les étrangers qualifient trop souvent avec des termes empruntés à la lingerie ou à la pâtisserie. Aucune construction n'a pris plus de temps ; commencée en 1386, sans cesse enrichie, on y travaillait encore au début de notre siècle. Les maîtres d'œuvre français et allemands qui l'érigèrent furent les premiers déroutés par les étranges proportions réclamées par leurs commanditaires. Ils les critiquèrent, on les renvoya, des Italiens leur succédèrent ; la liste de leurs noms à tous emplirait une grande page. Architecture hybride, entièrement soumise à l'ornementation, au délire ornemental — ses défenseurs les plus véhéments ne peuvent s'empêcher de conclure leur discours sur quelque réserve. Personnellement, je suis assez sensible à cette monstruosité néo-gothique : le *monstrueux* touche parfois au divin.

Le plan au sol du Dôme est très simple, mais le bâtiment — en particulier l'abside — s'élève par des escarpements si singuliers qu'on n'a jamais su trop comment l'achever sans rompre la cohérence de l'ensemble. A l'époque qui nous occupe, alors que la façade n'est pas même ébauchée, on veut démolir la coupole provisoire qui coiffe l'édifice, car elle menace de s'effondrer, pour élever à la croisée du transept un *tiburio* élégant et solide. Luca Fancelli, ancien disciple d'Alberti appelé en consultation par Ludovic, prévoit que, comme le Dôme est « dépourvu d'ossature et de mesures, la chose ne se fera pas sans difficulté[76] » : la construction doit s'élever à plus de cinquante mètres du sol, sur quatre piliers étroits.

Un concours est ouvert, auquel participent Léonard, Bramante (qui renonce pour cela à l'achèvement de Santa Maria di San Satiro), le grand Francesco di Giorgio Martini, et d'autres architectes de renom venus de différents États d'Italie.

Léonard s'est penché sur le problème dès son arrivée en Lombardie[77] : c'est un sujet de discussion — de dispute — pour tous les citoyens de Milan. Il se renseigne sans doute auprès de l'Allemand Jean Mayer, membre de la première équipe chargée de l'entreprise, et trace diverses esquisses de coupoles élevées sur un plan carré : en spirale, en étoile, en croix de Malte, etc.[78]. Comme toujours, il étudie soigneusement les données, puis imagine toutes les solutions possibles avant d'en développer une spécialement et de passer de la théorie à la pratique : on a l'impression, une fois encore, qu'il se laisse emporter, qu'il néglige le particulier pour se lancer dans la composition d'un véritable traité d'architecture : voilà sa méthode.

Le 30 juillet 1487, le menuisier Bernardo di Abbiate reçoit une avance pour la construction de la maquette de Léonard. Trente-quatre journées de travail sont nécessaires pour la mener à bien. Pour couvrir ses frais, Léonard touche lui-même 16 livres impériales payées en deux fois (le 8 août et le 30 septembre), puis 40 livres (le 11 janvier 1488). N'est-ce pas la preuve qu'il s'est imposé comme architecte aux yeux des responsables de la fabrique du Dôme ?

Le brouillon d'une lettre qu'il leur adresse nous est parvenu : « Aux vénérables Pères du Conseil de la Fabrique. Comme les médecins, qui sauvegardent et soignent les malades, doivent savoir ce qu'est un homme, ce qu'est la vie, ce qu'est la santé, et de quelle façon un équilibre, une harmonie d'éléments peut maintenir celle-ci et un déséquilibre la ruiner et la détruire, celui qui possède une bonne connaissance de ces éléments pourra y porter remède mieux que celui qui en est dépourvu... » Continuant dans ce style, il explique que le « Dôme malade » a avant tout besoin d'un *médecin architecte,* que seule une parfaite connaissance des causes permettra d'élever une lanterne à la fois durable et accordée au reste de l'édifice. « Ma maquette, conclut-il, possède cette symétrie, cette correspondance, cette *conformita* qui conviennent à l'édifice en question. Ne vous laissez influencer par aucun parti pris, et choisissez ou moi ou tout autre qui, mieux que moi, saura démontrer ce qu'est le bâtiment et les principes de l'art de bâtir, et le nombre et la nature des parties dont celui-ci se compose[79]. »

On pourrait croire à un nouveau coup de bluff ; il n'en est rien. Léonard est maintenant versé jusque dans la science de la maçonnerie, c'est en homme de métier qu'il parle charpente et contreforts, c'est en expert qu'il compare les mérites respectifs des arcs en plein cintre, rampants, brisés ou de décharge (il définit l'arc par cette jolie formule : « une force dérivée de deux faiblesses[80] »). Il n'a toujours rien construit, mais, au cours des années précédentes, il n'a cessé de lire, d'observer, de poser des questions autour de lui : d'apprendre, de réfléchir. Certains de ses croquis rappellent qu'il s'est nourri des leçons de Brunelleschi, quand Verrocchio faisait la boule de bronze de la cathédrale de Florence ; d'autres indiquent qu'il n'ignore pas les vues de ses contemporains, qu'il a analysé jusque dans leurs fondations, le compas ou la chaîne à la main, nombre d'édifices ;

quelques-uns proposent enfin des solutions très neuves — qui seront employées par ses collègues quinze ou vingt ans plus tard.

Dans sa lettre, Léonard assimile le Dôme à un organisme vivant — qu'il juge malade, en l'occurrence. Il ne s'agit pas d'une simple image ; Alberti et Filarete, après Vitruve, ont développé l'idée d'une architecture anthropomorphique et proportionnelle : les piliers et nervures d'un édifice sont comme des côtes, les transepts, des bras, l'abside, une tête. Pareillement, Luca Fancelli parlait de l'« ossature » du Dôme, et Francesco di Giorgio Martini (dont Léonard va beaucoup s'inspirer, annotant minutieusement un de ses manuscrits[81]) superpose une figure humaine à des schémas de colonnes, des plans de bâtiments. L'idée (assez archaïque) émerveille le Vinci : il va la pousser plus loin, elle va devenir le fondement même de sa pensée, naturellement encline aux analogies. A ses études pour le *tiburio* de la cathédrale se mêlent des croquis de jambes[82], des réflexions sur la santé et la maladie reprenant ce qu'il écrivait aux responsables de la fabrique[83], et des croquis de crânes (qu'il appelle « *maison* de l'esprit ») vus en coupe, comme un modèle architectural ; si l'architecture doit être aux mesures de l'homme, il faut savoir « ce qu'est un homme, ce qu'est la vie » : de cette époque datent ses premiers travaux personnels en anatomie[84]. Je ne prétends pas qu'il y ait là une relation de cause à effet ; en tant que peintre et sculpteur, Léonard a dû s'adonner à l'anatomie dès ses années d'apprentissage ; son intérêt pour « l'art de bâtir » ne lui fait pas découvrir cette science mais, plutôt, l'y ramène ; les deux s'imbriquent, ils se servent l'un l'autre ; et comme, à l'en croire, toutes les branches du savoir se tiennent, s'entrecroisent, s'étayent, d'autres secteurs de son activité bénéficient de ce qu'il acquiert grâce à ces études. Léonard mettra toujours l'homme au centre de ses recherches. « L'homme est le modèle du monde[85] », dit-il. Méditant le *De architectura* de Vitruve (que commente alors un de ses proches, l'architecte Jacomo Andrea de Ferrare[86]) où il est dit que le corps humain se construit à partir du cercle et du carré, il fait son célèbre dessin de Venise montrant un homme nu aux membres tendus et dédoublés qui s'inscrit dans ces figures (il dictera sans doute cette phrase du *De Divina Proportione* de son ami Luca Pacioli : « Les Anciens, ayant pris en considération la structure rigoureuse du corps humain, ont élaboré tous leurs ouvrages, et d'abord leurs temples sacrés, selon ses proportions ; car ils y trouvaient les deux figures principales selon lesquelles aucune réalisation n'est possible : la perfection du cercle, principe de tous les corps réguliers, et la structure équilatérale du carré »). En même temps, il imagine toutes sortes d'édifices *à plan centré* — dont toutes les parties se développent symétriquement autour d'axes passant par leur centre, comme dans une rosace[87] — qui répondent à cette géométrie de l'homme et lui semblent exprimer à merveille l'unité et la perfection de l'univers : Bramante s'en inspirera peut-être dans son *Tempietto* de San Pietro in Montorio et ses premiers plans de Saint-Pierre du Vatican. Peu à peu, cependant, Léonard imagine que la terre elle-même est faite à notre image : « La terre, écrit-il, a une vie végétative ; sa chair est le sol ; ses os, la disposition et l'assemblage des rochers qui forment les montagnes ; son cartilage, le calcaire ; son sang, les sources vives. L'océan est la réserve de sang qui entoure le cœur ; le flux et le reflux de la mer sont sa respiration et le battement de son pouls. La chaleur de l'âme du monde est le feu qui pénètre la terre ; et le siège de l'âme végétative, le feu qui jaillit en plusieurs endroits du globe, dans les sources thermales, dans les mines de soufre, dans les volcans, en Sicile au mont Etna et en bien d'autres lieux[88]. » Il établit de la même façon des rapports entre les mouvements de l'œil, de l'esprit et des rayons solaires[89]. Rien ne naît, pense-t-il, là où il n'existe « ni fibre sensitive ni vie rationnelle[90] ». Sa conception de la machine humaine déteint sur ses travaux d'ingénieur et, inversement ; il discute botanique avec un vocabulaire d'embryologiste, voire de gynécologue[91], tandis qu'il aborde l'anatomie en géographe : « La cosmographie du *mondo minor* (le monde mineur ou microcosme) te sera révélée en douze figures entières, écrit-il, dans le même ordre que suivit Ptolémée dans sa cosmographie. Ainsi, je diviserai les membres comme il a divisé la terre en provinces ; puis je parlerai des fonctions de chaque partie dans leur direction, en plaçant sous tes yeux une représentation de toute la forme et substance de l'homme, et chaque mouvement local au moyen de ses parties. Et plaise à notre Créateur que je sois capable de révéler la nature de l'homme et ses coutumes comme je décris sa figure[92] ! » Tout est dans tout, semble-t-il dire, et tout se rapporte au cercle et à l'homme. De là, certaines erreurs dans lesquelles il verse — ainsi quand, le géologue se confondant avec le physiologiste, il croit que les rivières viennent de cours d'eau souterrains remontant des profondeurs de la mer, et non de la pluie et de la neige qui tombent sur les montagnes. (« Le corps de la terre, lit-on dans ses notes, est, à l'instar de celui des êtres vivants, traversé de réseaux de veines toutes reliées entre elles et faites pour donner vie et nourriture à la terre et à ses créatures. Elles viennent des profondeurs de la mer et, après de nombreux cycles, doivent y retourner par les rivières que forment ces veines en jaillissant à la surface[93]. » Plus tard, cependant, il en viendra à remettre en question certaines de ces *correspondances*.)

Les concurrents présentent leur maquette pour la tour-lanterne de la cathédrale en 1488 ou 89. Les responsables de la fabrique tardent à se prononcer. Le 13 avril 1490, ils décident enfin — décision prudente et politique — de confier l'exécution des travaux à deux Lombards, Giovanni Antonio Amadeo[94] et Gian Giocomo Dolcebuono, en leur demandant de préparer à leur tour une maquette qui tienne compte des projets existants, puis de la soumettre au jugement de Francesco di Giorgio Martini et de Luca Fancelli — comme si l'on ne voulait pas avoir dérangé ces personnages importants pour rien.

L'affaire est embrouillée. Le 10 mai 1490, Léonard récupère sa maquette, dont les pieds-droits ont été endommagés, afin de la réparer — ou de l'améliorer ; cela lui est payé 12 livres. Une autre maquette (celle de Pietro di Gorgonzola) a été également abîmée, ou démontée. Le 31 mai, les architectes se réunissent pour trouver un compromis ; on débat longuement, sans parvenir à s'accorder ; pourtant, Bramante prétend qu'en « moins d'une heure, en prenant un peu de l'un, un peu de l'autre », on pourrait constituer aisément un modèle idéal. Le More convoque ensuite à Pavie Francesco di Giorgio, Giovanni Antonio Amadeo et Léonard (il veut aussi avoir leur opinion sur la cathédrale de cette ville). Et tous les concurrents se retrouvent pour une ultime délibération, le 27 juin, au château Sforza, devant Ludovic, l'archevêque de Milan et les pères du conseil de la fabrique.

Le 11 septembre, l'archevêque pose la première pierre de la lanterne (qui sera achevée en 1500). Mais qui a gagné le concours ? Giovanni Antonio Amadeo va conduire les travaux sans tenir compte des solutions proposées par Francesco di Giorgio, bien que celles-ci soient officiellement adoptées : on s'en tiendra à une formule purement milanaise — la partie, semble-t-il, était jouée d'avance.

Comme le nom de Léonard ne figure pas dans le dernier rapport de la commission, plusieurs historiens pensent qu'il se serait retiré du concours au milieu du mois de juin. Mais il faut voir que le projet retenu par la fabrique n'est que l'amalgame des différentes maquettes présentées ; il n'est pas impossible que Francesco di Giorgio (mis en avant par le duc) ait élaboré la maquette finale à la faveur de ses discussions avec Léonard, lors de leur voyage commun, à Pavie, dans cette auberge, l'Osteria del Moro, où ils sont descendus ensemble : le 27 juin, à mon sens, le Vinci ne soumet pas ses plans (et ne rend pas son modèle à la fabrique — alors qu'il le devrait), non parce qu'il estime avoir fait fausse route, mais parce que ceux-ci ont déjà été incorporés à ceux de son célèbre confrère, qu'il a déjà donné sa contribution, qu'on a déjà tenu compte de ses travaux et qu'il devine peut-être ce qu'il en adviendra[95].

Je ne crois pas par ailleurs qu'il éprouve une grande déception à n'être pas choisi par les marguilliers du Dôme. Le rôle de consultant, d'architecte-conseil (qu'il joue de nouveau, à la façon d'Alberti, son modèle, pour la construction de la cathédrale de Pavie, puis pour différents palais et villas) lui convient tout à fait ; et il s'en tire très honorablement. Il serait bien embarrassé, à vrai dire, si on lui confiait à présent la direction d'un chantier : il a enfin obtenu (on ne sait pas exactement quand ni dans quelles conditions) la commande du cheval de bronze qu'il désirait par-dessus tout, le château l'accable de travaux divers, vingt sujets différents le passionnent à la fois, sa vie a pris un nouveau cours, il est sur le point d' « adopter » un jeune garçon... On se demande déjà comment il trouve le temps de faire tout ce qu'il fait.

NOTES

Chapitre VI

1. H 119 v.

2. Ms 2037 B. N. C r.

3. Winternitz cite de nombreux exemples de *lira da braccio* dans la peinture du temps, ainsi qu'un instrument d'époque, par le luthier vénitien Giovanni d'Andrea, que conserve le Kunsthistorisches Museum de Vienne. Un luthier français, François Curty, a reconstitué une *lira da braccio* récemment, en bois d'érable. Comme la lyre antique, la « lyre à bras » possède sept cordes ; seulement, cinq sont frottées par un archet et deux sont pincées, avec le pouce, pour marquer le rythme. Mersenne parle d'une « sonorité suave et enveloppante ».

4. Madrid I O v.

5. L'invention du violon est attribuée à un certain Gasparo Diuffoprugcar, entre autres. Or ce luthier au nom étrange aurait été appelé en France par François Ier sur la recommandation de Léonard. Certains historiens estiment, sans autre preuve, qu'un violon aurait ainsi été construit sur les conseils de l'artiste, voire d'après un de ses dessins. Rien n'est moins sûr...

6. Cod. Urb. 6 v.

7. Ne pas confondre Léonard avec son homonyme, Leonardo Vinci (1696-1730), compositeur italien, suiveur de Scarlatti et de l'opéra napolitain.

8. Windsor 12697.

9. Windsor 12692 v.

10. Le *Musicien* de l'Ambrosienne est le seul portrait d'homme par Léonard à nous être parvenu. Il est inachevé, mais — pour cela peut-être — en très bon état de conservation. De nombreux noms ont été avancés pour le modèle (*Cant. Ang.* pourrait signifier Cantor Angelo, car il y eut à Milan, en 1491, un maître de chant nommé Angelo Testagrossa) ; cependant l'identification avec Gaffurio, pour des raisons chronologiques, semble la plus sûre. L'œuvre, enfin, a été un moment attribuée à Ambrogio de Predis, plutôt qu'à Léonard.

11. Cod. Atl. 324 r.

12. Je ne vois pas trop quelles sont ces machines de siège que Léonard désigne sous le nom de *trabocchi. Trabocco* veut dire en italien débordement, et *trabocchetto,* un piège, une trappe.

13. Cod. Atl. 391 r. a. L'authenticité de cette lettre à Ludovic le More, tyran de Milan, a été longuement discutée. Voir à ce sujet Richter (§ 1340) et le commentaire de Pedretti, *op. cit.*

14. Ce mémorandum (Cod. Atl. 391 r. a) comporte trente-quatre entrées. La colonne de texte est entourée de schémas, dont deux semblent le plan d'une habitation, et de caricatures de visages extrêmement tristes : la ligne tombante de ces lèvres et paupières traduit peut-être les sentiments de Léonard à son arrivée à Milan.

15. Ce sont simplement des croquis d'armes existantes ; je n'y vois aucune amélioration apportée par Léonard.

16. Cod. Atl. 306 v. a.

17. Cod. Atl. 56 v. Léonard écrit à côté de son schéma : « Pièce d'artillerie en jeu d'orgues. Sur cet affût, il doit y avoir trente-trois bouches à feu, qui seront tirées par groupes de onze. » Il perfectionnera son engin (sur le papier), en augmentant le nombre des bouches à feu (Cod. Atl. 3 v. a).

18. Cod. Atl. 49 v. b.

19. Cod. Atl. 340 r. b.

20. Madrid II 75 v.

21. Significativement, l'artillerie en bronze (et non plus en fer forgé) commença d'intervenir avec une grande efficacité au cours du siège de Constantinople, en 1453, l'année même où Donatello achevait de fondre à Padoue la plus grande sculpture en bronze depuis l'Empire romain.

22. L'actuel prince régnant, Ludovic le More, était également du voyage. Léonard l'a-t-il rencontré à ce moment ? Il a pu l'approcher aussi lorsque celui-ci, en exil à Pise, est venu présenter ses condoléances à Laurent de Médicis, après l'assassinat de Julien par les Pazzi. Une telle rencontre aurait-elle encouragé Léonard à partir pour Milan ? On ne sait pas.

23. Léonard débute peut-être aussi à Milan comme musicien parce que le musicien occupe alors un rang supérieur à celui du peintre et qu'il est, dans cette ville, nettement mieux rétribué.

24. Léonard a pu entendre dire en chemin que le duc cherchait un remplaçant à son ingénieur militaire, le vieux Bartolomeo Gadio. Léonard semble avoir bien étudié les besoins de Milan. Je ne le crois pas cependant assez présomptueux pour solliciter ce poste (qui ira à Ambrogio Ferrari).

25. Cod. Atl. 73 v.

26. Alberto Savinio a énuméré toutes les *qualités* de Milan (toutes celles qu'on lui a trouvées au cours des siècles) dans son beau livre *Ville, j'écoute ton cœur* (Paris, 1982).

27. Cette *Nativité* inconnue citée par Vasari est également mentionnée par l'Anonyme Gaddiano. Selon Chastel, elle n'aurait aucun rapport avec le croquis du Metropolitan Museum de New York, exécuté à Florence, vers 1480.

28. Note sur la couverture du manuscrit L.

29. La figure de Dieu le Père devait apparaître, semble-t-il, en bas-relief, au sommet du cadre, et être peinte en couleur.

30. Le dogme de l'Immaculée Conception ne concerne pas la naissance mystérieuse du Christ (engendré par le Saint-Esprit) mais celle, miraculeuse, de Marie : sainte Anne, la mère de Marie, n'aurait pas connu charnellement son époux (Joachim) pour enfanter — un simple baiser aurait suffi. Ce dogme visait à renforcer la sainteté de la Vierge, et donc à confirmer l'importance de son culte.

31. Léonard est sans doute le premier peintre de la chrétienté à ne pas mettre d'auréole au-dessus de la tête des protagonistes de l'Histoire sainte. Il n'en met pas même à Jésus ni à la Vierge, et ce, semble-t-il, très tôt dans sa carrière. Des nimbes figurent dans ses tableaux faits dans l'atelier de Verrocchio ; il les omet dès qu'il quitte son maître. Ceux de la *Madone Benois* ont été sans doute ajoutés par une main étrangère.

32. Luc 3,1-18.

33. Ces rochers, qui semblent une des caractéristiques de l'art de Léonard,

apparaissent en fait, assez rudimentaires, toujours assimilés à l'idée de contrée déserte, chez des peintres aussi anciens que Duccio ou Giotto.

34. On ne trouve guère qu'à Florence (avant que Léonard ne peigne à Milan sa *Vierge aux rochers*) ce thème de la rencontre de Jésus avec saint Jean enfant, et encore dans quelques tableaux seulement (notamment dans des *Nativités* de fra Filippo Lippi). De nombreux élèves ou suiveurs lombards de Léonard l'ont en revanche repris : Boltraffio, Luini, Cesare Magni, Cesare da Sesto, Marco d'Oggiono, etc. Ce qui prouve bien que le thème pouvait aisément s'exporter : en fin de compte, il fait florès davantage à Milan qu'à Florence.

35. Tous les auteurs admettent l'antériorité stylistique de la version du Louvre ; ils s'accordent en revanche rarement sur leur destination et la date (et donc le lieu) de leur exécution respective. Certains imaginent que Léonard en aurait peint une troisième version, dont dériveraient les deux autres... (On a quelquefois parlé de celle de l'église d'Affori, à Milan — à mon sens, une copie du XVIe siècle.) Mon commentaire se limite ici à la *Vierge aux rochers* du Louvre qui me paraît répondre sans conteste (si l'on peut dire) au contrat de 1483.

36. Les anges musiciens peints par Ambrogio de Predis se trouvent à la National Gallery de Londres. L'un d'eux joue de la *lira da braccio*.

37. Cod. Atl. 252 r. a.

38. Je ne voudrais pas donner l'impression que les peintres italiens se soumettent entièrement à l'autorité des peintres du Nord. Ils n'envient que la technique, la « manière » de leurs confrères flamands — l'usage qu'ils font de l'huile ; pour le reste, ils se jugent infiniment supérieurs à eux — en particulier par l'intraduisible *proportionalita* dont ils se réclament et qui est à la fois « proportion » et « harmonie » ; Michel-Ange, je pense, résume le sentiment général lorsqu'il dit que la peinture du Nord est une peinture « dénuée de musique ».

39. Ces fresques de Bramante sont conservées au musée de la Brera, à Milan.

40. Voir notamment le portrait au crayon que Raphaël fit de Bramante (au Louvre).

41. Une des premières réalisations architecturales de Bramante est l'oratoire de Santa Maria presso Santo Santirio, vers 1482. L'agrandissement de la petite église (pour en faire une basilique) n'est encore qu'un projet à cette date.

42. M 53 b.

43. Quaderni II 14 r.

44. Bramante a sans doute rencontré Alberti à la cour de Frédéric de Montefeltro qui l'honorait de son amitié : *famigliare diletissimo*, disait-il.

45. Les parfums dont Léonard donne la recette (voir p. 137) n'ont peut-être pas d'autre fonction : protéger des « pestilences », de la « corruption de l'air », source de maladies.

46. On attribue à Francesco di Giorgio la peinture d'une ville idéale du *studiolo* de Frédéric de Montefeltro. Le thème de la ville idéale est en tout cas typique des artistes de la cour d'Urbino. Chez eux, l'idéalité est cependant d'ordre esthétique, tandis que la ville idéale de Léonard se veut d'abord salubre, pratique, confortable, agréable à vivre.

47. Manuscrit B, Cod. Atl., Forster III.

48. Cod. Atl. 65 v. b.

49. B 53 r.

50. Cod. Atl. 225 r. b.

51. Forster III 23 v. et Cod. Atl. 65 v. b.

52. Pedretti, *Léonard de Vinci architecte*, Paris, 1983.

53. Forster III 64 v.

54. Cod. Atl. 65 v. b.

55. Léonard écrit cependant : « Vous plairait-il de voir un modèle qui se révélera utile pour vous autant que pour moi, et qui sera également utile à ceux qui seront la cause de notre utilité ? » (Forster 68 r.) Mais ces mots, s'ils concernent le « nouveau Milan » (et s'ils sont jamais recopiés et expédiés), me paraissent adressés aux promoteurs du projet plutôt qu'au duc.

56. Voir là-dessus l'opinion de Boccace ou de Villani. (Il me semble que le sentiment religieux ne finit par triompher qu'après des années de souffrance ; il peut se muer alors en fanatisme...)

57. Saba de Castiglione, *Ricordi*, Venise, 1555.

58. Les Sforza, dont l'origine n'est pas lombarde mais romagnole, ne détiennent le pouvoir à Milan que depuis trois générations, et le titre de duc depuis deux seulement. Galéas Marie décida d'élever une statue équestre grandeur nature à la mémoire de son père avec l'idée d'affirmer en bronze la puissance de sa maison. En novembre 1473, il demanda à l'architecte Bartolomeo Gadio de lui trouver « un maître capable de la réaliser », lombard ou étranger, car il voulait un artiste « excellent ». On n'en trouva sans doute pas, ou le projet fut remis. Ludovic le More le reprit dès son arrivée au pouvoir, en 1480.

59. André Chastel, *le Grand Atelier*, Paris, 1965.

60. La première statue équestre fondue en bronze, depuis l'Antiquité (ou, plutôt, depuis celle de l'empereur Théodoric, à Ravenne), est en vérité celle du marquis Nicolas III, à Ferrare. La commune ouvrit un concours pour trouver un artiste capable de l'exécuter ; Alberti fut même consulté. Le Florentin Niccolo di Giovanni ne l'emporta sur Antonio di Cristoforo que par une voix ; on lui confia donc l'exécution du cheval (la partie la plus difficile), tandis que son rival fit le cavalier. Alberti dessina le socle, en forme d'arc romain. La statue fut mise en place en 1451, le jour de l'Ascension, soit deux ans avant le *Gattamelata* de Donatello. Elle n'avait pas, cependant, les dimensions de cette dernière.

61. Le prince Adam Czartoryski acquit sans doute la *Dame à l'hermine* durant la Révolution française. Le tableau revint en France de 1830 à 1867, pour être accroché, à Paris, aux cimaises de l'hôtel Lambert que possédaient les Czartoryski, avant de repartir pour la Pologne.

62. La plupart des *condottieri* sont connus par leur surnom ; ainsi le Gattamelata, le Chat Moucheté, Facino Cane, le Chien, Tartaglia, le Bègue... : les Italiens ont la manie des surnoms. Muzzio Attendolo, dit Sforza, issu d'une famille de propriétaires terriens, s'illustra d'abord sous les ordres d'Alberic de Barbiano. Il combattit à la solde des Milanais, des Pérugins, des Florentins, de la papauté, etc. Son fils Francesco hérita de son surnom et poursuivit dans la même voie : il loua ses services au plus offrant avant de s'emparer du duché de Milan.

63. Lire à ce sujet la *Storia di Milano* du chroniqueur Corio.

64. Le mûrier était jugé le plus sage de tous les arbres parce qu'il est le dernier à avoir des feuilles et le premier à porter des fruits.

65. *E la giustitia nera pel Moro.* (H 40 b.)

66. Bartolomeo Calco, Jacopo Antiquario.

67. Cod. Atl. 297 v. a.

68. Confusion faite par Lépicié, en 1752, dans son catalogue des collections royales : celui-ci prit un portrait attribué à Léonard (*la Belle Ferronnière*) pour celui de la maîtresse de François Ier, et la confusion s'étendit sans doute à la *Dame à l'hermine*.

69. Cod. Urb. 18 r.

70. Cod. Atl. 109 v. a.

71. Les experts disputent toujours sur la paternité de ce tableau (est-ce une œuvre mineure de Léonard, le chef-d'œuvre d'Ambrogio de Predis, ou le fruit de leur collaboration ? et, dans ce cas, quelle est la part de chacun ?) aussi bien que sur l'identité du modèle (sept noms ont été tour à tour proposés, parmi lesquels ceux de Bianca Maria Sforza et de Béatrice d'Este).

72. Cette *Madone* appartint aux comtes Litta, nobles milanais (d'où son nom), avant d'être achetée par le tsar Alexandre II, en 1865. Nous possédons des études par Léonard pour le visage de la Vierge, pour le corps de l'Enfant, mais pas pour la tête ; significativement, c'est la partie la plus faible du tableau. Clark dit que l'œuvre a été peinte au moins deux fois : la première par celui qui acheva une ébauche de Léonard, la seconde par un restaurateur du XIXe siècle.

73. Le modèle de ce portrait, dit *Belle Ferronnière*, n'a jamais été identifié avec certitude. Le tableau est entré très tôt dans les collections royales ; il a appartenu à François Ier, peut-être à Louis XII.

74. Forster II 15 v. Marcel Duchamp, dont l'œuvre n'est pas sans rappeler Léonard, dit un jour à Man Ray, pareillement, que l'idéal serait pour lui de faire peindre ses tableaux « par des Chinois ».

75. Triv. 66.

76. Lettre de Luca Fancelli à Laurent de Médicis du 12 août 1487.

77. Certaines des premières notes milanaises de Léonard sont inscrites sur des feuilles de papier arrachées à un registre vierge de l'administration du Dôme (Cod. Atl. 333 v. et 346 r. a et v. a). Léonard n'aurait pas pu se les procurer s'il n'avait pas fréquenté alors, de très près, la cathédrale.

78. B 10 v. Léonard écrit auprès de ses schémas de coupoles : « La raison d'une voûte, c'est le tiers du diamètre (de sa courbure). Par l'Allemand du Dôme. » Ce devrait être Jean Mayer qui vint à Milan en 1483. Il participa lui aussi au concours pour la lanterne, mais sa maquette fut très vite refusée par la commission. Sur le même feuillet, Léonard explique comment faire une cloche de verre et comment on doit faire passer un fleuve à une armée.

79. Cod. Atl. 270 r. c.

80. A 50 r. De son observation des arcs, Léonard tire aussi cette réflexion : « Deux faiblesses qui s'appuient l'une à l'autre créent une force. Voilà pourquoi la moitié du monde, en s'appuyant contre l'autre moitié, se raffermit. » (Cod. Atl. 244 v. a.)

81. Léonard acheta probablement ce manuscrit, qui porte des commentaires de sa main dans les marges (Florence, bibliothèque Laurenziana), après la mort de Francesco di Giorgio Martini, en 1502.

82. Windsor 12632.

83. Léonard écrit : « La médecine est la restitution de l'harmonie entre des éléments déséquilibrés ; la maladie est une discordance d'éléments présents dans le corps vivant. » (Tri. 7 v.)

84. Sur les premiers travaux d'anatomie de Léonard, on trouve une date : « Le 2 avril 1489 », suivie de ces mots : « Livre intitulé *De la figure humaine.* » (Quaderni I. 1 a.)

85. B. M. 156 v.

86. On ne sait pas grand-chose de ce Jacomo Andrea. Luca Pacioli, qui semble l'admirer beaucoup, le cite comme un des proches de Léonard. Léonard lui-même cite trois fois son nom dans ses notes (une fois pour dire qu'il a dîné chez lui). Ce Jacomo complotera vers 1500 contre les Français ; il sera décapité, puis son cadavre sera écartelé, avant d'être exposé par morceaux aux portes de Milan (in Münz, *Léonard de Vinci,* Paris, 1899).

87. C'est pour la cathédrale de Pavie que Léonard commença d'imaginer des édifices à plan centré, dont les schémas ressemblent parfois à la coupe d'un roulement à billes. (Manuscrit B, Windsor, etc.)

88. Leic. 34 r. Léonard écrit aussi : « L'eau qui sourd dans la montagne est le sang qui maintient cette montagne en vie. L'une de ses veines vient-elle à s'ouvrir, soit en elle, soit à son flanc, la Nature, désireuse d'aider ses organismes et de compenser la perte de cette matière humide qui s'écoule, lui prodigue un secours diligent, comme aussi à l'endroit où l'homme s'est blessé : on voit alors, à mesure que le secours lui vient, le sang affluer sous la peau et former une enflure, afin que se crève la partie infectée. » Etc. (H 77 29 r.)

89. Cod. Atl. 204 v. a.

90. Leic. 34 r.

91. Léonard : « Toutes les graines ont un cordon ombilical, lequel rompt quand la graine est mûre. Elles ont de même une matrice, un appareil reproducteur, comme on le voit par celles qui viennent dans des gousses. Chez celles qui poussent avec une coque (noisette, pistache et autres), le cordon ombilical est long et apparaît dans leur enfance. » (Quaderni III 9 v.)

92. Quaderni I 2 r.

93. Leic. 33 v.

94. Milanais d'origine, Giovanni Antonio Amadeo a épousé la fille de Guiniforte Solari. Or les Solari sont traditionnellement, depuis trois générations, architectes du Dôme (ils travaillent également à la chartreuse de Pavie).

95. Sur les rapports que l'on peut établir entre la maquette de Léonard et celle proposée par Francesco di Giorgio Martini, voir Pedretti, *Léonard de Vinci architecte, op. cit.*

VII

LES PENSÉES SE TOURNENT VERS L'ESPOIR

Lorsque la fortune vient, prends-la d'une main sûre, par-devant, je te le dis, car dans le dos elle est chauve[1].

LÉONARD.

En 1490, à la faveur de la paix, l'Italie entière traverse une phase d'extraordinaire prospérité. Tous les Etats de la péninsule connaissent une certaine stabilité politique ; à Milan, comme on se remet de l'horreur et des malheurs de la peste, on ne songe plus, au dire des chroniqueurs, qu'à accumuler des richesses et à en jouir. Cela ne va pas sans excès. « Les pompes et les voluptés se donnaient libre carrière... La cour de nos princes était éclatante, pleine de nouvelles modes, de nouveaux costumes et de délices », écrit l'honnête Corio qui, dans le tableau qu'il brosse de cette ère de vaches grasses, avoue que les mœurs se relâchent alors, une fois de plus, autant que les arts progressent. Imbu de mythologie comme tous ses contemporains lettrés, il observe que, dans sa patrie, l'école de Cupidon rivalise avec celle de Minerve : « Celle-là se recrutait parmi les plus beaux jeunes gens ; les pères y envoyaient leurs filles, les maris leurs épouses, les frères leurs sœurs ; et de la sorte, sans aucun scrupule, beaucoup entraient dans le bal amoureux, qui passait pour une chose merveilleuse. Minerve, de son côté, travaillait de toutes ses forces à orner son élégante académie. En effet, Ludovic Sforza, prince glorieux et très illustre, avait appelé à son service des hommes excellentissimes [2]... »

Les moralistes, de Machiavel à Montesquieu, mettent en garde contre ces temps de félicité où, disent-ils, les sociétés s'amollissent et les vertus se corrompent. C'est néanmoins dans cette période d'exaltation générale, où toute fantaisie paraît pouvoir se concrétiser, que s'épanouissent enfin les talents nombreux de Léonard.

L'argent n'est pas seulement le nerf de la guerre. Les greniers pleins, les armes remisées, le duc a entrepris d'embellir sa capitale, qui en a bien besoin, ainsi que les villes voisines de Pavie (centre

* Pour les notes concernant ce chapitre, voir page 278.

culturel de son Etat) et Vigevano (chère à son cœur, puisqu'il y est né) ; on s'illustre d'abord par la pierre. Il démolit, reconstruit, agrandit ; il fait dessiner des jardins, paver des rues, décorer des façades. De là, la part cruciale de l'urbanisme et de l'architecture dans les préoccupations de Léonard au cours de ces années. L'artiste de la Renaissance n'a pas le choix : une nouvelle fois, il adapte ses tourments et ses aspirations aux désirs du prince.

L'architecture, cependant, moins encore que la peinture, n'est toujours pas un métier aux frontières bien définies. Le terme d'architecte ne figure presque jamais dans les documents ; on lui préfère celui d'ingénieur, qui reflète plus justement la réalité ; le nom de Léonard, comme celui de Bramante, est le plus souvent accolé à ce titre dans les archives lombardes : *ingegnero* — ou, plus officiellement : *ingeniarius ducalis, ingeniarius camerarius.*

Comment devient-on ingénieur-architecte ? De la même façon qu'on devient peintre, quoique la théorie tienne ici davantage de place : sur le tas, en assimilant par l'exemple les techniques traditionnelles, en étudiant les réalisations et les textes de ses contemporains, puis ceux et celles des Anciens, paradoxalement, si l'on souhaite se mettre au goût du jour.

A Pavie, toujours désireux d'élargir ses connaissances, Léonard interroge des ouvriers sur la façon de consolider les murs [3], il relève le plan d'une église paléochrétienne (Santa Maria alla Pertica [4]), il dessine les ruines d'un théâtre antique dont les qualités acoustiques lui inspirent le projet bizarre d'un « lieu pour prêcher [5] », puis d'un « théâtre pour entendre la messe [6] ». Parallèlement, il est toujours à la recherche de quelque livre savant dont il a entendu parler : « C'est M. Fazio [7], note-t-il, qui possède les proportions d'Alchino avec les commentaires de Marliano », ou encore : « Un neveu de Gian Angelo le peintre a un livre sur les eaux qui appartint à son père [8]. » Et il puise à loisir dans la très riche bibliothèque de l'université de Pavie.

La carrière exemplaire de Francesco di Giorgio Martini, auquel Léonard va énormément emprunter, montre bien tout ce qu'on attend d'un ingénieur-architecte, toutes les tâches auxquelles on peut l'atteler. Né à Sienne en 1439, Francesco di Giorgio a reçu une formation de peintre et de sculpteur, avant de diriger le service des eaux (c'est-à-dire des égouts), fontaines et aqueducs de sa ville natale. A Urbino, il s'occupe ensuite d'architecture militaire pour Frédéric de Montefeltro, qu'il sert dans de nombreuses campagnes : s'il sait bâtir des forteresses, armer des places, il sait aussi comment les assiéger, les détruire. Voyageant sans cesse, car on réclame partout ses services, sans jamais renoncer à la peinture ni à la sculpture, il trace également les plans de divers édifices civils — palais et églises. Enfin, il rédige l'obligatoire traité qui établit à jamais une réputation. Le sien comprend trois parties : la première parle d'architecture en général, la seconde de fortifications, la troisième de machines, d'*engins*, à usage civil ou militaire : systèmes de transmissions, d'engrenages, régulateur à boule, canons, voiture « automobile » dont certaines roues sont à la fois mobiles et directionnelles, pompes aspirantes et foulantes, horloges, bateaux à aubes, scaphandres pour attaques sous-marines [9]...

Cette liste ne devrait pas nous étonner. Les traités de Taccola, Valturio ou Filarete (pour citer d'autres auteurs du siècle fréquentés par Léonard) ne sont pas moins des ouvrages de *technologie générale*. Brunelleschi aussi inventait des machines ; l'architecte, comme le peintre, fabrique ses « outils » lui-même : pour dresser une colonne, il faut déjà concevoir l'appareil qui la transportera, puis celui qui l'élèvera sur sa base. Comme on dispose d'une gamme restreinte de sources d'énergie (humaine, animale, hydraulique, éolienne), ces appareils, en bois pour la plupart, obéissent tous à des principes simples ; ils utilisent la vis, le treuil, l'engrenage, le ressort, auxquels chacun s'efforce d'apporter davantage d'efficacité, de solidité, et, en les combinant, de trouver de nouvelles fonctions. Même dans le cas de Léonard — que le jeu des roues dentées et des vis sans fin plonge dans une sorte de bonheur — on devrait ainsi toujours moins parler de découvertes que de perfectionnements et d'applications inédites. Lui-même le dit : « Rien ne peut être inscrit comme le résultat de recherches nouvelles [10]. »

Le métier, issu du « génie » militaire (*engin*, *génie* et *ingénieur* ont une racine commune), exige en fait cette polyvalence depuis l'Antiquité : selon Vitruve (Marcus Vitruvius Pollio, qui écrivait sous César), les moulins, les ponts, les temples, les excavatrices, les grues et les crics, les béliers, scorpions et autres appareils de siège, les machines « industrielles », comme celles des scieries, les digues, l'ensemble des installations hydrauliques, pompes, fontaines, canaux, écluses, jusqu'aux clepsydres ou horloges à eau, tout ce qui se construit et sert à construire ou détruire, pratiquement, ressortit à la même discipline. Dans l'Italie du XVe siècle, les mots *machine* et *édifice* sont d'ailleurs à peu près interchangeables [11].

On comprend mieux du coup la lettre dans laquelle Léonard proposait ses services à l'entreprenant Ludovic Sforza : miner une place forte, armer des vaisseaux, creuser ou assécher des fossés, conduire l'eau d'un endroit à un autre, bâtir des catapultes ou des églises — sa lettre énumère les différentes facettes de la profession qu'il entend embrasser ; Francesco di Giorgio ou Giuliano et

Antonio da Sangallo (autres ingénieurs-architectes amis de Léonard) auraient pu l'écrire aussi bien.

Il est donc normal que Léonard mène de front les travaux les plus disparates, quand il convoite un poste d'ingénieur ducal, et, à plus forte raison, dès lors qu'il l'obtient : en soi, cette diversité n'est guère originale. Avec lui, elle prend cependant des proportions particulières — et elle paraît surbordonnée peu à peu à un plan supérieur.

En 1489, Léonard se rappelle dans un long mémorandum [12] (dont j'ai déjà extrait quelques lignes) de mesurer les dimensions du château Sforza et d'autres bâtiments de la ville ; de demander à un certain maître Antonio « comment on installe les bombardes et les remparts, de jour et de nuit » ; d'expliquer à Giannino, fabricant de bombardes, « la façon dont on a maçonné sans trou la tour de Ferrare » ; d'étudier « l'arbalète de maître Gianetto » ; de consulter divers livres de mathématiques et de se faire montrer « la quadrature du triangle » ; de chercher un maître des eaux et de se renseigner « sur les barrages et leur coût » ; qu'un tailleur de pierre, Pagolino, dit Assiolo, est « un maître des eaux habile », etc. Grâce à ce texte, on découvre qu'il fréquente alors des artisans, un moine du couvent de la Brera, des universitaires, notamment la famille du professeur de médecine et de mathématiques Giovanni Marliano, à laquelle il fait de fréquentes allusions et à qui il veut emprunter « un os [13] » dont on ne sait pas trop en quoi il l'intéresse, ainsi qu'un « bel herbier [14] ». Quelques lignes le montrent toujours très féru d'astronomie : il écrit sur la même page qu'un Français [15] a promis de lui révéler les dimensions du soleil, et qu'un traité d'Aristote sur les corps célestes vient d'être traduit en italien. Enfin, au beau milieu de ces graves préoccupations, il note de ne pas oublier de demander au riche marchand florentin Benedetto Portinari « comment on court sur la glace dans les Flandres ». Songerait-il aussi à faire du patin [16] ?

J'ai cité en essayant de les classer par thème — armement, architecture, hydraulique, mathématiques, astronomie — les différentes entrées de ce mémorandum. Léonard, en revanche, inscrit en désordre toutes ces choses — qui ne correspondent pas à la moitié de ses activités à cette date. En vérité, il faudrait les donner comme il les donne pour rendre compte de sa vie dans ces années où, tandis qu'il semble délaisser la peinture, comme sa situation matérielle s'améliore, sa curiosité et ses obligations le portent dans tant de directions à la fois qu'il devient presque impossible de le suivre en respectant la chronologie.

Les carnets qu'il emplit alors traitent également d'optique (réflexions sur la lumière et l'ombre), d'anatomie, donc, d'horlogerie, d'acoustique, de mécanique et de physique générale... En même temps — et sans perdre de vue la statue équestre de Francesco Sforza — il exécute sans doute différentes petites choses pour le duc : peut-être ces délicates fontaines au socle torsadé dont nous sont parvenus les dessins [17], ou ce dispositif pour « soulever et abaisser les rideaux qui cachent les argents du seigneur » (probablement les rideaux d'une vitrine où le More enferme des pièces d'orfèvrerie) qu'on découvre parmi des études pour la tour-lanterne du Dôme [18].

Par la suite, il dessine aussi un pressoir [19], des contrepoids pour la fermeture automatique d'une porte [20], des candélabres [21] (qui prouvent qu'il n'a pas oublié les leçons de l'orfèvre Verrocchio), une lampe de bureau à intensité variable [22] et une autre produisant une très vive lumière [23], des meubles pliants [24], des serrures de coffre [25], des miroirs (en particulier le miroir octogone multipliant sans fin l'image d'un homme placé en son centre qui lui servira peut-être pour son autoportrait [26]), un fauteuil physiothérapique [27], une étuve et un lavoir [28], une grue pour vider les fossés [29]... Je pense qu'il doit surtout à cette sorte de travaux (ainsi qu'à la commande du cheval de bronze) d'avoir été élevé au rang d'ingénieur ducal [30]. Comme il fait ainsi la preuve de son « ingéniosité », de son bon goût, qu'il montre un esprit spécialement fécond et original, on lui confie — entre autres choses — une part sans cesse croissante dans la décoration des nombreuses fêtes qui égaient la cour. Cela entre toujours dans les fonctions de l'ingénieur. Durant cette même année 1489, il contribue sans doute aux préparatifs du mariage du neveu du More, Jean Galéas Sforza, l'héritier légitime du duché de Milan, avec Isabelle d'Aragon. Et l'année suivante, tandis que les marguilliers du Dôme disputent encore du choix d'un architecte pour leur *tiburio*, il conçoit les décors et règle la mise en scène d'un spectacle qui lui vaudra d'être considéré comme le plus habile ingénieur de la péninsule : c'est le bal des Planètes, qu'on appelle aussi « fête du Paradis [31] ».

On a beaucoup écrit sur les raisons qui poussent le More à donner cette fête en l'honneur du jeune couple ducal : régnant à la place de son neveu, n'ayant guère l'intention de lui céder le pouvoir, Ludovic (qui est toujours duc de Bari, non de Milan) sauve les apparences en le laissant présider à des divertissements. Du reste, personne n'est dupe. Selon les minutieux comptes rendus des ambassadeurs à la cour, le More s'évertue à meubler les loisirs du faible Jean Galéas — qui a alors vingt, vingt et un ans ; il le détourne des affaires publiques en organisant ses plaisirs, il l'encouragerait même dans ses vices afin de mieux l'affaiblir et saper sa volonté : il l'enfermerait, à Pavie, comme dans une geôle, dans un cercle de perpétuelles beuveries, de luxure, de débauches incessantes, avec des partenaires de son sexe, dit-on.

Les noces de Jean-Galéas avec Isabelle d'Aragon sont célébrées en février 1489 ; mais il semble, comme l'écrit la duchesse de Ferrare à la reine de Hongrie, que, neuf mois plus tard, la mariée soit « aussi vierge et chaste qu'elle l'était à son arrivée ; et, d'après ce qu'on voit et ce qu'on entend, il y a des chances qu'elle le reste longtemps ». Le grand-père de la jeune épouse, le roi Ferrante de Naples, menace de ne pas verser les deux cent mille ducats de la dot tant que l'union ne sera pas consommée. On invoque une certaine « débilité nerveuse », on murmure que le More aurait fait ensorceler son neveu. Le jeune prince doit s'expliquer publiquement devant des magistrats, des médecins, des ecclésiastiques.

Le bal des Planètes, donné le 13 janvier 1490 au château Sforza, vise aussi à neutraliser les désagréables rumeurs qui se propagent à l'étranger.

Ludovic en a lui-même fixé le thème, conseillé sûrement par son médecin-astrologue, Ambrogio de Varèse, qu'il a fait comte de Rosate (et le titre s'accompagnait d'une terre et d'un château), pour le remercier de l'avoir miraculeusement sauvé d'une grave maladie, deux ans auparavant : depuis, nul n'a davantage de crédit à la cour.

S'il semble respecter l'astrologie (presque indissociable de l'astronomie à cette époque) et croire à une certaine influence des planètes sur notre comportement[32], Léonard n'a guère d'estime pour les astrologues qu'engraisse, dit-il, la crédulité des sots. J'imagine que le Vinci ne s'accommode pas aisément de l'omniprésent Ambrogio de Rosate (qui calcule dans les astres jusqu'à l'heure à laquelle doit débuter le spectacle) ; mais, il ne peut que se soumettre aux caprices de son maître ; le sujet choisi a tout ce qu'il faut par ailleurs pour le séduire.

Bernardo Bellincioni écrit le livret.

Cela commence par des présentations, des danses, un défilé masqué, une cavalcade turque. Un dôme de verdure dissimule le plafond de la salle ; des panneaux peints (par Léonard ?) racontent des épisodes de l'histoire ancienne et « beaucoup de hauts faits » accomplis par les Sforza. Lorsque sonne minuit, le More, vêtu à l'orientale, fait arrêter la musique et le rideau s'ouvre sur un vaste hémisphère figurant la voûte céleste — « une sorte de demi-œuf, écrit Trotti, l'ambassadeur de Ferrare, tout doré à l'intérieur, où de nombreux flambeaux imitaient les étoiles, et pourvu de niches où étaient placées les sept planètes selon leur rang. Au bord de ce demi-œuf, derrière une vitre, éclairés par des flambeaux, se tenaient les douze signes du zodiaque qui offraient un spectacle merveilleux »... Les planètes, incarnées par des acteurs « costumés selon la description des poètes », tournent lentement dans leurs orbites, tandis que s'élèvent « des mélodies nombreuses et des chants doux et harmonieux » qui couvrent le bruit de l'invisible mécanisme. Puis les divinités stellaires descendent de leur socle, comme par enchantement, pour débiter sur la scène les compliments à la duchesse Isabelle qu'a composés Bellincioni : Jupiter remercie Dieu d'avoir engendré une femme aussi belle et vertueuse, Apollon manifeste la jalousie que lui inspire un être plus parfait que lui, les trois Grâces et les sept Vertus chrétiennes s'inclinent tour à tour devant la plus exquise des souveraines, etc.

La fête du Paradis porte ses fruits. Quelques mois plus tard, l'envoyé de Ferrare peut enfin écrire que « la duchesse est enceinte — et que le duc souffre de l'estomac pour avoir trop travaillé le terrain ». Elle confère surtout à Léonard une gloire qu'aucune œuvre ne lui a donnée jusqu'alors. On comprend que l'artiste veuille poursuivre dans cette voie si conforme par ailleurs à ses inclinations : rien ne lui plaît davantage que créer des illusions ; désormais, multipliant les surprises, inventant des artifices toujours plus savants, il va intervenir brillamment dans la plupart des festivités de la cour.

Nous connaissons le bal des Planètes grâce aux témoignages écrits de contemporains. Léonard n'y fait en revanche aucune allusion. Il n'existe pas d'indication sur les préparatifs de la fête dans ses manuscrits, sinon quelques notes, peut-être, concernant le plafond de verdure et le système d'éclairage [33]. Nous n'avons pas les dessins des costumes, ni les plans de la machinerie, ni la maquette du décor qu'il a conçus. Les artisans (menuisiers, peintres, costumiers) auxquels il a dû nécessairement les remettre n'avaient aucune raison, je suppose, de les conserver une fois le travail accompli. Il est vraisemblable que les régisseurs du château se sont défaits pareillement des échafaudages de bois, des toiles peintes et autres accessoires de la pièce, au lendemain de la représentation. Combien de choses éphémères imaginées par Léonard ont pu ainsi disparaître ?

J'ignore si sa rôtissoire mécanique [34] ou son réveille-matin à eau [35] ont jamais vu le jour. Tout ne figure pas dans les archives lombardes, ni dans les correspondances du temps, plus soucieuses des potins du palais que d'art ou de technique : on ne mentionne le serviteur que dans la mesure où il permet de parler du maître. Aussi, on ne devrait pas estimer l'œuvre d'ingénieur de Léonard, c'est-à-dire d'inventeur, d'architecte, de metteur en scène, de décorateur, sans considérer d'abord que ses carnets contiennent essentiellement des *études,* non des projets aboutis ; et que nombre de ses « réalisations », parce qu'elles ont pris forme précisément, quand elles n'ont pas eu la chance de survivre sur le papier, dans des écrits, ont sûrement péri sans laisser de trace.

Sur le quinzième feuillet du grand carnet que Léonard consacre à l'étude de la lumière et de l'ombre, on lit : « Le 23 avril 1490, j'ai commencé ce livre et recommencé le cheval. » Et, juste en dessous : « Giacomo est venu vivre chez moi le jour de sainte Marie-Madeleine (le 22 juillet) de l'an 1490 ; il est âgé de dix ans[36]. »

Suit une liste de méfaits commis par l'enfant, où apparaissent différentes dates qui montrent que Léonard (qui a maintenant trente-neuf ans) ne consigne pas les choses au jour le jour, mais qu'il récapitule une année écoulée. Cela va jusqu'à avril 91 — car, selon le calendrier de l'époque, l'année s'achève le 20 mars, et non le 31 décembre.

Une sorte de bilan, donc : Léonard s'est lancé dans des travaux d'optique qui sont pour lui de la plus haute importance (il développe sa *mystique du regard,* le carnet représente son premier « livre » thématique, les autres regroupant des notes disparates[37]) ; il s'est remis au *cavallo* (le bronze équestre de Francesco Sforza) ; il a pris chez lui un jeune garçon — et cet enfant inattendu, mal élevé, pernicieux, bouleverse son existence, au point que Léonard, tout abasourdi, éprouve le besoin d'ouvrir son cœur, une fois n'est pas coutume. On le voit calculer sur les deux tiers de la page ce que lui a coûté son protégé, « la première année » ; il n'écrira jamais aussi longuement sur aucun être humain. Prétexte transparent : comme il n'a pas la confidence facile, il s'épanche, et se pousse aux épanchements, en alignant méthodiquement les *lire* et les *soldi ;* chacun son système, l'argent peut être un très bon catalyseur ; le fils du notaire décrypte ici ses sentiments en faisant ses comptes.

L'enfant ne doit pas posséder de vêtements décents. « Le second jour, dit Léonard, je lui fis tailler deux chemises, une paire de chausses et un pourpoint ; mais, quand j'eus mis de côté l'argent pour les payer, il vola cet argent dans l'escarcelle ; quoique je n'aie jamais pu le lui faire avouer, j'en ai l'absolue certitude. »

Dépense : quatre livres. Et tout de suite, dans la marge, ce jugement catégorique : « Voleur, menteur, têtu, glouton. »

Les premières lignes étaient d'une écriture minuscule ; comme l'indignation semble croître, les caractères doublent à présent de taille.

Le surlendemain, poursuit Léonard, alors qu'ils dînent en compagnie de Jacomo Andrea de Ferrare, Giacomo se tient mal à table, il mange pour deux, fait des bêtises pour quatre, brise trois flacons, renverse le vin, et s'en va finir son repas là où... L'endroit, bizarrement, n'est pas nommé ; la phrase s'interrompt sur un blanc ; on peut imaginer le pire.

Puis Giacomo dérobe dans l'atelier une pointe d'argent, d'une valeur de vingt-deux sols, appartenant à un élève de Léonard, Marco (sans doute Marco d'Oggione). On cherche le style partout ; on le retrouve dans la caisse du petit.

Puis, lors des préparatifs d'une joute costumée donnée par Galeazzo de Sanseverino, chef des armées et gendre du More, comme des palefreniers se déshabillent pour essayer « les déguisements d'hommes sauvages [38] » qu'a dessinés Léonard, Giacomo en profite pour vider une bourse laissée sur un lit parmi des vêtements : deux livres, quatre sols.

Puis, quand un peintre de Pavie, Agostino Vaprio, offre à Léonard une pièce de cuir de Turquie pour faire une paire de bottes, Giacomo s'empare de la peau et la vend à un savetier ; il finit par confesser qu'avec l'argent il a acheté des bonbons à l'anis : deux livres.

Puis il vole de nouveau un style d'argent, à Giovanni Antonio Boltraffio cette fois, autre disciple de Léonard : une livre, quatre sols.

Le maître conclut ses doléances en évaluant, à la craie rouge, ce qu'il a déboursé en 1490 pour l'habillement du garçon ; il lui a composé une garde-robe plus qu'honorable : « Un manteau : deux livres ; six chemises : quatre livres ; trois pourpoints : six livres ; quatre paires de chausses : sept livres, huit sols ; un costume doublé : cinq livres ; quatre paires de souliers [39] : six livres, cinq sols ; un bonnet : une livre ; des lacets de ceinture : une livre. »

Curieusement, il ne calcule pas le total ; la page se complète par la recette d'une « poudre pour faire les médailles », suivie de trois diagrammes qui mettent en évidence des jeux d'ombre et de lumière (*luminoso,* écrit l'artiste auprès de chaque dessin).

Léonard n'indique pas à quel titre le garçon est entré chez lui. Il dit simplement : Giacomo est venu vivre chez moi, comme si cela s'était fait indépendamment de sa volonté, comme on dit : j'ai gagné à la loterie, ou : il m'a poussé un cheveu blanc. La formule impersonnelle, vaguement administrative, lui resservira souvent, par la suite.

Officiellement, Giacomo doit être une sorte de serviteur ; il n'est pas rare qu'on soit déjà *placé* à dix ans. Richter suppose que la liste et les chiffres sont destinés au père de l'enfant, Giovan Pietro Caprotti, d'Oreno, *contadino* sans le sou, semble-t-il, ou à un éventuel tuteur légal. Léonard les dresserait pour justifier qu'il ne lui verse pas de gages ou, simplement, pour rendre compte du comportement de l'enfant durant ces premiers mois. Mais on ne garde pas à son service, on ne gâte pas de la sorte un petit drôle que l'on sait — que l'on dit — obstiné, goinfre, hypocrite, malhonnête. Or Léonard n'entend pas le renvoyer. Il s'en plaint mais ne manifeste à aucun moment l'intention de s'en défaire ; ni de le punir, ni de le gronder. En vérité, il tient à lui, énormément : il ne s'en séparera jamais, il l'emmènera partout : à Rome, à Florence, jusqu'en France, où il le couchera sur son testament.

Celui-ci, pourtant, ne semble nullement se corriger en grandissant. Plus que d'un faubourg du *Quattrocento,* il semble sorti d'un film de Pasolini. Six ans plus tard, Léonard note encore qu'il lui a volé quelques sols[40]. Puis qu'il lui a perdu « deux serviettes »[41]. D'ailleurs, il le baptise bientôt Salaï — d'origine arabe, le mot (déformation probable d'Allah[42]) désigne en Toscane un esprit malin, une divinité malfaisante, un démon ; le Vinci l'a peut-être trouvé dans l'épopée burlesque de Luigi Pulci, *Il Morgante Maggiore.* Salaï : le surnom, qui en dit long, lui restera.

Et Léonard continuera de choyer le garçon, de le vêtir richement. Dans l'inventaire d'une malle, rédigé vers 1505, on trouve ainsi, outre les fameuses vestes roses du maître : « Une tunique lacée à la française, appartenant à Salaï ; une cape à la française, qui était au duc de Valentinois, appartenant à Salaï ; une tunique de flamande grise, appartenant à Salaï ; etc. [43] ».

Sur d'autres pages, Salaï est mentionné pour l'achat d'un arc, de flèches, d'une chaîne, d'une bague, de rubans, d'une pièce de brocart d'argent[44]... Ailleurs, il est question de compléter la dot de sa sœur[45].

L'Anonyme Gaddiano et Vasari qualifient généreusement Salaï d'élève. On lit dans les *Vies :* « Léonard prit pour élève le Milanais Salaï, ravissant de grâces et de beauté, avec ses abondants cheveux bouclés que le maître aimait fort ; il lui enseigna beaucoup en art, mais dans certains ouvrages, que l'on dit à Milan être de Salaï, Léonard est intervenu. »

Dans des brouillons de lettres[46], où l'on voit le garçon chargé de différentes commissions, Léonard dit généralement « mon élève », quoiqu'il l'emploie plutôt comme un serviteur — la différence entre les deux états ne doit pas être très marquée à l'époque. Les élèves, néanmoins, paient d'habitude pour leur apprentissage ; ainsi, en 1494, le père d'un certain Galeazzo s'engage à verser au Vinci cinq livres tous les 15 du mois pour l'entretien de son fils (*per le sue spese*[47]). Surtout on ne vêt pas un disciple de pied en cap, comme un bourgeois.

Le garçon, il faut en convenir, n'est pas un élève ordinaire. Il ne semble avoir aucune disposition pour l'art ; là où Vasari dit que son maître « lui enseigna beaucoup », on doit lire que Léonard se donne beaucoup de mal pour lui inculquer les rudiments de la peinture. Il apprend la technique ; il ne réussit à tromper personne ; il faut l'aider ; on voit, grâce à Vasari, qu'au XVIe siècle, déjà, on lui attribue difficilement quelque ouvrage en propre. Les rares tableaux qu'on lui concède aujourd'hui ne plaident guère en sa faveur[48].

Piètre disciple, serviteur peu sûr (c'est le moins qu'on puisse dire), le *petit diable* possède en revanche le visage d'un ange. « Ravissant de grâces et de beauté » — le témoignage de Vasari est ici particulièrement précieux. Salaï est joli garçon : voilà le nœud de l'affaire. Cela a dû suffire pour que Léonard l'ait un jour remarqué dans une rue, sur une route de campagne, et qu'il ait songé à le prendre pour modèle[49], puis qu'il ait voulu le tirer de la misère et se l'attacher ; cela explique qu'il lui pardonne tout, les vols, les mensonges, qu'il ne veuille pas, ne puisse pas renoncer à lui : il ne lui résiste pas, il est sous le charme, il s'emploie plutôt à mettre en valeur les avantages physiques du gamin, en le parant de rubans et de velours. Se promener en sa compagnie doit lui procurer une sorte de vanité. La beauté peut induire à toutes les faiblesses.

Léonard nous parle sans doute de cette beauté qui l'enivre, à sa manière, en la dessinant : l'éphèbe au visage encadré d'épais *cheveux bouclés,* aux yeux clairs, aux lèvres un peu boudeuses, que l'on rencontre à de nombreuses reprises et à des âges différents sous son crayon, ne serait-ce pas Salaï ?

On se représente mal la relation de l'homme déjà mûr avec l'enfant de dix ans. Plus exactement : on se demande jusqu'où cette relation peut aller. Auprès de la caricature obscène (citée plus haut) qui accompagnait un croquis de bicyclette, une main inconnue a inscrit le nom de Salaï. Lorsque le conteur Lomazzo fait prononcer à un Léonard imaginaire son grand plaidoyer en faveur de l'homosexualité, Salaï est l'exemple invoqué pour parler de ce « jeu dans le derrière que les Florentins aiment tant[50] ». Léonard a manifestement le goût des jolis voyous, des mauvais garçons au profil d'Adonis (on se rappelle le Saltarelli du procès). Je ne peux m'empêcher de penser qu'il entre de l'attendrissement, sinon de l'amusement, dans l'indignation qui semble le saisir lorsqu'il énumère les larcins perpétrés par l'enfant, qu'il raconte ses vilaines manières à table ou l'accuse de gourmandise; devant l'aveu des bonbons à l'anis, il a dû se forcer à réprimer un sourire. Le turbulent Salaï divertit et trouble, dans tous les sens du mot, le trop mesuré Léonard. D'un autre côté, certaines phrases des carnets (« Je t'ai nourri avec du lait, comme un fils[51] ») laissent supposer une tendresse innocente; mais ce peuvent être aussi des reproches, un chantage amoureux; et les sentiments les plus variés se conjuguent souvent dans l'amour. Enfin, de quelque nature soient-ils, ces sentiments ne peuvent qu'évoluer avec le temps; ils finissent sûrement par devenir très paternels, s'ils ne le sont pas d'emblée. Cependant, près de vingt ans plus tard, vers 1508, il semble que les rapports entre le maître et son beau page ne se soient pas assagis, et que le vent continue de souffler dans la même direction, ainsi que l'indiquent ces mots qui figurent sous des comptes de cuisine, des listes de marché :

Poisson : 8
Vin : 8
Son : 302
Pain : 4

Salaï, je veux faire la paix avec toi, pas la guerre. Plus jamais la guerre, car je capitule[52].

Les Milanais de la Renaissance, à mon sens, sont aussi intrigués que nous par l'étrange couple que forment l'ingénieur ducal et son *enfant terrible ;* comme nous, sans doute, ils s'interrogent en vain — comment savoir? — sur les liens ambigus qui les unissent. Il n'est pas impossible que Léonard, toujours soucieux pourtant de sa réputation, prenne aussi un malin plaisir à choquer, à embarrasser, à provoquer les ragots...

Léonard disait s'être *remis* au cheval durant cette cruciale année 1490. Il l'a abandonné, donc, un moment.

Cela nous est confirmé par une lettre de l'envoyé de Florence à Milan, Pietro Alemanni, à son maître, Laurent de Médicis; la lettre, qui nous apprend que le Vinci a enfin obtenu la commande de la statue, est datée du 22 juillet 1489 : « Le Seigneur Ludovic a le projet de faire à son père une digne sépulture, et il a déjà donné des ordres pour que Léonard de Vinci en fasse le modèle, à savoir un énorme cheval de bronze sur lequel se tiendra le duc Francesco armé. Et comme Son Excellence voudrait faire une œuvre extraordinairement belle et sans pareille, il m'a dit de vous mander qu'il désirerait que vous lui envoyassiez un ou deux artistes florentins habiles à ce genre de besogne ; bien qu'il ait confié l'ouvrage à Léonard, il ne me paraît pas que celui-ci soit capable de le mener à bonne fin. »

La lettre n'a pas de suite ; Laurent n'envoie aucun sculpteur florentin ; et le More ne renouvelle pas sa demande : le Vinci se remet au *cavallo* quelques mois plus tard. On peut se demander pour quelle raison Léonard, qui a élaboré son projet pendant six ou sept ans, à qui la commande n'a sûrement pas été attribuée à la légère, qui a déjà fait ses preuves comme ingénieur-architecte, n'a plus paru soudain capable de conduire l'entreprise à son terme.

J'entrevois d'abord une explication d'ordre technique. Léonard a conçu au départ un cheval cabré, semblable à celui qu'on aperçoit dans le fond de son *Adoration des Mages*. Une de ses premières études montre un cheval dressé sur ses membres postérieurs et supportant un cavalier nu qui brandit un bâton de général [53]. Une autre présente un animal bondissant, en coupe, de manière à indiquer les étais intérieurs du moule [54]. Il façonne en cire de petits modèles d'après ces croquis [55] ; certains sont peut-être fondus en bronze : on connaît plusieurs statuettes équestres par ou, plus vraisemblablement, d'après Léonard ; celle que conserve le musée des Beaux-Arts de Budapest, notamment, possède un mouvement, une puissance admirables [56]. Pollaiuolo envisageait aussi une monture cabrée [57]. Mais, si cette solution dynamique fait merveille sur le papier ou dans des œuvres de petites dimensions, elle devient pratiquement irréalisable dès qu'on dépasse un certain format, qu'on atteint un certain poids de métal. Comment faire tenir sur deux pattes (ou même sur deux pattes et la queue) un cheval de plusieurs tonnes ? On peut, naturellement, éviter le porte-à-faux en donnant pour appui à un des membres antérieurs de l'animal un tronc d'arbre ou le bouclier d'un ennemi à terre ; cela se voit sur des monnaies, des camées antiques ; Léonard y songe, tout comme Pollaiuolo. Mais comment fondre et parvenir à équilibrer un tel ensemble ? Or — la lettre à Laurent de Médicis est là-dessus très claire — le More souhaite pour son père un monument géant (*grandissimo*).

Il est probable qu'il n'en a pas toujours été ainsi, que le duc désirait à l'origine une statue simplement *grandeur nature* (c'était là du moins toute la prétention de feu Galéas Marie [58]) ; puis, la conjoncture encourageant tous les excès, qu'il ait souhaité une œuvre trois ou quatre fois plus grande — ce qui n'a jamais été tenté, ni dans l'Antiquité ni à l'époque moderne. Il ne peut plus être question alors de destrier cabré ou au galop ; et lorsque Léonard reprend l'ouvrage, il pense, en effet, à une monture au pas. Désappointé de devoir renoncer à sa première formule, aurait-il affiché son humeur en baissant ostensiblement les bras ? Ou bien a-t-il déclaré forfait, un temps, devant l'ampleur de la difficulté technique ?

Mais il y a peut-être une autre raison à l'interruption de ses travaux. Verrocchio, son ancien maître, est mort quelques mois auparavant, à Venise, où il achevait de fondre le cheval du *Colleone*.

La statue avait été commandée à Verrocchio en avril 1480[59]. Il avait exécuté un modèle en cire, à Florence, à l'époque où Léonard y séjournait encore[60]. Vasari raconte qu'il s'apprêtait à le couler en bronze, lorsqu'un autre sculpteur, Bellano de Padoue, obtint par de sombres intrigues de faire le cavalier à sa place, et de ne lui laisser que le cheval ; dans un mouvement de colère, Verrocchio décapita son modèle ; les doges le prièrent alors de ne pas avoir la hardiesse de revenir dans leur ville, sous peine d'avoir la tête tranchée ; à quoi il répondit qu'il s'en garderait bien, « car il n'était pas en leur pouvoir de recoller les têtes, surtout une semblable à la sienne, comme il aurait su, lui, en refaire une à sa statue, plus belle que celle qu'il avait brisée[61] ». Sa lettre plut beaucoup, poursuit Vasari, de sorte qu'on le rappela et doubla son salaire. Il répara son modèle ; il se remit à la fonte. Celle-ci était assez avancée lorsqu'il succomba à un refroidissement attrapé en sortant des fours. Il était âgé de cinquante-six ans. « Sa mort, conclut Vasari, attrista infiniment ses amis et ses nombreux disciples. »

Le *Colleone*, que Léonard a donc vu en cire, auquel il a peut-être travaillé, est fondu, entre 1490 et 1496, par le sculpteur Alessandro Leopardi, qui trouve bon de signer la statue[62].

Léonard s'est engagé dans l'entreprise du *cavallo* (qui l'a peut-être conduit à Milan) en partie pour se mesurer — voire pour s'identifier — à celui qui lui a tout appris. On imagine sans peine son désarroi à l'annonce de la disparition de maître Andrea, durant l'été 1488. Le cheval a tué Verrocchio ; un obscur remords, une crainte superstitieuse peuvent paralyser Léonard[63].

Puis, comme on menace de faire appel à quelque sculpteur florentin (toujours Pollaiuolo ?), il se remet à l'ouvrage. Sur la page où il enregistre sa décision, il annonce avoir recueilli Giacomo, et il mentionne incidemment, mais pour la première fois, des noms d'élèves (Marco et Giovanni Antonio, à qui le *petit diable* a volé les styles d'argent). J'ai l'impression que les faits sont liés : le maître est mort, vive le maître ! En 1489-1490, Léonard forme un atelier à son tour, il reconstitue à son profit une famille spirituelle — où il tient cette fois le rôle du père : il s'est repris, un nouveau cycle commence ; il a beaucoup reçu, il est temps désormais de rendre. L'image s'ébauche du sage à la grande barbe vénérable — que perpétuera l'autoportrait de Turin.

Il revient alors à sa statue équestre avec une énergie et des intentions toutes neuves. Et il va aller cette fois relativement vite en besogne, bien qu'on ne cesse de mettre à contribution ses talents de décorateur et d'homme de spectacle, car les mariages princiers se succèdent sans fin à Milan dans ces années-là : après que Jean Galéas a épousé Isabelle d'Aragon, le More unit sa fille bâtarde, Bianca, âgée de huit ans, au chef de ses armées, Sanseverino, de qui Léonard semble assez proche, et sa nièce, Anna Sforza, à Alfonso d'Este ; puis Ludovic se résout à épouser lui-même Béatrice d'Este, fille cadette du duc de Ferrare, avec qui il s'est fiancé dix ans plus tôt, quand elle avait cinq ans ; enfin il réussit *un très beau coup* en donnant la main de son autre nièce, Bianca, sœur de Jean Galéas, à l'empereur Maximilien. Chacune de ces noces est le prétexte de fêtes, plus éblouissantes les unes que les autres ; Bramante aussi, comme tous les ingénieurs ducaux, est largement mis à contribution ; sans parler des joutes, pour lesquelles il faut fabriquer des armes, des décors, des costumes ; il ne se passe pas de mois, surtout dès que l'influence de Béatrice d'Este s'exerce sur la cour lombarde, que ne soient représentés — comme s'en émerveille le secrétaire de la duchesse — « une idylle, une comédie, une tragédie ou quelque autre spectacle nouveau ».

Léonard trouve des modèles dans les écuries princières ; il doit y avoir des arrangements avec les palefreniers. Au palais de Galleazo de Sanseverino, grand amateur de sports hippiques, il dessine sur le vif, sous tous les angles, un pur-sang qu'on appelle le Sicilien[64], et il en relève les proportions. Il parle aussi d'un genet appartenant au même[65], du « moreau florentin de messer Mariolo », cheval de belle taille, remarquable par l'encolure et la tête, de « l'étalon blanc du fauconnier », aux flancs parfaits, qu'on peut voir à la porte Comasima, du « grand coursier de Cermonino que possède le signor Giulio[66] »... Il semble qu'il soit emporté de nouveau dans une étude très vaste, comme s'il souhaitait composer un traité sur l'anatomie du cheval — selon Vasari et Lomazzo, ce traité aurait existé. (La fréquentation assidue des écuries de la ville lui inspire aussi l'idée d'écuries modèles, « propres et ordonnées, à l'encontre de l'usage courant », où les mangeoires seraient garnies automatiquement, le fourrage étant stocké au grenier et distribué par des conduits verticaux aménagés dans les murs, tandis que des pompes alimenteraient les abreuvoirs et que le purin serait évacué par des plans inclinés reliés à des canaux souterrains ; une vue perspective en coupe transversale résume ce projet, d'où sortirent à Florence, vingt-cinq ans plus tard, les écuries des Médicis, que visitera Montaigne[67].)

A Pavie, Léonard a médité l'exemple de la statue dite du *Regisole,* bronze équestre d'Odoacre, roi des Goths (elle sera détruite lors des troubles insurrectionnels de 1796 ; Pétrarque en a laissé une description).

« Le cheval de Pavie, note Léonard, est surtout louable pour son mouvement... Le trot a presque l'allure naturelle d'un animal en liberté[68]. » S'il recommande de travailler d'après nature plutôt que d'après l'antique, il ajoute qu'il vaut tout de même mieux s'inspirer de l'Antiquité que des modernes. A en juger par ses croquis, le cheval colossal qu'il façonne alors en glaise va l'amble, comme celui du *Regisole,* de la façon la plus « naturelle », en portant en avant les pattes antérieures et postérieures opposées — attitude moins retenue, plus vraie que celle adoptée par Donatello et Verrocchio.

Enfin, il achève un modèle; il l'expose à l'occasion des fiançailles de Bianca Maria Sforza, semble-t-il[69], en novembre 1493, peut-être sur la vaste place que les récentes démolitions ont ouverte devant le château. Le cheval seul a une hauteur de douze brasses, soit sept mètres vingt environ (l'œuvre entière, avec socle et cavalier, doit faire près du double[70]). Il est possible que cette statue grande comme un immeuble soit en outre présentée en effigie, peinte sur toile, sous un arc de triomphe à l'intérieur de la cathédrale[71]. Les renseignements nous manquent sur les circonstances dans lesquelles l'œuvre gigantesque est dévoilée au public ; nous connaissons en revanche par de nombreux témoignages l'émotion qu'elle suscite. Les poètes de la cour (Pietro Lazzaroni, Giovanni da Tolentino, Piattino Piatti...) composent en l'honneur du *gran cavallo* des vers plus ou moins heureux mais qui ne ménagent pas les louanges. « Ni la Grèce ni Rome n'ont jamais rien vu de plus grand ! » s'exclame Baldassare Taccone. On imagine des jeux de mots qui associent au nom du Vinci le verbe vaincre : *Vittoria vince e vinci tu vittore* (« La victoire au vainqueur, et toi, Vinci — ou ô vainqueur — tu as la victoire »), dit Bramante dans un long poème dédié à son ami, qui paraîtra à Rome, sans nom d'auteur[72]. « Tous ceux qui ont connu le grand modèle que Léonard exécuta en terre, écrira Vasari, affirment n'avoir rien vu de plus beau, de plus superbe. » Bientôt, le bruit de la gloire du sculpteur emplit toute l'Italie.

Les poètes d'alors sont volontiers « diseurs de *Phoebus* », comme l'Acis de La Bruyère ; seul Paul Jove décrit un peu l'animal sculpté en terre qu'il surnomme « le colosse » : il évoque un « aspect impétueux, haletant ».

Léonard, si je puis dire, a gagné la première manche ; il lui reste maintenant à s'acquitter de la part la plus ardue : fondre son modèle en bronze.

Entre 1491 et 1493, il a beaucoup réfléchi au problème de la fonte, consignant toutes ses observations et recopiant d'anciennes notes dans un petit carnet[73]. Il a sans doute passé des journées dans les arsenaux, les fonderies de canons de la ville (la Bibliothèque royale de Windsor conserve un admirable dessin à la plume montrant un parc d'artillerie où des hommes hissent une pièce géante sur un affût[74]) ; il y a relevé des recettes d'alliage, la façon de surveiller la température des fours, d'ajouter l'étain au cuivre « lorsque celui-ci est devenu fluide », de polir le métal à l'aide d'une sorte de balai fait de fils de fer « de la grosseur d'une ficelle[75] »... En 1492, tandis que les feux de l'Inquisition s'allumaient en Espagne et que Christophe Colomb, croyant aborder aux Indes, découvrait un continent, il a eu de longues conversations sur la fonte avec Giuliano da Sangallo, ingénieur des Médicis, qui a édifié le palais Gondi, à Florence, là où s'élevait la maison qu'habitait ser Piero. Léonard est arrivé à la conclusion que son *cavallo* doit être fondu d'une seule pièce, en modifiant le traditionnel procédé dit *à cire perdue*.

Jusqu'alors, on décompose l'œuvre qu'on veut fondre en plusieurs parties de faibles dimensions, afin de réduire la difficulté. On tire un moule de chaque pièce, torse, jambe ou tête ; on emplit le creux d'une mince couche de cire qui donnera l'épaisseur du bronze, et on forme là-dessus un noyau réfractaire ; ou bien chaque partie est directement modelée dans une couche de cire recouvrant une forme grossière ; et on moule par-dessus un revêtement de terre. Des ouvertures sont ménagées dans le moule, les *évents* et les *jets ;* puis le tout est enfermé dans un châssis. Une première cuisson fait fondre et disparaître la cire ; on coule à la place, par les jets, l'alliage en fusion. Après refroidissement, les pièces sont retirées du moule, nettoyées, ébarbées, soudées entre elles. Enfin, l'œuvre est polie, ciselée, patinée.

Le procédé a des inconvénients : les lignes de soudure ne disparaissent jamais complètement au ponçage ; l'épreuve en cire est détruite durant la fonte, on ne peut plus s'y référer lors des reprises à froid ; il n'est guère possible, enfin, de donner à toutes les pièces une épaisseur uniforme, et, partant, d'évaluer leur poids pour établir à l'avance l'équilibre de l'ensemble.

Léonard, en raison de la taille inusitée de son *cavallo* et des problèmes particuliers de statique qu'elle pose, va donc tenter de couler sa statue en un seul bloc, à partir d'un modèle d'argile et de moules qu'il peut conserver[76]. Ses notes permettent de reconstituer la méthode qu'il met au point. Il commence par prendre une empreinte de la statue, morceau par morceau, et dans les moules femelles (concaves) ainsi obtenus il passe au pinceau une couche égale de cire ou de glaise, qu'il appelle *grossezza,* « épaisseur » (Cellini l'appellera « lasagne »). Là-dessus, il forme le noyau en terre réfractaire, empli de bourre, correspondant au vide qu'on laisse à l'intérieur de la sculpture afin de l'alléger. Il démoule la cire, vérifie et corrige éventuellement la précision de son empreinte, la régularité de la *grossezza ;* le volume de cire employé lui indique alors avec une relative exactitude la quantité de bronze dont il aura besoin. Puis il assemble le noyau, renforcé de goujons et de traverses, qui constitue le moule mâle (convexe), et, tout autour, les différents moules femelles qu'il enferme, comme dans une armure, dans une chape bardée de fer ; les barres et les broches qui renforcent et maintiennent le noyau à l'intérieur sont fixés aux fers de la chape : ainsi raccordés et serrés, explique Vasari[77], ils s'étayent mutuellement. Le bronze est ensuite coulé dans l'intervalle déterminé par la *grossezza,* large de deux doigts tout au plus, par un très grand nombre de jets, de manière qu'il se répartisse, puis se refroidisse partout à une vitesse constante.

Léonard essaie un à un les matériaux qu'il compte utiliser. « En premier, éprouve chaque ingrédient, et choisis le meilleur », écrit-il[78]. Ainsi pour l'intérieur du moule : « Mélange du gros sable de rivière, des cendres, de la brique pilée, du blanc d'œuf et du vinaigre, ensemble avec ta terre. Fais-en d'abord l'essai[79]. » Il imagine aussi des sortes de répétitions générales et expérimente son procédé sur une échelle réduite — avec une maquette, « une petite pièce et de petits fourneaux[80] ».

Son idée première était de creuser une grande fosse où le moule serait enterré à l'envers, tête en bas, afin que le bronze s'écoule par le ventre de l'animal, les pattes servant à l'évacuation de l'air[81]. En décembre 1493, il découvre cependant que la taille de son cheval l'oblige à creuser si profond qu'il touche à la nappe phréatique ; Milan est une ville de canaux ; « le moule, écrit Léonard, serait à une brasse de l'eau » : aussi étanche que soit la chape, l'humidité ruinerait la fonte[82]. Il envisage alors de coucher l'animal sur le flanc ; mais cette solution a aussi ses défauts, qu'il énumère[83]. Nous ignorons s'il se décide finalement en faveur d'une position couchée ou sens dessus dessous ; il laisse en revanche des schémas très précis montrant les armatures de fer forgé de la chape et du noyau, et d'autres, le cadre en bois qu'il a conçu pour transporter l'énorme moule de son atelier à la fonderie, ainsi que l'engin muni de palans grâce auquel on peut le manœuvrer [84].

Au début de l'année 1494, tout est en place, à mon sens, pour passer à la fonte proprement dite. On a peut-être commencé de creuser la fosse et de construire autour les quatre fours qu'il a dessinés (deux carrés et deux rectangulaires, « bâtis entre des piliers reposant sur de solides soubassements »), depuis lesquels le métal en fusion coulera jusqu'aux jets par des rigoles. Léonard a pensé aux moindres détails. Il écrit : « Pour la fonte, que chaque homme tienne son four fermé à l'aide d'une barre de fer chauffée au rouge ; et que les fours soient ouverts simultanément ; et qu'on empêche à l'aide de fines barres de fer qu'un morceau de métal qui n'aurait pas fondu bouche un jet ; et qu'on ait de côté quatre barres supplémentaires chauffées au rouge, de façon à pouvoir remplacer sans attendre celle qui se serait cassée [85]. » Il a prévu aussi une trappe sur le dos de l'animal (là où reposera le cavalier) par laquelle seront retirés, après refroidissement, les débris du noyau ; et de fondre à part un panneau pour la fermer, « avec ses charnières [86] ».

Le duché des Sforza vit alors ses plus beaux jours ; le *cavallo* en est à la fois le produit et le symbole. On n'aperçoit pas que des nuages noirs s'accumulent de l'autre côté des Alpes. À quel signe Léonard devinerait-il quel sort attend sa statue ?

Le peuple supporte sans trop murmurer les impôts dont on l'accable. Les hauts fourneaux de Côme, de Sondrio ou de Brescia fument sans relâche ; le riz verdoie dans la plaine ; les industries des armes, de la soie et de la laine n'ont jamais été plus florissantes. A peine remarque-t-on quelques troubles à l'université de Pavie ; ils sont vite réprimés ; une réforme généreuse achève d'y ramener le calme.

La chance paraît devoir favoriser indéfiniment Ludovic le More, jusque dans ses entreprises privées. Il a eu un fils de sa maîtresse ; il se découvre maintenant — il en est le premier surpris — de l'amour pour sa jeune épouse, l'exubérante Béatrice d'Este qui le comble en lui donnant à son tour un garçon, Ercole, rebaptisé par la suite Maximilien, en l'honneur de l'empereur germanique [87].

La félicité du régent se manifeste de la façon la plus éclatante dans la pompe des festivités qui saluent cette naissance, en janvier 1493. On dore le berceau à l'or fin ; on redécore luxueusement les appartements de Béatrice, à la Rochetta ; Bramante compose une « fantaisie » ; les cloches retentissent tout un jour ; on libère les détenus pour dettes ; et à l'heure décidée par Ambrogio de Rosate (*in punto d'astrologia*) la noblesse entière en tenue de gala va remercier Dieu à Sainte-Marie-des-Grâces.

Cecilia Gallerani s'est retirée dignement, nantie d'un époux et chargée de présents.

Unique ombre au tableau, Isabelle d'Aragon entend ne plus demeurer derrière le rideau, elle veut être duchesse de Milan autrement qu'en titre — ses prétentions légitimes ne cessent de croître. Brune, acide, trop maigre au goût des Milanais, la duchesse Isabelle cache un orgueil et une volonté inflexibles sous des apparences fragiles. Elle est, dit-on, la personne la plus malheureuse de la cour : le frêle Jean Galéas, qui tremble devant son oncle, la bat dans des moments d'ivresse et il l'humilie en lui préférant ouvertement un garçon qu'on appelle Bozzone (le Rustre). Elle est surtout jalouse de sa cousine Béatrice, vive, coquette, épanouie, pour laquelle Ludovic dépense des sommes folles, dont les armoires renferment déjà quatre-vingt-quatre robes emperlées et brodées, et qui est à sa place la première dame du duché. Ne disposant d'aucun allié, espionnée par ses domestiques (à la solde du More), Isabelle n'a d'autre recours que de se plaindre à sa famille — par lettres : elle conjure son père, Alfonse de Calabre, et son grand-père, Ferrante, le puissant tyran de Naples, de faire valoir, par les armes au besoin, les droits de son mari — qu'elle défend contre tout le monde, et principalement contre lui-même. Avec des larmes, nous dit l'historien Guichardin, la « courageuse princesse » supplie qu'on la tire au moins « de l'indigne esclavage où elle est retenue [88] ».

Cette correspondance envenime les rapports, déjà tendus, entre Milan et Naples ; elle a des effets considérables. Le vieux monarque compatit, s'irrite, dépêche deux ambassadeurs. Les intérêts d'Isabelle, il est vrai, rencontrent les siens ; il ne serait pas fâché non plus de se débarrasser du More, il s'approprierait bien la Lombardie, à travers sa petite-fille.

Les ambassadeurs élèvent un peu la voix : Ludovic, impassible, accuse en retour Isabelle d'envie, de fierté coupable, et d'accumuler les dettes. Selon le chroniqueur Corio, le More « prête à toutes choses une même oreille ». On le dénonce comme oppresseur, usurpateur ; il sourit : il a déjà pris des dispositions : il pense n'avoir rien à craindre de Naples.

Florence, pourtant, qui formait comme un rempart contre cet Etat, ne l'en protège plus désormais. Laurent de Médicis, l'allié fidèle, l'architecte et le garant de la paix, est mort en 1492. Le pape Innocent VIII l'a suivi peu après dans la tombe. Les alliances sont renversées. A Florence, Pierre, le fils aîné de Laurent, aussi imprudent et malléable que son père était déterminé et sage, s'est donné aux Napolitains : il a épousé une Napolitaine. A Rome, un cardinal d'origine espagnole a accédé au trône de saint Pierre en achetant la curie avec de l'argent et des promesses : on apprend à connaître, c'est-à-dire à redouter, Alexandre VI Borgia ; déjà, on le sait cruel, avare, fourbe, sans scrupule ni religion, n'ayant d'amour que pour ses bâtards. Le nouveau pape n'a pas fini d'étonner.

A vrai dire, tout le monde joue un jeu double, voire triple. Le More a déplacé ses pions dans l'ombre. Il multiplie les missions diplomatiques. Il se rapproche de Venise, son ennemie traditionnelle ; son frère, le cardinal Ascanio, lui cherche du crédit au Vatican ; il tend la main (une main emplie d'or) à l'empereur germanique ; il affermit surtout ses liens avec le roi de France qui, depuis quelques années, arguant d'un obscur testament, a des vues sur le royaume de Naples : Milan gagne dans ces accords d'annexer le duché de Gênes. Ludovic ne voit pas encore les dangers de sa politique ; il ne songe, comme tout un chacun, qu'à conserver et, si possible, consolider son pouvoir. Il neutralise les menées napolitaines, sans lever de troupes, en faisant valoir derrière lui la puissance de la France et du Saint Empire romain germanique. Combinaison brillante, estime-t-il, qui lui permet de retourner à ses plaisirs, l'âme tranquille. Naples ne bougera pas. Qu'Isabelle attise à sa guise le brandon de la guerre. Il lancerait ces mots fanfarons, trop beaux pour être authentiques : « Le pape Alexandre est mon aumônier, l'empereur mon condottiere, Venise mon chambellan, et le roi de France mon courrier. » Comment se douter pour l'instant que le More, dont Bernardo Bellincioni dit qu'il tient « à la fois du renard et du lion », travaille à sa propre perte, qu'il a mis le pied dans un engrenage où il sera broyé ?

Léonard montre peu de conscience politique. On dirait d'ailleurs que lui, qui s'intéresse passionnément à l'homme, qui écrit que l'homme est le modèle du monde, ne se soucie guère des hommes, ses contemporains, en particulier.

Ce qui profite à son maître lui profite également. Ludovic réussit en tout ; tout semble sourire en retour à ses artistes : ils n'en demandent pas plus. Banquier, marchand, intellectuel ou prince, chacun poursuit alors sans fausse pudeur les buts les plus égoïstes. Que la fortune se retourne contre le maître, cependant, chaque chose qu'il a commandée périt avec lui.

En 1493, Léonard, comme tous ses confrères, participe innocemment au chœur de louanges dont le More se délecte. Il s'ingénie, par exemple, à satisfaire le goût des emblèmes du régent en dessinant de complexes et flatteuses images allégoriques où se reconnaissent la colombe des Sforza, la vipère des Visconti, l'aigle impérial, la brosse (*scopetta*) que Ludovic a mise dans ses armes et avec laquelle il prétend *nettoyer le visage de l'Italie*... Ces allégories, que nous ne parvenons pas toujours à déchiffrer, sont peut-être destinées à des panneaux décoratifs. Parfois, l'invention prend une forme littéraire ; ainsi cette phrase où le nom du More s'entend à cinq reprises : *O Moro, io moro se con tua moralita non mi amori, tanto il vivere m'è amaro* (« O More, je mourrai si avec ta générosité tu ne m'aimes pas, tant la vie m'est amère »)[89].

Il semble que Ludovic, dans ces années heureuses, traite Léonard avec une certaine générosité. On ignore quels émoluments il lui verse ; mais on voit qu'il lui a alloué de vastes locaux — pour y aménager un atelier, et probablement y vivre — dans la Corte Vecchia, l'ancien palais ducal dont les portes s'ouvrent sur le parvis du Dôme[90].

Léonard doit mener, à cette époque déjà, assez grand train. « Quoique dénué de fortune, nous apprend Vasari, il eut toujours des serviteurs et des chevaux nombreux qu'il aimait beaucoup, ainsi que toutes sortes d'animaux dont il s'occupait avec un soin et une patience extrêmes. »

Léonard aime les bêtes si fort, apparemment, qu'il en est devenu végétarien. Il se demande avec horreur pourquoi la nature permet que ses créatures vivent de la mort de leurs semblables[91] ; il ne tolère pas que son corps soit « une sépulture pour d'autres animaux, une auberge de morts..., une gaine de corruption[92] ». Dans ses nouvelles, Isaac Bashevis Singer explique avec une véhémence et des arguments analogues son propre refus de manger de la viande.

En 1515, le voyageur Andrea Corsali écrira à Julien de Médicis que les hindous respectent tous les êtres animés, jusqu'aux insectes, « comme notre Léonard de Vinci ». Je ne crois pas qu'on connaisse beaucoup de végétariens dans l'Italie de la Renaissance.

Les comptes de cuisine qui émaillent les carnets de Léonard mentionnent à plusieurs reprises des achats de viande ; mais ceux-ci doivent être destinés aux élèves. Le maître se régale de salades, de fruits, de légumes, de céréales, de champignons, de pâtes ; il semble avoir une prédilection pour le minestrone.

Sur une grande page, il copiera ces règles d'hygiène, mises en vers :

> Veux-tu rester en bonne santé, suis ce régime :
> Ne mange pas sans appétit, et dîne légèrement ;
> Mâche bien, et que ce que tu avales
> Soit bien cuit et très simple ; [...]

Tiens-toi droit en sortant de table,
Et ne cède pas au sommeil après déjeuner ;
Sois sobre pour le vin ; bois-en souvent mais peu,
Et jamais en dehors des repas, ni à jeun ;
Ne retarde jamais la visite aux lieux d'aisances[93]...

On dirait que Léonard ne fait rien sans d'abord y réfléchir, se justifier, qu'il lui faut sur chaque chose trouver une règle ou une théorie. Il n'impose pas ses vues aux autres, on ne sait pas d'ailleurs s'il s'y tient lui-même ; mais son esprit semble ne pas pouvoir se résigner à accepter le monde et ses coutumes tels quels. Il n'est rien qui ne le pousse à penser. Il s'élève (en anatomiste) contre l'usage de trancher les naseaux des chevaux[94], aussi bien que contre celui d'emmailloter les nouveau-nés dans des langes si serrés que les malheureux expriment leur liberté perdue « par des pleurs, des soupirs et des lamentations[95]. » Les choses les plus insignes méritent, à ses yeux, une attention neuve et raisonnable.

Il a imaginé un atelier idéal (comme il a conçu une ville, des écuries modèles) ; il en a tracé le plan. Sa préférence va aux petites pièces, qui « éveillent l'esprit », alors que « les grandes l'égarent[9] ». Il veut en revanche de larges fenêtres, car les petites, a-t-il observé, produisent des contrastes d'ombre et de lumière trop importants — « et cela n'est pas bon pour le travail[97] ». Ces fenêtres, il imagine de les garnir d'écrans mobiles, qu'on peut lever ou baisser, de façon à laisser tomber sur l'œuvre ou le sujet la quantité de jour souhaitée, de la hauteur qu'on désire. Pareillement, un système de poulies et de contrepoids permet de lever et de baisser la caisse *(la cassa)* sur laquelle l'œuvre repose, « afin que ce soit l'œuvre et non le maître qui se déplace de haut en bas ». Cette caisse, traversant le plancher, se poursuit à l'étage inférieur. « Chaque soir, explique Léonard, tu pourras y mettre ton ouvrage, et l'y enfermer comme dans des coffres, qui, fermés, servent aussi de bancs[98]. » Il aménage vraisemblablement de la sorte son *studio*, à la Corte Vecchia.

Il doit y disposer de tout un corps de bâtiment, et d'une cour ou d'un hangar, car c'est là qu'il met au point ses inventions, qu'il sculpte le grand cheval et en prépare les moules : *la mia fabrica*, dit-il.

En dehors d'éléments décoratifs, il semble qu'il peigne alors, ou fasse peindre des portraits (de la duchesse Isabelle, de Bianca Maria Sforza, de la duchesse Béatrice[99] ?). La besogne, en tout cas, ne doit pas lui manquer, car l'atelier s'enrichit de nouveaux aides et apprentis. En 1493, maître Tommaso (sans doute Zoroastre de

Peretola) s'installe chez lui ; puis Giulio, un Allemand. L'un est orfèvre, l'autre ferron. Maître Tommaso fait six chandeliers ; maître Gulio travaille en partie pour son compte, en partie pour Léonard (il lui fabrique un cric, des serrures — une notamment pour le *studio*). Puis Galeazzo s'inscrit comme élève [100]...

Au mois de juillet de la même année, Léonard prend également chez lui une femme ayant nom Caterina. Cette femme représente un mystère — qui jette les historiens dans l'embarras : ce pourrait être la mère de l'artiste plutôt qu'une simple servante.

Freud, tout pénétré du roman de Merejkovski, *la Résurection des dieux,* ne doute pas un instant que cette Caterina soit la femme qu'a abandonnée ser Piero, après lui avoir fait un enfant, et qu'a épousée ensuite l'Accattabriga. Théorie hautement fantaisiste, répond Vallentin — qui s'en tient à « une gouvernante, une de ces femmes du peuple au dévouement silencieux... ». Beltrami puis Fumagalli, plus récemment, optent pour la mère. Richter s'y refuse. Brion ne se prononce pas. Beaucoup ignorent lâchement le problème.

Il n'existe aucune preuve inattaquable, en vérité, soutenant l'une ou l'autre hypothèse.

Quelques années plus tôt, cependant, Léonard écrivait : « Peux-tu me dire ce que la Caterina souhaite faire... » Or, un peu plus haut, sur la même page, on lit ces mots qui paraphrasent une strophe des *Métamorphoses* d'Ovide : « O Temps, consumateur de toute chose ! envieuse vieillesse qui consume peu à peu toute chose avec les dents solides des années en une lente mort ! Lorsqu'elle se regardait dans son miroir et voyait les rides que l'âge avait inscrites sur son visage, Hélène se demandait en pleurant pourquoi elle avait été enlevée deux fois. O Temps, consumateur de toute chose ! ô vieillesse envieuse par quoi toute chose est consumée [101] ! »

Léonard semble avoir associé en esprit Hélène, « la plus belle des mortelles » enlevée par le Troyen Pâris, avec sa mère, séduite par ser Piero et arrachée à son affection par l'Accattabriga. Mais c'est l'image d'une Hélène vieillissante, doublement « enlevée », qui l'a conduit à se préoccuper du sort de « la Caterina ».

Sa mère doit avoir maintenant soixante-six ans. Les registres du *Catasto* permettent de suivre sa trace jusqu'en 1490 : elle a eu quatre filles et un fils, elle a vécu toute sa vie, petitement, dans les environs de Vinci. Puis, comme le système fiscal est réformé, on ne trouve plus mention d'un membre de la famille de l'Accattabriga avant 1504, soit quatorze ans plus tard. A cette date, il ne reste au village que deux filles, veuves toutes deux, et trois petits-enfants avec qui la lignée va s'éteindre : les deux autres filles sont donc décédées ou ont quitté la région ; un rajout au recensement de 1487 indique que le garçon a été tué d'un coup d'arquebuse, à Pise (après 1490 [102]) ; la mère et le beau-père de Léonard ont disparu — mais aucun document ne précise où et quand.

Rien ne s'oppose ainsi à ce que Caterina, peut-être déjà veuve et privée du soutien de son fils légitime, aille passer les dernières années de son existence auprès de son fils bâtard qui réussit si bien à Milan. « Ce que la Caterina souhaite faire... » — ces mots pourraient même se rapporter à une première invitation que Léonard aurait faite à sa mère de le rejoindre en Lombardie [103].

Il note dans son carnet, sur deux lignes : « Le 16 juillet/ Caterina est venue le 16 juillet 1493 [104]. »

Pour les élèves, il dit généralement : « est venu vivre chez moi (*venne a stare con meco*) ; et il ne redouble pas la date (il est rare qu'il note au jour le jour ce genre de choses).

Le redoublement d'une date n'est guère fréquent dans les manuscrits de Léonard ; une autre fois, malgré tout, il répète une indication horaire : lors de la mort de ser Piero : « Le 9 juillet 1504, mercredi, à sept heures, est mort ser Piero de Vinci, notaire au palais du Podestat, mon père, à sept heures [105]... »

La répétition, comme un bégaiement, laisse percevoir l'émotion sous la sécheresse de la phrase (Fumagalli veut rapprocher cette « surdétermination » d'un détail anodin, pour employer le jargon de la psychanalyse, de l'effet obtenu par Garcia Lorca en multipliant comme l'écho, dans son célèbre poème sur la mort du torero Ignacio Sanchez Mejias, un fatal *a las cinco de la tarde*, tandis que Freud cite Dante qui fait dire à saint Pierre : *il luogo mio, il luogo mio, il luogo mio*). Léonard, accueillant chez lui sa vieille mère, aurait-il laissé percer son trouble, inconsciemment, en donnant deux fois le jour de son arrivée ?

Les retrouvailles libèrent les souvenirs. Calvi observe qu'au recto de la feuille figure une liste de noms appartenant à l'enfance, au milieu familial de Léonard : « Antonio (le grand-père), Bartolomeo (un notable du village ? un parent de l'Accattabriga ?), Lucia (la grand-mère), Piero (le père), Léonard [106]. » Peut-on n'y voir qu'une nouvelle coïncidence ?

Le nom de Caterina revient ensuite dans les papiers du Vinci, six mois plus tard, sous des questions topographiques concernant le château Sforza :

Le 29 janvier 1494		
Tissu pour les chausses	4 livres	3 sols
Doublure		16 s.

Façon	8 s.
Pour Salaï	3 s.
Bague de jaspe	13 s.
Pierre étoilée	11 s.
Pour Caterina	10 s.
Pour Caterina	10 s. [107]

Pourquoi, de nouveau, cette inutile répétition (à la suite de dépenses somptuaires, il me paraît important de le souligner, et non ménagères) ?

Puis plus rien ; aucune autre mention de Caterina — jusqu'au jour de ses obsèques, un ou deux ans plus tard, pense-t-on, en 1495 ou 96. Léonard se contente alors (comme il l'a fait pour « raconter » les premiers exploits du turbulent Salaï) d'aligner des chiffres. Il n'y mêle pas de larmes ; il ne consigne même pas l'événement (que l'on date d'après le contexte) — mais ses effets : il calcule avec une grande froideur apparente ce qu'il a déboursé pour l'inhumation :

FRAIS POUR L'ENTERREMENT DE CATERINA

Pour trois livres de cire	27 sols
Pour la bière	8 s.
Drap mortuaire sur la bière	12 s.
Transport et érection de la croix	4 s.
Pour les porteurs du corps	8 s.
Pour 4 prêtres et 4 clercs	20 s.
Cloche, livre, éponge	2 s.
Pour les fossoyeurs	16 s.
Au doyen	8 s.
Pour l'autorisation officielle	1 s.
	106 s.
(Frais préalables :)	
Le médecin	5 s.
Sucre et chandelles	12 s.
	123 s. [108]

La dépense paraît excessive pour une femme de ménage ou une gouvernante n'ayant été à son service que deux ou trois ans.

Elle paraît assez mesquine, en revanche, pour une mère chérie, retrouvée après des années d'éloignement : par testament, vingt ans plus tard, Léonard demandera que ses propres obsèques soient célébrées avec bien davantage de pompe ; tandis qu'il achète ici trois livres de cire seulement, par exemple, il en commandera quarante pour lui-même, à répartir entre quatre églises : il voudra que soixante pauvres lui fassent cortège, portant un cierge chacun.

Si cette Caterina était sa mère, ne lui aurait-il pas offert de plus éclatantes funérailles ? Sa plume n'aurait-elle pas trahi en cette circonstance, d'une façon ou d'une autre, l'étendue de sa peine ?

D'un autre côté, Léonard répugne, il me semble, à parler de ses origines autant que de ses sentiments ; il est possible qu'il ait choisi de conduire un deuil discret, quoique digne, afin de ne pas souiller la mémoire de sa mère en révélant publiquement qu'elle l'a conçu en dehors des liens du mariage — afin de ne pas divulguer son illégitimité également ; telle est mon impression : il n'aurait révélé qu'à ses proches l'identité réelle de la vieille femme — d'où ces obsèques relativement modestes, en accord avec sa condition.

Eissler affirme que Caterina est un prénom très peu usité à l'époque ; et il suppose enfin, après Bérence, n'ignorant pas « le sens archaïque des noms, les émotions indomptables qu'ils peuvent dévoiler, les superstitions qui s'y attachent et les pouvoirs magiques qu'on leur prête », que Caterina pourrait très bien avoir été une domestique engagée par l'artiste à cause de son prénom, et que le prénom de cette femme, ainsi que son âge, son aspect physique, éventuellement, et sa fonction dans la maison en ont fait une sorte de « substitut maternel »...

Caterina disparaît avec son secret, tel le Masque de Fer ; la lumière ne sera sans doute jamais faite sur elle. L'Histoire, cependant, quand elle ne trouve pas de faits indéniables sur quoi se fonder, peut se satisfaire pour avancer, à la différence de la Justice, d'intimes convictions. Personnellement, je crois volontiers que Léonard, dès qu'il en a eu les moyens, a demandé à sa mère, la sachant sans grandes ressources et peut-être déjà malade, de le rejoindre à Milan, et qu'il a eu le bonheur, durant trois ans, de lui offrir une vieillesse confortable. Verrocchio aussi entretenait plusieurs femmes de sa famille.

« Chaque partie d'un élément séparé de sa masse, écrit Léonard, désire y faire retour par le chemin le plus court, pour échapper à sa propre imperfection [109]. » Si Caterina est bien la mère, si l'on admet que l'épanouissement de Léonard passe par la reconstitution d'une structure familiale, si l'on songe en outre aux sentiments mêlés que l'artiste voue à son père (dont il assumerait ainsi les responsabilités, qu'il *rachèterait*), on le trouve alors dans une situation de plénitude morale quasi parfaite.

Cette plénitude existe, on l'aperçoit à de nombreux signes : à cette époque, à l'instar du prince qu'il sert, Léonard, gonflé de cet enthousiasme dont Pasteur dit qu'il est « le dieu intérieur qui mène à tout », estime que rien ne lui est impossible, qu'il peut tout oser, tout entreprendre — tout *comprendre :* il compose traité sur traité ; avec un aplomb inouï il veut percer à la fois la nature de l'art, de l'eau, de l'air, de l'homme, du monde (il s'intéresse maintenant à la géologie, aux fossiles, à la formation des montagnes [110]) ; il cherche d'où viennent le lait, la colique, les larmes, l'ivresse, la folie, le rêve ; comme si cela tombait sous le sens, il écrit d'« écrire ce qu'est l'âme » [111] ; il songe à s'élever dans les airs à la manière du milan ou de l'aigle et commence de tracer les plans de diverses « machines pour voler » ; auprès du dessin d'un oiseau en cage, il note : « Les pensées se tournent vers l'espoir [112]. »

Le cheval géant qu'il projette de couler d'une seule pièce sort aussi de cette exaltation, de cette passion, de cette émotion très créatrice qui le soulèvent, l'emplissant d'audace.

Il semble, on l'a vu, que Léonard ait tout préparé pour réussir la fonte de son *cavallo* et, de même, que Ludovic le More n'ait rien négligé pour contrecarrer les plans de ses ennemis afin de conserver la régence. Mais voici que survient l'inattendu : Ferrante de Naples meurt, en janvier 1494, et Charles VIII, roi de France, à la tête de l'armée la plus puissante d'Europe, franchit les Alpes et descend en Italie.

Dans ses *Mémoires,* l'ambassadeur Commynes raconte que Ludovic a fait sentir au jeune roi « des fumées et gloires d'Italie », pour l'appâter, en lui rappelant le droit « qu'il avoit en ce beau royaulme de Napples qu'il luy faisoit et savoit bien blasonner et louer [113] ».

Ces « fumées et gloires » ont trouvé leur chemin : le *Roi Très Chrétien,* naïf et romantique, nourri de récits de chevalerie et d'histoire romaine, rêve de s'illustrer en jouant les Lancelot sur le sol des Césars ; il s'imagine partir en croisade : récupérer son fief napolitain équivaut à ses yeux à établir un tremplin (légitime, nécessaire) pour gagner la Terre sainte, car il aimerait aussi, dans un deuxième temps, soumettre le Turc : il se prétend autant roi de Jérusalem que des Deux-Siciles (titre des rois de Naples).

C'est un petit homme de vingt-deux ans, affable, nerveux, délicat et laid. Il a le visage osseux, trop grand pour son corps, et là-dessus une courte barbe rousse, des lèvres épaisses, de gros yeux vitreux, un nez aquilin, « grand et gros beaucoup plus qu'il n'est séant », au dire de Contarini, ambassadeur de Venise — qui ne lui trouve pas l'intelligence très vive.

Personne ne croyait qu'il franchirait si tôt les Alpes ; on misait sur sa lenteur, sur son inexpérience, sur la faiblesse de ses finances, sur la pusillanimité de la plupart de ses princes. C'était mal connaître la puissance des rêves, et spécialement des rêves à caractère exotique, car l'Italie, patrie de tous les raffinements, attire alors plus que les mirages de l'Orient.

Seul le moine Savonarole, sombre et fanatique, aurait eu conscience de l'imminence de l'invasion grâce à des *visions* répétées ; il s'est écrié en chaire, à Florence : « J'ai vu dans les cieux un glaive suspendu, et j'ai entendu ces mots : *Ecce gladius Domini super terram cito et velociter !* Le glaive tomba aussitôt et, dans sa chute, provoqua des guerres, des massacres et des maux sans nombre ! » (Il ajoutera, par la suite : « Je ne l'ai [Charles VIII] pas nommé dans mes prédictions, mais c'est bien à lui que je pensais. »)

Naples commence de s'affoler vraiment à la mort de Ferrante. Son fils, Alphonse, le père d'Isabelle d'Aragon, l'ennemi le plus acharné du More, enrôle un condottiere, regroupe ses forces, cherche à attaquer Milan (par Gênes) ; se voyant perdu, il n'hésitera pas ensuite — avec l'accord du pape ! — à implorer le secours des Turcs.

Ludovic espérait que l'empereur germanique descendrait en Italie en même temps que Charles VIII et que les menées des deux monarques se neutraliseraient ainsi l'une l'autre. Il escomptait une guerre d'influence, plutôt que réelle [114]. Mais l'empereur Maximilien demeure dans ses frontières ; le danger napolitain augmente (on parle d'assassins à la solde d'Alphonse lâchés sur la Lombardie) ; et Ludovic n'ose ni ne peut faire machine arrière.

Le 29 août 1494, Charles VIII quitte Grenoble ; le 5 septembre, il est à Turin ; quelques jours plus tard, au son du tambour, précédé par une impressionnante artillerie, il entre dans Asti où le More l'attend, assez peu rassuré, en compagnie d'Hercule d'Este, marquis de Ferrare (son beau-père) ; enfin, le roi est à Vigevano, il est à Pavie.

Léonard écrit ces mots prophétiques : « Le lys (symbole du roi de France) vint se poser sur la rive du Tessin, et le courant emporta la rive et le lys tout ensemble [115]. » On ignore s'il participe à l'élaboration des fêtes données en l'honneur de Charles VIII.

Ces fêtes, Ludovic les donne pour faire bonne figure. En fait, l'heure n'est plus à l'entente. « Les soupçons et les mécontentements, écrit Guichardin, grandissaient tous les jours de part et d'autre. »

Deux seigneurs de la suite du roi inquiètent en particulier le More : Gian Giacomo Trivulzio (Jean-Jacques Trivulce pour les Français), Milanais en exil, opposant au régime, guelfe dépossédé de ses biens, et surtout Louis d'Orléans (le futur Louis XII), petit-fils d'une Visconti, qui a des prétentions sérieuses sur Milan, tout comme Charles se voit des droits sur Naples.

Jean Galéas passe de vie à trépas, très opportunément, sur ces entrefaites. On murmure que son oncle l'a fait empoisonner par l'astrologue de la cour. C'est ce qu'affirme le médecin Théodore de Pavie ; tout le monde le croit.

Quoi qu'il en soit, la succession est ouverte, Ludovic peut obtenir enfin, pour lui et sa descendance, le titre tant convoité de duc de Milan. La ville l'acclame de gré ou de force. Ses droits demeurent cependant précaires ; et il trouve que les Français progressent avec une dangereuse facilité : le pape (cité par Commynes et Machiavel) dit qu'ils se contentent de marquer leur logis à la craie : Florence leur ouvre ses portes, puis Pise, puis Rome ; et Naples, lassée de la tyrannie des Aragon, les accueille en libérateurs, en février 1495. Tacite remarquait que rien n'est si faible ou instable qu'une souveraineté qui ne s'appuie pas sur une force à elle. Ludovic est débarrassé d'Alphonse, mais il ne contrôle pas son trop puissant allié : lorsque Louis d'Orléans s'empare de Novare, le duché est plus gravement menacé qu'auparavant. Si bien que le More doit donner un nouveau cap à sa politique : il se retourne contre Charles VIII ; il adhère à la ligue que forment l'empereur Maximilien, le roi Ferdinand d'Espagne (tout aussi préoccupé par l'hégémonie française), le pape et Venise — pour la « sauvegarde de l'Italie ».

La ligue aura raison de Charles VIII, à la bataille de Fornoue. Pour l'instant, ces péripéties, coups de théâtre et volte-face coûtent à Léonard son cheval.

L'artillerie française — canons serpentins, doubles courtauts, couleuvrines, faucons et autres bombardes de conception très moderne — a donné à réfléchir aux généraux italiens : ils l'ont vue venir à bout de la forteresse de Mordano, près d'Imola, en moins de trois heures. Il faut s'équiper pareillement en canons : les quelque soixante-douze tonnes de bronze destinées au *gran cavallo* prennent ainsi, sur des chalands, le chemin des arsenaux du beau-père du More, Hercule d'Este...

On pensait inépuisables les coffres du château ; l'alliance avec Charles, la dot de Bianca Sforza versée à l'empereur et l'achat du titre ducal, la levée de troupes, le recrutement de mercenaires, sans compter tous les travaux d'embellissement dont ont bénéficié Milan, Pavie et Vigevano, les ont pratiquement mis à sec : Ludovic a engagé à Venise ses bijoux personnels. Le bronze est un métal précieux, surtout en temps de guerre. Il n'y en a plus pour la statue commandée à Léonard ; et il n'y aura plus de ducats pour en acquérir. Maintenant qu'il a obtenu son investiture, le duc est peut-être moins soucieux aussi d'honorer la mémoire de son père.

Léonard ne désespère pas d'achever son œuvre ; il y travaille toujours, attendant une conjoncture meilleure (qui ne viendra pas). Il note, vers 1496 : « Du cheval je ne dirai rien, car je connais les temps[116]. »

Les moules demeurent inutilisés. Le colosse de terre qu'ont loué les poètes va se lézarder, s'effriter et pourrir à la Corte Vecchia ou bien à l'endroit où il a été triomphalement exposé quelques années plus tôt.

La statue équestre de Francesco Sforza ne sera jamais coulée en bronze. De sorte qu'on peut se demander si Léonard aurait été vraiment capable de fondre son œuvre. Beaucoup en doutent — en premier, Michel-Ange — et attribuent à l'artiste la responsabilité de son échec. Vasari lui-même écrit : « Il proposa [...] de faire un cheval en bronze d'une taille extraordinaire. Il le commença et le dressa si grand qu'il ne put l'achever. » Vasari suppose que l'esprit du Vinci a été « paralysé par l'excès de son ambition » ; il ajoute élégamment, citant Pétrarque : « L'œuvre était retardée par le désir. » Les circonstances politiques n'entrent guère en jeu dans les jugements de l'époque ; le *Quattrocento* a tendance à tout ramener à l'individu — à la *virtù* individuelle.

D'autres témoignages ou éléments plaident en faveur du Vinci. Cellini paraît avoir eu connaissance des écrits sur la fonte de Léonard, des techniques par lui inventées, et s'en être inspiré utilement. Il semble aussi, comme le signale Brugnoli, par exemple, que l'énorme statue équestre de Louis XIV (6,82 m de haut), élevée à Paris, deux siècles plus tard, par François Girardon, ait été coulée en suivant un procédé très semblable à celui conçu par Léonard. « Même utilisation des barres pour l'étayage, le renforcement de l'ensemble et pour la mise en place du noyau ; même façon de traiter le noyau et le moule constitué de sections régulières et détachables ; même méthode de fonte en une seule pièce ; même position du moule, sens dessus dessous, dans la fosse[117]. » Jusqu'à l'allure du cheval ; jusqu'au mauvais sort même, les similitudes sont étonnantes. La statue de Louis XIV, détruite sous la Révolution, ne nous est pas parvenue non plus. Mais sa réalisation montre que la méthode était bonne.

On a aussi accusé Léonard d'avoir trop tardé à passer à la fonte, d'y avoir réfléchi trop longuement, de s'être perdu en hésitations, au lieu de l'exécuter. Que l'on songe à la statue du *Colleone*, qui présentait pourtant moins de difficultés : seize années s'écoulent entre la commande du monument et son inauguration !

Reste qu'un texte de Léonard oblige à se poser des questions. C'est le brouillon d'une longue lettre à la fabrique de la cathédrale de Piacenza [118], qui rappelle par de nombreux aspects le message adressé quelques années plus tôt aux marguilliers du Dôme de Milan : « Magnifiques fabriciers, ayant appris que Vos Excellences ont décidé l'érection de certains grands ouvrages en bronze, je me propose de vous suggérer quelques conseils à cet effet. Tout d'abord, prenez garde de ne pas confier la commande avec une si grande hâte et précipitation qu'elles vous empêchent de faire un bon choix, tant du maître que du sujet... » Ces ouvrages sont des portes de bronze, dont Léonard aimerait qu'on lui confie la réalisation. Comme il parle de lui à la troisième personne dans le dernier paragraphe, on suppose qu'il n'écrit pas sous son nom et qu'il compte faire signer et expédier sa lettre par quelque personnage influent de sa connaissance, ayant accepté de le recommander [119]. Procédé peu honnête, mais courant — et qui n'est pas employé ici sans humour. « Je ne puis me défendre d'un sentiment d'irritation, fait dire Léonard à son protecteur, quand je pense aux individus qui vous ont soumis leur désir de s'embarquer dans pareille entreprise, sans se préoccuper de savoir s'ils en sont capables, pour ne pas dire davantage. Celui-ci est fabricant de pots, celui-là d'armures, un troisième fait des cloches et un autre des anneaux de cloche ; il y a même un bombardier parmi eux ; tel autre encore, à la solde du duc, se vante d'être l'intime de messer Ambrosio Ferrere, homme très haut placé, qui lui a fait des promesses ; si cela ne suffit pas, celui-là enfourchera son cheval et ira trouver Sa Seigneurie dont il obtiendra des lettres telles que vous ne pourrez jamais lui refuser ce travail. Mais considérez la détresse des pauvres maîtres à qui leurs études confèrent pourtant le savoir nécessaire à l'exécution de pareilles œuvres, quand ils doivent entrer en compétition avec une engeance comme celle-là. Ouvrez les yeux et tâchez de vous assurer que votre argent ne servira pas à acheter votre propre honte... » La lettre se conclut par cette phrase équivoque : « Nul n'est qualifié — vous pouvez m'en croire — hormis Léonard le Florentin qui est en train de faire le cheval de bronze du duc Francesco, et qu'il n'est pas besoin de mettre en évidence, car il a de l'ouvrage pour toute sa vie ; et je doute même, tant son œuvre est importante, qu'il l'achève jamais... »

La chute ne doit pas satisfaire Léonard ; il la reprend. Au recto de la feuille se trouvent ces mots, toujours de sa main : « Il y a celui que Sa Seigneurie a appelé de Florence pour faire ce travail [120], et qui est un maître de valeur, mais il a tant à faire qu'il ne le finira jamais... »

Etrange demande d'emploi — dont on ne sait que déduire. Léonard dit (ou fait dire) qu'il est seul capable d'édifier les portes de bronze de la cathédrale de Piacenza ; mais il annonce en même temps qu'il est trop occupé pour s'en charger. Il cite le cheval à son crédit ; et il avoue aussitôt ne pas être sûr de mener sa statue à bien. Attend-il que les marguilliers le supplient d'entrer à leur service ? Veut-il suggérer que ses obligations l'empêchent de se présenter lui-même ? qu'il est débordé, mais qu'en insistant beaucoup il accepterait peut-être un rôle de consultant, sinon plus, car, au point où en sont les choses, puisqu'il y a peu d'espoir qu'il termine jamais sa grande œuvre, un surcroît de labeur ne ferait guère de différence pour lui ?

La ruse paraît assez puérile ; elle ne prend pas, ou le projet avorte ; Léonard, en tout cas, ne sera pas invité à Piacenza.

Il n'en demeure pas moins qu'il n'accuse pas les circonstances pour justifier son incapacité à finir le cheval, dans cette lettre qui doit dater de 1495-96 ; il dit bien, tout comme Vasari, qu'il est retenu par l'ampleur de l'ouvrage : *si grande opera.*

Techniquement, il me paraît certain qu'il serait venu à bout de la fonte. Mais il demeure qu'il est toujours plus urgent pour lui de chercher que de trouver et de faire, et comme le refus angoissé de l'irrémédiable : de l'acte accompli. Tant d'autres choses par ailleurs réclament quotidiennement son attention... Nous ne savons pas quels sont ses sentiments, au fond de son cœur, quand il voit s'éloigner en direction de Ferrare, durant l'hiver 1494, les péniches transportant le métal qui lui était réservé.

NOTES

Chapitre VII

1. Cod. Atl. 89 v.

2. Corio, *Storia di Milano, op. cit.*

3. « J'ai vu consolider certaines portions des vieux murs de Pavie, au bord du Tessin... » (B 66 r.) Illustrations et développements (sur la manière de préparer et de jeter le mortier) dans les feuillets suivants.

4. Santa Maria alla Pertica intéresse particulièrement Léonard, car c'est une église à plan centré. (B 55 r.)

5. Ash. II 8 a.

6. B 52 r.

7. « M. Fazio » : il s'agit de Fazio Cardano, professeur de droit et de médecine à l'université de Pavie, père du célèbre Jérôme Cardan.

8. Andrea Gian Angelo est ingénieur et peintre de Ludovic le More. On ne trouve aucune œuvre qui puisse lui être attribuée. (Cod. Atl. 22 r. b.)

9. Francesco di Giorgio Martini, *Trattato dell' Architettura civile e militare*, éd. Turin, 1841.

10. Tri. 53 a.

11. « Pendant la Renaissance, comme dans l'Antiquité, le mot *édifice* s'appliquait souvent à une machine de guerre ou hydraulique, dont la charpente avait l'aspect d'un bâtiment. En revanche, le mot *machine* indiquait aussi des ouvrages d'architecture, par exemple la machine du Dôme de Milan, la machine de la coupole de Brunelleschi, etc. » Pedretti, *Léonard de Vinci architecte, op. cit.*

12. Cod. Atl. 22 r. b.

13. Impossible de savoir ce qu'est « l'os des Marliani ». Léonard écrit aussi, sans qu'on soit davantage renseigné : « L'os que Gian Giacommo da Bellinzona a percé et dont il a extrait aisément le clou. » De quoi peut-il bien s'agir ?

14. D'après Solmi, ce pourrait être un *Herbarius* paru à Pavie vers 1485. (Forster III 37 v.)

15. Léonard dit « Maestro Giovanni Franceze ». Il s'agit peut-être de Jean Pèlerin Viator, auteur d'un *De artificiali perspectiva,* qui cite un Léonard parmi ses amis et collègues italiens. (In Pedretti, *op. cit.*)

16. Léonard note ailleurs : « Exemple de course qui se fait sur la glace. » (B 36. r.)

17. Il s'agit de fontaines dites « d'Héron », destinées à orner les tables. (Cod. Atl. 293 r. b.)

18. Tri. 3 v.

19. Sous le dessin de son pressoir, Léonard écrit : « Je te promets que les olives seront si fortement pressées que les déchets en seront presque secs. » (Cod. Atl. 14 r. a.)

20. B 23 v.

21. Cod. Arundel 283 v.

22. Lampe de bureau munie d'un grand réservoir et d'un écran ; (Windsor 12675 v.)

23. Léonard dit : « Système d'éclairage pour la nuit. » Sa lampe se compose d'une grosse boule de verre emplie d'eau (faisant lentille), à l'intérieur de laquelle un cylindre de verre protège la flamme. (B 13 r.)

24. Madrid I 172 r.

25. Cod. Atl. 292 v. a.

26. Cod. Atl. 291 v. a.

27. B 28 r.

28. B 14 v.

29. B 65 v.

30. On trouve treize *ingenariis ducalis* à Milan, au début des années 1490. Quatre, semble-t-il, ont un statut supérieur ; il s'agit de Bramante, ingénieur et peintre ; de Giovanni Battagio, ingénieur et constructeur ; de Giovan Giacomo Dolcebuono, ingénieur et sculpteur ; et de Léonard de Vinci, ingénieur et peintre.

31. Bernardo Bellincioni, l'auteur du livret, explique ce nom de *Paradis* donné à la fête dans les premières lignes du texte imprimé : « Fête ou représentation du paradis, montée sur ordre de Ludovic le More en l'honneur de la duchesse de Milan, et ainsi appelée, car maître Léonard de Vinci, de Florence, avec un art ingénieux, y a fait tourner les sept planètes dans leurs orbites... »

32. Léonard : « On peut parler de l'influence des astres et de Dieu. » (Les astres sont alors considérés comme une sorte de « cause seconde ».) (Cod. Atl. 203 v. a.)

33. On trouve dans le manuscrit B des indications sur la façon d'orner une tribune pour les fêtes (78 v.), de composer des ornements floraux (28 v.), de construire des échafaudages mobiles pour décorer les murs (35 r.). Un dessin du Codex Atlanticus (fol. 10 r. a) montre une sorte de lanterne-projecteur, peut-être pour la scène...

34. La rôtissoire automatique de Léonard est mue par l'action de l'air chaud ; en s'élevant, l'air fait tourner de grandes ailettes qui font tourner la broche. « C'est la bonne manière de cuire la viande, dit Léonard, car le rôti tourne plus lentement ou vite selon que le feu est plus faible ou plus fort. » (Cod. Atl. 5 v. a.)

35. « Horloge pour ceux qui sont avares de leur temps. » De l'eau s'écoule durant la nuit dans un récipient. Lorsqu'il est plein, il bascule et rend d'un coup tout son contenu au récipient où l'eau se trouvait précédemment. « Celui-ci, dit Léonard, doublant de poids, soulève avec violence les pieds du dormeur, qui s'éveille et va à ses affaires. » (B 20 v.)

36. Ce quinzième feuillet du manuscrit C était peut-être à l'origine le premier du carnet.

37. Le manuscrit C (« le plus ingrat à lire », selon Péladan) contient *essentiellement* des notes sur l'ombre et la lumière ; cependant, on y trouve aussi des réflexions sur la force et d'autres sur l'eau : Léonard se cantonne difficilement dans un seul sujet.

38. On ne possède pas d'autre indication sur la participation de Léonard aux préparatifs de la joute donnée par Galeazzo de Sanseverino, le 26 janvier 1491, à Milan.

39. Léonard écrit, parlant des souliers qu'il a achetés à Salaï, « *e 4 para* ». Comme le e ressemble à un 2, certaines transcriptions du texte font état de 24 paires — ce qui serait extravagant pour une seule année.

40. « DÉPENSES DE SALAÏ — 1497

Le manteau de Salaï, quatrième jour d'avril 1497		
4 brasses de drap d'argent	15 l.	4 s.
Velours vert pour la garniture	9 l.	
Rubans		9 s.
Petits anneaux		12 s.
Façon	1 l.	5 s.
Ruban pour le devant		5 s.
Piqûres		
13 grossoni pour lui (*ancienne monnaie toscane*)		
Salaï a volé les sols. » (L 94 r.)		

41. Forster II 60 c.

42. Dans le dictionnaire italien-français de l'abbé d'Alberti de Villeneuve (1772), je trouve pour *Sala* : « Se dit couramment à la place d'Allah — mot turc qui signifie Dieu. » Léonard donne peut-être un surnom à son protégé parce que celui-ci porte le même prénom que le Saltarelli qui lui a valu un procès : Giacomo, Jacopo...

43. Madrid II 4 b.

44. Cod. Atl. 312 b ; Cod. Atl. 949 b ; Windsor 32...

45. « Un jour d'octobre 1508, disposant de trente couronnes, j'en ai prêté treize à Salaï pour compléter la dot de sa sœur, et il m'en reste dix-sept. » (F *couverture* 2 r.)

46. « Je vous envoie Salaï, mon élève, porteur de ce message... » (Cod. Atl. 373 v. a.) « Je vous mande Salaï pour expliquer à Votre Seigneurie... » (Cod. Atl. 317 r. b.)

47. H 41 r.

48. On attribue généreusement à Salaï, quoique sans la moindre certitude, une *Vierge avec l'Enfant Jésus et saint Jean* (Milan, collection privée), une *Vierge avec l'Enfant* (Rome, coll. de la villa Albani), ou le mièvre *Saint Jean* de l'Ambrosiana. D'autres mauvais tableaux dans le goût de Léonard pourraient être de lui, car son activité se poursuit probablement après la mort du maître. Dans certains catalogues d'expositions, il apparaît parfois sous le nom d'Andrea Salaï ou Salaïno.

49. Léonard : « Tu choisiras quelqu'un de belle prestance qui n'ait pas été élevé portant pourpoint, et dont le corps a donc conservé son aisance naturelle, et tu lui feras exécuter des mouvements élégants et gracieux. Peu importe si les muscles ne saillent pas très nettement aux contours des membres... » (Ms 2038 B.N. 27 r.) Ces mots correspondraient-ils à Salaï modèle ?

50. Voir p. 148.

51. Cod. Atl. 220 v. c.

52. Cod. Atl. 244 v. a.

53. Etude à la pointe d'argent, sur papier coloré en bleu. Windsor 12358 r.

54. Windsor 12349 r.

55. Auprès de ses croquis de chevaux et cavaliers, Léonard écrit : « Faire de cela un petit modèle en cire, long comme le doigt. »

56. On connaît d'autres bronzes représentant des chevaux cabrés ou au pas qui ont « quelque chose » de Léonard : au Metropolitan de New York, à la Frick Gallery, au Rijksmuseum, au musée de Berlin, au château Sforza de Milan, etc. Ils pourraient se rapporter soit à la statue équestre de Francesco Sforza, soit à celle de Trivulzio (vers 1508) ; il paraît indéniable en tout cas que les maquettes de Léonard furent très copiées à la Renaissance.

57. Vasari parla le premier d'« un dessin et un modèle » par Pollaiuolo pour le monument équestre de Francesco Sforza. Deux études de ce projet nous sont parvenues (Cabinet des Estampes de Munich et collection Lehmann de New York). Elles montrent un cheval cabré, piétinant un ennemi à terre ; elles semblent dater du début des années 1480. Reste à savoir si Pollaiuolo aurait été capable d'en tirer un bronze de grand format...

58. Galéas Marie écrivit qu'il voulait élever à son père une statue « grandeur nature, en un lieu ouvert, quelque part en notre château ». Voir note 53, chapitre VI.

59. Comme le Gattamelata, Bartolomeo Colleoni est un condottiere moins connu par ses victoires que par la statue qu'on lui a élevée. Il était très riche : à sa mort, il possédait en liquide 231 983 ducats. Par testament, il laissait une grande part de sa fortune à la république de Venise, à condition qu'on élevât, sur la place Saint-Marc, un monument équestre en bronze à sa mémoire. Les Vénitiens estimèrent que ce serait lui faire trop d'honneur que de lui donner pour vis-à-vis le palais des Doges. Ils tournèrent le testament en décidant, en juillet 1479, que la statue serait placée près de la *Scuola di San Marco* (Campo SS. Giovanni e Paolo), et non place Saint-Marc. Personne n'y trouva à redire.

60. La maquette de Verrocchio fut achevée en 1481 : on connaît une lettre de l'ambassadeur de Ferrare à Florence, datée du 12 juillet 1481, demandant à son maître d'autoriser qu'une statue grandeur nature représentant « Bartolomeo de Bergame » traverse son territoire en direction de Venise.

61. Une fois de plus, semble-t-il, Vasari affabule : selon Cruttwell, Venise avait ouvert un concours pour la sculpture du Colleone, auquel prirent part Verrocchio, Vellano de Padoue et Leopardi de Ferrare. Le dominicain Fabri raconte avoir admiré dans la cité des Doges, en 1483, trois modèles pour la statue, l'un en bois, l'autre en terre cuite et le troisième en cire (celui de Verrocchio).

62. La statue se trouve toujours place Saint-Jean-Saint-Paul, à Venise. On peut lire sur une sangle du cheval : ALEXANDER. LEOPARDVS. V. F. OPVS. Leopardi, qui fit le socle du monument, estimait sans doute que le travail du fondeur était aussi important, sinon plus, que celui du sculpteur proprement dit. Pope-Hennessy déplore que la finition de l'œuvre ne fût pas de la main de Verrocchio. *The treatment of the decorative detail and in particular the handling of the head would have been smoother and more refined*, écrit-il, jugeant d'après d'autres œuvres du Florentin. (Pope-Hennessy, *Italian Renaissance Sculpture*, Oxford, 1958.)

63. Une autre hypothèse est envisageable. Quelques jours avant sa mort, Verrocchio demanda par testament que Lorenzo di Credi, son élève, l'héritier de son atelier, achevât la statue à sa place. Lorenzo accepta et il engagea un fondeur florentin, Giovanni d'Andrea di Domenico : il ne se sentait pas capable, sans doute, d'effectuer la fonte lui-même. En 1490, les doges lui retirèrent l'ouvrage pour le confier à Leopardi. Léonard songea-t-il un moment à finir la statue du Colleone ?

Cela ne me paraît guère vraisemblable : il est, à cette date, un maître trop connu, trop demandé, trop actif pour prendre les dépouilles d'un autre.

64. Cod. Atl. 291 v. a ; Windsor 12294, 12317...

65. Windsor 12319.

66. Forster III 88 r. Léonard dissèque également des chevaux ; d'où des études, par exemple, d'ostéologie et myologie du membre pelvien du cheval (K 102 r et 109 v).

67. On trouve des plans pour une écurie modèle dans le Codex Trivulziano (fol. 21, 27) ; le projet le plus détaillé occupe une double page du manuscrit B (38 v-39 r) ; les proportions des « écuries du Magnifique » (Laurent II de Médicis) sont esquissées sur une page du Codex Atlanticus (96 v. a).

68. Cod. Atl. 147 r. b ; Windsor 12345. Parlant de la démarche de l'homme, Léonard dit que ses mouvements sont semblables à ceux du cheval qui trotte : il « agite ses membres par croisements, c'est-à-dire que s'il avance le pied droit, il avance simultanément le bras gauche, etc. » (Cod. Atl. 297 r. b).

69. On ne sait pas plus où se trouvait la fonderie que comptait utiliser Léonard que le lieu auquel était destinée la statue. L'idée de Galéas Marie de l'élever dans la cour du château avait été probablement abandonnée, en raison des dimensions de l'œuvre ; sans doute songeait-on à la nouvelle place ouverte devant le château (l'actuelle Piazza Castello), dessinée peut-être d'après des plans de Léonard.

70. Avant Luca Pacioli, Léonard donne lui-même cette hauteur de 12 brasses, dans le manuscrit de Madrid (II 151 b) : *perche essendo esso chavallo braccia 12*

71. Béatrice d'Este, dans une lettre à sa sœur du 29 décembre 1493, parle d'une peinture représentant Francesco Sforza à cheval, exposée sous un arc de triomphe à l'intérieur du Dôme. Y aurait-il un rapport entre cette peinture, dont il ne subsiste aucune trace, et la miniature de la *Chronique des Sforza* par Bartolomeo Gambagnola où l'on voit le duc Francesco sur un coursier qui évoque le projet de Léonard ? (Paris, Bibliothèque nationale.)

72. Les *Antiquarie prospetiche romane* (Rome, bibliothèque Casanatense), dédiées à Léonard, sont aujourd'hui communément attribuées à Bramante. Le jeu de mots sur le nom du Vinci fut souvent repris. Sur un dessin représentant Neptune que Léonard aurait offert à son ami Antonio Segni (d'après Vasari), un poète composa ce quatrain :

Virgile après Homère a su peindre Neptune
Gouvernant ses chevaux par les chemins de l'onde.
Les poètes l'ont vu par les yeux de l'esprit,
Vinci *par ceux du corps ; et il les a bien* vaincus.

Giovan Battista Strozzi écrivit pareillement :

Vinci vainc à lui seul
Tous les autres ; il vainc Phidias et Apelle,
Et leur troupe victorieuse.

73. Manuscrit de Madrid II, *Sur la fonte du cheval.*

74. Windsor 12647.

75. Tri. 47, 49, 50, etc. Il ne faut pas oublier que l'atmosphère des fours est très familière à Léonard : son beau-père, l'Accattabriga, travaillait dans un four à chaux.

76. On ne sait jusqu'à quel point, à ce stade, Léonard s'écarte de ses prédécesseurs : si le modèle de Verrocchio était en cire, ceux des autres concurrents pour la statue du Colleone étaient respectivement, par exemple, en bois et en terre cuite, et pouvaient donc être conservés.

77. La méthode indiquée par Vasari dans l'introduction à ses *Vies* pour faire « de grandes figures en bronze » semble avoir bénéficié des travaux de Léonard. Pompeo Gaurico décrit en revanche le procédé traditionnel dans son *De sculptura,* paru pourtant en 1542.

78. Madrid II 143 a.

79. Madrid II 144 a.

80. *Ibidem.*

81. Léonard ne parle jamais du cavalier dans ses notes. Le cavalier ne paraît devoir lui poser aucun problème. Sans doute compte-t-il le modeler et le fondre une fois seulement le cheval achevé.

82. Madrid II 151 b.

83. Léonard : « PREUVE ET CONCLUSION QU'IL NE FAUT PAS FONDRE LE CHEVAL SUR LE FLANC. Si le cheval était coulé couché sur le flanc, les pattes, qui doivent être spécialement solides, auraient besoin de plus de bronze en fusion que les jets peuvent en fournir. Les jets vidés seraient déjà froids, quand les pattes seraient encore liquides. Et comme le bronze diminue de volume en se solidifiant, il n'y aurait aucun moyen de remplir le vide dû à cette diminution de volume ; et les pattes en deviendraient imparfaites, et d'une certaine manière amoindries sur toute leur longueur. » (Madrid II, 148 b.)

84. L'engin qu'il conçoit pour transporter et manœuvrer son cheval ressemble beaucoup à celui servant à hisser une énorme pièce d'artillerie qu'il a vu et dessiné dans un arsenal. (Cod. Atl. 216 a ; Madrid II 154 r.)

85. Madrid II 143 a.

86. Madrid II 149 r. Ce feuillet montre les dispositions d'ensemble prises par Léonard pour la fonte. On y voit au centre le cheval sens dessus dessous dans sa fosse entourée des quatre fours. En haut de la page figurent un croquis du four (en coupe) et un schéma indiquant l'emplacement de la trappe par où seront évacués les débris du noyau. Léonard a dessiné au bas de la feuille le cheval de profil avec les jets. Sur cette planche, donc, le cheval est fondu à l'envers ; Léonard a peut-être découvert un sol assez sec pour enterrer son moule dans cette position...

87. Ces changements de prénoms ne sont pas rares. Ludovic le More lui-même, baptisé *Ludovico Mauro,* a été rebaptisé *Ludovico Maria* pour le mettre sous la protection de la Vierge.

88. Guichardin (Francesco Guicciardini), *Storie d'Italia,* 1535-1561 (publication posthume).

89. Madrid II 141 r. Léonard n'est peut-être pas toujours dupe, et il est possible que certaines allégories qu'il compose contiennent des critiques déguisées. Comment comprendre par exemple sa « justice noire comme le More » ?

90. La Corte Vecchia fut d'abord siège de la commune en 1138 (Broletto Vecchio), puis devint palais ducal des Visconti à partir de 1310 ; les Sfroza l'abandonnèrent quand ils édifièrent leur château de la porte Jove, un peu comme Louis XIV abandonna le Louvre pour Versailles, et pratiquement pour les mêmes raisons. Par la suite, le gouverneur d'Espagne et l'archiduc Ferdinand d'Autriche y

habitèrent. Le bâtiment a subi de telles modifications au cours des siècles qu'on ne peut rien retrouver dans l'actuel « palais royal » de l'endroit où Léonard eut son atelier.

91. B. M. 156 v.

92. Cod. Atl. 76 v. a. Léonard estime que toutes les créatures douées de mouvement « ont la faculté de sentir la douleur » — qu'on leur a donné le mouvement, même, à cause de ou en même temps que cette faculté. Il veut donc ne manger que ce qui ne bouge ni ne souffre : des végétaux. (H 60-12-r.)

93. Cod. Atl. 78 v. b.

94. Léonard : « L'usage de trancher les naseaux des chevaux mérite d'être tourné en dérision. Les imbéciles observent la coutume quasiment comme s'ils croyaient que la nature manquât du nécessaire et eût besoin d'être corrigée par les hommes. [...] Les naseaux servent quand la bouche est occupée à mastiquer les aliments. » (Cod. Atl. 76 r. a.)

95. Cod. Atl. 143 r. Jusque dans des tableaux du XVIIe siècle on voit en effet les bébés emmaillotés jusqu'au cou dans des langes, comme des momies prisonnières de leurs bandelettes.

96. A 96 r. Léonard dit aussi : « Les petites chambres ou habitations maintiennent l'esprit dans le droit chemin, les grandes sont cause qu'il dévie. » (Ms 2038 B.N. 16 r.)

97. A 112 v.

98. A 84 v. L'atelier idéal décrit par Léonard peut servir au peintre aussi bien qu'au sculpteur ou au « mécanicien ». Le chevalet ou sellette qu'il appelle *caisse*, car il est aussi un *coffre* et un *banc*, évoque ce qu'il dit des moules de sa statue : « Fais-les et assemble-les toi-même en secret » (Cod. Atl. 83 r. b.) ou d'une de ses inventions : « Cette roue et tous les autres mécanismes seront cachés sous le plancher afin de les rendre secrets et incompréhensibles » (document aux Offices). Léonard range chaque soir son ouvrage pour le protéger — des chocs, de la poussière, autant que des curieux.

99. On trouve d'autre part dans les carnets de Léonard des notes correspondant à un tableau d'autel — œuvre jamais entreprise, semble-t-il. Elles pourraient se rapporter à une *palla* pour la cathédrale de Brescia : au centre d'un diagramme, Léonard inscrit la Vierge, et tout autour des noms de saints, ainsi que celui du duc — « Ludovic avec trois lys sur la poitrine et la couronne à ses pieds ». (I 107-59-r.)

100. South Ken. M. III 1 a ; H III 57 a ; H I 41 a.

101. Cod. Atl. 71 r. a. Voir p. 61.

102. Si un rajout indique dans le recensement de 1487 que le fils de Caterina, Francesco, est mort d'un coup de *spingarde*, le garçon figure toujours dans la déclaration fiscale de 1490 (*per la testa di Fanc°... soldi 3 dinari 2*). Il a donc été tué après cette date.

103. On lit d'ailleurs mal le dernier mot de la phrase. Léonard, ne l'oublions pas, essaie ici une plume neuve. A-t-il écrit ... *sella chaterina vuole fare* ou *stare* ? (Cod. Atl. 71 r. a.)

104. Forster III 88 r.

105. B. M. 272 r.

106. Gerolamo Calvi, *I Manoscritti di Leonardo da Vinci*, Busto Arsizio, 1982.

107. H 2 64 b. c.

108. S. K. M. II 95 a.

109. Cod. Atl. 273 r. b.

110. Léonard : « On peut voir dans les montagnes de Parme et Piacenza une multitude de coquillages et de coraux pleins de trous, encore attachés à la pierre ; et lorsque je travaillais au grand cheval de Milan, des paysans, qui les avaient ramassés dans ces régions, m'en apportèrent un gros sac plein, dans mon atelier. » (Leic. 9 b.)

111. Feuillets B 21 r.

112. Cod. Atl. 68 v. b.

113. Par testament, Louis XI hérita des possessions de la maison d'Anjou (à la mort du dernier duc, en 1481), qui comprenaient, en pure théorie, le royaume de Naples et le très imaginaire royaume de Jérusalem. Louis XI, sagement, ne chercha pas à faire valoir ses droits sur ces territoires ; son fils, Charles VIII, y songea en revanche dès son accession au trône. Les encouragements de Ludovic le More et le décès du roi Ferrante (dont le fils, Alphonse, père d'Isabelle d'Aragon, était haï par les Napolitains) le poussèrent enfin à franchir les Alpes, en 1494.

114. Dans une lettre de mars 1494 à son frère, le cardinal Ascanio, Ludovic le More avoue qu'il n'a aucun désir de voir les Français s'emparer du royaume de Naples : il souhaite simplement qu'en attaquant Alphonse ils le détournent des affaires milanaises et réduisent ses ambitions. Ludovic n'ignore pas que l'équilibre italien ne peut s'accommoder d'une puissance étrangère dans la péninsule.

115. H 44 r. La phrase est inspirée d'Alberti, selon Pedretti.

116. Cod. Atl. 335 v. Ces mots se trouvent dans le fragment d'un brouillon de lettre à Ludovic le More (non datée) où Léonard se plaint de n'être pas payé : « Comme à présent mon salaire se trouve en retard de deux années..., ayant deux maîtres dont j'ai toujours assuré le salaire et la nourriture..., etc. »

117. Maria Vittoria Brugnoli, *Il Cavallo,* in *Léonard de Vinci / L'Humaniste, l'Artiste, l'Inventeur,* Paris, 1974. L'auteur de cet article suggère même que les fondeurs français de la statue de Louis XIV avaient eu connaissance des notes sur la fonte de Léonard.

118. Cod. Atl. 323 v. b. La lettre aux marguilliers de la cathédrale de Piacenza (que nous appelons Plaisance) a été étudiée en détail par Solmi.

119. Léonard était alors en relation avec de nombreux personnages haut placés à la cour : Galeazzo de Sanseverino, Marchesino Stanga, Gualtieri da Bascapè, Bergonzo Botta, voire cet Ambrogio Ferrario (ou *Ambrosio Ferrere*) qu'il cite. On ignore cependant qui devait signer sa lettre de recommandation.

120. Léonard dit bien : *uno il quale il signore per fare sua opera a tratto di Firenze* (« celui que le seigneur a fait venir de Florence ».) Ces mots confirment, si besoin était, que Léonard s'est installé à Milan avant tout pour exécuter la statue équestre du duc Francesco. Peut-être même y a-t-il été invité ?

VIII

L'HOMME ABSOLU

Misérables mortels, ouvrez les yeux[1].

LÉONARD.

Créer l'apparence de la vie est plus important que la vie même. Les œuvres de Dieu ne sont jamais mieux appréciées que par d'autres créateurs[1bis] !

Anonyme
sur une page de Léonard.

« Toutes nos connaissances, dit Léonard, découlent de ce qu'on ressent*[2]. » Eprouver par les sens — au premier rang desquels il place la vue — et discerner, juger, réfléchir, tels sont pour lui les vecteurs fondamentaux de la *sapieta* — de la « sapience », qui est à la fois savoir et sagesse.

« Ce qu'on acquiert dans sa jeunesse, écrit-il, permet de lutter contre les misères du grand âge ; et si tu veux que ta vieillesse se nourrisse de *sapience*, fais en sorte, tant que tu es jeune, que ta vieillesse ne manque pas de vivres[3]. »

Léonard entraîne ses sens, il éduque ses facultés d'observation, comme un sportif développe ses muscles. Parallèlement, il forme, il arme son esprit, en lui inculquant une discipline, en l'ouvrant à la plus vaste culture, comme on prépare et équipe une armée.

Nous connaissons par ses carnets nombre de gymnastiques auxquelles il se livre pour affiner son regard, sa perception du monde.

Il faut, dit-il, apprendre d'abord à séparer les parties du tout : « La vue est une des opérations les plus rapides qui soient ; en un instant, elle accueille une infinité de formes, et pourtant elle ne saisit qu'un objet à la fois. » Pour lire un texte, on doit considérer les mots un à un, puis les phrases que composent ces mots, et non, globalement, l'ensemble des lettres inscrites sur la page. De même, dit Léonard, « si tu veux avoir connaissance des formes des choses, commence par leur détail, et ne passe d'un détail à un autre qu'après avoir bien fixé le premier dans ta mémoire, et l'avoir longuement pratiqué[4] ».

Imaginant, quatre siècles avant Bertillon, une manière de

---

* Pour les notes concernant ce chapitre, voir page 328.

système anthropométrique, il conseille ainsi d'apprendre par cœur « beaucoup de têtes, yeux, nez, bouches, mentons et gorges, cous et épaules », afin de retenir facilement les physionomies. Il distingue, par exemple, dix types de nez vus de profil (« droit, bulbeux, concave, proéminent soit au-dessus du milieu, soit au-dessous, aquilin, régulier, camus, rond, pointu ») et douze vus de face. Il recommande de dessiner dans un carnet ces éléments génériques — lèvres, sourcils, formes du crâne, etc. — comme dans un fichier, et de s'habituer à les repérer du premier coup dans les visages, de reconnaître en quoi les traits de tel individu s'en approchent, en quoi ils s'en éloignent. « Les visages monstrueux, dit-il, je n'en parle pas : on se les rappelle sans peine. »

Il procède de même pour les corps, les plantes, et toutes les formes de la nature — car il faut tâcher d'être universel. Grâce à sa méthode, ajoute-t-il, l'universalité s'acquiert aisément[5].

Se perfectionner en jouant : il indique des « récréations profitables » par lesquelles on s'entraîne « à bien juger de la longueur et de la largeur des choses », à comparer les proportions, à évaluer les distances.

Il n'ignore pas l'usage des *machines à dessiner* (ou perspectographes) ; il dessine[6] lui-même une de ces machines que Dürer, quelques années plus tard, étudiera en détail : cela se compose d'un cadre et d'un œilleton ; le cadre tient verticale une plaque de verre quadrillée ; on applique son œil contre l'œilleton (fixé à trente centimètres environ du centre du cadre) et on *décalque* ce qu'on voit en perspective réelle à travers le verre. Le quadrillage sert ensuite au report. Il existe des variantes de cet appareil[7].

Léonard condamne cette invention « quand ceux qui en usent ne savent pas s'en passer ni réfléchir d'eux-mêmes, car par cette paresse ils détruisent leur esprit ». Il trouve bon, en revanche, de s'en servir pour se corriger. « Essaie de reproduire un objet sans modèle, dit-il, après l'avoir si souvent dessiné que tu crois le connaître par cœur. Puis pose sur ce dessin fait de mémoire le calque de l'objet obtenu à l'aide du perspectographe. Repère les endroits où le calque et ton dessin ne concordent pas et où tu te vois en défaut, et souviens-t'en pour ne pas retomber dans l'erreur. »

La mémoire ne saurait contenir « toutes les formes et phénomènes naturels ». Il convient cependant d'en étudier, d'en mémoriser le plus grand nombre possible, car plus les connaissances sont vastes, moins on a de difficultés à aborder les sujets nouveaux. Pour mieux mémoriser les choses, Léonard s'efforce de se les représenter en esprit, le soir, avant de s'endormir. « Je sais par expérience, écrit-il, l'intérêt qu'il y a, quand tu es au lit dans l'obscurité, de repasser en imagination les contours des formes déjà étudiées ou autres objets remarquables conçus par une subtile spéculation ; c'est là un exercice à recommander, très utile pour imprimer les choses dans la mémoire. »

Léonard tient peut-être quelques-unes de ces pratiques de son maître, pédagogue émérite. Verrocchio excellait dans l'art du dessin ; Vasari lui-même en convient, quoiqu'il ne montre guère de tendresse à son égard : « J'ai dans mon portefeuille, dit-il, certains de ses dessins faits avec beaucoup de patience et un jugement admirable, parmi lesquels des têtes de femmes, charmantes par leur grâce et l'arrangement des cheveux, *que Léonard, pour leur beauté, imita toute sa vie.* J'ai aussi deux chevaux avec la grille de mesure pour un agrandissement exact et proportionné, et un relief en terre cuite représentant une tête de cheval copiée de l'Antique, d'une rare beauté [8]. » Voilà qui rend un peu justice à maître Andrea...

« Dès le point du jour, dit Léonard, l'air se remplit d'innombrables images auxquelles l'œil sert d'aimant [9]. » Il voudrait n'en perdre aucune. Comment se permettre dans ces conditions de respecter le calendrier religieux ? — il parle avec le plus grand mépris des bigots, des hypocrites « qui blâment celui qui scrute les œuvres de Dieu en travaillant les jours fériés ». La suite du texte est édifiante : l'étude de la nature, poursuit le Vinci, révèle la grandeur de Celui « qui a *inventé* tant de choses merveilleuses » ; c'est en Le connaissant dans ses œuvres qu'on apprend à L'aimer.

Percevoir (ou concevoir), mais aussi conserver, analyser, transmettre. Rien n'y réussit mieux qu'un dessin : « Avec quels mots, écrivain, égaleras-tu dans ta description la figure complète que restitue le dessin [10] ? » Une seule image égale souvent un livre.

Observer, dessiner (et imaginer, réfléchir), ces opérations se confondent en fait chez Léonard, très tôt, pour n'en constituer qu'une seule. Son œil, son esprit et sa main, à force d'entraînement, en arrivent à fonctionner de concert. Il se métamorphose peu à peu en une sorte d'appareil photographique inventif et raisonnable (il parle de « devenir à la ressemblance du miroir » — d'un miroir intelligent et critique [11]). On dirait qu'il dessine comme l'on parle. Il voit mieux que quiconque, et juge, représente, sans qu'apparaisse d'intermédiaire entre la rétine et le papier ; sa pensée se forme dans le mouvement de ses doigts, ses doigts épousent sa *vision.* On a parfois l'impression de représentations « sténographiques » tant il va vite. « Tiens-toi aux aguets, dit-il à propos des figures en mouvement, dans la rue, sur les places et à la campagne, et note rapidement les grands traits ; c'est-à-dire en mettant un O pour la tête, des lignes droites ou brisées pour les bras, et de même pour les jambes et le tronc ; puis, de retour chez toi, revoie ces notes et donne-leur une forme achevée. » Grâce à quoi, il peut ensuite réaliser des expériences de cette sorte : « Fabrique demain des silhouettes en carton de formes diverses qui, lancées du haut de la terrasse, tomberont à travers l'air ; puis dessine les mouvements de chacune aux divers stades de sa descente[12]. » Longtemps, il préfère travailler à la pointe d'argent sur des feuilles teintées, car ce support ne tolère pas le repentir. Ou à la plume et à l'encre. Dans ses études de fleurs, de corps, de machines, de tourbillons dont il saisit la moindre volute, d'oiseaux dont il suspend le vol, il montre au bout du compte une maîtrise comparable à celle des tireurs à l'arc Zen qui s'identifient si bien à l'arme et à la cible que leurs flèches atteignent cette cible d'elles-mêmes, sans qu'ils la visent. (Souvent les phrases de Léonard s'apparentent d'ailleurs, étrangement, à des *koans*, ces interpellations par lesquelles le bouddhisme japonais provoque l'« éveil » ; ainsi, lorsqu'il écrit que « Le soleil ne voit jamais d'ombre » ou qu'il se demande : « La lune, dense et grave — comment est-elle, la lune[13] ? », on songe moins à des problèmes de perspective et d'astronomie qu'à quelque déconcertante énigme orientale.)

Léonard a des recettes pour tout ; il indique même comment stimuler l'imagination. En s'excusant presque, tant cela lui paraît « mesquin et ridicule », il conseille « pour exciter l'esprit à diverses inventions » (*invention* est un mot qu'on rencontre souvent dans ses écrits) de contempler les murs « souillés de taches informes » ou faits de pierres bigarrées : on y trouve des paysages de montagne, des arbres, des batailles, « des figures aux gestes vifs », des visages et « des costumes étranges ». Les taches colorées des murs, ou les nuages du ciel, ajoute-t-il, sont comme le carillon des cloches « qui contient tous les sons et les mots que tu voudras imaginer ». (André Chastel note que dans les années 20 de notre siècle Max Ernst découvrit la technique surréaliste des *frottages* dans cette « leçon de Léonard[14] ».)

« Personne, certainement, ne préférerait perdre l'ouïe et l'odorat que la vue. »

Léonard dit encore : « Perdre la vue, c'est être privé de la beauté de l'univers et ressembler à un homme enfermé vivant dans une sépulture... Ne vois-tu pas que l'œil embrasse la beauté du monde entier ? »

Léonard explique longuement, parfois avec des arguments spécieux, pourquoi la vue constitue le plus important de nos sens, « le meilleur et le plus noble », et, par voie de conséquence, pourquoi la peinture, « science divine », loin d'être une « activité mécanique », prédomine sur tous les autres arts.

« Par son fondement, qui est le dessin, dit-il, elle est indispensable à l'architecte, au sculpteur, au potier comme à l'orfèvre, au tisserand ou au brodeur » : elle leur apprend la beauté, l'harmonie plastique ; elle a inventé les caractères qui nous permettent d'écrire ; « elle a donné les chiffres aux arithméticiens ; elle a appris aux géomètres le tracé des figures ; elle a instruit opticiens *(prospettivi)*, astronomes, dessinateurs de machines et ingénieurs ».

Le dessin est l'instrument premier de toute science ; et son prolongement, la peinture, ou connaissance par les formes, touche mieux à la vérité que la philosophie même, car, affirme Léonard, l'œil se trompe moins que l'esprit : *perchè l'occhio meno s'inganna*[15].

Comme une sorte d'introduction à un grand traité de la peinture, il s'amuse à mettre en parallèle *(paragone)* les différents arts — c'est un thème de discussion à la mode, à la fin du XVe siècle. La peinture vaut-elle mieux que les belles-lettres, que la poésie, cette « peinture aveugle » ? Oui, répond catégoriquement Léonard : « Si le poète décrit les beautés d'une dame à son amant, et que le peintre fasse son portrait, tu verras de quel côté la nature incline le juge amoureux. » Vaut-elle mieux que la musique ? Assurément oui. La musique, pourtant créatrice d'harmonies, n'est que « la sœur cadette de la peinture » ; comme les sons ne durent pas, elle meurt dans l'instant où elle s'exprime ; et elle s'épuise dans la répétition — qui la rend « méprisable et vile ». La sculpture ? Rien ne se conserve plus longtemps qu'un marbre ou un bronze. Cependant la sculpture se contente essentiellement de volumes et son « discours sommaire » ne saurait rivaliser avec celui de la peinture, « chose miraculeuse », autrement intellectuelle, qui s'appuie sur dix principes, « à savoir : lumière, ténèbres, couleurs, volumes, figure, emplacement, distance, proximité, mouvement et repos », de sorte qu'il n'est rien qu'elle ne puisse représenter. Et puis la sculpture est un art manuel qui épuise et salit terriblement : le sculpteur, soufflant et suant, a le visage tout enfariné de poussière de marbre, pareil à celui d'un boulanger ; on dirait qu'il a neigé sur lui ; son logis est sale, plein de débris de pierre[16] ; tandis que le peintre, tout au contraire, « assis très à l'aise devant son œuvre, élégamment vêtu, remuant un pinceau léger dans des couleurs agréables, [...] habite une demeure très propre, et il se fait souvent accompagner par la musique ou la lecture d'œuvres belles et variées qu'il écoute avec beaucoup de plaisir, sans être gêné par le bruit des marteaux ou par d'autres fracas ».

Ces polémiques enjouées dans lesquelles s'attarde Léonard, tout en énonçant les buts profonds assignés par lui à la peinture (qui ne doit plus être simple illustration ou représentation), traduisent surtout un désir ardent d'élever cet art, trop longtemps jugé inférieur, artisanal, au niveau des sept arts libéraux — de prouver que la peinture, *cosa mentale, maggior discorso mentale,* fondée sur l'étude des phénomènes naturels, mérite d'être considérée comme une science — une science *qualitative,* c'est-à-dire soucieuse de beauté, capable de saisir et de refléter « l'ornement du monde ». On voit, d'ailleurs, lorsqu'il se décrit dans son atelier, qu'il entend afficher, par son mode de vie, par son comportement même, qu'il exerce une profession des plus honorables.

Léonard, se montrant dans une atmosphère luxueuse et raffinée, fait un *portrait de l'artiste en grand seigneur.* Il sort de son rang, avant Titien ou Rubens [17] ; il revendique une position sociale à laquelle aucun de ses confrères n'a encore osé prétendre ; c'est là une nouveauté inouïe. Elle frappe ses contemporains ; elle étonne et emplit d'admiration la génération de Vasari, comme les suivantes, jusqu'au XIXe siècle. Vasari (qui s'appuie le plus souvent sur des témoignages directs), évoquant le fameux sourire de *la Joconde,* confirme que le Vinci s'entoure, durant les séances de pose, de musiciens, de chanteurs et de bouffons — tel un prince. Par la suite, lorsque les peintres voudront représenter Léonard au travail, ils reprendront toujours cette image : il le feront, somptueusement vêtu, dans un atelier plein de beaux meubles, comme dans un salon littéraire ou mondain, et au centre d'une véritable cour ; ainsi Bertini, dans un tableau qui était à Milan [18].

A partir de 1490, les recherches de Léonard semblent progresser en spirale : on dirait qu'elles s'ordonnent, qu'elles obéissent désormais à une certaine logique, sinon à un plan. Tout en travaillant au cheval et à l'organisation de fêtes, il veut comprendre, par exemple, le fonctionnement de l'œil, « fenêtre de l'âme », son *outil* essentiel, et, de là, le mécanisme de la vision, la nature de la lumière, la façon dont les astres réfléchissent ou produisent cette lumière ; cela l'amène à considérer les mouvements de l'eau, puis la propagation des sons, comme il aperçoit des analogies entre les ondes sonores, les vagues à la surface d'un lac et les rayons du soleil ; il fait alors des expériences avec une *chambre noire,* d'autres avec les ombres, et ainsi retourne, mais sur un nouveau plan, à des problèmes picturaux...

On ne sait pas toujours s'il faut parler à son sujet de découvertes rationnelles ou d'intuitions fulgurantes. Ses procédés comme ses formulations, souvent, ne sont guère orthodoxes. Il n'en reste pas moins qu'on est comme ébloui à la lecture de ses carnets. Alors que son époque croit, par exemple, à la suite des philosophes grecs, que la vision se forme grâce à des sortes de particules *(spezie)* projetées par l'œil, Léonard comprend que l'œil n'émet rien mais reçoit les rayons lumineux. Etudiant l'anatomie de l'œil, il découvre le cristallin, il distingue la vision périphérique de la vision centrale, il aperçoit que l'œil enregistre une image inversée[19]. Il entrevoit la cause de la presbytie (dont il souffre peut-être) et propose une sorte de *lentille de contact*[20] (qu'il serait bien en peine de tailler). Il trouve, le premier, le principe de la vision stéréoscopique — de la perception du relief. Il a l'idée que la lumière se déplace (alors que son siècle estime qu'elle emplit le monde instantanément) et tente (peut-être) de calculer sa vitesse. Pour expliquer sa propagation, il parle de *tremore* (tremblement), là où nous disons aujourd'hui « oscillation ». Un siècle avant Fermat, s'appuyant sur Aristote, il énonce cette loi fondamentale : « Chaque phénomène naturel se produit par les voies les plus courtes[21]. » Certaines de ses expériences anticipent le photomètre de Rumford[22]. Il explique jusqu'au bleu du ciel : « Je dis que l'azur que l'air nous fait voir n'est pas sa couleur propre, mais que cette couleur vient de l'humidité chaude, évaporée en minuscules et insaisissables parcelles qui, étant frappées par la lumière du soleil, deviennent lumineuses au-dessous de l'obscurité des immenses ténèbres qui les coiffent comme un couvercle[23]... » Comment devine-t-il la nuit infinie au-delà de notre atmosphère ?

Je n'ai fait que survoler ici les travaux d'optique de Léonard. Il faudrait les examiner en détail, ainsi que ses travaux d'acoustique, ceux sur l'eau, le mouvement, les percussions, la force et la pesanteur qui les accompagnent ; ou encore ses travaux de géologie, de botanique, de phonétique générale... L'impression ne se démentirait à aucun instant d'un génie prodigieux qui par ses « découvertes » semble incroyablement — presque anormalement — en avance sur son temps (Merejkovski le compare à « un homme qui se réveille trop tôt, alors qu'il fait encore obscur et que tout le monde dort »). La science, après s'être longtemps ébahie, hésite pourtant aujourd'hui sur la valeur exacte qu'on doit accorder à ces découvertes — ou embryons de découverte.

Parfois celles-ci tiennent en une ligne ; lorsqu'il écrit : « Là où ne vit pas la flamme ne peut vivre aucun animal qui respire[24] », il semble toucher à la chimie moderne — mais il reprend peut-être une constatation courante (un mineur de fond pourrait la formuler) ; qu'on ne se leurre pas : il ignore totalement ce qu'est l'oxygène ; Léonard annonce Lavoisier, il ne saute pas les siècles qui l'en séparent. Pareillement, il aperçoit les lois de la réfraction — mais ne les énonce pas, ne sachant pas assez de trigonométrie. Il s'intéresse aux propriétés de la vapeur d'eau ; il est très loin de la machine à vapeur. Il paraît avoir inventé la *lunette d'approche* cent ans avant Galilée ; il écrit : « Fais des verres pour voir la lune grande[25] » ; il assemble des lentilles ; mais, même s'il construit l'instrument (ce dont je doute), il n'en tire pas parti : celui qu'il conçoit est trop rudimentaire pour révolutionner l'astronomie ; Léonard ne soupçonnera jamais, apparemment, que les planètes tourne autour du soleil[26].

L'histoire des sciences, à travers laquelle nous appréhendons ses découvertes, fausse souvent, dans un sens comme dans l'autre, notre appréciation de la science de Léonard. Il faut être très prudent ; je n'entrerai pas dans le débat : personnellement, je suis tout autant émerveillé par les innombrables résultats auxquels Léonard aboutit (quelque limite qu'on leur donne) que par son extraordinaire besoin de comprendre, par la volonté obstinée qui le pousse sans répit dans tant de recherches, lui faisant poser des questions que nul n'a posées avant lui, par le fait enfin que cet autodidacte, disposant de moyens dérisoires, explorant l'univers à ses heures perdues, comme pour passer le temps, réussit au bout du compte, principalement grâce à des analogies, des *correspondances*, à élaborer une théorie générale du monde — solide, puissante, cohérente. Il dit lui-même, citant Aristote : « L'homme mérite la louange ou le blâme uniquement en considération de ce qu'il est en son pouvoir de faire ou ne pas faire[27]. »

Nous nous sommes tous amusés, un jour ou l'autre, à lancer des pierres dans l'eau. Lequel d'entre nous, cependant, a su voir que deux cailloux lancés loin l'un de l'autre sur une étendue d'eau plate produisent deux séries de cercles concentriques qui, en s'élargissant, se rencontrent et s'incorporent les uns aux autres sans se briser — et s'en étonner, puis en déduire quelque chose ? Léonard observe que l'eau, qui semble alors se mouvoir, ne se déplace pas en réalité ; ce sont plutôt, dit-il, « des sortes de petites blessures qui, en s'ouvrant et se refermant subitement, lui impriment une certaine réaction qui tient plus du *tremblement* que du mouvement » ; si les séries de cercles ne se brisent pas en se croisant, c'est que « l'eau est homogène dans toutes ses parcelles et que cette sorte de tremblement est transmise à ses parcelles, sans qu'elle-même se déplace ». Ayant ainsi défini le principe des ondes, Léonard *pressent* que le son et la lumière se propagent dans l'air de la même façon[28]. Qu'importe si par la suite il se fourvoie ?

La nature est son laboratoire; il constitue lui-même son instrument d'investigation le plus perfectionné. Ouvrez les yeux, dit-il, il suffit de *bien voir* pour comprendre.

Il examine le creux des roches, le gravier que roulent les rivières, le limon et la vase. Des coquillages, des débris d'algues qu'il aperçoit dans les sédiments montagneux lui révèlent que les océans recouvraient autrefois la terre[29]. Il parvient aux conclusions les plus stupéfiantes avec des bouts de chandelle, le chas d'une aiguille, un entonnoir, un seau, une boîte de métal. Un globe de verre empli d'eau lui sert de lentille convergente. C'est en promenant devant l'écran d'un mur blanc une feuille de papier percée d'un trou minuscule qu'il définit la trajectoire des rayons lumineux. Une braise agitée dans la pénombre, paraissant tracer une ligne de feu, ou un couteau fiché dans une table et qui vibre, donnant l'illusion de deux couteaux, lui indiquent que l'œil différencie mal les images qui se succèdent très rapidement ; il note le phénomène plusieurs fois ; une corde de luth, lorsqu'elle oscille, remarque-t-il, semble aussi se dédoubler ; l'œil n'assimile pas immédiatement les impressions visuelles — n'est-ce pas une nouvelle preuve qu'il a un rôle purement réceptif et que la lumière se déplace vers lui à une très grande vitesse[30] ?

Les premiers carnets de Léonard, commencés à son arrivée à Milan, traitaient essentiellement de machines : ils nous montrent les progrès de l'ingénieur. Ce n'est que peu à peu, en partie grâce à la fréquentation des universitaires de Pavie, que l'ingénieur s'est mué en savant : l'approfondissement de problèmes techniques l'a entraîné dans une analyse méthodique du mouvement, des éléments, etc. ; l'artiste y a trouvé son compte ; il en est venu à tout remettre en question, à mesure que lui sont apparues les carences et les méprises de la science traditionnelle : tant de choses, dit-il orgueilleusement à plusieurs reprises, « que l'expérience permet à chacun de comprendre clairement et de saisir, sont restées pendant des siècles ignorées ou mal interprétées[31] ! » Lui-même, souvent, semble se contredire : il part en fait de l'opinion courante, il veut en vérifier le bien-fondé, l'expérience lui démontre une opinion contraire, il retente l'expérience dix fois, ayant besoin de preuves inattaquables, avant d'oser une affirmation personnelle ; comme la plupart du temps il inscrit sans ordre, sur le premier bout de papier venu, les résultats de ses travaux, qu'il a ensuite rarement le loisir ou la patience de classer, on peine à identifier ses conclusions ultimes.

Il part en réalité de presque rien. On se souvient qu'il n'a fréquenté aucune université — il n'a pas fait, dirions-nous, d'« études secondaires » ; il n'a même pas suivi toujours l'apprentissage requis (ainsi, en architecture). Il a glané son savoir au gré de rencontres, en observant, donc, en lisant, en interrogeant. Bien vite il a aperçu cependant qu'il n'irait pas loin s'il n'élargissait et ne consolidait ses bases et, quelles que soient les vertus de l'œil et du dessin, s'il n'appréhendait les choses par l'écrit, s'il n'était capable aussi de les fixer, correctement, au moyen de mots : le monde appartient à ceux qui savent l'énoncer.

Vers 1490, à trente-sept, trente-huit ans, il s'est mis pour cette raison à la composition d'une sorte de grand lexique : il a empli avec application des pages et des pages de mots variés. On en dénombre en tout près de neuf mille dans un de ses carnets (le *Codex Trivulcien*), disposés par lui en colonnes compactes. Il s'agit en général de vocables savants, ou étranges, ou forgés ; mais on est surpris de trouver aussi parmi eux des termes populaires. Une seule fois, sur quatre pages, les mots apparaissent dans l'ordre alphabétique, accompagnés d'une brève définition. Ainsi :

> ardu : difficile et pénible
> alpin : là où sont les Alpes
> archimandrite : le chef du groupe
> ambition : mettre en avant avec rivalité et présomption
> [...]
> syllogisme : façon de parler douteuse
> sophisme : façon de parler confuse
> schisme : division
> *stipendio :* la paie des soldats [32]...

Le plus souvent, les mots se succèdent sans continuité logique ni explication, de sorte que certains auteurs (tel Stites, à qui Léonard fait l'impression d'un homme en analyse [33]) les ont interrogés longuement selon le principe freudien des libres associations. Il faut avouer que c'est assez tentant : en tête de la première de ces listes on lit, par exemple, dans la colonne de droite, par laquelle Léonard a commencé, puisqu'il écrit à l'envers :

suspecter
proposer
suspect

public
conseil
sentiment
sage...

Doit-on y voir un nouvel indice de sa manie de la persécution et du secret ? On lit encore, sur le même feuillet :

fixé
enraciné
trouvé
plaisir
union
opération
introduit
renoncer[34]...

Cela pourrait trahir sa sexualité envahissante et torturée. Serait-ce aussi qu'il aurait eu l'idée du procédé pour se sonder lui-même ? Il semble cependant (ce qui n'invalide nullement l'examen psychanalytique qu'on peut en faire) qu'il ait copié ces mots au fur et à mesure qu'il les rencontrait dans ses lectures : chaque fois qu'il tombait dans un livre sur un terme peu usité, ou qui l'intriguait, ou qui lui paraissait utile, il l'engrangeait systématiquement dans son lexique, pour ne pas l'oublier. Bientôt il peut déclarer fièrement : « Je possède tant de mots dans ma langue maternelle que je devrais plutôt me plaindre de mal comprendre les choses que de manquer de termes capables de me permettre d'exprimer justement mes pensées[35]. »

Le nombre de ses lectures augmente de façon symptomatique à partir des années 90. Léonard fait diverses allusions dans ses carnets aux auteurs qu'il fréquente. Possédé par la manie des listes, il inventorie surtout sa bibliothèque personnelle à deux reprises, vers 1497, puis vers 1505[36]. On connaît ainsi les titres de plus de cent soixante-dix ouvrages lus par lui. Cela va de la Bible au *Grand Albert*, en passant par les *Métamorphoses* d'Ovide, l'*Architecture* d'Alberti, différents traités de mathématiques, une *Réthorique*, une *Chiromancie*, une *Chronique de saint Isidore*, un précis de chirurgie, une plaquette sur l'urine, les *Décades* de Tite-Live, un *Art de la Mémoire*, les *Sonnets* de Burchiello, *l'Histoire naturelle* de Pline, la *Physique* d'Aristote, une très moyenâgeuse *Fior di Virtù* et plusieurs recueils de fables qu'il doit apprécier particulièrement puisqu'il leur emprunte des pages entières[37]...

Le premier feuillet du *Codex Trivulcien* porte ces mots (inscrits entre une addition et des caricatures) qui soulignent comme un douloureux soupir l'appétit, la boulimie de culture de cet homme qui se prétend « sans lettres » mais possède plus de volumes que beaucoup d'érudits de son temps : « Ammianus Marcellinus dit que sept cent mille livres ont été brûlés durant la conquête d'Alexandrie, à l'époque de Jules César. »

De nombreux traités scientifiques hérités de l'Antiquité, qui l'intéressent au premier chef, ne sont toutefois pas toujours disponibles en *vulgaire* (en italien) — quand ils n'existent pas en manuscrit uniquement, comme la traduction latine du *Traité des corps flottants* d'Archimède, que Léonard va chercher à se procurer durant des années [38].

A quarante ans passés, pour poursuivre ses études, le Vinci apprend donc le latin. Il inaugure un tout petit carnet (le très émouvant manuscrit H) en conjuguant comme un lycéen : *amo, amas, amat...* Il a sûrement des notions déjà de la langue de Cicéron ; mais assez vagues : lorsqu'il tente jusque-là de traduire lui-même les phrases les plus simples, il s'enferre dans des contresens, sinon pis : *Caelidonium auctores vocant ipsi falcastrum* lui paraît signifier : « Celidonio appelle *auctores* une arme recourbée en croissant [39]. »

Les conjugaisons, les déclinaisons, puis la grammaire (il recopie presque en entier celle de Niccolo Perotti) et le vocabulaire latin (qu'il tire de Luigi Pulci). De nouveaux vocables grossissent de la sorte son lexique. Enfin il peut aborder seul, sans se faire aider par un ami lettré comme par le passé, la science des Anciens.

Léonard lit la plume à la main. Il recueille du vocabulaire ; il recopie surtout, souvent presque mot pour mot, de longs passages des ouvrages qui l'intéressent ; comme il a la lecture critique et imaginative, il commente ce qu'il note et dessine en regard les choses qu'il conçoit à mesure.

Etudiant le *De re militari* de Roberto Valturio (composé vers 1450, publié en 1472, réédité en 1483), il y relève des noms savants d'armes compliquées, il en reprend des illustrations qu'il affine (ce sont des bois naïvement gravés) et les armes qu'il reproduit — en les améliorant, en les modifiant selon sa fantaisie — lui en inspirent de nouvelles dont il vend peut-être les croquis aux armuriers de Milan. C'est dans l'ordre des choses : Valturio a lui-même considérablement emprunté à Taccola (surnommé « l'Archimède siennois »), à l'Allemand Konrad Keyser, à Végèce, écrivain latin du IVe siècle.

L'étonnant char d'assaut [40] en forme de soucoupe volante de

Léonard, dont les quatre roues sont mues à la manivelle, doit beaucoup par exemple à différents engins conçus par ses prédécesseurs (à celui de Guy de Vigevano, entre autres, mû par des moulins à vent). Qu'on mette pourtant côte à côte l'impeccable dessin de Léonard et les schémas rudimentaires de ses devanciers, la différence saute aux yeux : tandis que le char de l'un, clair, précis, figuré en relief, en coupe et en mouvement, paraît avoir une existence très réelle et une fonction évidente, les autres semblent d'improbables constructions médiévales : quoiqu'ils soient tous très proches dans leur principe, on a l'impression de comparer une technologie hautement sophistiquée à une technologie balbutiante. Lorsqu'il perfectionne ensuite son char automobile, le dotant d'un « moteur » à ressorts, d'un système différentiel à la transmission, ou qu'il cherche à réduire pour chaque pièce les résistances dues au frottement[41], Léonard s'élève bien au-dessus des ingénieurs de son siècle. En vérité, son graphisme nerveux, savant, servi par un sens inouï de la mise en page, ce *style* instinctif qui visualise à merveille la pensée, si impressionnant que nos modernes publicitaires ne se lassent pas de l'imiter, fait souvent illusion.

En même temps, son rendu tridimensionnel, la clarté et la précision de ses *démonstrations* schématiques (qui peuvent tenir lieu d'expérience), l'attention inusitée qu'il porte aux détails, en « disséquant » ses machines, en montrant un mécanisme sous divers angles, en coupe, en vue éclatée, pièce par pièce (il étudie les composantes d'un mécanisme, de la même façon qu'il a *appris* les visages, en commençant par leurs parties : l'œil, le nez, etc.), constitue en soi une *invention* majeure : on ne fera guère mieux avant l'apparition du dessin assisté par ordinateur ; Léonard peut copier un engin existant, il innove déjà par la manière dont il le représente.

Divers érudits[42] se sont efforcés de faire la part dans ses carnets, comme il ne donne presque jamais ses sources, des emprunts (littéraires, techniques et scientifiques) et des conceptions originales auxquelles ceux-ci sont inextricablement mêlés ; ils ont montré que telle phrase que l'on croyait sienne n'est que la transcription d'un passage de Pline ou d'Esope, que telle « découverte » vient en réalité de Peckham ou d'al-Hasan, que telle « invention » est une chose familière à ses contemporains. Mais, pour juger des milliers de pages qu'il a laissées, il faudrait posséder à fond toute la culture de son époque, lire tout ce qu'il a lu, examiner par le menu tout ce qu'il a pu voir, tout ce dont il a dû entendre parler ; puis, dans un deuxième temps, chercher ce que son temps a connu de ses travaux, trouver quelles applications leur ont été données, entre quelles mains sont ensuite passés ses écrits : Vasari n'ignore pas, par exemple, que Léonard « a dessiné des moulins, des foulons, des machines fonctionnant par l'action de l'eau » et d'autres destinées à « soulever des poids énormes » ; ces machines ont naturellement disparu : comment mesurer dans ces conditions le rayonnement — et l'importance, la nouveauté — des découvertes et inventions de Léonard ?

On peut être déçu de trouver que son scaphandre et ses gants palmés existent déjà chez Archimède ou Alberti, et que son navire sous-marin rejoint celui que Cesariano (élève de Bramante) expérimente dans les fossés du château Sforza. On peut en revanche songer — avec soulagement — que Léonard ne fait que copier un texte qui l'amuse par sa naïveté, quand il écrit : « Les hommes nés dans les pays chauds aiment la nuit parce qu'elle leur apporte la fraîcheur, et ils haïssent la lumière du soleil qui les échauffe. Voilà pourquoi ils sont de la couleur de la nuit, c'est-à-dire noirs ; et dans les pays froids, c'est l'opposé[43]. »

Sa contribution au progrès technique s'est dissoute dans le flot des progrès effectués à son époque. Mais nombre d'inventions (ou perfectionnements) spectaculaires ne sauraient lui être retirées, en particulier ses machines textiles (qui lui semblent des inventions plus *utiles, profitables et parfaites* que la presse à imprimer) : machines à filer à fuseau à ailettes, à tisser, à tordre le chanvre, à tondre les bonnets, à fabriquer des aiguilles... Il est incontestablement *mécanicien* de génie — et c'est un génie prophétique, qui anticipe l'ère industrielle, en ce sens au moins que ses « machines » (au nombre desquelles il faut inclure les outils, instruments de musique et armes) visent à une automatisation systématique.

Enfin, de quelque façon qu'on la réduise, qu'on en expose les limites et qu'on en restreigne l'originalité en l'inscrivant dans un contexte, l'œuvre technique et scientifique de Léonard ne perd pas pour autant son caractère exceptionnel ni sa grandeur qui résident, par-dessus tout, dans l'intention, dans le dessein et la volonté qui la sous-tendent : à partir de 1490, visiblement, Léonard tente d'assimiler et d'inventorier avec rigueur (selon ce qu'il nomme « mes principes mathématiques ») la totalité du savoir humain, en le *structurant*, en le corrigeant au besoin, en l'élargissant si possible.

Désir irraisonné, et déraisonnable s'il en est (il le dit[44]) ; mais guère plus, somme toute, que de vouloir rendre compte aujourd'hui de l'existence qui a donné naissance à ce désir et que ce désir a ensuite déterminée.

Un tel projet ne se forme pas en un jour ; il a dû s'imposer peu à peu, à mesure que Léonard développait ses connaissances.

Léonard écrit avec une modestie feinte, qui cache beaucoup d'ironie : « Voyant que je ne puis choisir une matière particulièrement utile ou plaisante, parce que les hommes nés avant moi ont pris pour eux tous les thèmes utiles et nécessaires, je ferai comme celui qui, par pauvreté, arrive le dernier à la foire et, ne pouvant se fournir à sa guise, se contente de ce que les autres ont déjà vu et n'ont pas pris, et qu'ils ont refusé en raison de son peu de valeur. Je chargerai alors mon humble bagage de cette marchandise dédaignée, méprisée, refusée par de nombreux acheteurs, et j'irai la distribuer, non par les grandes villes mais par les pauvres bourgs, en recevant le prix de la chose que j'offre[45]. » Flaubert aurait pu mettre ces mots dans la bouche de ses infatigables copistes, Bouvard et Pécuchet.

Léonard explore d'abord, indistinctement, des domaines restreints ; il défriche, il exploite avec ardeur des terres de plus en plus étendues, fertiles et nombreuses ; il y découvre que la terre est une, à la ressemblance de l'homme, et que tout se tient[46] ; il aperçoit bientôt qu'il emmagasine dans ses carnets la plus riche des moissons — mais à quelle fin ?

Emule d'Alberti, grand lecteur d'Aristote et de Dante (dont la *Comédie,* sorte de catalogue poétique, renferme toute la culture d'une époque), Léonard envisage de mettre en forme son acquis : de donner au monde à son tour, sous l'aspect de traités, une manière de « comédie », d'encyclopédie universelle. Le souhait qu'il émet à plusieurs reprises de classer ses notes, de les arranger pour en préparer la publication, révèle l'entreprise. « Quand tu mettras ensemble, dit-il, la science des mouvements de l'eau[47]... » Ou encore, de façon très imagée : « L'ordre de ton livre doit suivre ce plan : d'abord les poutres simples, puis celles soutenues par en dessous, puis partiellement suspendues, puis entièrement. Puis les poutres qui soutiennent d'autres poids[48]. » Il prévoit un ordre cohérent pour ses traités mêmes : « Le livre de la science de la mécanique doit précéder le livre des inventions utiles. Fais relier tes livres d'anatomie[49]. »

Certains jours, quoiqu'il s'en défende, il rêve sans doute de trouver la loi unique qui régit les lois de l'univers. Il écrit déjà : « Le mouvement est le principe de toute vie[50] », et il établit que tout phénomène physique dépend de quatre puissances *(potenze)* — à savoir : mouvement, poids, force et percussion[51].

Ce désir insensé de pénétrer et d'exposer dans son intégralité tout le savoir possible concorde en fait avec les aspirations du peintre — du peintre qui « représente fictivement une infinité de formes, d'animaux, herbes, plantes et lieux », qui, dans l'espace exigu de ses tableaux, enferme toutes les images de l'univers et qui, seul, « dispute et rivalise avec la nature » : l'homme de science aspire à la même universalité que l'artiste — de qui il ne se dissocie en vérité à aucun moment.

Le peintre, dit Léonard, est « maître de tout individu et toute chose ». S'il veut voir « des beautés capables de lui inspirer de l'amour, il a la faculté de les créer, et s'il veut voir des choses monstrueuses, afin d'effrayer, ou bouffonnes, pour faire rire, ou encore capables de susciter la pitié, *il est leur maître et dieu* ». Il a le pouvoir de créer des paysages idylliques, d'immenses montagnes, des océans en furie et jusqu'à des formes fictives, des êtres que la nature ignore : « Le caractère divin de la peinture, déclare Léonard, fait que l'esprit du peintre se transforme en *une image de l'esprit de Dieu.* »

Vasari accuse Léonard d'hérésie, de ne dépendre d'aucune religion, de mettre plus haut « le savoir scientifique que la foi chrétienne ». Il pourrait avant toute chose l'accuser du péché d'orgueil, sinon de blasphème : à la fin des années 1490, Léonard, qui songe de plus en plus sérieusement à s'élever dans les airs à la façon d'un oiseau et à évoluer sous l'eau tel un poisson, se mesure au Tout-Puissant, comme le Titan Prométhée, père de la civilisation et bienfaiteur de l'humanité, défia Zeus.

Léonard méprise les simagrées des prêtres qui « proposent des mots, reçoivent de grandes richesses et dispensent le paradis » ; « nombreux sont ceux, écrit-il, qui font commerce de supercherie et miracles simulés, dupant la multitude insensée ; et si personne ne dénonçait leurs subterfuges, ils en imposeraient à tous [52]. »

Du commerce des objets de piété, il dit : « Je vois le Christ de nouveau vendu et crucifié, et ses saints martyrisés [53]. » Il s'élève contre la vente des indulgences ; il critique la pompe outrancière des églises, l'obligation de se confesser, le culte des saints ; il raille les prélats inutiles qui prétendent « se rendre agréables à Dieu » en paressant à longueur d'année dans de somptueuses demeures [54]. Les germes de la Réforme se développent presque partout en Europe : de tels propos sont alors monnaie courante dans les milieux intellectuels ; ceux-là paraissent modérés en regard des imprécations lancées en chaire (et publiées) par l'irréductible Savonarole.

L'anticléricalisme flagrant de Léonard ne débouche nullement sur des positions athées. Léonard croit en Dieu — en un Dieu peu chrétien, il est vrai, venu du théologien allemand Nicolas de Cuse ou d'Aristote, et qui annonce celui de Spinoza : il le découvre dans la beauté miraculeuse de la lumière, dans le mouvement harmonieux des planètes, dans l'arrangement savant des muscles et des nerfs à l'intérieur des corps, dans cet indicible chef-d'œuvre qu'est l'âme. Il serait presque jaloux du Créateur qu'il appelle *primo motore* : l'*inventeur* de toute chose lui paraît bien meilleur architecte et mécanicien qu'il sera jamais...

« O admirable nécessité ! s'écrie-t-il, parlant du globe occulaire. [...] O action puissante ! Quel esprit pourra pénétrer ta nature ? Quelle langue saura exprimer cette merveille ? Aucune, certes. C'est là que le discours humain se tourne vers la contemplation du divin. » Cet *émerveillement* dicte d'ailleurs sa morale, fondée sur un unique axiome : respecter ce qui vit ; je n'en connais pas de plus sage.

La peinture, dit-il encore (ou la science, à son idée), fille des choses visibles, est « petite-fille de la nature et parente de Dieu ». Doit-on voir dans son perpétuel besoin de tout unir par des liens de parenté — la musique est *sœur cadette* de la peinture, la flamme est *mère* des métaux, la vérité est *fille* du temps, de l'expérience, etc. — un nouvel indice du traumatisme causé par sa naissance irrégulière ? En quête d'une famille, Léonard se rattache à la nature entière, il imagine pour son art un arbre généalogique qui le fait descendre en droite ligne du Créateur : niant ses origines terrestres, sa cosmologie personnelle l'institue légataire de l'univers, hors de la société humaine, il se sent partout chez lui, d'où la multiplicité légitime de ses recherches.)

Léonard ne pratique pas, sans doute ; ou plutôt il pratique à sa manière : son art, dépourvu d'or et d'azur, comme il aimerait que soit l'Eglise (sa volonté de supprimer les nimbes, par exemple, révèle des intentions *réformatrices*), demeure jusqu'au bout essentiellement religieux : même dans un sujet profane, Léonard célèbre à la façon d'une messe l'œuvre sublime du Tout-Puissant, qu'il s'efforce de comprendre et refléter.

Léonard a déjà fait de nombreuses *Vierges :* une *Annonciation,* une *Epiphanie,* différentes *Vierges à l'Enfant ;* il n'a encore jamais représenté Jésus *adulte.* En 1495, comme la situation politique se stabilise (provisoirement), Ludovic le More lui commande une *Cène,* moment décisif de la Passion, qui va lui donner l'occasion de mettre en application les théories picturales (et, d'une certaine façon, scientifiques) auxquelles il est parvenu, autant que d'exprimer plus profondément son sentiment religieux.

La *Cène* orne toujours le réfectoire de Santa Maria delle Grazie, à Milan ; c'est la seule œuvre de Léonard qu'on puisse admirer *in situ.* Les archives du couvent ont été détruites, mais nous savons que ce monastère dominicain a les faveurs du duc Ludovic :

il vient souvent s'y recueillir, il veut y être enterré avec son épouse, Béatrice, et leur descendance. Il a fait raser le chœur et l'abside de l'église (commencée par Guiniforte Solari, architecte du Dôme, vers 1465) et a confié à Bramante l'agrandissement et l'achèvement de l'édifice. En 1495, la tribune, sorte de vaste cube supportant une coupole à seize pans, est encore en travaux ; elle ne sera terminée que deux ans plus tard.

Parallèlement, le More fait aussi embellir le couvent contigu. Il a déjà demandé à un peintre lombard, Montorfano, une *Crucifixion* pour le mur septentrional du réfectoire. Il attribue à Léonard la paroi, large de 8,80 m, qui lui fait face[55].

Le *Cénacle*, comme nous disons parfois, l'*Ultima Cena*, le dernier repas que Jésus prit avec ses apôtres — au cours duquel il institua la communion —, décore traditionnellement le réfectoire des couvents : à la table terrestre des moines correspond ainsi la table sacrée ; le monde temporel rejoint l'éternel ; de sorte que se réalise la parole de Jésus : « Je demeurerai au milieu de vous. » Un jeu de reflets ne peut que séduire le Vinci. Selon Goethe, il prendrait pour modèle la table à tréteaux des moines, leur nappe même, « avec ses plis marqués, ses rayures ouvragées et ses franges », et les assiettes, les plats et les verres dont ils se servent ordinairement[56]. Léonard va faire surtout que l'espace fictif de sa peinture prolonge l'espace réel de la salle. Utilisant toutes les ressources de la perspective — de la perspective théâtrale, car, comme sur une scène, il dresse une architecture trompeuse, de façon à augmenter l'impression de profondeur[57] — il va élaborer la composition la plus savante, la plus aboutie sûrement de l'histoire de l'art. Significativement, ses premières études pour la *Cène* apparaissent parmi des travaux de géométrie : sur une page où il montre comment construire un octogone à partir d'un cercle[58] — c'est le cercle délimité par la voûte et le sol[59] du réfectoire qui commande secrètement l'ordonnance de la grande peinture rectangulaire : son centre donne le *point de fuite* (le point de convergence des lignes parallèles) et l'emplacement de la tête du Christ ; Léonard honore d'abord un Dieu euclidien, dont le mystère se célèbre à l'aide de la règle et du compas.

L'instant du Dernier Repas qu'il choisit de représenter n'est pas celui où Jésus institue l'Eucharistie (quoique le pain et le vin figurent devant lui), mais celui où il annonce à ses disciples que l'un d'eux le trahira.

« Le soir venu, lit-on dans l'Evangile de saint Matthieu, il se trouvait à table avec les Douze. Et, tandis qu'ils mangeaient, il dit : " En vérité, je vous le dis, l'un de vous me livrera. " Vivement attristés, ils se mirent chacun à lui demander : " Serait-ce moi, Seigneur ? " Il répondit : " Quelqu'un qui a plongé avec moi la main dans le plat, voilà celui qui va me livrer. " »

La peinture, écrit Léonard, est une « poésie muette ». Il s'agit pour lui de transposer d'abord les Ecritures, de rendre le récit — le drame — par les gestes, les attitudes, les physionomies des acteurs.

Il règle leur « jeu » à la façon d'un metteur en scène. Il note les noms des apôtres ; il distribue les « rôles ». « L'un, qui buvait, prévoit-il dans un carnet, a posé son verre et tourné la tête vers celui qui parle. Un autre, entrelaçant les doigts de ses mains, se tourne, les sourcils froncés, vers son compagnon. Un autre, les mains ouvertes, montrant ses paumes, remonte les épaules vers les oreilles, bouche bée de stupeur. Un autre parle à l'oreille de son voisin qui se tourne vers lui et tend l'oreille, tenant d'une main un couteau et de l'autre un pain à moitié coupé[60]. » Etc.

Importance primordiale de l'oreille, de la bouche : la parole suscite et véhicule l'« action », tandis que les mains traduisent et soulignent les paroles échangées, les réactions.

On « lit » ainsi dans l'œuvre la surprise, l'incrédulité, l'effroi, la colère, la dénégation, la suspicion : lequel des disciples a trahi ? Thomas, le sceptique, met naturellement en doute la phrase de son maître ; Philippe s'est levé, bouleversé par les conséquences prévisibles de cette trahison ; Barthélemy aussi a bondi de son siège, il questionne Simon, qui indique qu'il ne sait rien. Ceux-là s'interrogent et s'affolent ; ceux-là s'indignent, protestent de leur loyauté, de leur innocence. On dirait deux vagues humaines se déployant, roulant et grondant de part et d'autre du triangle isocèle que constitue le Seigneur — dont le calme tranche sur l'agitation de l'assemblée. Seul Jean, le disciple préféré, les yeux clos, le visage incliné, tel un double inversé de Jésus auprès duquel il est assis, semble comprendre que le Fils de l'homme va à son sort, *selon ce qui a été arrêté,* pour paraphraser Luc.

Léonard divise les apôtres en quatre groupes de trois. Un autre disciple, quoiqu'il entre (ou feigne d'entrer) dans le mouvement général, se distingue cependant de ses pairs : le sombre Judas, dans l'ombre de Jean, dont la main touche presque celle de Jésus — dans un instant, comme ils plongeront ensemble « la main dans le plat », ce geste le dénoncera, ainsi qu'il a été dit.

Au *Quattrocento,* pour bien désigner Judas au spectateur, les peintres le privent (seul) d'auréole et l'isolent en le plaçant à l'écart, le montrant souvent de dos, de *l'autre côté de la table* (ainsi Signorelli, Ghirlandaio, Andrea del Castagno[61]) ; ils cherchent en outre tous les moyens possibles de briser la monotonie que risquent d'engendrer treize personnages assis, alignés sur un même plan. Léonard, une fois encore, rompt avec la règle ; il se passe de ces artifices faciles : il utilise l'ombre, l'expression, l'attitude (Judas a un mouvement de recul, il serre nerveusement la bourse aux trente deniers contre sa poitrine) ; cela suffit pour qu'on reconnaisse le traître au premier coup d'œil. En vérité, le Vinci, soucieux de vraisemblance, fidèle à l'esprit du texte, *rompt* si bien avec la règle qu'elle ne peut plus servir : après lui, aucun peintre qui se respecte n'osera continuer de séparer par la largeur de la sainte table Judas du Christ et des apôtres.

Dans ses carnets — on l'a vu — Léonard parle de façon presque obsessionnelle des méfaits de l'envie, de la jalousie, de la calomnie, du mensonge, de l'exécrable fausseté, de la délation. Il dit que les mots peuvent tuer comme des flèches ou du poison ; il connaît leurs effets par expérience. Il écrit que « la mémoire des bienfaits est fragile au regard de l'ingratitude » (et aussi que « d'une petite cause naît souvent une grande ruine », et que « l'hermine — symbole de pureté — préfère la mort à la souillure[62] »).

Le thème de la trahison l'obsède depuis l'affaire Saltarelli ; peut-être même hante-t-il sa pensée depuis qu'il a pris conscience des torts de son père envers Caterina, séduite et abandonnée. A diverses époques de sa vie, semble-t-il, Léonard découvre d'odieux complots dirigés contre lui, il se croit victime de dénonciations, il se plaint de l'hypocrisie, de la « malignité » de ses semblables. On trouve ainsi dans ses papiers ce brouillon d'une lettre à Ludovic le More, antérieur d'un ou deux ans à la *Cène* : « Il y a un homme qui s'attendait à recevoir de moi plus qui ne lui était dû, écrit-il, et, se voyant déçu dans son désir présomptueux, il a tenté de détourner de moi tous mes amis, mais, comme il les a trouvés avisés et rebelles à sa volonté, il m'a menacé de proférer des accusations qui me priveraient de mes bienfaiteurs. J'en informe Votre Seigneurie (de sorte que cet individu qui souhaite semer des scandales ne trouve pas de terrain où planter les pensées et les graines de sa mauvaiseté), afin que, si cet homme voulait faire de Votre Seigneurie l'instrument de sa nature inique et malveillante, il se trouve déçu dans ses désirs[63]. »

Léonard ne nomme malheureusement pas ce fauteur de *scandales,* ni ne précise les circonstances dans lesquelles il s'en est fait un ennemi ou, plus important, ce qui pourrait lui être reproché. Un autre texte de sa main paraît toutefois se rapporter à la même *affaire,* au même individu : « Tous les maux qui existent ou ont jamais existé, s'il pouvait les mettre en œuvre, ne satisferaient pas encore les désirs de son âme perfide ; et je ne pourrais pas, quelque temps que je prenne, vous décrire sa vraie nature ; mais je conclus[64]... » La suite manque, nous n'en savons pas davantage.

La vertu persécutée — Léonard adopterait volontiers ces mots pour épitaphe. Il se reconnaît tout à fait, à mon sens, dans le Sauveur ignominieusement trahi, puis dénoncé à la milice des prêtres par le baiser de Judas. Avec la *Cène*, il peint de nouveau un sujet qui lui tient particulièrement à cœur : la pureté confrontée — opposée — à la bassesse et la méchanceté des hommes.

Il me semble que Léonard, à la différence de Socrate, ne croit pas que tous les hommes soient foncièrement bons. Certains individus ne lui paraissent pas même dignes du corps dont les a dotés la divinité. Il dit, parlant de l'ossature, des muscles, des organes : « Je ne pense pas que les hommes grossiers, de mauvaises mœurs et de peu d'intelligence méritent un si bel instrument et une telle variété de mécanismes[65]. » Leur « mauvaise nature » fait qu'ils n'apprécient pas la merveille humaine (Léonard dirait impartialement *animale*) et, partant, ne se sentent pas tenus de la respecter. D'où le fait qu'ils s'entre-tuent, se déchirent, s'entre-dévorent — trahissent. La bêtise, la médiocrité, la bassesse, la cupidité, la méchanceté, ces tares provoquent une sorte de rage en Léonard. « Regarde, écrit-il, nombreux sont ceux qui pourraient s'intituler de simples canaux pour la nourriture, des producteurs de fumier, des remplisseurs de latrines, car ils n'ont point d'autre emploi en ce monde ; ils ne mettent en pratique aucune vertu ; rien ne reste d'eux que des latrines pleines[66]. »

Ceux-là composent, hélas ! la majorité des hommes, de sorte qu'il faudrait toujours qualifier notre espèce d'imbécile et de folle (*o umaline sciochese o viue pazze queste due epiteti vanno nel principio della prepositione*[67]).

Ainsi, selon lui, sans s'en rendre compte, l'humanité court d'elle-même à sa perte. A peu près à l'époque où il peint la *Cène*, Léonard compose cette *prophétie* en forme de devinette dont la réponse est *De la cruauté des hommes :* « On verra sur terre des créatures se combattre sans répit, avec de très lourdes pertes et des morts fréquentes des deux côtés. Leur malice ne connaîtra point de bornes ; dans les immenses forêts du monde, leurs membres sauvages abattront un nombre immense d'arbres. Une fois repus de nourriture, ils voudront assouvir leur désir d'infliger la mort, l'affliction, le tourment, la terreur et l'exil à toute chose vivante. [...] O Terre ! que tardes-tu à t'ouvrir et les engouffrer dans les profondes crevasses de tes grands abîmes et de tes cavernes, et ne plus montrer à la face du ciel un monstre si cruel et horrible[68] ! »

Contre l'inaltérable pureté géométrique du Christ, Léonard va donc dresser dans la *Cène* l'infinie malignité de Judas — du commun mortel, de l'homme —, malignité dont les plus sages s'ébahissent (à l'exception de Jean, le disciple préféré).

« Il était dans le monde, et le monde fut par lui, et le monde ne l'a pas connu », dit saint Jean. Léonard écrit pour sa part : « Si tu rencontres quelqu'un vertueux et bon, ne le chasse pas loin de toi ; honore-le, de façon qu'il n'ait pas à te fuir et être réduit à se cacher comme un ermite, à se réfugier dans une grotte ou un autre lieu solitaire à l'abri de ta perfidie[69]. » A qui songe-t-il en composant cette phrase — au Fils de l'homme ou à lui-même ?

Léonard commence la *Cène* vers 1495. La légende (ou, si l'on préfère, Vasari) veut qu'il la peigne avec d'infinies lenteurs et qu'il ne finisse pas la tête du Christ. En réalité, l'œuvre semble tout à fait achevée deux ou trois ans plus tard (à en croire le témoignage de Luca Pacioli), bien que Léonard emploie une grande partie de ces années à des besognes nombreuses et diverses : tout compte fait, le peintre ne s'attarde guère en chemin.

Comme il œuvre directement sur le mur du réfectoire de Santa Maria delle Grazie, non dans le secret de son atelier, il peut difficilement dissimuler son ouvrage aux curieux — parmi lesquels on compte des nobles, des « personnalités ». Il ne dédaigne pas d'ailleurs ce public qu'il encourage à exprimer des avis. Grâce à quoi nous possédons les relations de plusieurs témoins oculaires sur sa façon de travailler : celle de Giovanni Battista Giraldi, celle du conteur Matteo Bandello, neveu du prieur du couvent, en particulier.

Dans une de ses nouvelles (Lucques, 1554), Bandello raconte comment, alors qu'il était adolescent, il voyait le peintre arriver au réfectoire de bonne heure, le matin, pour se hisser sur son échafaudage (la *Cène* se trouve à deux bons mètres du sol) et se mettre à la tâche aussitôt. « Il lui arrivait de demeurer là depuis l'aube jusqu'au coucher du soleil, ne posant jamais son pinceau, oubliant le manger et le boire, peignant sans relâche. Parfois il restait aussi deux, trois ou quatre jours sans toucher un pinceau, bien qu'il passât quotidiennement plusieurs heures à considérer son œuvre, debout, les bras croisés, examinant et critiquant en lui-même les figures. Je l'ai vu également, poussé par quelque subite fantaisie, à midi, lorsque le soleil était au zénith, quitter la Corte Vecchia où il travaillait à son merveilleux cheval d'argile pour venir tout droit à Santa Maria delle Grazie, sans chercher l'abri de l'ombre, et escalader l'échafaudage, saisir un pinceau, poser deux ou trois touches, puis s'en aller. »

Vers quelle tâche se dirige-t-il alors, *sans craindre le soleil de midi* ? Retourne-t-il à son *cavallo* (auquel il n'aurait pas renoncé, selon Bandello) ? Est-il pressé de finir quelque autre chose commandée par le duc ? Se hâte-t-il vers sa *fabrica* où l'attend une expérience, une machine ingénieuse autour de laquelle s'active son équipe ? Ou bien a-t-il commencé parallèlement le portrait de Lucrezia Crivelli, l'actuelle maîtresse du More [70] ? A-t-il en chantier un char, des déguisements de carnaval ou pour un tournoi [71], dont il veut surveiller la réalisation ?

Nous savons qu'il conçoit les décors et la mise en scène d'une *Danaë,* œuvre du poète et chancelier ducal Baldassare Taccone, représentée le 31 janvier 1496, dans le palais du frère aîné de Galeazzo de Sanseverino, le comte de Caiazzo. Quelques notes et études pour ce spectacle nous sont parvenues ; elles montrent un décor urbain en trompe-l'œil qui anticipe celui du *Teatro Olimpico* de Palladio, à Vicence, un ciel animé comme dans la Fête du Paradis, une machine théâtrale cylindrique au sommet de laquelle peut surgir un acteur, tandis que se déploie autour de lui une sorte de nimbe en amande tout enflammée [72]...

Léonard participe peut-être à la décoration du riche palais que se fait alors construire Cecilia Gallerani (achevé en 1498), comme au perpétuel réaménagement du château Sforza ; ou encore il donne les plans d'une maison (pour un commanditaire inconnu) ainsi que d'une ou plusieurs villas : il nous reste des indications, des esquisses, des notes de cette époque concernant l'édification de diverses habitations, tant à l'intérieur qu'à l'extérieur de Milan — qui pourraient représenter également l'ébauche d'un traité d'architecture civile [73].

Pour la duchesse Béatrice, nous savons qu'il fait un petit pavillon de jardin, en bois, démontable, au centre d'un labyrinthe de verdure [74], et qu'il décore plusieurs pièces (ou *camerini*) de son appartement au château. C'est l'occasion de l'un des rares éclats de Léonard : « Le peintre qui travaille aux *camerini* a fait aujourd'hui un certain scandale, à la suite de quoi il est parti », écrit le secrétaire de Ludovic, le 8 juin 1496, sans plus de précision. On menace Léonard de le remplacer par le Pérugin (qui ne vient pas), comme on l'a menacé d'appeler un sculpteur florentin pour le *cavallo.* Un problème d'argent, de paiement en retard doit être à l'origine de ce *coup de tête ;* les caisses ducales sont vides, les artistes sont alors les derniers *fournisseurs* qu'on songe à rétribuer — comme les tailleurs, au XIXe siècle. Léonard réclame plus ou moins énergiquement son dû : « Je regrette d'être dans le besoin, dit-il dans le brouillon d'une lettre à Ludovic, et je déplore plus encore que cela m'empêche de me conformer à mon désir qui a toujours été d'obéir à Votre Seigneurie. » Il poursuit : « Je regrette beaucoup que, m'ayant convoqué, vous m'ayez trouvé dans le besoin, et que le fait d'avoir à assurer ma subsistance m'ait empêché de... » Ne trouvant pas ses mots, il reprend, plus loin : « Je regrette beaucoup que le fait d'avoir à assurer ma subsistance m'ait obligé à m'occuper de bagatelles au lieu de continuer la tâche que Votre Seigneurie m'a confiée ; mais j'espère avoir bientôt gagné suffisamment pour pouvoir, l'esprit en paix, satisfaire Votre Excellence, à qui je me recommande ; et si Votre Seigneurie pensait que j'avais de l'argent, elle se trompait ; j'ai dû nourrir 6 personnes pendant 56 mois, et je n'avais reçu que 50 ducats[75]. »

Le brouillon d'une autre supplique au More existe également — malheureusement déchiré en deux, verticalement, de sorte qu'on n'en possède que des bribes — dans lequel le Vinci parle du *cavallo*, de « changer son art », de gloire éternelle, de son dénuement présent et de la décoration des *camerini* de la duchesse[76].

Ces fragments de lettres sont à peu près contemporains de la mort de Caterina et de la mise en garde contre l'individu à « l'âme vile » qui ne songerait qu'à lui causer du tort ; cela permet de mieux comprendre le tourment de l'artiste.

On ignore si messer Gualtieri, le trésorier du château, reçoit finalement des instructions pour payer Léonard et si celui-ci — qui entretient six personnes, dit-il — est aussi privé de moyens qu'il le prétend. Il a sûrement plusieurs sources de revenus. Il se répand d'ailleurs beaucoup moins en doléances que Bramante ou Bellincioni (et « qui ne connaît les jérémiades propres aux artistes et aux humanistes de la première Renaissance ? » écrit Müntz). Bandello assure d'autre part qu'il touche 2 000 ducats par an pour la *Cène*, sans compter divers dons et cadeaux que lui ferait le More.

Quoi qu'il en soit, Léonard nous apprend par ces textes qu'il n'a pu se rendre à une convocation du duc parce qu'il était pris par des « bagatelles » *(alcuni piccoli)* et qu'il espère bientôt « gagner suffisamment » pour retourner sereinement à sa tâche.

Ces bagatelles très rémunératrices peuvent être soit les portes de bronze de la cathédrale de Piacenza, soit une peinture pour le maître-autel de l'église San Francesco de Brescia[77], soit, plus probablement, quelque invention dont Léonard espère vendre les plans : son métier à tisser, sa machine à fabriquer des aiguilles, son laminoir[78], voire sa machine à voler. Car, bien entendu, tout en travaillant à la *Cène* et aux *camerini* (ainsi qu'à l'achèvement du cheval, si Bandello ne se trompe pas), il n'interrompt à aucun instant ses recherches scientifiques et techniques.

« Demain matin, note-t-il, second jour de janvier 1496, je ferai la courroie et l'essai[79]. » Serait-ce un premier essai de vol ?

L'idée de voler occupe Léonard depuis ses années florentines — voire depuis son adolescence. Elle apparaît pour la première fois dans une page de dessins (conservée aux Offices) qui date de l'époque où il peignait l'*Adoration des Mages* — on se rappelle aussi le soin particulier avec lequel il a conçu les ailes de l'ange de l'*Annonciation*. A partir de 1482, en Lombardie, ses carnets définissent plus avant la possibilité pour l'homme de s'élever et planer dans les airs comme un grand rapace. Au début des années 90, il multiplie les observations sur les oiseaux, il établit une sorte de théorie du vol (fondée sur la « force » de l'air), il trace les plans de diverses machines à voler : « L'oiseau, écrit-il, est un instrument qui fonctionne suivant des lois mathématiques et l'homme a le pouvoir de reproduire un tel instrument avec tous ses mouvements[80]. » A présent, en 1495-1496, il semble qu'il passe à la pratique, qu'il *tente l'expérience* : il dit lui-même que le toit de la Corte Vecchia où il a sa *fabrica* est l'endroit « le plus indiqué d'Italie » pour essayer son engin — et qu'en se plaçant « à l'abri derrière la tour », les ouvriers qui finissent de construire le *tiburio* du Dôme ne pourront l'apercevoir : il entend que l'expérience demeure secrète[81].

Depuis toujours le projet le hante — quelques années plus tard, vers 1505, de plus en plus passionné, il soutiendra être en quelque sorte *prédestiné* à l'étude du vol en relatant son fameux *souvenir d'enfance*, point de départ de l'étude de Freud : « Il me semble que lorsque j'étais au berceau un milan vint et m'ouvrit la bouche de sa queue... »

En réalité, l'ambition de donner des ailes à l'homme remonte à l'Antiquité — Florence se souvient si bien du mythe d'Icare que Giotto et Andrea Pisano l'ont mis en bas-relief, aux côtés de la Justice, dans un des octogones de marbre qui décorent le Campanile. Ce rêve s'est perpétué chez les ingénieurs médiévaux, chrétiens et arabes. Au XIIIe siècle, dans son *Epistola de secretis operibus*, le philosophe anglais Roger Bacon, établissant une sorte de programme de recherches techniques, parle de grands navires sans rameurs que dirige un seul homme, de voitures automobiles « incroyablement rapides », de grues aux capacités immenses, de ponts jetés par-dessus les rivières sans cordes ni supports, d'appareils pour explorer le fond des mers — ainsi que d'une « machine volante au milieu de laquelle un homme assis fait tourner un moteur actionnant des ailes artificielles qui battent l'air comme celles d'un oiseau en vol. » Bacon conclut : « Toutes ces machines ont été construites dans l'Antiquité, et elles ont certainement été réalisées de notre temps, à l'exception peut-être de la machine volante que je n'ai pas vue, et je ne connais personne qui l'ait vue, mais je sais un expert qui a mis au point la façon d'en fabriquer une. »

Léonard n'ignore pas les écrits du philosophe anglais qu'il appelle *Rugieri Bachō* (il note qu'ils sont ou doivent être imprimés[82]). Il n'a pas besoin de les lire, toutefois, pour les connaître : ses amis professeurs à l'université de Pavie n'ont pu manquer de les évoquer devant lui. Les maîtres artisans qu'il fréquente doivent avoir aussi leur lot d'histoires de *machines volantes.* D'autres ingénieurs italiens essaient alors de voler — par exemple Giovan Battista Danti de Pérouse, dont l'appareil se fracassera sur un toit d'église, en 1503.

Léonard part sans doute, une fois encore, de machines ou de la description de machines existantes. On trouve dans les carnets de l'ingénieur médiéval Villard de Honnecourt le croquis d'un oiseau articulé, pouvant battre des ailes, et, dans un manuscrit de la British Library, à Londres, le dessin d'un parachute très semblable à celui du Vinci — et tout aussi inefficace : celui qui se risquerait à sauter du haut d'une falaise en s'y fiant se romprait les os à coup sûr — leur envergure est par trop insuffisante pour le poids d'un homme[83]. Cet oiseau articulé, ce parachute peuvent cependant « fonctionner » à merveille à une échelle réduite, *en tant que jouets.* C'est sans doute ainsi que Léonard expérimente d'abord les divers engins liés au vol qu'il conçoit. Lorsqu'il décrit son *hélicoptère* (« si cet instrument en forme de vis est bien fait, c'est-à-dire en toile de lin, ses pores bouchés avec de l'amidon, et si on le fait tourner rapidement, il se trouve que cette vis fait son écrou dans l'air et monte très haut »), il précise bien qu'il envisage d'en faire en premier l'essai avec « un petit modèle en papier dont l'axe sera formé d'une fine lamelle d'acier soumise avec force à un mouvement de torsion, et quand on la relâchera, elle fera tourner l'hélice[84] ». De même pour l'appareil qu'il compte lancer secrètement du toit de la Corte Vecchia : « Barricader la salle du haut, commence-t-il par écrire, et faire *un modèle* grand et haut[85]. »

Ces premiers essais sont peut-être couronnés de succès. Rien ne s'oppose en effet à ce qu'il fasse voler de petits appareils mus par un ressort (comme la lame d'acier de son hélicoptère) ou un planeur en osier et soie : même lestés d'un pantin, ceux-ci sont assez légers pour s'élever ou se maintenir un instant en l'air. Léonard tient à les adapter cependant aux proportions — au poids — d'un homme.

Pour l'hélicoptère, il prévoit une spirale en toile de près de dix mètres de diamètre ; ses schémas d'« avions » (il dit : *ornitottero*) montrent des ailes qui ne sont pas moins grandes (l'une d'elles mesure vingt *braccia*, soit douze mètres environ). Comment espère-t-il propulser de tels engins, dépassant sûrement les cent kilos avec leur charge — comment se procurer la « force » soutenue que nécessite un vol humain ?

Ce problème l'amène à étudier le rapport envergure-poids chez les oiseaux. Il lui semble qu'il n'existe pas de règle fixe, puisque certains gros oiseaux, comme le pélican, sont munis d'ailes relativement courtes, tandis que les chauves-souris en ont de très longues en regard de leur taille. Jugeant ses calculs trop approximatifs, il tente alors des expériences *grandeur nature :* sur un dessin du manuscrit B [86], on voit un homme mouvoir au moyen d'un levier une grande aile, ressemblant à celle d'une chauve-souris, à laquelle est attachée une pièce de bois pesant deux cents livres (une livre égale à peu près 380 grammes) : Léonard en déduit un seuil de *portance.*

S'inspirant de l'anatomie d'animaux volants, qu'il dissèque, il envisage tour à tour différents types d'ailes dont les plus sophistiquées sont articulées : grâce à un système de poulies et de ficelles, elles se replient, elles s'orientent, elles battent de façon à s'élever ou avancer horizontalement [87]. Il recherche aussi les matériaux les plus légers, les plus souples, les plus solides : du bois de sapin renforcé par du tilleul, du taffetas amidonné, de la toile couverte de plumes, du cuir traité à l'alun ou enduit de graisse (pour les lanières et courroies), de la soie grège, des branches de jeune pin et du jonc (pour l'ossature), de l'acier et de la corne (pour les ressorts). Il lui reste enfin à résoudre des questions d'équilibre, de statique. Le « pilote » doit-il se tenir assis, couché ou debout dans sa machine ? Comment faire, d'autre part, pour qu'il puisse se servir utilement de ses quatre membres *à la fois* afin de propulser et diriger l'appareil ?

Sous la plume de Léonard, l'*ornitittoro* prend successivement la forme d'une pirogue à balancier, d'une machine à ramer d'appartement, d'un gros coléoptère (à quatre ailes), d'une calebasse mâtinée de moulin à vent. Il s'équipe à mesure de pédales, d'un gouvernail, d'étriers, d'une voile, de manivelles, d'un harnais, d'une nacelle, de plates-formes, de câbles directionnels, d'un train d'atterrissage *rentrant,* constitué par des échelles, d'amortisseurs [88]...

Léonard, plein de foi, consacre un temps infini à son « invention » ; si d'autres ont tenté de voler avant lui, personne n'a poursuivi encore ce rêve avec autant de patience, d'ingéniosité, d'audace, d'acharnement.

Il me semble qu'il renonce, tout bien considéré, à s'élancer du haut de la Corte Vecchia (pour atterrir sur la place du Dôme ?) ; il n'a peut-être utilisé le toit du bâtiment que pour vérifier la portance de ses ailes ou essayer des maquettes. Il décide plus prudemment : « Tu expérimenteras cet appareil au-dessus d'un lac et tu porteras, attachée à la ceinture, une longue outre (en guise de bouée), de sorte que si tu tombes tu ne te noies pas[89]. »

De nombreux historiens doutent qu'il se soit jamais risqué dans les airs. Telle n'est pas mon opinion. Il n'est pas impossible toutefois, comme il change dix fois de solution, qu'il finisse par tenter l'aventure dans l'espèce de cerf-volant ou planeur (assez proche de nos modernes deltaplanes) que décrit une page du manuscrit de Madrid[90], plutôt que dans un engin muni d'ailes mobiles : cet appareil paraît le plus susceptible de ne pas tomber comme une pierre. Une phrase de Jérôme Cardan, dont le père (messer Fazio Cardano) est alors assez lié avec Léonard, révèle qu'une tentative de vol a bien lieu, en tout cas, et qu'elle se solde par un échec, comme c'était prévisible : *Vincius tentavit et frustra* (*De subtilitate*, 1550).

Léonard confirme à mon sens l'entreprise et son insuccès, lorsqu'il écrit, dans les dernières années du siècle, au centre de sa longue *prophétie* sur la cruauté des hommes : « A cause de leur superbe, certains voudront s'élever vers le ciel, mais le poids excessif de leurs membres les retiendra en bas[91]. » Là, il avoue son orgueil, la vanité de sa prétention ; quand on connaît ses espoirs et la peine qu'il a prise, on l'imagine déçu, humilié, découragé ; il l'est un moment — cela ne dure pas : quelques années plus tard, de retour à Florence, il se remet de plus belle à ses machines volantes.

Toujours en 1496, deux personnages importants, l'un déjà célèbre, l'autre en passe de le devenir, arrivent à Milan : le moine franciscain Luca Pacioli et le jeune Baldassare Castiglione.

Fra Luca Pacioli, né à Borgo San Sepolcro, en Toscane, de quelques années plus âgé que Léonard (il doit avoir cinquante ans), disciple d'Alberti et de Piero della Francesca, a vécu des mathématiques à Pérouse, Rome, Florence, Venise où il a fait publier une *Summa de arithmetica geometria proportioni et proportionalita* qui lui a bâti une grande réputation : le duc Ludovic l'a invité à enseigner à Milan. Castiglione, qui n'est encore que poète, vient de Mantoue. Tous deux poursuivent une fin semblable, quoique dans des domaines différents ; ils sont compilateurs éclairés, vulgarisateurs de talent : Pacioli (dont Vasari dit « qu'il s'est fait beau » en se parant d'anciens écrits savants[92]) entend exposer tout le savoir mathématique, d'Euclide à Regimontanus, du carré de l'hypoténuse à la comptabilité commerciale, tandis que Castiglione va donner un recueil complet de bonnes manières, de savoir-vivre, de nobles principes, de belles opinions — son *Cortegiano (le Parfait Courtisan)* dans lequel il fera converser Raphaël, le cardinal Bembo et autres gloires de l'époque.

Castiglione cite le Vinci dans son livre. Léonard n'en parle pas — il semble l'ignorer tout à fait, alors que les occasions ne leur manquent pas de se rencontrer, à Milan, puis à Mantoue ou à Rome. En revanche, le moine mathématicien séduit d'emblée l'artiste : Léonard étudie son traité (qu'il achète avec une *Bible* et une *Chronique*, pour 119 *soldi*, et dont il recopie de nombreuses pages[93]), il le mentionne à plusieurs reprises dans ses notes, l'appelant *maestro Luca :* c'est vite entre eux une histoire d'amitié.

Le Museo Nazionale di Capodimonto, à Naples, conserve un magnifique portrait de Pacioli en compagnie de son élève Guidobaldo di Montefeltro (attribué autrefois à Jacopo de Barbari). Sur le vert d'un tapis de table, devant le moine en habit, on aperçoit une ardoise montrant une figure d'Euclide, un manuscrit de géométrie, un pentaèdre sur un gros livre fermé et un compas, une équerre, un encrier portatif pareils à ceux dont doit user Léonard : le lourd cylindre où sont rangées les plumes permet au réservoir d'encre de pendre, ouvert, contre le rebord de la table, au bout des ficelles qui servent à son transport[94]. Un large volume régulier, qu'on dirait de verre, paraît flotter dans le vide, dans le côté gauche du tableau.

Le frère a le visage grand et fort, l'œil assuré, docte, persuasif — l'air de qui sait convaincre, en imposer. Il en impose assurément à Léonard. On peut s'en étonner, quand on songe au mépris que voue celui-ci aux « trompeteurs et récitateurs des œuvres d'autrui » (lui-même n'emprunte que pour *redécouvrir*) ; mais il faut considérer que ses propres connaissances mathématiques ne sont guère étendues, quoiqu'il ne cesse de se réclamer de cette science. Si Léonard déclare : « Que nul ne me lise qui n'est pas mathématicien[95] », il met principalement dans ce mot des notions de rigueur, de cohérence, de logique. Il entend à la perfection la géométrie *pratique* — obligatoirement — comme la plupart des peintres, architectes et ingénieurs de son temps ; pour la *théorie,* il ne peut se passer d'un guide, de conseils, d'explications, de *se faire montrer,* pour reprendre ses termes, telle ou telle chose par un universitaire — Fazio Cardano ou les Marliani. L'algèbre surtout lui demeure hermétique : il maîtrise mal les chiffres, on le voit régulièrement s'empêtrer dans ses calculs, se tromper jusque dans de simples additions (par distraction ?) — quand il fait l'inventaire de ses écrits, en 1504, il compte 48 carnets, alors qu'il en a 50 (« 25 petits livres, 2 livres plus grands, 16 livres plus grands encore, 6 livres reliés en vélin, 1 livre recouvert de chamois vert/total : 48 »)[96].

Pacioli lui semble le gardien d'un incommensurable savoir. Rien de plus abscons qu'une abstraction dont on n'a pas la clé. L'amitié prometteuse de cet homme va stimuler l'appétit naturel de Léonard pour les mathématiques ; à partir de 1496, il noircit soudain ses carnets, fiévreusement, de la même façon qu'il les a emplis de vocables italiens et latins, d'extractions de racines carrées, de multiplications, de fractions, de chiffres vertigineux, comme il élève de grands nombres à la troisième, à la quatrième puissance, de postulats, d'axiomes, de théorèmes qui le grisent, de « jeux géométriques[97] » pleins d'enthousiasme où entrent et se conjuguent le triangle, le carré, l'hexagone, ainsi que le cercle et la sphère, bien entendu, décomposés, scindés, transformés à l'infini.

Entre Pacioli et Léonard la fascination est réciproque. Tandis que l'un explique Euclide, Archimède, l'autre montre ses réalisations, il ouvre ses carnets, il expose sa *mécanique*, ses vues sur l'art, sa conception personnelle des *proportions*, de l'harmonie — applicables selon lui à toutes les parties de l'univers[98].

Le projet naît bientôt d'un livre, le *De Divina Proportione*, écrit par Pacioli et illustré par Léonard. L'ouvrage sera publié en 1509, à Venise ; une splendide version manuscrite en est offerte auparavant au duc Ludovic, et une autre à Galeazzo de Sanseverino, en 1498[99]. Dans sa préface, Pacioli rend hommage à son ami, « le plus digne des peintres, *perspectivistes*, architectes et musiciens, l'homme doué de toutes les vertus, Léonard de Vinci le Florentin » dont « l'ineffable main gauche » a dessiné les cinq corps réguliers définis par Platon, en volumes pleins (*solidi*) et en « squelettes » (*vacui*) : le tétraèdre, l'hexaèdre, l'octaèdre, le dodécaèdre, l'icosaèdre, ainsi que leurs dérivés (en tout, plus de soixante illustrations, dont de nombreuses lettrines)[100].

Vasari accuse Pacioli d'avoir plagié les traités de Piero della Francesca dans sa *Summa ;* le Français Geoffroy Tory, imprimeur de François Ier, de n'avoir pas moins pillé Léonard pour le *De Divina Proportione* : « J'ai entendu que tout ce qu'il en faict, il a prins secrètement de feu messire Léonard Vince qui estoit grant Mathématicien, paintre et imageur. » C'est sans doute exagéré ; Léonard ne sera jamais « grant Mathématicien » ; il s'illustre le mieux par la construction d'instruments de mathématiques : compas proportionnels, paraboliques, elliptiques — dont il laisse les schémas[101]. Les deux hommes s'épaulent, s'enrichissent plutôt l'un l'autre (Pacioli met une sorte de *touche finale* à l'éducation scientifique de son ami). Leurs vues se rejoignent, se mêlent — comme se sont unies celles de Léonard et Bramante en architecture. Il reste cependant que nombre de propositions émises par fra Luca (celles qui concernent l'art, en particulier) semblent un écho de la voix du peintre — Léonard, si je puis dire, a trouvé en Pacioli un mentor autant qu'un porte-parole.

Cette collaboration fructueuse entre l'artiste et le mathématicien a de probables répercussions sur la composition de la *Cène*. L'œuvre, toutefois, ne se nourrit pas que de géométrie : elle développe un véritable discours sur les passions. Le poète dramatique Giovanni Battista Giraldi, dans un texte publié en 1554, assure que les auteurs de romans et comédies eux-mêmes devraient s'inspirer de la façon dont Léonard élabore ses figures. « Ce grand peintre, dit-il, quand il lui fallait introduire quelque personnage dans l'un de ses tableaux, s'enquérait d'abord en lui-même de la qualité de ce personnage : s'il devait être du genre noble ou vulgaire, d'une humeur joyeuse ou sévère, dans un moment d'inquiétude ou de sérénité. [...] Après avoir, par de longues méditations, répondu à ces questions, il allait dans les lieux où se réunissent d'ordinaire les gens d'un caractère analogue. Il observait attentivement leurs mouvements coutumiers, leur physionomie, l'ensemble de leurs manières ; et, toutes les fois qu'il trouvait le moindre trait qui pût servir à son objet, il le crayonnait dans le petit livre qu'il portait toujours sur lui. Lorsque, après bien des courses, il croyait avoir recueilli des matériaux suffisants, il prenait enfin les pinceaux. »

Giraldi tient ses informations de son père, qui allait souvent regarder le Vinci au travail, à Santa Maria delle Grazie. Les carnets de l'artiste renseignent mieux sur l'habitude qu'il a de dénicher ses modèles dans certains « lieux » de Milan — de croquer des caractères sur le vif, pour composer un personnage. « Va chaque samedi aux bains publics (*alla stufa*), note Léonard sur la couverture du manuscrit F, tu y verras des nus. » Il écrit : « Cristofano da Casti, qui est à la Pietà, a une belle tête » ; « Giovannina a un visage fantastique ; elle se trouve à l'hôpital Santa Catarina [102] ». Il se rend aussi — apparemment pour la même raison : découvrir des physiques « intéressants » — dans des tavernes, des endroits malfamés, au bordel (*malnido,* dit-il ; et il trace, en passant, les plans d'une maison close idéale où trois entrées, des escaliers et des couloirs indépendants les uns des autres assurent au client le maximum de discrétion [103]). Quelques années plus tard, il indique également que, du côté de la porte Vercellina, « les femmes de messer Jacomo

Alfeo » (le patron d'un lupanar ?) pourraient servir de modèle pour sa *Léda*[104].

Il arrive, raconte Vasari, que Léonard suive durant une journée entière un individu aux traits singuliers, pour l'étudier. Selon Bandello, il va dessiner aussi les *mimiques* de condamnés au moment du supplice. Les figures monstrueuses, les corps difformes, les membres amputés l'intriguent spécialement : « Le médecin Giuliano de Maria, indique-t-il, a un assistant sans mains[105]. » Souvent, il note d'un trait rapide, caricatural, les pauvres visages qui retiennent son attention : au milieu de ses réflexions les plus graves apparaissent ainsi des vieillards obèses, des têtes grimaçantes, édentées, comme rongées par la lèpre, des faciès ahuris ou bouffons, une vieille toute flétrie et pomponnée que ne renierait pas Goya[106]... Ces caricatures plairont beaucoup aux XVIIIe et XIXe siècles : les collectionneurs les rechercheront avidement, des graveurs en éditeront des recueils (De Caylus, Mantelli, Hollar, Lasinio). On explique diversement cette curiosité morbide de Léonard. Pour certains, elle contrebalancerait sa poursuite de la perfection — Victor Hugo soutient dans sa préface de *Cromwell* qu'on se lasse de tout, même du beau ; d'autres estiment qu'il ne s'agit là que de passe-temps : les malheurs et les tares physiques de ses contemporains distrairaient le beau Léonard de ses occupations ordinaires. Personnellement, il me semble que cet intérêt obéit d'abord aux goûts de l'époque (on sait, par exemple, que le More, amateur de *formes rares,* a importé à grands frais un nain de Chio) ; par ailleurs, les figures d'exception, échappant à la règle, aux *proportions* que le Vinci cherche à établir, entrent dans son programme universel : ils n'en appartiennent pas moins à la réalité ; enfin, les *grotesques* soulignent en les exagérant des expressions communes, propres à tous les hommes. Léonard dit : « Le bon peintre a essentiellement deux choses à représenter : un personnage et l'état de son esprit. La première est facile, la seconde malaisée, car il faut y arriver au moyen des gestes et mouvements des membres ; et cela peut être appris chez les muets qui le font mieux que les autres hommes. » Devant un faible d'esprit, il doit découvrir les composantes caractéristiques de l'ahurissement, devant un forcené, celles de la colère ou du désespoir, et ainsi de suite. Montre-t-il ensuite ses croquis autour de lui pour vérifier qu'il est capable d'effrayer, de susciter la pitié ou le rire, comme il le souhaite[107] ?

Léonard trouve probablement les traits des apôtres de la *Cène* (et leurs attitudes respectives) dans les rues de la ville, autour de lui — on songe aux soins apportés par Fellini à ses *castings.* Le Cristofano da Casti, cité plus haut, lui inspire peut-être la tête de saint Jean ou d'un autre disciple ; un certain comte Giovanni, de la suite du cardinal de Mortaro, paraît prêter, quant à lui, son image au Christ (dont une main serait peinte d'après celle d'un certain Alessandro de Parme)[108].

Giraldi raconte, tout comme Vasari, que Léonard, vers 1497, ayant achevé les onze apôtres et le corps de Judas, ne parvenait pas à trouver un modèle satisfaisant pour ce dernier : la tête du traître manquait encore. « Le prieur du couvent, dit Giraldi, impatienté de voir son réfectoire encombré de l'attirail du peintre, alla se plaindre au duc Ludovic, qui payait très noblement Léonard pour cet ouvrage. Le duc fit appeler celui-ci et lui dit qu'il s'étonnait de tant de retard. Le Vinci répondit qu'il avait lieu de s'étonner à son tour des paroles de Son Excellence, puisque la vérité était qu'il ne se passait pas de jour qu'il ne travaillât deux heures entières à ce tableau. » (Un document que conservent les archives lombardes, à la suite d'une lettre du More, rend compte de ces démarches : « Presser Léonard le Florentin de terminer l'ouvrage auquel il travaille dans le réfectoire de Santa Maria delle Grazie, afin qu'il puisse se mettre à l'ouvrage sur l'autre mur du réfectoire[109]. Sinon, les accords signés antérieurement par lui, concernant son achèvement en un temps donné, seront annulés. »)

Malgré l'avertissement, l'œuvre n'avance pas. De sorte que le prieur s'en retourne auprès du duc. « Il ne reste plus à faire que la tête de Judas, répète-t-il, et il y a plus d'un an à présent que non seulement Léonard n'a touché au tableau, mais qu'il n'est venu le voir une seule fois. » Le More s'irrite ; il convoque de nouveau le peintre. Léonard déclare que les pères n'entendent rien à l'art, et qu'un peintre ne progresse pas comme l'ouvrier qui manie une pioche. Il avoue n'avoir pas mis les pieds au couvent depuis longtemps ; il réaffirme en revanche qu'il travaille à la *Cène* chaque jour, au moins deux heures. « Comment cela, demande le duc, si tu n'y vas pas ? » Léonard répond, selon Giraldi : « Votre Excellence n'ignore pas qu'il ne me reste plus à faire que la tête de Judas, lequel a été cet insigne coquin que tout le monde sait. Il convient donc de lui donner une physionomie accordée à sa scélératesse : pour cela, il y a un an, et peut-être plus, que tous les jours, soir et matin, je me rends au Borghetto, où Votre Excellence sait bien qu'habite toute la canaille de sa capitale ; mais je n'ai pu trouver encore un visage de scélérat qui satisfasse à ce que j'ai dans l'idée. Une fois ce visage trouvé, en un jour je finirai le tableau. Si cependant mes recherches demeurent vaines, je prendrai les traits de ce père prieur qui vint se plaindre de moi à Votre Excellence, et qui d'ailleurs remplit parfaitement mon objet. Mais j'hésitais depuis longtemps à le tourner en ridicule dans son propre couvent. » (Dans sa version, Vasari met en outre ces mots caractéristiques dans la bouche du Vinci : « C'est au moment où ils travaillent le moins que les esprits élevés en font le plus ; ils sont alors mentalement à la recherche de l'inédit et trouvent la forme parfaite des idées qu'ils expriment ensuite en traçant de leurs mains ce qu'ils ont conçu en esprit. »)

La réponse mit le More en joie ; il donna raison à Léonard, conclut Giraldi. Le peintre finit par rencontrer le visage infâme qu'il voulait, il le combina aux traits qu'il avait déjà recueillis (au nombre desquels, sans doute, ceux de l'« être inique » qui, disait-il, le persécutait) et il termina rapidement son œuvre.

On ne se rend pas bien compte aujourd'hui, tant la peinture de la *Cène* s'est détériorée, de l'extraordinaire jeu de physionomies du Christ et des apôtres : il faut regarder les dessins préparatoires des visages, à la sanguine pour la plupart, si l'on veut s'en faire une idée[110]. On est toujours emporté par le rythme de la composition, stupéfié par l'ingénieuse perspective, l'expressivité des gestes, mais les figures de ce tableau que Prud'hon, dans une lettre aux Goncourt, juge « le plus beau tableau du monde et le chef-d'œuvre de toute la peinture » ont perdu leurs contours, elles sont tout écaillées, moisies, érodées, comme noyées dans le mur — « l'ombre d'une ombre », dit Henry James (*Italian hours,* 1870).

La *Cène* a commencé de se dégrader dès le XVIe siècle. A l'époque de Vasari, elle n'est plus, dit-on, qu'« une tache éblouissante ». En 1624, d'après le chartreux Sanèse, « il n'y en a presque rien à voir ». Une porte menant aux cuisines est alors ouverte dans le mur, qui entame la peinture, nous privant définitivement des pieds du Christ et d'un bout de nappe. Au XVIIIe siècle, à deux reprises, on s'évertue à la restaurer ; les restaurateurs, un certain Belloti en particulier, font plus de dégâts que de bien : ils arrachent les morceaux abîmés et repeignent à leur façon des pans entiers de l'œuvre. En 1796, des soldats français, malgré l'ordre exprès du général Bonaparte, entassent le fourrage de leurs bêtes dans le réfectoire désaffecté ; les dragons de la République s'amuseraient aussi à lancer des briques à la tête des apôtres. La *Cène* est de nouveau restaurée (trois fois entre 1820 et 1908). Une bombe, à la fin de la Seconde Guerre mondiale, tombe sur le toit du réfectoire : l'œuvre de Léonard, protégée par des sacs de sable, est à peu près épargnée. On la restaure une nouvelle fois, entre 1946 et 1953, essayant de la rendre à son état d'origine ; le rouge vif de la robe du Christ, couleur symbolique de la Passion, reparaît enfin. Une dernière restauration, bénéficiant des méthodes scientifiques les plus modernes, est entreprise de nos jours par l'Istituto Centrale del Restauro.

On sait que la fresque a subi les dommages d'au moins deux inondations, en 1500 et 1800 — où l'eau, selon Goethe, emplit le réfectoire jusqu'à une hauteur de soixante centimètres. Cela suffit-il à expliquer les malheurs de cette peinture ? On dit également que les murs du couvent, élevés à la hâte, étaient constitués de moellons poreux, conservant l'humidité et les sels, les acides qu'exsude la chaux. Mais pourquoi la *Crucifixion* de Montofarno, qui fait face à la *Cène,* n'a-t-elle pas tant souffert ? Il semble qu'une technique inusitée, employée là par Léonard (tempera forte sur un double enduit de plâtre), soit en partie responsable de la dégradation de l'œuvre.

Ce n'est d'ailleurs pas une fresque au sens propre du mot : elle n'a pas été exécutée *al fresco,* sur de la chaux *fraîche,* avec des couleurs diluées à l'eau. Ce procédé, qui donne des peintures durables, exige beaucoup « de vigueur, de sûreté, de promptitude dans la décision », comme le souligne Vasari (Giotto achevait ses fresques en une dizaine de jours ou *giornate*) ; Léonard ne pouvait s'en satisfaire, lui qui revient sans cesse sur ses figures et aime à s'accorder le temps de la réflexion. Il a sans doute eu le tort d'inaugurer une technique intermédiaire entre la détrempe traditionnelle et l'huile ; il est vrai qu'on faisait de tout dans l'atelier de Verrocchio, excepté de grandes peintures murales : il fallut à l'élève inventer ce que ne lui avait pas enseigné son maître. Le Vinci eût-il connu la recette de « la peinture à l'huile sur mur sec » que donne Vasari dans son introduction aux *Vies,* il y a fort à parier que la *Cène* eût mieux traversé les siècles.

Si elle n'est plus aujourd'hui qu'un « malade illustre » (Henry James), les innombrables copies[111] qu'on en a faites au XVIe siècle, certaines par des disciples directs du Vinci (Boltraffio, Marco d'Oggiono, Cesare Magni), permettant de deviner plus ou moins ce qu'elle était à l'origine (notamment pour ce qui est des détails, des couleurs) et, en même temps, d'apprécier son incroyable rayonnement : l'art de la peinture prend un nouveau cours — les artistes ne s'y trompent pas — avec cette œuvre de Léonard.

Ni Vasari, ni Giraldi, ni Bandello — ni Léonard lui-même — ne précisent pourquoi Ludovic le More paraît si pressé, en juin 1497, de voir menés à terme la *Cène* et d'autres travaux entrepris à Santa Maria delle Grazie. La raison pourtant en est simple : la duchesse Béatrice, son épouse, est morte au cours de l'hiver ; il veut que tout soit prêt dans le couvent pour accueillir le double tombeau qu'il a commandé à Cristoforo Solari, afin que, dit-il, « s'il plaît à Dieu, nous puissions reposer ensemble jusqu'au moment de la résurrection[112] ».

Béatrice est morte comme elle a vécu : enceinte de plusieurs mois, le 2 janvier 1497, elle ne résista pas à l'attrait d'un bal, elle dansa à la Rochetta, jusqu'au moment où des douleurs la saisirent : elle accoucha d'un enfant mort, avant d'expirer elle-même, au milieu de la nuit.

Elle avait vingt-deux ans. Ses traits poupins s'étaient empâtés, elle commençait de ressembler, dit-on, à la duchesse mère et ne portait plus que des robes à rayures, pour amincir sa silhouette. Ludovic, lassé de ses charmes, avait pris une maîtresse — Lucrezia Crivelli ; mais Béatrice demeurait une alliée très précieuse, il l'associait à toutes ses affaires, ne la consultant pas moins que ses astrologues. A sa mort, il se met à l'adorer. La lettre au marquis de Mantoue dans laquelle il annonce son deuil trahit une douleur, un désarroi véritables (il faut dire que cette disparition s'ajoute à celle de sa fille naturelle, Bianca, mariée toute jeune à Galeazzo de Sanseverino, qu'une *passione de stomacho* emporta l'année précédente : le superstitieux Ludovic sent la chance l'abandonner). Des obsèques grandioses sont célébrées, dont les ambassadeurs à Milan nous font le récit : « Il y avait tant de torches de cire, s'exclame l'envoyé des Este, que c'était merveille à voir ! »

On consulte sans doute Léonard pour la cérémonie funèbre ; on lui commande quelque ouvrage pieux (peut-être une *Assomption* pour le portail de Santa Maria delle Grazie, aujourd'hui disparue), ainsi que la décoration, au château, d'une « pièce noire » *(saletta negra)* consacrée à la mémoire de la défunte.

Le duc devient dévot ; il jeûne ; il offre aux dominicains des bijoux, de l'argenterie, ses terres de Vigevano. « La cour, qui était un paradis divin, n'est plus qu'un enfer sinistre », écrit le secrétaire de la duchesse. Ludovic ne peut cependant se laisser aller longtemps à son affliction. Il retourne à ses habitudes, six mois plus tard, quand Lucrezia Crivelli, enceinte en même temps que Béatrice, accouche d'un garçon ; d'autre part, les événements l'obligent à relancer bientôt sa ruineuse et complexe diplomatie ; à partir d'avril 1498, il resserre ses alliances, il ourdit d'urgentes et vaines intrigues à Venise, à Pise, à Florence, en Allemagne, en Turquie même ; Charles VIII est mort d'avoir heurté de la tête le linteau d'une porte, son cousin Louis d'Orléans lui a succédé sous le nom de Louis XII, il se déclare duc de Milan et réclame l'héritage de sa grand-mère

Visconti : l'armée française, que Ludovic avait appelée contre Naples, s'apprête cette fois à conquérir la Lombardie.

Le ballet des délégations reprend au château Sforza : à nouveau on attelle Léonard à des travaux de décoration. Nous ne saurons jamais à quoi ressemblaient les *camerini* de la duchesse ou la *saletta negra ;* mais certaines peintures qu'on lui commande alors ont été mises au jour, en 1901, lorsqu'on débarrassa du plâtre qui la recouvrait la voûte d'une large salle de la tour septentrionale du château : la *Sala delle Asse.* Mention en est faite dans un document datant du mercredi 23 avril 1498 : on demande que soient retirés les échafaudages qui s'y trouvent (d'où ce nom *delle Asse* — « des planches » — donné à la pièce) et de n'en conserver qu'un seul, afin que maître Léonard de Florence, *ingegniere camerale,* finisse son ouvrage avant septembre.

On s'est efforcé de rendre son apparence première à la *Sala delle Asse,* victime elle aussi du temps autant que d'un restaurateur maladroit et trop zélé (un certain Bassani) — de retrouver du moins, sous les repeints épais, l'intention de l'artiste. C'est un décor de verdure tapissant la grande salle voûtée au sommet de laquelle s'inscrivent les armes des Sforza. Des troncs d'arbres sortent de strates rocheuses que des racines ont disloquées ; ils s'élèvent comme des colonnes et leurs grosses branches, qui se rejoignent et s'emmêlent, masquent les saillies de la maçonnerie en s'y superposant. On aperçoit (ou devait apercevoir) le bleu lumineux du ciel par les trouées du feuillage. La ramure gigantesque, peinte avec un soin de botaniste, forme un inextricable labyrinthe végétal. On est abusé en fait par la luxuriance de cette nature fictive : peu à peu se révèle un ordre, une composition méthodique, un rythme harmonieux — que Léonard qualifierait sans doute de *mathématique.* Ce rythme est donné (ou souligné) par les méandres d'une corde dorée qui s'entrelace partout avec les branches. On n'en discerne pas les extrémités : elle court, ininterrompue, d'un bout à l'autre du dôme de verdure : Léonard a déroulé et noué patiemment sur les murs de la *Sala delle Asse* un unique ruban sans fin.

Les arbres, dont le blason ducal constitue en quelque sorte la clé de voûte, symbolisent sans doute le lien puissant qui unit le peuple à son prince [113] (l'arbre appartient aux armes de Ludovic). Le thème n'est pas nouveau ; l'Antiquité comme le Gothique l'ont utilisé ; Bramante a pareillement entrecroisé des branches dans des décorations architecturales ; on verra encore de semblables pergolas en trompe-l'œil dans des villas vénitiennes du XVIIe siècle, par exemple. Léonard a donné toutefois aux peintures de la *Sala delle*

Asse un sens qui lui est propre — il y a composé à la fois sa propre devise et comme une représentation plastique de sa philosophie.

On a vu la façon dont le siècle fabrique des emblèmes à partir de jeux de mots : Laurent de Médicis se fait représenter par un laurier, Ludovic Mauro Maria Sforza par un mûrier ou une tête de Maure. Les poètes assimilent le nom du Vinci à l'idée de victoire ; mais *vinco* signifie aussi roseau ou jonc en italien, et *vincolare* (ou *vincere*) veut dire lier ; Léonard ne peut ignorer le vers de Dante : *che mi legasse con si dolci vinci* (qui me liât par des liens si doux — *Paradis*, XIV). Les nœuds lui sont une manière de signature.

Des entrelacs, que l'on appelle alors *fantasie dei vinci*, apparaissent plus ou moins sophistiqués dans de nombreux croquis de Léonard : dans des études d'ornements, de motifs de broderie (destinés aux robes de la duchesse Béatrice ?), de parquets, de carreaux de faïence, de décors de stuc ou de marqueterie [114] ; on les retrouve sur les manches et dans la résille du *Portrait d'une dame milanaise* de l'Ambrosienne, dans la chevelure savamment tressée de la *Léda* [115], sur la poignée d'une épée d'apparat ou le rabat d'un sac de dame dont nous sont parvenus les dessins [116], voire dans des plans d'architecture, des schémas de machine... Vasari dit : « Léonard perdit même son temps à dessiner des entrelacs de cordes méthodiquement agencés de façon à pouvoir être parcourus de bout en bout à l'intérieur d'un cercle. L'un d'eux, fort beau et compliqué, existe en gravure, avec l'inscription : *Leonardus Vinci Accademia.* » Ces complexes entrelacs d'une ligne blanche sans fin se déployant en guirlandes et volutes à l'intérieur d'un disque noir appartiennent à une série de planches gravées par Léonard ou, plus probablement, d'après des dessins de lui (il en reste six, conservées à l'Ambrosienne) ; tous portent ces mots, diversement orthographiés, dans un médaillon central ou dans de petits médaillons périphériques : *Accademia Leonardi Vinci.* Ils ont fait rêver : on a longtemps imaginé que Léonard dirigeait une véritable académie fondée sur le modèle de l'Académie platonicienne de Florence. Dans sa préface au *De Divina Proportione,* Pacioli évoquait un « excellent concours scientifique » qui s'était tenu au château Sforza, le 19 février 1498, réunissant des membres du clergé, des théologiens, « des architectes et des ingénieurs très habiles, et des inventeurs féconds de choses nouvelles » ; Léonard, disait-il, les avait tous vaincus *(vince)*. Pacioli ne signale que cette seule joute intellectuelle, mais, à partir de son texte, la légende s'établit, dès 1616, avec la *Nobilita di Milano,* de Borsieri, de réunions régulières présidées par Léonard ; on imagina naïvement qu'il y dirigeait les débats, qu'il y prodiguait un enseignement. En 1904, Joséphin Péladan publia même une plaquette intitulée *la Dernière Leçon de Léonard de Vinci en son Académie de Milan ;* il y supposait que les planches gravées d'entrelacs étaient des sortes de diplômes ou de bons points que le maître remettait à des élèves méritants — parmi lesquels le peintre Luini (alors qu'il avait environ dix ans, en 1498), Lomazzo (guère plus âgé), des hellénistes, tels Chalcondylas et Lascaris, Pacioli lui-même... L'idée d'une académie léonardienne de cet ordre est aujourd'hui unanimement rejetée ; les académies, dans le sens d'école, ne verront le jour qu'au siècle suivant ; le mystère demeure quant à la fonction exacte des gravures d'entrelacs... On pense qu'elles auraient pu servir de frontispices à une édition jamais entreprise de traités de Léonard. « Académie » pourrait être aussi une appellation pompeuse de l'atelier du Vinci ; dans ce cas, il s'agirait simplement d'études ornementales gravées et vendues (à des brodeurs, des bijoutiers, des marqueteurs) par l'équipe du maître, qui y aurait mis sa marque.

Les *fantasie dei vinci* gravées à l'intérieur d'un cercle, comme celles qui se mêlent aux frondaisons de la *Sala delle Asse,* correspondent cependant à la vérité fondamentale à laquelle est alors parvenu l'homme de science, le philosophe : on peut les rapprocher du pavement de certaines cathédrales gothiques ; symboles à la fois de l'infini et de l'unité du monde, elles proclament qu'il doit exister une règle qui régit chaque chose. Les racines des arbres que peint Léonard à la base des murs bouleversent l'ordonnance des roches entre lesquelles elles s'insinuent ; les troncs gonflés de sève s'élèvent *par force* vers le ciel où ils éclatent en un dédale de branches et de feuilles ; mais le déferlement chaotique de la vie n'empêche pas de considérer les *proportions* auxquelles la nature obéit, et par lesquelles l'artiste comme le savant, à l'aide — si je puis dire — de *nœuds patients,* ont mission de plier la nature, de l'infléchir, la corriger — la dominer. Léonard redoutait autrefois de s'aventurer dans la nuit terrifiante de la caverne ; l'exubérance lumineuse et domestiquée de la *Sala delle Asse* semble indiquer qu'il a vaincu — provisoirement — ses démons.

NOTES

Chapitre VIII

1. Tri. 17 b.

1 *bis.* « Fingere nam simillem vivae quam vivere plus est. / Nec sunt facta Dei mira sed artificis. » Ce distique latin, rédigé par une main qui n'est pas celle de Léonard se trouve parmi des études pour la *Cène,* (Cod. Atl. 298 t. b).

2. Tri. 41 a.

3. Cod. Atl. 109 v. a.

4. Les textes cités qui suivent, sauf indication contraire, se trouvent dans le *Traité de la peinture* de Léonard, compilations d'écrits divers de l'artiste (voir p. 450), dont la meilleure édition est celle traduite et présentée par André Chastel (Paris, 1987).

5. La phrase célèbre de Léonard *(Facil cosa è farsi universale)* a été si souvent détournée de son sens qu'il me paraît utile de la redonner dans son contexte. Léonard dit seulement, parlant des proportions des corps : « Le peintre doit s'efforcer d'être universel. » Puis : « Pour qui sait représenter l'homme, *c'est chose facile de se rendre universel,* car tous les animaux terrestres se ressemblent par leurs membres, c'est-à-dire leurs muscles, nerfs et os, et ne diffèrent qu'en longueur ou grosseur, comme il sera montré en anatomie. Il y a aussi les animaux aquatiques dont il existe maintes espèces ; mais pour elles je ne conseille pas au peintre de suivre une règle fixe, car elles varient presque à l'infini ; et il en va de même pour les insectes. » (G 5 v.) Vasari reprend à peu près ces mots dans son introduction aux *Vies* (« La nature emploie partout les mêmes mesures, etc. »).

6. Cod. Atl. 1 *bis* r. a.

7. Dans certains « perspectographes », le cadre ne supporte pas une plaque de verre mais est « divisé en carrés au moyen de fils » ; ce « treillis », comme dit Léonard, donne des repères pour bien établir les proportions du sujet ; on les reporte ensuite sur une feuille pareillement divisée en carrés (Ms 2038 Bib. nat. 24 r.). Le sentiment de Léonard à l'égard de ces appareils semble évoluer avec le temps : il s'est enthousiasmé d'abord, avant d'en blâmer l'usage.

8. Certains de ces dessins de Verrocchio, que Vasari mentionne dans la *Vie* du sculpteur, ont été identifiés : ce sont les *Etudes de cheval* du Metropolitan de New York et du musée Bonnat de Bayonne, et la *Tête de femme* du Louvre, très proche du croquis par Léonard, en effet, ou de la *Vierge à l'œillet* de Munich.

9. Cod. Atl. 109 v. a.

10. Quaderni II 1 r.

11. Léonard : « Le peintre qui travaille par routine et au jugé, sans s'expliquer les choses, est comme le miroir qui reforme en soi tout ce qu'il trouve devant lui, sans en prendre connaissance. » (Cod. Atl. 76 r.) Refléter, donc, mais en « réfléchissant » à l'image réfléchie, comme dirait Cocteau. Léonard dit encore : « Le peintre qui ne doute pas de lui-même n'acquerra pas grand-chose. »

12. Cod. Atl. 375 r.

13. Certains dessins de Léonard ont aussi la beauté de diagrammes tantriques : ce sont des « devoirs » de géométrie, des schémas de machines.

14. « Le 10 août 1925, écrit Max Ernst, une insupportable obsession visuelle me fit découvrir les moyens techniques qui m'ont permis une très large mise en pratique de cette leçon de Léonard... Il s'agit de frottis sur des surfaces inégales qui avaient irrésistiblement attiré et retenu l'attention du peintre. » (In *Introduction au Traité de la peinture,* par André Chastel, *op. cit.*)

15. Léonard : « La peinture s'étend aux surfaces, couleurs et figures de tout ce qui est créé par la nature ; et la philosophie pénètre à l'intérieur de ces corps, considérant en eux leurs vertus propres ; mais elle n'a pas la récompense de cette vérité qu'atteint le peintre, qui saisit leur vérité première, car l'œil se trompe moins. » (Cod. Ur. 4 v.)

16. Léonard raille ici le sculpteur sur pierre ; lui-même semble avoir pratiqué surtout la sculpture en bronze — le modelage, la fonte, qui ne présentent pas au même degré les « inconvénients » qu'il évoque. On a souvent voulu voir dans ce texte une moquerie visant Michel-Ange qui aimait le marbre par-dessus tout (voir p. 371 et s.).

17. Mantegna ou le Pérugin amassent à cette époque des fortunes autrement considérables que les maigres biens dont dispose Léonard. Celui-ci ne s'enrichit guère, il dépense tout ce qu'il gagne, il n'obtient pas de statut particulier ; mais il affiche un grand détachement vis-à-vis de son art, et il adopte en toute chose un comportement très aristocratique (inspiré d'Alberti) auquel ne prétend aucun de ses confrères. (« Qui souhaite s'enrichir en un jour, dit-il, est pendu en un an. » — Windsor 12351 r. ; ou encore : « Pour la propriété et les biens matériels, tu dois toujours les redouter ; souvent ils laissent leur possesseur dans l'ignominie, et, vient-il à les perdre, il est raillé. » Ms. 2038 B. N. 34 v.)

18. Le tableau de Bertini *Léonard à la cour de Ludovic le More,* aujourd'hui disparu, n'est connu que par une photographie (*Civiche Raccolte d'Arte,* Milan). Des gravures des XVIIIe et XIXe siècles, comme celles de Cunego *(Léonard dans son atelier)* ou Gandini *(Ludovic Sforza et Léonard),* ont répandu pareillement l'image du peintre-grand seigneur.

19. Léonard se méprend cependant sur la façon dont les images se redressent à l'intérieur de l'œil (son erreur ne sera pas corrigée avant Kepler). Il se trompe également sur la forme du cristallin. Pour étudier celui-ci, il lui faut éviter qu'il ne se répande ; aussi, il le « durcit » en faisait bouillir l'œil entier avec du blanc d'œuf, avant de le disséquer (K. 39) ; cette opération modifie l'aspect du cristallin (qui prend la forme d'une boule) et le détache de l'iris ; d'où les erreurs qu'on remarque dans les planches de Léonard.

20. Léonard trouve le principe de la lentille de contact en cherchant à simuler le fonctionnement de l'œil à l'aide d'instruments de verre. (D 3 v.)

21. Quaderni IV 16 r. ; Cod. Arun. 85 v.

22. Plusieurs croquis du folio 22 (recto) du manuscrit C évoquent irrésistiblement le photomètre conçu par Rumford à la fin du XVIIIe siècle.

23. Cod. Leic. 4 r.

24. Léonard, de façon très symptomatique, écrit que la flamme « vit » — et non *brûle* ou *brille* (Cod. Atl. 270 r. a). De même, il parle de la « blessure » de l'eau dans laquelle on jette une pierre ; ou bien il emploie le terme « désir », lorsqu'il évoque l'*attraction* terrestre. On a l'impression d'une approche *psychologique* de la nature. Tout son vocabulaire traduit en fait son idée que l'homme et la terre sont faits à la ressemblance l'un de l'autre. « Les Anciens, dit-il à la façon d'un Paracelse,

ont appelé l'homme microcosme, et la formule est bien venue puisque l'homme est composé de terre, d'eau, d'air et de feu, et que le *corps* du monde est analogue. » (A 55 v.)

25. Cod. Atl. 190 r. a.

26. Léonard dit « Le soleil est immobile » (Quaderni V 25 r.). Cette phrase a abusé de nombreux chercheurs — le contexte montre qu'il ne songe nullement à établir la théorie du mouvement héliocentrique des planètes.

27. Léonard, exceptionnellement, cite ici ses sources : « Aristote, dans le troisième volume de *l'Ethique...* » (Cod. Atl. 289 v. c)

28. Cod. Atl. 61 r. Léonard établit dans un autre carnet le parallèle entre les vagues, les ondes sonores et les ondes lumineuses (A 9 v.).

29. Léonard : « Et comment expliqueras-tu le nombre infini d'espèces de feuilles congelées dans les hautes roches de ces montagnes, et parmi elles l'*aliga*, l'algue qu'on trouve mêlée aux coquilles et au sable ? Et tu verras de même toutes sortes de choses pétrifiées, ainsi que des crabes de l'océan, brisés en morceaux, divisés et mélangés avec leurs coques. » (F 80 v.) Léonard semble penser à cette époque que « le niveau de la mer s'abaissa au cours des âges », et non qu'un plissement de l'écorce terrestre forma les montagnes.

30. C 15 r. ; Quaderni IV 12 v. ; K 120 (40) r.

31. Cod. Atl. 119 v. Léonard dit encore : « L'œil, dont l'expérience nous montre si clairement le fonctionnement, a été défini, jusqu'à mon époque, par un grand nombre d'auteurs d'une certaine façon — et moi je trouve qu'il est complètement différent. » (Cod. Atl. 361 v.)

32. Cod. Tri, feuillets 12 et 13, recto et verso. Certains auteurs ont soutenu, à tort, que Léonard avait l'intention de composer un véritable dictionnaire (pour le publier) — voire une sorte de traité de philologie...

33. R. S. Stites, *Sublimations of Leonardo da Vinci,* Washington, 1970.

34. Tri. 4 r. On pourrait penser que ces listes de mots sont destinées à des élèves, à Salaï notamment, dont Léonard doit faire l'éducation. Mais, dans ce cas, les écrirait-il à l'envers ? (Ambidextre, Léonard écrit très bien à l'endroit lorsqu'il le désire.)

35. Quaderni II 16 r.

36. Le premier « inventaire » des livres de Léonard comprend 40 titres (Cod. Atl. 559) ; le second en comprend 116, dont 102 sous l'indication « Liste de livres que j'ai laissés dans un grand coffre fermé », et 14 de livres « dans une caisse au monastère ». (Madrid II 2 b.) Léonard met sans doute sa bibliothèque en dépôt avant de partir en voyage (voir p. 375). Pour la liste complète des titres, voir Richter et les commentaires de Pedretti.

37. Nombre des contes, prophéties et notes sur les animaux (que l'on trouve en particulier dans le manuscrit H) de Léonard viennent tout droit, par exemple, de cette *Fior di Virtù* que contient sa bibliothèque.

38. On trouve dans les carnets de Léonard plusieurs mentions de cet ouvrage d'Archimède que possède l'archevêque de Padoue (Br. M. 135 a, c), que possédait le frère de Mgr de Santa Giusta, à Rome — mais il l'a donné à son frère qui vit en Sardaigne (Cod. Atl. 349 v.), etc.

39. Sur l'apprentissage du latin par Léonard, voir l'article d'Augusto Marinoni *la Philologie de Léonard de Vinci,* in *Léonard de Vinci,* I.G.D.A., Novara, 1958.

40. Bri. M. (B. B. 1030).

41. Le modèle le plus abouti de char « automobile » de Léonard est sans doute celui du feuillet 296 (verso) du Codex Atlanticus. Son système de ressorts ne peut cependant lui permettre d'avancer que sur une très courte distance. De l'avis des spécialistes, les recherches les plus intéressantes de Léonard en mécanique portent sur les moyens de réduire les frottements (Cod. Atl. 209 v.), le roulement à billes (Madrid I 20 v.), les chaînes articulées (Cod. Atl. 357 r. a ; Madrid I 10 r.). On ne *ré-inventera* la chaîne de transmission (que l'on voit, par exemple, sur la bicyclette de Léonard) qu'à la fin du XIXe siècle...

42. Notamment G. d'Adda, P. Duhem, B. Gilles, H. Grothe, A. Chastel, C. Pedretti, A. Marinoni...

43. Cod. Atl. 119 v. a. Une autre note de Léonard permet de voir qu'il ne croyait guère à cette origine « solaire » de la pigmentation des Noirs : « Les races noires d'Ethiopie, dit-il, ne sont point les produits du soleil..., car si un Noir engrosse une Blanche, le rejeton est gris (*sic*). Preuve que la race de la mère a autant de pouvoir sur le fœtus que celle du père. » (Quaderni III 8 v.) Est-ce encore une fois pour lui l'occasion de minimiser son hérédité paternelle ?

44. Léonard : « Le bonheur suprême sera la cause de misère, et la perfection de la sapience une occasion de folie. » (Cod. Atl. 39 v. c.) Il dit encore : « Ne pas désirer l'impossible. » (E 31 v.)

45. Cod. Atl. 393 v. a.

46. Léonard cite Anaxagore : « Toute chose naît de toute chose, et toute chose redevient toute chose parce que tout ce qui existe dans les éléments est composé de ces éléments. » (Cod. Atl. 385 v. c.)

47. F 2 b.

48. Cod. Atl. 146 v. a.

49. Quaderni IV 167 a.

50. H 141 (2 v.) r.

51. Léonard : « La nature ne peut pas donner le mouvement aux animaux sans instruments mécaniques, comme je le démontre moi-même dans ce livre, dans les choses relatives au mouvement que la nature a faites chez les animaux ; et pour cette raison j'ai composé les règles des quatre puissances de la nature, sans lesquelles la nature ne peut pas donner le mouvement local aux animaux. » (Windsor 19060.)

52. F 5 v.

53. I 66 (18) v. Le pieux Michel-Ange écrit pareillement du Christ (des crucifix) : « A Rome, on vend jusqu'à sa peau. » (Sonnet V.) Dante disait déjà : « Dans Rome où chaque jour on brade le Christ. »

54. C 19 v.

55. Vasari et Lomazzo attribuent cette *Crucifixion* de Montorfano à Léonard. Il est probable qu'elle était déjà achevée, en 1495, lorsque le Vinci commença de peindre la *Cène*.

56. Goethe, *Schriften und Aufsätze zur Kunst* (essai sur Joseph Bossi et Léonard), Abendmahl, 1817.

57. La perspective de la *Cène* a été étudiée très en détail par l'architecte Giovanni degl'Innocenti, en particulier (in Pedretti, *Léonard de Vinci architecte*, *op. cit.*). Plusieurs paragraphes du *Traité de la peinture* semblent se rapporter

directement à la composition de la *Cène* (éviter la représentation de groupes de figures superposés, tenir compte du point de vue du spectateur, unifier la perspective, la lumière, etc.) ; ils développent et poursuivent en quelque sorte les formules inaugurées par Masaccio.

58. Windsor 12542.

59. Le cercle qui commande la composition s'inscrit entre la voûte et (approximativement — mais cet écart était sans doute voulu, pour des raisons d'illusion optique) l'ancien pavement du réfectoire : le sol a été en effet surélevé d'environ 20 cm depuis l'époque de Léonard.

60. Forster II 62 v. et 63 r.

61. Il faudrait rechercher l'origine précise de cette habitude de placer Judas de l'autre côté de la sainte table. On la trouve (essentiellement) chez les peintres florentins du *Quattrocento :* la plupart des primitifs l'ignorent ; elle n'est pas plus suivie par Pietro Lorenzetti que Giotto — Taddeo Gaddi l'observe, en revanche.

62. H 16 v. ; H 100 (43 v.) r. ; H 48 v.

63. Cod. Atl. 380 a (1179 b). Les mots donnés entre parenthèses sont rayés.

64. H III 89 a.

65. Windsor 19060 r. Léonard dit encore : « Qui n'attache pas de prix à la vie ne la mérite pas. » (I 15 r.) Il parle sans doute de sa propre vie autant que de celle d'autrui.

66. Forster III 74 v.

67. C 19 v.

68. *Idem.*

69. Quaderni III 214 a.

70. Nouvelle maîtresse du More, mariée à un bourgeois complaisant, Lucrezia Crivelli est dame d'honneur de la duchesse Béatrice. Son portrait par Léonard pourrait être la *Belle Ferronnière* du Louvre. Le portrait a en tout cas existé : un poète de la cour déclare que la jeune femme a non seulement été comblée par les dieux de tous les dons et qualités, mais qu'elle a la chance, en outre, d'être aimée par le duc Ludovic, « premier d'entre les princes », et d'avoir été peinte par Léonard, « premier d'entre les peintres ».

71. De nombreuses notes et esquisses de Léonard se rapportent à des motifs décoratifs, à la fabrication de *trucs* scénographiques ou d'étoffes pour des déguisements de carnaval ; je citerai celle-ci : « Pour confectionner un beau costume, prends de la toile fine, enduis-la d'une couche odoriférante de vernis composé d'huile de térébenthine, et glace-la avec de l'écarlate oriental, en ayant soin que le modèle soit perforé et mouillé à l'intérieur, pour éviter qu'il ne colle ; et que ce modèle ait des groupes de nœuds qu'on remplira de millet noir, et le fond de millet blanc. » I 49 (1) v.

72. Sur la *Danaë* dont Léonard assura le décor et la mise en scène, voir *le Lieu théâtral à la Renaissance,* Paris, 1968.

73. Pedretti pense avoir identifié le commanditaire de la maison dont une sorte de cahier des charges figure dans les carnets de Léonard (Madrid I 158 r. a) : ce serait Mariolo de Guiscardi, chambellan du More. De toutes les maisons ou villas éventuellement construites ou décorées par Léonard, il semble qu'aucune n'ait échappé aux destructions et transformations qu'a subies Milan au cours des siècles. Il existe cependant des dizaines de pages de l'artiste (dans le Codex

Atlanticus, notamment), décrivant en détail des demeures privées, avec des précisions pleines d'originalité sur les escaliers, les cuisines, le quartier des domestiques, la salle de bal, les chambres des invités, les jardins, les façades, etc. (voir Pedretti, *Léonard de Vinci architecte, op. cit.*).

74. B 12 r.

75. Cod. Atl. 308 b, 939 a.

76. Cod. Atl. 335 v. Voir note 115, chapitre VII.

77. I 107 (59) r. Voir note 98, chapitre VII.

78. Cod. Atl. 393 v. a ; Cod. Atl. 397 r. a ; Cod. Atl. 318 v. a ; Cod. Atl. 2 r. a ; I f. 48 v. Auprès d'un de ses dessins de laminoir, Léonard écrit que celui-ci « fait des plaques d'étain très fines et régulières ».

79. Cod. Atl. 318 r. a.

80. Cod. Atl. 434 r. (161 r. a).

81. Cod. Atl. 361 v. b.

82. Léonard : *Rugieri Bacō fatto in istampa* (Br. M. 71 r.). Richter note toutefois que la première édition des œuvres de Bacon est française et postérieure de quarante ans à la mort de Léonard. La phrase correspond-elle à un simple désir ou à une information erronée ?

83. Auprès du dessin de son parachute pyramidal, Léonard écrit : « Si un homme a un *pavillon* de toile bien clos ayant douze brasses de côté, et douze en hauteur, il pourra se jeter de n'importe quelle hauteur sans se faire de mal. » (Cod. Atl. 381 v.) Il me faut signaler que ce « pavillon » est beaucoup plus convaincant que le petit *cône* du manuscrit de la British Library où l'homme s'agrippe à une armature en bois.

84. B 83 v. L'« hélicoptère » de Léonard n'est pas muni de pales mais d'une sorte de grande spirale — ou *vis* — en toile. Il s'élève cependant dans les airs selon le même principe que notre hélicoptère. L'inexplicable bicyclette de Léonard pourrait n'être également qu'un jouet. La civilisation aztèque ignorait la roue, dit-on ; en réalité, on a trouvé dans des tombes précolombiennes des jouets munis de roues — mais quel autre usage donner à celles-ci, quand on ne possède pas d'animaux de trait, chevaux et bœufs ayant été introduits en Amérique par les Espagnols ? De la même façon, nombre d'« inventions » de Léonard n'avaient sans doute pas, en son temps, d'autre destinée possible.

85. Cod. Atl. 361 b.

86. B 88 et 89 v. Il est curieux de voir que Léonard, qui étudie alors de près la chauve-souris, allant jusqu'à la disséquer, écrit ailleurs de cet animal : « A cause de sa luxure effrénée, la chauve-souris, lorsqu'elle s'accouple, ne suit pas la loi naturelle ; le mâle s'unit au mâle, et la femelle à la femelle, au hasard des rencontres. » (H 12 r.)

87. Léonard a dessiné de nombreuses ailes articulées ; la plus complète se trouve sur le feuillet 341 (recto) du Codex Atlanticus, accompagnée d'un long texte explicatif : il indique par des lettres (A, B, C...) les poignées, mues par le talon et la main, qui permettent de la faire fonctionner, et le système de rotation grâce auquel on peut voler verticalement ou horizontalement.

88. Pour son « train d'atterrissage », Léonard dit s'être inspiré du martinet « incapable de s'élever directement du sol, car il a les membres trop courts. Quand il commence de voler, il replie les *échelles* de la façon que je décris dans mon

dessin ». Léonard imagine en outre de munir ses échelles escamotables de « coins rentrants » qui sont comme des ressorts ou des amortisseurs ; il précise : ceux-ci permettent « d'obtenir le même mouvement élastique qu'une personne qui saute sur la pointe des pieds, évitant ainsi les chocs du sautillement sur les talons ». (B 89 r.)

89. B 74 v.

90. Le planeur du manuscrit de Madrid, en forme de fer de lance, supporte une nacelle où peut prendre place un passager. Sur la même page, Léonard a imaginé une sphère faite de cerceaux en ormeau et construite selon le principe de la suspension à cardan, dans laquelle un homme peut tenir debout. (Madrid I 64 r.)

91. C 19 v.

92. Vasari, dans sa *Vie de Piero della Francesca,* accuse Luca Pacioli de n'avoir pas publié les essais de son maître (aujourd'hui perdus) et le qualifie de « perfide et impie ».

93. Cod. Atl. 104 r. a. Si la *Summa* de Pacioli coûte 119 soldi à Léonard, il ne paie que 68 soldi pour la *Chronique* et 61 pour la *Bible* (qui lui sert peut-être pour la *Cène*). Plusieurs pages du manuscrit de Madrid II reprennent mot pour mot des passages de la *Summa.* Parfois Léonard se lasse cependant : lorsqu'il copie « l'arbre généalogique des proportions » imaginé par Pacioli, il ne reprend que vingt catégories sur quarante (Madrid II 78 r.).

94. Léonard a dessiné un encrier de ce type dans un cartouche où figurent les initiales B et T ; on ignore à qui était destiné cet « emblème » — serait-ce Baldassare Taccone ? (Cod. Atl. 306 r. a.)

95. Quaderni IV 14 r.

96. Madrid II 3 v.

97. Léonard se propose (vers 1503) d'écrire un traité intitulé *De Ludo Geometrico* dans lequel il montrera comment passer d'un cercle ou d'une sphère à toute autre forme ou volume régulier. (Cod. Atl. 45 v.)

98. Léonard : « La proportion ne se retrouve pas seulement dans les nombres et les mesures, mais aussi dans les sons, les paysages, les temps et les lieux, et dans toute puissance qui soit. » (K 49 r.) Léonard cherchera ainsi, par exemple, à définir une *proportion* dans la croissance des arbres : il pensera trouver un *rapport* entre la circonférence du tronc et la longueur des branches issues de ce tronc. Ce n'est qu'une vue de l'esprit (Cod. Ur. 246 r. ; M 78 v.).

99. Luca Pacioli, *De Divina Proportione,* première édition : Paganinum de Paganinis, Venise, 1509. La copie manuscrite dédiée à Ludovic le More est conservée à la Bibliothèque universitaire et publique de Genève ; celle dédiée à Sanseverino, à l'Ambrosienne, à Milan ; une troisième, dédiée à Piero Soderini, est aujourd'hui perdue.

100. On trouve dans le manuscrit M de Léonard le brouillon des cinq solides platoniciens (feuillet 80 verso), accompagné d'un tercet qui s'y rapporte, et que copie Pacioli : « Le doux fruit, si plaisant et raffiné / A déjà poussé les philosophes à chercher / Notre origine, pour nourrir l'esprit. » La *Divina Proportione* est aujourd'hui une lecture indigeste, plus qu'un « doux fruit ». L'ouvrage se proposait, entre autres, par des calculs très compliqués, de définir le nombre « divin » — ce que nous appelons « nombre d'or » : 1,618. Le Corbusier trouva-t-il son identique *Modulor* dans le traité de Pacioli et Léonard ?

101. H 108 v. ; Cod. Atl. 394 r. a, 385 r. a, 295 r. a...

102. S. K. M. III 94 a ; S. K. M. II 78 b.

103. B 58 r.

104. Windsor 12281. Léonard ne devait pas avoir grand mal à trouver des modèles masculins — il disposait au moins des garçons de son atelier. Les modèles féminins, en revanche, pour qui souhaitait faire du nu, ne se rencontraient guère que dans les « mauvais lieux ».

105. S. K. M. II 22 a.

106. Popham 133 à 140. Goya connut-il les « grotesques » de Léonard ? ce n'est pas impossible, beaucoup étaient déjà publiés de son vivant.

107. Lomazzo raconte que Léonard s'amusa un jour à distraire un groupe de paysans dont les physionomies l'intéressaient ; il leur offrit un banquet et les fit rire aux éclats ; revenu chez lui, comme il avait noté en esprit la moindre de leurs expressions, « il les dessina de telle manière que son dessin ne faisait pas moins rire le spectateur qu'il avait fait rire ses modèles pendant le banquet ». Ce dessin pourrait être une planche conservée à Windsor (12495 r.).

108. Léonard dit : « Le Christ/comte Giovanni (ou le jeune comte), celui du cardinal de Mortaro » (S. M. K. II 786) — et, un peu plus loin : « Alessandro Carissimo de Parme pour la main du Christ. » Pour Lomazzo comme pour Vasari, cependant, Léonard n'aurait pas trouvé de modèle convenable pour la tête du Sauveur. Vasari précise : « Il renonçait à la chercher sur terre, n'espérant plus pouvoir imaginer la beauté et la grâce célestes qui conviennent à l'image de Dieu incarné... Il la laissa inachevée. » Il semble toutefois qu'en 1498 le tableau était parfaitement terminé. Léonard aurait-il eu recours au *non finito* (ce que paraît suggérer Lomazzo) pour le visage de Jésus ?

109. Léonard aurait représenté au pied de la *Crucifixion* de Montofarno, sur le mur opposé à la *Cène,* le duc Ludovic et la duchesse Béatrice, avec leurs enfants, agenouillés, de profil. Ces peintures se sont détériorées au point qu'il n'en reste plus que les contours.

110. La plupart des études pour le visage des apôtres se trouvent à la Bibliothèque royale de Windsor. Un dessin aquarellé de la tête du Christ (peut-être d'un élève de Léonard) est conservé à la Brera, à Milan. Tous révèlent assez tristement combien la *Cène* a perdu au cours de ses premières restaurations.

111. Stendhal dit avoir connaissance de plus de quarante copies de la *Cène*. Le tableau a été copié très tôt, et dans toute l'Europe. La gravure a commencé de le divulguer dès la fin du XVe siècle. Louis XII, qui aurait voulu détacher la fresque du mur pour l'emporter en France, selon Paul Jove, s'en fit faire une copie. François Ier en offrit une reproduction en tapisserie au pape Clément VII, en 1533. Rembrandt lui-même la dessina au crayon (Metropolitan de New York). A la fin du XIXe siècle, c'est une des œuvres les plus reproduites au monde (en gravure, chromo, bas-relief de plâtre, d'étain, d'argent, etc.). Au Marché aux Puces de Lisbonne, récemment, j'ai été surpris d'en rencontrer plus de trente reproductions, très diverses, en l'espace d'une journée. Clark dit que la *Cène* « ne nous paraît plus l'œuvre d'un homme, mais celle de la nature ».

112. Le tombeau du More et de la duchesse Béatrice, avec leurs gisants par Solari, se trouve aujourd'hui à Pavie.

113. Pour Martin Kemp *(op. cit.),* la *Sala delle Asse,* avec ses arbres feuillus et ses entrelacs dorés, célébrerait aussi l'union du duc et de la duchesse, par-delà la

0 · Études de chevaux. Bibliothèque Royale de Windsor (12317).

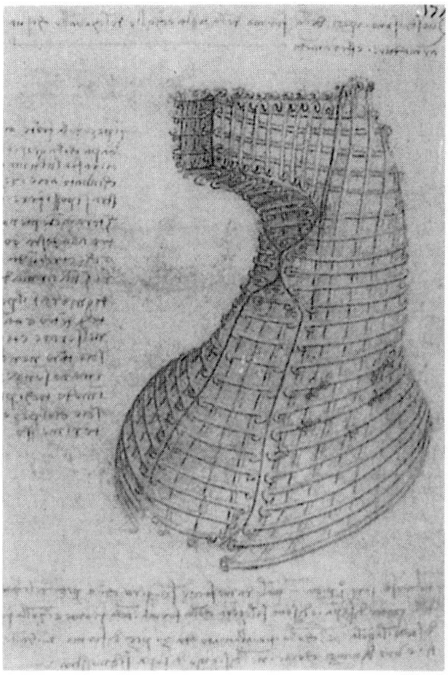

31 · Projet d'armature métallique pour le moule du cavallo. *Madrid, Bibliothèque Nationale (II 157 r.).*

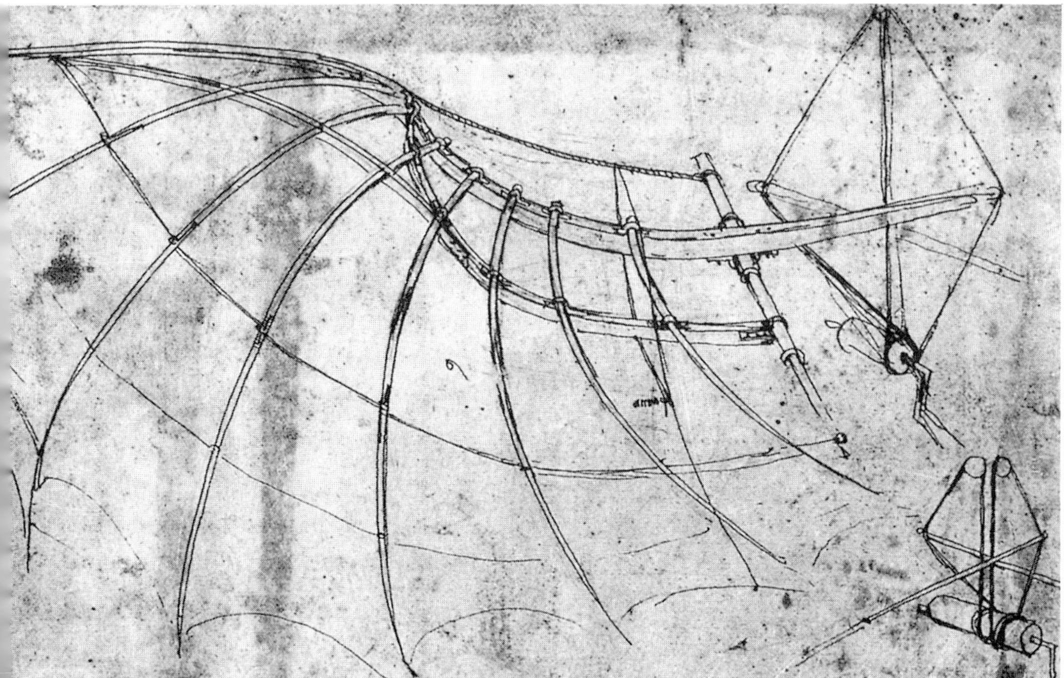

2 · Armature d'une aile en forme d'aile de chauve-souris. Milan, Bib. Ambrosienne (Cod. Atl. 313 r. a).

33 • La Cène. *Milan, Couvent de Santa Maria delle Grazie.*

34 • Caricatures. Bibliothèque Royale de Windsor (12490).

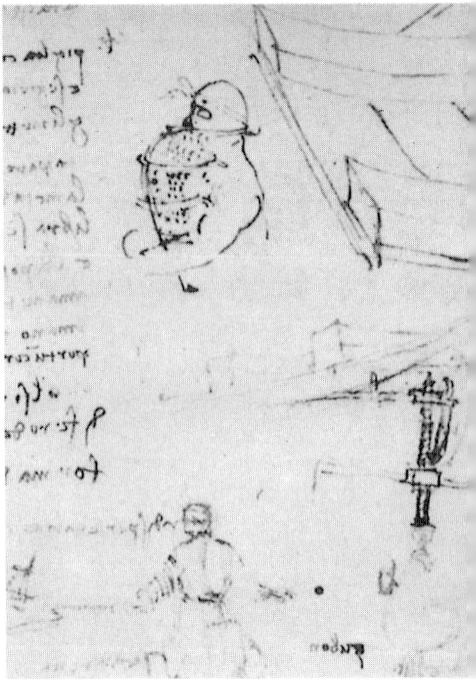

35 • Scaphandres et dispositifs pour une attaq sous-marine. Milan, Bibliothèque Ambrosien (Cod. Atl. 333 v. a).

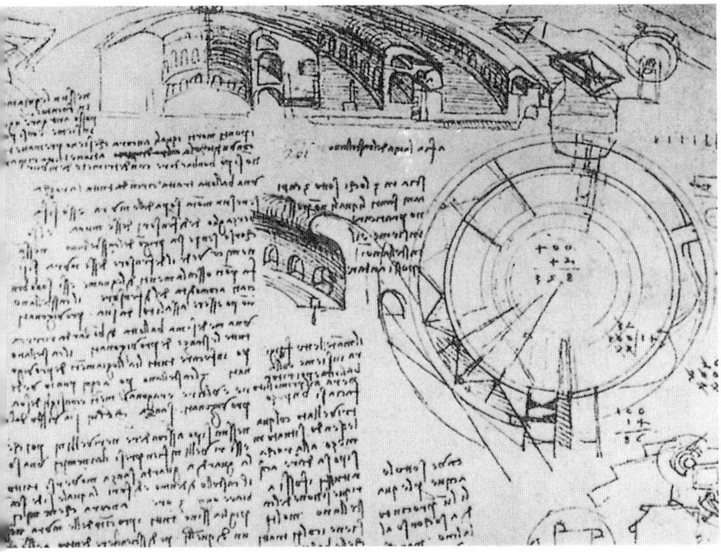

36 • Études de fortifications. Milan, Bib. Ambrosienne (Cod. Atl. 48 r. b).

37 • Portrait de Luca Pacioli, *attribué à J. Barbari. Naples, Museo Nazionale di Capodimonte.*

38 • (Ci-dessous, à gauche.) Régulateur de détente de ressort. Madrid, Biblothèque Nationale (I 45 r.).

39 • (Ci-dessous.) Dodécaèdre illustrant le De Divina Proportione *de Luca Pacioli, gravé d'après un dessin de Léonard. Milan, Bibliothèque Trivulcienne.*

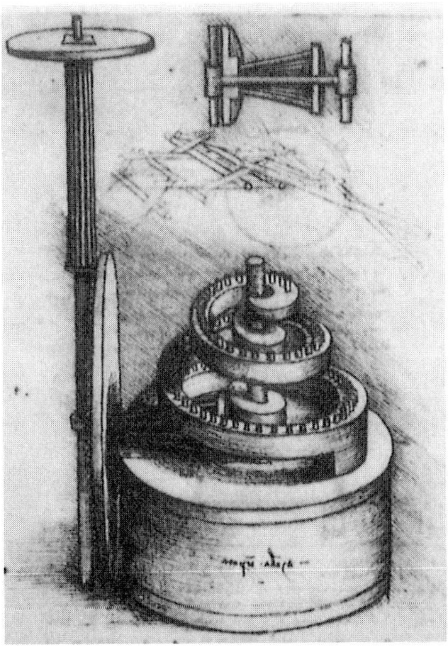

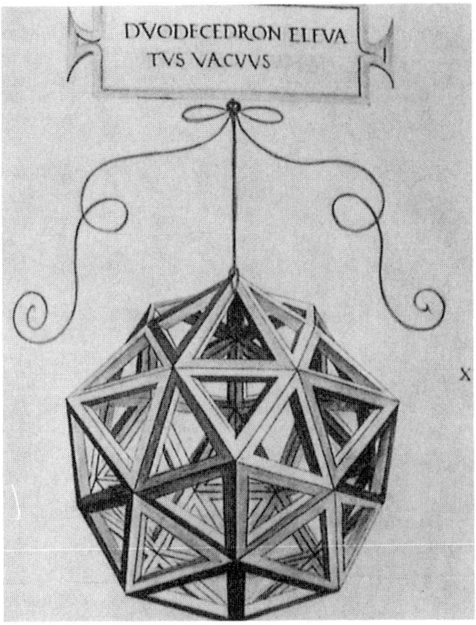

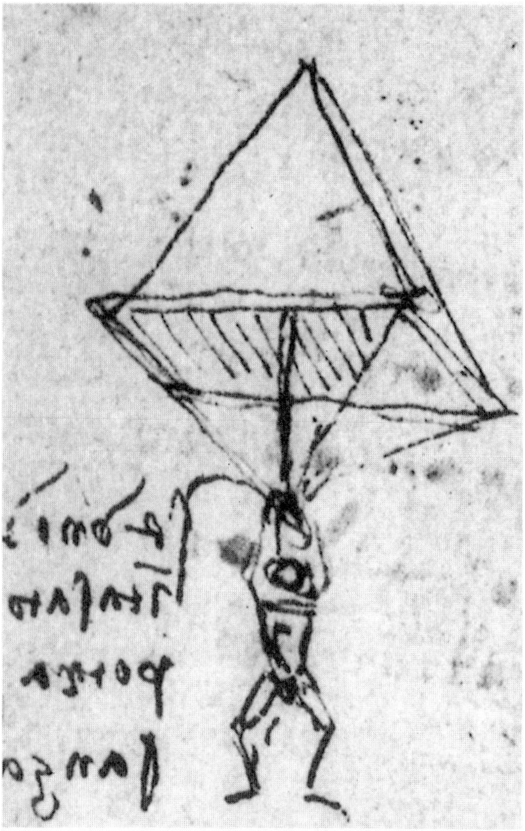

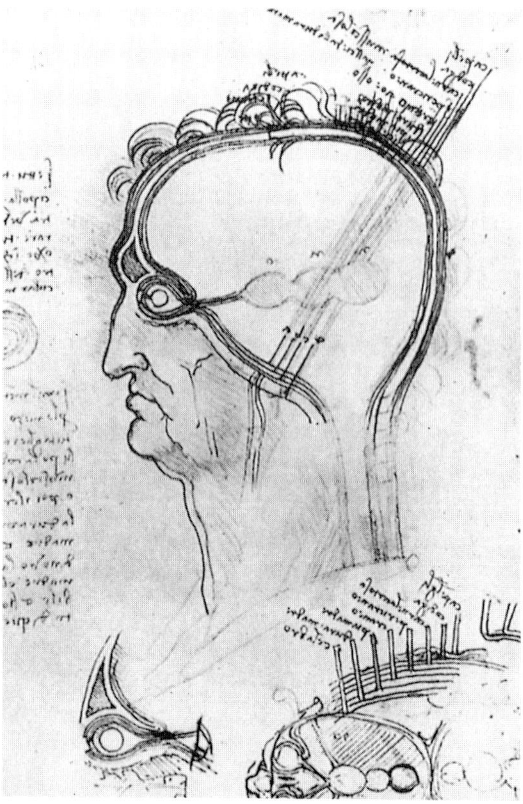

40 • (Ci-dessus, à gauche.) Parachute. Milan, Bibliothèque Ambrosienne (Cod. Atl. 381 v. a).

41 • *(Ci-dessus.)* Sainte-Anne, la Vierge et l'Enfant. *Paris, Musée du Louvre.*

42 • Anatomie des organes de la vision. Bibliothèque Royale de Windsor (12603).

43 · Trois portraits présumés de César Borgia. Turin, Bibliothèque ex-Royale.

44 · Tête de guerrier (étude pour la Bataille d'Anghiari*) et croquis géométriques.*

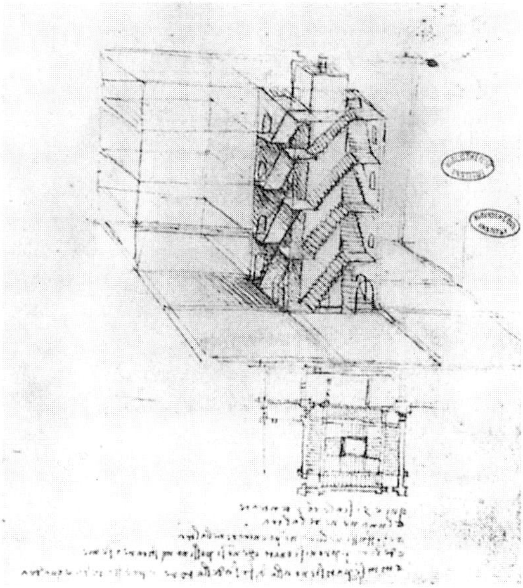

45 · Escalier quadruple. Paris, Bibliothèque de l'Institut (B 47 r.).

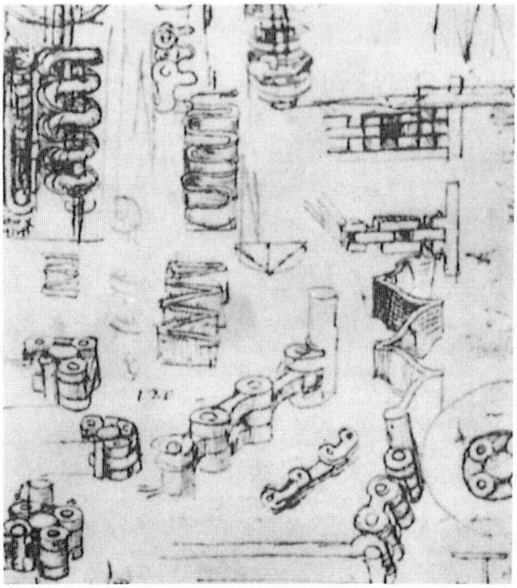

46 · Chaînes articulées et ressorts. Milan, Bibliothèque Ambrosienne (Cod. Atl. 357 r. a).

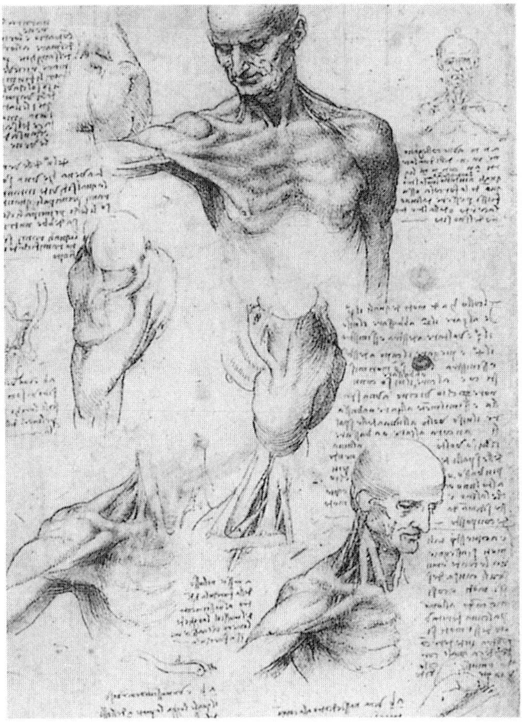

47 • Anatomie des épaules d'un homme. Bibliothèque Royale de Windsor (19003 r.).

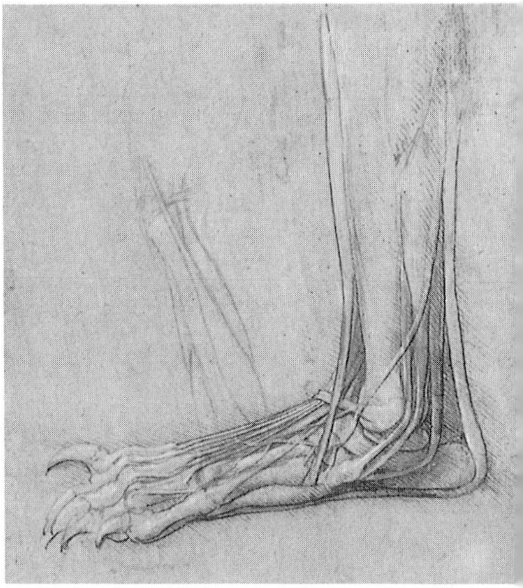

48 • Dissection de la patte d'un ours. Bibliothèque Royale de Windsor (12372 r.).

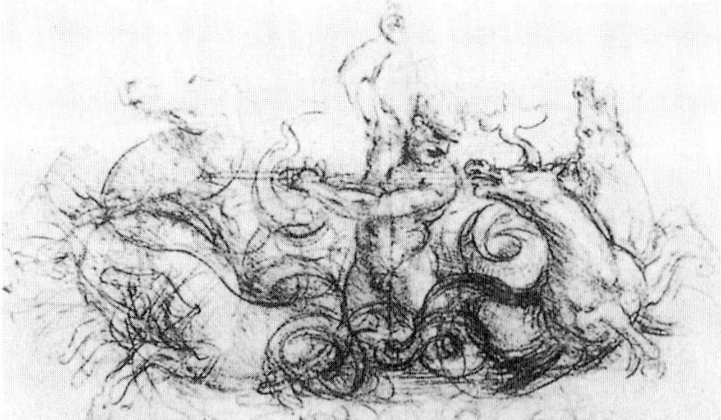

49 • Étude pour une fontaine de Neptune. Bibliothèque Royale de Windsor (12570).

50 • Étude pour la tête de Léda. *Bibliothèque Royale de Windsor (12518).*

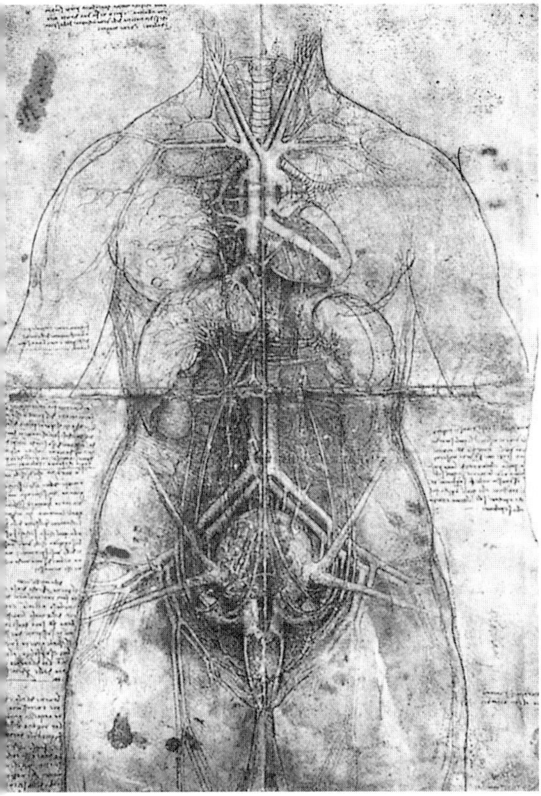

51 • Dissection des principaux organes de la femme. Bibliothèque Royale de Windsor (12281 r.).

52 • La Joconde. *Paris, Musée du Louvre.*

56 · Saint Jean-Baptiste. *Paris, Musée du Louvre.*

53 · Ornithogale, ou "étoile de Bethléem". Bibliothèque Royale de Windsor (12424).

54. Etude des mouvements de l'eau : la formation d'un tourbillon. Bibliothèque Royale de Windsor (12659 v.).

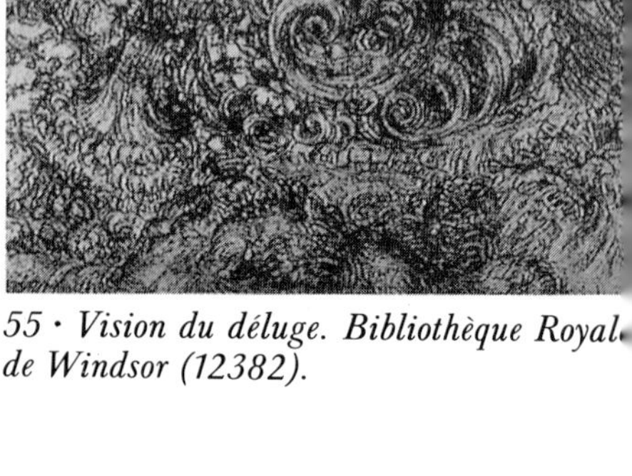

55 · Vision du déluge. Bibliothèque Royale de Windsor (12382).

mort. Il me semble évident, en tout cas, que Léonard a « doublé » l'emblème officiel du sien propre.

114. H 32 v. et s. ; Cod. Atl. 358 v. a ; Cod. Atl. 216 r. a ; Cod. Atl. 98 r. c... Il est possible qu'un de ces motifs d'entrelacs ait été destiné au parquet ou pavement de la *Sala delle Asse*.

115. Windsor 12516.

116. Cod. Atl. 133 r. a et 372 r. b. Léonard tirait peut-être une partie de ses revenus de ces dessins de sacs et de poignées d'épées.

IX

LAURIERS ET ORAGES

L'or pur se reconnaît à l'épreuve[1].

LÉONARD.

Le 1er avril 1499, Léonard note avec une certaine satisfaction qu'il se trouve à la tête de deux cent dix-huit livres *[2]. Là-dessus, dans les derniers jours du mois, le duc Ludovic lui donne en toute propriété un terrain situé à l'extérieur de la ville, du côté de la porte Vercellina, large de seize perches et planté de vigne ; le More doit être particulièrement content de l'artiste pour le récompenser de la sorte ; ou alors il a si bien épuisé ses coffres qu'il n'a plus d'autre moyen de le rémunérer.

Léonard envisage de se faire bâtir une maison. Dans le même temps, Louis XII, nouveau roi de France, achète au pape Borgia le divorce qui lui permet d'épouser la veuve de son prédécesseur, sa nièce, la reine Anne de Bretagne, laide et bancale, sans laquelle il n'aurait pas tout le contrôle du royaume ; obnubilé à son tour par les « gloires et fumées d'Italie », il se lie secrètement avec Venise contre Milan et il s'assure par des menaces la neutralité de Florence.

Ludovic, informé des préparatifs militaires outre-monts, voyant les portes se fermer devant ses ambassadeurs, abandonné de tous, même de Ferrare et Mantoue, s'apprête à contenir seul la *furia francese ;* il loue des mercenaires, il arme ses places fortes.

Au début de l'été, tandis que l'armée de Louis XII commence de franchir les Alpes, comme si tous ces événements lui étaient indifférents, Léonard se consacre à des expériences sur le mouvement et le poids, ainsi qu'à des travaux de plomberie pour Isabelle d'Aragon, veuve malheureuse de Galéas Marie, que l'on a confinée dans une aile de la Corte Vecchia où il a son atelier. Il met au point un dispositif « pour son poêle et sa baignoire », dit-il, grâce auquel la duchesse aura de l'eau chaude à volonté : plusieurs pages de ses carnets montrent des dessins de chaudières et de canalisations ; on y

---

* Pour les notes concernant ce chapitre, voir page 378.

apprend que la température idéale sera obtenue en mélangeant trois parties d'eau chaude à une d'eau froide. En août, alors que les Français assiègent Arazzo, citadelle dominant le Tanaro, Léonard, imperturbable, se préoccupe toujours du *bain de la duchesse*[3].

Commandées par Louis de Luxembourg, comte de Ligny, Stuart d'Aubigny, de la maison royale d'Ecosse, et le Milanais en exil Jean-Jacques Trivulce, ennemi juré du More, les troupes de Louis XII prennent rapidement la forteresse d'Annone (dont la garnison est passée au fil de l'épée, selon Guichardin), puis Valence, Bassignano, Voghiera, Castelnuovo ; les Vénitiens attaquent la Lombardie par l'est, en chantant : *Ora il Moro fa la danza!* (« Maintenant c'est le More qui danse ! »). Galeazzo de Sanseverino s'enferme dans le château d'Alessandria, puis bat peureusement en retraite, tandis que son frère, le comte de Caiazzo, se donne sans condition aux Français. Ludovic, malgré des promesses et de beaux discours, ne parvient plus à rallier sa capitale derrière lui. La foule massacre son trésorier. Sentant le vent tourner, ses généraux désertent. Pris de panique, il envoie ses enfants et les restes de sa fortune en Allemagne, auprès de l'empereur Maximilien (trop occupé par une guerre contre les Suisses pour lui porter secours), avant de les rejoindre lui-même, à Innsbruck, par des chemins discrets.

Milan capitule le 14 septembre, sans qu'un seul coup de canon ait été tiré. Le 6 octobre, Louis XII fait une entrée triomphale dans la ville : comme on annonce des réductions d'impôts, le peuple accueille le souverain en libérateur. Le plus riche état d'Italie est tombé aux mains de la France en moins d'un mois.

Nombre des courtisans du More ont fui la capitale. Léonard hésite sur le parti à prendre. Le comte de Ligny lui propose peut-être d'entrer à son service, d'étudier pour lui l'état des fortifications toscanes[4], car les Français envisagent de descendre jusqu'à Naples, qu'ils n'avaient su garder. On ignore jusqu'à quel point il s'engage auprès du comte ; le nom de ce dernier apparaît en tout cas sous la plume de l'artiste, parmi des préparatifs de voyage, dans un curieux mémorandum où les lettres de certains mots sont inversées, de façon à rendre la phrase incompréhensible : « Va trouver *ingil* (Ligny) et dis-lui que tu l'attendras à *amor* (Rome) et que tu iras avec lui à *ilopan* (Naples)[5]. » (Pourquoi Léonard, qui écrit déjà à l'envers, se sert-il ici d'un langage chiffré ? Ce n'est pas la honte de passer si vite à l'ennemi qui l'y pousse ; l'époque n'a pas ces scrupules ; je pense qu'il a plutôt soin de préserver le secret d'une entreprise à laquelle il n'est pas encore résolu.)

Une autre phrase de ce mémorandum le montre en relation

avec les Français : « Prends de Jean de Paris la méthode pour colorier à sec, et la façon de faire du sel blanc et du papier teinté... » Or ce *Gian di Paris* est probablement Jean Perréal, peintre de la maison du roi, présent à Milan à cette époque[6]. On sait d'autre part, grâce à Paul Jove, que Louis XII est si émerveillé par la *Cène*, lorsqu'il la voit à Santa Maria delle Grazie, qu'il demande s'il est possible de la détacher du mur pour la transporter en France. Il serait bien extraordinaire qu'il n'ait pas cherché à rencontrer l'artiste, sinon à se l'attacher.

Léonard, cependant, ne passe pas encore au service des Français. Ceux-ci commencent d'ailleurs de se rendre odieux au peuple de Milan ; les meurtres succèdent aux pillages. Le peintre voit peut-être des amis à lui mis à mal par des manifestants ou les soldats de l'envahisseur[7]. Pour lui, l'heure est à l'exode.

Le mémorandum où figure le nom de Ligny nous informe des préparatifs qu'il fait : il se soucie d'abord de préserver la vigne que lui a offerte le More (la « donation », *enoiganod al,* écrit-il à l'envers, ce qui laisse supposer l'intercession nécessaire de Ligny ou quelque haut personnage français) ; il note d'emporter certains livres (le Vitelone, le *De Ponderibus,* etc.[8]) ; « d'avoir deux caisses emballées, prêtes pour le muletier — des couvertures de lit feront l'affaire » ; il a trois caisses en tout, mais il compte en laisser une à Vinci : il veut donc retourner un moment au pays, où vit toujours son oncle Francesco ; il se souvient de récupérer les poêles qui sont à Santa Maria delle Grazie et quelque chose — le mot est illisible — qu'on lui a volé ; de vendre ce qu'il ne peut emporter (notamment les planches d'un échafaudage : celui sur lequel il a peint la *Cène ?*) et d'acheter « des nappes et serviettes, un chapeau, des souliers, quatre paires de chausses, un grand manteau en peau de chamois, et du cuir pour en faire de neufs... » ; il mentionne des rames de papier et une boîte de couleurs (qui peut appartenir à Jean de Paris) ; il lui faut également diverses graines — de lis, de melon d'eau — dont on ne comprend pas trop l'utilité ; enfin, avant de quitter Milan, il désire absolument apprendre comment on nivelle un sol et connaître « combien de terre un homme peut extraire en une journée ».

Une page de sa vie s'achève sur ces mots. Ses affaires réglées, fin 1499 — dans les tout derniers jours du siècle — Léonard envoie la majeure partie de ses économies au mont-de-piété de Florence (l'hôpital Santa Maria Nuova, qui fait office de banque, et où sa famille dépose depuis toujours son argent), puis il se met en route, en compagnie de Luca Pacioli et de son cher Salaï. Il envisage peut-être de rejoindre Bramante à Rome (où celui-ci se trouve depuis longtemps) — mais par le chemin des écoliers : Mantoue, Venise et sa Toscane natale.

Léonard n'est pas resté dix-sept ou dix-huit ans à Milan sans jamais en sortir. Ses notes témoignent de séjours à Pavie, à Vigevano, au lac de Côme, à Chiaravalle (où il a étudié de près le mécanisme d'une horloge[9]) ; à Gênes (où, en avril 1498, il a assisté avec le duc à une tempête si terrible qu'elle a rompu la digue du port[10])...

Il décrit en détail le val de Chiavenna, la vallée de Trozzo, le val Sasina[11] ; je suppose qu'il apprécie spécialement ces paysages montagneux qui doivent lui rappeler ses explorations enfantines des environs de Vinci. On le voit même, un été, vers la mi-juillet, entreprendre l'ascension d'un haut pic : le monte Roso (ou *Momboso,* comme il dit), au cœur des Alpes. 4 634 mètres — ce n'est pas un mince exploit : avec Pétrarque et le cardinal Bembo, Léonard compte ainsi parmi les premiers alpinistes de l'histoire. Parvenu au sommet (mais y parvient-il vraiment ?), le spectacle qu'il découvre le stupéfie ; lui qui rêve de voler, il domine les nuages ; le ciel est d'un bleu intense — il se forme de la sorte une notion de l'atmosphère ; des glaciers brillent à ses pieds, au fond des vallées il aperçoit le fil sinueux de rivières : il déclare surplomber « les quatre fleuves qui arrosent toute l'Europe[12].

On pourrait croire qu'il s'est rendu aussi en Sardaigne — ce *Sardinia* qui revient trois fois dans ses notes désigne plutôt une petite localité sur les bords de l'Arno, proche de Florence. Léonard évoque différents périples en mer ; les pays lointains excitent sa curiosité ; cependant, lorsqu'il mentionne les côtes de Sicile, la Hongrie, l'Espagne ou l'Angleterre, il est pratiquement certain qu'il n'en parle pas d'expérience mais rapporte des récits qu'on lui en a faits[13]. Certaines relations de voyage que renferment ses carnets (elles ont mystifié un moment les chercheurs) sortent même tout droit de son imagination : ce sont des fantaisies exotiques — des exercices littéraires. L'une d'elles se présente sous la forme d'une lettre au marchand florentin Benedetto Dei (qui a exploré réellement les contrées les plus lointaines) ; Léonard lui donne « des nouvelles de l'Orient » : il raconte comment, « au mois de juin, un géant est apparu, venant du désert de Syrie », suscitant l'effroi et semant la mort ; des ratures et ajouts nombreux trahissent un véritable souci d'écrivain. Une autre, adressée « au Devatdar de Syrie, lieutenant du sacré Sultan de Babylone », décrit longuement le mont Taurus et le fleuve Euphrate ; pour rendre le récit crédible,

Léonard l'illustre de dessins et de cartes, car il tombe vite dans le merveilleux. Cette dernière « lettre » paraît l'ébauche d'un roman : sous le titre « Divisions du livre », Léonard indique douze chapitres, en guise d'introduction ; il y est question d'une prédiction, d'une inondation, de la destruction d'une ville, de désespoir, de ravages ; à la fin, « le nouveau prophète » (lui-même ?) montre que « tous ces malheurs se sont produits comme il l'avait dit [14] ».

Léonard, en réalité, ne s'est guère éloigné, durant toutes ces années passées au service du More, des frontières de la Lombardie. On pense qu'il est retourné une fois ou deux à Florence — mais rien ne le prouve de façon incontestable. L'exotisme étant à la mode (la cour raffolait de *turqueries* [15], et l'époque est aux grandes découvertes), il a surtout rêvé à de prodigieux voyages — qui lui ont été un prétexte pour dépeindre les images apocalyptiques qui par périodes le hantent.

Léonard ne s'attarde guère à Mantoue, quoiqu'il doive y recevoir l'accueil le plus favorable : la marquise Isabelle, sœur aînée de la défunte duchesse Béatrice (et donc belle-sœur du More), désire depuis longtemps qu'il fasse son portrait. Elle a déjà rencontré le peintre à la cour de Milan dont elle a été l'hôte à de nombreuses reprises. Deux ans auparavant, en 1498, elle a écrit à Cecilia Gallerani, l'ancienne maîtresse de Ludovic, pour la prier de lui prêter son portrait par Léonard : elle souhaitait le comparer à certains ouvrages en sa possession — ce sont ses termes. Réponse négative de Cecilia ; la raison invoquée ? le portrait ne lui ressemble plus — mais « que Votre Seigneurie ne s'imagine pas que ce soit la faute du maître, dit-elle, car je ne crois pas qu'il ait son pareil ; cela tient uniquement à ce que le portrait a été peint lorsque j'étais encore excessivement jeune, et depuis mon visage a changé au point que si on le comparait à celui que montre le tableau, on ne croirait pas que celui-ci ait été fait pour moi ».

L'époque présente la marquise Isabelle comme la femme la plus accomplie d'Italie — « la première dame du monde », dit Niccolo da Corregio ; les poètes ne cessent de vanter ses vertus, son courage, son esprit, son érudition, son bon goût. Elle patronne les arts ; elle fait décorer ses salons privés (son *studiolo*) d'œuvres qu'elle commande aux meilleurs artistes du temps — Mantegna, son peintre attitré, le Pérugin, Giovanni Bellini, Lorenzo da Costa, plus tard Raphaël, Titien. Au premier abord, elle paraît une protectrice idéale pour Léonard ; elle a déjà attaché à sa cour Attalante Miglioretti, le chanteur en compagnie duquel il a *débuté* à Milan. Mais le Vinci découvre vite en la marquise un caractère tatillon, tyrannique, dont il doit mal s'accommoder. Il ne peut manquer d'apprendre comment elle a harcelé Bellini, allant jusqu'à le poursuivre en justice pour obtenir l'ouvrage exact qu'elle désirait ; on connaît aussi cinquante-trois lettres véhémentes écrites par elle au Pérugin pour le convaincre d'achever une allégorie de son invention, vantant ses mérites — un *Combat de l'Amour et de la Chasteté*. Isabelle ne veut, en vérité, que des tableaux composés pour sa gloire, sur ses données précises.

Léonard fait mine d'obéir ; il la dessine, de profil, à la pierre noire et à la sanguine, avec des rehauts de pastel (au Louvre). De ce dessin, il tire sans doute une copie qu'il offre à la marquise [16] ; puis, conservant l'original pour le transposer sur panneau et en faire une peinture, sur de vagues promesses, il poursuit son chemin : il part pour Venise où Pacioli compte de nombreuses relations.

De cette ville, le 13 mars 1500, le facteur d'instruments de musique Lorenzo Gugnasco, ami de Léonard, envoie à la marquise de Mantoue un luth précieux, « à la manière espagnole », accompagné d'une lettre l'informant que le peintre lui a montré le dessin qui la représente « qui est en tout point d'une ressemblance parfaite. En vérité, il est si bien fait qu'on ne pourrait mieux faire. C'est tout ce que je vous en dirai par ce courrier ». Les deux dernières phrases reflètent sûrement les intentions du Vinci quant au tableau : il ne prendra pas les pinceaux pour l'exigeante Isabelle ; la commande d'un portrait officiel ne l'intéresse pas, semble-t-il : on dirait qu'il a le front de répondre par un caprice de peintre à un caprice princier.

En arrivant à Venise, au début de l'année 1500, Léonard apprend que le More tente de reconquérir le Milanais où un parti s'est formé pour son retour. Ludovic a appelé le sultan Bajazet contre la cité des Doges, il a dépensé tout son or pour monter une armée de mercenaires composée de huit mille Suisses et cinq cents hommes d'armes francs-comtois. Tandis que les Turcs ravagent le Frioul, il reprend sa capitale — aussi aisément qu'il l'a perdue. Les Français l'acculent cependant dans Novare ; eux aussi disposent de troupes suisses, et tous ces mercenaires, moitié sur un coup de tête, moitié soudoyés par les Français, décident soudain, à la veille de la bataille, qu'ils ne peuvent se battre entre frères : ils s'en retournent dans leurs cantons. Le 10 avril, le More doit s'échapper de la place déguisé en simple soldat, à pied, caché dans leurs rangs. On le reconnaît, on le dénonce à l'ennemi ; il est arrêté par Louis de Ligny puis conduit en France sous bonne garde. Louis XII le fait promener dans les rues de Lyon (« comme une bête sauvage », dit

Michelet), avant de l'enfermer dans le donjon de Loches, en Touraine ; on lui refusera toujours sa grâce : Ludovic le More mourra en captivité, huit ans plus tard. Il laissera dans l'histoire le souvenir de l'homme qui a appelé des armées étrangères dans la péninsule : Français et Espagnols vont se disputer Naples, puis la Lombardie ; puis, les Français évincés, les Espagnols feront place aux Autrichiens : l'Italie ne se libérera de l'envahisseur, en acquérant son unité, qu'au XIXe siècle.

Jusqu'à la trahison de Novare, Léonard conservait peut-être quelque espoir de retrouver son protecteur ; ce maître lui convenait, qui lui laissait de nombreux loisirs et l'employait à des besognes variées. Vers quel prince se tourner à présent ? Au dos de la couverture d'un carnet (le manuscrit L), quelques phrases abruptes retracent les derniers événements ; toutes ne sont pas claires. Léonard parle d'une « petite salle en haut des Apôtres » et d'« édifices par Bramante » (pour déplorer leur inachèvement ?) ; il note le sort de différents personnages qu'il a connus : le gouverneur du château « fait prisonnier », un certain Visconti « arrêté, et son fils tué », l'astrologue Ambrogio *della Rosa* (da Rosate) « privé de son argent », l'administrateur Bergonzo Botta ruiné. Les derniers mots sont pour le More et, indirectement, peut-être pour le cheval de bronze : « Le duc perdit ses Etats, ses biens personnels et sa liberté ; aucune de ses entreprises n'a été terminée. »

Léonard ne peint pas à Venise, quoique sa peinture fasse grande impression sur des artistes de cette ville. Vasari dit que le style « estompé et sombre » du Vinci plaît tant au jeune Giorgione que celui-ci va s'y conformer toute sa vie et « l'employer largement dans la peinture à l'huile » ; cette influence atteint ensuite Palma le Vieux — toujours selon Vasari.

Parmi les quelques Vénitiens mentionnés dans les carnets de Léonard figurent un certain Antonio Frisi « qui est au conseil de Justice », un architecte militaire (peut-être le célèbre fra Giocondo), des hommes de guerre, tels le capitaine Alvise Salomon et l'amiral Antonio Grimani, vaincu à Lépante [17]. Les Turcs ont si bien répondu au souhait du More (occuper la République à défendre ses propres frontières) que leur avant-garde campe sur les rives de l'Isonzo, à moins de quatre-vingts kilomètres du palais des Doges. Les circonstances réveillent les ambitions d'ingénieur militaire de Léonard. Il se rend dans le Frioul ; il étudie sur place la topographie des vallées menacées ; à Gradisca, il donne, semble-t-il [18], des indications pour l'installation de bombardes. De retour à Venise, il propose au Sénat un plan pour stopper l'avance ottomane dans une lettre dont nous sont parvenus les brouillons : son idée consiste à construire une écluse mobile en bois, ou « support denté », sur la rivière Isonzo que les Turcs doivent obligatoirement traverser pour pénétrer plus avant en Vénétie : grâce à son dispositif, quelques hommes, en un rien de temps, pourraient inonder la vallée et noyer une armée entière [19]. Les archives vénitiennes ne conservent malheureusement aucune trace du projet : il semble que celui-ci, comme tant d'autres choses imaginées par le Vinci, soit demeuré lettre morte.

Certains historiens pensent qu'il aurait soumis aussi au Sénat le plan d'une attaque sous-marine susceptible de libérer les nombreux Vénitiens alors prisonniers des infidèles, voire d'anéantir d'un coup la puissante flotte du sultan [20]. Depuis plusieurs années, à la suite d'Alberti et Taccola, Léonard songe à lancer des scaphandriers de combat contre les ports ennemis. Les plongeurs, dit-il, porteront des lunettes de verre ; ils seront équipés d'outres emplies d'air et armés de coutelas très tranchants, pour le cas où l'on chercherait à les prendre dans des filets ; ils couleront les vaisseaux amiraux en perçant leur coque au moyen d'un vérin, en dessous de la ligne de flottaison, puis ils incendieront les autres galères. Un dessin montre un scaphandre (en cuir étanche) assez convaincant. Cette terrible « invention » l'emplit de scrupules : « Comment et pourquoi, avoue-t-il, je ne décris pas ma méthode pour rester sous l'eau, et combien de temps je peux y rester sans me restaurer : je ne veux pas la divulguer ni la publier à cause de la nature maligne des hommes qui l'utiliseraient pour des assassinats au fond des mers [21]. » D'un autre côté, cette *méthode* pourrait mettre un terme à une guerre meurtrière, sans trop de victimes, car il prévoit de lancer un ultimatum : « Si vous ne vous rendez pas d'ici quatre heures je vous enverrai par le fond » ; elle servirait également à sauver d'un indigne esclavage les chrétiens que les Turcs refusent de rendre — de sorte qu'elle lui rapporterait enfin des sommes considérables : il aurait sa part des rançons promises par les familles des captifs. Auprès des dessins illustrant son attaque sous-marine, Léonard écrit : « N'enseigne pas, et seul tu excelleras » : il craint qu'on ne lui vole son idée ; il poursuit : « D'abord, conclus un accord légal (devant notaire) de façon à toucher la moitié de la rançon, sans aucune charge ni exception [22]... » Vaine précaution : aucun capitaine ne tentera ce coup de main ; il n'y aura pas plus d'offensive sous-marine que d'inondation de la vallée de l'Isonzo. Il n'est pas sûr que le projet sorte seulement des cartons de l'artiste. Bientôt Venise signe un accord avec la Sublime Porte. En avril 1500, Léonard est de retour à Florence.

Il a quarante-huit ans ; ses cheveux doivent commencer à grisonner, à se clairsemer ; la ville qu'il retrouve a bien changé elle aussi. Florence a chassé les Médicis, elle est redevenue une république ; elle a suivi dans son fanatisme le frère Jérôme Savonarole — elle a connu l'exaltation et les excès de quatre années de dictature théocratique — jusqu'à ce que le pape ait obtenu que le moine se rétractât dans les douleurs de la question et qu'il fût ignominieusement brûlé en place publique. Savonarole éliminé, l'influence de ses sermons, renforcée par son martyre (qu'il avait prédit), continue d'agir sur les esprits : beaucoup sont persuadés qu'on a tué un saint. Parmi les artistes, Botticelli, Lorenzo di Credi, Baccio della Porta (qui se fait moine sous le nom de fra Bartolomeo), Michel-Ange porteront jusqu'à la fin de leurs jours l'empreinte noire des paroles du dominicain. Certains ont participé, le cœur en fête, au grand *bûcher des vanités* de 1497 (où ont été livrés au feu des œuvres d'art, des instruments de musique, des cartes à jouer, des antiques, des livres, de rares manuscrits jugés peu chrétiens, des miroirs, des parures de femme...) ; plusieurs refusent désormais de traiter un sujet profane.

Léonard revoit son père. Ser Piero, âgé de soixante-quatorze ans, vit dans sa nouvelle maison de la via Ghibelina avec sa quatrième épouse (Lucrezia di Guglielmo, fille de notaire) et ses onze enfants — l'aîné a vingt-quatre ans, le plus jeune deux à peine. On présume que le père et le fils se sont écrit régulièrement lorsque celui-ci habitait Milan ; mais, de cette correspondance, seul le brouillon d'une lettre de Léonard a survécu : « Très cher père, le dernier jour du mois dernier, j'ai reçu la lettre que vous m'aviez écrite, et qui, l'espace d'un instant, m'a donné du plaisir et de la tristesse. J'ai eu du plaisir à vous savoir en bonne santé, et j'en rends grâces à Dieu ; j'ai eu du déplaisir d'apprendre votre peine[23]. » C'est assez bref. Ser Piero était sans doute souffrant ; on ne connaît pas l'origine de la « peine » à laquelle il est fait allusion : le décès de la troisième épouse du notaire ? la perte d'un ami, d'une affaire, d'un gros client (les faillites se sont multipliées sous l'austère gouvernement de Savonarole) ?

Léonard retire cinquante florins de son compte à Santa Maria Nuova. S'il nourrissait des espérances à l'endroit de Louis de Ligny, il doit être déçu : celui-ci n'ira pas à Naples, il quitte soudain la Lombardie et retourne en France (pour y mourir, trois ans plus tard). En attendant de trouver un protecteur, il faut se procurer un logement ; ayant appris que les frères servites désirent un tableau pour le maître-autel de l'Annunziata, Léonard laisse entendre qu'il s'en chargerait volontiers. Filippino Lippi a déjà signé le contrat, mais il se désiste élégamment en faveur de son illustre confrère — le bruit de sa gloire a précédé le Vinci dans la capitale toscane. Le maître s'installe donc avec Salaï au couvent des frères — qui lui assurent le vivre et le couvert. Les premiers mois, cependant, il nc peint pas (Vasari dit qu'il tient les moines longtemps en haleine « sans rien commencer »). Il participe aux travaux de restauration de l'église San Salvatore que menace un glissement de terrain et du campanile de San Miniato al Monte : n'est-il pas expert en la matière depuis l'époque du concours pour le *tiburio* du Dôme de Milan ? — un traité sur les causes de l'écroulement des édifices et un autre sur la résistance des matériaux demeurent en chantier dans ses carnets. Il dessine ensuite une villa florentine, ou il en relève les plans, pour Francesco de Gonzague, marquis de Mantoue, qui souhaite en construire chez lui une pareille. Alors que les servites s'irritent et le pressent (ils ont déjà commandé le cadre du tableau à Baccio d'Agnolo), il donne l'impression de poursuivre paisiblement des expériences sur le poids et les percussions, ainsi que l'étude des mathématiques et de la géométrie avec Pacioli.

De son côté, la marquise de Mantoue, sans nouvelles de son portrait, s'entête à obtenir une peinture de lui. En mars 1501, elle écrit à son correspondant florentin, fra Pietro da Novellara : « Révérentissime Père, si Léonard, peintre florentin, se trouve à Florence en ce moment, nous vous prions de nous informer de la vie qu'il mène, c'est-à-dire s'il a quelque œuvre en chantier, comme on nous l'a dit, de quel genre elle est, et s'il doit rester longtemps dans cette ville. Auriez-vous l'obligeance de lui demander, comme si cela venait de vous, s'il lui conviendrait de faire un tableau pour nos appartements ? S'il y consent, nous lui laisserons le choix de la date et du sujet. S'il se montre réticent, essayez au moins de l'amener à nous peindre un petit tableau de la Madone, plein de foi et de douceur, comme il est dans sa nature de les faire. »

Le révérend père va aux servites, il se renseigne ; quelques jours plus tard, le 8 avril 1501, il répond à la marquise que « l'existence de Léonard est si instable et incertaine, qu'on dirait qu'il vit au jour le jour ». La lettre se poursuit sur la description d'un carton que le peintre a enfin commencé d'esquisser pour les moines, d'après une ébauche milanaise, semble-t-il — *la Vierge, Sainte Anne et Jésus enfant*[24]. Le père ajoute que le Vinci ne fait rien d'autre, « sinon qu'il met parfois la main à des portraits que peignent deux de ses élèves ».

La marquise n'est pas femme à se contenter de maigres explications ; aussi le père continue-t-il son enquête ; il interroge Salaï « et d'autres personnes de l'entourage du peintre » — qu'il finit par approcher, non sans difficultés, le mercredi saint. Reprenant la plume, le 14 avril, il annonce cette fois qu'à cause des recherches mathématiques dans lesquelles il est plongé Léonard est « excédé par le pinceau », et — de façon plutôt contradictoire — qu'il n'entreprendra rien tant qu'il n'aura pas achevé un petit tableau destiné à Florimond Robertet, favori du roi de France : une *Vierge au fuseau*[25].

La marquise va *relancer* Léonard plusieurs fois, en demandant qu'il expertise pour elle des vases précieux ayant appartenu à Laurent le Magnifique (lettre du 3 mars 1502[26]) ; en lui envoyant son agent Angelo del Tovaglia et lui faisant miroiter un gros salaire (14 mai 1504) ; en lui écrivant elle-même, parallèlement à cette dernière démarche : « Maître Léonard, apprenant que vous êtes fixé à Florence, nous avons conçu l'espoir de réaliser notre désir... Quand vous vîntes chez nous, vous avez fait notre portrait au fusain et vous nous avez promis de nous peindre un jour en couleur ; mais, comprenant qu'il vous serait difficile de tenir votre promesse, puisqu'il vous faudrait revenir ici, nous vous prions de bien vouloir remplir vos engagements envers nous en remplaçant notre portrait peint par un *Christ enfant*[27], de douze ans à peu près, c'est-à-dire l'âge où il disputait avec les docteurs dans le Temple, et de l'exécuter avec ce charme et cette suavité qui sont à un si haut degré le caractère de votre art. Si vous accédez à notre désir, en plus du paiement que vous fixerez vous-même, nous vous resterons tellement obligée que nous ne saurons comment nous acquitter envers vous. » Elle revient à la charge le 30 octobre 1504. En 1506, elle prie le frère de la première épouse de ser Piero, le chanoine Alessandro degli Amadori, que Léonard retrouve à Fiesole au printemps 1505, d'intervenir à nouveau pour elle... Le Pérugin, Raphaël, Titien, pressés de même par la marquise, finissent tous par céder devant sa tenacité. Pas Léonard, à qui elle fait pourtant les offres les plus alléchantes, sur le ton le plus humble. Au Pérugin, elle dit : « Dans ce tableau, il ne vous sera pas permis d'ajouter quoi que ce soit de votre invention. » Au Vinci, elle écrit : « Je crois bien faire en vous envoyant encore ces quelques mots pour vous prier de nous peindre une petite toile, en manière de délassement... » Léonard ne fléchit pas. Il semble qu'il ne se donne même pas la peine de répondre. Il doit avoir ses raisons. C'est la première fois en tout cas qu'un artiste manifeste ainsi son indépendance.

En avril 1501, selon l'envoyé de la marquise, Léonard travaille donc au tableau commandé par les servites — ou plutôt à son carton. Vasari raconte que ce carton de *la Vierge, Sainte Anne et l'Enfant Jésus* émerveille tous les peintres qui viennent le voir et que, quand il est achevé, une foule d'hommes et de femmes, jeunes et vieux, défile durant deux jours dans la pièce où on l'expose, comme s'ils allaient « à une fête solennelle. » Tous, dit-il, sont « stupéfaits par sa perfection. » La ville avait boudé l'artiste au temps de sa jeunesse ; la mode a évolué ; on lui rend à présent un hommage unanime. J'imagine que ser Piero n'est pas peu fier de son bâtard.

A partir de ce carton, modifiant sa composition de façon à l'alléger, à la « dynamiser », Léonard commence alors de peindre le tableau, aujourd'hui au Louvre[28]. La Vierge y est assise sur les genoux de sainte Anne (sa mère) ; elle se penche et saisit dans ses bras l'Enfant Jésus, comme pour l'éloigner de l'agneau avec lequel il joue (l'agneau, victime expiatoire, symbolise la Passion, les souffrances du Christ). Les critiques d'art admirent l'union des trois figures, la liberté du mouvement, le fondu très doux des visages, les montagnes hallucinées des lointains. Pour sa part, Freud s'étonne du thème choisi par Léonard, cette « glorification de la maternité », de ce que sainte Anne et sa fille paraissent avoir le même âge, et que leurs deux corps semblent n'en faire qu'un : « Léonard, écrit-il, a donné à l'enfant deux mères, [...] toutes deux parées du bienheureux sourire du bonheur maternel. » L'enfance du peintre, rappelle-t-il, s'est déroulée entre une mère véritable et une belle-mère (la première épouse légitime de ser Piero) : il les aurait unies en esprit, ainsi que dans son tableau — tableau que nul autre que lui n'aurait pu peindre. (Dans une note de la deuxième édition de son ouvrage, Freud communique en outre la découverte faite par un de ses élèves : le « vautour » du souvenir d'enfance apparaîtrait, comme « une image-devinette inconsciente », dans les contours du drap bleu enveloppant la Vierge[29].)

Freud se trompe quant à la singularité du thème : *Sainte Anne, la Vierge et Jésus Enfant* est un sujet fréquemment traité dans l'Italie renaissante (par Masaccio, Gozzoli...). L'italien dispose d'ailleurs d'un terme propre pour le désigner : *Santa Anna Metterza,* c'est-à-dire *Sainte Anne la troisième, même :* cette sorte de composition correspond au culte grandissant de la Vierge, de son Immaculée Conception, culte qui englobe celui de la grand-mère du Christ, sainte Anne, sorte de troisième élément d'une *trinité* tirée des évangiles apocryphes. De la construction pyramidale aux trois pieds seulement visibles des trois personnages, tout semble triple dans l'œuvre du Vinci. Avec ce tableau, en vérité, Léonard poursuit une méditation théologique sur le destin du Christ commencée avec la

Vierge aux Rochers, sinon avec des peintures antérieures : Jésus est prédestiné à mourir sur la croix, depuis bien avant sa naissance — depuis la conception miraculeuse de la Vierge. Comment traduire la chose *plastiquement,* hors de toute anecdote ? De là, une genèse complexe, les nombreux cartons (et dessins) préparatoires, la lenteur, les difficultés avec lesquelles s'élabore la composition finale. Léonard part de deux femmes assises sur un même plan, l'Enfant Jésus jouant avec saint Jean (carton de Londres) ; cela rend insuffisamment son idée ; il remplace alors saint Jean par l'agneau, la Vierge tend les bras pour écarter son fils de l'animal symbolique, tandis que sainte Anne cherche à retenir le geste de sa fille, qu'elle juge inutile, puisque le Christ *doit* expier les péchés des hommes (carton perdu, décrit par fra Pietro da Novellara) ; enfin, dans le tableau du Louvre, sainte Anne immobile et souriante porte sur ses genoux, comme si elle la portait en elle, la Vierge émue du sort de l'Enfant. Les deux femmes ont sensiblement le même âge, comprend-on, parce que l'histoire se déroule hors du temps, ou dans ce temps éternel et indéfini de la prophétie (Pareillement, les *Pietà* montrent en général un Christ sensiblement plus âgé que sa mère — qu'on songe à celle du Vatican par *Michel-Ange.*). Léonard renouvelle à son gré, une fois encore, l'iconographie religieuse et, en ce sens, Freud a raison de dire que le tableau ne saurait être l'œuvre d'aucun autre peintre : la *Santa Anna* est très éloignée, par la forme aussi bien que le fond, de celles de ses prédécesseurs. Il est certain que sa « réflexion » s'inspire des données de sa propre vie ; il me paraît tout aussi important, par ailleurs, de voir l'artiste s'exprimer de la sorte, de le voir se mêler sans cesse de théologie : d'une œuvre à l'autre, on peut suivre le mouvement de sa pensée, comme dans les pages d'un livre.

Le tableau du Louvre est inachevé. Léonard y travaille, par intervalles, durant de nombreuses années — peut-être huit, neuf ans ; mais il ne termine ni le paysage ni les vêtements, qu'il paraît pourtant confier en partie à des collaborateurs (ses élèves en revanche copient l'œuvre à l'envi [30]). Pour expliquer ce nouvel abandon, on peut rappeler les mots de fra Pietro da Novellara, le correspondant de la marquise de Mantoue : la peinture agace Léonard (il est *impiacentissimo del pennello*), quoique je soupçonne le révérend père d'exagérer les choses afin de ménager la susceptibilité d'Isabelle. A mon sens, il faut considérer surtout l'obligation dans laquelle se trouve l'artiste à cette époque d'entrer au service d'un prince conforme à ses besoins et ses goûts : cette recherche va l'occuper jusqu'au terme de sa vie, l'éloignant de Florence, le ramenant vers Milan, le poussant vers Rome — le mettant instamment sur les routes.

En 1502, il croit trouver un parfait protecteur en la personne de César Borgia ; celui-ci lui offre le poste dont il a toujours rêvé — à cinquante ans, voilà enfin Léonard nommé ingénieur militaire.

Le nom de César Borgia est aujourd'hui synonyme d'infamie ; il évoque des idées de cruauté, de fourberie, d'impiété, de luxure — d'inceste. Fils naturel du pape Alexandre VI et d'une courtisane romaine, cardinal à seize ans, *déprêtrisé* à vingt-deux, César Borgia paraît incarner toutes les tares de la Renaissance — c'est l'envers de la médaille. Il aurait une liaison avec sa sœur Lucrèce ; il la marierait par intérêt à des princes dont il se débarrasserait ensuite à bon compte — l'un d'eux par le fer et le lacet ; il ferait poignarder son propre frère pour devenir à sa place capitaine général de l'Eglise ; il assassinerait et dépouillerait ceux qu'il serait maladroit de tromper ou corrompre... L'imaginatif XIXe siècle s'est complu à grossir ses crimes. Ses contemporains (et les historiens actuels) émettent sur lui des appréciations plus nuancées. Guichardin le décrit bien comme « un barbare assoiffé de sang », « un brigand public », « plus exécrable qu'un Turc » ; mais il le juge après la chute et il n'est pas sans parti pris. Les autres tombent sous le charme ; ils en parlent plutôt comme d'un aventurier de génie. On le craint, le respecte, il étonne — cela suffit pour que beaucoup l'admirent, lui prêtent de la *virtù*. L'époque, à vrai dire, connaît des tyrans tout aussi effroyables, qui n'ont pas l'excuse d'une politique à long terme — et c'est contre ceux-là même que César se bat. Il rappelle un peu notre roi Louis XI. Il ne balance guère devant un meurtre, cependant il tue *utilement* — ses biographes ne manquent pas de le souligner — et non par plaisir ou à des fins mesquines. Il aime ouvertement le pouvoir, il ne dissimule pas ses ambitions personnelles derrière de hautes idées, de vains mots, un parti, de ronflants programmes : il joue le jeu à visage découvert ; il n'a pas les hypocrisies des politiciens modernes. Enfin, sa férocité s'exerçant d'abord à l'endroit de despotes qui ne songent qu'à pressurer leurs sujets, comme il supprime les privilèges féodaux, qu'il instaure une magistrature civile et apporte une relative paix, le peuple (les bourgeois, du moins) l'acclame en héros.

A vingt-sept ans, il pense toucher à son but : soumettre l'Italie centrale, l'unifier sous la bannière de l'Eglise — c'est-à-dire de son père, le pape Alexandre ; la conquête du reste de la péninsule, que se disputent Français et Espagnols (ceux-ci revendiquant Naples à leur tour), devrait se faire dans un deuxième temps. Son prénom, dit-on, lui est monté à la tête. Il l'avoue lui-même dans sa devise : *Aut Caesar, aut nihil* (« ou César, ou rien »), et dans l'inscription gravée sur son épée : *Cum nomine Caesaris omen* (« Avec le nom de César comme présage »).

Léonard l'a sans doute rencontré à Milan, avec le comte de Ligny, en 1499, car César accompagnait les Français dans la prise de la Lombardie : pour services rendus (pour avoir remis la dispense papale nécessaire au mariage du roi avec Anne de Bretagne, parce qu'il représente en toutes choses l'assentiment de Rome), Louis XII lui a offert une petite armée, des rentes, un titre : il l'a fait Français et duc de Valence — c'est sous le nom de Valentinois que Léonard désigne son nouveau maître.

Les deux hommes ont dû se plaire d'emblée. La hardiesse de l'artiste-ingénieur correspond d'une certaine façon à l'extrême audace du prince. J'imagine que ces deux bâtards, qui se sont formés eux-mêmes, s'estiment réciproquement pour leur intelligence, leur indépendance d'esprit, leur mépris des normes ordinaires. Léonard est sûrement sensible, d'autre part, à l'élégance tapageuse, à la prestance superbe de César ; dans ses portraits, celui-ci montre un beau visage fier (« andalou », au dire des chroniqueurs qui invoquent ses origines), encadré d'une barbe sombre, et plein de force et d'énergie : il ressemble aux léopards qu'il emploie dans ses chasses. Le peintre a besoin de se placer sous l'égide de tels hommes, entreprenants, solides, puissants — à l'image de ser Piero, diraient les psychanalystes.

Léonard prend ses fonctions d'ingénieur militaire au début de l'été 1502. Ses notes permettent alors de le suivre presque pas à pas. En juillet, il est à Piombino, sur la côte toscane ; il s'occupe de fortifications, de l'assèchement de marais ; il se délasse en regardant la mer, c'est-à-dire en étudiant le mouvement des vagues, le mécanisme des tempêtes et des marées [31]. Il est ensuite à Sienne, où il examine le battant d'une cloche [32]. Puis à Arezzo, aux côtés du capitaine Vitellozzo Vitelli pour qui il dresse une carte de la région [33]. Il assiste probablement à la révolte de cette cité toscane, puis au siège de la forteresse où des troupes fidèles à la République se sont retranchées — elles ne capituleront pas avant deux semaines. Vitellozzo attaque peu après Borgo San Sepolcro, ville natale de Pacioli ; Léonard lui demande (comme part de butin ?) un traité d'Archimède qu'il cherche depuis longtemps et qui devrait s'y trouver [34]. Dans les derniers jours de juillet, l'artiste rejoint César Borgia qui s'est emparé d'Urbino par la ruse, sans coup férir. A Urbino, il dessine (en touriste, pourrait-on dire) les marches d'un imposant escalier conçu par Francesco di Giorgio, il relève leurs mesures, il trace un croquis hâtif de la forteresse ; un pigeonnier excite aussi sa curiosité[35]. César fait main basse sur l'or, sur les trésors artistiques et culturels de la ville, qu'il expédie en lieu sûr, à dos de mulets ; déplorant peut-être de voir s'éloigner de rares manuscrits dont il aurait l'usage, Léonard note : « Beaucoup de trésors et de grandes richesses seront confiés à des quadrupèdes qui les porteront en divers endroits[36]. » Après Urbino, il se rend à Pesaro, sur les bords de l'Adriatique[37]. Puis à Rimini, où il est émerveillé par les sons harmonieux que produit une « fontaine musicale[38] ». Quelques jours plus tard, il remonte vers le nord, en direction de Cesena, capitale de la Romagne.

Le 18 août, de Pavie où il intrigue auprès du roi Louis XII, César Borgia envoie à Léonard un laissez-passer le confirmant dans ses fonctions : « A tous nos lieutenants, châtelains, capitaines, *condottieri*, officiers, soldats et sujets qui auront connaissance de la présente, nous ordonnons et commandons ceci : à notre très excellent et très cher familier architecte et ingénieur général Léonard de Vinci, porteur de ce document, chargé d'examiner les lieux et forteresses de nos Etats, afin que selon leurs besoins et son avis nous puissions veiller à leur entretien, tous devront donner libre passage sans l'astreindre à aucune taxe publique pour lui et pour les siens (ce qui laisse supposer que Léonard voyage en compagnie de Salaï et d'autres élèves), et l'accueillir amicalement, lui laisser mesurer et examiner ce qu'il voudra. A cet effet, lui fournir des hommes à sa réquisition, et lui prêter toute aide, assistance et faveur qu'il réclamera. Nous voulons que, sur les ouvrages à exécuter dans nos Etats, chaque ingénieur soit tenu de conférer avec lui et de se conformer à son jugement. Que personne ne s'avise d'agir autrement, s'il tient à ne pas encourir notre colère. »

Nanti ainsi de pleins pouvoirs, Léonard participe (sans qu'on puisse évaluer au juste l'importance de cette participation) aux divers travaux entrepris par le Valentinois en Romagne, surtout à Cesena et Porto Cesenatico : là, des bâtiments civils et militaires, ici, un canal reliant la ville au port. Ses carnets ne contiennent que des allusions brèves et indirectes à ses activités : il parle de citernes en marge d'une carte ; il note, le 6 septembre, à neuf heures du matin, une idée qui lui vient pour protéger les bastions d'un feu d'artillerie ; il indique que les ouvriers qui creusent les fossés se groupent de façon à former une pyramide[39]. S'il remet des plans et des rapports aux bâtisseurs des Borgia, ces papiers n'ont pas survécu. Sans doute agit-il essentiellement à titre de consultant, comme faisait Alberti autrefois — cela doit l'enchanter.

Parfois, il se promène dans la campagne ; il s'intéresse aux coutumes locales, il réfléchit à un nouveau type de moulin — à vent — qui préfigure les moulins dits « hollandais », construits un demi-siècle plus tard. Comme les chariots qu'il aperçoit sur les routes lui semblent fabriqués en dépit du bon sens, il les améliore en esprit et déclare : « La Romagne, capitale de toutes les stupidités [40]. »

Le 12 octobre de la même année, César Borgia met à sac la petite ville de Fossombrone [41], près d'Urbino, puis il prend ses quartiers d'hiver à Imola : plusieurs de ses *condottieri*, parmi lesquels Vitellozzo, se sont ligués contre lui ; ils risquent de lui ravir le bénéfice de ses trop récentes conquêtes ; il craint, en outre, que les Français ne le lâchent.

Léonard le retrouve, dans le courant du mois, à Imola qu'il faut d'urgence fortifier. Il donne des instructions pour la citadelle ; il fait un très beau plan circulaire de la ville, en couleurs, inventant peut-être à cette occasion un procédé et un instrument original pour dresser une carte (Pedretti pense que c'est cette invention que décrit Raphaël dans son rapport à Léon X sur les ruines de l'ancienne Rome — on part d'un point central et, s'orientant grâce à une *bussola* spécialement adaptée à cet usage, on relève des mesures dans toutes les directions, le long de lignes imaginaires, comme sur les rayons d'un cercle [42]).

A la cour des Borgia se pressent diverses ambassades — entre autres, une délégation ottomane. Léonard apprend ainsi que le sultan Bajazet cherche un ingénieur capable de construire un pont *en dur* sur la Corne d'Or, reliant Istanbul à Péra. Plusieurs artistes ont déjà séjourné chez les Turcs qu'on dit fort prodigues — Gentile Bellini, en particulier. Léonard considère l'offre très attentivement. Il semble avoir étudié, au cours de ses pérégrinations à travers la Romagne, le pont à une seule arche de Castel del Rio alors en travaux (les plans sont d'Andrea Furrieri d'Imola) ; sur ce modèle, une fois informé de la topographie de l'ancienne Byzance, il trace le schéma d'un pont gigantesque [43], aux lignes pures, étonnamment modernes ; l'arche fait deux cent quarante mètres de long. Puis il écrit au sultan — en 1952, on a découvert dans les archives du Topkapi, à Istanbul, la copie en turc d'une lettre envoyée à Bajazet par « un infidèle nommé Léonard ». Dans cette lettre aux tournures arabisantes, pleine d'invocations à Dieu, l'artiste se vante de pouvoir construire des moulins à vent, une pompe automatique pour assécher la cale des navires et, « à peu de frais », le pont colossal qui rattacherait l'Europe à l'Asie. Quelques invraisemblances entachent le document ; elles sont imputables à la traduction : il semble que Léonard ait réellement songé un moment à mettre ses talents au service de la Sublime Porte ; il n'est d'ailleurs pas le seul que tente l'aventure : on sait par Vasari que Michel-Ange, quelques années plus tard, à la suite d'une brouille avec le pape, se propose pareillement pour le pont sur la Corne d'Or. Dans le cas de Léonard, il ne semble pas que son projet soit pris au sérieux par les conseillers de Bajazet — on ne lui connaît du moins aucune suite[44].

Auprès de César, Léonard rencontre un petit homme maigre aux yeux malicieux, aux lèvres fines, aux cheveux brefs : Niccolo Machiavelli (Machiavel), secrétaire de la République florentine, envoyé en Romagne à titre d'observateur, d'intermédiaire plus que de négociateur — mission mesquine qui le désole : il se borne à déchiffrer et transmettre les intentions de l'énigmatique Valentinois à l'égard de la Toscane, alors qu'il brûle d'*entrer dans la partie,* qu'il aimerait agir, c'est-à-dire parlementer, conseiller, ruser à son tour, avec l'idée d'unir à la fin l'indécise Florence au destin de ce chef de guerre sans faille, de ce brillant meneur d'hommes, de ce tyran sublime pour qui il ne trouve pas de louanges assez fortes : la personnalité et les actions de César Borgia lui inspireront son chef-d'œuvre, *le Prince.* La pensée de Machiavel a été travestie au point que son nom et l'adjectif qui en découle dégagent un lourd parfum de soufre ; on lui reproche confusément d'avoir voulu légitimer cet axiome immoral : il n'y a pas de crime en politique — la fin justifie les moyens. *Le Prince* a été mis à l'Index, frappé d'interdit, à diverses époques ; Voltaire l'a condamné ; Montesquieu également, reprochant à son auteur sa trop grande admiration « pour le duc de Valentinois, son idole ». Aux yeux de Napoléon, c'est « le seul livre qu'on puisse lire » — cela n'a pas plaidé en sa faveur. Machiavel mérite d'être estimé cependant, sinon pour sa lucidité, son impartialité devant les vérités tristes et répétées de l'histoire — qu'il analyse comme Choderlos de Laclos dépeint les ruses de la séduction —, du moins pour sa psychologie, sa profonde connaissance du cœur humain. « Il n'y a pas de doctrine politique dans Machiavel, dit Giono qui le conservait à son chevet. [...] C'est le premier examen de l'homme, peut-être le seul, purement objectif ; l'étude des passions faite sans passion, comme l'étude d'un problème mathématique. » Voilà des qualités que Léonard peut goûter. Machiavel, poète spirituel par ailleurs, passe plus de trois mois (d'octobre 1502 à janvier 1503) à la suite de César. Les longues soirées d'hiver, période traditionnelle de repos et de trêve, poussent à la conversation ; on aimerait entendre les propos que doivent échanger au coin d'un feu l'artiste vieillissant et le jeune secrétaire de la République (qui ont peut-être fait connaissance à Pistoia, quelques mois plus tôt) : l'un démonte les mécanismes du pouvoir, comme l'autre scrute ceux de la nature — avec la même rigueur scientifique.

Quoique aucun d'eux ne cite l'autre dans ses écrits, certaines phrases de Léonard paraissent presque du Machiavel, alors que celui-ci me semble tirer des souvenirs personnels du Vinci plusieurs pages de ses *Histoires florentines.* Leurs relations vont aller en se resserrant.

Jusqu'à présent, Léonard n'a aucunement participé, ni même assisté, aux *méfaits* de son maître ; il a donné des plans, des cartes, il a armé et consolidé des places, marchant le plus souvent à l'écart de l'armée : la seule action dans laquelle on le voit plus ou moins impliqué demeure la prise de Borgo San Sepolcro — qui s'est faite « par composition », dit Guichardin, c'est-à-dire sans effusion de sang. Mais les massacres, les assassinats qui ponctuent l'avance du Valentinois ? Léonard ne peut ignorer ce qui est de notoriété publique, le sort infligé, par exemple, à Remiro dell'Orco (ou Ramiro di Lorqua), gouverneur de la Romagne : César l'a chargé d'imposer l'ordre *par tous les moyens* dans ce territoire occupé ; on sait les excès auxquels peut conduire pareille mission ; Remiro obéit avec une efficacité détestable ; la « normalisation » achevée, sachant à quel point l'homme est haï de tous, César, à Cesena, un beau matin, au lendemain d'un bal, le fait « mettre en deux morceaux, au milieu de la place, avec un billot de bois et un couteau sanglant auprès de lui » ; de la sorte, il montre que s'il y a eu cruauté, elle n'est pas venue de lui « mais de la mauvaise nature du ministre » — à qui il a su faire justice. Machiavel, qui relate les faits dans *le Prince,* applaudit à deux mains. Le peuple, conclut-il, « en demeura satisfait et stupide ». Rien ne révèle en revanche le sentiment de Léonard : l'artiste, qui prône très haut un absolu respect de la vie (qui se soucie alors des *droits de l'homme* ?), ne dit nulle part ce qu'il pense de son maître.

Est-il présent à Sinaglia, avec Machiavel, dans les derniers jours de décembre 1502 ? Dans cette petite ville fortifiée des bords de l'Adriatique, le Valentinois réalise ce que d'aucuns considèrent comme son plus beau coup. Plutôt que de les affronter sur le champ de bataille, il feint de se réconcilier avec les *condottieri* révoltés contre lui : il les absout, les rétablit dans leurs commandements, leur offre de l'or ; puis, escorté d'un petit nombre d'hommes, le sourire aux lèvres, il va à leur rencontre, aux portes de la cité ; « avec des caresses », dit Guichardin, il les invite à conférer familièrement dans ses appartements ; là, il les fait arrêter, puis étrangler, ignorant leurs suppliques, sans autre forme de procès.

Par ces meurtres, dont s'émerveille le roi de France et que Paul Jove, alors évêque de Nocera, qualifie de « magnifique tromperie » *(bellissimo inganno),* César Borgia récupère pour un temps la maîtrise de l'Italie centrale. Perd-il dans l'affaire son « architecte et ingénieur général » ? On ne le sait pas. En mars 1503, Léonard est de retour à Florence, il retire de l'argent de son compte à Santa Maria Nuova, au lieu d'en déposer, comme si l'on n'avait pas rétribué son travail en Romagne. Ses carnets n'indiquent pas à quel moment il quitte César (qu'il pourrait avoir suivi à Rome, en janvier), ni surtout les raisons pour lesquelles il se sépare de lui : abandonne-t-il son poste parce qu'il pressent la fin proche des Borgia ? parce qu'on n'a plus besoin de lui et qu'on le renvoie ? pour répondre à des propositions que lui ferait la République florentine, par l'intermédiaire de Machiavel ? ou bien, comme on aimerait le croire, parce que le sang répandu par César l'écœure et le révolte (Léonard connaissait personnellement au moins un des conjurés assassinés : Vitellozzo Vitelli, à qui il avait demandé le manuscrit d'Archimède) ?

Les notes que consigne l'artiste au début de l'année 1503 n'abordent aucunement le problème : elles concernent son vieil ami Attavante, le miniaturiste (à qui il prête quatre ducats d'or, le 8 avril), les dépenses habituelles de Salaï (trois ducats d'or pour une paire de chausses roses, le même jour, et le tissu d'une chemise, le 20)[45], ou encore, un moine de Santa Croce qui lui a écrit à propos d'une relique, le 17 avril[46]... Rien de plus. Unique allusion à César Borgia dans tous les écrits de Léonard, en tête d'un mémorandum non daté (où il mentionne des bottes, des amis à lui, des caisses retenues en douane, du porphyre, des nœuds, un nu, un carré, des sacs à renvoyer, une « monture de lunettes » — car il semble qu'une mauvaise vue l'oblige désormais à porter des verres...), on trouve cette simple question : « Où est le Valentinois[47] ? »

Léonard s'abstient de toute explication une fois encore. Pourtant, si l'on examine l'essentiel de son activité au cours des mois suivants, on aperçoit comme un début d'éclaircissement sur sa carrière d'ingénieur militaire : durant l'été, il va travailler au creusement d'un canal susceptible de mettre fin à une guerre ; à partir d'octobre, il va peindre, en une immense fresque, l'horreur d'une bataille.

Les deux choses semblent se faire grâce à l'intervention de Machiavel.

La guerre est celle qui oppose Florence à Pise, autrefois sa vassale, mais qui a profité de la première expédition française en Italie, en 1494, pour accéder à l'indépendance. La République florentine est prête à de gros sacrifices pour récupérer cette ville qui tient le principal port de la Toscane : elle a levé des troupes considérables, elle a loué des navires pour empêcher que Gênes ne ravitaille la cité rebelle par la mer, elle a placé des hommes d'armes dans les campagnes afin d'interdire aux paysans de semer pour l'année suivante. Pourtant, malgré le blocus, bien que la famine les guette, les Pisans ne capitulent pas.

Fort de son expérience en Romagne, Léonard compte parmi les ingénieurs consultés pour le siège. En juin, il parcourt la région dont il dresse des cartes détaillées [48]. Il est probable qu'il propose alors au gouvernement florentin de détourner l'Arno de son cours, un peu avant Pise, afin de priver la ville d'eau et de port (l'estuaire de l'Arno), ce qui l'obligerait à se rendre *sans combat* — ou du moins qu'il expose un projet dans ce sens à Machiavel, et que celui-ci, plein d'enthousiasme, soutienne à sa place le projet devant les autorités [49]. Les Vénitiens n'ont pas écouté Léonard quand il leur a suggéré de noyer les Turcs en élevant une digue dans le Frioul. On ne sait pas quels arguments il emploie cette fois, mais il doit se montrer particulièrement convaincant [50] (ou la situation être assez désespérée), car, contre l'avis de beaucoup, un décret est voté — et les travaux commencent le 20 août 1503.

Un assistant de Machiavel, Biagio Buonaccorsi [51], suit l'affaire de près. On estime au début que, avant octobre, si l'on emploie deux mille ouvriers par jour (les maîtres d'œuvre comptent en *opera*, ou travail quotidien par tête), on réussira à élever un barrage en bois sur l'Arno et à creuser deux dérivations par lesquelles le fleuve rejoindra un lac et un torrent se jetant dans la mer, loin de Pise. Très vite les calculs s'avèrent trop optimistes, on se heurte à des difficultés imprévues. La main-d'œuvre manque, car la paie arrive irrégulièrement. Un millier de soldats suffit à peine à protéger les terrassiers des attaques pisanes. Le fleuve entre en crue, ruinant une partie des efforts accomplis, et la berge d'un canal s'effondre sous le premier choc de l'eau. Les généraux murmurent, menacent de démissionner. On engage de nouveaux ouvriers, des contremaîtres et deux *maestri d'acque* lombards. Malgré les sommes considérables investies (plus de sept mille ducats), les retards s'accumulent ; le fleuve continue de grossir mais refuse de s'engager dans son nouveau lit ; après six mois, la moitié des travaux n'est pas achevée ; l'opinion publique s'impatiente ; Machiavel supplie en vain le Grand Conseil : l'entreprise est abandonnée, sous les huées. Comme dit Buonaccorsi, on décide alors de « causer des dommages aux Pisans d'une autre manière, principalement en les retenant dans les murs de leur ville ».

Léonard n'a jamais eu la responsabilité des chantiers ; à vrai dire, une fois conclues les délibérations initiales, dès l'instant où le projet a été adopté, son nom a cessé d'apparaître dans les documents officiels — Buonaccorsi ne le cite pas ; Léonard semble s'être retranché dans un rôle d'ingénieur-conseil, comme à son habitude.

De sorte qu'on peut se demander si l'extravagante solution retenue (une double dérivation, longue d'environ douze kilomètres, à effectuer dans un temps record — pour des raisons stratégiques — sur un terrain à tout point de vue hostile) correspond réellement à ce qu'il avait en tête : on lui a sans doute emprunté l'idée de détourner le fleuve — de résoudre un conflit armé par une solution technique, et non militaire — pour la transformer ensuite, et confier la réalisation du *projet modifié* à d'autres ingénieurs.

Dans ses notes sur la vallée de l'Arno (et certaines remontent à sa période milanaise, c'est-à-dire aux premiers temps du problème pisan [52]), Léonard envisage une solution autrement ambitieuse — autrement complexe et coûteuse — que celle défendue par Machiavel. Comme l'ingénieur Luca Fancelli (le beau-père du Pérugin) avant lui, Léonard voudrait en fait construire une voie navigable entre Florence et la mer ; un tel canal assurerait la parfaite irrigation de terres toujours arides, apportant la prospérité aux agriculteurs ; il permettrait surtout à la capitale toscane de ne plus dépendre, pour ses échanges commerciaux en Méditerranée, d'un port jaloux de son indépendance.

Tandis que les terrassiers s'efforcent d'*assécher* Pise, Léonard continue de parcourir la région, multipliant les cartes, les relevés topographiques : il s'obstine dans son rêve. La guerre ne représente à ses yeux qu'un accident secondaire, lamentable, superflu ; quelle qu'en soit l'issue, les accords qui en sortiront ne résoudront rien à long terme. De son propre chef, semble-t-il, il concentre ses efforts sur une solution intelligente, humanitaire, pacifique et *définitive* — dans laquelle tout le monde trouverait son compte ; il pense extirper le mal à sa source. Comme il l'a fait pour sa ville idéale, il réfléchit longuement à un plan de financement — qui révèle l'ampleur et les implications de son projet : il entend le soumettre aux différentes corporations à qui profiterait l'énergie hydraulique que dispenserait son canal ; le long de l'eau, il voit surgir des moulins à salpêtre, des moulins pour les lainiers, pour les fileurs de soie, pour fabriquer de la pâte à papier, et d'autres qui actionneraient des tours de potier, des scieries, des meules à aiguiser, à polir les métaux [53]... Les industries concernées prendraient à leur charge les travaux — mieux qu'un gouvernement faible et divisé ; et les bienfaits de la technique réconcilieraient les cités ennemies. « Le canal, écrit-il, augmentera la valeur du sol ; les cités de Prato, Pistoia et Pise, autant que Florence, y gagneront un revenu annuel de deux cent mille ducats, de sorte qu'elles ne refuseront pas leur aide à une entreprise si utile, non plus que les habitants de Lucques [54]. » Il s'exclame : « Si l'on détourne le cours de l'Arno, en haut et en bas, tous ceux qui le voudront trouveront un trésor dans chaque parcelle de terrain[55] ! »

Ces idées, que Léonard va développer — en vain — durant des années, lui sont naturellement venues à Milan, ville de canaux, disposant d'un réseau navigable très étendu (le plus vaste d'Italie), alors qu'il s'engageait dans une carrière d'ingénieur. Il a étudié par le menu les très nombreuses réalisations lombardes : le canal de la Martesana (creusé vers 1460 entre Milan et le lac de Côme), les écluses du Naviglio Bereguardo, les barrages des environs de Pavie, les travaux d'irrigation de la Sforzesca, ferme modèle imaginée par Ludovic le More, à Vigevano. Vers 1490, lisant beaucoup, pratiquant d'innombrables expériences (sur la vitesse des courants en divers points d'un fleuve, sur la formation des tourbillons, sur la résistance des berges, sur la manière dont les canaux s'engorgent, etc.), il a commencé de composer un *Traité sur l'eau*[56]. Aucun ouvrage hydraulique d'envergure ne paraît lui avoir été confié par le More, mais il est devenu indiscutablement un *maestro d'acque* éminent, et il est normal qu'il cherche à mettre en application son savoir, dans une région assez pauvre en voies d'eau, surtout quand les circonstances l'y invitent : il ne conçoit pas de se borner en ces matières à la théorie : « Puissé-je être privé de la faculté d'agir, avant de me lasser de servir, répète-t-il. Le mouvement me fera défaut plutôt que l'utilité. La mort plutôt que la lassitude. [...] Je ne me lasse jamais d'être utile[57]. »

Cependant, Léonard a toujours porté un intérêt particulier à l'eau, dépassant le cadre de la science et de la technique. Il appelle l'eau le « voiturier de la nature » *(vetturale di natura) :* l'eau est au monde, estime-t-il, ce que le sang est à notre corps — et sans doute davantage ; elle circule selon des règles fixes tant à l'intérieur qu'à l'extérieur de la terre ; elle tombe en pluie et en neige, elle jaillit du sol, elle s'écoule en rivière, puis elle s'en retourne à ces vastes réservoirs que sont les océans et les mers — qui nous cernent de toute part. Indispensable aux hommes, comme aux animaux et aux plantes, elle est en même temps l'instrument de destruction le plus terrible qui se puisse imaginer : rien ne résiste à sa puissance. Léonard a vu les ravages que causent les tempêtes, il a reconnu l'action incessante des vagues et des courants, il a découvert, le premier semble-t-il, le principe de l'érosion : « L'eau ronge les montagnes et comble les vallées, écrit-il ; si elle le pouvait, elle réduirait le monde à une sphère parfaite[58]. » Facteur fondamental de la vie, l'élément liquide doit être domestiqué pour jouer utilement son rôle, de même que doit être canalisée toute pulsion vitale : Léonard aimerait soumettre la nature, la dompter, la dominer comme il a plié à sa volonté les débordements de la végétation, en peinture, dans la *Sala delle Asse.*

Un de ses mémorandums de jeunesse parlait déjà de « certains instruments hydrauliques[59] » ; à Milan, il espérait laver automatiquement les rues au moyen d'écluses et de moulins à aubes, afin d'en chasser les miasmes de la peste ; dans les derniers mois de son existence, il s'évertue encore à régulariser des cours d'eau, à creuser des canaux, à assécher des marais. Cette obsession multiforme se retrouve, comme inversée, dans les nombreuses descriptions littéraires de tempêtes, d'inondations, de déluges meurtriers, auxquelles s'adonne Léonard à toutes les époques de sa vie. Si les cataclysmes le fascinent, en général, il éprouve une peur panique devant la furie des eaux. Celles-ci lui paraissent plus destructives que le vent, les tremblements de terre, le feu des volcans ; du moins elles l'effraient davantage : rien de plus redoutable, affirme-t-il, de plus *inhumain,* qu'un fleuve en crue qui sort de son lit : il arrache les maisons et les arbres, il emporte jusqu'à la mer des gens, du bétail et la terre même. Là-dessus, Léonard n'exprimera peut-être jamais son sentiment avec autant d'intensité que dans sa « lettre » au marchand Benedetto Dei, où il raconte l'épouvantable apparition, en Libye, d'un géant surgi du fond des mers où il se nourrissait « de baleines, de cachalots et de navires », et dont les coups tombent soudain « comme de la grêle » ; ce cauchemar, tels les démons entr'aperçus dans la nuit de la caverne, paralyse Léonard : « Je ne sais que dire ni que faire, écrit-il, quand il découvre que le monstre va s'emparer de lui. J'ai l'impression que je nage, tête baissée, dans l'immense gueule, et que, rendu méconnaissable par la mort, je suis enseveli dans le grand ventre[60]. »

Une telle obsession ne naît pas sans cause ; elle doit avoir ses racines dans la petite enfance de l'artiste. Lui-même n'y fait pas allusion, mais, dans ses *Histoires florentines,* Machiavel dépeint une tornade qui ravagea le val d'Arno (et donc les environs de Vinci) en 1456, lorsque Léonard avait quatre ans. Machiavel n'était pas né à cette date, le cataclysme ne tient pas une grande place dans l'histoire de Florence, puisqu'il ne toucha que les campagnes et que la ville fut épargnée ; pourtant, il lui consacre deux pages entières. « Par cet exemple, conclut-il, Dieu voulut ranimer dans le cœur des hommes le souvenir de sa puissance. » Son texte, comme celui qui évoque la dégradation des mœurs en Toscane après la visite du duc de Milan, s'inspirerait-il de récits que lui aurait faits Léonard ? Dix ans plus tard, le 12 janvier 1466, l'Arno déborda, en provoquant des dommages immenses — Luca Landucci en trace le bilan dans son *Journal florentin.* Il y eut une nouvelle inondation, en 1478.

Léonard vécut sûrement ces catastrophes ; de quel drame fut-il le témoin impuissant ? Quelle vision d'horreur conserve-t-il en lui, si profondément imprimée dans sa mémoire qu'il y revient sans cesse avec une sorte de délectation morbide ? Sa vie durant, il s'applique à conjurer ces images qui le hantent par le dessin et l'écrit, et à les repousser en inventant des machines, des édifices destinés à empêcher que le cauchemar ne se reproduise dans la réalité — à contrôler les forces aveugles des éléments, à prendre sa revanche sur la nature... On regrette que Freud ait ignoré ces données, et qu'il ne les ait pas interrogées plutôt que l'inexact vautour.

L'utopie du canal navigable reliant Florence à la mer persiste longtemps. Léonard trace d'innombrables cartes, certaines très sages, en couleurs, d'autres violentes, où les voies d'eau semblent des nerfs, des muscles écorchés se nouant et vibrant sur un fond de taches noires [61]. Comme l'Arno serpente, à l'ouest de Florence, entre des collines abruptes, il imagine de faire passer son canal par Prato et Pistoia, de l'autre côté du monte Albano, l'obligeant à décrire une large courbe. Il lui faut couper à travers les hauteurs de Seravalle : il hésite entre percer un tunnel dans le roc (creusé aujourd'hui pour l'autoroute) et tailler des sortes de grandes marches — des biefs avec des écluses, permettant aux barques d'escalader la montagne ; l'eau s'élèverait d'un palier à l'autre par le moyen d'un vaste siphon. « Grâce au principe de la pompe, écrit-il, on peut conduire n'importe quelle rivière sur les montagnes les plus hautes [62]. » Il songe aussi à transformer les marais insalubres du val de Chiana en un lac artificiel qui servirait de bassin de retenue, et à rattacher celui-ci au lac Trasimène dont le niveau serait stabilisé par un système de vannes... Il prend des mesures précises ; il établit des devis, noircissant ses carnets de chiffres, de calculs compliqués ; il dessine les plans de deux excavatrices géantes, comme pour les comparer, l'une de type traditionnel, l'autre de son invention, révolutionnaire, montée sur rails et mue par un treuil, où des centaines d'ouvriers pourraient travailler de front sur différents plans à la fois [63]. Puis, petit à petit, il se rend à la réalité.

Le pape Alexandre VI meurt en août 1503 ; il se serait empoisonné lui-même par erreur. César Borgia, son fils, est contraint à l'exil : par Naples, il s'enfuit en Espagne. Dépossédé de ses biens, devenu *condottiere* du roi de Navare, il sera tué dans une escarmouche, « au coin d'un bois », dit Michelet.

Tandis que se poursuit la guerre de Pise, Léonard, réinscrit en octobre à la Guilde des peintres de Florence, commence de peindre une bataille. Commande lui en est passée par la Seigneurie, afin qu'il laisse « un souvenir » de son passage, dit Vasari : on le charge d'illustrer sur un des murs de la salle du Grand Conseil — ou Salon des Cinq Cents — au Palazzo Vecchio, un noble épisode de l'histoire de la ville. Comme cette immense pièce, longue de 53 mètres et large de 22, est encore en travaux[64], on met à sa disposition des locaux à Santa Maria Novella : un appartement, sans doute, pour lui et ses élèves, et une salle dite « des Papes » dont il fait son atelier ; on lui en confie les clés le 24 octobre.

La salle du Grand Conseil, dont la construction a été décidée par Savonarole, symbolise la République triomphante ; on veut pour ses murs une scène patriotique, quelque haut fait d'armes, propre à enflammer les imaginations ; on retient finalement, bien qu'il s'agisse d'une victoire secondaire, une bataille que livrèrent les Florentins aux Milanais, à Anghiari, dans les environs de Borgo San Sepolcro, en 1440. Nous ignorons qui choisit le sujet, mais dans les carnets de Léonard figure une description détaillée de la bataille, rédigée par un des secrétaires de Machiavel, semble-t-il, un certain Agostino Vespucci. Les noms des principaux protagonistes ouvrent ce mémoire qui occupe les trois quarts d'un grand feuillet plié en quatre — toujours à court de papier, sur la partie restée en blanc, Léonard va dessiner les attaches des ailes d'une machine volante. Vespucci décrit le lieu de la rencontre (« les monts, des prairies, une vallée arrosée par un fleuve »), il inventorie les forces en présence (quarante escadrons de cavalerie, deux mille fantassins, de l'artillerie...) et il donne un compte rendu chronologique des faits, de la reconnaissance du terrain par les généraux, à l'aube, au ramassage des morts, au crépuscule, en passant par les différentes péripéties d'un combat longtemps incertain, plein d'actions héroïques (notamment la défense d'un pont) et jusqu'à une apparition miraculeuse de saint Pierre au sein des nuages. Même si l'on oublie l'intervention céleste, cet exposé ne paraît guère conforme à la réalité ; Machiavel lui-même, dans ses *Histoires florentines*, ne voit qu'une seule mort, provoquée par une accidentelle chute de cheval, là où Vespucci aperçoit « un grand carnage » ; on a sans doute élaboré à l'intention de l'artiste une *version officielle* des choses.

Léonard en tient peu compte. Il a depuis longtemps son idée sur la façon de représenter une bataille ; c'est cette idée qu'il va suivre. « Tu feras d'abord, a-t-il écrit vers 1490, la fumée de l'artillerie mêlée à l'air avec la poussière soulevée par le mouvement des chevaux et des combattants. [...] Tu feras rougeoyer les visages, les personnages, l'air, les escopettiers, leurs voisins, et cette rougeur ira se perdant à mesure qu'elle s'éloigne de sa cause. [...] Des flèches monteront en tous sens, descendront, voleront en ligne droite, emplissant l'air, et les balles des escopettiers laisseront derrière elles un sillage de fumée. [...] Si tu montres un homme tombé à terre, reproduis les marques de sa glissade sur la poussière changée en tourbe sanglante ; et, tout autour, dans la terre visqueuse, tu feras voir les empreintes du piétinement des hommes et des chevaux passés par là. Un cheval traînera le corps de son maître mort en laissant derrière lui, dans la poussière et la boue, les traces du cadavre. Fais les vaincus pâles et défaits, les sourcils hauts et froncés, et le front sillonné de rides douloureuses. [...] Des hommes en déroute crieront, la bouche béante. Mets toutes sortes d'armes entre les pieds des combattants — boucliers brisés, lances, tronçons d'épées et diverses choses semblables. [...] Les mourants grinceront des dents, les prunelles révulsées, labourant leur corps du poing et les jambes tordues. Tu pourras figurer un combattant désarmé et terrassé qui, tourné vers son adversaire, le mord et le griffe, par vengeance cruelle et amère ; on verra aussi un cheval privé de cavalier galoper dans les rangs ennemis, crinière au vent, et causant de grands dégâts avec ses sabots. Ou encore quelque estropié tombé à terre, se couvrant de son bouclier, et l'adversaire penché sur lui portera le coup fatal. Ou encore un groupe d'hommes abattus au-dessus du cadavre d'un cheval. Plusieurs vainqueurs quitteront le combat ; ils sortiront de la mêlée en essuyant des deux mains, sur leurs yeux et leurs joues, l'épaisse couche de boue due au larmoiement causé par la poussière. [...] Aie soin de ne pas laisser un seul endroit plat qui ne soit piétiné et saturé de sang[65]. »

Les premiers dessins préparatoires de la *Bataille d'Anghiari* (ceux conservés à l'Académie de Venise, par exemple) répondent à cette vision très réaliste d'un champ de bataille : hommes et bêtes s'affrontent confusément dans la poussière et la fumée ; les lignes nerveuses se heurtent en désordre ; à peine distingue-t-on ici un fantassin brandissant une hache, là deux hommes qui s'empoignent sauvagement, ici le cadavre tordu d'un cheval. De ces masses anarchiques, sans renoncer à l'idée initiale d'une mêlée furieuse, procédant à tâtons, Léonard va tirer peu à peu une composition — le motif central et ses éléments périphériques. Au milieu de la fresque, il va placer un tourbillon de cavaliers luttant pour la possession d'un étendard (tourbillon qui doit beaucoup à ses études du mouvement de l'eau, des tempêtes) ; et, tout autour, comme emportés par la puissance de ce maelström, des centaines de combattants, tant à cheval qu'à pied, tout à la rage de s'entr'égorger, dont on ne peut malheureusement que se former une notion imprécise d'après le texte cité plus haut, quelques esquisses de

Léonard (au château de Windsor, au British Museum), et des copies partielles de la fresque par Raphaël et Michel-Ange. La formule reprend d'une certaine façon celle adoptée, une vingtaine d'années plus tôt, dans l'*Adoration des Mages*.

En février 1504, Léonard commande à des menuisiers un appareil que Vasari qualifie de « très astucieux » — un échafaudage mobile muni d'un pont qui s'élève quand on le rétrécit et s'abaisse quand on l'allonge — grâce auquel il va pouvoir travailler commodément au grand carton de la *Bataille :* l'œuvre doit faire 20 mètres sur 8 environ — c'est la commande la plus importante qu'on lui confiera jamais en matière de peinture.

Un rapport du Grand Conseil nous apprend que Léonard a déjà commencé son ébauche le 4 mai 1504. Après délibération, on lui a remis un acompte de 35 florins, et il doit recevoir, à partir d'avril, un salaire mensuel de 15 florins. En échange de quoi, il promet de terminer la composition de la *Bataille* avant février de l'année suivante ; en cas d'échec ou de retard, il lui faudra restituer les sommes reçues et abandonner à la Seigneurie le carton en l'état ; après examen du carton achevé, un contrat plus circonstancié sera établi pour la peinture proprement dite. Les commanditaires assument naturellement les frais de l'artiste : le document se conclut sur des achats de plâtre, de céruse d'Alexandrie, d'une rame de papier et de cahiers, de farine pour coller ce papier, ainsi que d'un drap de lit « de trois largeurs » pour la bordure du carton.

Ces comptes mesquins provoqueraient la mauvaise humeur de Léonard. Selon Vasari, comme le caissier de la Seigneurie lui remet un jour sa mensualité en petite monnaie, il s'exclame, en refusant l'argent : « Je ne suis pas un peintre qu'on paie avec des sous. » Il entend n'être pas traité en artisan, en commis, en fonctionnaire[66]. Piero Soderini, le gonfalonier de Florence (élu à vie), homme rigide, intègre et médiocre, prend très mal la chose ; il dénonce l'insolence de Léonard — qui du coup, soutenu par ses amis, renvoie à la Seigneurie ce qu'il a déjà touché ; combien il doit regretter alors les largesses négligentes du More ! L'épreuve de force finit à l'avantage du peintre : on le prie de conserver son argent et de se remettre au travail.

La lutte pour l'étendard, sujet central de sa composition, n'apparaît ni dans le texte de Vespucci ni dans le récit de Machiavel : c'est une *fiction* de son invention ; elle traduit la fable patriotique qu'on lui demande. Vasari le comprend ainsi lorsqu'il dit : « Cette composition fut tout de suite considérée comme pleine d'enseignements en raison des admirables intentions qui la guidèrent. » Si Léonard satisfait de la sorte aux désirs de la Seigneurie, sa fresque obéit en même temps à un dessein opposé : elle n'exalte nullement des vertus militaires — elle expose, tout au contraire, de la façon la plus crue, l'atrocité de la guerre que Léonard appelle sans ambages *una pazzia bestialissima* (« une folie très bestiale »). La description de la peinture par Vasari s'ouvre justement sur ces mots : « Fureur, haine, rage ne sont pas moins perceptibles chez les hommes que chez les chevaux. » Hormis, peut-être, le *Massacre des Innocents* de Poussin, le *Tres de Mayo* de Goya et le *Guernica* de Picasso, l'histoire de l'art ne compte aucune peinture aussi brutale, violente, terrible que la *Bataille d'Anghiari*. Pour Léonard, encore une fois, la peinture doit toucher au cœur le spectateur, le remuer, lui donner à réfléchir — l'édifier. Il hait la guerre ; il aimerait avec sa fresque communiquer aux hommes l'horreur qu'elle lui inspire.

Entre ce sentiment et ses aspirations d'ingénieur militaire, il existe une contradiction dont on ne peut que s'étonner. Léonard présentait dans sa demande d'emploi à Ludovic Sforza un programme très martial ; il se disait prêt à construire les engins les plus meurtriers. Lorsqu'on parcourt ses carnets, force est de constater qu'il a consacré une grande part de son temps à imaginer des machines de mort — des bombardes, des bombes, des boulets explosifs qui préfigurent nos obus, des sortes de mitraillettes, des catapultes et des arbalètes géantes, des chars actionnant de grandes faux recourbées destinées à tailler en pièces, littéralement, l'adversaire[67]... Nombres de pages du manuscrit B sont entièrement dévolues à l'examen d'armes antiques dont les noms semblent le faire rêver : *falarique, rhomphée, scorpions, murex* ou *tribule, scalpre, vervine, soliferreum, danoires, fragiliques,* etc.[68]. Il prend un plaisir aussi vif, dirait-on, à dessiner les lames tranchantes, les fers, les pointes des pires armes qui se puissent imaginer, qu'à représenter les engrenages, les chaînes articulées et les ressorts des machines utiles et pacifiques qu'il conçoit par ailleurs. Beaucoup de ses trouvailles ne sont guère pratiques — comme ce croisement du bouclier et du piège à loup que montre un dessin conservé au Louvre (lorsqu'une épée frappe le bouclier, le piège se referme sur elle et l'emprisonne). Mais il faudrait s'interroger d'abord sur l'usage qu'il fait de ces dessins : j'ai l'impression que s'il destine certains croquis d'épées ou de cuirasses d'apparat à des armuriers, la plupart de ses inventions militaires ne sortent jamais de ses cartons ; voilà la raison pour laquelle celles-ci nous sont si bien parvenues — sur le papier. Les engins de mort le fascinent, comme le fascinent les cataclysmes naturels, tornades et inondations ; il n'en demeure pas moins ennemi acharné de la violence et, de ce fait, incapable de fournir de nouveaux instruments de destruction à ses semblables, trop enclins déjà à s'entre-tuer. « En vrai dédaigneux, il était pacifique », dit André Suarez. On se rappelle ce que Léonard écrivait à propos de sa méthode « pour rester sous l'eau » et couler des navires : « Je ne veux pas la publier ni la divulguer à cause de la nature maligne des hommes. » On ne peut être plus clair. A la différence d'Einstein, il me paraît assailli de remords *avant* que de remettre aux chefs d'état-major les plans de ses inventions. A mon sens, les armes que renferment ses carnets ne sont que les jeux secrets et innocents d'un esprit aux penchants morbides — ils évoquent les « machines célibataires », ces pseudo-divertissements, ces fictions « suprêmement ambiguës » qu'élaborera Marcel Duchamp[69].

Ingénieur de Ludovic le More, Léonard ne seconde jamais les généraux lombards. Ingénieur durant six ou sept mois de César Borgia, il se contente essentiellement, comme le précise le laissez-passer pour lui établi, de conseiller les architectes de Romagne. Ingénieur de la République florentine, il propose un canal qui éviterait un affrontement sanglant et le creusement d'une voie navigable qui réconcilierait les parties. Durant l'automne 1504, tout en travaillant à ce grand plaidoyer contre la guerre qu'est la *Bataille d'Anghiari,* il s'occupe à nouveau de fortifications, à Piombino, pour Jacques IV d'Appiani ; il dessine des forteresses au profil bas qui annoncent Vauban, mais ce ne sont toujours que des ouvrages défensifs[70] — il s'efforce de *défendre,* de préserver ; je ne le vois participer à des actions offensives à aucun moment. Vasari, qui mentionne plusieurs « projets et modèles » technologiques du Vinci, qui n'ignore pas l'ampleur de son œuvre scientifique, ne lui connaît pas — sans doute avec raison — de carrière d'ingénieur militaire.

Léonard va passer près de trois ans sur la *Bataille d'Anghiari* — trois années marquées par un deuil, ponctuées d'espoirs nouveaux et d'un nombre égal de déceptions.

Au cours de l'été 1504, ser Piero meurt — de vieillesse, semble-t-il. Léonard consigne le fait en deux endroits de ses carnets, répétant les deux fois l'heure du décès, et en des termes presque identiques. Dans un manuscrit conservé au British Museum, on lit : « Le 9 juillet 1504, un mercredi, à sept heures, est mort ser Piero de Vinci, notaire au palais du Podestat, mon père — à sept heures, âgé de quatre-vingts ans, laissant derrière lui dix garçons et deux filles[71]. » Et dans le Codex Atlanticus : « Mercredi à sept heures est mort ser Piero de Vinci, le 9 juillet 1504 — le mercredi *vers* sept heures[72]. » Cette double et bizarre répétition (que craignait-il d'oublier ?) est tout ce qui subsiste de son émotion, à moins que l'erreur qu'il commet en donnant l'âge de son père — ser Piero avait soixante-dix-huit ans, et non quatre-vingts —, ainsi que celle qu'il fait en précisant à deux reprises « mercredi » — alors que le 9 juillet 1504 tombe un mardi —, révèlent également son trouble... Quoi qu'il en soit, je ne crois guère à la prétendue sécheresse de cœur dont on taxe trop aisément Léonard ; ses carnets, faut-il le rappeler ? — cahiers studieux où n'entrent que de rares mémentos — n'ont rien d'un journal intime, de confessions. Les sentiments qu'il portait à son père étaient ambivalents, certes ; ils n'en étaient que plus puissants, à mon avis.

A ce deuil, dont on peut difficilement apprécier les résonances, s'ajoute une déconvenue : il n'était pas question au départ de confier à un autre artiste la décoration de la salle du Conseil ; or Léonard apprend que le mur faisant face au sien est attribué à Michel-Ange, le protégé du gonfalonier Soderini, l'*étoile montante* de la sculpture et de la peinture florentines : celui-ci doit y peindre une fresque de mêmes dimensions que la sienne, représentant un haut fait d'armes également : la *Bataille de Cascina* — au cours de laquelle l'ennemi pisan attaqua par surprise des soldats florentins qui se baignaient nus dans une rivière. Pour certains historiens, l'échec par lequel s'est soldée la tentative de dérivation de l'Arno a peut-être joué dans cette décision ; il est certain en tout cas que, à cette époque, Michel-Ange, sur qui Soderini ne tarit pas d'éloges, jouit davantage des faveurs du gouvernement que le Vinci.

Michel-Ange Buonarroti a alors vingt-neuf ans ; disciple de Ghirlandaio durant une petite année, pratiquement élevé dans la maison de Laurent le Magnifique, il s'est fait un nom déjà, tant à Florence qu'à Rome. En 1501, il a sculpté, dans un bloc de marbre entamé, dont personne ne voulait, un *David* colossal, d'une blancheur éblouissante, nu, arrogant, au regard duquel les *David* précédents, ceux de Donatello et de Verrocchio, paraissent presque mièvres. Léonard l'a sans doute rencontré pour la première fois, en février 1504, lorsqu'on lui a demandé — avec le Pérugin, Botticelli, Filippino Lippi, le Cronaca, Andrea della Robbia et autres artistes de renom — de faire partie de la commission chargée de déterminer l'emplacement à donner à cette sculpture. La ville entière s'est passionnée pour le débat, avec une telle ardeur qu'il y a eu des blessés par jets de pierres. Léonard, comme la plupart de ses confrères, penchait pour l'intérieur de la Loggia dei Lanzi, où la statue aurait été à l'abri des intempéries ; Michel-Ange souhaitait pour sa part que son *David* s'élevât fièrement « dans la lumière de la place », au meilleur endroit, devant le palais de la Seigneurie ; il a fini par avoir gain de cause, mais il garde sans doute du ressentiment à l'égard de ceux qui ont voté contre lui.

On ne saurait imaginer deux êtres plus opposés que le Vinci et son jeune rival. Leurs admirateurs respectifs sembleront par la suite défendre eux-mêmes deux causes adverses et irréconciliables, tels les nominalistes et les réalistes du Moyen Age, comme si aimer l'un obligeait à se détourner de l'autre. Léonard, pourrait-on dire, s'efforce de condenser en d'obscurs espaces intérieurs la lumière mystérieuse de la vie, tandis que Michel-Ange déploie dans l'immensité de l'enfer et des cieux la grandeur tragique de l'existence ; le premier, dont la préférence va à la peinture, recherche la profondeur, là où l'autre, sculpteur par essence, agence de grands jeux de masses ; mais la dissemblance ne s'arrête pas aux portes de l'art — le caractère, les convictions, le physique même les séparent. Michel-Ange, né dans la moyenne bourgeoisie, a des prétentions nobiliaires : il dit descendre d'un comte de Canossa. L'allure chétive, débraillée, le dos rond, mais râblé, vif, brutal dans ses gestes comme ses propos, il a les yeux orgueilleux de son *David.* Se traitant lui-même de « fou et méchant », dévoré d'inquiétudes, intolérant, irascible, il cherche facilement de mauvaises querelles à ses confrères — il lutterait volontiers contre la terre entière pour imposer ses raisons : il s'est battu avec le sculpteur Torrigiano qui lui a brisé le nez d'un coup de poing ; il insulte si fort le Pérugin que celui-ci le poursuit en justice pour diffamation — sans succès, il faut dire. Il a subi l'ascendant de Savonarole : une foi brûlante l'enivre et le torture tour à tour. « Ma joie, c'est la mélancolie », écrit-il (Sonnet LXXXI). Devenu très riche, il continue de mener une existence d'ascète, s'habillant et se nourrissant à la façon d'un moine mendiant, œuvrant comme un bagnard : il ne retire jamais ses sous-bottes en peau de chien, il ne se lave pas, il dort à même la poussière, auprès de son ouvrage, un morceau de pain et un cruchon de vin par jour lui suffisent. Homosexuel, les passions et la religion le déchirent. Comment pourrait-il ne pas envier, ne pas détester le charme facile, l'élégance, le raffinement, la douceur aimable, le dilettantisme, le scepticisme surtout de Léonard, homme d'une autre génération, que l'on dit impie, et autour duquel se pavanent en permanence de beaux élèves, conduits par l'irritant Salaï. Les deux hommes s'estiment sans doute réciproquement pour leurs talents artistiques ; Michel-Ange copie un fragment de la *Bataille d'Anghiari ;* en plusieurs endroits de ses œuvres transparaît une influence du Vinci ; de son côté, Léonard dessine en connaisseur, dans un coin de feuille, la silhouette monumentale du *David*[73]. Il est inévitable cependant que ces personnalités hors du commun, réunies dans l'étroite Florence, se heurtent un jour.

Une rencontre fortuite et un problème littéraire seraient l'occasion de leur affrontement. Quelques lignes à la suite de la biographie du Vinci par celui qu'on nomme l'Anonyme Gaddiano racontent que Léonard passait en compagnie du peintre Giovanni di Gavina, place Santa Trinita, devant le palais Spini, quand quelques personnes, qui conversaient là sur des bancs, l'arrêtèrent pour lui demander son opinion sur certains vers difficiles de Dante. A cet instant précis Michel-Ange débouche à son tour sur la place; Léonard, soit par modestie, soit pour obliger son confrère, soit, plus probablement, parce que la discussion l'ennuie, qu'il a plus urgent à faire, dit : « Voici Michel-Ange, qui va vous les expliquer. » La remarque indispose le sculpteur : il lui semble qu'on cherche à le railler, de sorte qu'il répond avec colère : « Explique-les toi-même, toi qui as fait le modèle d'un cheval que tu n'as pas été capable de fondre en bronze, et que, pour ta honte, tu as abandonné. » Puis il tourne les talons. Léonard rougit sous l'affront; immobile, il ne trouve rien à répliquer. De loin, Michel-Ange lui lance encore : « Et ces idiots de Milanais t'ont fait confiance ? »

Léonard écrit : « La patience protège de l'injure comme les vêtements protègent du froid; si tu te couvres davantage à mesure que le froid augmente, celui-ci ne pourra te nuire; augmente de cette manière ta patience devant les grandes injures et elles n'atteindront pas ton esprit[74]. » Il a rougi cependant — le trait de Michel-Ange a touché juste : Léonard a déjà laissé derrière lui tant d'ouvrages inachevés ! Combien de fois, le cœur amer, a-t-il noté dans le passé, machinalement, en essayant une plume neuve : « Dis-moi si rien a jamais été accompli; dis-moi... », « Dis-moi si j'ai jamais fait une chose qui... », « Dis, dis-moi si jamais... »[75]. Comment un homme tel que Léonard se résignerait-il sans désespoir à la fatalité de l'échec ?

Et les échecs se répètent au cours de ces années, comme ils se multiplieront jusqu'au terme de sa vie. Ne parvenant pas à imposer son projet de rendre l'Arno navigable, il continue de vouloir régulariser au moins le cours du fleuve, à l'est et à l'ouest de Florence; des croquis de machines hydrauliques se mêlent à ses esquisses de la *Bataille d'Anghiari;* de nouveau, on ne l'écoute pas. Les travaux de mathématiques et de géométrie dans lesquels il est toujours plongé n'aboutissent pas davantage. Une nuit de novembre 1504, à la lueur d'une chandelle, reprenant l'imparfaite solution d'Archimède qu'a dû lui expliquer Pacioli, il s'évertue à résoudre le problème de la quadrature du cercle; il couvre des pages et des pages de beaux diagrammes géométriques ; lorsque pointe l'aube, il s'aperçoit qu'il n'a rien trouvé ; ses espoirs meurent : il ne peut aller plus loin. Dans la marge de son carnet, il écrit d'une main lasse : « La nuit de la Saint-André, j'en ai fini avec la quadrature du cercle ; et c'était la fin de la lumière et celle de la nuit et celle du papier sur lequel j'ai écrit ; cette conclusion m'est venue à la fin de la dernière heure[76]. » De même qu'il ne dépassera pas Archimède, il ne réussira pas à voler. En 1503, il a repris ses expériences ; entre mars et avril 1505, à Fiesole, il étudie assidûment le vol des oiseaux, notant sur un nouveau cahier[77] la façon dont ils s'élèvent, dont ils planent ou virent au gré du vent, dont ils battent des ailes aux différents stades de leur course, se flattant de découvrir le principe secret qui lui permettrait d'évoluer pareillement dans les airs. Il croit toucher au but. Sur le plat intérieur de la couverture du carnet, sous des comptes ménagers et un dessin d'architecture, il écrit une étrange prophétie : « Le grand oiseau prendra son premier vol du dos de son grand cygne, emplissant l'univers de stupeur et comblant de sa renommée toutes les écritures, et gloire éternelle au lieu où il naquit. » Sur un autre feuillet, il note encore : « De la montagne qui porte le nom du grand oiseau, le fameux oiseau prendra son essor qui de sa grande renommée emplira le monde[78]. » On a cherché ce que pouvaient être cette montagne, ce « grand cygne » ; or une haute colline des environs de Florence porte alors ce nom : le *Monte Ceceri* : du sommet de la montagne du Cygne, Léonard essaie sans doute, une nouvelle fois, de vaincre la pesanteur. Si tentative il y a, l'univers n'en est pas « frappé de stupeur » ; le silence qui clôt l'entreprise parle d'échec. Un siècle plus tard, Descartes écrira, raisonnablement : « On peut faire, d'un point de vue métaphysique, une machine qui se soutienne en l'air comme un oiseau, et les oiseaux eux-mêmes, du moins selon moi, sont de telles machines ; mais cela n'est possible ni d'un point de vue scientifique ni d'un point de vue pratique, parce qu'il faudrait des forces à la fois trop subtiles et trop grandes pour être fabriquées par des hommes. » Nous savons ce qu'il en est, depuis l'aéroplane des frères Wright. En regard des sages arguments de Descartes (auquel, quand on songe aux moyens de l'époque, on ne peut donner tort), les folles illusions de Léonard ne paraissent que plus admirables.

Léonard n'achèvera pas non plus la *Bataille d'Anghiari*. Tandis qu'à San Noferio, l'hôpital des teinturiers, Michel-Ange travaille à son propre carton, le Vinci termine le sien à Santa Maria Novella, dans les délais fixés, et il s'apprête à transposer son dessin sur le mur qui lui a été alloué, dans la salle du Conseil. Il y fait transporter son échafaudage ; en février 1505, la Seigneurie lui règle des achats de plâtre, d'huile de lin, puis de poix grecque, de blanc d'Alexandrie, d'éponges vénitiennes. Plusieurs assistants ou élèves l'aident à fabriquer l'enduit, à préparer le mur, à le poncer : Raffaelo d'Antonio di Biagio (qui ne passe que deux semaines à son service), l'Espagnol Ferrando Llanos, Riccio della Porta, l'Allemand Jacopo, probablement (engagé en août 1504), et, à partir du 14 avril, un certain Lorenzo qui dit avoir dix-sept ans[79]. Tomaso di Giovanni Masini, celui qui s'est choisi le surnom de *Zoroastro* et que Léonard appelle gentiment *mio famiglio,* broie les couleurs ; il était ferron ou mécanicien à Milan ; individu bizarre, c'est l'homme à tout faire de l'équipe. Le moment vient enfin de donner le premier coup de pinceau. « Le 6 juin 1505, note Léonard, un vendredi, à la treizième heure (neuf heures trente du matin), j'ai commencé de peindre au palais (au Palazzo Vecchio). Je prenais la brosse, quand le temps changea pour le pire, et la cloche sonna le tocsin, invitant les gens à se rassembler. Et le carton (fait de feuilles de papier collées ensemble) se détendit — de l'eau fut répandue, car le récipient dans lequel on la transportait se brisa. Soudain le temps empira encore, et il plut à torrents jusqu'au crépuscule ; le jour s'était transformé en nuit[80]. » Sombre présage, surtout que vendredi est un jour néfaste dans la tradition populaire. Je ne crois pas Léonard superstitieux ; mais est-ce que son ami Zoroastre de Peretola ne se charge pas à sa place d'interpréter ces signes ? En août, les registres de la Seigneurie mentionnent de nouveaux achats : toujours du plâtre, de la céruse et de l'huile de noix, treize aunes de toile pour protéger l'échafaudage, de la cire. Les paiements se poursuivent jusqu'à l'hiver. Puis, plus rien : Léonard cesse alors de peindre dans la salle du Conseil, apparemment. En mai 1506, abandonnant sa fresque, il retourne à Milan.

On ignore ce qu'il fait durant les mois qui précèdent son départ. Il a dessiné pour Antonio Segni, poète érudit et mécène avec qui il semble très lié, une fontaine de Neptune ; Vasari dit que « le dessin était si élaboré qu'il éclatait de vie ; on y voyait l'océan agité, le char tiré par des chevaux marins, avec des créatures fantastiques, des dauphins et les Vents, et les belles têtes des dieux de la mer[81] ». Ce projet, dit-on, aura une influence notable sur les sculpteurs de la seconde Renaissance : selon Clark, il annonce la fontaine de Neptune, par Ammanati, que l'on voit toujours place de la Seigneurie, à Florence, et la fontaine de Trévi, à Rome, du Bernin. L'œuvre ne sera pas exécutée, mais il se peut que Léonard lui consacre alors beaucoup de temps. Faut-il placer aussi à cette époque sa tentative de vol depuis le monte Ceceri et la fabrication d'un moulin à broyer les couleurs, dans les environs de Vinci, pour son oncle Francesco[82] ? Ou bien est-il pris par la peinture de deux nouveaux tableaux : la *Léda* (dont une première esquisse apparaît parmi les dessins préparatoires de la *Bataille d'Anghiari*[83]) et la *Joconde* qu'il semble commencer dans ces années-là ? Il se peut qu'il se soit réfugié dans ces travaux ; Léonard, toutefois, n'a jamais éprouvé de difficultés à conduire plusieurs choses de front ; les raisons qui le poussent à renoncer à finir la *Bataille* doivent être inhérentes à l'œuvre même.

L'Anonyme Gaddiano dit qu'il l'abandonne « par mécontentement ou pour tout autre motif » ; plus explicite, Paul Jove affirme que cet énième échec résulte d'un problème technique : il en impute la faute à la mauvaise qualité de l'enduit appliqué sur le mur, « irrémédiablement réfractaire, dit-il, aux couleurs préparées avec de l'huile de noix » ; selon le *Livre d'Antonio Billi*[84] (vers 1518), cette huile aurait été de lin, et d'une qualité exécrable ; le texte qui suit la biographie anonyme de Léonard précise enfin que le Vinci « avait emprunté à Pline (Pline l'Ancien, l'auteur latin, dont Léonard semble avoir beaucoup fréquenté les écrits) la recette des couleurs qu'il employa, mais sans l'avoir parfaitement comprise. Il l'expérimenta pour la première fois dans la salle des Papes où il travaillait ; il fit devant le mur un grand feu de charbon qui devait par sa chaleur sécher la matière. Puis, lorsqu'il commença de peindre dans la salle du Conseil, il apparut que le feu séchait et consolidait la partie inférieure de la fresque, mais qu'il ne pouvait, en raison de la distance qui l'en séparait, atteindre à la partie supérieure, où, n'étant pas fixées, les couleurs se mirent à couler ».

L'explication paraît très plausible. Léonard, désirant peindre à l'huile, seul médium qui convient à sa manière, aura fait l'essai d'une recette ancienne sur une petite surface — comme il testait des procédés de fonte à une échelle réduite pour le *cavallo*. L'expérience se sera avérée concluante, de sorte qu'il aura poursuivi dans cette voie, en toute confiance, *en grand*, sur le mur de la salle du Conseil. L'aura-t-on trompé alors en lui donnant une huile frelatée, non siccative ? Le « feu de charbon » rappelle les poêles qu'il lui fallait récupérer à Santa Maria delle Grazie et que mentionnait le « mémorandum Ligny » : il a peut-être déjà tenté d'accélérer le séchage des couleurs, lorsqu'il travaillait à la *Cène*. A la fin de l'année 1505, incapable de réparer les dégâts causés par un procédé incorrect ou des produits défectueux, ne trouvant pas le courage de tout effacer, de gratter le mur pour recommencer à zéro, étant d'autre part invité par les Français à revenir en Lombardie, il aura abdiqué, il se sera résigné à laisser la peinture en plan… Des copies anonymes de l'époque (à l'huile, comme la *Tavola Doria*, qui appartient à une collection privée munichoise, ou gravées comme celle conservée au Palazzo Rucellai, à Florence) montrent qu'il s'est arrêté au noyau central de la composition — la lutte pour l'étendard.

Maigre consolation, Michel-Ange ne peindra pas non plus la *Bataille de Cascina;* son carton achevé, il part pour Rome où le pape Jules II lui commande son tombeau et les fresques de la Sixtine.

Le carton de Michel-Ange et les quelques fragments intacts de la peinture de Léonard vont rester longtemps exposés, respectivement dans la salle des Papes et dans la salle du Conseil. Benvenuto Cellini dit qu'ils sont alors « l'école du monde » : dès l'annonce de la « bataille des *Batailles* », de tous les ateliers d'Italie, on a accouru à Florence pour recueillir l'enseignement de ces œuvres d'où sortiront le classicisme et le baroque. Il faut voir aussi quels artistes, en ce début du XVIe siècle, se rencontrent dans les rues de la Cité du Lys : en plus de Léonard et Michel-Ange, en 1505, on peut y croiser, entre autres, Botticelli, le Pérugin, Filippino Lippi, Lorenzo di Credi, Piero di Cosimo, Andrea del Sarto, Baccio della Porta, les deux Sangallo, le Cronaca, et un garçon d'une vingtaine d'années, natif d'Urbino, que le style de Léonard impressionne d'emblée si fortement qu'il va s'efforcer, selon Vasari, d'oublier tout ce qu'il a appris jusqu'alors pour tenter de l'imiter — je veux parler de Raphaël, ancien élève du Pérugin. Les exemples sont rares d'un tel foisonnement de génies, dans un périmètre si restreint. C'est devant ce public exceptionnel que s'affrontent, en champ clos, les guerriers nus de Michel-Ange et les chevaux affolés du Vinci ; à en croire Cellini, il n'y aurait pas de vainqueur : « Ni les anciens ni les modernes, dit-il, n'ont jamais rien produit de plus beau. »

Le carton de la *Bataille de Cascina*, chose fragile, disparaît dans une émeute, en 1512 (peut-être victime de la jalousie du sculpteur Baccio Bandinelli). L'année suivante, instruit par cet exemple, on construit un cadre en bois pour protéger la fresque en ruine de Léonard. Anton Francesco Doni, dans une sorte de guide artistique de Florence rédigé sous la forme d'une lettre à un ami, écrit encore, en 1549 : « Quand tu auras gravi l'escalier qui monte à la Grande Salle, regarde bien un groupe de chevaux qui te semblera une chose merveilleuse. » Plus tard, Rubens copie à son tour le combat pour l'étendard (Stendhal dit : « C'est Virgile traduit par Mme de Staël ») ; mais déjà il ne s'agit plus que de la copie d'une copie : entre-temps, les Médicis ayant repris le pouvoir à Florence, sur leur ordre, Vasari a été chargé d'effacer des murs de la Seigneurie toute trace des œuvres entreprises sous la République ; vers 1560, il a barbouillé de plâtre, avant de les recouvrir par les ennuyeuses fresques qu'on voit aujourd'hui, les restes de la *Bataille d'Anghiari.* Il ne s'en vante pas dans ses *Vies.* On a sondé récemment, aux ultrasons, les murs de la salle du Conseil dans l'espoir de retrouver quelque chose de l'œuvre de Léonard — en vain.

NOTES

Chapitre IX

1. H 100 (43) r.

2. Cod. Atl. 248 r.

3. Les notes et schémas pour le bain de la veuve de Galéas Marie sont disséminés dans différents carnets de Léonard (Cod. Arundel 145 v. ; Cod. Atl. 104 r. b ; I 28 v., 31 v., etc.). Un dispositif pour le réglage de l'eau apparaît dans une page du Codex Atlanticus datée du 1er août 1499.

4. Une note à l'intérieur du Codex Atlanticus, qui n'est pas de la main de Léonard, parle d'un rapport promis sur l'état des fortifications toscanes (Cod. Atl. 203 v. a).

5. Le mémorandum où figure le nom du comte de Ligny (Cod. Atl. 247 r. a) a été décrypté et commenté en détail par Calvi, en 1907 *(Raccolta Vinciana, III).*

6. Jean Perréal, communément appelé Jean de Paris (c'est le nom qu'emploie Léonard), est aussi bien peintre qu'organisateur des fêtes du roi de France. Il aurait représenté Léonard (barbu, les cheveux longs, la quarantaine environ) dans une miniature appartenant à un manuscrit conservé à la Bibliothèque nationale de Paris (voir l'article de Léon Dorez, in *Nouvelle Revue d'Italie*, Rome, 1919). Le « coloriage à sec » dont Léonard lui demande la recette, ainsi que la méthode pour teinter le papier, devraient correspondre au pastel — il semble que Léonard ait appris ce procédé du Français ; quelques semaines plus tard, il l'utiliserait pour la première fois dans son *portrait d'Isabelle d'Este.*

7. Il semble toutefois que Léonard n'ait pas assisté au supplice de son ami Jacomo Andrea de Ferrare (voir la note 86 du chapitre VI), chez qui Salaï, un soir, à dîner, s'est si mal tenu. La conspiration en faveur du More, à laquelle prend part Jacomo, et qui lui vaut d'être écartelé, n'éclate qu'en avril 1500, lorsque Léonard se trouve déjà à Florence.

8. Les ouvrages cités dans le « mémorandum Ligny » sont des traités de physique, de perspective, des manuels de dessin d'architecture : cela semble confirmer que Léonard entend, à ce moment, travailler comme ingénieur pour les Français, relever pour eux des plans de fortifications. Le *De Ponderibus* pourrait être l'ouvrage du mathématicien du XIIIe siècle *Jordanus Nemorarius* (que Léonard appelle Giordano). Ce que Léonard nomme *Vitelone* est le recueil des écrits du savant polonais *Witelo* (XIIIe siècle).

9. Léonard écrit : « Horloge de la tour de Chiaravalle, laquelle montre la lune, le soleil, les heures et les minutes » (Cod. Atl. 399 v. b). Lorsqu'il se livre à des calculs pour expliquer le principe du mécanisme, il se trompe dans une multiplication (il trouve 9 760 heures, au lieu des 8 760 qui, divisées par 24, donneraient 365 jours).

10. Cod. Atl. 2 r. a.

11. Cod. Atl. 214 r. et v. e.

12. Le texte dans lequel Léonard explique le bleu du ciel ouvre le récit de son ascension du Monte Roso (Leic. 4 r. — le restant de la feuille est consacré à des réflexions sur l'atmosphère). Les chercheurs hésitent sur la date de cette ascension : elle aurait lieu soit dans la première période milanaise de l'artiste, dans les années

1490, soit dans la seconde, vers 1507. Je penche personnellement pour la première : à cinquante ans passés, Léonard pourrait-il encore gravir un haut pic ? Les quatre fleuves auxquels Léonard fait allusion seraient le Rhin, le Rhône, le Danube et le Pô.

13. Passionné par la géographie, Léonard cite aussi bien dans ses notes la mer Rouge et le Nil que l'Etna, la Grèce, Gibraltar et l'Inde... Il semble qu'il ait fait quelques voyages en mer, comme l'indique cette phrase : « Quand j'étais en mer, à égale distance d'une rive plane et d'une montagne, le côté du rivage semblait beaucoup plus lointain que celui de la montagne. » (L 77 v.)

14. Les « projets de roman » de Léonard se trouvent dans le Codex Atlanticus (145 v. a et b ; 145 r. b ; 155 r. b ; 311 r. a ; 96 v. b).

15. L'Italie de la Renaissance entretient des rapports nombreux sinon étroits avec l'Orient. Le goût personnel de Léonard pour les *turqueries* transparaît autant dans ses écrits littéraires que dans son architecture — par exemple, dans ses églises à plans centrés, où les coupoles s'accumulent, se soutenant les unes les autres, à la façon des coupoles byzantines ; son régime végétarien, sa longue barbe elle-même évoquent l'Orient.

16. Le *portrait d'Isabelle d'Este* que conserve le Louvre est un carton dont les contours ont été piqués (à l'aide d'une aiguille) pour le transfert : c'est un moyen pratique de *calquer* une œuvre. Ces piqûres ont sans doute servi à obtenir un second dessin — celui que Léonard a laissé à Mantoue et qu'évoque une lettre de la marquise à son agent florentin : « Demandez-lui (à Léonard) de nous envoyer une nouvelle esquisse de notre portrait, car Son Altesse, notre époux, a offert celle que nous possédions » (lettre du 27 mai 1501). Il existe de nombreuses copies de ce dessin (aux Offices de Florence, au British Museum de Londres...). L'une d'elles, conservée à Oxford, montre que le dessin du Louvre a été coupé sur trois côtés : on voyait à l'origine les deux mains de la duchesse, le rebord d'une table et un livre. Aux yeux des historiens de l'art, l'équilibre monumental de cette tête de profil sur un corps de face a influencé considérablement l'évolution du portrait à la Renaissance.

17. Cod. Arundel 27 r. ; I 135 v. ; K 100 r...

18. Léonard écrit, vers 1515 : « Artillerie de Lyon à Venise, de la manière que j'ai utilisée à Gradisca dans le Frioul et... (mot illisible) » (Cod. Atl. 79 r. c). Une légende locale prétend que Léonard serait intervenu dans la conception des fortifications de Gradisca.

19. Cod. Atl. 234 r. c. En 1426, Brunelleschi avait déjà songé à inonder la ville de Lucques, alors en guerre contre Florence, de la même façon, en élevant un barrage.

20. Voir à ce sujet Solmi, *Leonardo da Vinci e la Republica di Venezia*, Archivo Storico Lombardo, 1908.

21. Leic. 22 b.

22. La page dans laquelle Léonard décrit son attaque sous-marine (Cod. Atl. 333 v. a) daterait de 1487 environ, non de l'année 1500, selon Pedretti. L'interprétation de Solmi que je reprends ici, selon laquelle des scaphandriers pourraient récupérer des chrétiens captifs des Turcs, est discutable : elle repose sur une coïncidence de noms. L'homme avec lequel Léonard compte s'entendre pour partager « la rançon » s'appelle Manetto : « Le dépôt des prisonniers est chez Manetto, dit Léonard ; et le paiement pourra être fait entre les mains de Manetto. » Or un secrétaire de la République du nom d'Alvise Manetti (ou Manenti) est

effectivement envoyé chez les Turcs, en 1499, avec mission de négocier le rachat de captifs vénitiens — mission qui échoue, en février 1500. Mais s'agit-il bien de la même personne ? Et comment concilier ce nom avec la date probable de la rédaction du projet (jamais présenté, à mon sens) ? Dernière obscurité : Léonard parle de « rançons », sans préciser s'il s'agit de celles de Vénitiens ou d'ennemis qu'il ferait prisonniers lors de son opération — Calvi songe aux pirates des côtes de Ligurie.

23. Cod. Atl. 62 v. a.

24. La Royal Academy de Londres (Burlington House) conserve un carton de la *Sainte Anne* de Léonard (vivement admiré par Berenson qui le compare à un bas-relief grec) apparemment antérieur tant au carton (perdu) que décrit fra Pietro da Novellara qu'au tableau inachevé du Louvre. Il pourrait avoir été exécuté à Milan, à la fin des années 1490. Ce carton fut acquis par un frère de l'ambassadeur anglais à Venise, en 1763. Il entra à la Royal Academy avant 1791.

25. Il existe de nombreuses versions de la *Vierge au fuseau* qu'évoque la lettre de fra Pietro da Novellara (au Louvre, au Drumlanrig Castle, en Ecosse, etc.). Aucune ne semble de la main même de Léonard ; certains chercheurs estiment qu'elles sont les copies d'une œuvre perdue ; mais, comme le signale Chastel, il n'y a peut-être jamais eu d'original : Léonard a très bien pu esquisser la composition d'une *Vierge au fuseau* (un dessin à la sanguine d'un buste de femme — Windsor 12514 — paraît s'y rapporter) et en avoir confié l'exécution à des élèves. Fra Pietro dit bien que le maître, à cette époque, met parfois la main à des ouvrages de ses disciples. Le fuseau ou dévidoir avec lequel joue l'Enfant est une allusion à la croix, à la Passion. Le fait que l'œuvre soit destinée à Florimond Robertet, favori de Louis XII, montre que Léonard entretient alors des liens étroits avec les Français.

26. La marquise de Mantoue écrit, le 3 mars 1502, à un de ses correspondants florentins : « Il nous serait agréable que tu montres ces vases à quelque personne compétente, telle que Léonard de Vinci, le peintre milanais, qui est notre ami. » Léonard examine les vases (provenant probablement du pillage des collections des Médicis, en 1494) et les trouve fort beaux. Leur prix élevé dissuadera Isabelle de les acheter. Il n'est pas rare de voir alors des artistes servir ainsi d'expert.

27. Comme pour la *Vierge au fuseau,* on connaît des études de Léonard pour un *Christ parmi les docteurs,* ou un *Christ Salvator Mundi* (Windsor 12524, 12525) et diverses peintures leur correspondant (galerie Borghèse et palais Spada, à Rome, collection Vittadini, à Milan...) — mais aucune de sa main. Là encore, je pense à des œuvres directement confiées à des élèves. Aucune ne paraît avoir été destinée à la marquise de Mantoue.

28. La *Sainte Anne* inachevée du Louvre semble avoir appartenu très tôt aux collections royales françaises : Léonard apporta peut-être lui-même le tableau à la cour de François Ier. Jove dit que le roi l'a « acheté et installé dans sa chapelle privée » — mais Vasari et l'Anonyme Gaddiano le contredisent sur ce point. Quoi qu'il en soit, le cardinal de Richelieu acquit l'œuvre en 1628 ; et le roi Louis XIII s'en rendit maître en 1636. La peinture est en très mauvais état de conservation.

29. Cité par Freud : « On voit la tête du vautour, le cou, la naissance du poitrail à la courbure très accusée, dans le drap bleu qui enveloppe la Vierge de la hanche jusqu'au giron et au genou droit... » (Lettre d'Oskar Pfister à Freud, écrite en 1913.)

30. Comme la plupart des œuvres du Vinci, la *Sainte Anne* a été abondamment copiée, en entier et partiellement ; les auteurs respectifs de ces copies sont

souvent difficiles à identifier ; outre celles que renferment des collections privées, on peut citer la *Sainte Anne* des Offices, celles du musée de Budapest, du musée Poldi-Pezzoli et du musée de la Brera, à Milan, de l'University of California, à Los Angeles, etc.

31. Léonard : « Méthode pour assécher les marais de Piombino » ; « Vagues de la mer à Piombino, tout écumantes », etc. (Cod. Atl. 139 v. c ; Windsor 12665 r. ; L 6 v...)

32. L 19 b et 33 b.

33. Windsor 12682. Léonard composa sa « vue aérienne », ou à vol d'oiseau, d'Arezzo et du val di Chiana, en imagination, naturellement.

34. L 2 a. Voir la note 38 du chapitre VII.

35. L 40 a, 78 b, 6 b.

36. L 91 r.

37. Léonard : « Le 1er août 1502, la bibliothèque de Pesaro. » (L 0.)

38. Léonard : « Il peut y avoir une harmonie de diverses chutes d'eau, comme tu l'as vu à la fontaine de Rimini, le 8 août 1502. » (L 78 a.) On trouve une autre allusion à une fontaine musicale dans le manuscrit de Madrid (II 55 a), et le dessin d'une sorte d'orgue actionné par l'eau dans le Codex Arundel (136 a, 137 b) ; Léonard a peut-être construit un instrument de cette sorte.

39. Windsor 12666 ; L 66 r. et 77 r. Voir Beltrami, *Leonardo e il porto da Cesenatico,* Milan,1902.

40. K 2 r. ; K 35 v. ; L 72 a.

41. Léonard, se souvenant de la ruse par laquelle César Borgia a pris la forteresse de Fossombrone, écrira plus tard : « Aie soin que le passage de secours ne mène pas au donjon du commandant de la place, afin que la forteresse ne soit pas prise par trahison, comme ce fut le cas à Fossombrone. » (Cod. Atl. 43 v. b.)

42. Windsor 12204. Voir Pedretti, *Leonardo, A chronology of Leonardo da Vinci's architectural studies after 1500,* Genève, 1962. Tout au long de ses pérégrinations en Romagne et en Toscane, Léonard produit de magnifiques plans et cartes, souvent à vol d'oiseau, qui font de lui un des meilleurs cartographes de son temps ; la plupart sont conservés au château de Windsor.

43. L 66 a.

44. La copie d'une lettre de Léonard au sultan Bajazet a été découverte dans les archives d'Istanbul et publiée par F. Babingher, dans le *Nachtrichten der Akademie der Wissenschaften in Göttingen,* en 1952. Les secrétaires du sultan n'ont sans doute fait de l'original (perdu) qu'une traduction partielle (et partiale), d'où l'insuccès de la requête.

45. Br. M. 229 b.

46. Sous deux dessins d'anamorphose se trouve le début d'une lettre qui n'est pas de la main de Léonard ; il y est question d'une transaction avec un certain Maestro Giovanni, régent de Santa Croce ; le sens n'est pas clair (Cod. Atl. 35 v. a.). Le verso du feuillet 129 du même recueil contient une note tout aussi énigmatique, signée par ce même Maestro Giovanni, et datée du 17 avril 1503, à Florence.

47. Br. M. 202 b. A vrai dire, Léonard cite une autre fois César Borgia dans ses carnets : en inventoriant le contenu d'une malle, il parle d'un manteau *ayant appartenu au Valentinois* et dont a hérité Salaï. Il n'est pas rare alors qu'un prince

récompense ou paie un artiste de la sorte. Léonard, cependant, soit par fierté, soit pour faire plaisir à son protégé, n'a pas gardé le manteau pour lui.

48. Léonard dresse des cartes de Pise et de sa région (Madrid II 52 v. e et 53 r. ; Windsor 12683...). Le 21 juin 1503, il inspecte la forteresse stratégique de Monte Veruca ; puis il se rend au camp florentin, devant la ville assiégée. Un de ses croquis de l'Arno est daté du 22 juillet (« Jour de sainte Madeleine », Madrid II 1). C'est à cette époque qu'est décidé, « après bien des discussions et des doutes, comme le dit un rapport gouvernemental, que l'ouvrage viendrait fort à propos (le barrage et la dérivation) ; et si l'on peut vraiment détourner l'Arno ou le capter par un canal, cela empêcherait au moins que nos collines soient attaquées par l'ennemi » (Francesco Guidicci).

49. La majeure partie des informations que nous possédons sur la tentative de dérivation de l'Arno provient de la correspondance et des mémoires des secrétaires de Machiavel. Là-dessus, voir P. Villari, *Niccolo Machiavelli e suoi tempi,* Florence, 1877-1882.

50. On a déjà évoqué le talent de persuasion de Léonard ; l'Anonyme Gaddiano et Vasari en parlent avec admiration. Ce dernier écrit par exemple : « Parmi les modèles et projets de Léonard, il y en avait un où il soumettait à l'ingéniosité des citoyens qui gouvernaient alors Florence le moyen de surélever le Baptistère Saint-Jean et de l'exhausser sur une plate-forme à degrés sans l'ébranler. Il était si convaincant que la chose semblait possible, même si chacun, une fois rentré chez lui, se rendait compte que l'entreprise était en vérité irréalisable. » (Ce projet a sûrement existé, car on trouvait le Baptistère trop bas par rapport à la cathédrale. Il n'était pas si impensable : en 1455, l'architecte Aristotele Fioravanti, à Bologne, parvint à déplacer de dix-huit mètres une tour d'église pesant plusieurs centaines de tonnes.)

51. Le *Journal* de Buonaccorsi (de 1498 à 1512) fut publié pour la première fois en 1568, à Florence.

52. Les derniers mots du « mémorandum Ligny » (voir note 5 de ce chapitre) — « combien de terre un homme peut extraire en une journée » — se rapportaient peut-être à un premier projet de rendre l'Arno navigable jusqu'à Florence, que Léonard comptait soumettre à la République, dès son arrivée dans la capitale toscane.

53. Cod. Atl. 289 r.

54. Cod. Atl. 45 r.

55. Cod. Atl. 284 r.

56. Léonard pense à un traité sur l'eau dès le manuscrit A, vers 1491 ; on trouve des notes sur la nature de l'eau et les machines hydrauliques dans presque tous ses carnets (F, H, Codex Leicester, etc.). C'est certainement un des sujets qui lui ont importé le plus, un des domaines qu'il a le plus exploré.

57. Windsor 12700 r. Léonard se sent peut-être vaguement ridicule de répéter ainsi qu'il ne se lasse pas de *servir* ses semblables. Dans la marge, il écrit : « Je ne me fatigue pas d'être utile est une devise de carnaval. » Cela ne l'empêche pas de poursuivre : « Pour le bien des autres, je n'en ferai jamais assez. [...] La nature m'a conçu ainsi. »

58. Cod. Atl. 185 v.

59. Voir note 14, chapitre VI.

60. Cod. Atl. 96 v. b.

61. Windsor 12279, 12679, 12680, etc.

62. Cod. Atl. 108 v. a.

63. Cod. Atl. 1 v. a.

64. Vasari écrit : « La grande salle du Conseil venait d'être refaite, son architecture ayant été définie d'après les conseils de Léonard lui-même et ceux de Giuliano de Sangallo, Simone Polaiuolo dit le Cronaca, Michel-Ange Buonarroti et Baccio d'Agnolo. » On l'attribue aujourd'hui surtout au Cronaca et, pour les ouvrages décoratifs en bois, à Filippino Lippi et Baccio d'Agnolo.

65. Ms 2038 Bib. nat. 30 v. et 31 r.

66. Voir R. Lebel, *Léonard de Vinci ou la fin de l'humilité*, Paris, 1952.

67. Cod. Atl. 9 v. a ; Cod Arundel 54 r. ; B 31 V. ; Cod. Atl. 51 r. ; Cod. Atl. 54 v. a ; Br. M. B. B. 1030.

68. La falarique, selon Léonard, est une machine à manivelle lançant un javelot barbelé ; la rhomphée est une arme à mi-chemin entre le glaive et la pique ; le scorpion peut lancer des pierres, des dards ou des flèches ; le murex est une chausse-trape à quatre pointes ; etc. Toutes ces armes et machines viennent des auteurs latins, sans doute à travers Valturio.

69. C'est sous le nom de *machine célibataire* que Marcel Duchamp désignait la partie inférieure de son œuvre majeure — *la Mariée mise à nu par ses célibataires, même.* Michel Carrouges compara cette œuvre à la *Colonie pénitentiaire* de Kafka dans un livre qu'il intitula précisément : *les Machines célibataires* (Paris, 1954), et qui servit de point de départ à une exposition, au musée des Arts décoratifs de Paris, en mai 1976 — Léonard y avait naturellement sa place. Carrouges écrivait des *machines célibataires* ces mots qui s'appliquent très bien aux dessins technologiques du Vinci : « Suprêmement ambiguës, elles affirment simultanément la puissance de l'érotisme et sa négation, celle de la mort et de l'immortalité, celle du supplice et du wonderland, celle du foudroiement et de la résurrection. [...] Il semblerait qu'ici le refus de la femme et, plus encore, celui de la procréation soit apparu comme la condition majeure de la rupture avec la loi cosmique, au sens où la Chine et Kafka emploient cette notion, et plus encore comme la condition de l'illumination, de la liberté et de l'immortalité magique. »

70. Léonard fut sans doute envoyé à Piombino sur la recommandation de Machiavel. Il y passa quelques mois, à la fin de l'année 1504. C'est surtout dans le manuscrit II de Madrid que sont évoqués les travaux qui lui furent alors confiés (le creusement d'un fossé, la construction d'une tour, d'une digue...). Ces ouvrages, dont certains furent peut-être exécutés, l'amenèrent à repenser complètement le principe des fortifications (avec l'aide de Giuliano da Sangallo ?), voire à préparer un traité sur l'architecture militaire.

71. Br. M. 272 a.

72. Cod. Atl. 70 b (208 b).

73. Le dessin de Léonard représentant le *David* de Michel-Ange se trouve sur une page conservée à Windsor (12591) auprès de notes et de dessins pour une résidence princière.

74. Cod. Atl. 115 v.

75. Pedretti, dans ses commentaires des carnets de Léonard, remarque que la majorité de ces phrases incantatoires, commençant par « Dis, dis-moi », qu'écrit

Léonard en essayant une nouvelle plume, sont antérieures à l'année 1500. Il date cependant de 1505, année où le Vinci peint la *Bataille d'Anghiari*, les mots : « Dis-moi si jamais fut fait... » (Cod. Atl. 368 v. b), et d'après 1508 : « Dis-moi si rien de pareil fut jamais fait... » (Quaderni IV 15 v.)

76. Madrid II 112 a.

77. Carnet dit *Codex sur le vol des oiseaux*, conservé à la Bibliothèque ex-royale de Turin.

78. Cod. *sul volo*, 18 v.

79. Cod. *sul volo*, 18 v.

80. Madrid II 2 a.

81. Le dessin définitif de la fontaine de Neptune semble aujourd'hui perdu, mais on peut s'en faire une idée grâce à un croquis à la craie noire conservé au château de Windsor (12570). Voir le poème composé en l'honneur de cette œuvre dans la note 71 du chapitre VII.

82. Voir la note 23 du chapitre II.

83. Une étude à la plume et à l'encre pour la *Léda* (nue et agenouillée) apparaît sous le croquis d'une jambe de cheval pour la *Bataille d'Anghiari* (Windsor 12337).

84. La *Vie de Léonard de Vinci* par l'Anonyme Gaddiano ainsi que le texte qui la suit (accompagné de la mention *Dal Cav.* ou *Dal Gav.*; voir la note 22 du chapitre Ier) s'ajoutent en fait à une page du *Livre d'Antonio Billi* où une trentaine de lignes sont consacrées au Vinci. La seule information importante qu'on y trouve est cette précision sur l'huile de mauvaise qualité qu'on aurait donnée au peintre pour exécuter la *Bataille*.

X

COMME UNE JOURNÉE BIEN REMPLIE

Amor omnia vincit
Et nos cedamus amori.

VIRGILE
(cité par Léonard[1]).

Léonard a quitté Florence, vers 1482, laissant inachevés le *Saint Jérôme* et l'*Adoration des Mages* ; il s'en éloigne de nouveau, vingt-quatre ans plus tard, sans avoir mené à terme ni la *Sainte Anne* ni la *Bataille d'Anghiari* — ni aucun des travaux qu'il y a entrepris à partir de 1500. La cité de sa jeunesse, dirait-on, d'une certaine façon, l'entraîne dans des dispositions malheureuses qui annihilent ses élans.

La Seigneurie prend très mal l'annonce de son départ ; elle y consent, en mai 1506, parce qu'elle ne peut faire autrement, se trouvant trop engagée sous la bannière de la France (son alliée dans la guerre contre Pise) pour ne pas céder au désir du gouverneur du Milanais, le puissant lieutenant général du roi Louis XII, Charles d'Amboise, comte de Chaumont, qui réclame instamment la présence de l'artiste à sa cour. On n'accorde cependant à Léonard qu'un congé de trois mois ; et avec cette clause particulière : en cas de retard, il sera taxé d'une lourde amende de cent cinquante florins.

Léonard accepte les conditions qu'on lui impose — en haussant les épaules, j'imagine. Désormais, il n'agit plus qu'à sa guise ; son nouveau protecteur, qu'il appelle *gran maestro*, l'y incite et l'y aide. Le 18 août, Charles d'Amboise prie aimablement la Seigneurie de prolonger le congé du peintre — jusqu'à la fin du mois de septembre pour le moins. Le gonfalonier Soderini répond avec colère que le Vinci ne s'est pas conduit envers la République florentine comme il eût dû le faire : « Il a reçu une grosse somme d'argent et n'a donné qu'un petit commencement au grand ouvrage qu'il était chargé d'exécuter (la *Bataille*). Nous désirons qu'on ne sollicite pas pour lui de délai supplémentaire, car son ouvrage doit satisfaire les citoyens de notre ville ; nous ne pourrions le dispenser de ses obligations — ayant engagé notre responsabilité dans cette affaire — sans nous exposer à de graves dommages. »

Léonard fait la sourde oreille. On ne peut pas le forcer à

achever, sous la menace, une fresque qui ne lui a apporté qu'amertume et déception. Il se sent bien à Milan, il s'y est toujours plu, il y a des amis, de l'ouvrage à foison — il n'a nulle envie d'en bouger. Ambrogio de Predis a résolu enfin le conflit qui les opposait tous deux, depuis 1483, à la Confrérie de l'Immaculée Conception : ensemble, ils peignent alors, ou achèvent de peindre, une seconde version de la *Vierge aux rochers* (celle de Londres), la première étant peut-être vendue au roi de France. Permission leur est donnée de retirer le tableau original de l'église San Francesco Grande pour en faire une réplique ; en août 1507 et octobre 1508, Ambrogio va toucher cent lires pour cette peinture, Léonard ratifiant les paiements par un acte notarié*[2]. Charles d'Amboise a commandé au Vinci, d'autre part, les plans d'un grand palais qu'il veut bâtir du côté de la Porta Venezia. Quelques dessins et notes nous restent, qui concernent ce projet — en particulier la description d'un jardin digne des Mille et Une Nuits : les ailes d'un moulin à aubes donneront une brise artificielle durant l'été, prévoit Léonard ; une eau murmurante et poissonneuse, « où l'on mettra du vin à rafraîchir », circulera parmi des orangers, des citronniers, des cédratiers et autres arbres odoriférants ; au parfum des fleurs répondront les chants mélodieux des nombreux oiseaux qu'abritera une immense volière en fils de cuivre tressés ; des instruments de musique joueront seuls, à volonté, par l'action du moulin ; il y aura enfin des « passages où l'eau pourra jaillir en mouillant les promeneurs ; par exemple, lorsqu'on voudra par plaisanterie arroser les robes des femmes[3] » — car le bouillant Charles d'Amboise est « l'ami de Vénus autant que de Bacchus », selon le chroniqueur Prato... On charge également le Vinci d'organiser des fêtes, des spectacles[4] dans le goût de ceux qu'il réglait pour le More — il semble qu'on ne se soit jamais diverti davantage au château de Milan qu'à cette époque ; ce sont les fastes utiles des temps d'occupation. Le vieux maître est au centre de cette ronde de plaisirs ; il entend ne pas s'en écarter, d'autant qu'on le traite avec des égards princiers, qu'on lui verse une pension plus qu'honorable, qu'on lui rend la terre plantée de vignes que lui avait offerte le More. Loin de l'enfermer dans une tâche unique, on le consulte sur les points les plus divers, il redevient l'arbitre des élégances qu'il était sous les Sforza ; on se dispute sa compagnie comme ses services — pour les Français, il incarne comme nul autre ces splendeurs de la Renaissance dont l'attrait les a amenés à guerroyer en Italie. Chaque

* Pour les notes concernant ce chapitre, voir page 435.

personnage important de la cour désire un tableau de sa main ; on lui demande peut-être les plans d'une église[5]. Enfin, comme il doit en manifester le souhait, on le laisse s'occuper de problèmes hydrauliques ; il améliore le système des écluses et des barrages lombards ; il s'y emploie si bien qu'on lui promet une rente — un droit sur « douze onces d'eau » du Naviglio San Cristoforo (dont il supervise probablement l'aménagement), d'un rapport enviable.

Une nouvelle lettre de Charles d'Amboise à la Seigneurie florentine, datée du 16 décembre 1506, donne un aperçu des travaux qu'on lui confie et de l'estime sans mélange dans laquelle le tiennent les Français : « Les ouvrages excellents accomplis en Italie et surtout à Milan par maître Léonard de Vinci, votre concitoyen, ont porté tous ceux qui les ont vus à aimer singulièrement leur auteur, même sans l'avoir jamais approché. Quant à nous, nous avouons l'avoir aimé avant de l'avoir rencontré personnellement. Mais, maintenant que nous l'avons pratiqué, parlant d'expérience de ses talents si variés, nous voyons en vérité que son nom, célèbre en peinture, demeure relativement obscur, quand on songe aux louanges qu'il mérite pour les autres dons qu'il possède et qui sont d'une force extraordinaire ; il nous faut dire que, par la façon dont il a répondu à tous nos désirs, dessins d'architecture ou autres choses dont nous avions besoin, il nous a satisfait de telle sorte que nous avons conçu de l'admiration pour lui. [...] S'il convient de recommander un homme aux talents si riches à ses concitoyens, nous vous le recommandons de notre mieux, vous assurant que tout ce que vous ferez pour augmenter, soit sa fortune et son bien-être, soit les honneurs auxquels il a droit, nous apportera autant qu'à lui le plaisir le plus vif, et nous vous en serons très obligé. »

Geoffroy Carles (ou Jofredus Karoli), vice-chancelier de Milan, poète, homme de science et amateur d'art éclairé, intervient à son tour pour que Soderini cesse d'*importuner* Léonard. Le roi de France lui-même s'en mêle. A Blois, où il se trouve depuis un an, Louis XII informe un envoyé florentin que, émerveillé par un petit tableau du Vinci qui vient de lui être montré (la *Madone au fuseau* peinte pour Florimond Robertet ?), il souhaite ardemment que l'artiste demeure à Milan, car il désire en obtenir quelques œuvres. Comme si cela ne suffisait pas, il fait écrire par Robertet au gonfalonier et aux prieurs de la Seigneurie, en janvier 1507 : « Loys, par la grâce de Dieu Roy de France, duc de Milan, seigneur de Gennes, etc. Très chiers et grands amys, [...] Nous avons nécessairement abesognes de Maistre Léonard a Vince, painctre de votre cité de Fleurance. [...] Escripvez-lui de sorte qu'il ne se parte de la dite ville (Milan) infines à notre venue, ainsi que j'ay dit à votre

Ambassadeur. » Léonard devient l'enjeu d'un véritable conflit diplomatique. Les Florentins ne doivent pas comprendre qu'on fasse tant de cas d'un *artiste.* A contrecœur, le tatillon Soderini s'incline devant la volonté du souverain. Il s'obstine toutefois à réclamer, s'appuyant sur le contrat signé par le Vinci, le remboursement des sommes que la République a dépensées pour la *Bataille.* Forcé de retourner à Florence, en 1507, à cause d'un problème d'héritage, Léonard, pour en finir, achète peut-être sa liberté en restituant l'argent : en juin 1507, on le voit en tout cas solder son compte à Santa Maria Novella.

Un double problème d'héritage l'oppose alors à ses demi-frères et demi-sœurs. Ser Piero est mort intestat : les enfants nés du quatrième mariage se liguent contre ceux nés du troisième pour obtenir la meilleure part de la succession ; et tous s'entendent pour spolier le fils illégitime du notaire. Le 30 avril 1506, une commission d'hommes de loi parvient à un arrangement provisoire d'où Léonard est exclu. Là-dessus, quelques mois plus tard, l'oncle Francesco meurt à son tour, sans enfants, léguant l'intégralité de ses biens — comme pour réparer une injustice — à son neveu préféré. La famille conteste le testament[6]. Léonard entend ne pas abandonner ses droits cette fois, d'autant qu'il semble avoir prêté quelque argent à Francesco, peu avant son décès ; comme sa belle-famille le traite en étranger (*alienissimo,* dit-il), il en fait une affaire de principe, sinon de sentiments. On trouve dans ses carnets des textes fragmentaires et confus, se rapportant à cette succession : « Vous souhaitiez le plus grand mal à Francesco, écrit-il à Florence, parmi des notes sur le vol des oiseaux, et vous l'avez laissé jouir de vos propriétés durant sa vie ; à mes yeux, vous souhaitiez le plus grand mal... » La suite est plus nébuleuse encore, car rédigée sous la forme d'un débat imaginaire entre des participants difficilement identifiables (lui-même, ses demi-frères, l'oncle Francesco) : « Celui-ci veut mon argent, après mon décès, de sorte que je ne puisse plus en disposer à ma guise ; et il sait que je ne peux répudier mon légataire. [...] As-tu donné cet argent à Léonard ? Oh ! pourquoi dirait-il que vous l'avez poussé dans un piège, réel ou feint, sinon parce qu'il veut s'emparer de son argent ? Bien, je ne lui dirai plus rien aussi longtemps qu'il vivra... » Et dans la marge : « Oh ! pourquoi ne pas lui en laisser la jouissance durant sa vie, puisque cela finira par revenir à vos enfants[7]... ? »

Une petite propriété du nom de *Il Broto* semble au cœur du litige. Ser Giuliano, le cadet des fils légitimes de ser Piero, homme de loi depuis peu, prend les choses en main[8] : sûr de l'appui des juges, ses commensaux, et misant sur l'animosité générale de la

Seigneurie à l'égard du peintre, il se fait fort d'invalider le testament de leur oncle en un tour de main.

De son côté, Léonard compte sur l'intervention de ses protecteurs. Il parvient à mettre l'influence du roi dans la balance ; n'a-t-il pas orchestré brillamment son entrée solennelle à Milan, en mai 1507, quelques semaines avant de revenir à Florence — avec arcs de triomphe, chars à l'antique et machineries[9] ? Louis XII prend de nouveau la plume pour l'artiste qu'il a élevé au rang de peintre et ingénieur de sa maison et qu'il appelle maintenant « notre chier et bien amé Léonard da Vincy ». Il écrit à la Seigneurie : « Nous désirons singulièrement que fin soit mise audit procès en la meilleure et plus brefve expédiction de justice que faire se pourra : à ceste cause, nous en avons bien voulu escripre. » Charles d'Amboise écrit aussi dans ce sens aux magistrats : que le jugement tombe vite, dit-il, car le roi a grand besoin de son peintre. Mais les Français sont loin, il s'agit d'une affaire privée, et l'on sait toutes les lenteurs dont sont capables les tribunaux. Les choses n'avancent pas. L'issue demeure incertaine. De sorte que Léonard doit solliciter l'aide également du cardinal Hyppolite d'Este qui l'honore de sa bienveillance et dont il connaît les liens avec ser Raphaello Hyeronimo, le prieur chargé du procès. On a retrouvé sa lettre aux Archives d'Etat de Modène ; elle n'est pas de la main de Léonard, car, doutant de son écriture ou de son style, il en a confié la rédaction à un ami, comme il l'avait fait pour sa demande d'emploi à Ludovic le More ; le document est signé de son nom cependant : *Leonardus Vincius pictor;* c'est l'unique lettre de lui dont on peut dire avec certitude qu'elle a été envoyée, les autres n'étant que des brouillons dans ses carnets. « Bien que le droit soit de mon côté, explique Léonard, je ne veux pas me manquer à moi-même dans une affaire à laquelle je tiens beaucoup. [...] Je conjure Votre Altesse d'envoyer à ser Raphaello quelques mots, dans cette manière habile et affectueuse qui vous est propre, pour recommander votre plus humble serviteur, pour toujours, Léonard de Vinci. »

Le jugement ne tombera pas avant longtemps. Contraint de demeurer à Florence pour plaider sa cause, le Vinci habite, avec Salaï, la maison (ou *les maisons,* comme on dit alors) du riche mécène Piero di Braccio Martelli, mathématicien de valeur dont un parent protégeait Donatello, et qui héberge déjà le sculpteur Giovan Francesco Rustici. Léonard aurait beaucoup de tendresse pour ce dernier. Rustici, la trentaine environ, est un ancien de la *bottega* de Verrocchio ; son atelier ressemble à l'arche de Noé, dit Vasari — on y trouve un aigle, un corbeau « qui parle aussi bien qu'un homme », des serpents, un porc-épic dressé comme un chien, qui a la mauvaise habitude de piquer les jambes des convives sous les tables. Alchimiste du dimanche, nécromant à l'occasion, il appartient, avec Andrea del Sarto, Aristote de Sangallo et d'autres artistes de sa génération, à une confrérie burlesque baptisée « Compagnie du Chaudron » ; ensemble, ils donnent, à l'intérieur d'un grand chaudron, ou d'une cuve, des banquets bruyants et excentriques, pour lesquels chacun s'amuse, par exemple, à composer un tableau — portrait, paysage ou scène mythologique — en utilisant, en guise de peinture, des poulets, de la gélatine, des saucisses, des lasagnes, du parmesan, des tranches de rôti et autres choses bonnes à manger — ces « compositions » auraient pu servir de modèles à Arcimboldo. On ignore jusqu'où vont ses relations avec Rustici, mais Léonard, très porté lui-même aux facéties de toutes sortes et qui a peut-être lancé chez les artistes la mode de posséder beaucoup d'animaux, doit se sentir spécialement à son aise dans l'atmosphère libre et joyeuse de la *casa Martelli.* Si l'on en juge par les gens qu'il fréquente alors, ses goûts n'ont pas changé en la matière : il s'attache volontiers aux êtres les plus singuliers. Il paraît avoir eu pour disciple, à Milan, l'extravagant Sodoma, dont le surnom parle pour lui-même, et qui vit également au milieu d'une véritable ménagerie (il a un singe, des ânes nains...) ; le solitaire Piero di Cosimo, qui parfois l'imite dans ses œuvres, compte également parmi ses fidèles — celui-là se comporte « en sauvage », les bizarreries de la nature le ravissent plus que tout le monde, il peint un monstre dans le style de Léonard, il tient des propos étranges qui font mourir de rire ses proches, dit Vasari — avant d'ajouter que, par la suite, devenu vieux, Piero sombrera « dans un délire insupportable ».

Au mois de mars, Léonard profite de ses loisirs pour mettre de l'ordre dans ses carnets [10] ; il doute d'y parvenir. Se relisant, il est effrayé par l'aspect chaotique de ses notes et le nombre des répétitions qu'il rencontre — il devine déjà, probablement, qu'il ne réussira pas à donner forme à la grande *comédie* de la connaissance qu'il projetait autrefois. Elle lui échappe ; il en a perdu la maîtrise. Ne devrait-il pas se limiter à quelques traités seulement (sur l'eau, sur la peinture, sur l'anatomie), s'il veut en voir un jour la publication ?

En manière de récréation, lorsqu'il ne poursuit pas des études de mathématiques et d'anatomie, il aide Rustici à modeler un *Saint Jean-Baptiste prêchant à un lévite et un pharisien,* groupe grandeur nature destiné au Baptistère, que la Corporation des Marchands a commandé à ce dernier. Vasari raconte que, tout le temps que le sculpteur travaille à cet ouvrage, il ne tolère aucune présence autour de lui, sinon celle de Léonard, et cela jusqu'au moment du moulage et de la fonte, de sorte que l'on présume que le maître n'est pas étranger à l'exécution de l'œuvre. Si le *Saint Jean-Baptiste* pointe l'index vers le ciel, dans un geste vaguement léonardien, il présente tout à fait la manière ordinaire, un peu fruste, de Rustici. Les admirables personnages qui l'entourent, en revanche, dépassent en qualité tout ce que cet artiste fera jamais. Les trois statues de bronze dominent toujours la porte nord du Baptistère ; l'une d'elles rappelle le vieillard méditatif de l'*Adoration des Mages ;* ce sont, à mon sens, les seules sculptures existant encore où se reconnaît avec quelque certitude la main du Vinci [11].

Les Français s'impatientent de voir leur peintre et ingénieur s'attarder à Florence ; il semble qu'en peu de temps il leur soit devenu indispensable. Léonard, qui fait peut-être un ou deux aller et retour entre la Toscane et la Lombardie pendant l'année que dure son procès, écrit à son protecteur, dans les premiers mois de 1508, pour lui annoncer que l'affaire touche à sa fin et qu'il pense revenir à Milan avant Pâques, porteur de « deux tableaux de Notre-Dame » qu'il a peints, de dimensions différentes, pour le roi ou toute autre personne à qui on trouvera bon de les donner. Dans cette lettre, qu'il envoie par Salaï, il s'inquiète de l'endroit où il sera logé, car il souhaite ne plus déranger le gouverneur du Milanais (ce qui paraît indiquer qu'il en était l'hôte jusqu'alors), ainsi que du versement de sa pension et de la rente sur l'eau qu'on lui a promise mais non versée [12]. Une autre lettre, adressée au surintendant des canaux, qu'il appelle « Magnifique Président », concerne plus précisément ces « douze onces d'eau » que lui a accordées le roi : « Votre Seigneurie sait que je ne suis pas entré en leur possession, dit Léonard, car, à l'époque où elles me furent octroyées, il y avait une grande pénurie d'eau dans le canal, en partie à cause de la sécheresse qui régnait alors, et en partie parce que le réglage des ouvertures n'était pas terminé. Mais Votre Excellence m'a assuré que, le réglage effectué, mon espoir serait réalisé ; ayant appris que le canal était régularisé, je vous ai écrit plusieurs fois, ainsi qu'à messer Gerolamo da Cusano, qui conserve l'acte de donation, [...] mais sans recevoir de réponse. Je vous envoie comme porteur de cette lettre Salaï, mon élève, à qui Votre Seigneurie pourra dire de vive voix tout ce qui s'est passé à propos de la chose pour laquelle je sollicite Votre Excellence [13]. »

Enfin, le verdict tombe ; les prieurs déboutent le cadet de ser Piero, déclarant valide le testament de l'oncle Francesco — on est parvenu du moins à un arrangement ; satisfait, Léonard reprend avec hâte le chemin de Milan, durant l'été 1508, semble-t-il [14].

Il reviendra encore plusieurs fois à Florence — en 1509, 1511, 1514, 1515, 1516 — mais pour des séjours relativement brefs.

« J'apporterai avec moi deux tableaux de Notre-Dame. »

On ne sait pas quelles sont ces deux *Madones,* de dimensions différentes, que Léonard, dans sa lettre à Charles d'Amboise, dit avoir peintes « à ses moments perdus », et avoir achevées *(condotte in assai bon porto).*

Elles ont disparu, ou bien ce sont des tableaux qu'il a ébauchés, puis confiés à des élèves ; il se résout de plus en plus volontiers à ce parti, dès lors qu'une œuvre ne lui paraît pas très importante — qu'elle ne pose pas un problème assez complexe pour exciter son imagination, son intelligence, ou, ce qui revient au même, qu'au cours de son élaboration il en a extrait *tout le suc,* de sorte que son exécution ne présente guère d'intérêt à ses yeux. On ne tire aucun profit, affirme-t-il, d'une nourriture mangée sans appétit ; cela nuirait plutôt à la santé. Les *Madones* ne manquent pas, brossées par des disciples sur ses indications, ou d'après une œuvre, un carton, un dessin de lui : *Vierge jouant avec l'Enfant, Vierge à la balance, Vierge au lys...* — on a l'embarras du choix : n'importe laquelle de ces *compositions d'après Léonard,* comme les désignent parfois les catalogues d'exposition, pourrait correspondre à l'un et l'autre des tableaux, prétendument perdus, qu'il apporte à Milan.

On pourrait croire que Léonard, à cette époque, « excédé par le pinceau », comme disait fra Pietro da Novellara, le correspondant de la marquise d'Este, découragé, de surcroît, par l'échec de la *Bataille d'Anghiari,* très absorbé toujours par des recherches mathématiques, par des études d'anatomie, de géologie, accaparé enfin par les différents travaux d'hydraulique ou d'architecture dont le chargent les Français, n'ait plus le goût de peindre. Or, tout au contraire, c'est dans ces années-là (entre 1505 et 1515, semble-t-il) qu'il donne à la fois la *Léda,* la *Joconde,* le *Saint Jean-Baptiste,* les deux derniers (au moins) étant indiscutablement de sa main — de sa main seule.

Il n'existe aucun document permettant de dater ces tableaux avec quelque précision ; on ignore quels en ont été les commanditaires — s'ils ont même été commandés par quelqu'un. Faire leur historique consiste en vérité à aligner des hypothèses. A peine peut-on les classer chronologiquement : on croit seulement que la *Joconde* a précédé la *Léda,* et que le *Saint Jean-Baptiste* (annoncé par le *Bacchus* conservé au Louvre, œuvre d'atelier) est la dernière chose jamais peinte par Léonard. Leurs exécutions se chevauchent vraisemblablement dans le temps. De l'une à l'autre, il y a en tout cas une continuité ; il faut en retrouver le fil conducteur, si l'on souhaite les comprendre.

Raphaël a fait à Florence une étude au crayon d'après la *Joconde* ou le carton de ce tableau. Son dessin (au Louvre) montre la pose célèbre, de trois quarts, les mains croisées, doucement appuyées sur le rebord d'un meuble ou d'une balustrade, et l'amorce d'un sourire, un embryon de paysage. La formule (que Raphaël va utiliser à de nombreuses reprises : dans sa *Dame à la licorne*, son portrait de *Maddalena Doni*, de la *Fornarina*, voir de son ami *Baldassare Castiglione*, et qui donne le modèle du portrait classique) est si nouvelle que Raphaël n'a pu l'emprunter à Léonard qu'à l'époque où tous deux se trouvaient en Toscane — aux alentours de 1505.

Vasari dit : « Léonard se chargea, pour Francesco del Giocondo, du portrait de monna Lisa, son épouse, mais, après quatre ans d'efforts, il le laissa inachevé ; il est actuellement au roi de France. » On a cherché qui était ce couple : les archives toscanes présentent Francesco di Bartolomeo di Zanobi del Giocondo comme un homme fortuné, enrichi dans le commerce de la soie, qui atteint à certaines charges publiques, et dont la famille apprécie les arts — plusieurs de ses parents commandent des tableaux à des artistes de qualité. Déjà veuf deux fois, il a épousé, en 1495, une jeune fille, issue d'un milieu plus modeste, Lisa di Gherardini. Ils ont eu un enfant, mort en bas âge. On ne sait rien de plus, sinon que, en 1505, monna Lisa doit avoir vingt-six, vingt-sept ans. Ces informations ne contredisent pas le récit de Vasari (ni la peinture), de sorte que le tableau — que Léonard n'a pas titré, bien entendu — a reçu le nom de *La Gioconda* en Italie, de la *Joconde* en France et de *Mona Lisa* dans les pays anglo-saxons.

L'Anonyme Gaddiano parle, cependant, d'un portrait de Francesco del Giocondo, non de son épouse. Par ailleurs, le cardinal d'Aragon a vu, quelques mois avant la mort de Léonard, en France, « le portrait d'une Florentine, peinte jadis au naturel sur l'ordre de feu le Magnifique Julien de Médicis » (fils de Laurent, grand amateur de dames et protecteur de Léonard), qui paraît correspondre au tableau que nous appelons la *Joconde*. Lomazzo penche, quant à lui, pour un modèle napolitain. Enfin, les premiers inventaires royaux dans lesquels l'œuvre est mentionnée s'en tiennent à « une courtizene in voil de gaze », puis, à l'inverse, à « une vertueuse dame italienne » (c'est ce que dit le père Dan, conservateur des peintures du roi, au XVIIe siècle).

Vasari fait une description détaillée de la *Joconde ;* mais il n'a jamais approché le tableau qu'il connaît par ouï-dire, l'œuvre se trouvant en France lorsqu'il prépare ses *Vies*, comme il l'avoue lui-même. Aucun témoignage ou texte ancien ne corrobore son récit ; lui seul cite le nom de monna Lisa ; si bien que de nombreux historiens l'ont mis en doute — ils se sont lancés sur d'autres pistes : on compte aujourd'hui une bonne dizaine d'identifications du modèle, plus ou moins défendables. Ce pourrait être la favorite de Julien de Médicis, donc, une certaine Pacifica Brandano ou une « signora Gualanda [15] » ; ou une des maîtresses de Charles d'Amboise ; ou bien Isabelle d'Este, la marquise de Mantoue, à qui le peintre aurait finalement cédé ; ou encore la duchesse de Francavilla, Costanza d'Avelos, car un poème évoque un portrait (inconnu) qu'aurait fait d'elle le Vinci [16] ; certains supposent qu'il n'y aurait pas de modèle du tout : Léonard aurait peint une femme idéale ; la thèse la plus fantaisiste soutient que le tableau serait le portrait d'un homme, voire un autoportrait de l'artiste : celui-ci se serait montré lui-même, sans ride ni barbe, sous une apparence féminine... Léonard, il est vrai, n'a pas peint son modèle comme on fait d'ordinaire le portrait d'une bourgeoise : il l'a représenté, avec beaucoup d'art et de soin, à la façon d'une Vierge ou d'une princesse, lui donnant une stature monumentale. Mais, au bout du compte, comme aucun chercheur n'apporte la preuve incontestable qui nous rangerait à son opinion, faute de mieux, on en revient à Vasari — on continue de dire : la *Joconde*.

S'il s'agit bien d'un portrait, on doit se demander — et c'est un des problèmes importants que soulèvent les historiens — pourquoi Léonard n'a pas livré le tableau à son commanditaire. Suivant Vasari, on peut admettre que l'inachèvement de l'œuvre qu'il signale, après quatre années de travail, au moment où Léonard abandonne Florence pour Milan, explique raisonnablement pourquoi l'artiste conserve le tableau jusque dans les dernières années de sa vie, l'emportant avec lui en France, comme la *Sainte Anne*. La peinture du Louvre paraît pourtant tout à fait achevée ; si le Vinci la termine à Milan, ou à Rome, pourquoi ne l'envoie-t-il pas à Francesco del Giocondo, comme il devrait le faire, pour en toucher le prix ? Serait-ce à cause de la mort de monna Lisa (on ne connaît pas la date de son décès), entre-temps ? Ou bien — hypothèse romantique — parce qu'il serait tombé amoureux de son œuvre ? Ou encore parce que la touche finale ne serait posée qu'en France ? Si l'on penche pour une maîtresse de Julien de Médicis, version qui ne manque pas d'arguments, on peut dire que celui-ci refuse de prendre livraison de l'œuvre, souvenir d'un passé dissolu, lorsqu'il épouse Philiberte de Savoie, en 1515. On se souvient que Raphaël a fait une esquisse d'après le tableau vers 1505 — Léonard aurait donc passé dix ans sur cette commande, qu'un revirement moral aurait en quelque sorte annulée. Pour mieux embrouiller les choses, certains historiens suggèrent que la commande du libertin Julien de Médicis portait plutôt sur une « Joconde » nue, si l'on peut dire, qui a dû exister, car on en connaît des copies (celle du musée Condé, à Chantilly, par exemple) ; ou bien ils font intervenir d'autres tableaux ou cartons, proches de la *Joconde* mais antérieurs à elle, à présent disparus ; ou bien encore ils imaginent, très gratuitement, pour concilier les partis, que l'épouse de Francesco del Giocondo serait cette maîtresse de Julien de Médicis, plutôt que Pacifica Brandano ou la signora Gualanda... Autre cas de figure envisageable, Léonard ne se serait jamais défait du tableau, parce qu'il ne s'agit pas d'un portrait mais de la représentation d'un être de rêve, devant un paysage fantasmatique, qu'il aurait peint pour lui-même, par plaisir (d'où le fait qu'il se soit passé cette fois de collaborateurs), en y mettant un sourire qui lui rappellerait celui de sa mère (selon Freud) et toutes les qualités et vertus qu'il attend d'une femme — douceur, compréhension, indulgence, patience, immuabilité ; la *Joconde* serait alors le premier tableau au monde parfaitement *pur d'intention.*

On dit que la *Joconde* ressemble à son auteur. Pourquoi ne s'agirait-il pas tout bonnement d'un portrait posthume de sa mère — Léonard n'aurait alors jamais révélé l'identité du modèle, ou aurait orienté ses contemporains sur de fausses pistes, s'étant toujours montré très discret sur Caterina... ?

Des générations d'historiens de l'art se sont penchées en vain sur ce *casse-tête.* Pas la moindre allusion à cette peinture, ou à son éventuel commanditaire, dans tous les écrits de l'artiste ; pas même un dessin préparatoire dans ses cartons. Force est de reconnaître que le mystère demeure intact. A vrai dire, le brouillard épais qui pèse sur sa genèse convient à merveille à la sibylline *Joconde.* Léonard emploie le *sfumato* aussi bien en peinture que dans ses écrits et dans la façon qu'il a d'obscurcir à volonté, dirait-on, certaines circonstances de sa vie ; il déroule derrière lui un voile de fumée ; c'est là son style, sa manière — son tour d'esprit.

Léonard connaît combien les choses sont plus belles quand elles sont indistinctes ; il a savamment noué les fils de son énigme — énigme qui constitue en réalité son véritable sujet. En usant de la lumière d'abord. « Observe dans les rues, dit-il dans son traité de peinture, quand le soir tombe, par mauvais temps, sur les visages des hommes et des femmes, quelle délicatesse et grâce se remarquent [17]. » Les ombres mordorées du crépuscule modèlent le sourire de la *Joconde.* « Tu peux peindre ton tableau à la fin du jour, poursuit Léonard, quand il y a des nuages ou du brouillard, et cette atmosphère est parfaite. » Comme il n'est guère pratique de travailler à cette heure, il a inventé une méthode pour créer un crépuscule artificiel : « Tu auras donc, ô peintre, une cour spécialement aménagée avec des murs teints en noir et un toit qui fait un peu saillie au-dessus de ce mur ; que cette cour soit large de dix brasses et longue de vingt et haute de dix ; et, lorsqu'il fait soleil, tu auras soin de la couvrir d'une toile. » Ailleurs, il parle d'une « atmosphère libre de toute luminosité solaire », de ces rues prises entre des murs si élevés que, même en plein midi, les joues « ne reflètent que l'obscurité qui les entoure », tandis que seule la partie frontale des visages est éclairée ; « à ceci s'ajoute la grâce des ombres qui, exemptes de tout contour trop dur, s'estompent harmonieusement[18] ».

La *Joconde* suit cette idée d'une clarté avare, d'une éclipse, d'une atmosphère brumeuse, humide, d'une heure extrême de la journée où les formes émergent miraculeusement d'un « sombre dégradé ». On se dit en même temps : le jour s'éteint, dans un instant la nuit va supprimer cette douceur ; et pourtant cette femme sourit. Vasari dit que Léonard obtient ce sourire de monna Lisa, en l'entourant de chanteurs, de musiciens et de bouffons. C'est un sourire éphémère, qui ne doit rien au bonheur. Il n'est pas question non plus de séduction. On pense : cette femme sourit, tandis que le reste de la peinture parle d'un anéantissement — le soleil disparu, le paysage inhabité et grandiose que menacent les ténèbres, aussi bien que le vêtement sombre, le voile noir qui enserre les cheveux et que l'on dirait de deuil. (S'il s'agit de monna Lisa, elle pourrait porter encore le deuil de l'enfant qu'elle a perdu ; mais, selon Venturi, la duchesse de Francavilla de son côté était veuve.) « Sa tête, écrit Oscar Wilde, est celle sur quoi toutes les fins du monde se sont rassemblées ; et ses paupières sont un peu lasses » (*Intentions*, 1891). Elle n'est plus jeune (du moins pour l'époque). Elle sourit du sourire de l'épouse, de la mère éternelle, qui a vécu tous les plaisirs, toutes les peines, et qui, jusque dans la douleur, omnisciente, pleine de compassion, tel un équivalent féminin du Christ, les mains sagement croisées, défie paisiblement le temps, « consumateur de toutes choses ». Léonard a compris très tôt le parti qu'on peut tirer de telles oppositions ; il a déjà usé d'un jeu de contrastes dans la *Vierge aux rochers,* comme dans le *Portrait de Ginevra Benci,* sorte de prototype de la *Joconde.* La beauté, le prodige permanent de la vie, semble-t-il dire (et cela sous-entend toute une philosophie), ne possèdent jamais plus d'éclat, plus d'attrait, que présentés sur un écrin mouvant, constellé de signes funestes.

Comme la plupart des peintures du Vinci, la *Joconde* a mal

traversé les siècles. Le panneau a été amputé, à droite et à gauche, d'une bande de sept centimètres environ : on n'aperçoit plus les deux colonnes qui encadraient le paysage et que montrent d'anciennes copies et le dessin de Raphaël. Il y a des repeints. Un vernis glauque a remplacé les glacis légers qui coloraient le visage. Vasari, qui s'en était sûrement procuré une bonne description, dit que les « yeux limpides avaient la brillance de la vie ; cernés de nuances rougeâtres et plombées, ils étaient bordés de cils dont le rendu suppose la plus grande délicatesse. Les sourcils, avec leur implantation par endroits plus épaisse ou plus rare suivant la disposition des pores, ne pouvaient être plus vrais. Le nez, aux ravissantes narines roses et délicates, était la vie même. Le modelé de la bouche avec le passage fondu du rouge des lèvres à l'incarnat du visage n'était pas fait de couleurs mais véritablement de chair. Au creux de la gorge, le spectateur attentif saisissait le battement des veines ». L'extraordinaire impression de vie demeure ; mais les chairs ont à présent un vilain reflet verdâtre, il ne subsiste rien de ces rouges, de ces incarnats, de ces veines, de ces sourcils délicats dont parle Vasari : ils étaient sans doute dans les glacis effacés par quelque restaurateur.

Ce ne sont pourtant pas ces accidents qu'a subis le tableau qui empêchent aujourd'hui certains esprits par trop éclairés d'estimer la *Joconde* à sa juste valeur : le tableau souffre surtout de sa trop grande célébrité, d'avoir figuré sur trop de cartes postales, trop d'assiettes-souvenir, trop de boîtes de chocolat — d'être imposé avec trop d'insistance à l'admiration des foules. Il est de bon ton de le dénigrer. Comment le regarder encore avec un regard neuf ? Un poète chinois de l'époque Ming, Li-Chi-Lai, remarquait que les trois choses les plus déplorables au monde sont de voir la jeunesse gâtée par une mauvaise éducation, de voir gaspiller du bon thé par d'imparfaites manipulations, de voir enfin une magnifique peinture dégradée par l'ébahissement du vulgaire. La *Joconde* paraît sans conteste un sommet de l'art ; mais la gloire insupportable dont on l'accable — pour des motifs souvent fort éloignés de ses qualités propres[19] — oblige désormais à faire un effort sur soi pour en apercevoir la grandeur.

A Milan, dans le même temps qu'il peint la *Joconde* (si l'on tient compte des quatre années dont parle Vasari, et des montagnes du tableau, plus lombardes que toscanes), tout en travaillant à la *Léda* (et à la *Sainte Anne*, qu'il ne faut pas oublier), Léonard reprend ses activités d'ingénieur hydraulicien. Il finissait sa lettre à Charles d'Amboise en disant qu'il espérait construire, dès son retour, « des instruments et autres choses qui plairont beaucoup à Sa Majesté Très Chrétienne ». Il s'agit probablement d'appareils pour mesurer le débit de l'eau : le gouvernement, qui a le monopole de l'eau, la vend « à l'once » — quantité que l'on calcule jusque-là avec beaucoup d'approximation : on trouve dans les carnets de Léonard diverses notes et schémas [20] pour la mise au point d'un « compteur » hydraulique, d'un modèle totalement inconnu auparavant. Mais il ne s'en tient pas là ; développant son étude de « la science des mouvements de l'eau » d'un point de vue théorique [21], cherchant toujours à améliorer les écluses et barrages existants, il songe au creusement du grand canal qui parachèverait le réseau navigable lombard : il voit une digue de trente mètres, un long tunnel dans la montagne, une immense et unique écluse entre la vallée de l'Adda et Milan [22] — projet formidable, qui sera réalisé, mais à une échelle plus modeste, à la fin du XVIe siècle (on appellera ce canal « la machine française »).

Il a déjà parcouru la région, pour faire des relevés topographiques ; il a été sensible, je suppose, aux paysages qu'il y a rencontrés — ce sont des collines escarpées, dont une végétation très verte marque les sinuosités et entre lesquelles roulent des torrents ; les pentes les plus douces sont plantées de vergers d'où émergent de fortes maisons aux toits de tuiles rouges ; on aperçoit au loin les contreforts bleutés des Alpes. Ces déplacements l'ont mis en relation, en 1506 ou 1507, avec un jeune homme d'une quinzaine d'années, qui appartient à l'aristocratie lombarde, Francesco Melzi, dont les parents possèdent un domaine à Vaprio, sur les bords de l'Adda. *Bellissimo fanciullo* — il est joli garçon, selon Vasari. Un portrait attribué à Boltrafio (disciple de Léonard) montre un visage ovale, très clair, aux yeux en amande, qu'encadre une épaisse chevelure tombant jusqu'aux épaules. L'adolescent et le vieil artiste ont dû se plaire d'emblée, puis beaucoup se voir, car Léonard, au moment du procès qui l'opposait à ses frères, a écrit à Francesco, de Florence, une lettre dont le ton suggère qu'une grande intimité régnait déjà entre eux. Il y appelait son jeune ami « messer Francesco », en raison de sa haute naissance, mais s'exclamait, sitôt expédiée la formule de politesse : « Pourquoi, au nom de Dieu, n'avez-vous répondu à aucune des lettres que je vous ai envoyées ? Attendez mon retour, et, par Dieu, je vous ferai écrire à vous en rendre presque malade [23]. »

Comme cette lettre (ou plutôt son brouillon) suit dans les papiers de Léonard celle adressée au surintendant des canaux de Lombardie, il y a fort à penser que Salaï a été chargé de la remettre également en main propre à son destinataire. Salaï doit avoir alors vingt-sept, vingt-huit ans. Je me demande de quel œil il voit les relations qu'entretient son maître avec ce jeune homme aimable, bien élevé, fortuné — aussi différent de lui que le jour de la nuit. Il ne doit pas s'en accommoder facilement ; il n'a pas dû apprécier non plus de cohabiter à Florence avec Rustici ; c'est en tout cas dans ces années (vers 1508) que Léonard écrit après quelque scène, au bas d'une liste de commissions, qu'il souhaite signer la paix avec lui : « Plus jamais la guerre, supplie-t-il, car je capitule. »

Plus difficiles à comprendre sont les réactions de la famille Melzi. L'adolescent annonce bientôt qu'il désire suivre le Vinci, du moins son enseignement : il aimerait s'initier à la peinture. Comment ses parents — le père, Girolamo Melzi, est capitaine de Louis XII — prennent-ils la chose ? On n'a encore jamais vu en Lombardie un *fils de famille* salir ses mains avec des couleurs. Esprits libéraux sans doute, en marge des règles, ils s'y résignent curieusement, sans soulever de difficultés : eux aussi doivent être sous le charme du vieux maître. Francesco Melzi ne va plus quitter Léonard, il s'occupera de lui jusqu'au bout, le soignant quand il sera malade, se chargeant (mieux que Salaï) des problèmes de l'atelier, prenant toutes sortes de notes sous sa dictée ; et il s'efforcera ensuite de donner forme à ses écrits. Il ne se montrera pas maladroit en peinture : on lui attribue divers dessins et tableaux (des copies surtout d'œuvres de Léonard, mais aussi, si les experts ne se trompent pas, des tableaux plus personnels, comme la *Pomone* du Staatliche Museen, à Berlin, et la *Flore* de l'Ermitage, à Leningrad) qui prouvent qu'il aura su assimiler avec talent la manière particulière du maître.

A cette époque, le modèle d'argile du *cavallo*, que Léonard n'a pu fondre en bronze, est sans doute irrémédiablement abîmé. En septembre 1501, Hercule d'Este, duc de Ferrare (le père de la marquise de Mantoue), a tenté de l'acheter aux Français, pour en faire une statue à la gloire de sa propre maison ; il a écrit en ce sens à son mandataire à Milan ; nous possédons sa lettre[24], ainsi que la réponse qu'il a reçue, en décembre de la même année : le gouverneur du Milanais lui a fait dire qu'il y eût volontiers consenti, mais qu'il ne pouvait prendre sur lui d'accéder à sa demande : il fallait en référer d'abord au roi (reparti pour Blois) qui trouvait la statue à son goût. On ne sait pas si les tractations portaient sur le modèle d'argile ou sur les moules préparés pour la fonte — selon Sabba de Castiglione (et Vasari), le *cavallo* aurait été détruit lors de l'entrée des Français à Milan, des archers gascons l'ayant pris pour cible.

Quoi qu'il en soit, les choses en sont restées là, le roi n'a pas donné suite à la requête d'Hercule de Ferrare, semble-t-il : on ne reparlera plus de la colossale statue commandée par les Sforza.

En 1507 ou 1508, en revanche, le maréchal Jean-Jacques Trivulce, un des principaux généraux de Louis XII, qui a sûrement admiré le *cavallo* avant qu'on le détruise ou qu'il se délabre, demande à Léonard de lui élever, dans une chapelle de San Nazaro[25], un tombeau surmonté d'une statue équestre grandeur nature : voilà le Vinci reparti dans des études de chevaux — cabrés, piétinant un ennemi à terre, au trot, au pas[26]... A la différence de ses esquisses pour le monument Sforza, ses dessins montrent cette fois le cavalier, en armure, ou jeune et nu, brandissant un bâton de commandement (ce n'est pas là, assurément, le portrait du maréchal Trivulce, homme trapu et laid, mais la représentation idéale d'un chef de guerre) ; Léonard trace également plusieurs projets pour le haut socle de la statue, en forme d'arc de triomphe ou de temple antique, contenant le sarcophage et flanqué d'esclaves enchaînés assez proches dans leur principe de ceux prévus par Michel-Ange pour le tombeau de Jules II.

On lui offre une deuxième chance de s'illustrer par une grande œuvre en bronze ; il entend ne pas la laisser passer. Il établit un devis — au centime près — pour son commanditaire : il calcule le prix du métal, du modèle en argile, des moules et de leur armature, de la construction d'un four, du charbon de bois pour l'alimenter ; il compte le salaire des ouvriers qui poliront le bronze et de ceux qui tailleront le marbre du socle ; il additionne à cela le coût de la pierre, pour les piédestaux, les colonnes, la frise et l'architrave, les corniches, et celui de la dalle sur laquelle reposera le gisant. Il note, d'une écriture résolue : « Et pour équarrir et encadrer les piédestaux, au nombre de huit, à deux ducats pièce : 16 ducats ; et pour six tables avec figures et trophées, à 25 ducats pièce : 150 ducats ; et pour faire les corniches de la pierre qui est sous le gisant : 40 ducats ; et pour faire le gisant, *pour le faire bien :* 100 ducats ; pour faire six harpies porteuses de chandeliers, à 25 ducats chacune : 150 ducats[27]... » Le devis emplit une grande page. Léonard serre son budget au plus juste, imaginant de récupérer la cire après la fonte pour la revendre[28], fixant pour lui-même un salaire très modeste ; il arrive de la sorte à un total de trois mille quarante-six ducats, somme tout à fait dans les moyens du maréchal Trivulce.

Ainsi, comme dans le passé, à près de soixante ans, il se trouve pris dans un réseau d'obligations, de commandes, de recherches personnelles — il s'y enferme instinctivement, avec bonheur : une activité plurielle lui est d'une certaine façon nécessaire, son esprit ne fonctionne jamais mieux que sollicité en même temps par les tâches les plus diverses, les plus nombreuses : s'enchevêtrant, se complétant, s'épaulant l'une l'autre comme les branches de la *Sala delle Asse*, elles le portent dans un état de parfait équilibre. Peinture, sculpture, architecture, travaux d'hydraulique, études des mathématiques (encore la quadrature du cercle[29]), de la terre et du ciel — il ne voit là toujours qu'un champ d'investigation unique. Tout se correspond, se répond, se confond devant lui, à la manière des *longs échos* du poème de Baudelaire, « dans une ténébreuse et profonde unité ».

Le lundi 21 octobre 1510, Léonard est consulté par la Fabrique du Dôme de Milan pour la construction des stalles du chœur, avec d'autres ingénieurs éminents, tels Andrea da Fusina, Giovanni Antonio Amadeo, Cristoforo Solari. Quoiqu'il ne s'agisse que d'ouvrages de menuiserie, il ne se dérobe pas — cela doit lui rappeler l'époque du concours pour le *tiburio*. Quelques mois plus tard, il s'intéresse à une carrière de pierres blanches, « aussi dures que du porphyre » — son ami le sculpteur Benedetto Briosco a promis de lui en apporter des échantillons[30]. Il n'a pas renoncé non plus à l'idée de faire fortune en commercialisant ses inventions ; il envisage depuis longtemps, par exemple, de créer diverses substances artificielles : il indique une recette pour fabriquer une matière imitant l'ambre dépoli (avec de la peau de boudin bouillie dans du blanc d'œuf)[31] ; une autre pour faire des perles « de la dimension que tu voudras » (à partir de nacre dissoute dans du jus de citron)[32]. Il parle à présent d'une *matière plastique* (« *vetro pannjchulato* — le verre plastique que j'ai inventé », dit-il[33]), obtenue en cuisant ensemble des œufs, de la colle et des colorants végétaux : du safran, de la poudre de coquelicots, des fleurs de lys entières (il doit omettre certains ingrédients de sa *misstura*, la formule ne paraît pas complète : il tient à en préserver le secret) ; il explique brièvement comment modeler, racler et polir (avec une dent de chien ?) ce matériau qui ressemble à l'en croire à de l'agate, du jaspe ou autre pierre dure, et il donne une liste d'applications possibles : poignées de couteau, pièces de jeu d'échecs, salières, porte-plume, boîtes, vases dans le goût antique, colliers, lampes, bougeoirs, coffrets à bijoux « avec incrustations »[34]...

On pourrait croire que ces différentes occupations suffisent à remplir ses journées. Il n'en est rien. Léonard, à cette époque, avec un enthousiasme de jeune homme, poursuit parallèlement les travaux d'anatomie qu'il a commencés quelque vingt ans plus tôt. Il est passé peu à peu du mécanique à l'organique : il s'intéresse chaque jour davantage à la vie. Méthodiquement, bravant les préjugés de son temps, il a scié des os, des crânes, il a écorché des corps pour analyser le jeu des nerfs et des muscles. A Florence, quand il préparait le carton de la *Bataille d'Anghiari,* ayant son atelier à l'hôpital Santa Maria Novella, il a eu l'occasion de voir et de pratiquer différentes dissections. Il y a autopsié notamment un vieillard et un enfant de deux ans, comme il le raconte lui-même : « Quelques heures avant sa fin, ce vieillard me dit qu'il avait vécu cent ans et qu'il ne ressentait aucun mal physique autre que la faiblesse ; et ainsi, assis sur un lit de l'hôpital Santa Maria Novella, sans aucun mouvement ni symptôme de malaise, il passa doucement de vie à trépas. Je pratiquai l'autopsie pour vérifier la cause d'une mort si douce, et je découvris qu'elle était consécutive à la faiblesse produite par la défaillance du sang et de l'artère qui nourrit le cœur et les autres membres inférieurs que je trouvai tout parcheminés, ratatinés et flétris. [...] L'autre autopsie fut faite sur un enfant de deux ans, et là je découvris que le cas était exactement à l'opposé de celui du vieillard[35]. » Il fait ainsi le premier exposé de l'artériosclérose de l'histoire de la médecine. Je me demande ce qu'on ressent, lorsqu'on n'a pas été formé à cela, en enfonçant une lame dans le thorax d'un homme à qui l'on vient de parler ou dans les chairs d'un petit enfant mort. Ailleurs, il dit avoir dépouillé « le cadavre d'un homme qui avait tant maigri à la suite d'une maladie (un cancer ?) que ses muscles étaient consumés et comme réduits à l'état d'une mince pellicule[36] ». Et aussi le cadavre d'un pendu dont le membre viril était gorgé de sang. Naturellement, ses notes accompagnent des dessins.

Ses premières études concernaient d'abord l'*architecture* et la *mécanique* du corps humain (son aspect, ses mouvements, ses fonctions). Stimulé peut-être par la rencontre du jeune et brillant médecin Marcantonio della Torre[37], il se fixe un programme plus vaste et ambitieux. Il étend ses recherches aux animaux — ours, singes, vaches, grenouilles, oiseaux[38] — afin de comparer leur anatomie à celle de l'homme ; il désire comprendre surtout, jusque dans son essence intime, la nature même des corps animés, connaître la relation de chaque partie avec le tout, le développement de chaque membre, chaque organe, depuis la formation du fœtus jusqu'à l'âge adulte, et révéler enfin à ses semblables « l'origine de la première et peut-être de la seconde cause de leur existence » (l'origine humaine, le sperme que produisent les testicules, et l'origine « divine », l'âme que transmet la moelle épinière selon Hippocrate)[39] : on est alors très loin de l'*anatomie artistique* que pratiquent certains de ses confrères, par exemple Michel-Ange. « Je veux faire des miracles ! » s'exclame Léonard — quitte à finir dans une grande pauvreté, tel l'alchimiste aveuglé par le mirage de l'or, ceux qui s'épuisent dans la vaine quête du mouvement perpétuel, ou les nécromants et les magiciens[40].

A lire ses notes, on le sent gagné par la fièvre, emporté par la joie de la découverte, gonflé d'orgueil par ce qu'il accomplit et, à mesure qu'il découpe et examine plus de poumons, de cœurs (« noyaux d'où pousse l'arbre des veines »), de cerveaux, de foies, d'intestins, de cous et de visages, de plus en plus fasciné, stupéfait, émerveillé par l'œuvre subtile du créateur « qui ne crée rien de superflu ou d'imparfait[41] ». C'est pourtant à une besogne bien répugnante qu'il s'adonne ; il avoue, s'adressant à un élève imaginaire que tenterait la dissection : « Si tu as l'amour de cette chose, tu en seras peut-être empêché par un dégoût de l'estomac ; et si cela ne t'en détourne pas, peut-être auras-tu peur de veiller la nuit en compagnie de cadavres tailladés et lacérés, horribles à voir[42]. » Les cadavres, explique-t-il, ne durent pas ; ils se décomposent en moins de temps qu'il en faut pour les examiner et les dessiner en détail ; et souvent plusieurs corps sont nécessaires « pour découvrir les différences ». Lorsqu'il expose son programme, il prévoit que l'enchevêtrement sanglant des chairs, des viscères et des muscles à l'intérieur des corps est tel qu'il devra faire au moins trois dissections « pour bien connaître les veines et artères, en détruisant tout le reste ; trois pour les membranes ; trois pour les tendons, muscles et ligaments ; trois pour les os et cartilages ; trois pour l'anatomie des os, qu'il faut scier afin de montrer lesquels sont creux et lesquels ne le sont pas, lesquels sont pleins de moelle et lesquels sont spongieux », etc. En outre, dit-il, trois dissections « pour la femme *qui recèle un grand mystère,* c'est-à-dire la matrice et son fœtus ». Et chaque membre sera montré enfin sous trois angles différents — « comme si tu le tenais dans ta main, le tournant et le retournant[43] ».

Une fois que le couteau et la scie ont rempli leur office, veillant à ne pas abîmer les éléments qu'il aura mis à nu, les ayant lavés à l'eau courante ou à l'eau de chaux, ou leur ayant injecté de la cire liquide à l'aide d'une seringue afin d'en reproduire la forme interne[44], Léonard dessine exactement ce qu'il voit, sur-le-champ, au crayon et à la plume. De là, plus de deux cents planches (pour le seul corps humain), dont on ne sait pas s'il faut admirer davantage la beauté plastique ou la valeur scientifique — car personne avant lui n'a rien réalisé de semblable, et il ne sera pas égalé avant la fin du XVIIIe siècle. Il commet des erreurs ; mais il ne faut pas oublier que chacune des découvertes auxquelles il aboutit — en ostéologie, myologie, cardiologie, neurologie, etc. — se fait contre les conceptions des Anciens, des Arabes et de son temps (qui croit par exemple que le foie gouverne le système vasculaire) ; et également à quel point il doit lui être difficile de se procurer des cadavres humains : il réussit à obtenir celui d'un fœtus d'environ sept mois, mais il semble qu'il n'ait jamais la chance de tomber sur celui d'une femme enceinte, et que toutes ses études d'embryologie soient réalisées à partir d'utérus de vaches.

Avec la circulation sanguine, dont il entrevoit vaguement le principe, les fonctions génito-urinaires et le développement du fœtus sont pourtant, au bout du compte, les domaines dont Léonard aimerait le plus percer les secrets : ils contiennent les clés de la vie, du *grand mystère*. Alors qu'il en est à représenter les muscles et tendons des membres, il note : « Au cours de l'hiver 1510, j'espère terminer toute cette anatomie. » En fait, il va poursuivre ses travaux qui touchent à l'âme, à l'élan vital, à l'origine même de l'existence, durant plusieurs années encore, tant qu'il en aura la force et les moyens, conjointement à ceux sur l'eau et la terre. Qu'espère-t-il trouver ? Ses dernières observations anatomiques concerneront (plus modestement ?) le système respiratoire et l'appareil vocal. On le sent, peu à peu, inquiet des retards qu'il prend sur son programme, et comme désappointé dans son attente. Il dit : « Je ne me suis laissé arrêter ni par l'avarice ni par la négligence, mais seulement par le temps. Adieu (*vale*) ! » Il soupire : « J'ai gaspillé mes heures [45]. » Il dessine sommairement des dominos qui se renversent l'un l'autre et écrit en regard : « Ils se chassent l'un l'autre ; ces rectangles symbolisent la vie et les études des hommes [46]. »

Il se proposait d'« écrire ce qu'est l'âme » ; il abandonne à présent la question « aux religieux, pères des peuples, eux qui saisissent tous les secrets *par inspiration divine* [47] ». Le doute s'est insinué dans son esprit : il existe un seuil que l'intellect ne peut franchir. Lui qui estimait que l'expérience, mère de la sagesse, n'est jamais en défaut, qui escomptait tout comprendre par le truchement de l'expérience, admet un jour que « la nature est pleine de causes infinies que l'expérience n'a jamais démontrées [48] ». Il succombe sous le poids de la nécessité : elle est la règle et le frein de toutes choses [49]. Il n'avancera pas plus loin à l'intérieur de la sombre caverne ; alors, délaissant le scalpel, le compas et la plume, à la fois dépassé et, comme il le répète, « émerveillé » par les mystères qu'il contemple mais ne peut pénétrer, s'inclinant devant la grandeur divine, il se contente de l'énoncer — il reprend le pinceau.

La *Sainte Anne*, la *Joconde*, la *Léda* et le *Saint Jean-Baptiste*, dont les sourires s'efforcent d'exprimer l'indicible — les vérités parmi lesquelles le savant trébuche — sont des œuvres contemporaines de la conclusion de ses travaux d'anatomie, d'hydraulique et de géologie ; il semble que Léonard y ait mis aussi bien sa science que sa métaphysique, au sens premier du mot — ce qui se trouve au-delà des frontières des sciences naturelles.

La *Léda,* par exemple, résume, continue et complète d'une certaine façon son approche de la reproduction « animale » et de l'embryologie. Selon la légende, Zeus se transforma en cygne pour séduire Léda, épouse de Tyndare, roi de Sparte ; résultat de cette union illégitime et contre nature, dont la bizarrerie au moins ne peut manquer de séduire Léonard, Léda pondit deux œufs d'où sortirent deux couples jumeaux, Castor et Pollux et Clytemnestre et Hélène — qui fut ensuite le prétexte de la guerre de Troie. Y aurait-il un rapport entre le cygne olympien et la *montagne du Cygne* d'où Léonard comptait s'envoler sur son grand oiseau ? Le peintre, on l'a vu, paraissait assimiler d'autre part l'image de sa mère à celle d'Hélène vieillissante, « doublement enlevée »... Ces conjonctions ont peut-être joué dans le choix de cette *maternité païenne* si étrangère par ailleurs à ses thèmes ordinaires : la *Léda* est le seul nu féminin qu'on puisse attribuer avec certitude à Léonard et — comme il s'y était toujours refusé — sa première peinture inspirée d'un mythe antique. (Il n'est pas impossible que le poète érudit Antonio Segni[50], pour qui il a fait le projet d'une fontaine de Neptune, à l'époque de la *Bataille d'Anghiari,* l'ait incité à emprunter ce sujet aux Anciens ; mais il a très bien pu y être conduit par ses propres lectures — on sait combien il apprécie les *Métamorphoses* d'Ovide.)

La *Léda* a disparu. Elle aurait été détruite par un ministre de Louis XIII ; ou bien, comme on brûle les sorcières, elle aurait été livrée au feu, vers 1700, par Mme de Maintenon, induite en bigoterie par les malheurs et le grand âge[51]. Vasari ignore l'existence de cette œuvre. L'Anonyme Gaddiano hésite : il la cite, pour barrer ensuite son nom (et la remplacer par un *Adam et Eve* de jeunesse). Lomazzo la connaît, en revanche, et la décrit : « Une Léda toute nue, enlaçant le cygne, les yeux timidement baissés. » Le commandeur Cassiano del Pozzo, ami de Rubens et de Poussin, affirme quant à lui l'avoir vue à Fontainebleau, en 1625 : « Léda debout, presque entièrement nue, a le cygne à ses pieds ainsi que deux œufs brisés dont les coquilles laissent échapper quatre bambins. Cette peinture, malgré une certaine sécheresse dans la composition, est d'une admirable finition, surtout la poitrine de la jeune femme ; quant au reste — le paysage et le décor végétal — il est rendu avec le plus grand soin. Le tableau est malheureusement en mauvais état, car il comporte trois longs panneaux qui se sont crevassés aux jointures, en abîmant assez fortement la peinture. » Les catalogues royaux en font état également, en 1692 et 1694 — l'attribuant au Vinci. Les inventaires suivants l'ignorent. Elle aurait donc « disparu » dans les premières années du XVIIIe siècle — mais était-ce l'original de Léonard ou quelque copie ? Léonard, au fait, a-t-il jamais achevé de sa main cette peinture dont la trace surgit et se résorbe si étrangement ?

On peut se faire aujourd'hui une idée de la *Léda* grâce aux nombreuses reproductions qu'en ont données des disciples et des suiveurs du maître (italiens et flamands) — celles de la collection Spiridon et de la galerie Borghèse, à Rome, et bien d'autre encore, de qualités diverses, pour la plupart dans des collections privées — ainsi qu'à un dessin de Raphaël, à Windsor. De Léonard même, il ne reste que des croquis préparatoires, datant des années de la *Bataille d'Anghiari* et des premiers temps du retour à Milan, où Léda apparaît d'abord agenouillée, puis debout [52] ; plusieurs ne concernent que la tête, voire la chevelure uniquement, aux tresses savamment nouées, formant des entrelacs, développant de complexes spirales [53] — ce sont encore des *fantasie dei vinci.*

Le thème, introduit par le Vinci, va inspirer nombre d'artistes, peintres et sculpteurs, au cours du XVIe siècle. Michel-Ange va peindre une *Léda* (elle aussi disparue), mais plus proche de l'antique que celle de Léonard : la sienne montre l'accouplement monstrueux du cygne et de la reine de Sparte, comme un marbre grec conservé à Venise (avec cette différence toutefois que la reine semble très consentante chez Michel-Ange, tandis qu'elle résiste dans la statue hellénistique) ; l'œuvre figure la passion, la volupté de l'étreinte, non une allégorie de la fécondité triomphante. Les courbes souples, les formes pleines que combine Léonard dans les corps de la chaste jeune femme et de son cygne au cou phallique, alliées aux sinuosités de l'ondoyante et riche végétation que reprennent de façon géométrique les méandres et les vrilles de la coiffure, n'évoquent nullement, en revanche, le désir ou l'extase amoureuse. Les gros œufs brisés choquent l'imagination : on songe à la ponte et se demande comment, dans quelles souffrances, ils ont été *mis au monde.* La *Léda* n'invite pas davantage à l'ivresse des sens que la *Joconde* : elle parle des mécanismes obscurs de l'enfantement, d'une aberration génétique, de la poussée impétueuse et primitive de la vie dans les entrailles du corps et les abysses de la terre. Certains critiques avouent trouver quelque chose de terrifiant dans cette œuvre. On perçoit trop bien devant elle la science transcendée — on sent instinctivement comment le peintre, pour concevoir son tableau, a étudié la croissance obstinée des plantes et les tourbillons de l'eau, comment il a ouvert surtout des abdomens et découpé des viscères puants à la lumière tremblante des bougies ; on devine enfin l'état d'envoûtement, de malaise, d'angoisse irraisonnée dans lequel le plongent lui-même l'*hideuse* procréation et le « grand mystère » que constitue la femme. Si sa *Léda* finit dans les flammes, sur ordre de la vieille Mme de Maintenon, ce ne fut pas en raison de son caractère lascif mais parce qu'elle outrageait, plus que la vertu, la raison chrétienne par son naturalisme idolâtre et tourmenté.

Le cardinal Georges d'Amboise, l'oncle du gouverneur du Milanais, Premier ministre du roi et candidat obstiné autant que malheureux à la papauté, propose à Léonard de travailler à l'aménagement de son château de Gaillon, non loin de Paris. La cour réclame sans doute l'artiste, également, sur les bords de la Loire. Léonard décline ces invitations [54]. Il veut bien finir ses jours, studieusement, au service des Français — mais à condition de demeurer dans sa chère Lombardie. Andrea Solario, un de ses meilleurs disciples, part à sa place.

Le Vinci est entré cependant dans cet âge douloureux où l'on ne dénombre plus autour de soi que des décès. Il a perdu son père et son oncle ; Ludovic Sforza meurt en captivité ; en 1510, il apprend que Botticelli s'est éteint à Florence (et le jeune Giorgione à Venise) ; la même année, le cardinal d'Amboise est emporté par une épidémie que les médecins du temps qualifient évasivement de coqueluche ; l'année suivante, le 10 mars très exactement, Charles d'Amboise succombe, dit-on, au chagrin d'avoir été excommunié par le pape (contre qui la France est entrée en guerre) — en réalité aux attaques d'une fièvre paludéenne ; Marcantonio della Torre, le professeur de médecine qui a aidé Léonard dans ses travaux d'anatomie, est, lui, victime de la peste ; le nouveau gouverneur du Milanais, enfin, Gaston de Foix, neveu de Louis XII, est tué à Ravenne, en 1512, le jour de Pâques ; avec ce prince, dit Guichardin, périt toute la vigueur de l'armée française. Comment s'étonner de voir Léonard s'inquiéter alors du sort de ses proches et se demander dans ses carnets, avec appréhension, si messer Alessandro Amadori, son oncle par alliance, le chanoine de Fiesole, est « vivant ou mort [55] » ?

La France s'essaie alors, avec beaucoup de candeur, à une politique expansionniste *à l'italienne*. Elle a signé le traité de Cambrai avec le Vatican, l'Empire germanique et l'Espagne, dans l'espoir d'annexer la majeure partie du territoire vénitien — les

Turcs fournissent, comme toujours, un prétexte commode. Il ne suffit pas d'envahir un pays pour en assimiler l'esprit : le Roi Très Chrétien a la naïveté de croire en la parole donnée (en l'occurrence, un mensonge commun). Ses chevaliers, parmi lesquels le valeureux Bayard, font merveille lors de la bataille d'Agnadel, à quelques kilomètres de Vaprio, où s'élève la villa des Melzi ; ils massacrent ensuite une ou deux garnisons, pour l'exemple ; mais, dans cette partie en plusieurs manches, les démonstrations de force, de bravoure ou de cruauté, si elles impressionnent sur le moment, comptent moins pour finir que l'habileté des chefs. En Italie, il faut savoir jouer sur deux tableaux à la fois — trois de préférence ; sinon, ce qu'on gagne d'une main, à moins de se montrer extrêmement rapide, on le perd obligatoirement de l'autre ; or les Français frappent à l'aveuglette, accumulent les victoires (sur le terrain) et commettent l'erreur d'attendre poliment le coup suivant pour lancer de nouveau leur cavalerie et leurs canons. En face d'eux, ils ont le pape Jules II qui manie avec une égale adresse l'épée, la ruse et l'excommunication, la République vénitienne à qui profitent des siècles d'expérience en la matière, et l'Allemagne et l'Espagne qui n'ont rien à perdre et se contentent de donner le change tout en avançant insensiblement leurs pions. Louis XII ne comprend pas que la vraie partie se déroule en coulisse : alors même qu'on ceint son front de lauriers, Venise dépêche des ambassadeurs en Espagne, à Rome, et cède ce qu'il faut céder ; de sorte que le pape lève l'interdit dont il a frappé cette ville et retourne les foudres divines (toujours efficaces) contre ceux qu'il appelait l'instant d'avant ses alliés ; quoique malade, ayant obtenu les terres et les places qu'il convoitait, il constitue alors une Sainte Alliance pour chasser les *barbari* français hors de la péninsule.

La politique, les urgences qu'elle crée interrompent une fois encore les grands travaux entrepris par Léonard. Il ne construira pas la demeure princière de la Porta Venezia, ni la volière et le moulin dont il voulait doter ses jardins enchanteurs. Il n'élèvera pas non plus la statue équestre du maréchal Trivulce ; les travaux de la chapelle commencent en 1511, sous la direction de Bramantino, mais le Vinci ne reçoit même pas, quant à lui, les blocs de marbre qui lui sont nécessaires ; on tarde également à le payer, puisqu'il note : « Même si je ne dois pas recevoir le marbre avant dix ans, je n'ai pas l'intention d'attendre qu'on diffère encore le paiement de ce qui m'est dû pour mon travail [56]. » Les ouvrages hydrauliques auxquels il rêvait ne verront pas non plus le jour de son vivant.

S'il suit un moment le roi ou ses généraux dans les premières campagnes contre les Vénitiens, il ne participe d'aucune manière aux opérations ; ses ambitions d'ingénieur militaire se sont définitivement éteintes : les notes qu'il prend en chemin ne parlent que rivières, canaux, écluses et pompes, ou alors géologie, atmosphère. (J'ai l'impression d'ailleurs, comme il n'a pratiquement rien fait pour Charles d'Amboise, qui l'avait pourtant convié à Milan et défendu contre le gonfalonier Soderini, qu'il s'est assez vite éloigné de ce protecteur, homme de guerre et administrateur aux méthodes discutables.)

Les premiers signes de la débâcle française sont bientôt perceptibles. En y mettant le prix, le pape réussit à exciter les Suisses, soldats redoutables, contre Louis XII. Ce sont les mercenaires de l'Europe ; leurs montagnes pauvres ne suffisent pas à les nourrir : ils n'ont à exporter que leurs muscles, leur sang, une longue pratique des armes et une discipline « à la romaine » devant laquelle tout le monde tremble et s'extasie. Jules II leur fait miroiter de fructueux pillages, sinon de belles *compensations.* Ils descendent de leurs cantons jusqu'à Varèse ; ils parviennent l'année suivante aux portes de Milan. Léonard note à la craie rouge : « Le 10 décembre, à neuf heures du matin, un incendie a été allumé. » Puis : « Le 18 décembre 1511, à la même heure, un second incendie a été allumé par les Suisses, en un endroit appelé Desio (un faubourg de Milan)[57]. »

Les Suisses et l'empereur poussent en avant sur l'échiquier italien le jeune et malléable Maximilien Sforza, fils légitime de Ludovic le More. Un premier coup leur donne l'avantage ; ils le perdent, puis le récupèrent, avec l'aide de Venise, au cours des mois suivants : cette fois, Maximilien monte fermement sur le trône ducal qu'occupait son père — les Français ont été joués sur toute la ligne : ils repassent les Alpes, tête basse.

Durant ces événements, Léonard s'est prudemment éloigné de la capitale lombarde, assourdie par le bruit du canon et où les vivres commençaient à manquer. Il s'est retiré à Vaprio, chez les Melzi, les parents de son jeune ami. Il passe là la majeure partie de l'année 1513[58]. Il aide peut-être à fortifier le château de Trezzo dont on peut toujours voir les ruines. Il se promène dans les hauteurs avoisinantes, il dessine le paysage accidenté de la vallée de l'Adda, il trace pour ses hôtes un projet d'agrandissement et d'embellissement de leur villa[59], il complète ses travaux d'anatomie, disséquant des animaux, en l'absence de tout *matériau* humain. Sur un même feuillet (daté du 9 janvier 1513), on voit des plans d'architecture (« la chambre de la tour de Vaprio ») et différentes études du diaphragme et des organes de la digestion et de la respiration — inscrites dans l'ovale d'un thorax schématique, on dirait un décor de théâtre taillé dans un cartouche ou gravé sur un camée[60].

Enfin, ne pouvant rester plus longtemps sans autre activité, ayant besoin de servir un protecteur puissant et stable, il boucle ses malles (qu'alourdissent plusieurs tableaux et les milliers de pages de ses manuscrits), et se remet en route. Sur un nouveau carnet, il écrit avec son laconisme habituel : « Le 24 septembre, je suis parti de Milan pour Rome, en compagnie de Giovan Francesco Melzi, Salaï, Lorenzo (l'élève qu'il a pris en 1505, à l'époque de la *Bataille d'Anghiari*) et le Fanfoia » (probablement un serviteur)[61]. Il a soixante et un ans. C'est probablement à cette époque — dans ces circonstances — qu'il dessine à la sanguine l'autoportrait conservé à Turin.

L'année 1513 est particulièrement féconde en changements politiques. Tandis que les Français évacuent la Lombardie, Jules II meurt à Rome ; le fils cadet de Laurent le Magnifique est élu pape sous le nom de Léon X, ce qui permet aux Médicis, forts de la puissance séculière du Vatican et de l'appui des Espagnols, de reprendre (après vingt ans de disgrâce) le pouvoir à Florence : la République tombe, le gonfalonier Soderini est contraint à l'exil.

Le nouveau Vicaire du Christ est un homme débonnaire, gras, aux lèvres gourmandes, aux mains délicates. Son père lui conseillait, dans sa jeunesse, de moins manger et de prendre « beaucoup d'exercice » ; il l'a écouté trop tard, une fois sa santé (et sa bourse) entamée par des festins dignes de Lucullus ; souffrant de l'estomac, il est à présent glouton par procuration : il aime voir ses courtisans dévorer ce qui lui est devenu interdit. Il tire également ses plaisirs de la chasse, des cartes et des dés, de la musique et de la compagnie de bouffons — il leur demande, dit-on, de débattre à sa table de l'immortalité de l'âme ; il élève à la dignité d'archevêque le chanteur Gabriel Merino — il ne s'illustrera pas par la religion. Ayant beaucoup lu et voyagé, ayant connu l'exil, les horreurs de la guerre et la captivité (il a été prisonnier des Français), Léon X va conduire cependant avec modération et sagesse les affaires (temporelles) de Rome. Grand esthète enfin, curieux de tout, il encourage les arts, les sciences et les lettres — au moins autant que ses prédécesseurs. Sa prodigalité attire en tout cas dans la Ville éternelle une profusion d'artistes : les flatteurs affirment que, grâce à lui, au règne de Mars a succédé celui d'Apollon — que l'âge de fer s'est mué en âge d'or.

Ce n'est pas toutefois l'idée de faire partie de l'étincelante cour de Léon X qui incite Léonard à prendre le chemin de Rome : il y est convié par le frère du Saint-Père, Julien de Médicis, commandant général des milices pontificales — pour certains, le commanditaire de la *Joconde*. Esprit inquiet, maladif, rongé de mélancolie autant qu'usé par les débauches, celui-ci a les traits d'un vieil homme las, quoiqu'il n'ait pas quarante-cinq ans. Il a composé un sonnet en faveur du suicide ; Vasari dit qu'il s'intéresse aux sciences naturelles et à la chimie. On ignore où l'artiste a fait la connaissance de ce nouveau protecteur — peut-être lors d'un précédent voyage à Rome, avec César Borgia, ou, plus simplement, à la cour de Milan ; il ne faut pas oublier cependant que Léonard entretient depuis longtemps des liens, à travers les Martelli, par exemple, avec la famille Médicis (avec Lorenzo di Pierfrancesco de Médicis notamment, *il Popolano,* mort en 1503, qui employait dans sa banque Amerigo Vespucci, d'après qui a été nommé, par erreur, le continent découvert par Christophe Colomb [62]).

Il semble que Léonard et les siens rejoignent Julien à Florence, en octobre 1513 (l'artiste dépose alors ses économies à sa banque — 300 florins), et qu'ils fassent ensemble le reste de la route.

Un assistant de Bramante, Giuliano Leno, prépare pour le maître et ses élèves un appartement au Belvédère, villa du Vatican, voisine du palais pontifical. On a retrouvé sa facture ; elle porte sur la réparation des planchers et des plafonds, l'installation de parois, l'élargissement des fenêtres, l'aménagement de plusieurs chambres, d'une cuisine et d'un atelier, ainsi que sur l'achat de meubles — armoires, banquettes, coffres, escabeaux, tables, dont une « pour broyer les couleurs ».

Léonard revoit ses anciens amis, le chanteur Atalante Migliorotti, devenu intendant des Fabriques pontificales, et Donato Bramante (qui n'a plus que quelques mois à vivre). Il retrouve le Sodoma également, les ingénieurs fra Giocondo et Giuliano da Sangallo, le pieux fra Bartolomeo, ainsi que Raphaël, maintenant au sommet de la gloire, qui lui a rendu hommage, trois ou quatre ans plus tôt, en le représentant sous les traits de Platon, au centre de l'*Ecole d'Athènes,* dans la chambre de la Signature — c'est l'artiste préféré du pape. Le Vinci ne peut manquer de croiser en outre Luca Signorelli, le médailleur Caradosso, ancien protégé des Sforza, et Michel-Ange qui a fini le plafond de la *Sixtine* et qui s'impatiente de ne pouvoir réaliser comme il le projetait le tombeau de Jules II.

La plupart de ses biographes estiment que Léonard vit les années les plus malheureuses de son existence à Rome, ville que Laurent le Magnifique qualifiait de « rendez-vous de tous les vices ». Il ne serait plus *à la mode ;* ce ne serait plus, avec sa longue barbe blanche, qu'un ancêtre vénérable : un des derniers survivants des temps héroïques ; on le laisserait végéter, sombre et solitaire, dans les corridors du Vatican. Sa réputation pâlit auprès de celle de ses jeunes confrères, rapides, pleins de zèle, débordés de besogne. En regard des sommes exorbitantes dont on gratifie autour de lui peintres, poètes et musiciens, les trente-trois ducats mensuels qu'on lui verse paraissent presque insultants (Raphaël touche douze mille ducats pour chacune des *stanze*). Il ne saurait se tailler une place dans cet univers vénal, peuplé de parasites, où de grands génies cèdent le pas à des bouffons — il n'a jamais eu l'esprit de compétition, ni l'esprit courtisan, ou bien il l'a perdu : les Français qui l'adulaient ne lui opposaient guère de rival sérieux à Milan. Plus grave, l'âge aurait amoindri ses facultés créatrices — il ne donnerait aucune œuvre importante. Il souffrirait enfin du tumulte et des cabales de la cour.

Comme preuve de son amertume, résultat de cette situation, on cite souvent ces mots qu'il inscrit alors dans ses carnets : *i medici me crearono edesstrussono*[63], que beaucoup traduisent, comme le Vinci ne met pratiquement jamais de majuscule aux noms propres, par : « Les Médicis m'ont créé et ils m'ont détruit. » En vérité, on ne voit pas comment les Médicis, qui ne l'ont guère aidé dans sa jeunesse, auraient pu le *créer*, et maintenant qu'ils le protègent (le philosophe florentin Benedetto Varchi dit que Julien traite le peintre « comme un frère »), de quelle façon ils pourraient lui nuire. *Medico* signifie médecin en italien, et je pense que ce sont plutôt les médecins, qu'il appelle ailleurs « destructeurs de vies » *(destruttore di vite*[64]), qu'incrimine ici Léonard. Il ne les aime guère : « Tâche de te maintenir en bonne santé, écrit-il ; tu y réussiras d'autant mieux que tu éviteras les médecins, car leurs drogues sont une sorte d'alchimie qui n'a pas moins suscité de livres que de remèdes[65]. » Ils l'ont mis au monde mais, incapables de le soigner, ils lui prescrivent un traitement qui l'épuise — tel doit être le sens de sa phrase. Plusieurs notes de ses carnets donnent à penser qu'il est en effet malade : au-dessus de la phrase sur les *medici,* on lit des conseils d'hygiène qui se terminent par une mise en garde contre les potions des apothicaires ; Léonard répète aussi de bien se couvrir la nuit, comme s'il avait des rhumatismes (à Milan, il se rappelait l'achat d'« un gilet de fourrure »[66]), ou qu'il avait attrapé un refroidissement. Sur une autre page, une main étrangère a inscrit pour lui le nom et l'adresse d'un médecin romain[67]. Enfin, il dit lui-même, durant l'été 1515, dans le brouillon d'une lettre à Julien de Médicis, qu'il est « quasiment remis de sa maladie » *(io quasi ho / riavuto la sanità mia / sono all'ultimo del mio male).* On ne sait pas exactement quelle est la nature de son affection, mais il est certain que sa santé décline dans ces années. Il doit souffrir également des yeux ; il parlait déjà de lunettes à l'époque de son retour à Florence, puis lorsqu'il était au service de César Borgia ; on trouve mentionnés à présent, dans un mémorandum, des « verres bleus » *(ochiali azurri)*[68] — son autoportrait montrait des paupières lourdes, mi-closes, comme si la moindre clarté blessait ses prunelles.

Ce serait pourtant une erreur de croire qu'une déchéance physique le contraigne désormais à une certaine inactivité, ou même amoindrisse ses capacités : Léonard poursuit toujours les travaux les plus divers avec une énergie et une puissance d'invention qui n'ont pas faibli.

A peine installé dans ses appartements du Belvédère, il reprend le fil de ses études — études inlassables du mouvement, des percussions, de la pesanteur, de l'air, de la géométrie, des mathématiques[69], de la botanique (le Vatican possède un jardin plein d'espèces exotiques), de l'anatomie, en particulier des poumons — il compare le rythme de la respiration à celui du flux et du reflux de la mer[70] — et de l'émission des sons par le larynx, car il prépare un traité sur la voix. Il donne bientôt les plans de machines pour tresser les cordes[71], pour battre la monnaie[72]. Il s'occupe surtout, durant les trois années qu'il va passer au service de Julien de Médicis, de construire des miroirs, d'architecture et d'hydraulique.

Le pape, dès son élection, a émis le désir d'assainir la vaste zone marécageuse, très insalubre, où germe « la mort pesteuse », qui s'étend de part et d'autre de la via Appia — les marais Pontins. En 1514, il confie cette tâche difficile à son frère, « à ses risques et périls », précise un document, en échange de quoi une partie des terres asséchées revient au promoteur. Un maître Domenico de Juvenibus prépare le projet, conseillé apparemment par Léonard qui dresse une carte de la région avec l'aide de Melzi[73]. Le Vinci a déjà réfléchi au problème de l'assèchement de marais, à Piombino, en 1503. Il s'agit toujours de creuser des canaux susceptibles de drainer les eaux marécageuses jusqu'à la mer. Sa carte montre bien comment il suggère de procéder. Les travaux commencent quelques mois plus tard, sous la direction du moine Giovanni Scotti, de Côme ; mais une étrange fatalité pèse sur tous les grands ouvrages auxquels Léonard s'associe : les travaux seront interrompus après quelques années, pour n'être repris avec succès qu'à la fin du XIXe siècle.

Comme la fortune des Médicis (et de Florence) repose pour une grande part sur l'industrie textile (d'où les machines à tresser des cordes), Léonard propose à son maître de faire bouillir l'eau des chaudières des teinturiers en employant l'énergie solaire que capterait un immense miroir parabolique de son invention. On ne sait pas grand-chose de ces travaux sur les miroirs, en verre ou en métal poli, sinon qu'ils l'occupent longtemps et qu'ils lui sont bientôt une source de désagréments. Dans les années 1480, il a déjà imaginé différentes machines capables de produire des miroirs concaves[74] — peut-être des miroirs ardents destinés à des opérations de soudure, et d'autres pour laminer et faire briller le métal. Cette fois, il espère fabriquer d'énormes réflecteurs qui pourraient lui permettre également de bien observer les étoiles[75].

On lui a attribué deux assistants allemands, un ferron et un miroitier, maître Giorgio et maître Giovanni des Miroirs, comme il les appelle, aux gages de sept ducats par mois chacun[76]. Il ne s'entend guère avec eux ; très vite, il s'en plaint même beaucoup : il craint que ces hommes ne cherchent à lui voler ses inventions ; de plus, l'un est paresseux, insolent, tandis que l'autre, qui ne songe qu'à manger, le calomnie. On connaît par le menu tout ce que ces « vauriens allemands » lui font endurer grâce aux brouillons de la lettre à Julien de Médicis (parti pour Bologne) où il évoque des problèmes de santé[77]. Tremblant d'indignation et de rage, il a griffonné six ébauches de lettre, noircies de ratures, d'ajouts, de corrections. Lui-même, précise-t-il, s'est toujours honnêtement comporté envers maître Giorgio, le payant « avant terme », comme il peut le prouver par des reçus signés « devant l'interprète ». Au début, il l'a convié à sa table et l'a prié de « travailler à ses limes » auprès de lui : c'eût été économique, profitable, cela eût permis en outre à celui-ci d'apprendre l'italien, de façon à « s'exprimer sans truchement ». Le fourbe *(ingannatore)* s'est contenté de critiquer les ouvrages accomplis, et il s'en est allé déjeuner avec les Suisses de la garde pontificale, « où abonde la gent fainéante », puis il s'est amusé en leur compagnie à tirer des oiseaux à l'escopette, jusqu'au soir. Ce massacre d'oiseaux, dans les ruines de la Rome antique, semble particulièrement odieux à Léonard. Et cela dure maintenant depuis deux mois. Il lui a envoyé un jour Lorenzo, son élève, pour le rappeler à la besogne ; l'Allemand a prétendu être occupé par la garde-robe (l'armurerie) de Son Excellence ; Léonard s'est renseigné ; il n'en est rien : maître Giorgio, lorsqu'il travaille, travaille en réalité pour son compte ou celui de maître Giovanni des Miroirs, son compatriote, qui a investi sa chambre et tient boutique n'importe où au palais, allant jusqu'à vendre à la foire le produit de leur industrie. Tout est la faute de ce miroitier allemand, affirme Léonard. Maître Giovanni est jaloux des faveurs dont l'a comblé Son Excellence à son arrivée ; il ne tolère pas de concurrent à la cour ; il voudrait surtout lui ravir ses secrets (celui d'un appareil qu'il nomme *la mia cientina*, notamment) — il est sans cesse dans le dos de l'artiste, à l'espionner : « il veut voir et connaître ce qui se fait dans l'atelier pour le divulguer ou le dénigrer à l'extérieur ». Il a incité maître Giorgio à réclamer des modèles en bois des appareils qui doivent être réalisés en métal, « afin de les emporter dans son pays » — Léonard s'y refuse absolument, il ne confie plus à son assistant que des schémas « indiquant la largeur, la hauteur, l'épaisseur et le contour de ce qu'il est censé faire ». Le Vinci n'ose même plus désigner clairement les composants des alliages qu'il met au point : il use d'un langage chiffré, ou bien emprunte son vocabulaire à l'alchimie, parlant de Jupiter, Vénus ou Mercure[78], disant d'un métal qu'il doit être « rendu au sein de sa mère » pour signifier qu'il faut le remettre au feu ; de sorte qu'on ne sait presque rien du moule, ou de la forme *(sagoma)*, d'où devrait sortir son énorme miroir parabolique[79]. Mais il y a pis : pour le discréditer au Vatican, maître Giovanni l'a accusé de se livrer à la nécromancie ; on interdit désormais à Léonard de poursuivre les travaux d'anatomie qu'il menait à l'hôpital San Spirito...

Le grand réflecteur solaire ne verra pas le jour : Léonard n'a sans doute pas le temps de l'achever : il est souvent sur les routes, il va à Parme, à Plaisance, à Milan[80], à Florence où le réclame son protecteur (ou le neveu de ce dernier, Lorenzo di Piero de Médicis, nouveau gouverneur de la Cité du Lys).

On le consulte alors sur différents projets d'urbanisme et d'architecture. On lui a peut-être proposé d'abord de prendre la succession de Bramante, mort le 11 avril 1514, et d'achever à la place de son ami l'aménagement du port de Civitavecchia[81]. En 1515, il semble qu'il participe à un concours pour la façade de San Lorenzo[82], à Florence ; dans la capitale toscane, il donne, parallèlement, des plans pour la restructuration du quartier médicéen, ainsi que ceux d'un nouveau palais pour les Médicis, via Larga ; on ne tiendra compte apparemment que de son projet d'écuries — où peuvent tenir cent vingt-huit chevaux — qui reprend celui des écuries modèles, conçu à Milan, à l'époque du *cavallo ;* le bâtiment existe encore : c'est aujourd'hui le siège de l'Istituto Geografico Militare[83].

Si l'on devine, à travers les tâches dont il le charge, l'estime que Julien de Médicis porte au Vinci, on ne connaît guère en revanche le sentiment du pape à son égard. Léonard doit amuser Léon X, toujours avide de divertissements nouveaux, en jouant aux courtisans du Vatican certains tours de sa façon. Vasari — informé sans doute par Jove, présent à Rome à cette époque — raconte que l'artiste fixe au dos d'un gros lézard que lui a apporté un vigneron du Belvédère des ailes faites d'écailles arrachées à d'autres reptiles et enduites de vif-argent ; il affuble l'animal de gros yeux, de cornes et d'une barbe ; l'ayant apprivoisé, il le transporte avec lui dans une boîte : les gens s'enfuient en hurlant lorsqu'il lâche sur eux ce dragon. Il modèle également dans une pâte à base de cire « des animaux creux et très légers » qui s'envolent quand il souffle dedans. Une autre fois, il dégraisse et nettoie des boyaux de mouton avec un tel soin qu'il les rend assez minces pour tenir au creux de sa paume ; il adapte les extrémités des boyaux ainsi préparés à des soufflets de forge qu'il dissimule dans une pièce voisine de la sienne ; lorsque des visiteurs se présentent, il actionne le soufflet et les boyaux enflent monstrueusement, au point d'emplir toute la chambre, « pourtant très grande », forçant les gens à se réfugier dans les coins. Léonard, selon Vasari, comparerait « ces objets transparents et pleins de vent », qui occupent « si peu de place au début et tant à la fin », à la *virtù* personnelle. Cela suffit-il pour forcer l'admiration du pape ? Toujours d'après Vasari, le Vinci peindrait pour un notaire pontifical, Baldassare Turini, de Brescia, une *Vierge à l'Enfant* et le portrait d'un jeune garçon, œuvres qualifiées de « parfaites » mais jamais identifiées ; quand Léon X lui commande un tableau à son tour, Léonard aurait le tort cependant de vouloir distiller d'abord des huiles et des plantes pour le vernis, de sorte que le Saint-Père s'écrierait : « En voilà un, hélas ! qui ne fera jamais rien, puisqu'il pense à l'achèvement de son ouvrage avant de l'avoir commencé ! » De tels propos arrivent-ils aux oreilles du vieux maître ? Pour lui cependant, après la déconfiture de la *Bataille*, ce n'était que prudence. Telle est aussi sa méthode — quelques années plus tôt, il a écrit comme des sortes de devises : « Réfléchis bien à la fin. Considère d'abord la fin [84]. »

Lorsque Julien s'absente de Rome, s'il ne le suit pas dans ses voyages, Léonard, en vérité, doit se trouver assez désemparé. Les boyaux démesurément gonflés et le lézard travesti, plaisanteries agressives, ne parlent pas d'une âme sereine. Il ne compte pas beaucoup d'amis et de défenseurs au Vatican ; il a reçu une fois, en décembre 1514, la visite de son demi-frère, le notaire, ser Giuliano, avec qui il s'est réconcilié ; celui-ci lui a montré une lettre qu'il avait reçue de Florence ; dans le post-scriptum, sa famille le chargeait de la rappeler au bon souvenir de l'artiste, « homme excellent et très singulier », et elle lui apprenait que sa femme, Alessandra, était en train de devenir folle *(la lesandra a perduto el cervello)*. Léonard conserve cette lettre, au verso de laquelle il dessine des études géométriques et note qu'il a confié un livre (il ne dit pas lequel — peut-être un traité de sa main) à Monsignor Branconio dell'Aquila, « camérier secret du pape » [85]. Je ne sais pas si la visite de ser Giuliano l'a réjoui, mais il a dû être touché par l'état de sa belle-sœur. Son propre désarroi en a sans doute été aggravé. Privé de la protection de son maître qui est à présent, lui aussi, très malade (Julien est atteint de tuberculose — serait-ce la raison pour laquelle le Vinci s'interroge sur le fonctionnement des poumons ?), n'ayant que le jeune Melzi et Salaï pour le réconforter, banni des salles de dissection par la faute du miroitier allemand, ses travaux d'anatomie interrompus, diminué physiquement, sa beauté envolée, contemplant derrière lui les heures perdues, les projets manqués, voyant sa carrière gâtée par les circonstances ou sa faute et ses amis disparus (Luca Pacioli s'éteint également en 1514), sa pensée reprend un cours morbide, les démons de son enfance refont surface et l'emportent à nouveau dans des fictions très noires : il appelle de toutes ses forces d'effroyables fléaux.

Il a souvent écrit, comme pour exorciser ses cauchemars, sur les tremblements de terre, les inondations (on se souvient du géant de Syrie), les volcans crachant de la lave. Il a déjà dessiné sur le vif des vagues en furie et un gros orage qui éclate sur une vallée des Alpes [86] ; il a imaginé aussi, à la cour des Sforza, une pluie surréaliste d'ustensiles divers : des râteaux, des chaudrons, des tabourets, des compas, des lanternes, des casques, des fouets tombant à verse d'un magma de nuages sombres [87]. Comme s'il était pénétré, lui aussi, des prophéties millénaristes de Savonarole (s'il ne les a pas entendus déclamés en chaire, il a très bien pu lire les sermons du dominicain, publiés à plusieurs milliers d'exemplaires), il a dépeint à diverses reprises, par jeu, misanthropie ou angoisse, de grands cataclysmes. Cette fois, se libérant d'un coup des visions qui l'obsèdent, en les définissant plus précisément — étant méthodiquement remonté à leur source — il va décrire la fin du monde telle qu'il l'entrevoit : il va raconter et dessiner le Déluge, comme on se figure Hiroshima. Il songe peut-être à une grande fresque (qu'il pourrait opposer aux peintures de Michel-Ange ?), car son texte, rappelant celui sur la façon de peindre une bataille, s'intitule : *Du Déluge, et de sa représentation en peinture*. Un metteur en scène de cinéma pourrait suivre son scénario tel quel : il y trouverait une progression dramatique, un découpage et des mouvements de caméra exemplaires. « On verra, dit Léonard, l'air obscur et nébuleux combattu par les vents contraires qui tourbillonnent en pluie incessante mêlée de grêle, où une infinité de branches arrachées s'enchevêtrent à des feuilles sans nombre. Alentour, on verra d'antiques arbres déracinés, que la fureur des rafales a mis en pièces. On verra des quartiers de montagne, déjà dénudés par les torrents impétueux, s'écrouler, engorger les vallées et faire monter le niveau des eaux captives dont le déferlement recouvrira les vastes plaines et leurs habitants. » Le décor planté, de façon très scientifique, car Léonard raisonne en géologue et maître hydraulicien, après cette introduction, l'élément animal et humain est introduit : « En outre, sur maintes cimes, on verra toutes sortes d'animaux terrifiés et réduits à l'état domestique, ainsi que des hommes qui s'y sont réfugiés avec femmes et enfants. » On entre alors dans le détail de l'action : « Les champs submergés montreront leurs ondes chargées de tables, lits, canots et autres radeaux improvisés, tant par nécessité que crainte de la mort ; dessus, hommes, femmes et enfants entassés crient et se lamentent, épouvantés par la tornade furieuse qui roule les vagues et, avec elles, les cadavres des noyés ; pas un objet ne flotte qui ne soit couvert d'animaux divers rapprochés par une trêve, peureusement blottis l'un contre l'autre — loups, renards, serpents et créatures de toutes espèces fuyant la mort. Les ondes heurtent leurs flancs et les frappent à coups répétés avec les corps des noyés, et ces chocs achèvent ceux en qui palpitait un dernier souffle de vie. » Du général, Léonard passe ensuite au particulier, s'ingéniant à inventer des scènes atroces : « Tu verras quelques groupes d'hommes, l'arme à la main, défendre le refuge qui leur reste contre les lions, loups et bêtes sauvages venus là chercher leur salut. [...] O combien de gens pourras-tu voir se boucher les oreilles des mains pour ne pas entendre l'immense grondement dont la violence des vents mêlés à la pluie, au tonnerre du ciel et à la fureur de la foudre emplit l'air obscurci ! Certains, non contents de fermer les yeux, y posent aussi les mains, l'une sur l'autre, pour les mieux couvrir et les soustraire au spectacle du carnage implacable auquel la colère de Dieu livre l'espèce humaine. [...] D'autres, pris de démence, se suicident, désespérant de pouvoir supporter pareille torture ; les uns se jettent du haut des récifs ; d'autres s'étranglent de leurs propres mains ; d'autres encore, saisissant leurs enfants, les abattent d'un coup. [...] O combien de mères, les bras au ciel, pleurent les fils noyés qu'elles tiennent sur leurs genoux et hurlent des imprécations contre la colère des dieux ! » Le récit, dont Léonard compose plusieurs versions [88], se poursuit de la sorte sur deux ou trois pages. On y voit des animaux pris de panique se fouler aux pieds et s'entre-tuer, des oiseaux épuisés se percher sur le crâne des hommes, faute de découvrir une parcelle de terre libre, les eaux monter encore, la faim causer ses ravages, des navires brisés, battus contre des écueils, des cadavres ballottés en tous sens comme des paquets d'algues... Les montagnes, la végétation, les animaux, l'humanité, rien ne résiste à la folie des éléments. Léonard s'est sans doute inspiré des Ecritures (il a réfuté sur une page de ses carnets, au nom de la logique scientifique, les explications et les chiffres avancés dans la Bible [89]) ;

mais comme dans l'*Enfer* de Dante, où l'on entre en *abandonnant toute espérance,* nul ne doit survivre ici aux tourbillons déchaînés des eaux : Léonard n'a pas prévu d'arche de Noé dans son Déluge — il envisage un anéantissement total.

Une dizaine d'extraordinaires dessins à la pierre noire, parfois rehaussés d'encre, de lavis, répond à ces descriptions littéraires : ils montrent pareillement des arbres et des cavaliers emportés par la violence des vents, de grandes vagues qui engloutissent des navires et des équipages, d'autres s'écrasant contre des récifs, une eau tumultueuse qui s'engouffre dans une vallée, renversant des pans de montagnes, des villes submergées, de vastes édifices qui s'écroulent comme des châteaux de cartes [90]... Léonard, dirait-on, voudrait précipiter l'univers entier dans l'abîme où il se sent lui-même aspiré.

Pourtant, à la même époque qu'il élabore cette série de visions apocalyptiques (mais sans que l'on puisse déterminer laquelle de ces œuvres engendre ou conclut l'autre), il achève de peindre le souriant *Saint Jean-Baptiste* du Louvre [91] : l'annonce de la venue du Rédempteur.

Certaines analogies formelles rattachent ce tableau aux dessins du Déluge : la spirale, qui part des lèvres du saint, se continue dans la tête inclinée, puis se développe dans l'arrondi du bras, jusqu'à l'index levé qui désigne le ciel, évoque les tourbillons qui hantent Léonard — seulement, il s'agit cette fois d'un mouvement contrôlé, maîtrisé, d'une force parfaitement soumise à une intention : l'esprit a triomphé ici de la matière. De même, les lignes hélicoïdales que forment les longs cheveux torsadés (difficilement visibles aujourd'hui, car un épais vernis noircit la peinture) rappellent la façon dont Léonard représente habituellement les courants qui agitent l'eau. Parallèle chronologique, enfin : tout comme l'idée première du Déluge est venue à Léonard à l'époque où il dessinait les paysages heurtés de la vallée de l'Adda (quand il était chez les Melzi, à Vaprio), le *Saint Jean-Baptiste* est en quelque sorte le prolongement, l'aboutissement d'une réflexion commencée à Milan, avec le *Bacchus* que conserve le Louvre.

Ce *Bacchus* est une œuvre d'atelier ; il a dû être exécuté par des élèves (Melzi, Marco d'Oggione, Cesare da Sesto, Bernazzone ?) d'après un carton ou un projet de Léonard (peut-être le dessin du Museo del Sacromonte, de Varèse), vers 1510. Il n'est pas facile d'en suivre la trace dans les collections royales françaises (où il a dû entrer très tôt), car il est tantôt désigné dans les inventaires sous le titre *Bacchus dans un paysage,* tantôt comme un *Saint Jean dans le désert.* C'est, il est vrai, une figure ambiguë : un visage délicat, presque féminin, sur un grand corps d'homme nu ; l'œuvre

« n'inspire pas la dévotion », dit Cassiano del Pozzo qui explique ainsi le peu de cas qu'on en fait en son temps (vers 1625). On y aurait d'abord vu un saint ; le jugeant peu édifiant, à la fin du XVIIe siècle, on aurait ceint le personnage d'une peau de panthère, on l'aurait couronné de vigne et aurait transformé en thyrse la croix qu'il aurait tenue au côté et désignée de l'index, afin d'en accentuer carrément l'aspect païen. Ce n'est pas prouvé. Léonard, dont on connaît le goût pour les prophéties et dont la plupart des peintures tournent autour du thème de la naissance et de la prédestination, a très bien pu confondre délibérément le dieu du vin et de l'extase libératrice et le saint précurseur ; son époque s'efforce de concilier l'Antiquité et la religion chrétienne. Dante plaçait déjà au purgatoire, non en enfer, les âmes des philosophes et des poètes antiques qu'il admirait ; le prêtre Ficin cherchait le Christ dans Platon ; or, dans son *Ovide moralisé,* publié avec succès en 1509, Pierre Bersuire présente le mythe de Bacchus comme une préfiguration de la Passion : le vin constitue un des deux éléments de l'Eucharistie, et, à l'instar de Jésus, le fils de Jupiter et de Sémélé, né de la cuisse de son père, que l'on refusa d'abord de suivre, fut tué et ressuscité... Ainsi, il serait, au même titre que le Baptiste, ayant de plus erré comme lui loin des hommes dans la solitude des déserts, l'annonciateur du Sauveur. Ses amis français, ou l'érudit Antonio Segni, ont pu mettre l'*Ovide moralisé* entre les mains de Léonard. Le peintre s'est en tout cas emparé de cette nouvelle *correspondance,* peu orthodoxe mais admise en son temps (puis incomprise au XVIIe siècle où le livre de Bersuire est depuis longtemps oublié), qui l'aura conforté dans son idée de l'unité et de la permanence des vérités.

Lorsqu'il peint ensuite son *Saint Jean-Baptiste,* Léonard reprend des éléments du *Bacchus* (que l'on peut appeler, si l'on veut, un *Bacchus* « *moralisé* ») : il couvre l'une de ses épaules d'une peau de panthère, il lui donne la beauté androgyne des dieux païens. Cependant, il réduit plus que jamais l'anecdote, les accessoires — un fond noir remplace le paysage, nulle couleur sinon l'or transparent de la lumière ; on peut aimer ce tableau sans qu'il soit nécessaire de le décrypter — la beauté, le sourire et le geste soulèvent d'emblée l'émotion. Il n'y a rien à *lire ;* plus rien n'évoque l'existence terrestre du saint qui vivait en ermite sur les bords du Jourdain et qu'on représente d'ordinaire maigre et sauvage — l'œuvre ne demande qu'à être ressentie. Léonard a découvert très tôt, en composant l'*Adoration des Mages,* la puissance expressive de ce geste : l'index pointé vers le ciel — vers un objet extérieur au cadre, du moins ; il en a souvent usé. Le sourire en revanche apparaît tard dans son œuvre, non pas après la mort de son père comme l'ont soutenu les psychanalystes, mais quelques années avant, avec le carton de *Sainte Anne* (peut-être même est-il ébauché sur les lèvres de Jean, dans la *Cène* ?) ; on le retrouve ensuite, toujours plus accentué, dans la *Joconde*, la *Léda*, le *Bacchus ;* il atteint pleinement son rayonnement et son sens, comme la manière du peintre s'affine et s'assombrit à l'extrême, dans le visage charmeur de *Saint Jean-Baptiste* — le « témoin de la lumière », le « messager de Dieu », comme disent les Evangiles.

On a beaucoup écrit sur ce sourire, le comparant à celui de l'ange de la cathédrale de Reims ou de divinités khmères ; l'éthique bouddhique n'aurait pas déplu à Léonard, il aurait souscrit volontiers à des thèses telles que : « Seul l'amour peut arrêter la haine », ou bien : « Si dans une bataille un homme vainquait mille hommes, il remporterait une moindre victoire que celui qui se vainc lui-même. » Ses personnages toutefois ne sourient pas d'un paisible sourire intérieur, à la différence des avatars du Bouddha, mais comme pour ensorceler ; Michelet dit très justement du *Bacchus-Saint Jean :* « Cette toile m'attire, m'appelle, m'envahit, m'absorbe ; je vais à elle malgré moi, comme l'oiseau va au serpent. » C'est l'objet de la peinture, répond Léonard, de remuer ainsi le spectateur. Il ne faut pas s'étonner de voir jusqu'à quels excès vont les réactions : les tableaux du Vinci sont les plus sujets au vandalisme de l'histoire de l'art ; on les attaque à coups de pierres, de couteau (d'où les vitres blindées qui les protègent) ; récemment encore, on a tiré au revolver sur la *Sainte Anne* de Londres ; un gardien du Louvre tomba amoureux d'autre part de la *Joconde* qu'il était chargé de surveiller : il lui parlait, il était jaloux des touristes qui l'approchaient de trop près, il prétendait qu'elle leur *rendait* parfois leur sourire — on anticipa sa retraite. Léonard veut avant tout troubler, susciter des émotions ; il a épuré sa syntaxe tout au long de sa carrière afin de parvenir à l'émotion suprême qui contient toutes les autres — comme il s'y mêle un peu de sa sexualité déviée, la raison ne résiste pas toujours à l'éblouissement qu'il provoque. Le *Saint Jean-Baptiste* peut induire à toutes les tentations. Il me plaît de penser que c'est là la dernière œuvre de l'artiste — en quelque sorte son testament. Il a atteint aux limites humaines du savoir ; il montre du doigt la source de ce qui l'émerveille et ne peut saisir ; il cesse alors d'être une « voix qui crie dans le désert », il sourit pour exprimer qu'à chaque instant, pour qui est attentif, le miracle se reproduit — que les temps sont en train de s'accomplir. Mais le Vinci donne en même temps la suite terrible des dessins du Déluge : on ignore en vérité quel est son ultime message. Il est probablement double. La peur et le désir éprouvés ensemble devant la sombre caverne doivent partager l'esprit de Léonard jusqu'au bout.

« Julien de Médicis le Magnifique, note Léonard, est parti de Rome le neuvième jour de janvier 1515, à la pointe du jour, pour aller prendre femme en Savoie. Ce même jour nous est parvenue la nouvelle de la mort du roi de France[92]. »

Tandis que le protecteur du Vinci, malgré le mal qui le ronge, obéit à la raison d'Etat en allant épouser Philiberte de Savoie, François Ier monte sur le trône laissé vacant par son beau-père Louis XII ; comme celui-ci dans les mêmes circonstances, sa première pensée est pour le duché de Milan : il n'a pas plutôt ceint la couronne que l'armée française franchit de nouveau les Alpes ; en juillet, à Marignan, son artillerie massacre les Suisses de Maximilien Sforza ; quelques jours plus tard, il fait son entrée triomphale dans la capitale lombarde.

Très grand — six pieds de haut : un géant pour l'époque — des épaules de lutteur, de petits yeux qui rient, le nez fort, de belles lèvres vermillon au milieu d'une barbe courte, François Ier, qui n'a pas vingt ans, dans son armure dorée, fait aux Italiens l'effet d'un héros de roman de chevalerie. Sa mère, Louise de Savoie, et sa sœur très lettrée, Marguerite d'Angoulême, qui l'idolâtrent, l'ont formé dans ce sens. Le preux Bayard l'a armé chevalier, il se veut à son image — « sans peur et sans reproche ». Il aime tant la guerre qu'il combat avec ses gentilshommes à la pointe de ses troupes : il s'élance dans les batailles, le plumet au vent, comme s'il courait une lance ; cela lui vaudra d'être capturé à Pavie. Et là-dessus, aussi magnanime que superbe : il pensionne Maximilien Sforza, au lieu de l'enfermer dans un donjon, et l'accueille à sa cour — en cousin. Les affaires politiques, dit-on, ne l'occupent jamais au-delà de midi ; on lui lit les auteurs antiques quand il déjeune ; il consacre le reste du jour à la chasse, et les soirées aux délassements mondains, à la danse, à la poésie, c'est-à-dire essentiellement aux femmes : il plaît beaucoup et, semble-t-il, pas seulement parce qu'il est le roi.

Le pape Léon X se trouve autant embarrassé par cette personnalité hors du commun, qui enlève tous les cœurs (« le souverain a tant d'attrait qu'il est impossible de lui résister », écrit l'ambassadeur de Venise), que par la victoire française de Marignan : inquiet des sentiments du roi à l'endroit de l'Eglise, il a placé des troupes à lui dans la bataille — dans le mauvais camp. On prépare une conciliation. Elle a lieu à Bologne, en octobre 1515. Léonard est sans doute du voyage — ce doit être là qu'il rencontre celui qui sera son dernier protecteur. Selon Vasari, le Vinci construirait un lion automate, capable de faire plusieurs pas et dont la poitrine, en s'ouvrant, montre à la place du cœur un bouquet de lys. Ce lion, symbole de Florence (le *marzocco*), exprimerait de façon grandiose l'attachement à la France de Florence et des Médicis. Lomazzo confirme que Léonard a fabriqué plusieurs animaux articulés, des lions, des oiseaux, mus par un système de « roues » (probablement une sorte de mécanisme d'horlogerie, à ressort) ; certaines notes des carnets de l'artiste évoquent même un projet de robot. Si personne ne conteste l'invention, on ignore dans quelles circonstances elle est présentée au monarque — à Lyon, en juillet 1515, à Bologne, en décembre de la même année, ou bien à Argentan, en octobre 1517[93] ? Peut-être s'en est-on servi plusieurs fois ; sans doute améliorée, elle reparaîtra en 1600, lors des noces de Catherine de Médicis. Ce ne doit pas être une machine très complexe (elle n'avance que de quelques pas — Léonard l'a conçue à la hâte, pressé par les événements) ; elle produit cependant son effet : elle dépasse tout ce qu'on a jamais réalisé dans le genre.

Quelques offres qu'on ait pu lui faire alors, lui réitérer plutôt, car on l'a déjà invité en France au temps de Louis XII, l'artiste n'entre pas encore au service de François Ier ; il demeure fidèle à Julien de Médicis (ou bien il veut finir d'abord son grand miroir parabolique, ou les plans d'architecture qu'on lui a demandés) : il ne se résout à s'expatrier qu'après la mort de son protecteur, à Florence, le 17 mars 1516.

En août, il est toujours à Rome où il relève les mesures de la basilique Saint-Paul-hors-les-Murs[94]. Ne voyant enfin aucun prince italien à qui s'adresser, comme Raphaël règne sur le Vatican, Michel-Ange sur Florence et Titien sur Venise, et connaissant par expérience l'instabilité politique de Milan, il règle ses affaires et prépare une fois de plus ses bagages ; puis il s'en va achever ses jours de l'autre côté des Alpes, là où on l'apprécie le mieux, sur les bords de la Loire qu'a regagnés le roi.

Il quitte l'Italie durant l'automne 1516 ou au printemps de l'année suivante — lorsque les cols sont praticables. Il passe par Florence, Milan, la vallée du Mont-Genèvre, Grenoble, Lyon. Il doit ensuite prendre la route de Vierzon et suivre le Cher. Il arrive à Amboise après un voyage d'environ trois mois. L'accompagnent Salaï, Melzi et un nouveau serviteur : Battista de Villanis. Le convoi comprend plusieurs mules chargées de caisses, de malles, car le Vinci n'a rien laissé derrière lui : il emporte en France, sachant qu'il n'en repartira pas, tous ses objets, tableaux, dessins et manuscrits.

François Ier installe flatteusement Léonard et sa suite dans le petit manoir de Cloux[95], appartenant à sa mère, au pied de son château d'Amboise ; un couloir souterrain relie cette demeure — où ont séjourné Marguerite d'Angoulême et Louis de Ligny — à celle du roi ; celui-ci peut ainsi rendre visite à son « premier peinctre et ingénieur et architecte », quand il le désire — assez souvent, selon Cellini, car il prendrait « grand plaisir à l'entendre converser ». Il lui attribue en outre des appointements exceptionnels : une pension annuelle de mille « écus soleil », plus quatre cents écus ordinaires pour Melzi (« l'Italien gentilhomme qui se tient avec ledit maître Lyenard », précisent les registres) et cent écus « versés en une fois à Salay, serviteur de maître Lyenard de Vince » (les fonctionnaires français arrangent à leur guise les noms étrangers).

Léonard inspecte son domaine qui couvre près de deux arpents et demi : des jardins, des prés en pente et une vigne ; un colombier, de beaux arbres, un cours d'eau poissonneux ; la maison, que forment à l'époque deux corps de bâtiment en équerre, l'un flanqué d'une chapelle, consiste en un rez-de-chaussée, un étage et des combles ; la grande salle du bas peut servir d'atelier ; un escalier à vis, dans la tourelle centrale, mène aux chambres ; la tradition veut que Léonard fasse sienne la plus vaste ; elle a une belle cheminée de pierre ; les fenêtres ouvrent sur la colline verdoyante où s'élève le château du roi ; Melzi dessine la vue qu'on a de là : elle a peu changé[96]. Une femme de la région, Mathurine, est engagée pour la cuisine et le ménage. Léonard ne pouvait rêver plus confortable et indépendante retraite. Il va en profiter un peu moins de trois ans.

L'unique témoignage qui nous soit parvenu sur son existence à Amboise se trouve dans le journal de voyage de don Antonio de Beatis, secrétaire du cardinal d'Aragon. Le prélat, sur le chemin de Blois, rend visite au peintre « très célèbre », dans la première semaine d'octobre 1517. Léonard, qui paraît âgé de « plus de soixante-dix ans » — quand il en a soixante-cinq — montre d'abord à ses hôtes trois tableaux « exécutés avec une grande perfection » : « le portrait d'une certaine dame florentine », qui devrait être la *Joconde,* le *Saint Jean-Baptiste*[97] et la *Sainte Anne.*

Aussi maigres et approximatifs soient-ils, ces renseignements sont pour nous d'une importance capitale. Désormais l'artiste ne peint plus, dit Beatis, on ne peut plus attendre de lui « d'autres belles choses », car il est atteint d'une paralysie du bras droit, « mais il a fort bien instruit un élève venu de Milan qui travaille excellemment sous sa direction. Et quoique le maître ne puisse plus colorier avec la douceur qui lui était particulière, du moins s'occupe-t-il à faire des dessins et à surveiller le travail des autres ». L'élève ne peut être que Melzi ; Salaï ne travaille pas « excellemment ». La paralysie serait-elle le mal dont le Vinci souffrait déjà à Rome et qui l'obligeait à bien se couvrir ? Le secrétaire se trompe de bras, en tout cas ; le gauche doit être invalide, pour que l'artiste ne soit plus en mesure de manier le pinceau.

Léonard ouvre ensuite certains de ses cartons. Le prélat s'avoue très impressionné par le contenu des feuillets que Melzi doit tourner religieusement devant lui. Don Antonio de Beatis, qui qualifie Léonard de *gentilhomo*, tant le vieil artiste a grand air, écrit qu'il « a composé un ouvrage sur l'anatomie appliquée spécialement à l'étude de la peinture, aussi bien des membres que des muscles, des nerfs, des veines, des jointures, des intestins et tout ce qui peut s'expliquer, aussi bien sur le corps des hommes que sur celui des femmes ; on n'en a encore jamais fait de semblable. Il nous l'a montré et nous a dit, en outre, qu'il avait fait la dissection de plus de trente corps d'hommes et de femmes de tout âge ». Les mots « tout ce qui se peut expliquer » me paraissent très justes — Léonard, avant Kant, a buté en pleine conscience contre les limites de la raison humaine.

Le secrétaire du cardinal poursuit : « Messire Léonard a écrit également une quantité de volumes sur la nature des eaux, les diverses machines, et sur d'autres sujets qu'il nous a indiqués ; tous ces livres, écrits en italien, seront une source d'agrément et de profit lorsqu'ils viendront au jour. » C'est donc qu'on pense à leur publication et s'y emploie. L'artiste, d'autre part, a *indiqué* — il n'a pas déballé pour ses visiteurs toutes les notes qu'il s'évertue à compléter et recopier en ordre ; il n'a pas permis qu'on examine en détail son livre des inventions utiles, ses traités d'hydraulique, son livre « de la transformation d'un corps en un autre, sans diminution ou augmentation de matière », ses traités de la voix, du cheval, du vol des oiseaux, de l'œil et de la vision, ses traités de balistique, de la dégradation des édifices, de l'air, des astres, son traité de la peinture ou celui de la fonte — pour la bonne raison qu'ils ne sont pas présentables. Les plans ambitieux de ces ouvrages ont été rarement tenus ; Léonard s'est fixé de vastes programmes, il a distingué par avance des chapitres ; il n'a jamais rédigé jusqu'au bout les « sommes » promises : ses carnets renferment seulement des ébauches de textes, des brouillons épars, produits de recherches incomplètes, inconstantes, éléments inutilisables en l'état, enfouis dans la grande masse absconse des manuscrits ; Léonard n'a pas plus conduit à terme ses écrits scientifiques, techniques et littéraires, qu'il n'a achevé le *cavallo*, l'*Adoration des Mages* ou la *Bataille d'Anghiari ;* il a avoué lui-même, dans un moment de détresse : « Tout comme un royaume en se divisant court à sa perte, l'esprit qui se consacre à des sujets trop divers s'embrouille et s'affaiblit[98]. »

On peut se demander ce qu'attend alors François Ier de ce vieillard, engagé à prix d'or sur sa réputation, qui est atteint de parésie, qui ne peint pas, peut encore moins sculpter et a pratiquement abandonné, si l'on en juge par ses cahiers, ses travaux technologiques. Le roi prend plaisir à sa conversation, car il le juge l'homme le plus cultivé de la terre et « grand philosophe », selon les témoignages déjà cités de Benvenuto Cellini et Geoffroy Tory. Se contente-t-il d'œuvres exécutées par Melzi, d'ersatz de son art, et de l'écouter discourir ? (En quelle langue d'ailleurs dialoguent-ils ? Léonard a-t-il appris le français à la cour de Charles d'Amboise, ou bien le roi entend-il l'italien, comme beaucoup de ses ministres et sa sœur Marguerite d'Angoulême ?) François Ier peut se satisfaire généreusement de la simple présence à sa cour du Vinci : celui-ci en est le fleuron. Je ne crois pas cependant que Léonard tolère de ne plus se rendre utile. « Le fer se rouille faute de servir, dit-il ; l'eau stagnante perd sa pureté et se glace par le froid ; de même l'inaction sape la vigueur de l'esprit[99]. » Il peut encore dessiner, dit Beatis ; il peut surtout réfléchir, conseiller, dicter, diriger, faire profiter les autres de son goût, de son expérience. Sur le coin d'une page, vers 1518, il inscrit ce mot formidable : « Je continuerai[100]. » Il n'abdiquera jamais ; durant les mois qu'il lui reste à vivre, il va être le Merlin du jeune roi-chevalier.

Il a son modèle : « Alexandre et Aristote, a-t-il écrit un jour, furent les professeurs l'un de l'autre. Alexandre possédait la puissance qui lui permit de conquérir le monde. Aristote possédait une grande science, qui lui permit d'embrasser toute la science acquise par les autres philosophes[101]. » On aimerait savoir quels enseignements Léonard dispense au monarque. Il doit lui raconter les fastes de Milan, l'étonner en lui expliquant les pouvoirs de l'eau, le bleu du ciel, les mouvements du sang, l'origine de la terre ; il a vu et étudié tant de choses surprenantes : des monstres siamois qu'un Espagnol exhiba à Florence en octobre 1513, jusqu'aux ossements d'un grand animal marin découverts par des terrassiers — « Que de changements d'états et de circonstances se succédèrent depuis que périt dans un recoin creux et sinueux la forme merveilleuse de ce poisson ! dit-il dans un cahier. A présent détruite par le temps, elle gît patiemment en cet espace restreint, et ses os dépouillés, mis à nu, elle est devenue armature et support de la montagne qui s'érige au-dessus d'elle[102]. »

Une note de sa main[103] indique que, peu après son arrivée en France, il va avec le roi à Romorantin. François Ier veut bâtir un château, pour lui et sa cour, dans cette ville qui se trouve exactement au centre de la France et où vit sa mère. Léonard considère le site, la région, les rivières qui la traversent et les fleuves auxquels on pourrait les rattacher. Il reprend alors les plans de la cité idéale qu'il a imaginée à Milan ; il les développe, les perfectionne, les adapte ; il prévoit d'abord le creusement de différents canaux : de la résidence royale rayonneront comme une étoile des voies d'eau qui rattacheront la nouvelle capitale à tout le pays, de la Manche à la Méditerranée — le roi sera alors véritablement le cœur de la France ; les jardins, le château, construit sur le modèle des camps de César, et la ville alentour seront eux-mêmes quadrillés de canaux qui alimenteront les fontaines et un grand bassin pour des spectacles nautiques ; ils serviront, en outre, à l'arrosage, au nettoyage des allées et des rues, à l'évacuation des ordures. C'est probablement le projet d'urbanisme le plus vaste, le plus révolutionnaire jamais conçu en Europe. Léonard esquisse les plans du château, qu'il faudrait plutôt appeler *palais,* car le bâtiment semble plus proche du Versailles de Louis XIV que des habituelles demeures féodales ; il trace des schémas pour la canalisation et l'assainissement de la Sologne ; il dessine un pavillon octogonal pour le parc (l'octogone, à mi-chemin entre le cercle et le carré, lui paraît une forme parfaite : il la donne à ses églises, ses pilastres, son roulement à billes) et d'autres pavillons, démontables, utilisables dans les déplacements de la cour, ainsi que des écuries immenses ; enfin, il revient peut-être à d'anciens croquis d'escaliers ; aura-t-il inspiré celui du château de Blois, celui de Chambord ? — les escaliers (doubles, triples, quadruples...) le fascinent comme les cours d'eau, ou les artères, les veines, et tout ce qui touche à la *circulation :* le mouvement n'est-il pas le principe de la vie[104] ?

Il soumet sans doute ses vues aux architectes et entrepreneurs du roi, peut-être à son compatriote Domenico Barnabei da Cortona, dit le Boccador, à qui l'on attribue les premiers plans de Chambord, précisément, et de l'hôtel de ville de Paris. Si l'on suit certaines de ses idées (elles semblent avoir quelque influence sur l'architecture française du XVIe siècle), ce doit être là, et par ce biais, car, en 1519, après plusieurs années de travaux, le chantier de Romorantin est abandonné, une épidémie ayant décimé les ouvriers.

Le Vinci s'occupe encore de fêtes. Quoique aucun document officiel ne mentionne son nom, comme toujours, il règle probablement, ou supervise, un bal à Argentan dans les premiers jours d'octobre 1517 (où l'on voit reparaître son lion mécanique) ; puis, à Amboise, la double célébration du baptême du Dauphin et du mariage de Lorenzo di Piero de Médicis, gouverneur de Florence et neveu du pape, avec Madeleine de La Tour d'Auvergne (les réjouissances durent du 15 avril au 2 mai 1518 — elles comprennent des joutes, « les plus belles qui furent onques faites en France ni en chrestienté », dit un chroniqueur) ; puis, le 18 juin 1518, il donne une nouvelle version, sous une tente couleur « céleste » éclairée *a giorno*, du Bal du Paradis qu'il a mis en scène à Milan, autrefois, pour la duchesse Isabelle.

On ne sait pas quels sont ses amis à Amboise, en dehors de Melzi. Il revoit sans doute Galeazzo de Sanseverino, le gendre et capitaine du More, devenu surintendant des Ecuries royales. Salaï est retourné à Milan, sur un coup de tête ou bien sur son ordre. Les Italiens sont nombreux cependant à la cour, avec qui il peut s'entretenir.

Il s'adonne toujours à ce qu'il appelle justement ses « jeux géométriques » ; il inscrit toutes sortes de figures à l'intérieur de cercles — parfois ces constructions abstraites débouchent sur des études d'architecture, rosaces ou lunettes. Avec l'âge, il semble toutefois apprécier ces *passe-temps* à leur juste valeur. Sur une page où il s'échine à diviser des triangles en triangles proportionnellement égaux, il achève un paragraphe de commentaires sur un abrupt « etc. », suivi de ces mots qui expliquent sa hâte d'en finir : « parce que *la minesstra* (le potage) se refroidit » ; il reprendra ses *exercices* une fois son dîner achevé [105].

Le 23 avril 1519, quelques jours après son soixante-septième anniversaire, « considérant la certitude de la mort et l'incertitude de son heure », selon la formule consacrée, il demande à un notaire d'Amboise, Guillaume Boreau, de recevoir en présence de témoins son testament.

Vasari dit qu'au terme de sa vie, malade depuis de longs mois, Léonard « voulut s'informer scrupuleusement des pratiques catholiques et de sa bonne et sainte religion chrétienne ; puis, après bien des larmes, il se repentit et se confessa. Comme il ne tenait plus debout, il se fit soutenir par ses amis et serviteurs pour recevoir pieusement le saint sacrement hors de son lit ». Le testament paraît confirmer ce retour à la religion : Léonard y recommande son âme à Dieu tout-puissant, à la glorieuse Vierge Marie, à saint Michel, et à tous les anges, saints et saintes du paradis ; les volontés qu'il exprime d'abord concernent de pieuses dispositions pour son enterrement : il souhaite être inhumé à Saint-Florentin d'Amboise ; que sa dépouille soit portée par les chapelains de cette église et suivie par le prieur, les vicaires, les frères mineurs de ladite église ; que trois grand-messes soient célébrées avec diacre et sous-diacre, plus trente messes basses de saint Grégoire, à Saint-Florentin et à Saint-Denis ; que soixante pauvres, à qui l'on aura fait des aumônes, portent à ses obsèques soixante cierges ; que soient allumées dix grosses bougies lorsqu'on priera pour le repos de son âme ; que soixante-dix sous tournois soient distribués aux pauvres de l'Hôtel-Dieu et de Saint-Lazare d'Amboise... Mais cela peut ne traduire que son souci d'observer les convenances ; Vasari a toujours tendance à *moraliser* lourdement les choses ; Léonard ne demande rien en fait qui soit contraire à l'usage : le premier peintre du roi ne saurait avoir de moindres funérailles. En réalité, le Vinci ne dit nulle part s'il croit en une vie après la mort ; la mort constitue pour lui le « mal suprême » (*sommo male*)[106] — il écrit simplement de l'âme : « C'est avec une immense répugnance qu'elle se sépare du corps, et je pense que sa douleur et ses lamentations ne sont pas sans cause[107]. » La maladie, les souffrances physiques qu'il a toujours redoutées plus que tout, l'auraient-elles amené à d'autres considérations ? Le plus curieux est qu'il ne donne aucune instruction pour sa sépulture, pour graver une inscription au moins sur sa pierre tombale ; il n'en parle pas — serait-ce l'indice du peu d'importance qu'il accorde à la vie future ? Pourrait-on décider de son épitaphe, on serait tenté de choisir cette phrase qu'il a écrite, une trentaine d'années plus tôt, à Milan : « Comme une journée bien remplie apporte un sommeil heureux, une vie bien employée apporte une heureuse mort[108]. » Mais lui correspond-elle encore ?

En raison des bons et gracieux services qu'ils lui ont rendus, Léonard laisse à son serviteur Battista de Villanis le droit de l'eau, que lui a accordé le roi Louis XII, sur le canal San Cristoforo et la moitié de la vigne que lui a offerte le More ; il laisse l'autre moitié à Salaï, ainsi que la maison que celui-ci y a construite et qu'il habite présentement. A Mathurine, sa servante, il laisse une robe « en bon drap noir doublé de fourrure, un manteau de drap et deux ducats payables en une fois » ; à ses demi-frères, il laisse les quatre cents écus soleil qu'il possède à son compte, à Santa Maria Novella de Florence, ainsi que la petite terre héritée de l'oncle Francesco[109] ; à messire Francesco Melzi, qu'il nomme son exécuteur testamentaire, il lègue enfin tout le reste, sa pension, son avoir, ses vêtements, ses livres, ses écrits et « tous les instruments et portraits concernant son art et métier de peintre ». On est étonné par la maigre part que reçoit Salaï : soit il est brouillé avec son maître — d'où le fait qu'il le quitte avant la fin ; soit il a été richement gratifié avant son départ — d'où la maison qu'il s'est bâtie.

Ses dernières volontés dictées, ayant recommandé son âme à Dieu — avec ou sans ferveur —, Léonard expire au manoir de Cloux le 2 mai 1519.

Vasari raconte que le roi, « qui avait coutume de lui rendre souvent d'affectueuses visites », entra dans sa chambre comme le prêtre qui avait donné l'extrême-onction en sortait. Léonard trouva alors la force de se redresser sur son lit « avec déférence », d'expliquer à François Ier sa maladie et ses manifestations, puis de reconnaître « combien il avait offensé Dieu en ne travaillant pas dans son art comme il eût dû ». Puis il se tut ; il eut un spasme ; alors le roi s'approcha, lui soutint la tête, lui manifesta sa tendresse, s'efforçant de soulager sa souffrance ; de sorte que Léonard eut l'honneur de s'éteindre quelques instants plus tard dans les bras du souverain. En 1850, Léon de Laborde mit en doute le récit de Vasari : il produisit un acte de François Ier daté du 3 mai et rédigé à Saint-Germain-en-Laye : comme il faut deux bons jours à cheval pour faire le trajet d'Amboise à cette ville, le roi ne pouvait se trouver, la veille, au chevet du peintre. La plupart des historiens modernes se sont rangés à cette opinion ; pourtant, comme le remarqua Aimé Champollion, en 1856, l'acte du 3 mai 1519 n'est pas signé par le roi, mais par son chancelier, en l'absence du souverain : il porte la suscription : « Par le Roy. » Il n'est donc pas impossible que François Ier ait assisté Léonard dans ses derniers instants[110]. Personnellement, si je ne crois pas trop que l'artiste se soit repenti d'avoir offensé Dieu en ne se consacrant pas assez à ses pinceaux, je l'imagine très bien cherchant jusqu'à l'ultime seconde à *expliquer* son mal au roi et à en analyser les symptômes : eût-il eu sous la main de l'encre et une plume, et la force d'écrire, il eût sûrement noté dans un carnet comment, avec quelle « répugnance » et dans quelles douleurs, une âme se sépare du corps qui l'abrite.

NOTES

Chapitre X

1. Cod. Atl. 373 r. a ; Léonard a traduit lui-même le début de ce vers de Virgile qu'il cite (tiré de la *Xe Eglogue*) : *Amor omni cosa vince* (l'amour triomphe de tout) — Cod. Atl. 344 r. b.

2. Cette seconde *Vierge aux rochers* (conservée dans l'église San Francesco Grande jusqu'en 1781, arrivée en Angleterre quatre ans plus tard et vendue à la National Gallery de Londres en 1880) divise toujours les historiens de l'art : à quelle époque fut commencée son exécution, pour quelle raison voulut-on une seconde version de l'œuvre (est-ce parce que le roi de France désirait emporter l'original en France ?) et quels en furent exactement les auteurs ? Il semble que Léonard ait aidé Ambrogio de Predis dans certaines parties du tableau (les visages et les mains, en particulier) ; mais avant 1500, ou bien vers 1507 ? Et quels sont les assistants qui y ont travaillé ? Comment expliquer surtout les différences qu'on remarque entre le tableau de Londres et celui du Louvre ? Aucune réponse définitive n'a été apportée à ces questions. Dans le tableau de Londres, les rochers sont brossés d'un pinceau assez dur, l'ange montre un visage maniéré, le petit saint Jean n'a ni le relief ni la grâce de celui du Louvre. C'est également une version *assagie* de l'œuvre originale : des auréoles brillent cette fois au-dessus des têtes, le Christ enfant porte une croix et l'extraordinaire main au doigt tendu de l'ange Uriel a disparu... Toutes ces raisons donnent à penser que Léonard n'a pas dû beaucoup participer à l'achèvement de la peinture. Plusieurs historiens ne partagent pas cet avis, toutefois.

3. Cod. Atl. 271 v. a et 231 r. b. Léonard s'est sans doute inspiré pour le jardin du palais de Charles d'Amboise de la fontaine musicale qu'il a admirée à Rimini..., ainsi que des descriptions humanistes de l'Ile de Vénus — dans les dernières années de sa vie il manifeste un intérêt croissant pour l'Antiquité. Les notes concernant le palais proprement dit se limitent aux dimensions de l'entrée et de l'escalier.

4. Léonard paraît notamment avoir réglé pour les Français une représentation de l'*Orphée* du Politien. Un de ses carnets, le Codex Arundel, mentionne des notes de frais pour des couleurs et de l'or (227 r.), ainsi que le schéma d'une scène tournante (inspirée de Pline) où une montagne s'entrouvre pour révéler la demeure souterraine du dieu des Enfers (231 v. et 224 r.).

5. En 1507, Charles d'Amboise ordonna la construction, dans la banlieue de Milan, du côté de la Porta Comasina, de l'église Santa Maria alla Fontana (sur l'emplacement d'une fontaine miraculeuse). Léonard donna-t-il les plans de cet édifice — inachevé, mais qui existe toujours ? Des croquis du Codex Atlanticus (352 r. b) semblent s'y rapporter.

6. On ne connaît pas la date de la mort de l'oncle Francesco. Son testament, rédigé devant le notaire Girolamo Cecchi, le 2 août 1504 (quelques semaines, donc, après que ser Piero fut mort intestat), se trouvait autrefois aux Archives d'Etat de Florence.

7. Cod. Atl. 214 v. a.

8. Léonard dit dans le brouillon d'une lettre, qui n'est pas de sa main mais qu'il a dictée à Milan : « mon frère, ser Giuliano, chef des autres frères *(capo de li altri fratelli)* ». On ne sait pas à qui est adressée cette lettre (Charles d'Amboise ? le marquis de Mantoue ?) dont le premier paragraphe décrit un lot de pierres semi-précieuses « bonnes pour faire des camées ». (Cod. Atl. 342 v. a.)

9. Le chroniqueur Jean d'Auton a fait le récit de l'entrée triomphale de Louis XII à Milan (le roi venait de mater une rébellion à Gênes) : entre le Dôme et le château, dit-il, le long de « la rue du Mont-de-Piété », s'élevaient des arcs de verdure où se voyaient les armes de la France et de la Bretagne, des images du Seigneur et des saints ; des enfants portaient des flambeaux ; un char triomphal conduisait les Vertus cardinales et le dieu Mars, tenant d'une main une flèche et de l'autre une palme, en signe de victoire...

10. Léonard : « Commencé à Florence en la maison de Pietro di Braccio Martelli, le 22 mars 1508. Ceci sera un recueil sans ordre, fait de nombreux feuillets que j'ai copiés avec l'espoir de les classer par la suite dans l'ordre et à la place qui leur conviennent, selon les matières dont ils traitent ; et je crois qu'avant la fin de celui-ci j'aurai à répéter plusieurs fois la même chose ; ainsi, ô lecteur, ne me blâme pas, car les sujets sont multiples et la mémoire ne saurait les retenir ni dire : Je n'écrirai pas ceci parce que je l'ai déjà écrit... » (B. M. 1 r.)

11. Le musée du Bargello, à Florence, possède également un petit groupe en terre cuite de Rustici qui montre une scène de bataille pleine de violence où un cheval piétine des ennemis à terre ; l'œuvre ressemble aux croquis préparatoires de la *Bataille d'Anghiari ;* Léonard, qui faisait souvent de petits modèles en relief pour les dessiner, a peut-être aidé son ami à la modeler.

12. Cod. Atl. 310 a ; 944 a. La lettre paraît adressée à Charles d'Amboise, mais le nom d'Anton Maria Pallavicino, gouverneur de Bergame, allié aux Français, figure sur la page.

13. Cod. Atl. 364 a ; 1138 b. Messer Gerolamo da Cusano est le fils d'un médecin de la cour des Sforza (selon Solmi). Il semble avoir un poste assez important dans l'administration française (en Lombardie).

14. Léonard note : « Rappel de l'argent que j'ai touché du roi, comme salaire, de juillet 1508 à avril 1509. D'abord 100 *scudi,* puis cinquante, puis 20, puis 200 florins à 48 *scudi* le florin. » (Cod. Atl. 189 a ; 565 a.) Il se trouve donc à Milan avant juillet. Les deux cents florins correspondent sans doute à une œuvre achetée et livrée. Mais laquelle ? En octobre, Léonard prêtera de l'argent à Salaï pour la dot de sa sœur.

15. Don Antonio de Beatis, le secrétaire du cardinal d'Aragon, se réfère au « portrait d'une certaine dame florentine peinte jadis au naturel sur l'ordre de feu le Magnifique Julien de Médicis » (que Léonard montre à son maître, à Amboise, en 1517), en disant ensuite : portrait de « la signora Gualanda ». (Don Antonio de Beatis, *op. cit.*) On ne sait rien de cette femme. Beatis aurait-il compris *Gualanda* pour *Gioconda ?*

16. Un poète de la cour d'Ischia, Enea Irpino, célèbre en vers un portrait que le Vinci aurait peint de sa maîtresse, Costanza d'Avelos, duchesse de Francavilla, veuve de Federico del Balzo — « sous le beau voile noir », dit-il. Il ajoute : « Ce peintre bon et fameux [...] a dépassé l'art et s'est vaincu [*vince*] lui-même. » Costanza doit avoir cependant près de quarante-cinq ans à l'époque où Léonard commence de peindre le tableau que nous appelons la *Joconde*.

17. A 110 v.

18. Madrid II 71 v.

19. La *Joconde* connut une célébrité immédiate : on se mit à l'imiter et la copier dès l'époque de sa création, en France, en Italie, dans les Flandres, en Espagne, même. On peut citer des dizaines de copies de cette œuvre, peintes entre le XVIe et le XIXe siècle : sa gloire ne se démentit pratiquement jamais ; Chassériau la reproduisit fidèlement, Corot s'en inspira pour sa *Femme à la perle;* les symbolistes crurent y puiser l'esprit d'un certain renouveau. Sa gloire fut portée cependant à son comble lorsqu'elle fut volée, en 1911, par un certain Vincenzo Peruggia, peintre en bâtiment, qui voulait, dit-il, que la *Joconde* retournât en Italie, sa patrie d'origine. Le vol puis la restitution du tableau au Louvre, trois ans plus tard, furent extraordinairement exploités par la presse (cela distrayait les esprits, à l'approche de la guerre) : la *jocondophilie* naquit de cette publicité tapageuse — qu'aggravèrent les réactions des avant-gardes picturales, futuriste et dada : la *Joconde* devint le symbole même de la peinture dite *de musée;* et un symbole international lorsqu'elle fut prêtée aux États-Unis (1963), puis au Japon et en Union soviétique (1974).

20. Cod. Arundel 241 r. Léonard fabriqua un modèle de son compteur hydraulique pour le riche Florentin Bernardo Rucellai. Peut-être comptait-il en vendre le « brevet » aux Toscans comme aux Français en Lombardie ?

21. Vers 1508, Léonard envisage de nouveau de regrouper ses notes afin de composer un grand traité sur l'eau ; il divise son étude en quinze livres (ou chapitres) : « 1. de l'eau en soi ; 2. de la mer ; 3. des sources ; 4. des fleuves ; 5. de la nature des profondeurs ; 6. des obstacles ; 7. des graviers ; 8. de la surface de l'eau : 9. des choses qui s'y meuvent ; 10. des moyens de réparer les (berges des) fleuves ; 11. des conduits ; 12. des canaux ; 13. des machines actionnées par l'eau ; 14. de la manière de faire monter l'eau ; 15. des choses que détruit l'eau. » (Leic. 15 b.) Léonard ne mettra jamais en forme ce traité (dont le plan est sans cesse modifié ou élargi), mais il y travaillera jusqu'à la fin de sa vie. Une partie de ses notes sera éditée, en 1828, à Rome, par Francesco Cardinali, sous le titre : *De moto et misura dell'acqua.*

22. Cod. Atl. 335 r. a ; 141 v. b.

23. Nous possédons deux brouillons, à la suite l'un de l'autre, de la lettre qu'envoya Léonard à Francesco Melzi en 1507. Le second (correspondant sans doute à la lettre expédiée) est à la fois plus long et plus réservé : Léonard n'a pas pour habitude d'extérioriser ses sentiments de la sorte.

24. Lettre d'Hercule Ier d'Este, duc de Ferrare, à Giovanni Valla, datée du 19 septembre 1501 : « Vu qu'il existe à Milan le modèle d'un cheval exécuté par un certain messer Léonard, maître des plus habiles en ce genre de travaux, modèle dont le duc Ludovic a toujours projeté la fonte, nous pensons que s'il nous était possible de faire usage de ce modèle, ce serait chose bonne et souhaitable que de le fondre en bronze. [...] Nous prendrions volontiers la peine de le transporter, sachant qu'à Milan ledit modèle se détériore de jour en jour ; car il n'en est pas pris soin. »

25. Le maréchal Trivulce demande (par deux testaments, l'un daté de 1504, l'autre de 1507) qu'une chapelle lui soit bâtie, contre la basilique San Nazaro, hors des murs de Milan, et qu'un monument funéraire y soit élevé. La chapelle sera construite, à partir de 1511, sur des plans de Bramantino — plans auxquels contribue probablement Léonard.

26. Windsor 12353, 12354, 12355, 12356, 12360...

27. Le devis pour « le monument de messer Giovanni Giacomo da Trivulzio » occupe une page entière du Codex Atlanticus (179 v. b). Il est écrit à l'envers, ce qui prouve qu'il ne s'agit que d'un brouillon. C'est notre meilleure source d'information sur le détail du projet que Léonard avait en tête.

28. Windsor 12347 a.

29. Le dimanche 30 avril 1509, « veille des calendes de mai », à la fin de l'après-midi, Léonard croit avoir résolu cette fois, après y avoir longtemps travaillé, le problème de la quadrature d'un arc de cercle (Windsor 19145). Il reviendra encore sur son imparfaite et complexe solution.

30. G 1 b.

31. Léonard : « Dans une peau de boudin, mets du blanc d'œuf et fais bouillir ; une fois durcie, recouvre de peinture les taches, puis enduis de nouveau de blanc d'œuf, et remets dans une peau plus grande. » (Forster III 33 v.)

32. Léonard fait d'abord une pâte en laissant macérer de petites perles ou de la nacre dans du jus de citron. Puis il élimine le citron en rinçant à l'eau claire. La pâte doit ensuite sécher, être réduite en poudre, puis mélangée avec du blanc d'œuf. Les perles façonnées dans cette mixture doivent être longuement polies au tour pour avoir de l'éclat (Cod. Atl. 109 v. b).

33. Windsor 12677.

34. Cod. Atl. 313 v. b.

35. Feuillets B 10 v.

36. Feuillets A 18 r.

37. Marcantonio della Torre, né vers 1480, fils d'un professeur de médecine, reprend très jeune, semble-t-il, la chaire de son père. Il est ensuite nommé à Pavie ; si Léonard se lie avec lui, comme le dit Vasari, ce doit être en Lombardie, vers 1509. Leur collaboration ne peut en tout cas durer longtemps : ce brillant universitaire meurt en 1511.

38. Léonard parle de disséquer le pied de divers animaux (feuillets A 17 r.), de décrire « la langue du pivert et la mâchoire du crocodile » (Quaderni 13 v.), d'étudier les intestins de singes, d'oiseaux, du lion (feuillets B 37 r.). Il semble qu'il ait surtout pu examiner des bœufs, des vaches et des chevaux. Il a fait aussi des expériences sur les grenouilles : « La grenouille, dit-il, meurt instantanément lorsqu'on pique sa moelle épinière (avec une aiguille) ; auparavant, elle vivait sans tête, sans boyaux ni entrailles, écorchée : c'est donc là que paraît être le foyer du mouvement et de la vie. » (Quaderni V 21 v.)

39. Quaderni III 3 v.

40. Quaderni IV 167 a.

41. Quaderni II 3 r.

42. Quaderni I 6 r.

43. Quaderni I 2 r.

44. Léonard : « Fais deux trous d'air dans les cornes du plus grand ventricule (du cerveau) ; prends avec une seringue de la cire fondue, fais une ouverture dans le ventricule de la mémoire et remplis par ce trou les trois ventricules du cerveau. Dès que la cire s'est solidifiée, dissèque le cerveau et tu verras distinctement la forme des trois ventricules. » (Quaderni V 7 r.)

45. Quaderni III 12 v.

46. G 89 a.

47. Windsor 19115 r.

48. I 18 r.

49. Léonard : « La nécessité est maîtresse et nourrice de la nature ; la nécessité est le thème et la raison d'être de la nature ; elle en est le frein et la règle éternelle » (Forster II 49 a). Est-ce son sentiment ultime ? Pour tenter de rendre compte ici des divers mouvements de la pensée du Vinci, on doit nécessairement les réduire à de grandes lignes schématiques ; en réalité, il s'agit d'incertitudes, d'élans, de retournements, de volte-face successifs, le labyrinthique Léonard tournant et retournant longtemps chaque idée (et son contraire) avant de se résoudre — par à-coups — à une opinion, à une attitude.

50. Antonio Segni était le maître des Monnaies du pape ; ses rapports avec Léonard ne se sont pas limités à la commande de la *Fontaine de Neptune*, jamais réalisée — il lui aurait demandé aussi les plans d'une machine pour battre la monnaie et frapper les médailles. Erudit, très versé en mythologie, c'est pour lui, et sur ses indications, que Botticelli a peint la *Calomnie d'Apelle.*

51. La thèse selon laquelle un ministre de Louis XIII aurait fait détruire la *Léda* paraît tout à fait dénuée de fondement. D'autre part, Carlo Goldoni signale en 1775 qu'il n'est pas non plus fait mention du tableau dans la liste des œuvres jetées au feu par Mme de Maintenon. De sorte que l'on ignore complètement comment ce tableau a disparu des collections royales.

52. *Léda agenouillée* : Rotterdam, musée Boymans ; Chatsworth, Devonshire Collection, Windsor 12337. La *Léda debout* se voit sur de minuscules esquisses parmi des études de géométrie, et, à peine visible, au milieu de croquis d'armes et d'instruments de musique anciens : Cod. Atl. 423 r., Windsor 12642 v., fol. D du manuscrit B. L'étude du Louvre, un moment attribuée à Léonard, est peut-être un dessin de Melzi d'après le tableau ou le carton.

53. Windsor 12515, 12516, 12517, 12518.

54. Le cardinal d'Amboise a dû inviter Léonard en France vers 1507. On a cru un moment que le peintre s'y était rendu à cette date, car une lettre lui a été adressée avec cette suscription : « Monsieur Lyonnard, peintre du Roy pour Amboyse. » Cette thèse est aujourd'hui rejetée ; mais il n'est pas impossible que Léonard ait envoyé alors en France les plans d'un château.

55. Cod. Atl. 83 r. a.

56. Cod. Atl. 277 v. a.

57. Windsor 12416.

58. Le 25 mars 1513, Léonard doit être de retour à Milan, car il est de nouveau consulté par la Fabrique du Dôme.

59. Cod. Atl. 395 r. b, 62 r. b, 153 r. d ; 153 r. e ; Windsor 19107 v.

60. Sur une page datée du 9 janvier 1513, on trouve à la fois des études d'anatomie, de la villa Melzi et du château de Trezzo (Windsor 19077 v.). Une autre planche montre une aile d'oiseau disséquée, un puits et des plans de bâtiments (Windsor 19107 v.). La villa existe toujours ; il semble que le projet de Léonard ait été partiellement réalisé.

61. E 1 a. D'Adda pense que ce Fanfoia n'est pas un serviteur de Léonard, mais le sculpteur Bambaia. On trouve également dans le Codex Atlanticus (400 r.) cette note relative au voyage à Rome : « 13 ducats pour 500 livres, d'ici à Rome ; 120 milles de Florence à Rome ; 180 milles d'ici à Florence. » Il s'agit sans doute de frais de transport.

62. Léonard note dans un mémorandum le nom de Lorenzo di Pierfrancesco de Médicis (Br. M. 191 a). Ce Lorenzo était le gendre du seigneur de Piombino, Jacques IV Appiani, au service duquel Léonard passa quelques mois en 1504. Amerigo Vespucci travailla dans sa jeunesse pour Lorenzo, il lui envoya une relation de son voyage, de Lisbonne. Or c'est un Vespucci, secrétaire de Machiavel, qui fit pour Léonard le récit de la bataille d'Anghiari. Florence, encore une fois, était une petite ville où tout le monde devait se connaître.

63. Cod. Atl. 159 r. c.

64. F 96 b.

65. Feuillet A 2 r. Léonard dit encore : « On choisit pour guérisseurs des personnes qui n'entendent rien aux maux qu'elles traitent. » (Br. M. 147 v.)

66. Léonard : *un guardo cuore di pele.* L 1 b.

67. Cod. Atl. 114 r. a.

68. Cod. Atl. 83 r. a.

69. Cod. Atl. 90 a. Léonard note auprès de problèmes de mathématiques et de géométrie : « Achevé le 7 juillet, à la vingt-troisième heure, au Belvédère, dans le *studio* que m'a donné le Magnifique (Julien de Médicis). »

70. Léonard : « Il faut observer le mouvement de la respiration du poumon de l'homme ; le rythme du mouvement de l'eau attirée par la terre au cours de 12 heures, dans son flux et son reflux, pourrait nous faire trouver les dimensions du poumon de la terre... » (Cod. Atl. 260 r.)

71. Cod. Atl. 12 r., 13 r.

72. G 43 a, 70 b, 71 a, 72 a et b ; Cod. Atl. 3 r. a. Il ne semble pas que les travaux de Léonard sur la frappe de médailles et monnaies (commandés peut-être au départ par son ami Segni — voir la note 50 de ce chapitre) aient abouti à des solutions très neuves.

73. Windsor 12684 ; Cod. Atl. 167 v. a, 281 r. a. Sur la carte des marais Pontins, les noms propres sont de la main de Melzi.

74. Cod. Atl. 17 v, 1057 v.

75. Léonard : « Pour voir la nature des planètes, ouvre le toit et ramène l'image d'une seule planète sur la *base* [sur la base d'un miroir concave]. Alors l'image de la planète reflétée par la *base* montrera la surface de la planète beaucoup plus grande. » (Cod. Arundel 279 v.)

76. Maître Giovanni des Miroirs, selon Léonard, prétend que son salaire mensuel est de huit florins, quand Julien de Médicis ne lui en a promis que sept. Léonard est tellement échauffé par ses problèmes avec les deux Allemands que l'on ne sait pas toujours duquel il parle.

77. Les brouillons de la lettre à Julien de Médicis se trouvent dans le Codex Atlanticus (243 b, 278 a, 729 b, 850 a, 179 b, 541 b). Léonard a autant de mal à raconter ses mésaventures qu'à trouver une formule de politesse correcte.

78. G 46 v. Léonard doit prendre aussi ce ton et ce langage d'alchimiste sous l'influence de son maître, versé dans le Grand Art, selon Vasari.

79. Les notes relatives à la mystérieuse *sagoma,* de laquelle doit sortir le miroir parabolique, se trouvent essentiellement dans le manuscrit G. C'est là que Léonard se rappelle de procéder comme pour la boule de la cathédrale construite par Verrocchio.

80. Le 9 décembre 1515, de Milan, Léonard aurait écrit à Zanobi Boni, son métayer, qui s'occupe de la vigne héritée de l'oncle Francesco, pour se plaindre de la mauvaise qualité du vin pressé à l'automne. L'authenticité de cette lettre (achetée en 1822 par un M. Bourdillon à une mystérieuse Florentine) n'est pas prouvée ; le texte est cité *in extenso* par Pedretti, dans ses *Commentaires.*

81. Plusieurs dessins du projet portuaire de Civitavecchia se trouvent dans le Codex Atlanticus (271 v. d, 113 r. b, 12 r. b, 285 r. a). Voir A. Bruschi, *Bramante, Leonardo e Francesco di Giorgio a Civitavecchia,* in Studi Bramanteschi, Rome, 1974.

82. Selon Vasari, le concours pour la façade de San Lorenzo, à Florence, aurait été l'occasion d'un nouvel affrontement entre Léonard et Michel-Ange ; Léonard aurait même fui l'Italie pour ne pas avoir à se mesurer avec le sculpteur. En réalité, Michel-Ange commença de travailler à cette façade en 1516, alors que Léonard était encore à Rome.

83. Léonard, d'après ses notes et ses plans, voulait agrandir la place San Lorenzo, en démolissant l'église San Giovannino et en la reconstruisant plus loin. Il aurait alors élevé le nouveau palais des Médicis en face de l'ancien, via Larga. (Cod. Atl. 315 r. b.)

84. H 139 b.

85. Cod. Atl. 287 v. a.

86. Windsor 12409.

87. Windsor 12698.

88. Windsor 12665 v.

89. Léonard, soucieux de saisir comment s'est formé le monde, cherche une explication logique au Déluge ; les chiffres donnés dans la Bible (« un mille, en quarante jours » — Cod. Atl. 18 v. a.) lui paraissent impossibles. C'est en s'ingéniant à comprendre comment les choses se sont passées, rationnellement, qu'il en vient peu à peu à imaginer, puis à décrire en détail, comme s'il visualisait l'événement, sa version personnelle du Déluge. Comme il emploie tantôt le futur, tantôt le passé, son récit fait autant figure de prophétie que de « reconstitution ».

90. Windsor 12382, 12383, 12378...

91. Le *Saint Jean-Baptiste* semble avoir figuré dans les collections de François Ier, puis avoir été échangé par un chambellan de Louis XIII, à Charles Ier d'Angleterre, contre le *Portrait d'Erasme,* par Holbein, et une *Sainte Famille,* par

Titien ; ce n'est pas prouvé ; Louis XIV l'acheta en tout cas, au milieu de la collection Jabach, avant 1666.

92. L'indication du départ de Julien et de la mort de Louis XII se trouve au verso de la couverture du manuscrit G ; au-dessus, Léonard a noté qu'il était descendu à l'auberge de la Cloche, à Parme, en 1514. Parme, cité soumise au pape, dépendait alors de Julien de Médicis.

93. On ignore à peu près tout de ce lion mécanique. Vasari pense qu'il a été conçu pour Louis XII. Il semble qu'il ait été présenté pour la première fois à Lyon, par la communauté florentine, à François Ier, en 1515 ; puis qu'on s'en soit resservi. Les chroniques signalent aussi un cœur automate d'où sortait un couple enlacé, offert au roi à Argentan — ce pourrait être une autre invention de Léonard. Ces objets ont disparu.

94. Cod. Atl. 172 v. b.

95. Le manoir de Cloux, qu'on appelle aujourd'hui Clos-Lucé, existe toujours, à Amboise. De tous les endroits où vécut Léonard, c'est celui qui conserve le mieux son souvenir. La demeure a cependant été considérablement remaniée depuis le XVIe siècle ; une aile a été rajoutée, l'escalier, déplacé ; le lit qu'on montre dans « sa chambre » n'est absolument pas celui dans lequel il mourut.

96. Le paysage d'Amboise vu de la fenêtre de la chambre de Léonard a été un moment attribué au maître, mais il est sans doute de Melzi. Il est conservé à Windsor.

97. Beatis parle d'un « Saint Jean-Baptiste *jeune* » ; il devait être étonné en fait de ne pas trouver le saint décharné et sévère, tel qu'on le représente d'ordinaire.

98. Br. M. 180 b.

99. Cod. Atl. 289 v. c.

100. Noté sous l'indication : « Le 24 juin 1518, jour de la Saint-Jean, à Amboise, dans le *palazzo* de Cloux. » (Cod. Atl. 249 r.)

101. Madrid II 24 a.

102. Ce poisson fossile, découvert apparemment lors du creusement d'un canal, a beaucoup frappé Léonard. Il lui a inspiré plusieurs textes, très littéraires. Je citerai cet extrait : « O puissant et jadis vivant instrument de la nature constructive, ta grande force ne t'a pas servi ; et tu as dû abandonner ta vie tranquille pour obéir à la loi que Dieu et le temps ont édictée pour la nature universellement procréatrice. » Léonard, qui semble penser ici à son propre sort, a toujours eu l'idée que les êtres animés devaient mourir pour qu'en soient engendrés d'autres — d'où sa crainte, son horreur devant la procréation, qui s'opère *sur un monceau de cadavres ;* de là également, d'une certaine façon, son régime végétarien.

103. Léonard : « Le soir de la Saint-Antoine, je suis rentré de Romorantin à Amboise ; le roi était parti deux jours avant de Romorantin. » (Cod. Atl. 249 r.)

104. Sur le projet de Romorantin, voir Pedretti, *Leonardo da Vinci, The Royal Palace at Romorantin,* Cambridge, Mass., 1972.

105. Br. M. 245 a.

106. Léonard : « Tout mal laisse une tristesse dans la mémoire, hormis le mal suprême, la mort, qui détruit la mémoire en même temps que la vie. » (H 33 v.)

107. Feuillets A 2 r.

108. Tr. Tav. 28 a.

109. Léonard ne fait pas allusion dans son testament à cette terre qu'il a héritée de son oncle Francesco, mais on en trouve mention dans une lettre envoyée par Melzi aux demi-frères du Vinci : tel devait être l'arrangement auquel ils étaient parvenus après le procès de 1507 : Léonard conservait la jouissance de cette propriété jusqu'à sa mort, après quoi elle revenait d'office à ses demi-frères. Cela explique la phrase citée plus haut : « Oh ! pourquoi ne pas lui en laisser la jouissance durant sa vie, puisque cela finira par revenir à vos enfants ? »

110. Les historiens n'ont jamais tenu compte de la communication d'Aimé Champollion ; elle a pourtant été reprise par Jean Adhémar dans un article paru dans le journal *le Monde*, le 25 juillet 1952.

XI

L'EMPREINTE

Seule la vérité fut fille du temps.

LÉONARD (M 58 v.)

« Sa renommée s'étendit tellement, dit Vasari, que, tenu en haute estime de son vivant, il connut une gloire plus grande encore après sa mort. »

Dans la première édition des *Vies,* Vasari disait mieux encore de Léonard : « Le ciel nous envoie parfois des êtres qui ne représentent pas la seule humanité, mais la divinité elle-même, afin que, en les prenant pour modèles et en les imitant, notre esprit et le meilleur de notre intelligence puissent approcher les plus hautes sphères célestes. L'expérience montre que ceux-là que le hasard pousse à étudier et à suivre les traces de ces merveilleux génies, même si la nature ne les aide pas, ou les aide peu, s'approchent du moins des œuvres surnaturelles qui participent de cette divinité. » Pourquoi supprima-t-il ces lignes dans son édition de 1568 ? Pour faire la place plus belle à Michel-Ange ?

Il ne cita pas les noms de tous les élèves directs du maître, les jugeant sans doute, non sans raison, *peu aidés par la nature,* c'est-à-dire dépourvus de la grâce innée qui fait la vraie grandeur. Paul Jove dit également que le Vinci « ne laissa aucun disciple de talent » ; fût-ce parce qu'il les choisissait pour leur physique, pour leur drôlerie, qu'il les gardait pour leur dévouement — plus que pour leurs qualités ? Outre Salaï et Melzi, Vasari nomma Giovanantonio Boltraffio et Marco Uggioni (d'Oggiono). L'Anonyme Gaddiano mentionna pour sa part Zoroastre de Peretola, Riccio Fiorentino, Ferrando l'Espagnol, ou plutôt Fernando de Llanos (qui assistèrent Léonard pour la *Bataille d'Anghiari*). Nous connaissons par ailleurs beaucoup d'autres élèves — on ne peut toujours préciser à quelle époque ils entrèrent dans l'atelier, ni le temps qu'ils y demeurèrent ; et à ceux-là s'ajoutent tous ceux qui furent marqués par son influence — qui le copièrent, qui l'imitèrent — sans avoir vraiment travaillé auprès de lui. J'ai déjà évoqué certains ; il faudrait parler encore de Cesare da Sesto, un des plus doués, de Gianpetrino, de

Vincenzo Civerchio, de Bernardino de' Conti, de Cesare Magni, du Maître du retable Sforza... Andrea Solario, Bernardino Luini, tout comme le Sodoma et Baccio Bandinelli, empruntèrent énormément à Léonard, mais ils surent par leur *virtù* personnelle résister à son emprise, s'en dégager ; ils furent moins écrasés par son génie magistral. Enfin, il y eut tous ceux qui retinrent quelque chose de sa manière — de ses *inventions* — et la développèrent sans trop s'y arrêter ni en dépendre : Piero di Cosimo, Raphaël, Giorgione, Sebastiano del Piombo, jusqu'à Pontormo, Bronzino... La place manque ici cependant pour analyser le rayonnement de Léonard — dans toute l'Europe et à travers les siècles.

Le 1er juin 1519, Francesco Melzi écrivit aux demi-frères de Léonard pour leur annoncer la disparition de l'artiste : « Il m'était comme le meilleur des pères, leur dit-il, et la douleur que j'ai éprouvée à sa mort me paraît impossible à exprimer ; et tant que mes membres tiendront ensemble j'en ressentirai le malheur éternel, et avec juste raison, car il me donnait chaque jour les preuves d'une affection passionnée et ardente. C'est à chacun de se désoler de la perte d'un homme tel que la nature n'a pas le pouvoir d'en recréer. »

Ces derniers mots — *quale non é più in podesta della natura* — se gravèrent sans doute dans l'esprit de l'un des frères de Léonard, Bartolomeo, issu du quatrième mariage de ser Piero. Ce Bartolomeo tenta de leur donner un vivant démenti. Vasari dit qu'il épousa une jeune fille des environs de Vinci — très semblable en cela à Caterina ; puis : « Bartolomeo souhaitait avoir un fils ; il parlait sans cesse de l'immense génie qu'avait été son frère et priait Dieu qu'il le trouvât digne d'engendrer un autre Léonard, le premier étant mort à cette époque (en réalité, dix ans plus tôt). Lorsque, peu de temps après, lui naquit, selon ses vœux, un joli garçon, il voulut lui donner le nom de Léonard, mais ses proches lui conseillèrent de reprendre celui de son propre père, et il appela l'enfant Piero. » Cet enfant, beau comme l'avait été son oncle, montra très vite « une étonnante vivacité d'esprit ». Un astrologue, Giuliano del Carmine, et un prêtre chiromancien lui prédirent une carrière fulgurante — brillante mais brève. On lui enseigna les lettres ; il apprit tout seul à dessiner et à modeler des figures en terre ; il apparut incroyablement doué ; de sorte que Bartolomeo comprit qu'il n'avait pas prié en vain, « que son frère lui était rendu dans son fils » : Dieu avait exaucé son souhait, le miracle s'était reproduit. Il envoya l'adolescent, qu'on nommait à présent Pierino de Vinci, étudier à Florence, chez Bandinelli qui avait été lié à Léonard ; puis il le confia au sculpteur Tribolo. Pierino émerveilla son maître et ses condisciples. Il réussissait surtout en sculpture : il fit une fontaine, puis un *Bacchus* de marbre, puis des *putti* de bronze pour un bassin, et d'autres choses encore qui suscitèrent une admiration unanime ; à la différence de son oncle, il ne semblait pas avare de son talent. Il alla à Rome où il assimila la manière de Michel-Ange. Malheureusement, la prédiction de l'astrologue et du chiromancien s'avéra juste jusqu'au bout : alors que le bruit de sa renommée commençait d'emplir l'Italie, Pierino fut emporté par une fièvre — à l'âge de vingt-trois ans, à Pise, en 1553. Il nous reste quelques sculptures de sa main (dont un *Dieu des Eaux,* au musée du Louvre, et un *Samson et un Philistin,* au Palazzo Vecchio de Florence) qui révèlent tout ce qu'il aurait pu devenir. Dans un sonnet composé à sa mémoire, un de ses amis, Benedetto Varchi, déplora qu'un sort funeste eût enlevé au monde, « ô douleur, le deuxième Vinci ».

Le *sort funeste* s'acharna sur Léonard par-delà la mort. La copie de l'acte d'inhumation de l'artiste dans la collégiale royale de Saint-Florentin, à Amboise, daté du 12 août 1519, laisse penser qu'il y eut un enterrement provisoire, puis que la dépouille connut, trois mois plus tard, une sépulture digne d'elle. En 1802, un sénateur fut mandaté par Napoléon pour restaurer les monuments d'Amboise, très abîmés sûrement par le temps et le vandalisme révolutionnaire ; la chapelle Saint-Florentin ne lui parut pas mériter d'être conservée : cette ruine obstrue la vue *d'une manière choquante,* écrivit-il dans son rapport. Il la fit démolir, et ordonna que les dalles funéraires et les pierres des tombes servissent aux réparations du château. On fondit le plomb des cercueils ; des enfants jouaient avec les ossements abandonnés parmi les décombres, comme avec des quilles, quand un jardinier s'en émut et prit sur lui de les enfouir dans un coin de cour. Tous les cercueils cependant n'avaient pas été éventrés — on ignorait où étaient les restes de Léonard. Les enfants avaient peut-être pulvérisé son crâne, comme les archers gascons de Louis XII avaient abattu le *cavallo.* En 1863, le poète Arsène Houssaye entreprit pourtant de fouiller le terrain, là où s'était dressé Saint-Florentin. Il découvrit un grand squelette entier (certains prétendent même qu'il y avait trois fémurs), au bras replié, la tête reposant curieusement sur la main, et, non loin, des fragments de dalle portant une inscription à demi effacée : EO DUS VINC... Leonardus Vincius ? Il jugea le crâne assez vaste pour loger un cerveau exceptionnel (« Nous n'avions pas vu encore de tête si magistralement dessinée par ou pour l'intelligence, dit-il. [...] Après trois siècles et demi, la mort n'avait pu déprimer encore la fierté de cette tête majestueuse »). Il en fit un moulage que purent examiner les phrénologues parisiens ; une souscription permit d'élever un monument. Rangés d'abord dans un panier, ces ossements furent égarés, puis retrouvés par le comte de Paris qui les fit ensevelir, en 1874, dans la chapelle Saint-Hubert du château, sous une plaque où il inscrivit honnêtement qu'on *supposait* que là se trouvait la dépouille de Léonard de Vinci. Le monument et la pierre sont toujours visibles, tandis que les fragments de l'ancienne dalle déterrée, qui auraient pu nous éclairer aujourd'hui, n'ont pas été gardés ; il n'en reste que la reproduction en gravure (à la Bibliothèque nationale de Paris). Jusqu'au bout, en chaque chose, la fatalité, l'incertitude...

Francesco Melzi ne retourna pas tout de suite en Italie ; un document nous apprend que le 20 août 1519 il était toujours à Amboise, pensionné par le roi, et qu'il avait pris Villanis pour serviteur. Il céda probablement à François Ier — si ce n'était déjà fait — les tableaux que Léonard avait emportés en France : on songe aux trois œuvres mentionnées par Beatis (le père Dan assure que le roi paya la *Joconde* quatre mille écus ; mais rien ne confirme ses dires). Puis, ayant soigneusement exécuté les dernières volontés de son maître et ami, il reprit le chemin de Milan, en 1520 ou 1521, ses bagages gonflés de l'héritage essentiel : les milliers de pages des carnets et tous les dessins, objets et instruments du peintre, à lui seul légués.

En 1523, on le retrouve en Lombardie — ainsi que Salaï (qui est tué d'un coup d'arquebuse, semble-t-il, l'année suivante). Une pièce de la villa de Vaprio est consacrée aux manuscrits du maître. Francesco les montre volontiers aux visiteurs — Alfonso Benedetto, envoyé du duc de Ferrare, signale à ce dernier la présence chez Melzi des « livres sur l'anatomie et beaucoup d'autres belles choses ». Il ouvre fièrement cartons et cahiers : Lomazzo, Luini, Vasari les consultent tour à tour ; il travaille surtout à poursuivre le classement des notes et à en recopier certaines en vue de les publier (des copies de traités sur l'art ont sans doute été déjà entreprises en France, ce qui expliquerait que Cellini en ait connaissance, à la cour de François Ier, au milieu du siècle). A cette fin, il engage deux scribes ; sous sa direction, ils mettent en forme le recueil connu aujourd'hui sous le nom de *Trattato della pittura ;* pour une raison inconnue, cependant, comme Léonard avant eux, ils n'achèvent pas leur compilation ; le manuscrit inachevé passe aux mains d'un obscur artiste milanais, puis il va aux ducs d'Urbino, puis il entre au Vatican, où il prend le nom de ses derniers propriétaires — il est ainsi catalogué *Codex Urbinas latinus 1270.* Il ne sera publié qu'en 1651.

Melzi meurt en 1570. Il s'était marié. Son fils, Orazio, n'ayant pas les mêmes goûts que lui, excédé sans doute par le culte que devait vouer son père à Léonard, relègue alors tous les manuscrits, pêle-mêle dans des caisses, au fond d'un grenier de Vaprio. Lelio Gavardi, précepteur de la famille, n'a aucun mal à s'emparer alors de treize gros volumes qu'il cède au grand-duc de Toscane. Le Milanais Mazenta, moine barnabite, les récupère, il veut les restituer aux Melzi ; ceux-ci disent en avoir beaucoup d'autres, qui ne leur servent à rien ; ils les lui laissent. L'histoire se sait ; de sorte que des amateurs se présentent bientôt à Vaprio : on leur donne ce qu'ils veulent. Un certain Pompeo Leoni d'Arezzo, sculpteur du roi de Sardaigne, en obtient beaucoup ; il s'arrange pour reprendre également (en deux fois) dix des treize volumes de Mazenta, les autres tombant entre les mains l'un du cardinal Borromeo (le manuscrit C avec un autre disparu), l'un d'un peintre obscur, l'un de Charles-Emmanuel de Savoie — ces deux derniers sont maintenant perdus. La dispersion va se poursuivre — jusqu'au XIXe siècle.

Leoni, trouvant beaucoup de papiers de Léonard épars, de dimensions différentes et traitant de sujets très variés, les trie, les coupe selon sa préférence et les colle sur de grandes feuilles qu'il relie en deux forts volumes — davantage, selon certains ; il intitule sa première compilation : « Dessins de machines et des arts secrets et autres choses de Léonard de Vinci, recueillis par Pompeo Leoni. » En raison de son format, dit « atlantique » (parce qu'il convient aux atlas), le manuscrit recevra en fait le nom de *Codex Atlanticus* (le second ira à Windsor où les planches seront détachées et montées séparément). Quant aux carnets entiers en sa possession, Leoni les négocie en partie en Espagne ; après sa mort, en 1608, son héritier cède le reste au comte Galeazzo Arconati.

Arconati va léguer ainsi onze carnets à la bibliothèque Ambrosienne, parmi lesquels le *Codex Atlanticus;* certains disparaissent bientôt, probablement volés. Des pages sont également arrachées : le Codex Trivulcien (de la bibliothèque Trivulcienne) comportait soixante-deux feuillets à l'origine ; Arconati en compte cinquante-quatre ; il y en a cinquante et un à présent.

Dès le début du XVIIe siècle, les dessins du Vinci sont très recherchés, particulièrement en Angleterre. Lord Arundel en acquiert une grande quantité, pour son compte ou pour celui du roi Charles Ier. Des carnets échouent aussi à Vienne ; lord Lytton les y achète à la fin du XIXe siècle, pour les revendre à un certain John Forster (d'où le nom qu'on leur donne : *Forster I, II, III*) ; celui-ci les offre ensuite au Victoria and Albert Museum...

Lors de la campagne d'Italie, Napoléon, raflant œuvres d'art, manuscrits et objets précieux, fait transférer à Paris tous les écrits de Léonard conservés à la bibliothèque Ambrosienne de Milan ; le *Codex Atlanticus* est restitué, en 1815, mais les autres carnets (désignés par les lettres : A, B, E, F, G, H, I, L, M, plus ceux que l'on appelle B.N. 2037 et 2038, ou Ashburnham I et II, et qui faisaient partie au départ des manuscrits A et B) demeurent à l'Institut de France. À partir de cette époque, on commence de s'intéresser aux écrits de l'artiste autant qu'à ses dessins : Venturi inaugure leur étude, puis Ravaisson-Mollien leur difficile transcription. A l'exception du *Traité de la peinture* (et d'une petite anthologie des écrits sur l'eau), aucun texte de Léonard n'était encore édité. Plus de trois siècles après sa mort, voilà donc que l'image se reforme de l'homme — et, à mesure que ses écrits sont déchiffrés et commentés, celles de l'architecte, de l'ingénieur, du savant, du penseur, de l'écrivain...

Aujourd'hui, les manuscrits de Léonard — carnets entiers de toutes tailles dans leur couverture originale, recueils artificiels, feuilles isolées que l'artiste pliait parfois pour les transporter commodément sur lui, pages arrachées à des cahiers (par un certain Guglielmo Libri, notamment), vignettes découpées par des collectionneurs sans scrupule — sont partagés entre les bibliothèques Ambrosienne et Trivulcienne de Milan, l'Institut de France de Paris, la Bibliothèque royale de Windsor, le British Museum et le Victoria and Albert Museum de Londres, la Library of Christ Church d'Oxford, l'Academia de Venise, la Bibliothèque ex-royale de Turin. On trouve encore des pages de notes et de dessins aux Offices de Florence, au musée du Louvre et à l'Ecole des Beaux-Arts, à Paris, au musée Bonnat de Bayonne, au Metropolitan Museum de New York, au Schloss-Museum de Weimar, à la Bibliothèque municipale de Nantes, chez des particuliers. Le seul carnet important dans une collection privée est le Codex Leicester, du nom de son ancien propriétaire, acquis en 1980 dans une vente publique, chez Christie's, à Londres, par la Fondation Armand Hammer, pour la somme de 24 000 000 de francs (racheté depuis par Bill Gates, le patron de Microsoft)... C'est un puzzle immense qui n'a pas fini de livrer ses secrets. D'autant qu'un grand nombre de manuscrits a disparu — il ne subsiste, estime-t-on, que les deux tiers environ des écrits de Léonard : sept mille des treize mille pages initiales ; certaines réapparaîtront peut-être un jour, comme peuvent resurgir de l'ombre des peintures : d'importants carnets qui faisaient partie du butin de Pompeo Leoni, égarés depuis 1866, ont été ainsi découverts, en 1965, dans le dédale des rayons de la Bibliothèque nationale de Madrid (*Madrid I et II*) — leur transcription a considérablement augmenté notre connaissance de la période milanaise du Vinci.

Chaque être humain constitue une énigme qui se complique en général avec le temps. Sur Léonard, alchimiste infini du clair-obscur, *a fortiori*, comment espérer prononcer jamais le dernier mot ? Aucune vie, aucune pensée — quelque empreinte qu'elles aient laissées — ne saurait être reconstituée entièrement ; l'acharnement de générations de chercheurs produit dans le meilleur des cas une *forme* cohérente. C'est déjà énorme : cela permet de percevoir à son tour un reflet, un écho des merveilleuses « sphères célestes » dont parlait Vasari — de sentir rejaillir sur soi, comme une manne, l'harmonie et la lumière d'où ils procèdent.

BIBLIOGRAPHIE

La bonne littérature a pour auteurs des hommes doués de probité naturelle, et comme il convient de louer plutôt l'entreprise que le résultat, tu devras accorder de plus grandes louanges à l'homme probe peu habile aux lettres, qu'à celui qui est habile aux lettres mais dénué de probité.

LÉONARD (*Cod. Atl. 76 r. a*).

ÉCRITS DE LÉONARD

Les textes en fac-similé, leur transcription :

Les Manuscrits de Léonard de Vinci, du manuscrit A au manuscrit M, éd. C. Ravaisson-Mollien, 6 vol., Paris, 1881-1891. — Il existe également une transcription plus récente des manuscrits A et B (Reale Commissione Vinciana, Rome, 1938 et 1941) et de A à D (éd. A. Corbeau et De Toni).

Les Manuscrits de Léonard de Vinci, manuscrits Ash. I et II, éd. C. Ravaisson-Mollien, Paris, 1881-1891.

I manoscritti e i desegni di Leonardo da Vinci, Il Codice Arundel, Reale Commissione Vinciana, 4 vol., Rome, 1923-1930.

Il Codice Atlantico di Leonardo da Vinci nella Biblioteca Ambrosiana di Milano, éd. A. Marinoni, 12 vol., Florence, 1973-1975.

I manoscritti e i desegni di Leonardo da Vinci, Il Codice Foster I, II, III, Reale Commissione Vinciana, 5 vol., Rome, 1930-1936.

Il Codice di Leonardo da Vinci della Biblioteca di Lord Leicester in Holkham Hall, éd. G. Calvi, Reale Istituto Lombardo di Scienze e Lettere, Milan, 1909.

The Manuscripts of Leonardo da Vinci, at the Biblioteca Nacional of Madrid (Madrid I et II), éd. L. Reti, 5 vol., New York, 1974.

Il Codice di Leonardo da Vinci della Biblioteca del Principe Trivulzio in Milano, éd. L. Beltrami, Milan, 1891. (Egalement : éd. N. de Toni, Milan, 1939.)

I manoscritti di Leonardo da Vinci, Codice sul volo degli uccelli e varie altre materie, éd. T. Sabachnikoff, G. Piumati et C. Ravaisson-Mollien, Paris, 1893.

I fogli mancanti al codice di Leonardo da Vinci nella Biblioteca Reale di Torino, éd. E. Carusi, Rome, 1926.

I manoscritti di Leonardo da Vinci della Reale Biblioteca di Windsor, Dell' Anatomia, Fogli A, éd. T. Sabachnikoff et G. Piumati, Paris, 1898 ; et *Fogli B,* idem, Turin, 1909.

Leonardo da Vinci, *Quaderni d'Anatomia (I-IV),* éd. O. Vangensten, A. Fonham et H.H. Hopstock, 6 vol., Christiana, 1911-1916.

Treatise On Painting (Codex Urbinas Latinus, 1270) by Leonardo da Vinci, éd. McMahon, 2 vol., Princeton, 1956.

Recueils de textes :

Les Carnets de Léonard de Vinci, introduction, classement et notes par Edward Mac Curdy, préface de P. Valéry, Gallimard, Paris, 1942.

Le Traité de la Peinture, textes traduits et présentés par A. Chastel, Berger-Levrault, Paris, 1987.

The notebooks of Leonardo da Vinci, compiled and edited by J.P. Richter, Dover Pub., New York, 1970.

The Literary Works of Leonardo da Vinci, A Commentary to J.P. Richter's edition, by C. Pedretti, University of California Press, Los Angeles, 1977.

Scritti scelti di Leonardo da Vinci, éd. A.M. Brizio, Turin, 1952.

Textes choisis, traduits dans leur ensemble pour la première fois, avec une introduction par J. Péladan, Mercure de France, Paris, 1929.

Traité du paysage, traduit et commenté par Péladan, Paris, 1913.

PRINCIPAUX OUVRAGES CONSULTÉS

D'ADDA. — *Leonardo da Vinci e la sua libreria* (Milan, 1873).

ALAZARD (J.). — *L'Art italien au XVI*e *s.* (H. Laurens, Paris, 1955).

ALAZARD (J.). — *Le Pérugin* (Laurens, Paris, 1927).

ALBERTI DE MAZZERI (S.). — *Léonard de Vinci* (Payot, Paris, 1984).

AMORETTI (C.). — *Memorie storiche su la vita, gli studi e le opere di Lionardo da Vinci* (Milan, 1804).

ASTON (M.). — *Panorama du XV*e *siècle* (Flammarion, Paris, 1969).

Atti del Convegno di studi vinciani (Léo S. Olschki, Florence, 1953).

AUDIN (M.). — *Histoire de Léon X* (Maison, Paris, 1850).

BARATTA (M.). — *Curiosità vinciana* (Frat. Bocca, Turin, 1905).

BEATIS (Don A.). — *Voyage du cardinal d'Aragon* (Librairie académique Perrin, Paris, 1913).

BECK (J.). — *Leonardo's rule of painting* (Phaidon, Oxford, 1979).

BELTRAMI (L.). — *Documenti e Memorie riguardanti la vita e le opere di Leonardo da Vinci* (Frat. Treves, Milan, 1919).

BERENCE (F.). — *Léonard de Vinci, ouvrier de l'intelligence* (Payot, Paris, 1938).

BERENSON (B.). — *Les Peintres italiens de la Renaissance* (Ed. de la Pléiade, Paris, 1926).

BLUNT (A.). — *La Théorie des arts en Italie de 1450 à 1600* (Julliard, Paris, 1956).

BOLOGNA (G.). — *Leonardo a Milano* (Istituto Geografico De Agostini, Novara, 1982).

BOSSEBŒUF (L.-A.). — *Clos-Lucé, séjours et mort de Léonard de Vinci* (Tours, 1893).

BOSSI (G.). — *Vita de Leonardo da Vinci* (Padoue, 1814).

BREWER (R.). — *A Study of Lorenzo di Credi* (Florence, 1970).

BRION (M.). — *Léonard de Vinci* (Ed. Albin Michel, Paris, 1952).

BRION (M.). — *Léonard de Vinci*, avec des textes de Cocteau, Berl, Lebel... (Hachette, Paris, 1959).

BURCKHARDT (J.). — *La Civilisation au temps de la Renaissance* (Plon, Paris, 1885).

BUSIGNANI (A.). — *Verrochio* (Sadea éd., Florence, 1966).

CALVI (G.). — *Contributi alla biografia di Leonardo de Vinci* (Archivio Storico Lombardo, Milan, 1916).

CALVI (G.). — *I Manoscritti di Leonardo da Vinci dal punto di vista cronologico, storico e biografico* (Zanichelli, Bologne, 1925).

CARONE (S.). — *Una famiglia lombarda* (Milan, 1988).

CELLINI (B.). — *Mémoires* (Ed. Sulliver, Paris, 1951).

CENNINI (C.). — *Le Livre de l'art, ou Traité de la peinture*, trad. V. Mottez (Paris, s.d.).

CHASTEL (A.). — *Le Madonne di Leonardo* (Giunti Barbèra, Florence, 1985).

CHASTEL (A.). — *Art et humanisme à Florence au temps de Laurent le Magnifique* (P.U.F., Paris, 1952).

CHASTEL (A.). — *Fables, formes, figures* (Flammarion, Paris, 1978).

CHASTEL (A.). — *Marsile Ficin et l'Art* (Droz, Genève, 1975).

CHASTEL (A.). — *Le Mythe de la Renaissance* (Skira, Genève, 1969).

CHASTEL (A.). — *Le Grand Atelier d'Italie* (Gallimard, Paris, 1965).

CHASTEL (A.). — *Renaissance méridionale* (Gallimard, Paris, 1965).

CHASTEL (A.). — *L'Art italien* (Flammarion, Paris, 1982).

CHAUVETTE (H.). — *Histoire de la littérature italienne* (Armand Colin, Paris, 1906).

CIANCHI (M.). — *Les Machines de Léonard de Vinci* (Ed. Becocci, Florence, 1984).

CIANCHI (R.). — *Ricerche e documenti sulla madre di Leonardo* (Giunti Barbera, Florence, 1975).

CIANCHI (R.). — *Leonardo e la sua famiglia, Mostra della scienza e technica di Leonardo* (Milan, 1952).

CLARK (K.). — *Leonardo da Vinci, An Account of his development as an artist* (Cambridge University Press, 1939).

CLARK (K.) et PEDRETTI (C.). — *Drawings of Leonardo da Vinci, at Windsor Castle* (Londres, 1968).

CLARK (K.). — *Le Nu* (Paris, 1969).

CLAUSSE (G.). — *Les Sforza et les arts en Milanais* (éd. Leroux, Paris, 1909).

COIGNET (C.). — *François Ier, portraits et récits du XVIe s.* (Plon, Paris, 1885).

COLEMAN (M.). — *Histoire du Clos-Lucé* (Arrault et Cie, Tours, 1937).

COLLISON-MORLEY (L.). — *Histoire des Sforza* (Payot, Paris, 1951).

COMMYNES (P.). — *Mémoires* (Les Belles-Lettres, 1965).

Connaissance de Léonard de Vinci, La peinture de Léonard vue au laboratoire, « L'Amour de l'art », n°s 67-68 (Paris, 1953).

CRUTTWELL (M.). — *Verrocchio* (Duckworth, Londres, 1904).

DELUMEAU (J.). — *La Civilisation de la Renaissance* (Arthaud, Paris, 1967).

DUHEM (P.). — *Etudes sur Léonard de Vinci* (Hermann, Paris, 1906-1913).

EISSLER (K.R.). — *Léonard de Vinci (étude psychanalytique)* (P.U.F., Paris, 1980).

ETTLINGER (L.). — *Antonio and Piero Pollaiuolo* (Oxford, 1978).

« Etudes d'Art », n°s 8, 9, 10. — *L'Art et la Pensée de Léonard de Vinci*,

Communication du Congrès international du Val de Loire (Paris-Alger, 1953-1954).
Les Fêtes de la Renaissance, Colloque du C.N.R.S., études présentées par J. Jacquot (Paris, 1956-1960).
FERRERO (L.). — *Léonard de Vinci ou l'œuvre d'art* (Paris, 1929).
FRANCASTEL (P. et G.). — *Le Style de Florence* (éd. P. Tisné, Paris, 1958).
FREUD (S.). — *Un souvenir d'enfance de Léonard de Vinci* (Gallimard, Paris, 1987).
FUMAGALLI (G.). — *Eros di Leonardo* (Sansoni ed., Florence, 1971).
FUNCK-BRENTANO (F.). — *La Renaissance* (Fayard, Paris, 1935).
GAMBA (C.). — *Botticelli* (Gallimard, Paris, s.d.).
GILLES (B.). — *Les Ingénieurs de la Renaissance* (Hermann, Paris, 1964).
GIACOMELLI (R.). — *I modelli delle machine volanti di Leonardo da Vinci* (Rome, 1931).
GOLDSCHEIDER (L.). — *Léonard de Vinci* (avec la vie de Vasari et d'autres *Vite*) (Phaidon Press, Londres, 1959).
GOMBRICH (E.H.). — *New light on old masters* (Phaidon, Oxford, 1986).
GUICHARDIN (F.). — *Histoire d'Italie* (Desrez, Paris, 1838).
GUILLERM (J.-P.). — *Tombeau de Léonard de Vinci* (Presses universitaires de Lille, 1981).
GUILLON. — *Le Cénacle de Léonard de Vinci,* Essai historique et psychologique (Librairie Dumolard, Milan, 1811).
HAUSER (A.). — *Histoire sociale de l'art et de la littérature* (S.F.I.E.D., Paris, 1984).
HERLINN (D.) et KLAPISH-ZUBER (C.). — *Les Toscans et leurs familles* (Paris, 1978).
HEVESY (A. de). — *Pèlerinage avec Léonard de Vinci* (Firmin Didot, Paris, 1939).
HOUSSAYE (A.). — *Histoire de Léonard de Vinci* (Paris, 1869).
HUYGUE (R.). — *La Joconde,* musée du Louvre (Fribourg, 1974).
KEMP (M.). — *Leonardo da Vinci, The Marvellous Works of Nature and Man* (Harvard University Press, 1981).
KLACZKO (J.). — *Jules II (Rome et la Renaissance)* (Librairie Plon, Paris, 1898).
LACROIX (P.). — *Mœurs, usages et costumes à l'époque de la Renaissance* (Firmin Didot, Paris, 1873).
LEBEL (R.). — *Léonard de Vinci ou la Fin de l'humilité* (Presse du Livre, Paris, 1952).
LEBEY (A.). — *Essai sur Laurent de Médicis* (Librairie académique Perrin, Paris, 1900).
Léonard de Vinci ingénieur et architecte, catalogue de l'exposition du musée des Beaux-Arts de Montréal (1987).

Léonard de Vinci au Louvre (Paris, 1983).

Léonard de Vinci et l'expérience scientifique au XVIe siècle, Colloques internationaux du C.N.R.S. (Paris, 1953).

Léonard de Vinci (Cercle du Bibliophile, Novare, 1958).

Léonard de Vinci, Nouvelle revue d'Italie (articles recueillis par M. Migon) (Rome, 1919).

Leonardo da Vinci, Conferenze Fiorentine (articles de E. Solmi, M. Reymond, A. Conti, etc.) (Fratelli Treves, Milan, 1910).

Leonardo e il leonardismo a Napoli e a Roma (Giunti Barbera, 1983).

Leonardo e l'incisione, Leonardo a Milano (Electa, Milan, 1984).

Leonardo's Legacy, An International Symposium, University of California Press (Los Angeles, 1969).

Leonardo e Milano, Banca Populare di Milano (Milan, 1982).

Leonardo Nature Studies, Johnson Reprint Corporation (Malibu, 1980).

Leonardo da Vinci, Los Angeles County Museum, loan exhibition catalogue (Los Angeles, 1949).

Le Lieu théâtral à la Renaissance, Colloque de Royaumont (C.N.R.S., Paris, 1981).

Les Machines célibataires (Musée des Arts décoratifs, Paris, 1976).

MALAGUZZI-VALERI (F.). — *La corte di Ludovico il Moro* (Hoepli, Milan, 1913-1923).

MACHIAVEL. — *Œuvres complètes* (Gallimard, Paris, 1952).

MARCEL (R.). — *Marsile Ficin* (Les Belles-Lettres, Paris, 1958).

MCMULLEN (R.). — *Les Grands Mystères de la Joconde* (Ed. de Trévise, Paris, 1981).

MEREJKOVSKI (D.). — *Le Roman de Léonard de Vinci* (Calmann-Lévy, Paris, 1926).

MICHELET (J.). — *Renaissance et Réforme* (Laffont, 1982).

MICHELETTI (E.). — *Les Médicis à Florence* (Becocci Editore, Florence, 1980).

Milano nell'eta' di Ludovico il Moro, atti del convegno internazionale (Biblio. Trivulziana, Milan, 1983).

MONNIER (Ph.). — *Le Quattrocento* (Librairie académique Perrin, Paris, 1931).

MOTTA (E.). — *Ambrogio Preda et Leonardo da Vinci* (Archivio Storico Lombardo, Milan, 1893).

MÜNTZ (E.). — *Raphaël* (Hachette, Paris, 1900).

MÜNTZ (E.). — *Léonard de Vinci* (Hachette, Paris, 1899).

MÜNTZ (E.). — *Histoire de l'Art pendant la Renaissance* (Hachette, Paris, 1895).

NÉRET (J.-A:). — *Louis XII* (J. Ferenczi et fils, Paris, 1948).

O'MALLEY (C.D.) et de C.M. SAUNDERS (J.B.). — *Leonardo on the human body* (Crown Publishers, New York, 1982).

PAGLIUGHI (P.). — *La Scrittura mancina di Leonardo* (Comune di Milano, 1984).

PASSAVENT (G.). — *Verrocchio* (Londres, 1969).

PATER (W.). — *The Renaissance* (Londres, 1893).

PEDRETTI (C.). — *Léonard de Vinci architecte* (Electa Moniteur, Paris, 1983).

PEDRETTI (C.). — *The Royal Palace at Romorantin* (Cambridge, Mass., 1972).

PEDRETTI (C.). — *A chronology of Leonardo da Vinci's architectural studies after 1500* (Droz, Genève, 1962).

PEDRETTI (C.). — *A study in chronology and style* (Londres, 1973).

PÉLADAN. — *La Dernière Leçon de Léonard de Vinci* (Chiberre, Paris, 1913).

PERRENS (F.). — *La Civilisation florentine* (Librairie Quantin, Paris, 1893).

PERRENS (F.). — *Histoire de Florence* (Hachette, Paris, 1877).

POPE-HENNESSY (J.). — *Italian Renaissance Sculpture & Italian Hight Renaissance Sculpture* (Phaidon, Oxford, 1985-1986).

POPHAM (A.-E.). — *Les Dessins de Léonard de Vinci* (Editions de la Connaissance, Bruxelles, 1952).

Regard sur Léonard de Vinci, les « Cahiers du Sud », n° 313 (Paris, 1952).

RETI (L.). — *Léonard de Vinci, l'humaniste, l'artiste, l'inventeur* (Laffont, Paris, 1974).

REYMOND (M.). — *Verrocchio* (Librairie de l'art ancien et moderne, Paris, s.d.).

REYMOND (M.). — *Bramante* (Laurens, Paris, s.d.).

RIO (A.-F.). — *Léonard de Vinci et son école* (Ambroise Bray, Paris, 1855).

ROCHON (A.). — *La Jeunesse de Laurent de Médicis* (Les Belles-Lettres, Paris, 1963).

RODONACHI (E.). — *La Femme italienne à l'époque de la Renaissance* (Hachette, Paris, 1907).

ROLLAND (R.). — *Vie de Michel-Ange* (Librairie Hachette, Paris, 1911).

ROSCI (M.). — *Léonard de Vinci* (Ed. Mondadori, Milan, 1976).

ROUCHETTE (J.). — *La Renaissance que nous a léguée Vasari* (Les Belles-Lettres, Paris, 1959).

RUSKIN (J.). — *Le Val d'Arno* (Henri Laurens, Paris, 1911).

SAINT-HELME. — *Léonard et la Joconde* (Ed. Presse française, Paris, 1913).

SCAGLIA (G.). — *Alle origine degli studi tecnologici di Leonardo* (Giunti Barbera, Florence, 1980).

SCHNEIDER (R.). — *La Peinture italienne des origines au XVIe s. et du XVIe à nos jours* (Ed. G. Van Oest, Bruxelles, 1930).

Scritti su Leonardo nelle biblioteche milanesi, Leonardo a Milano (Biblio. Trivulziana, Milan, 1982).

SÉAILLES (G.). — *Léonard de Vinci, l'artiste et le savant,* Essai de biographie psychologique (Perrin et Cie, Paris, 1892).

SIRÉN (O.). — *Léonard de Vinci, l'artiste et l'homme (Van Oest, Paris, 1928).*

SIZERAINE (R. de La). — Béatrice d'Este et sa cour (Librairie Hachette, Paris, 1920).

SOLMI (E.). — *Leonardo da Vinci e la Republica di Venezia* (Cogliati, Milan, 1908).

SOLMI (E.). — *La festa del paradiso di Leonardo da Vinci* (Barbera, Florence, 1904).

STEINITZ (K.T.). — *Pierre-Jean Mariette & le comte de Caylus and their concept of Leonardo da Vinci* (Zeitlin & Ver Brugge, Los Angeles, 1974).

STENDHAL. — *La Peinture en Italie* (Levy, 1854).

STITES (R.S.). — *The sublimation of Leonardo da Vinci* (Washington, 1970).

Studi per il Cenaclo dalla Bib. Reale nel Castello di Windsor (Olivetti, 1983).

SUARÈS (A.). — *Le Voyage du condottiere* (Ed. Emile-Paul, Paris, 1956).

TABORELLI (G.). — *Les Médicis à Florence* (Denoël, Paris, 1981).

TAINE (H.). — *La Philosophie de l'art en Italie* (Germer Baillère, Paris, 1880).

TAINE (H.). — *Voyage en Italie* (Hachette, Paris, 1886).

TERRACE (C.). — *L'Architecture lombarde de la Renaissance* (G. Van Oest, Paris et Bruxelles, 1926).

THIIS (J.). — *Leonardo da Vinci, The Florentine years* (London, s.d.).

TODIÈRE (L.). — *Histoire de Louis XII* (Mame, Tours, 1857).

TOURETTE G. de La). — *Léonard de Vinci* (Albin Michel, Paris, 1932).

Tout l'œuvre peint de Léonard de Vinci (N.R.F., Paris, 1950).

TRUC (G.). — *Léon X et son siècle* (Grasset, Paris, 1941).

VALÉRY (P.). — *Œuvres* (La Pléiade, Gallimard, 1957).

VALLENTIN (A.). — *Léonard de Vinci* (Gallimard, Paris, 1950).

VALENTINER (W.R.). — *Leonardo as Verrocchio's co-worker,* in « The Art Bulletin » (University of Chicago, mars 1930).

VASARI. — *Les Vies des meilleurs peintres, sculpteurs et architectes,* édition publiée sous la direction d'André Chastel (Berger-Levrault, Paris, 1981-1987).

VENTURI (L.). — *La critica e l'arte di Leonardo da Vinci* (Bologne, 1919).

VERDET (A.). — *Leonardo da Vinci, le rebelle* (Ed. Coarze, Paris, 1957).
VERGA (E.). — *Storia della vita milanese* (Nicola Monetto, Milan, 1931).
VEZZOSI (A.). — *Toscana di Leonardo* (Beccoci ed., Florence, 1984).
VULLIAUD (P.). — *La Pensée ésotérique de Léonard de Vinci* (Paris, 1981).
WEINSTEIN (D.). — *Savonarole et Florence,* (Calmann-Lévy, Paris, 1973).
WINTERNITZ (E.). — *Leonardo da Vinci as a Musician* (Yale University Press, 1982).
YOUNG (G.F.). — *Les Médicis* (Laffont, Paris, 1969).
ZERI (F.). — *Renaissance et Pseudo-Renaissance* (Rivages, Paris, 1985).
ZERI (F.). — *Le Mythe visuel de l'Italie* (Rivages, Paris, 1986).

REPÈRES CHRONOLOGIQUES

1450 Ser Piero de Vinci est notaire à Pistoia.

1451 Naissance de Christophe Colomb et de Ludovic Sforza.

1452 *Naissance de Léonard,* le 15 avril, à Vinci.
Ser Piero se marie avec Albiera Amadori, 16 ans.

1456 Un ouragan ravage la Toscane.

1457 Léonard est inscrit dans la déclaration fiscale de son grand-père qui habite à Vinci, Piazzetta Guazzesi (aujourd'hui, via Roma).
Verrocchio affirme dans sa déclaration fiscale avoir abandonné l'orfèvrerie.

1464 Mort de la première femme de ser Piero.

1466 L'Arno déborde à Florence et dans ses environs.
Mort de Donatello.

1468 Verrocchio travaille à la boule de la cathédrale.
Léonard est inscrit dans la déclaration fiscale de sa grand-mère, à Vinci.

1469 Il figure cette fois sur celle de son père, établie à Florence.
Mort de Pierre de Médicis : Laurent et son frère Julien sont les nouveaux maîtres de la ville.
Naissance de Machiavel.

1472 Léonard devient membre de la corporation des peintres de Florence, ainsi que le Pérugin et Botticelli.
Sac de Volterra. Première édition de la *Divine Comédie* de Dante. Mort d'Alberti. Naissance de Copernic.

1473 Mort de la seconde femme de ser Piero.
Premier dessin daté de Léonard : le paysage dit de Sainte-Marie-des-Neiges.
Verrocchio peint vers cette date le *Baptême du Christ.*

1475 Ser Piero se marie avec Margherita di Francesco.
Naissance de Michel-Ange. Mort d'Uccello.

1476 Naissance d'Antonio, premier enfant légitime de ser Piero, le 26 février. Le 9 avril, Léonard est accusé de sodomie ; un non-lieu est prononcé le 16 juin.
Verrocchio achève son *David.*
Laurent de Médicis crée l'Académie platonicienne.

1477 Verrocchio travaille au monument Fortegerri, à Pistoia. Botticelli peint le *Printemps.*

1478 Conjuration des Pazzi. Terribles inondations à Florence. Epidémie de peste.
Léonard : « J'ai commencé les deux Vierges Marie. » Un certain Fioravante est son meilleur ami.

Léonard reçoit sa première commande personnelle, attestée par un document officiel (œuvre jamais entreprise).

1480 Ser Piero quitte la maison qu'il louait via della Prestanza, pour s'installer via Ghibellina.
Laurent de Médicis s'allie avec Naples, puis fait la paix avec le pape.
Verrocchio travaille à la statue du Colleone.
Ludovic le More prend le pouvoir à Milan.

1481 En mars, Léonard reçoit commande de l'*Adoration des Mages.* (Dernière mention de Léonard dans les comptes des frères de San Donato à qui est destiné le tableau, le 28 septembre.)
Botticelli, le Pérugin, Piero di Cosimo, Signorelli, Pinturicchio, Cosimo Rosselli et Ghirlandaio partent pour Rome, appelés par le pape.

1482 Léonard s'installe à Milan.
Mort de Toscanelli.

1483 Le 25 avril, Léonard reçoit commande de la *Vierge aux rochers,* avec les frères da Predis.
Naissance de Raphaël. Charles VIII est sacré roi de France.

1484 Botticelli peint la *Naissance de Vénus.* Innocent VIII est élu pape.

1485 La peste ravage Milan.
Jérôme Bosch peint le *Jardin des délices.* Naissance de Titien.

1486 Pic de La Mirandole publie ses *Conclusions.* Premières prédications de Savonarole.

1487 Concours pour le *tiburio* de la cathédrale de Milan.
Introduction en Sicile d'un premier tribunal de l'Inquisition, d'inspiration espagnole.

1488 Mort de Verrocchio.

1489 Léonard fait des études d'anatomie : *Libro titolato de figura umana,* et d'architecture.

1490 Léonard se rend à Pavie avec Francesco di Giorgio (pour la *fabbrica del Duomo*). Début d'un traité du paysage et travaux hydrauliques. Il recommence le cheval. Il organise la fête du « Paradiso » après le mariage d'Isabelle d'Aragon avec le duc Jean Galéas Sforza.
En juillet, Salaï s'installe chez lui.

1492 Mort de Piero della Francesca. Bramante construit le chœur de Santa Maria delle Grazie.
Christophe Colomb découvre l'Amérique.
Mort de Laurent de Médicis. Alexandre VI Borgia devient pape.
Les juifs sont chassés d'Espagne.

1493 La maquette du *cavallo* de Léonard est exposée à Milan. Une certaine Caterina vient habiter chez l'artiste en juillet (sa mère ?).
Partage du Nouveau Monde entre l'Espagne et le Portugal.

1494 Début des guerres d'Italie. Charles VIII, allié du More, occupe

Naples. A Florence, destitution de Pierre de Médicis ; Savonarole prend le pouvoir. Pise retrouve son indépendance.
Luca Pacioli fait publier sa *Summa de arithmetica.*

1495 Léonard commence la *Cène* dans le réfectoire du couvent de Santa Maria delle Grazie.

1496 Dessins pour le *De divina proportione* de Pacioli. Mise en scène de la *Danaë.*
Mort de Béatrice d'Este. L'empereur Maximilien descend en Italie à la demande du pape.

1498 Léonard décore la *Sala delle Asse.* Premier essai, probablement, d'une machine volante.
Louis XII succède à Charles VIII. Savonarole est brûlé en place publique.

1499 Deuxième guerre d'Italie. Fuite de Ludovic le More, qui a offert une vigne à Léonard.
Léonard quitte Milan occupé par l'armée française.
César Borgia devient duc de Valentinois. Venise est menacée par les Turcs.
Signorelli peint les fresques d'Orvieto.

1500 Léonard se rend avec Pacioli à Mantoue *(Profil d'Isabelle d'Este),* puis à Venise. Il parcourt le Frioul.
Il retourne à Florence. Les moines de l'Annunziata lui offrent l'hospitalité. Il peint pour eux un carton de la *Vierge, l'Enfant et sainte Anne.*
Le More est prisonnier des Français. Diète d'Augsbourg.

1501 Léonard est plongé dans l'étude des mathématiques. Il peint (ou fait peindre) la *Vierge au fuseau,* pour Robertet.
Les Français occupent Rome.
Hercule d'Este voudrait acheter aux Français les moules du *cavallo*
Début de la traite des Noirs en Amérique.

1502 Une ordonnance de César Borgia nomme Léonard ingénieur militaire de ses armées. Inspection des forteresses ; campagne de Romagne. Travaux de cartographie. Amitié avec Machiavel.
Soderini est nommé gonfalonier à vie de Florence.

1503 Retour de Léonard à Florence. Les Florentins, en guerre contre Pise, tentent de détourner l'Arno de son cours. Léonard commence la *Bataille d'Anghiari.*

1504 9 juillet : mort du père de Léonard qui laisse dix garçons et deux filles. Par testament, Francesco de Vinci fait de l'artiste son héritier.
Léonard s'occupe de fortifications (à Piombino) et d'hydraulique.
Michel-Ange brosse le carton de la *Bataille de Cascina ;* un comité d'artistes, parmi lesquels Léonard, décide de l'emplacement de son *David.*

1505 Etudes sur le vol des oiseaux. Second échec d'une machine volante.

Derniers paiements pour la *Bataille d'Anghiari* à la fin de l'année. Raphaël fait une esquisse de la composition de la *Joconde* et une autre d'après la *Léda*.

1506 En mai, Léonard quitte Florence pour Milan où l'appelle Charles d'Amboise, gouverneur français du Milanais. Une petite madone qu'il a peinte émerveille Louis XII.

Bramante commence de construire Saint-Pierre de Rome.

1507 Léonard est nommé peintre et ingénieur ordinaire de Louis XII. Il supervise la peinture d'une seconde version de la *Vierge aux rochers*. Il fait la connaissance de F. Melzi. Un procès l'oppose à ses demi-frères (pour l'héritage de l'oncle Francesco, décédé l'année précédente).

La vigne que lui avait offerte Ludovic Sforza lui est restituée.

A partir de septembre, il séjourne près de six mois à Florence (à la Casa Martelli).

1508 Léonard se partage entre Florence et Milan. Etudes sur l'eau. Etudes pour le monument Trivulce.

Michel-Ange commence les fresques de la Sixtine.

Ligue de Cambrai contre Venise.

1509 Etudes d'anatomie (avec Marcantonio della Torre ?) et, toujours, d'hydraulique. Parution à Venise du *De divina proportione* de Pacioli et Léonard.

1510 Mort de Botticelli. Melzi dessine un profil d'homme dans un carnet de Léonard (daté).

1511 Erasme écrit son *Eloge de la folie*. Mort de Charles d'Amboise. Les Suisses arrivent jusqu'aux portes de Milan. Le pape Jules II constitue la Sainte Ligue contre la France — qui évacuera le Milanais après la bataille de Ravenne.

1512 Naissance de Vasari. Les Médicis reprennent le pouvoir à Florence.

1513 Election du pape Léon X. En décembre, Léonard s'installe à Rome, au palais du Belvédère, avec Melzi et Salaï. Travaux sur les miroirs. (L'*autoportrait* de Turin ?)

1514 Mort de Bramante. Léonard se rend à Parme, à Florence. Projet d'assainissement des marais Pontins.

1515 Mort de Louis XII ; François Ier reconquiert le Milanais (bataille de Marignan). Lettre de Léonard à Julien de Médicis. Dessins du Déluge. Le *Saint Jean-Baptiste* (?). Lion automate pour le roi de France.

Machiavel écrit *le Prince*.

1516 Mort de Julien de Médicis. Léonard, qui a sans doute rencontré François Ier à l'entrevue de Bologne, quitte l'Italie pour la France, vers la fin de l'année.

1517 Léonard, Melzi, Salaï et Villanis s'installent au manoir de Cloux, près d'Amboise. Projet de Romorantin. *Jeux géométriques*. Visite du cardinal d'Aragon.

1518 Léonard organise les fêtes données en l'honneur du baptême du Dauphin et du mariage de Laurent di Piero de Médicis à Amboise.

1519 Le 23 avril, Léonard fait son testament. Il meurt le 2 mai.
Condamnation des thèses de Luther. Magellan fait le tour du monde. Cortez s'empare de la capitale des Aztèques, au Mexique.

INDEX

CRÉDITS PHOTOGRAPHIQUES

Hors-textes 41-45, ph. Bulloz ; 8-9-10-11-13-20-23-33-43-52, ph. Giraudon ; 25, ph. British Museum ; 6-19, Les Offices, Florence ; 2-21-27-32-35-40, ph. Bibl. Amborisienne, Milan ; 12-15-16-30-47-48, ph. Bib. Royale, Windsor ; 8, ph. Roger-Viollet.

Illustration du chapitre I, ph. Bulloz.

TABLE

Achevé d'imprimer en janvier 1997
sur presse Cameron
par ***Bussière Camedan Imprimeries***
à Saint-Amand-Montrond (Cher)

— N° d'édition : 97026. — N° d'impression : 4/58.
Dépôt légal : janvier 1997.
Imprimé en France